Las Dos Babilonias

Lo Que Usted Debe Saber

Acerca de los Misterios . . .
y
El Culto al Hombre

Desde los días de Nimrod y Semíramis su esposa

hasta el presente...

Alexander Hislop

Las Dos Babilonias

Alexander Hislop

1ª Edición publicada en Inglés en 1853
Edimburgo, Escocia
bajo el título, *The Two Babylons*
(revisado por el autor y difundido en 1858)

Tabla del Contenido

Capítulo I	*Los Objetos de Culto*	27
Capítulo II	*El Caracter Distintivo de los Dos Sistemas*	139
Capítulo III	*Las Fiestas*	151
Capítulo IV	*Doctrina y Disciplina*	205
Capítulo V	*Ritos y Ceremonias*	267
Capítulo VI	*Las Ordenes Religiosas*	317
Capítulo VII	*El Desarrollo de los Dos Sistemas (Considerado Historica y Profeticamente)*	344
Apendice		443

Y (Jesús) les dijo: A vosotros es dado saber *el misterio del Reino de Dios*; mas a los que están fuera, por parábolas todas las cosas;
(Marcos 4:11).

Porque ya está obrando el misterio de iniquidad, solamente que el que ahora domina, dominará hasta que sea quitado;
(2 Tesalonicenses 2:7).

El Sueño del Rey Nabucodonosor, Rey de Babilonia
(Daniel Capítulo 2)

1 Y en el segundo año del reinado de Nabucodonosor, soñó Nabucodonosor sueños, y su espíritu se quebrantó, y su sueño huyó de él.

2 Y mandó el rey llamar a magos, astrólogos, encantadores, y caldeos, para que mostrasen al rey sus sueños. Los cuales vinieron, y se presentaron delante del rey.

3 Y el rey les dijo: He soñado un sueño, y mi espíritu se ha quebrantado por saber el sueño.

4 Y los caldeos hablaron al rey en siriaco: Rey, para siempre vive: di el sueño a tus siervos, y mostraremos la declaración.

5 El rey respondió y dijo a los caldeos: El negocio se me fue de la memoria; si no me mostráis el sueño y su declaración, seréis hechos pedazos, y vuestras casas serán puestas por muladares.

6 Y si me mostrareis el sueño y su declaración, recibiréis de mí dones y mercedes y gran honra; por tanto, mostradme el sueño y su declaración.

7 Respondieron la segunda vez, y dijeron: Diga el rey el sueño a sus siervos, y le mostraremos su declaración.

8 El rey respondió, y dijo: Yo conozco ciertamente que vosotros ponéis dilaciones, porque veis que el negocio se me ha ido de la memoria.

9 Si no me mostráis el sueño, una sola sentencia será de vosotros. Ciertamente preparáis respuesta mentirosa y perversa que decir delante de mí, entre tanto que se muda el tiempo; por tanto, decidme el sueño, para que yo entienda que me podéis mostrar su declaración.

10 Los caldeos respondieron delante del rey, y dijeron: No hay hombre sobre la tierra que pueda declarar el

negocio del rey. Además de esto, ningún rey, príncipe, ni señor, preguntó cosa semejante a ningún mago, ni astrólogo, ni caldeo.

11 Finalmente, el negocio que el rey demanda, es singular, ni hay quien lo pueda declarar delante del rey, salvo los ángeles de Dios cuya morada no es con la carne.

12 Por esto el rey con ira y con gran enojo, mandó que matasen a todos los sabios de Babilonia.

13 Y se publicó el mandamiento y los sabios eran llevados a la muerte y buscaron a Daniel y a sus compañeros para matarlos.

14 Entonces Daniel habló avisada y prudentemente a Arioc, capitán de los de la guardia del rey, que había salido para matar a los sabios de Babilonia.

15 Habló y dijo a Arioc capitán del rey: ¿Cuál es la causa por la cual este mandamiento se publica de parte del rey tan apresuradamente? Entonces Arioc declaró el negocio a Daniel.

16 Y Daniel entró, y pidió al rey que le diese tiempo, y que él mostraría al rey la declaración.

17 Entonces Daniel se fue a su casa y declaró el negocio a Ananías, Misael, y Azarías, sus compañeros,

18 para demandar misericordias del Dios del cielo sobre **este misterio**, y que Daniel y sus compañeros no pereciesen con los otros sabios de Babilonia.

19 Entonces **el misterio fue revelado** a Daniel en visión de noche; por lo cual Daniel bendijo al Dios del cielo.

20 Y Daniel habló, y dijo: Sea bendito el nombre de Dios de siglo hasta siglo; porque suya es la sabiduría y la fortaleza.

21 Y él es el que muda los tiempos y las oportunidades; quita reyes, y pone reyes; da la sabiduría a los sabios, y la ciencia a los entendidos.

22 El revela lo profundo y lo escondido; conoce lo que está en tinieblas, y la luz mora con él.

23 A ti, oh Dios de mis padres, confieso y te alabo, que me diste sabiduría y fortaleza, y ahora me enseñaste lo que te pedimos; pues nos has enseñado el negocio del rey.

24 Después de esto Daniel entró a Arioc, al cual el rey había puesto para matar a los sabios de Babilonia; fue, y le dijo así: No mates a los sabios de Babilonia; llévame delante del rey, que yo le mostraré al rey la declaración.

25 Entonces Arioc llevó prestamente a Daniel delante del rey, y le dijo así: Un varón de los transportados de Judá he hallado, el cual declarará al rey la interpretación.

26 Respondió el rey, y dijo a Daniel, al cual llamaban Beltasar: ¿Podrás tú hacerme entender el sueño que vi, y su declaración?

27 Daniel respondió delante del rey, y dijo: **El misterio que el rey demanda**, ni sabios, ni astrólogos, ni magos, ni adivinos lo pueden enseñar al rey.

28 **Mas hay un Dios en los cielos, el cual revela los misterios**, y él ha hecho saber al rey Nabucodonosor lo que ha de acontecer al cabo de días. Tu sueño, y las visiones de tu cabeza sobre tu cama, es esto:

29 Tú, oh rey, en tu cama, te subieron tus pensamientos por saber lo que había de ser en lo por venir; y **el que revela los misterios te mostró lo que ha de ser**.

30 Y **a mí me ha sido revelado este misterio**, no por sabiduría que en mí haya, más que en todos los vivientes, sino para que yo notifique al rey la declaración, y que entendieses los pensamientos de tu corazón.

31 Tú, oh rey, veías, y he aquí una gran imagen. Esta imagen, que era muy grande, y cuya gloria era muy sublime, estaba en pie delante de ti, y su aspecto era terrible.

32 La cabeza de esta imagen era de fino oro; sus pechos y sus brazos, de plata; su vientre y sus muslos, de bronce;

33 sus piernas de hierro; sus pies, en parte de hierro, y en parte de barro cocido.

34 Estabas mirando, hasta que una piedra fue cortada, no con manos, la cual hirió a la imagen en sus pies de hierro y de barro cocido, y los desmenuzó.

35 Entonces fue también desmenuzado el hierro, el barro cocido, el bronce, la plata y el oro, y se tornaron como tamo de las eras del verano; y los levantó el viento, y nunca más se les halló lugar. Mas la piedra que hirió a la imagen, fue hecha un gran monte, que llenó toda la tierra.

36 Este es el sueño; la declaración de él diremos también en presencia del rey.

37 Tú, oh rey, eres rey de reyes; porque el Dios del cielo te ha dado el reino, la potencia y la fortaleza, y la majestad.

38 Y todo lo que habitan hijos de hombres, bestias del campo, y aves del cielo, él ha entregado en tu mano, y te ha hecho enseñorear sobre todo ello; tú eres aquella cabeza de oro.

39 Y después de ti se levantará otro reino menor que tú; y otro tercer reino de bronce, el cual se enseñoreará de toda la tierra.

40 Y el cuarto reino será fuerte como hierro; y como el hierro desmenuza y doma todas las cosas, y como el hierro que quebranta todas estas cosas, desmenuzará y quebrantará.

41 Y lo que viste de los pies y los dedos, en parte de barro cocido de alfarero, y en parte de hierro, el reino será diviso; y habrá en él algo de fortaleza de hierro, de la manera que viste el hierro mezclado con el tiesto de barro.

42 Y los dedos de los pies en parte de hierro, y en parte de barro cocido, en parte el reino será fuerte, y en parte será frágil.

43 En cuanto a aquello que viste, el hierro mezclado con tiesto de barro, se mezclarán con simiente humana,

mas no se pegarán el uno con el otro, como el hierro no se mezcla con el tiesto.

44 Y en los días de estos reyes, el Dios del cielo levantará un Reino que eternamente no se corromperá; y no será dejado a otro pueblo este reino; el cual desmenuzará y consumirá todos estos reinos, y él permanecerá para siempre.

45 De la manera que viste que del monte fue cortada una piedra, que no con manos, desmenuzó al hierro, al bronce, al tiesto, a la plata, y al oro; el Dios grande mostró al rey lo que ha de acontecer en lo por venir: y el sueño es verdadero, y fiel su declaración.

46 Entonces el rey Nabucodonosor cayó sobre su rostro, y se humilló ante Daniel, y mandó que le sacrificasen presentes y perfumes.

47 El rey habló a Daniel, y dijo: **Ciertamente que el Dios vuestro Dios es Dios de dioses, y el Señor de los reyes, y el descubridor de los misterios**, pues pudiste revelar **este misterio**.

48 Entonces el rey magnificó a Daniel, y le dio muchos y grandes dones, y lo puso por gobernador de toda la provincia de Babilonia, y por príncipe de los gobernadores sobre todos los sabios de Babilonia.

49 Y Daniel solicitó del rey, y él puso sobre los negocios de la provincia de Babilonia a Sadrac, Mesac, y Abed-nego; y Daniel estaba a la puerta del rey.

Pero hablamos sabiduría de Dios perfectísima; y sabiduría, no de este siglo, ni de los príncipes de este siglo, que se deshacen,

sino hablamos sabiduría de Dios *en misterio*, la sabiduría ocultada; la cual Dios predestinó antes de los siglos para nuestra gloria;

la que ninguno de los príncipes de este siglo conoció (porque si la hubieran conocido, nunca habrían crucificado al Señor de gloria);

antes, como está escrito: Lo que ojo no vio, ni oreja oyó, ni ha subido en corazón de hombre, es lo que Dios ha preparado para aquellos que le aman.

Pero Dios nos lo reveló a nosotros por su Espíritu; porque el Espíritu todo lo escudriña, aun lo profundo de Dios.

(1 Corintios 2:6-10).

Prefacio

Aunque en el momento, el gran rey Nabucodonosor *"cayó sobre su rostro, y se humilló delante de Daniel"*, él no entendió el misterio hasta mucho después. Le quedaron retumbando las *palabras "tú eres aquella cabeza de oro"* hasta que en seguida: *"hizo una estatua de oro, la altura de la cual era de sesenta codos, su anchura de seis codos"* (Daniel 3:1). Y el rey mandó que: *"cualquiera que no se postrare y la adorare, en la misma hora será echado dentro de un horno de fuego ardiendo"* (verso 6).

El hombre natural siempre malinterpreta las cosas del Reino de Dios porque siempre está buscando primero que todo su propio bien y su reino propio. Aun después de la clara manifestación del poder y de la naturaleza de Dios con la experiencia de Sadrac, Mesac, y Abed-nego en el horno ardiente; el gran rey babilónico no entendió el misterio hasta que un día:

> 4 Yo Nabucodonosor estaba quieto en mi casa, y floreciente en mi palacio.
> 5 Vi un sueño que me espantó, y las imaginaciones y visiones de mi cabeza me turbaron en mi cama.
> 6 Por lo cual yo puse mandamiento para hacer venir delante de mí todos los sabios de Babilonia, que me mostrasen la declaración del sueño.
> 7 Y vinieron magos, astrólogos, caldeos, y adivinos; y dije el sueño delante de ellos, mas nunca me mostraron su declaración;
> 8 hasta tanto que entró delante de mí Daniel [*el nombre quiere decir: "juez puesto por Dios"*], cuyo nombre es Beltasar [*quiere decir: "líder puesto por Dios"*], que cuando lo nombro me parece que nombro a mi dios, y en el cual hay espíritu de los ángeles santos de Dios, y dije el sueño delante de él, diciendo:

Lo Que Usted Debe Saber

9 Beltasar, príncipe de los sabios, ya que he entendido que hay en ti espíritu de los ángeles santos de Dios, y que **ningún misterio se te esconde**, dime las visiones de mi sueño que he visto, y su declaración.

10 Las visiones de mi cabeza en mi cama eran: Me parecía que veía un árbol en medio de la tierra, cuya altura era grande.

11 Crecía este árbol, y se hacía fuerte, y su altura llegaba hasta el cielo, y su vista hasta el cabo de toda la tierra.

12 Su copa era hermosa, y su fruto en abundancia, y para todos había en él mantenimiento. Debajo de él se ponían a la sombra las bestias del campo, y en sus ramas hacían morada las aves del cielo, y toda carne se mantenía de él.

13 Veía en las visiones de mi cabeza en mi cama, y he aquí que un centinela y santo descendía del cielo.

14 Y clamaba fuertemente y decía así: Cortad el árbol, y desmochad sus ramas, derribad su copa, y derramad su fruto; váyanse las bestias que están debajo de él, y las aves de sus ramas.

15 Mas el tronco de sus raíces dejaréis en la tierra, y con atadura de hierro y de bronce quede atado en la hierba del campo; y sea mojado con el rocío del cielo, y su parte sea con las bestias en la hierba de la tierra.

16 Su corazón sea mudado de corazón de hombre, y le sea dado corazón de bestia, y pasen sobre él siete tiempos.

17 Por sentencia de los centinelas se acuerda el negocio, y por dicho de los santos la demanda: para que conozcan los vivientes que el Altísimo se enseñorea del reino de los hombres, y que a quien él quiere lo da, y constituye sobre él al más bajo de los hombres.

18 Yo, el rey Nabucodonosor vi este sueño. Tú pues, Beltasar, dirás la declaración de él, porque todos los sabios de mi reino nunca pudieron mostrarme su interpretación; mas tú puedes, porque hay en ti espíritu de los ángeles santos de Dios.

19 Entonces Daniel, cuyo nombre era Beltasar, estuvo callando casi una hora, y sus pensamientos lo espantaban. El rey entonces habló, y dijo: Beltasar, el sueño ni su declaración te espanten. Respondió Beltasar, y dijo: Señor mío, el sueño sea para tus enemigos, y su declaración para los que mal te quieren.

20 El árbol que viste, que crecía y se hacía fuerte, y que su altura llegaba hasta el cielo, y su vista por toda la tierra;

21 y cuya copa era hermosa, y su fruto en abundancia, y que para todos había mantenimiento en él; debajo del cual moraban las bestias del campo, y en sus ramas habitaban las aves del cielo,

22 tú mismo eres, oh rey, que creciste, y te hiciste fuerte, pues creció tu grandeza, y ha llegado hasta el cielo, y tu señorío hasta el cabo de la tierra.

23 Y en cuanto a lo que vio el rey, un centinela y santo que descendía del cielo, y decía: Cortad el árbol y destruidlo; mas el tronco de sus raíces dejaréis en la tierra, y con atadura de hierro y de bronce quede atado en la hierba del campo; y sea mojado con el rocío del cielo, y su parte sea con las bestias del campo, hasta que pasen sobre él siete tiempos:

24 Esta es la declaración, oh rey, y la sentencia del Altísimo, que ha venido sobre el rey mi señor:

25 que te echarán de entre los hombres, y con las bestias del campo será tu morada, y con hierba del campo te apacentarán como a los bueyes, y con rocío del cielo serás bañado; y siete tiempos pasarán sobre ti, **hasta que entiendas** que el Altísimo se enseñorea del reino de los hombres, y que a quien él quisiere lo dará.

26 Y lo que dijeron, que dejasen en la tierra el tronco de las raíces del mismo árbol; tu reino se te quedará firme, **para que entiendas que el señorío es en los cielos.**

27 Por tanto, oh rey, aprueba mi consejo, y redime tus pecados con justicia, y tus iniquidades con misericordias de los pobres: he aquí la medicina de tu pecado.

Pero el hombre viejo, el hombre caído, el hombre que heredamos de nuestro padre Adán no tiene justicia ni misericordia en su naturaleza. Para recibir la *"medicina"* hay que arrepentirse y dejar que Dios juzgue al hombre viejo con sus *"concupiscencias de la carne"* y *"nacer de nuevo"* en el hombre nuevo, el hombre del cielo, el Señor Jesús, el Cristo que tiene *"hambre y sed de justicia"*. El profeta Jeremías clamó: *"¡Curamos a Babilonia, y no ha sanado!"* (Jeremías 51:9). El hombre viejo no tiene remedio. El árbol viejo tiene que ser talado. Pero aunque las intenciones de Dios para la raza humana (simbolizado aquí por el rey Nabucodonosor) son un misterio para el hombre viejo, son para nuestro bien al final cuando por fin desistamos de nuestro culto al hombre y aprendamos cómo alabar, engrandecer y glorificar al Rey del cielo.

28 Todo vino sobre el rey Nabucodonosor.
29 Al cabo de doce meses, andándose paseando sobre el palacio del reino de Babilonia,
30 habló el rey, y dijo: ¿No es ésta la gran Babilonia, que yo edifiqué para casa del reino, con la fuerza de mi fortaleza, y para gloria de mi grandeza?
31 Aún estaba la palabra en la boca del rey, cuando cae una voz del cielo: A ti dicen, rey Nabucodonosor; El reino es traspasado de ti;
32 y de entre los hombres te echan, y con las bestias del campo será tu morada, y como a los bueyes te apacentarán; y siete tiempos pasarán sobre ti, hasta que conozcas que el Altísimo se enseñorea en el reino de los hombres, y a quien él quisiere lo dará.
33 En la misma hora se cumplió la palabra sobre Nabucodonosor, y fue echado de entre los hombres; y comía hierba como los bueyes, y su cuerpo se bañaba con el rocío del cielo, hasta que su pelo creció como de águila, y sus uñas como de aves.
34 Mas al fin del tiempo yo Nabucodonosor alcé mis ojos al cielo, y mi sentido me fue vuelto; y bendije al Altísimo, y alabé y glorifiqué al que vive para siempre;

porque su señorío es sempiterno, y su Reino por todas las edades.

35 Y todos los moradores de la tierra por nada son contados; y en el ejército del cielo, y en los moradores de la tierra, hace según su voluntad: ni hay quien estorbe con su mano, y le diga: ¿Qué haces?

36 En el mismo tiempo mi sentido me fue vuelto, y torné a la majestad de mi reino; mi dignidad y mi grandeza volvieron a mí, y mis gobernadores y mis grandes me buscaron; y fui restituido en mi reino, y mayor grandeza me fue añadida.

37 Ahora yo, Nabucodonosor, alabo, engrandezco y glorifico al Rey del cielo, porque todas sus obras son verdad, y sus caminos juicio; y a los que andan con soberbia, puede humillar.   (Daniel 4:4-37).

Regresemos un momento a la primera visión de Nabucodonosor de una "imagen, que era muy grande, y cuya gloria era muy sublime… y su aspecto era terrible. La cabeza de esta imagen era de fino **oro**; sus pechos y sus brazos, de **plata**; su vientre y sus muslos, de **bronce**; sus piernas de **hierro**; sus pies, **en parte de hierro, y en parte de barro cocido**." Siguiendo la línea de la interpretación que Daniel le dio al rey, este sueño le hablaba de cinco imperios mundiales comenzando con la Gran Babilonia de Nabucodonosor (como la cabeza de oro). Siguiendo la historia humana lleguemos a los Medos y los Persas (los brazos de plata) bajo Ciro y sus sucesores; el reino de Grecia comenzando con Alejandro el Grande (como los muslos y el vientre de bronce); el reino de Roma comenzando con los Césares (como las piernas de hierro) hasta llegar a las democracias del presente (los pies de hierro mezclado con barro cocido) donde la ley (hierro) está implementada por la voluntad del pueblo (el barro cocido).

Sin restar en lo más mínimo de lo declarado arriba vamos a considerar este sueño de una manera más personal porque es la misma imagen de todos nosotros en nuestro estado natural. Todos tenemos "cabeza de oro" (el oro es símbolo de justicia en las

Escrituras) en que nuestros pensamientos son excelentes. Todos pensamos cómo resolveríamos los problemas de todo el mundo para el bien si sólo pudriéramos tener el mando del mundo estilo Nabucodonosor. Todos tenemos pechos y brazos de plata (la plata es símbolo de redención) en que todos deseamos en el fondo de nuestro corazón salvar a la humanidad de sus problemas y estamos dispuestos a remangar nuestros brazos y trabajar para ese fin. Pero también todos tenemos "vientre y muslos de bronce" (el bronce es símbolo de juicio). Cuando vemos los problemas de la humanidad comenzamos a juzgar los motivos de los demás. No tenemos "entrañas de misericordia". Todos tenemos la inclinación natural de imponer la "ley del talión" en vez de la "regla de oro." (¡Y las últimas consecuencias de "ojo por ojo y diente por diente" en la sociedad de la humanidad caída sería que todos quedarían ciegos y muecos!). Además de esto todos también tenemos "piernas de hierro" (el hierro es símbolo de dominio) en que todos pensamos que es mejor controlar a los demás y no dejar que ellos nos controlen. El hierro es también símbolo del dominio de la ley y todos tenemos nuestros pies, **"en parte de hierro, y en parte de barro cocido"** porque siempre queremos aplicar la ley según el leal entender y saber de nuestra naturaleza humana que exige perfección a los demás pero rinde multitud de excusas a favor de nuestra propia persona.

Seguimos contemplando esta escena tan espantosa y terrible y misteriosa del hombre natural "Babilónico" en todo su esplendor hasta que Dios comienza a edificar un hombre nuevo, un reino nuevo, un "reino de sacerdotes" (ver Apocalipsis 1) *"hasta que una piedra fue cortada, no con manos."* Hasta que Jesús, el Cristo vino como piedra angular de un Reino nuevo. Una piedra *"la cual hirió a la imagen **en sus pies** de hierro y de barro cocido, y los desmenuzó."* Cuando Dios comienza a tratar con nosotros nos da en los pies, en el caminar. El Espíritu de Dios comienza por redargüirnos *"de pecado, y de justicia, y de juicio"* (Juan 16:8). Nos muestra la diferencia entre nuestra cabeza de oro que puede captar los pensamientos de Dios y el caminar tan desastroso de nuestros pies donde *"el hierro no se mezcla con el tiesto"* donde clamamos como Saulo en Damasco:

Acerca de Los Misterios . . . y el Culto al Hombre

> 21 ... Así que, queriendo yo hacer el bien, hallo esta ley: Que el mal me es propio.
> 22 Porque con el hombre interior, me deleito con la ley de Dios;
> 23 mas veo otra ley en mis miembros, que se rebela contra la ley de mi mente, y que me lleva cautivo a la ley del pecado que está en mis miembros.
> 24 ¡Miserable hombre de mí! ¿Quién me librará del cuerpo de esta muerte? (Romanos 7:21-24).

Y la respuesta sigue siendo la misma: "La gracia de Dios, por Jesús, el Cristo, Señor nuestro" (verso 8). Y cuando la piedra que es el SEÑOR viene y nos daña el caminar como hizo en tiempos pasados con Jacob en Peniel y con Saulo en el camino a Damasco *"Entonces fue también desmenuzado el hierro, el barro cocido, el bronce, la plata y el oro, y se tornaron como tamo de las eras del verano; y los levantó el viento, y nunca más se les halló lugar. Mas la piedra que hirió a la imagen, fue hecha un gran monte, que llenó toda la tierra."* Entonces el SEÑOR pone remedio no sólo a nuestro caminar pecaminoso sino que también acaba con nuestro dominio sobre los demás (el hierro), con nuestros juicios (el bronce), con nuestra propia redención (la plata) y con nuestra propia justicia (el oro). En vez de esto él nos hace "piedras vivas" en un gran monte que llenará la tierra donde nosotros mismos seremos el Templo del SEÑOR.

Como hemos visto, la profecía puede ser aplicada por el Espíritu de Dios en varios niveles como El quiere interpretarla porque *"ninguna profecía de la Escritura es de particular interpretación"* (2 Pedro 1:20). Todo esto para decir lo siguiente: De nada servirá salir de un grupo o Iglesia babilónico (donde rinden culto a hombres caídos junto con el culto a Dios) si no dejamos que Dios hiera y desmenuce la gran "imagen" de Adán que todos hemos consentido, la cual tenemos como objeto de culto en nuestro propio ser, para luego talar y formarnos como "piedra viviente" en el gran monte de Dios que llenará toda la tierra. El número de la bestia en la frente y en la mano es también una manera de pensar y una manera de actuar.

Lo Que Usted Debe Saber

El tiempo está cerca en el cual se va a cumplir la parte final del gran sueño de Nabucodonosor (el hombre natural, heredero de Adán) en todo el sentido de su interpretación dada por medio de Daniel. Dios está por suministrar un golpe fatal a todos los imperios y sistemas de este mundo; en los días de las tales democracias actuales (los pies de tiesto mezclada con hierro) donde queda todavía el apoyo de la historia de la humanidad basado en elementos como el senado de los romanos, la democracia de los griegos, la ley de los medos y los persas, y todo bajo la cobertura o cabeza del paganismo de los babilónicos en cuanto a religión.

Nunca podemos olvidar que: *"no tenemos lucha contra sangre y carne; sino contra principados, contra potestades, contra señores del mundo, gobernadores de estas tinieblas, contra malicias espirituales en los cielos"* (Efesios 6:12). Y que: *"las armas de nuestra milicia no son carnales, sino poderosas de parte de Dios para la destrucción de fortalezas"* (2 Corintios 10:4). Los del nuevo hombre en Cristo no usan ni las tácticas ni las armas de este mundo babilónico sino que siguen el consejo de Dios dado a través de Pablo a los que viven entre "romanos":

> 14 Bendecid a los que os persiguen; bendecid y no maldigáis.
> 15 Gozaos con los que se gozan; llorad con los que lloran.
> 16 Unánimes entre vosotros; no altivos, mas acomodándoos a los humildes. No seáis sabios en vuestra propia opinión.
> 17 No pagando a nadie mal por mal; procurando lo bueno no sólo delante de Dios, mas aun delante de todos los hombres.
> 18 Si se puede hacer, cuanto es posible en vosotros, tened paz con todos los hombres.
> 19 No defendiéndoos a vosotros mismos, amados; antes dad lugar a la ira de Dios, porque escrito está: Mía es la venganza; yo pagaré, dice el Señor.

20 Así que, si tu enemigo tuviere hambre, dale de comer; si tuviere sed, dale de beber: que haciendo esto, ascuas de fuego amontonas sobre su cabeza.
21 No seas vencido de lo malo; mas vence con el bien el mal. (Romanos 12:14-21).

Sabemos que hay pueblo de Dios en Babilonia porque si no fuera así la Escritura no diría: *"Salid de ella, **pueblo mío**"* (Jeremías 51:45, Apocalipsis 18:4).

Los de este mundo, todos los que rinden culto a la imagen de Adán caído en cualquiera de sus muchas formas pelean y *"pelearán contra el Cordero, y el Cordero los vencerá, porque es el Señor de los señores, y el Rey de los reyes; **y los que están con él son llamados, y elegidos, y fieles**"* (Apocalipsis 17:14).

Ahora vamos a ver el gran contraste que hay entre la imagen del Adán caído que fue mostrado por Dios al rey de Babilonia, Nabucodonosor, (quien tuvo el sueño y después se le olvidó aunque le parecía que debería ser algo importante) y del hombre nuevo en Cristo. Porque todos nosotros, hijos de Adán, tenemos un sueño profundo en nuestro ser (puesto por Dios) de lo que somos en el hombre natural y de lo que Dios quiere hacer referente a esto, pero necesitamos de un Daniel para que Dios nos haga recordar todos los detalles y entender el misterio. Alexander Hislop fue ungido por Dios como un Daniel del Nuevo Testamento para recordar a la humanidad caída tanto del verdadero sueño que Dios ha puesto en el seno de cada uno de nosotros como de la verdadera interpretación o declaración de él. El enemigo ha estado presente en numerosas ocasiones para convertir nuestro sueño en pesadilla. El sueño ha durado mucho tiempo para la raza humana con pequeños intervalos de lucidez. Prepárate para emprender un viaje a través de la historia triste del culto al hombre caído y a su imagen desde los días de Nimrod y Semíramis hasta el presente con citas y referencias a más de 260 obras de la antigüedad que tienen que ver con este misterio de iniquidad. Pero, ¡gracias a Dios que también hay un misterio de justicia que obra en los que creen! (1 Timoteo 3:16; Colosenses 1:26,27).

En vez de la imagen de Nabucodonosor ahora tenemos la revelación del Cristo glorioso el cual se manifestará en sus santos:

> 1 Y vi otro ángel fuerte descender del cielo, cercado de una nube, y el arco del cielo estaba en su cabeza; y su rostro era como el sol, y sus pies como columnas de fuego.
> 2 Y tenía en su mano un librito abierto; y puso su pie derecho sobre el mar, y el izquierdo sobre la tierra;
> 3 y clamó con grande voz, como cuando un león ruge; y cuando hubo clamado, siete truenos hablaron sus voces.
> 4 Y cuando los siete truenos hubieron hablado sus voces, yo iba a escribir, y oí una voz del cielo, que me decía: Sella las cosas que los siete truenos han hablado, y no las escribas.
> 5 Y el ángel que vi estar sobre el mar y sobre la tierra, levantó su mano al cielo,
> 6 y juró por el que vive para siempre jamás, que ha creado el cielo y las cosas que están en él, y la tierra y las cosas que están en ella, y el mar y las cosas que están en él, que el tiempo no será más;
> 7 pero en los días de la voz del séptimo ángel, cuando él comenzare a tocar la trompeta, **el misterio de Dios será consumado**, como él lo evangelizó a sus siervos los profetas.
> 8 Y oí una voz del cielo que hablaba otra vez conmigo, y me decía: Anda ve, y toma el libro abierto de la mano del ángel que está sobre el mar y sobre la tierra.
> 9 Y fui al ángel, diciéndole que me diese el librito; y él me dijo: Toma, y trágalo; y él te hará amargar tu vientre, pero en tu boca será dulce como la miel.
> 10 Y tomé el librito de la mano del ángel, y lo devoré; y era dulce en mi boca como la miel; y cuando lo hube devorado, fue amargo mi vientre.

11 Y él me dice: Necesario es que otra vez profetices a muchos pueblos y naciones y lenguas y reyes.

(Apocalipsis 10:1-11).

El cuerpo de Cristo con el Señor Jesús a la cabeza es glorioso y radiante como el Sol (es un Angel u organismo vivo, no una imagen muerta) y tiene un arco iris sobre su cabeza (del pacto cumplido con, y en un pueblo). En su mano hay un libro abierto (el "librito" del pacto de Dios a la manera de El se ha hecho realidad en ellos). Sus pies son como columnas de fuego (y nada ni nadie puede pararse delante de ellos). Tiene un pie sobre el mar (las naciones) y el otro pie sobre la tierra (la iglesia) y cuando habla hay siete truenos (la plenitud) de la sabiduría y del consejo de Dios. Este ángel (o mensajero) va "cercado en, o vestido con una nube" que es lenguaje simbólico para decir que tiene la naturaleza celestial de Dios (ver 1 Corintios 15:47). Nota que en esta descripción no hay degradación en los materiales. Los pies son de la misma calidad del resto del cuerpo. El caminar de los pies de este cuerpo en la tierra y sobre el mar será en la misma santidad que la cabeza en el cielo.

Sí, Dios tendrá al final del tiempo un pueblo limpio que dará un mensaje limpio. Un pueblo que ha comido el mensaje aunque amargue y purgue y limpie el vientre del profeta hasta que profetice un mensaje limpio a *"muchos pueblos y naciones y lenguas y reyes."* Y aunque estos testigos tendrán que dar sus vidas, vencerán al hombre natural en todas sus formas, representaciones y maquinaciones *"por causa de la sangre del Cordero, y por la Palabra de su testimonio; y no han amado sus vidas hasta la muerte"* (Apocalipsis 12:11). Muchos de los temas proféticos de la Escritura, y en especial los del Apocalipsis, son temas que ya han pasado en la historia, están pasando en el presente, y todavía tendrán un pleno cumplimiento final.

–Los Editores

Daniel respondió delante del rey, y dijo: El misterio que el rey demanda, ni sabios, ni astrólogos, ni magos, ni adivinos lo pueden enseñar al rey . . .
(Daniel 2:27).

. . . pero en los días de la voz del séptimo ángel, cuando él comenzare a tocar la trompeta, el misterio de Dios será consumado, como él lo evangelizó a sus siervos los profetas.
(Apocalipsis 10:7).

INTRODUCCION

Hay esta gran diferencia entre las obras de los hombres y las obras de Dios: que la misma investigación minuciosa y escrutadora que pone de manifiesto los defectos y las imperfecciones de las primeras, revela igualmente las perfecciones de las segundas. Si se somete al microscopio la aguja más primorosamente pulimentada en la cual se haya empleado el arte del hombre, se verán muchas desigualdades, muchas asperezas y chapucerías. Pero si utilizamos ese microscopio con las flores del campo, no aparecerán tales resultados, pues en lugar de que se mengüe su belleza, se descubrirán inmediatamente muchas otras bellezas todavía más delicadas, que han escapado a simple vista; bellezas que harán que las apreciemos de manera distinta que cuando podríamos haber tenido poco conocimiento de ellas y de toda la fuerza de lo dicho por el Señor: "Aprended de los lirios del campo, cómo crecen; no trabajan ni hilan; mas os digo que ni aun Salomón con toda su gloria fue vestido así como uno de ellos." También encontramos la misma ley al comparar la *Palabra* de Dios con las más acabadas producciones de los hombres. En las más admiradas producciones del ingenio humano hay manchas y defectos. Pero cuanto más se escudriñan las Escrituras, cuanto más minuciosamente se estudian, más patente se hace su perfección, y nuevas bellezas salen a la luz todos los días; y los descubrimientos de la ciencia, y las investigaciones de los eruditos, y la obra de los librepensadores, todo conspira por igual para ilustrar la maravillosa armonía de todas las partes, y la perfección divina que engalana el conjunto.

Si esto ocurre con las Escrituras en general, lo mismo sucede especialmente en el caso de las Escrituras proféticas. Cuando todo habla en los giros de la rueda de la Providencia, los símbolos proféticos empiezan un aceleramiento todavía más osado y hermoso. Es sorprendente lo que ocurre en el caso del lenguaje profético que constituye los cimientos y la piedra angular de la presente obra. Nunca ha existido ninguna dificultad en la mente de ningún lector culto para identificar a la mujer que "se sienta sobre los siete montes," y que tiene escrito en su frente: "Misterio, Babilonia la Grande," por la apostasía de Roma. Ninguna otra ciudad del mundo ha sido celebrada como lo ha sido Roma por su situación sobre las siete colinas. Los poetas y los oradores paganos que no tenían conocimiento de la profecía dilucidatoria, también la han caracterizado como "la ciudad de las siete colinas."[1] Así, se refiere a ella Virgilio: "Roma ha llegado a ser la (ciudad) más bella del mundo, y la única rodeada por sus siete colinas como una muralla." Propercio se refiere a ella de igual modo como "la altiva ciudad de las siete colinas, que gobierna al mundo entero,"[2] añadiendo solamente otro rasgo que completa la descripción del Apocalipsis. Su "gobierno" del "mundo entero" es justamente la copia de la afirmación divina de "que tiene reino sobre los reyes de la tierra" (Apocalipsis 17:18). Llamar a Roma la ciudad "de las siete colinas" era tan descriptivo para sus ciudadanos como llamarla por su propio nombre. Por esto, Horacio se refiere a ella cuando habla solamente de sus siete colinas, al decir: "Los dioses que han puesto sus afectos en las siete colinas."[3] De igual manera, Marcial habla de "los siete montes descollantes."[4] Desde tiempos antiguos era de uso corriente el mismo lenguaje, porque cuando Símaco, prefecto de la ciudad y último Pontifix Maximus pagano, presenta a un amigo suyo como substituto imperial, lo llama "varón de los siete montes," es decir, "un hombre de los siete montes," dando a entender con esto, "civem romanum" o "ciudadano romano,"[5] como lo interpretan los comentaristas. Si bien esta característica de Roma ha sido siempre bien marcada y definida,

---

[1] Scilicet et rerum facta est pulcherrima Roma Septemqueuna sibi muro circumdedit arces.

__ *Georgicas*, lib. II, v. 534, 535.

[2] Septem urbs alta jugis toto quae praesidet orbi. __ Lib. III Eleg. 9, p. 721.

[3] Diis, quibus septem placuere colles. __ *Carmen Seculare*, v. 7, p. 497

[4] Septem dominios montes. __ Lib. IV Ep. 64, p. 254.

igualmente ha resultado fácil demostrar que la Iglesia que tiene su asiento y sus cuarteles en las siete colinas de Roma, podría ser llamada más apropiadamente "Babilonia," por cuanto es la sede principal de la idolatría en tiempos del Nuevo Testamento, así como la antigua Babilonia fue la sede principal de la idolatría en tiempos del Antiguo Testamento. Sin embargo, los recientes descubrimientos hechos en Asiria, considerados con respecto a la historia y a la mitología del mundo antiguo, bien conocidas, pero mal interpretadas, demuestran que en el nombre de Babilonia, la Grande, hay mucha más significación que esto. Siempre se ha sabido que el paganismo fue bautizado por el papado; pero Dios está poniendo de manifiesto ahora que el paganismo que Roma ha bautizado es, en todos sus elementos esenciales, *el mismo paganismo* que prevaleció en la antigua Babilonia, cuando el SEÑOR quebrantó ante Ciro las puertas de bronce, y desmenuzó los cerrojos de hierro.

De un modo o de otro, esa nueva e inesperada luz se propagaría casi al mismo tiempo sobre la Iglesia de la gran apostasía en el mismo lenguaje y con los mismos símbolos del Apocalipsis, lo que podía habernos preparado para que previéramos los acontecimientos. Es precisamente en las visiones apocalípticas donde se está *justamente ante el juicio sobre ella* cuando, por primera vez, Juan ve la Iglesia apóstata con el nombre de Babilonia la Grande "escrito en su frente" (Apocalipsis 17:5). ¿Qué significa la escritura de ese nombre *"en la frente?"* Naturalmente que no indica que sólo ante el juicio que la alcanzará; irá a revelarse tan cabalmente, que todos los que tengan ojos para ver, aquellos que tengan el menor discernimiento espiritual se verán obligados, como si lo fuera por demostración ocular, a reconocer la maravillosa conveniencia del título que el Espíritu de Dios ha puesto sobre ella. Ahora, el juicio de ella se está apresurando; y, al tiempo que éste se aproxima, la Providencia de Dios, conjuntamente con la Palabra de Dios, mediante la luz que brota de todas partes, hace cada vez más evidente que Roma es, ciertamente, la Babilonia del Apocalipsis; y que el carácter esencial de su siste-

---

[5] SIMACO, lib. II, Epis. 9, *Nota*, p. 63.

ma, los grandes objetos de su culto, sus fiestas, su doctrina y su disciplina, sus ritos y ceremonias, su sacerdocio y sus órdenes religiosas, se han derivado de la antigua Babilonia; y, finalmente, que el Papa mismo es verdadera y propiamente el representante directo de Belsasar. En la lucha que se ha empeñado contra las pretensiones de dominación de Roma, todo se ha reducido, con demasiada frecuencia, a refutar y a rechazar la presuntuosa jactancia de que ella – la Iglesia apostólica, católica, y romana; fuera de la cual no hay salvación – es la madre y la señora de todas las iglesias. En el curso de esta lectura espero que nuestro SEÑOR abra los ojos al lector para que discierna si todavía hay justificación para un trato de tal índole con ella y con sus "hijas" o si la posición que yo he adoptado puede sostenerse. Yo las veo demasiado semejantes a la Iglesia que se congregó aquella noche en que el pontífice-rey de Babilonia, en medio de sus miles de señores, "mandó que trajesen los vasos de oro y de plata que Nabucodonosor su padre había traído del Templo de Jerusalén; para que bebiesen con ellos el rey y sus príncipes, sus mujeres y sus concubinas. . . Bebieron vino y alabaron a los dioses de oro y de plata, de bronce, de hierro, de madera y de piedra. En aquella misma hora salieron unos dedos de una mano de hombre, y escribían delante del candelero sobre lo encalado de la pared del palacio real, y el rey veía la palma de la mano que escribía..." (Daniel 5:2,4,5).

Fig. 1

La mujer con el cáliz, de Babilonia (*Cylopaedia Biblico* de KITTO.)

CAPITULO I

LOS OBJETOS DE CULTO

SECCION I — TRINIDAD EN LA UNIDAD

Si existen estas coincidencias generales entre los sistemas de Babilonia y de Roma, la pregunta que surge es ésta: ¿Terminan aquí las evidencias? La respuesta a esto es: Hay muchas más. Puedo demostrarles que los Misterios de la antigua Babilonia operan en el sistema de Roma y, entonces, se verá cuán inmensamente el uno se ha apropiado del otro. Estos Misterios se mantuvieron ocultos en las tinieblas durante largo tiempo, pero ahora empiezan a disiparse las espesas tinieblas. Todos los que se fijan un poco en la literatura de Grecia, de Egipto, de Fenicia o de Roma estarán enterados del lugar que los misterios ocuparon en estos países y que, cualesquiera que sean las diferencias circunstanciales que pueda haber entre ellos en los aspectos *esenciales*, estos "Misterios" fueron los mismos en los diferentes países. Ahora, como lo da a entender el lenguaje de Jeremías, ya citado, Babilonia fue la fuente principal de donde fluyeron todos estos sistemas de idolatría, así que las deducciones de los más eruditos historiadores, solamente en los terrenos históricos, han llegado a la misma conclusión.[1] En Zonaras[2] encontramos que los testimonios coincidentes de los autores antiguos que él había consultado eran del mismo tenor; porque, hablando de aritmética y de astronomía, él expresa: "Se dice que éstos (conocimientos) pasaron de los caldeos a los egipcios, y de allí a los griegos." Si los egipcios y los griegos tomaron su aritmética y su astronomía de Caldea, donde estas ciencias eran sagradas y estaban monopolizadas por los sacerdotes, esto es evidencia suficiente de que deben haber tomado su religión de la

---

[1] Ver HERODOTO, lib. III, cap. 100, y DIOGENES LAERCIO, *Proemio*, p. 2.

[2] Lib. I. 6, p. 34.

misma procedencia. Tanto Bunsen como Layard han llegado substancialmente al mismo resultado en sus investigaciones. La exposición de Bunsen es del tenor de que el sistema religioso de Egipto había sido tomado de Asia, y del "primitivo imperio de Babel."[3] Layard, por su parte, aunque con una visión más favorable del sistema de los MAGOS caldeos del que – estoy convencido – da confiabilidad a los hechos históricos, sin embargo, habla así de ese sistema: "De la gran antigüedad de este culto primitivo hay abundante evidencia, y de que él se originó entre los habitantes de las llanuras asirias, tenemos el testimonio unánime de la historia sagrada y de la historia profana. Se le dio el epíteto de *perfecto*, y se creía que era el más antiguo de los sistemas religiosos, habiendo precedido al de los egipcios. (Egyptiis vero antiquiores esse MAGOS Aristoteles auctor est in primo de Philosophia libro.– *Theopompi Frag.*)."[4] "La identidad," agrega, "de muchas de las doctrinas asirias con las de los egipcios, es señalada por Porfirio y por Clemens;" y, en relación con el mismo asunto, cita lo siguiente de Birch sobre los rollos y los monumentos babilónicos: "Los signos zodiacales... demuestran inequívocamente que los griegos tomaron las nociones y la disposición del zodíaco [y, en consecuencia, la mitología que estaba mezclada con él] de los caldeos. La identidad de Nimrod con la constelación de Orión no puede ser descartada."[5] También Ouvaroff, en su erudita obra sobre los Misterios eleusinos, ha llegado a la misma conclusión. Después de referirse al hecho de que los sacerdotes egipcios reclamaban el honor de haber transmitido a los griegos los primeros rudimentos del politeísmo, concluye así: "Estos hechos indudables probarían suficientemente, aun sin la conformidad de ideas, que los Misterios transplantados a Grecia, y unidos allí a determinado número de naciones locales, nunca perdieron el carácter de su origen proveniente de la cuna de las ideas morales y religiosas del universo. Todos estos hechos separados, todos estos testimonios dispersos, recurren a ese principio fructífero que coloca en el Oriente

---

[3] BUNSEN, *Egipto*, vol. I, p. 444.

[4] LAYARD, *Nínive y sus Ruinas*, vol. II, p. 440.

[5] *Ibid.* pp. 439,440.

Acerca de los Misterios... y el Culto al Hombre

el centro de la ciencia y de la civilización."[6] Si de este modo tenemos evidencia de que Egipto y Grecia tomaron su religión de Babilonia, tenemos igual evidencia de que los sistemas religiosos de los fenicios procedieron de la misma fuente. Macrobio demuestra que la característica distintiva de la idolatría fenicia debe haber sido importada de Asiria que, según los escritores clásicos, incluía a Babilonia. "El culto de la Venus arquítica," dice él, "floreció antiguamente tanto entre los asirios, como ahora lo hace entre los fenicios."[7]

Hay que averiguar hasta qué punto el sistema del papado concuerda con el sistema establecido en los Misterios babilónicos. Para proseguir con tal averiguación hay que vencer considerables dificultades porque, como en la Geología, es imposible desde todo punto, llegar a los profundos y subyacentes estratos de la superficie de la tierra, si no se espera que en un determinado país encontraremos un completo y coherente informe del sistema establecido en ese país. Sin embargo, así como el geólogo, al examinar los contenidos de una grieta acá o de un levantamiento allá, que "aflora" de suyo en la superficie de cualquier otra parte, es capaz de determinar con maravillosa certeza, el orden y los contenidos generales de los diferentes estratos sobre toda la tierra, así ocurre con el asunto de los Misterios caldeos. Lo que se quiere encontrar en un país es complementado en otro; y lo que "aflora" realmente en diferentes direcciones en una larga extensión, determina necesariamente el carácter de mucho de lo que aparece directamente en la superficie. Tomando, entonces, la admitida unidad y el carácter babilónico de los antiguos Misterios de Egipto, de Grecia, de Fenicia y de Roma, como la pista para guiarnos en nuestras investigaciones, continuemos paso a paso en nuestra comparación de la doctrina y de la práctica en las dos Babilonias, La Babilonia del Antiguo Testamento y la Babilonia del Nuevo Testamento.

Y aquí tenemos que observar, en primer lugar, la identidad de los *objetos de culto* en Babilonia y en Roma. Los antiguos

---

[6] OUVAROFF, *Los Misterios Eleusinos*, secc. III. P. 20.

[7] *Saturnalia*, lib. I. cap. 21, p. 79.

babilonios, así como los romanos modernos, reconocían de *palabra* la unidad de la Divinidad; y mientras adoraban innumerables deidades menores, como poseedoras de cierta influencia en los negocios humanos, reconocían claramente que había sobre todos ellos un Creador Todopoderoso, infinito y supremo.[8] La mayoría de las demás naciones hicieron lo mismo. "En las edades primitivas de la humanidad," dice Wilkinson en su obra "Los Antiguos Egipcios," "la existencia de una sola y poderosa Deidad, que creó todas las cosas, parece haber sido la *creencia universal*; y la tradición le enseña a los hombres las mismas nociones sobre este asunto, el cual fue adoptado, con el transcurso del tiempo, por las naciones civilizadas."[9] "La religión gótica," dice Mallet, "enseñó la existencia de un Dios supremo, Señor del universo, a quien todas las cosas le estaban sometidas y le eran obedientes." – (*Tacit. de Morib. Germ.*). La antigua mitología islandesa lo llama "el Autor de todo lo que existe, el Ser eterno, viviente y terrible; el Escudriñador de las cosas ocultas, el Ser que nunca cambia." A esta Deidad se le atribuye "un poder infinito, un conocimiento ilimitado y una justicia incorruptible."[10] En la fe del antiguo Indostán encontramos la misma evidencia. Aunque el hinduismo moderno reconoce millones de dioses, los libros sagrados de la India muestran, sin embargo, que originalmente había sido muy distinto. El mayor Moor, hablando de Brahma, el dios supremo de los hindúes, dice: "No hay imagen de aquel cuya gloria es tan grande" (Veda). El "lo ilumina todo, lo deleita todo; él es de donde todo procede; él es aquel por el que viven cuando nacen, y aquel al cual todos regresan" (Veda)[11]. En los "Principios de Manú," él está caracterizado como "aquel cuya mente sólo puede percibir; aquel cuya esencia elude los órganos externos, que no tiene partes visibles, que existe desde la eternidad... el alma de todos los seres, que ningún ser puede comprender."[12] En estos pasajes hay una huella de la existencia

---

[8] YAMBLICO, secc. VIII. cap. II. MACROBIO, *Saturnalia*, p. 65.

[9] WILKINSON, vol. IV. p. 176.

[10] MALLET, *Las Antigüedades del Norte*, vol. I. pp. 78,79.

[11] MOOR, *El Panteón*, p. 4.

[12] Coronel VANS KENNEDY, *La Mitología Hindú*, p. 270.

del panteísmo, pero el mismo lenguaje empleado da testimonio de la existencia entre los hindúes de un período de fe mucho más pura.

Más aún, los hindúes no solamente habían exaltado las ideas de las perfecciones *naturales* de Dios, sino que hay evidencia de que ellos sabían bastante del carácter *bondadoso* de Dios, como se manifiesta en Sus tratos con un mundo perdido y culpable. Esto se pone de manifiesto desde el mismo nombre de Brahma, dado por ellos al Dios único, infinito y eterno. Ha habido mucha especulación no satisfactoria con relación al significado de este nombre, pero cuando se analizan cuidadosamente las diferentes manifestaciones con relación a Brahma, se hace evidente que el nombre de Brahma es apenas el hebreo Rahm con el digama antepuesto, lo que es muy frecuente en las palabras sánscritas derivadas del hebreo o del caldeo. Rahm significa en hebreo "el misericordioso o el compasivo."[13] Pero Rahm también significa el VIENTRE[14] o las *entrañas*,[15] como el lugar de la compasión. Ahora, encontramos tal lenguaje aplicado a Brahma, el único Dios supremo, lo que no podría explicarse excepto en el supuesto de que Brahma tuviera el mismo significado del hebreo Rahm. Así, encontramos al Dios Crisna en uno de los libros sagrados hindúes, donde se afirma su alta dignidad como divinidad, y su identificación con el Supremo, usando las palabras siguientes: "El gran Brahma es mi VIENTRE, y en él he puesto mi feto, y de él es la procreación de toda naturaleza. El gran Brahma es el VIENTRE de todas las diferentes formas que han sido concebidas en todo VIENTRE natural."[16] ¿Cómo podría haber sido aplicado tal lenguaje "al supremo Brahma, al santísimo, al altísimo Dios, al Ser divino, antes que a todos los demás dioses; el no nacido, el Señor poderoso, el Dios de los dioses, el Señor universal,"[17] sino de la conexión entre Rahm "el vientre," y Rahm

---

[13] Ver PARKHURST, *Léxico Hebreo*, sub voce, N° V.

[14] *Ibid*. N° II.

[15] *Ibid*. N° IV.

[16] MOOR, *El Panteón*, "Crisna," p. 211.

[17] GITA, p. 86, apud Moor.

"el misericordioso"? Entonces, encontramos aquí que Brahma es exactamente lo mismo que "Er-Rahman," "el todo misericordioso," un título aplicado por los turcos al Altísimo, y que los hindúes, a pesar de su profunda degradación religiosa, en otro tiempo reconocieron que "el santísimo y altísimo Dios" es también "el Dios de la misericordia;" en otras palabras, que él es "un Dios justo y Salvador."[18] Y prosiguiendo con esta interpretación del nombre de Brahma, vemos como su conocimiento ha coincidido exactamente, en cuanto a la creación se refiere, con el relato del origen de todas las cosas dado en el Génesis. Es bien sabido que los brahmanes, al exaltarse a sí mismos como una casta sacerdotal semidivina, ante la cual todos los demás deben inclinarse, han enseñado durante muchos siglos que mientras las demás castas proceden de los brazos, del cuerpo y de los pies de Brahmana – la representación y la manifestación visibles del invisible Brahma, e identificadas con él – únicamente ellos proceden de la boca del Dios creador. En sus libros sagrados encontramos aseveraciones que prueban que en otro tiempo debe haber sido enseñada una doctrina muy diferente. Así, en uno de los Vedas, hablando de Brahmana, se dice expresamente que "TODOS los seres" "son creados en su BOCA o proceden de ella."[19] En el pasaje en cuestión se hace un intento por enredar el asunto; pero, tomado en relación con el significado del nombre de Brahma, ya dado, ¿quién puede dudar sobre cuál era el significado real de la aseveración aun cuando sea contraria a las soberbias y exclusivas pretensiones de los brahmanes? Esto significa evidentemente que Aquel que, incluso desde la caída, ha sido revelado al hombre como el "misericordioso y piadoso"[20] (Exodo 34:6), era conocido al mismo tiempo como el Todopoderoso, que en el principio "*habló* y fue hecho," "*ordenó* y todas las cosas se hicieron de inmediato," el que hizo todas las cosas por la "Palabra de Su poder." Después de lo que ya se ha

---

[18] Para mayor evidencia del conocimiento hindú sobre este asunto, ver casi al final de la sección siguiente.

[19] *Investigaciones Asiáticas*, vol. VII. P. 294. Londres, 1807.

[20] En la versión original del Exodo, la palabra es la misma *rahm*, solamente en forma de participio.

dicho, cualquiera que consulte las "Investigaciones Asiáticas," vol. VII, pág. 203, puede ver que se debe en gran medida a la malvada perversión de este título divino del Unico Dios viviente y verdadero, un título que debía haber sido tan querido para los hombres pecadores, que todas aquellas abominaciones morales han llegado a convertirse en los templos paganos de la India en símbolos tan ofensivos para los ojos de la pureza.[21]

Tan absolutamente idólatra era el reconocimiento babilónico de la unidad divina, que el SEÑOR, el Dios viviente, condenó severamente a Su propio pueblo por fomentarla de algún modo. "Los que se santifican y los que se purifican en los huertos, unos tras otros; los que comen carne de puerco, y abominación, y ratón; juntamente serán talados, dice el SEÑOR" (Isaías 66:17). En la unidad de ese Dios Unico de los babilonios, había tres personas, y para simbolizar esa doctrina de la Trinidad, se valieron, como lo prueban los descubrimientos de Layard, del triángulo equilátero, tal como es bien conocido que lo hace la Iglesia romana de hoy día.[22] Los egipcios también se valieron del triángulo como símbolo de su "divinidad triforme." En ambos casos, tal comparación es más degradante para el Rey Eterno, y se acomoda ampliamente a la mente pervertida de aquellos que la contemplan como si hubiera o pudiera haber alguna similitud entre tal figura y Aquel que ha dicho: "¿A quién me asemejáis, y me igualáis, y me comparáis, para ser semejante?"

---

[21] En tanto que tal es el significado de Brahma, el significado de Deva, el nombre común para "Dios" en la India, es bastante análogo al de Brahma. Ese nombre se deriva comúnmente del sustantivo *Div*, "brilla" – sólo una forma diferente de *Shiv*, que tiene el mismo significado, y que viene del caldeo *Ziv*, "brillantez o resplandor" (Daniel 2:31); sin duda, cuando el culto al Sol fue injertado en la fe patriarcal, el resplandor visible de la luminaria deificada podría haber sido sugerido por el nombre. Pero hay razón para creer que "Deva" tiene un origen mucho más honorable, y que en realidad vino originalmente del caldeo *Thav*, "bueno," que también se pronuncia *Thev*, y en forma enfática es *Theva*, o *Thevo*, "El Dios". La primera letra representada por *Th*, como lo demuestra Donaldson en su *Nuevo Cratylus*, se pronuncia frecuentemente *Dh*. Por tanto, de *Dheva* o *Theva*, "El Dios," viene el sánscrito Deva, o sin el digama como ocurre frecuentemente en *Deo*, "Dios," que en latín es *Deus*, y en griego *Theos*. Este aspecto del asunto da énfasis a las palabras de nuestro Señor (Mateo 19:17):"Ninguno hay bueno sino uno: Dios" (es decir, *Theos*, "El Dios").

[22] LAYARD, *Babilonia y Nínive*, p. 605. Los egipcios también usaban el triángulo como símbolo de su "trinidad triforme." Ver MAURICE, *Antigüedades Indias*, vol. IV. p. 445. Londres, 1794.

Lo Que Usted Debe Saber

El papado tiene en algunas de sus iglesias, como por ejemplo, en el monasterio de los llamados trinitarios de Madrid, una imagen del Dios Trino y Uno con tres cabezas en un cuerpo.[23] Los babilonios tenían algo semejante. El señor Layard, en su última obra, ha dado una muestra de esa divinidad trino y uno, adorada en la antigua Asiria[24] (Fig. 2). La figura acompañante (Fig. 3) de otra divinidad parecida adorada entre los paganos de Siberia, está tomada de una medalla del Museo Imperial de San

Fig. 2
La Divinidad Trino y Uno
de la Antigua Asiria

Fig. 3
La Divinidad Trino y Uno
de los Paganos de Siberia

---

[23] PARKHURST, *Léxico Hebreo, sub voce*, "Querubín." Del siguiente resumen de *El Laico Católico de Dublín*, un periódico protestante muy competente, al describir un cuadro papista de la Trinidad, recientemente publicado en esa ciudad, se verá que algo semejante a esta forma de representación de la Divinidad aparece bastante en casa: "En la parte superior del cuadro está una representación de la Santísima Trinidad. Pedimos que se hable de ello con la reverencia debida. Dios Padre y Dios Hijo están representados con un HOMBRE con dos cabezas, un cuerpo y dos brazos. Una de las cabezas es como la de las pinturas comunes de nuestro Salvador. La otra es la cabeza de un hombre viejo, coronada por un triángulo. De en medio de esta figura sale el Espíritu Santo en forma de paloma. Creemos que debe resultar penoso para cualquier mente cristiana, y repugnante para el sentimiento cristiano, mirar esta figura" – *El Laico Católico*, 17 de julio, 1856.

Acerca de los Misterios... y el Culto al Hombre

Petersburgo, y que aparece en la obra "Jafet" de Parson.[25] Las tres cabezas están dispuestas en forma diferente al ejemplo de Layard, pero el propósito de ambas es el mismo para simbolizar la misma gran Deidad, aunque tales representaciones de la Trinidad adulteran necesaria y completamente los conceptos de aquellos entre los que prevalecen tales imágenes, con respecto al sublime misterio de nuestra fe. De igual modo, en la India la divinidad suprema está representada en uno de los templos-caverna más antiguos con tres cabezas en un cuerpo, bajo el nombre de "Eko Deva Trimurti," "Un Dios triforme."[26] En el Japón, los budistas adoran igualmente a Buda, su gran divinidad, con tres cabezas, bajo el nombre de "San Pao Fuh."[27] Todas estas representaciones han existido desde tiempos antiguos. Aun cuando eclipsado por la idolatría, el reconocimiento de la Trinidad fue universal en todas las naciones del mundo antiguo, demostrando así cuán profundamente arraigada en la raza humana estaba la primigenia doctrina sobre este asunto, que aparece tan claramente en el Génesis.[28] Cuando observamos los símbolos en la figura trino y uno de Layard, ya mencionada, y los exami-

---

[24] *Babilonia y Nínive*, p. 160. Algunos han dicho que la forma plural del nombre de Dios en el hebreo del Génesis, no es argumento para la doctrina de la pluralidad de personas en la Divinidad, porque la misma palabra en plural se aplica a las divinidades paganas. Pero como en casi todas las naciones paganas antiguas la divinidad suprema era triunitaria, es manifiesta la futilidad de esta objeción.

[25] *Jafet*, p. 184.

[26] Coronel KENNEDY, *La Mitología Hindú*, p. 211. El Coronel Kennedy pone objeciones a la aplicación del nombre "Eko Deva" a la imagen triforme en el templo-caverna de Elefanta, aduciendo que ese nombre sólo pertenece al supremo Brahmán. Pero esto es completamente inconsecuente, porque se admite que Brahma, la primera persona de esa imagen triforme, se *identifica* con el supremo Brahmán; además, esa maldición se pronuncia sobre todo el que haga distinción entre Brahma, Vishnú y Siva, las tres divinidades representadas por esa imagen.

[27] GILLESPIE, Sinim, p. 60.

[28] La triple invocación del nombre sagrado en la bendición de Jacob dada a los hijos de José llama mucho la atención: "El Dios en cuya presencia anduvieron mis padres Abraham e Isaac, el Dios que me mantiene desde que yo soy hasta este día, el Angel que me liberta de todo mal, bendiga a estos jóvenes." (Génesis 48:15,16). Si el Angel aquí mencionado no hubiera sido Dios, Jacob jamás lo hubiera invocado en igualdad con Dios. En Oseas 12:3-5, El Angel al que venció Jacob es expresamente llamado Dios: "Con su fortaleza venció al ángel. Venció al ángel, y prevaleció; lloró, y le rogó; en Bet-el le halló, y allí habló con nosotros. Mas el SEÑOR es Dios de los ejércitos; el SEÑOR es su memorial."

namos detalladamente resultan muy instructivos. Layard considera que el círculo que aparece en esa figura significa "tiempo sin límites." Pero el jeroglífico que representaba el círculo era ciertamente diferente. En Caldea, el círculo representaba el cero;[29] y el cero también significaba "la semilla." Por tanto, según el genio del sistema místico de Caldea, que se fundamentaba grandemente en dobles significados, lo que ante los ojos de los hombres significa solamente cero, en general, "el círculo" era interpretado por los iniciados como significación de "la semilla." Visto desde este punto de vista, el emblema trino y uno de la divinidad suprema asiria muestra claramente lo que había sido la fe original de los patriarcas. Primero, está la cabeza del hombre viejo; después, el cero o el círculo para "la semilla," y, por último, las alas y la cola del ave o paloma,[30] mostrando – aunque blasfemamente – la unidad del Padre, del Hijo (la Semilla), y del Espíritu Santo. Mientras ésta había sido la forma original en que la idolatría pagana había representado al Dios Uno y Trino, y esta clase de representación hubiera sobrevivido a la época de Senaquerib, hay – sin embargo, – evidencia de que, en un período tan primitivo, había ocurrido un cambio importante en las nociones babilónicas con respecto a la divinidad; y que las tres personas habían llegado a ser el Padre eterno, el Espíritu de Dios encarnado en una madre humana, y un Hijo divino, como fruto de esa encarnación.

---

[29] En nuestro propio lenguaje tenemos la evidencia de que el cero ha significado un círculo entre los caldeos; porque, ¿qué es el cero, el nombre de la cifra, sino un círculo? Y de dónde podemos haber tomado este término sino de los árabes, como ellos, sin duda, lo habían tomado de los caldeos, los grandes cultivadores a la vez de la aritmética, la geometría y la idolatría? El cero, en este sentido, se ha derivado evidentemente del caldeo *zer*, "encerrar", del cual también se derivó, sin duda, el nombre babilónico para el gran ciclo del tiempo llamado *"saros"* (BUNSEN, vol. I. pp. 711, 712). Como el que era venerado por los caldeos como la gran "Simiente," era considerado como el sol encarnado (ver capítulo tercero, sección I), y como el emblema del sol era un círculo (BUNSEN, vol. I. p. 335, y p. 537, Nº 4), la relación jeroglífica entre el cero como "el círculo," y el cero como "la simiente," se estableció fácilmente.

[30] De lo dicho en el Génesis 1:2 de que "el Espíritu de Dios se movía sobre la faz de las aguas" (porque esa es la expresión en el original), es evidente que la paloma había sido muy claramente un emblema divino para el Espíritu Santo.

SECCION II

LA MADRE Y EL HIJO, Y EL PROTOTIPO DEL HIJO

En tanto que ésta era la teoría, la primera persona de la Divinidad era prácticamente pasada por alto. Como el Gran Invisible que no se preocupaba por los asuntos humanos, él iba "a ser adorado sólo por medio del silencio,"[31] es decir, que, en realidad, él no iba a ser adorado en modo alguno por la muchedumbre. Lo mismo está ilustrado vívidamente en la India de hoy día. Aunque Brahmana, según los libros sagrados, es la primera persona de la Trimurti hindú, y la religión del Indostán recibe de él su nombre, sin embargo, no se le adora nunca, y apenas queda ahora en toda la India un solo templo de aquellos que antiguamente fueron erigidos en su honor.[32] Así también ocurre en aquellos países de Europa donde se ha difundido completamente el sistema papal. En la Italia papal, como lo admiten por lo general los viajeros, toda apariencia de culto al Rey eterno e invisible está casi extinguida, en tanto que la Madre y el Hijo son los grandes objetos de culto. Así, exactamente, ocurrió en Babilonia con respecto a esto último. Los babilonios, en su *religión popular,* rendían culto supremo a una diosa Madre y a un Hijo, que estaban representados en cuadros y en imágenes como un niño o hijo en los brazos de la madre (Fig. 4 y 5). Desde Babilonia, el culto de la Madre y del Niño se extendió hasta los confines de la tierra. En Egipto, la Madre y el Niño eran adorados bajo los nombres de Isis y Osiris.[33] En la India, aún hoy día, se les adora como Isi e Iswara.[34] En Asia, como Cibeles y Deöius;[35] en la

---

[31] YAMBLICO, sobre *los Misterios*, secc. VIII. cap. III.

[32] WARD, *Visión de los Hindúes*, apud KENNEDY, *Investigaciones en la Mitología Antigua y Moderna*, p. 196.

[33] Osiris como el hijo llamado más frecuentemente Horus. Bunsen, vol. I. p. 438, comparado con pp. 433,434.

[34] KENNEDY, *La Mitología Hindú*, p. 49. Aunque Iswara es el esposo de Isi, también se le representa como un niño en el pecho de ella. *Ibid.* p. 338, Nota.

[35] DYMOCK, *Diccionario Clásico*, "Cibeles" y "Deöius."

Lo Que Usted Debe Saber

Roma pagana, como Fortuna y Júpiter-niño, o Júpiter el joven.[36] En Grecia, como Ceres, la Gran Madre, con el niño en su seno,[37] o como Irene, la diosa de la paz, con el joven Pluto en sus brazos;[38] e, incluso en el Tíbet, en la China y en el Japón, los misio-

---

[36] Obras de CICERON, *De Divinatione*, lib. II. cap. 41. vol. III. P. 77.

[37] SOFOCLES, *Antígona*, v. 1133.

[38] PAUSANIAS, lib. I. ATICA, cap. 8.

[39] El mismo nombre por el cual los italianos designan comúnmente a la Virgen, es la traducción exacta de uno de los títulos de la diosa babilónica. Así como Baal o Belo era el nombre de la gran divinidad masculina de Babilonia, así la divinidad femenina se llamaba Beltis (HESIQUIO, *Léxico*, p. 188). Este nombre se ha encontrado en Nínive aplicado a la "Madre de los dioses" (VAUX, *Nínive y Persépolis*, p. 459); y en un discurso atribuido a Nabucodonosor, conservado en *Preparatio Evangelii* de EUSEBIO, lib. IX. cap. 41, ambos títulos "Belo y Beltis" se asocian como los títulos del gran dios y de la gran diosa babilónicos. El griego Belo, como representación del más alto título del dios babilónico, fue indudablemente Baal, "El Señor." Por tanto, Beltis, como el título de la divinidad femenina era el equivalente de "Baalti" que, en inglés es "My Lady," en latín, "Mea Domina" y, en italiano se cambia por el bien conocido "Madonna." En relación con esto, puede observarse que el nombre de Juno, la clásica "Reina del Cielo," que en griego era Hera, también significaba "La Señora;" y que el título peculiar de Cibeles o Rea en Roma, era Domina o "La Señora" (OVIDIO, *Fastos*, lib. IV. v. 340). Además hay una poderosa razón para creer que Atenea, el bien conocido nombre de Minerva en Atenas tiene el mismo significado. El hebreo Adon, "El Señor," se pronuncia Athon. Tenemos evidencia de que este nombre era conocido por los griegos asiáticos, de cuya idolatría vino, en gran medida, a la Grecia europea como un nombre de Dios bajo la forma de "Athan." Eustacio, en una nota en la *Periergesis de Dionisio* (v. 915, apud BRYANT, vol. III. p. 140), hablando de los nombres locales en la región de Laodicea, dice que "Athan es dios." El femenino de Athan, "El Señor," es Athana, "La Señora," que en el dialecto ático es Athena. Sin duda, Minerva se representa comúnmente como virgen; pero sabemos por Estrabón (lib. X. cap. 3, p. 405. París, 1853), que en Hierapitna en Creta, cuyas monedas llevan los símbolos atenienses de Minerva (Müller, *Los Dorios*, vol. I. p. 413), se decía de ella que era la madre de los coribantes. Es cierto que la Minerva egipcia, que fue el prototipo de la diosa ateniense, era madre, y se le llamaba la "Diosa Madre," o la "Madre de los dioses." – Ver WILKINSON, vol. IV. p. 285.

[40] CRABB, La Mitología, p. 150. Gutzlaff cree que ese Shing Moo debe haber sido tomado de una fuente papista; y no puede quedar duda de que, en el caso individual al que él se refiere, las historias pagana y cristiana se han mezclado. Pero Sir J. F. Davis demuestra que los chinos de Cantón encuentran tal analogía entre su propia diosa pagana Kuanyin y la Madona papista que, conversando con los europeos, con frecuencia las llaman indiferentemente por el mismo título. – DAVIS, *China*, vol. II. p. 56. Los misioneros jesuitas que llegaron primero a China también escribieron a casa en Europa, que en los libros sagrados chinos – libros inequívocamente paganos – encontraron mención de una madre y un hijo muy similares a su propia Madona y al hijo en casa. – Ver LE PERE LAFITAN, *Las Costumbres de los Salvajes Americanos*, vol. I. p. 235, Nota.

Uno de los nombres de la Santa Madre china es Ma Tsoopo, con respecto a la cual ver Apéndice, Nota C.

La Madre Diosa y el Hijo

Fig. 4

De Babilonia

Fig. 5

De la India

neros jesuitas se sorprendieron al encontrar la réplica de la Madona[39] y de su hijo, adorada tan devotamente como en la propia Roma papal; a Shing Moo, la Santa Madre de China, se la representa con un niño en sus brazos y un halo a su alrededor, exactamente como si se hubiera contratado un artista católico romano para hacerla.[40]

SUBSECCION I — EL HIJO EN ASIRIA

Hay fundamento para creer que el original de esa madre tan adorada fue Semíramis,[41] ya mencionada, quien, como es bien sabido, fue adorada por los babilonios[42] y en otras naciones[43] del oriente; y que, bajo el nombre de Rea,[44] fue la gran diosa "Madre."

Sin embargo, fue del hijo de quien ella derivó toda su gloria y todos sus títulos para la deificación. Ese hijo, aunque representado como un niño en los brazos de la madre, fue una persona de gran estatura e inmensos poderes corporales, así como dueño de los más fascinantes modales. En las Escrituras se le menciona bajo el nombre de Tamuz (Ezequiel 8:14), pero es conocido comúnmente entre los escritores clásicos con el nombre de Baco, "el Lamentado."[45] Para el lector común y corriente, el nombre de Baco no sugiere cosa distinta a orgía y borrachera, pero ahora se sabe bien que entre todas las abominaciones que acompañaban sus orgías, su propósito grande y manifiesto era "la purificación de las almas"[46] y, por tanto, de la culpa y de la contaminación del pecado. El Lamentado, representado y adorado como un niño en los brazos de su madre, parece haber sido, de hecho, el esposo de Semíramis y que su nombre, Nino, por el que es conocido comúnmente en la historia clásica, significa literalmente

---

[41] Sir H. Rawlinson al encontrar evidencia en Nínive de la existencia de una Semíramis unos seis o siete siglos antes de la era cristiana, parece inclinado a considerarla como la única Semíramis que hubiera existido alguna vez. Pero esto trastoca toda la historia. El hecho de que hubiera una Semíramis en las épocas primigenias del mundo está fuera de toda duda (ver JUSTINO, *Historia*, p. 615, y al historiador CASTOR en *Los Fragmentos de Cory*, p. 65), aunque algunas de las hazañas de esta reina hayan sido atribuidas evidentemente a su predecesor. Layard disiente de la opinión de Sir H. Rawlinson.

[42] Ver DIODORO SICULO, lib. II. p. 76.

[43] ATENAGORAS, *Legatio*, pp. 178,179.

[44] PASCAL, *Crónica*, vol. I. p. 65.

[45] De Bakhah "llorar" o "lamentar." Entre los fenicios, dice Hesiquio, "Bacco significa llanto," p. 179. Así como las mujeres lloraban por Tamuz, así lo hacían por Baco.

[46] SERVIO, en *Las Geórgicas*, lib. I. vol. II. p.197, y en *La Eneida*, lib. VI. vol. I. p. 400.

Acerca de los Misterios... y el Culto al Hombre

"el Hijo."[47] Cuando Semíramis, la esposa, fue adorada como Rea, cuyo gran carácter distintivo era el de la gran diosa "Madre,"[48] la unión de ella con su esposo, éste bajo el nombre de Nino, o "el Hijo," fue suficiente para dar origen al culto especial de la "Madre y el Hijo," tan extensamente difundido entre las naciones de la antigüedad; y ésta es, sin duda, la explicación del hecho de que haya causado tanta confusión a los investigadores de la historia antigua el que Nino sea llamado algunas veces el *esposo*, y otras el *hijo* de Semíramis.[49] Esto también explica el origen de la misma confusión sobre la relación entre Isis y Osiris, la madre y el niño de los egipcios; porque, como lo demuestra Bunsen, en Egipto Osiris se representaba al mismo tiempo como el hijo y el esposo de su madre, llevando, realmente, como uno de sus títulos de dignidad y honor, el nombre del "Esposo de la Madre."[50] Esto arroja más luz todavía sobre el hecho ya mencionado de que el Dios hindú, Iswara, se representa como un niño en el seno de su propia esposa Isi, o Parvati.

Este Nino, o "el Hijo," llevado en los brazos de la Madona babilónica, se describe muy claramente de este modo para identificarlo con Nimrod. "Nino, rey de los asirios,"[51] dice Trogo

---

[47] De Nin, "hijo," en hebreo.

[48] Ammas, tal como Rea fue llamada por los griegos; ver HESIQUIO, *sub voce* "Ammas." Evidentemente, ammas es la forma griega del caldeo Ama, "Madre."

[49] LAYARD, *Nínive y sus Ruinas*, vol. II. p. 480.

[50] BUNSEN, vol. I. pp. 438, 439. Se puede observar que este mismo nombre "Esposo de la Madre," dado a Osiris, parece ser de uso común hoy día incluso entre nosotros mismos, aunque no hay la menor sospecha del significado del término, o de dónde proviene. Heródoto menciona que cuando estuvo en Egipto, se sorprendió al oír el mismo "Cántico de Lino," triste y embelesador, que él se había acostumbrado a oír en su tierra nativa de Grecia, cantado (aunque con otro nombre) por los egipcios (HERODOTO, lib. II. cap. 79). Lino era un dios semejante al Baco de Grecia y al Osiris de Egipto, pues Homero menciona a un muchacho que canta el cántico de Lino durante la vendimia (*La Ilíada*, lib. XVIII. v. 569-571, pp. 725, 726), y el escoliador dice que este cántico se cantaba en memoria de Lino, quien fue despedazado por los perros. El epíteto "perros" aplicado a los que despedazaron a Lino, se emplea evidentemente en un sentido místico, como se verá después claramente con el otro nombre por el que se le conoce, Narciso, que lo identifica con el Baco griego y con el Osiris egipcio. Parece que en algunos lugares de Egipto se usó una melodía peculiar por el cántico de Lino u Osiris. Savary dice que en el templo de Abidos, "el sacerdote repetía las siete vocales en forma de himnos, y que a los músicos se les prohibía hacerles la introducción. - *Cartas*, p. 566. Estrabón, a quien Savary se refiere, llama Memnón al dios de ese templo, pero sabemos por Wilkinson, vol. IV. pp. 344, 345,

Pompeyo, resumido por Justino, "cambió, primero que todo, la sobriedad de las costumbres, incitado por una pasión nueva: el deseo de conquistas. Fue el primero *que se ocupó en practicar la guerra contra sus vecinos*, y conquistó todas las naciones desde Asiria hasta Libia, cuando ellas no conocían todavía las artes de la guerra."[52] Este relato señala hacia Nimrod, y no puede aplicarse a ningún otro. El relato de Diodoro Sículo concuerda totalmente con esto, y añade otro rasgo que redunda para determinar la identificación. Ese relato es como sigue: "Nino, el más antiguo de los reyes de Asiria mencionados en la historia, realizó grandes hazañas. Siendo por naturaleza de índole bélica, además de ambicioso de la gloria que resulta del valor, armó un considerable número de jóvenes que eran tan valientes y vigorosos como él mismo, los entrenó durante largo tiempo con ejercicios difíciles y privaciones y, por estos medios, los acostumbró a soportar las fatigas de la guerra y a enfrentar los peligros con intrepidez."[53] Como Diodoro se refiere a Nino como "el más antiguo de los reyes asirios," y lo representa haciendo las guerras que aumentaron su poder extraordinariamente, sometiendo a su dominio al *pueblo* de Babilonia cuando no existía todavía la *ciudad* de Babilonia, esto demuestra que ocupó el mismo lugar que Nimrod, de quien dicen las Escrituras que "llegó a ser el

---

que Osiris era el gran dios de Abidos, de donde es evidente que Memnón y Osiris eran solamente nombres diferentes de la misma divinidad. En Egipto, el nombre de Lino u Osiris como el "esposo de la madre" era Kamut (BUNSEN, vol. I. pp. 373,374). Cuando Gregorio el Grande introdujo en la Iglesia de Roma lo que ahora se conoce como los Cantos gregorianos, él lo tomó de los misterios caldeos, que hacía mucho tiempo habían sido instituidos en Roma, pues el sacerdote católico romano Eustacio admite que estos cantos estaban compuestos en gran parte de "las tonadas lidias y frigias" (*Viaje Clásico*, vol. I. p. 379); Lidia y Frigia estaban entre los principales lugares de la última época de tales misterios, de los cuales los misterios egipcios eran sólo una derivación. Estas tonadas eran sagradas como la música del gran dios y, al introducirlos, Gregorio introdujo la música de Kamut. Y así, según todas las apariencias, ha ocurrido que el nombre de Osiris o Kamut, "el esposo de la madre" se usa todos los días entre nosotros como el nombre de la escala musical; porque, ¿qué es la melodía de Osiris, que consiste en las "siete vocales" integradas en un himno, sino la escala?

[51] El nombre "asirios," como ya lo hemos observado, tiene una amplia difusión entre los autores clásicos, que lo aplican tanto a los babilonios como a los propios asirios.

[52] JUSTINO, *Trogo Pompeyo, Historia,* vol. II. p. 615.

[53] DIODORO, *Biblioteca*, lib. II. p. 63.

primer poderoso en la tierra," y que fue "el *comienzo* de su reino Babel (Babilonia)." Como los que edificaron a Babel, cuando fue confundida su lengua, fueron dispersados por la faz de la tierra, quedando entonces desiertas tanto la ciudad como la torre que habían empezado a construir, no podía decirse propiamente que Babilonia existiera como ciudad hasta que Nimrod, al establecer allí su poder, hizo de ella el fundamento y el punto de partida de su grandeza. Entonces, con respecto a esto, la historia de Nino y de Nimrod armonizan exactamente. También la manera en que Nino consiguió el poder es la misma en que Nimrod erigió la suya. No puede haber duda de que fue acostumbrando a sus seguidores a las fatigas y peligros de la caza, como los formó gradualmente para el uso de las armas, preparándolos de este modo para que lo ayudaran en el establecimiento de sus dominios, al igual que Nino, que entrenó a sus compañeros durante largo tiempo "con ejercicios difíciles y privaciones," capacitándolos para que hicieran de él el primero de los reyes de Asiria.

Las conclusiones que se sacan de estos testimonios de la historia antigua están grandemente reforzadas por muchas consideraciones adicionales. En Génesis 10:11 encontramos un pasaje que, cuando se entiende apropiadamente su significado, arroja una luz muy nítida sobre el asunto. Este pasaje, tomado de la versión autorizada, dice así: "De esta tierra salió para Asiria, y edificó Nínive." Esto habla de ello como de algo notable, en el sentido de que Asiria salió de la tierra de Sinar, en tanto que también la humanidad en general salió de esta misma tierra. Esto proviene de la suposición de que Asiria tenía alguna especie de derecho divino sobre esa tierra, y que él había sido, de alguna manera, expulsado de ella por Nimrod, en tanto que en ninguna otra parte se sugiere en el contexto ningún derecho divino, o que parezca susceptible de prueba. Además, representa a Asiria como situada en la VECINDAD INMEDIATA de Nimrod, como un reino poderoso al igual que el mismo Nimrod, al edificar en Asiria *cuatro* ciudades, de una de las cuales se dice enfáticamente que es "ciudad grande" (ver versículo 12); en tanto que Nimrod, en esta interpretación, sólo edifica el mismo número de ciudades, de las cuales ninguna se caracteriza especialmente como "grande." En último término, es improbable que Nimrod hubiera soportado tranquilamente un poderoso rival tan cerca de él. Para obviar dificultades como ésta, se ha propuesto interpretar las palabras como "él (Nimrod) salió de esa tierra y entró en Asur, o Asiria." Pero, entonces, según el uso común de la gramática, la palabra en el original habría sido "Asurá," con el signo de movimiento hacia un lugar añadido a ella, cuando por el contrario es simplemente Asur, sin que se agregue ningún signo de movimiento. Estoy convencido de que toda la confusión que han encontrado hasta ahora los comentaristas al considerar este pasaje, han surgido de la suposición de que en el pasaje hay un nombre propio cuando, en realidad, no hay tal cosa. Asur es el participio pasivo de un verbo que, en sentido caldeo, significa "hacer fuerte"[54] y, en consecuencia, significa "siendo fortalecido," o "hecho fuerte." Leído así, todo el pasaje resulta natural y fácil: "Y fue el comienzo de su reino (el de Nimrod) Babel, Erec, Acad y Calne" (versículo 10). Un *comienzo* implica, naturalmente, algo que sucede, y lo encontramos aquí: "De esta tierra salió fuerte, o cuando había sido hecho fuerte (Asur), y edificó a Nínive... etc." (versículo 11). Esto concuerda exactamente con lo dicho en la historia antigua de Justino: "Nino *fortaleció* la grandeza de su dominio adquirido mediante posesión continuada. Habiendo sometido, por tanto, a sus vecinos cuando, por un incremento de fuerzas, siendo todavía más *fortalecido*, *siguió* contra otras tribus, y cada nueva victoria preparaba el terreno para otra, sometiendo así a todos los pueblos del oriente."[55] De modo pues que fue Nimrod o Nino el que edificó a Nínive; y el nombre de esta

---

[54] Ver *Léxico Hebreo* en *Clavis Stockii*, donde el verbo "asher" es traducido por *"firmavit roboravit."* Ashur, el participio pasivo es, en consecuencia, "firmatus, roboratus." Aunque en hebreo este sentido parece estar intrínseco en el verbo, como puede concluirse por el nombre te-ashur, el nombre del boj (Isaías 60:13), cuya madera es notable por su *firmeza y solidez*. Incluso en el sentido común y corriente del hebreo, el sentido es substancialmente el mismo; porque como Asher significa "prosperar," o "hacer próspero," Ashur, en el participio pasivo, debe significar "prosperado," o "hecho próspero."

[55] JUSTINO, *Hist. Rom. Script.*, vol. II. p. 615. Las palabras del original son las siguientes: "Ninus magnitudinem quaesitae dominationis continua possessione *firmavit*. Cum *accessione virum fortior*, ad alios transiret, et proxima quaeque victoria instrumentum sequentis esset totius Orientis populos subegit."

ciudad como "la habitación de Nino," lo explica y aclara,[56] arrojando luz al mismo tiempo, sobre el hecho de que hoy día la parte más importante de las ruinas de Nínive lleve el nombre de Nimroud.[57]

Suponiendo que Nino sea Nimrod, es la forma en que esta suposición explica lo que de otro modo sería inexplicable en los relatos de la historia antigua, que confirman de por sí, en gran parte, la verdad de tal suposición. Se dice que Nino habría sido el hijo de Belo o Bel, y que Belo habría sido el fundador de Babilonia. Si Nino fue en realidad el primer rey de Babilonia, ¿cómo puede decirse que Belo o Bel haya sido el fundador de ella? Ambas cosas pudieron ocurrir perfectamente, como se verá, si consideramos quien fue Bel, y lo que podemos rastrear de sus hazañas. Si Nino fue Nimrod, ¿quién fue el Bel histórico? Debe haber sido Cus, porque "Cus engendró a Nimrod" (Génesis 10:8); y a Cus se le representa generalmente como el promotor de la gran apostasía.[58] Pero, por otra parte, Cus, como hijo de Cam, fue Hermes o Mercurio, porque Hermes es precisamente un sinónimo egipcio para el "hijo de Cam."[59] Hermes fue el primer gran profeta de la idolatría, porque él fue reconocido por los paganos como el autor de sus ritos religiosos y el *intérprete* de los dioses. El famoso Gesenio lo identifica con el babilonio Nebo, el dios profético; y una aseveración de Higinio demuestra que era conocido como el gran instigador del movimiento que produjo la separación de las lenguas. Sus palabras son éstas: "Porque mu-

---

[56] Nin-nive, "La habitación de Nino."

[57] LAYARD, *Nínive y sus Ruinas*, vol. I. p. 7, *et passim*.

[58] Ver GREGORIO TURONENSE, *De rerum Franc.*, lib. I., *apud,* BRYANT, vol. II. pp. 403,404. Gregorio atribuye a Cus lo que, según la opinión más generalizada le ocurrió a su hijo; pero su aseveración demuestra que él creyó en sus días, lo que está ampliamente confirmado por otras fuentes, en el sentido de que Cus tuvo participación sobresaliente en apartar a la humanidad del verdadero culto de Dios.

[59] En primer lugar, Her-mes se compone de "Her," que en caldeo es sinónimo de Ham, o Khem, "el Quemado." Tanto Her como Cam significan "el Ardiente" o "el Quemado," era la base de la identificación secreta de Cam con el "Sol," deificando así al gran patriarca según cuyo nombre se llamó la tierra de Egipto en ralación con el sol. Con su propio nombre, Khem o Cam fue adorado abiertamente en épocas posteriores en la tierra de Cam (BUNSEN, vol. I. p. 373); pero esto hubiera sido muy osado al principio. Sin embargo, por medio del sinónimo "Her," se preparó el terreno

chos hombres de edad vivían bajo el gobierno de Jove [evidentemente no el Júpiter romano, sino el Jehová o Yavé de los hebreos], sin ciudades y sin leyes, y todos hablaban la misma lengua. Pero después de que Mercurio interpretara el lenguaje de los hombres (de donde al intérprete se le llama hermeneuta), el mismo individuo dispersó las naciones. Luego empezó la discordia."[60] Aquí hay un enigma evidente. ¿Cómo pudo Mercurio o Hermes tener necesidad alguna de interpretar las lenguas de la humanidad cuando todos hablaban la misma lengua? Para encontrar el sentido de esto, debemos remitirnos al lenguaje de los Misterios. Peresh en caldeo significa "interpretar," pero era pronunciado como "Peres," "separar," por los antiguos egipcios y por los griegos y, a menudo, por los mismos caldeos. Mercurio entonces, o Hermes o Cus "el hijo de Cam" fue el que "separó" las lenguas de los hombres. Parecería que él hubiera sido el inspirador del plano para edificar la gran ciudad y la torre de Babel; y, como lo daría a entender el bien conocido título de Hermes – "el intérprete de los dioses"– los habría entusiasmado en el nombre de Dios, para que continuaran en su temeraria empresa, haciendo de este modo que el lenguaje de los hombres se separara, y que ellos se hubieran dispersado por la faz de la tierra. Veamos ahora el nombre de Belo o Bel, dado al padre de Nino o Nimrod en relación con esto. Mientras el nombre griego de Belo representa tanto el Baal como el Bel de los caldeos, éstos tuvieron, sin embargo, dos títulos completamente distin-

---

para esto. "Her" es el nombre de Horus, a quien se identificaba con el sol (BUNSEN, vol. I. p. 507), lo que demuestra que la verdadera etimología del nombre viene del verbo del cual se ha derivado. En segundo lugar, "Mes" viene de Mesheh (o sin el último radical, que puede omitirse; ver PARKHURST, *sub voce*, p. 416). Mesh, significa "hacer salir." En Egipto encontramos *Ms* con el sentido de "producir" (BUNSEN, vol. I., *Signos Jeroglícos*, Apéndice, b. 43, p. 540), lo cual es evidentemente una forma diferente de la misma palabra. *Ms* también se usa en sentido pasivo (BUNSEN, *Vocabulario*, Apéndice I. p. 470, al pie, etc., "*Ms....nacido*"). En el *Léxico Stockii* se da el significado radical de Mesheh como *"Extraxit"* en latín y, como nuestra palabra inglesa *"extraction"* se aplica para nacer o descender, esto demuestra que existe una relación entre el significado genérico de esta palabra y nacer. Esta derivación se encontrará al explicar el significado de los nombres de los faraones egipcios Ramsés y Tutmés; el primero, proviene evidentemente de "el hijo de Ra" o el Sol, porque Ramsés es *"Helios pais"* (AMIANO MARCELINO, lib. 17, cap. 4, p. 162); el último, se convierte de igual manera en "el hijo de Tot." Por la misma razón, Hermes es "el hijo de Her, o Cam," el quemado, es decir, Cus.

[60] HIGINIO, *Fab*. 143, p. 114. En esta época se representaba a Foroneo como rey.

tos. Estos títulos se daban ambos, a menudo y del mismo modo, al mismo dios, pero tenían significados del todo distintos. Baal, como hemos visto, significaba "el Señor;" pero Bel significaba "el que confunde." Entonces, cuando leemos que Belo, el padre de Nino, fue el que edificó o fundó a Babilonia, puede haber duda, pues, ¿en qué sentido se le dio el título de Belo? Debe haber sido en el sentido de Bel, "el que confunde." Y sobre este significado del nombre del Bel babilónico, hay una alusión durísima en Jeremías 50:2, donde se dice: "Bel es confundido," es decir, "el que confunde es llevado a confusión." Que Cus fue conocido en la antigüedad pagana con el mismo carácter de Bel, "el que confunde," lo prueba una clarísima aseveración de Ovidio. La aseveración a la cual me refiero es aquella en la cual Jano, "el dios de los dioses,"[61] en el cual todos los demás dioses habían tenido su origen,[62] dice de sí mismo: "los antiguos me llamaron Caos."[63] Lo primero que esto demuestra en forma concluyente es que el término Caos no solamente fue conocido como un *estado* de confusión, sino como el "*dios* de la confusión." Pero, en segundo lugar, ¿quién que esté bien familiarizado con las leyes de la pronunciación caldea, no sabe que Caos es apenas una de

Jano y su garrote

Fig. 6

---

[61] Así se llamaba a Jano en los más antiguos himnos de los salios.– MACROBIO, *Saturn.*, lib. I. cap. 9, p. 54, col. 2, H.

[62] Terenciano Mauro lo llama "Principium Deorum." – BRYANT, vol. III. p. 82.

[63] *Me Chaos antiqui nam res sum prisca vocabant.–Fastos*, lib. I. v. 104. Vol. III. p 19.

las formas establecidas del nombre de Kus o Cus?[64] Entonces, obsérvese el símbolo de Jano (Fig. 6)[65], a quien "los antiguos llamaron Caos," y se verá cómo concuerda con las acciones de Cus cuando se le indentifica con Bel, "el que confunde." Ese símbolo es un garrote, y el nombre de "garrote" en caldeo viene de la misma palabra que significa "dividir en pedazos o *dispersar*."[66] El que causó la confusión de las lenguas fue el mismo que "dividió" la tierra anteriormente unida (Génesis 11:1)"en pedazos" y "dispersó" los fragmentos. Entonces, ¡cuán significativo es el garrote, como símbolo, para conmemorar la obra de Cus en su caracterización de Bel, "el que confunde"! Y esa significación se hará del todo más clara cuando el lector recurra al hebreo del Génesis 11:9 y encuentre que la misma palabra de la que garrote deriva su nombre es la que se emplea cuando se dice que, como consecuencia de la confusión de las lenguas, los hijos de los hombres fueron dispersados o esparcidos "sobre la faz de toda la tierra."[67] La palabra usada aquí para dispersar o esparcir es Hephaitz, que en la forma griega se convierte en Hephaizt,[68] y de allí el origen del bien conocido, pero poco comprendido, nombre de Hephaistos, aplicado a Vulcano, "el padre de los dioses."[69] Hephaistos es el nombre del cabecilla de la primera rebelión, como "el que dispersa o esparce," del mismo modo que Bel es el nombre del mismo individuo como "el que

---

[64] El nombre de Cush también es Khus, porque la *sh* se convierte frecuentemente en *s*; y Khus se convierte legítimamente en Khawos o, sin el digama, en Khaos.

[65] De Sir W.M. BETHAN, *Literatura y Antigüedades Etruscas Investigadas*, lámina II., vol. II. P. 120. 1842. El nombre etrusco Bel-athri, "el Señor de los espías" en el reverso de la medalla, se le dio probablemente a Jano, aludiendo a su bien conocido título de "Janus Tuens," que puede traducirse por "Jano el que mira," o por "Jano el que todo lo ve."

[66] En Proverbios 25:18 un martillo o porra es "Mephaitz." En Jeremías 51:20 se emplea evidentemente la misma palabra sin el Jod por *porra o garrote* (aunque en nuestra versión se traduce por *hacha de combate*), porque su uso no es para cortar, sino para "hacer pedazos." Ver todo el pasaje.

[67] Génesis 11:9.

[68] Hay muchos ejemplos de un cambio similar. Así, Botzra, en griego se convierte en Bostra; y Mitzraim en Mestraim. Por último, ver BUNSEN, vol. I. pp. 606-609.

[69] Vulcano, por lo común, no tiene tan alto sitio en el Panteón clásico, pero en Egipto a Hephaistos o Vulcano se le llamaba "Padre de los dioses." – AMIANO MARCELINO, lib. XVII.

confunde las lenguas." Aquí, entonces, el lector puede ver el verdadero origen del "martillo de Vulcano," que sólo es otro nombre para el garrote de Jano o Caos, "el dios de la confusión;" y para esto así como para dividir en pedazos la tierra, hay una alusión encubierta en Jeremías 50:23, donde se identifica a Babilonia con su dios primigenio al apostrofarla de esta manera: "¡Cómo fue cortado y quebrado el martillo de toda la tierra!" Como la construcción de la torre fue el primer acto de abierta rebeldía después del diluvio, y Cus, como Bel, fue el instigador de ella, entonces al primero al que debe habérsele dado el nombre de Merodac, "el Gran Rebelde,"[70] es a Cus, por supuesto, según el acostumbrado paralelismo del lenguaje profético, cuando encontramos que ambos nombres del dios babilónico se mencionan simultáneamente al predecir el juicio sobre Babilonia: "Bel es confundido, deshecho es Merodac" (Jeremías 50:2). El juicio recae sobre el dios babilónico, conforme a lo que él había hecho. Como Bel, había "confundido" a toda la tierra y, por tanto, *él* "es confundido." Como Merodac, había "dividido en pedazos" al mundo anteriormente unido por la rebelión que había instigado, siendo, por tanto, "deshecho" *él mismo*.

Esto en cuanto al carácter histórico de Bel, identificado con Janos o Caos, el *dios* de la confusión, con su simbólico garrote.[71] Prosiguiendo entonces con estas deducciones, no es difícil ver de qué manera podía decirse que Bel o Belo, el padre de Nino, fundó a Babilonia, en tanto que Nino o Nimrod fue propiamente quien la edificó. Aun cuando a Bel o Cus, especialmente en lo que tiene que ver con la postura de los primeros cimientos de Babilonia, podría considerársele como el primer rey, tal como se le presenta en algunas de las copias de la "Crónica de Eusebio," es evidente, sin embargo, tanto en la historia sagrada como en la profana, que él jamás pudo haber reinado como rey de la monarquía babilónica propiamente dicha pues, según la versión armenia de la "Crónica de Eusebio," que se lleva la palma por la exactitud y la autoridad, su nombre no figura en la lista de los reyes asirios, en tanto que el de Nino aparece de primero en términos

---

[70] Merodac viene de *Mered*, rebelarse; y del pronombre demostrativo afijo *Dakh*, que le da énfasis, significando "Ese" o "el Grande."

tales que se corresponden exactamente con el relato bíblico de Nimrod. Así entonces, teniendo en cuenta el hecho de que, por lo general, Nino ha sido considerado por la antigüedad como el hijo de Belo o Bel, y ya que hemos visto que el Bel histórico es el mismo Cus, se confirma todavía más la identidad Nino con Nimrod.

Pero cuando consideramos lo que se dice de Semíramis, la esposa de Nino, la evidencia tiene un refuerzo adicional. Tal evidencia se vuelve concluyente al demostrar que la esposa de Nino no pudo ser otra que la esposa de Nimrod; y, además, revela uno de los grandes caracteres en los que fue adorado Nimrod cuando fue deificado. En Daniel 11:38 leemos sobre un dios llamado *Alá Mahozín*,[72] "el dios de las fortalezas." Los comentaristas se encuentran desorientados sobre quién puede ser este dios de las fortificaciones. En los relatos antiguos, la existencia de cualquier *dios* de las fortificaciones se ha pasado por alto, por lo general; y debe aceptarse que no aparece ningún dios con tal distinción ante el lector común y corriente. Pero de la existencia de una *diosa* de las fortificaciones, todos saben que hay la más abundante evidencia. Esa diosa es Cibeles, a quien se le repre-

---

[71] En tanto que Bel y Hephaistos tenían el origen ya mencionado, tampoco eran nombres inapropiados, aunque en sentido diferente, para los dioses de la guerra descendientes de Cus, a quien Babilonia debió su gloria entre las naciones. Los dioses belicosos descendientes de Cus se jactaban de su poder para llevar la *confusión* entre sus enemigos, para *poner en fuga* sus ejércitos, y para "*destruir*" toda la tierra" con su poder irresistible. Sin duda por esto, así como por las hazañas del Bel primigenio, se hace alusión en las inspiradas acusaciones de Jeremías sobre Babilonia. El sentido físico de estos nombres también se sintetizaba en el garrote – el mismo garrote de Jano – que se le dio al Hércules griego cuando, con un carácter bastante diferente al del Hércules original, fue enviado como el gran reformador del mundo, por su sola fuerza física. Cuando se representaba al Jano de dos cabezas con el garrote, la doble representación tenía, probablemente, el propósito de representar unidos al viejo Cus y al joven Cus o Nimrod. Pero la doble representación, con otros atributos, también tenía relación con otro "Padre de los dioses," que será observado después y que tenía algo que ver especialmente con el agua.

[72] En nuestra versión, Alá Mahozín es traducido alternativamente "el dios de los ejércitos," o "los dioses protectores." Para la última interpretación hay la objeción insuperable de que Alá está en singular. Tampoco puede aceptarse la primera, porque Mahozín no significa "fuerzas," o "ejércitos," sino "municiones," es decir, "fortalezas." Stockius en su *Léxico*, nos da la definición *robur, arx, locus monitus* de *Mahoz* en singular y, como prueba de la definición, los siguientes ejemplos: "Y edifica altar al SEÑOR tu Dios en la cumbre de este peñasco" (Jueces 6:26) (Mahoz se da en el margen como "lugares altos"); y Daniel 11:19: "Luego volverá su rostro a las fortalezas (Mahoz) de su tierra." Ver también Gesenio, *Léxico*, p. 533.

senta universalmente con una corona mural o torreada, o con una fortaleza sobre la cabeza. ¿Por qué se representa de esta manera a Rea o Cibeles? Ovidio hace la pregunta y se la responde a sí mismo; y la respuesta es ésta: "La razón," dice él, por la cual la estatua de Cibeles llevaba una corona de torres, era "porque ella las erigió primero en las ciudades."[73] La primera ciudad del mundo después del diluvio (cuya fundación se citaba con frecuencia como el comienzo del mundo) que tenía torres y murallas circundantes fue Babilonia; y Ovidio mismo nos dice que fue Semíramis, la primera reina de esa ciudad, la que, según se creía, había "rodeado a Babilonia con una muralla de ladrillo."[74] Entonces, Semíramis, la primera reina deificada de esa ciudad y de la torre cuya cima se pretendía que llegara hasta el cielo, debe haber sido el prototipo de la diosa que "*primero* hizo torres en las ciudades." Si tomamos en cuenta a la Diana de los efesios, encontramos evidencia sobre el mismo asunto. En general, a Diana se le describía como virgen, y era la protectora de la virginidad; pero la Diana de los efesios era bastante diferente. Se la representaba con todos los atributos de Madre de los dioses (ver Fig. 7) y, como Madre de los dioses, llevaba una corona de torres, de tal modo que nadie pudiera contemplarla sin que recordara forzosamente la torre de Babel. Esta Diana que lleva la torre es identificada con Semíramis por un antiguo escoliador.[75] Por tanto, cuando recordamos que Rea o Cibeles, la diosa que lleva la torre era, a propósito, una diosa babilónica,[76] y que Semíramis, al ser deificada, fue adorada con el nombre de Rea,[77] creo que no quedará duda en cuanto a la identidad personal de la "*diosa* de las fortalezas."

---

[73] OVIDIO, *Obras*, vol. III.; *Fastos*, IV. pp. 219-221.

[74] *Ibid.* vol. II., *Metamorfosis*, lib. IV., *Fab. Príamo y Tisbe*.

[75] Un escoliador, dice Layard (*Nínive y sus Ruinas*, vol. II. p. 480, Nota) asemeja, en la *Periergesis* de Dionisio, a Semíramis con la diosa Artemisa o Despoina. Artemisa era Diana, y el título de Despoina que se le daba, demuestra que era en el carácter de Diana efesia que ella se identificaba con Semíramis porque, en griego, Despoina era Domina, "La Señora," el título peculiar de Rea o Cibeles, la diosa que portaba la torre en la antigua Roma. – OVIDIO, Fastos, lib. IV. p. 340.

[76] Ver LAYARD, *Nínive y sus Ruinas*, vol. II. pp. 451,457.

[77] Ver ante. p. 21.

Lo Que Usted Debe Saber

No hay razón para creer que Semíramis sea la única que edificó las murallas almenadas de Babilonia. Tenemos el testimonio expreso del antiguo historiador Megástenes, conservado por Abideno, de que fue Belo el que "rodeó a Babilonia con una muralla."[78] Como fue "Bel," el que confunde, quien empezó la edificación de la ciudad y de la torre de Babel, pero tuvo que dejarlas inconclusas, esto no podía referirse a *él*. Podría solamente referirse a su hijo Nino, quien heredó el título de su padre,

Fig 7
La Diana de Efeso

---
[78] CORY, *Fragmentos*, pp. 45,46.

y que fue ciertamente el primer rey del imperio babilónico, siendo, por lo tanto, el mismo Nimrod. La verdadera razón para que a Semíramis, la esposa de Nino, se le atribuyera la gloria de terminar las fortificaciones de Babilonia, fue porque ella se ganó el aprecio de los idólatras para mantener una posición preponderante, por lo cual le atribuyeron a ella todos los caracteres distintivos que, se supone, pertenecían a su esposo. Entonces, habiendo averiguado uno de los caracteres por el cual fue adorada la *esposa* deificada, podemos concluir por esto que ese fue el carácter correspondiente al *esposo* deificado. Layard da a conocer claramente su creencia de que Rea o Cibeles, la diosa de la "corona de torre," fue solamente la réplica femenina de la "deidad que presidía sobre los baluartes o fortalezas;"[79] y de que esta deidad fue Nino o Nimrod, tenemos todavía más evidencia de la que dan las dispersas noticias de la antigüedad sobre el primer rey deificado de Babilonia, bajo un nombre que lo identifica como el esposo de Rea, la diosa que "lleva la torre." Ese nombre es Cronos o Saturno.[80] Es bien sabido que Cronos o Saturno fue el

---

[79] LAYARD, *Nínive y sus Ruinas*, vol. II. pp. 456,457.

[80] En la mitología griega Cronos y Rea son por lo común hermano y hermana. A Nino y a Semíramis, según la historia, se les representaba sosteniendo una relación semejante, pero esto no es inconveniente para la verdadera identificación de Nino y Cronos; porque los parentescos entre las divinidades son particularmente contradictorias en la mayoría de los países. En Egipto, Osiris se representó en diferentes épocas no sólo como el hijo y el esposo de Isis, sino también como su padre y su hermano (BUNSEN, vol. I. p. 438); entonces, sin importar lo que los mortales pudieran ser antes de la deificación, al ser deificados adquirían nuevos parentescos. Para la apoteosis del esposo y de la esposa y para la dignificación de ambos, era necesario que a ambos se les representara por igual como del mismo origen celestial, como los hijos sobrenaturales de Dios. Antes del diluvio, el gran pecado que trajo la ruina humana fue que los "hijos de Dios" se casaron con otras que no eran las *hijas de Dios*, en otras palabras, con aquellas que no eran espiritualmente sus *"hermanas"* (Génesis 6:2,3). En el mundo nuevo, mientras prevaleció la influencia de Noé, debió haber sido fuertemente inculcada la práctica contraria, porque un "hijo de Dios" debía casarse solamente con una hija de Dios, o sea, con su propia *"hermana"* en la fe, lo que era una *inter-alianza* y una desgracia. De aquí que de la perversión de una idea espiritual vino, indudablemente, la noción de la dignidad y de la pureza de la estirpe real, preservada lo más intacta posible por el matrimonio entre hermanos reales. Este era el caso en Perú (PRESCOTT, vol. I. p. 18), en la India (HARDY, p. 133) y en Egipto (WILKINSON, vol. IV. p. 385). De aquí que el parentesco entre Júpiter y Juno, quien se vanagloriaba de ser *"soror et conjux,"* "hermana y esposa" de su esposo. Por consiguiente, existía el mismo parentesco entre Osiris y su esposa Isis, que es la primera a quien se representó "lamentando a su hermano Osiris" (BUNSEN, vol. I. p. 419). Sin duda, por la misma razón Rea fue convertida en la *hermana* de su esposo Cronos, para dignificarla e igualarla con él.

esposo de Rea, pero no se sabe bien quien fue Cronos. Según lo determinado por su prototipo, se demuestra que esa divinidad fue el primer rey de Babilonia. Teófilo de Antioquía demuestra que Cronos fue adorado en el oriente bajo los nombres de Bel y Bal;[81] y por Eusebio tenemos noticia del primero de los reyes asirios, cuyo nombre era Belo, que también fue llamado Cronos por los asirios.[82] Como los escritos originales de Eusebio no admiten a ningún Belo como rey verdadero de Asiria anterior a Nino, rey de los babilonios, y lo diferencia de él, esto demuestra que Nino, el primer rey de Babilonia, fue Cronos. Pero, además, encontramos que Cronos fue rey de los cíclopes, que eran sus hermanos, y que tomaron ese nombre de él,[83] y que los cíclopes fueron conocidos como "los inventores de la edificación de torres."[84] El rey de los cíclopes, "los inventores de la edificación de torres," ocupa una posición que se corresponde exactamente con la de Rea, la que "primero erigió (torres) en las ciudades." Por tanto, si Rea, la *esposa* de Cronos, fue la *diosa* de las fortificaciones, Cronos o Saturno, el *esposo* de Rea, es decir, Nino o Nimrod, el primer rey de Babilonia debe haber sido Alá Mahozín, "el dios de las fortificaciones."[85]

El mismo nombre de Cronos ayuda no poco para la confirmación del argumento. Cronos significa "el Cornudo."[86] Como el cuerno es un emblema oriental bien conocido para poder o fortaleza, Cronos, "el Cornudo" era, según el sistema místico, sólo

---

[81] CLERICO, *De Philosophia Orientali*, lib. I. sec. II. cap. 37).

[82] EUSEBIO, *Crónica*, p. 6.

[83] Hablando de EURIPIDES, *La Orestíada*, v. 963, p. 85, el escoliasta dice que "los cíclopes recibieron este nombre por Cíclopes su rey." De acuerdo con este escoliasta, los cíclopes eran considerados como una nación tracia, porque los tracios habían hecho suya la tradición y se la aplicaban; pero la siguiente aseveración del escoliasta en el *Prometeo* de Esquilo, p. 56, demuestra que ellos tenían parentesco con Cronos, como prueba de que él fue su rey: "Los Cíclopes... eran hermanos de Cronos, el padre de Júpiter."

[84] *"Turres ut Aristoteles, Cyclopes* (invenerunt)." – PLINIO, lib. VII, cap. 56, p. 171.

[85] Para mayor evidencia con respecto al "dios de las fortalezas," ver Apéndice, Nota D.

[86] De *Krn*, un cuerno. El epíteto Carneus aplicado a Apolo (PAUSANIAS, lib. III., *Laconica*, cap. 13), es apenas una forma diferente de la misma palabra. En los *Himnos Orficos* a Apolo se le llama "el dios cornudo" (*Himno a Apolo*).

un sinónimo del epíteto bíblico aplicado a Nimrod, a saber *Gheber*, "el Poderoso," pues él llegó a ser "el primer poderoso de la tierra" (Génesis 10:8). El nombre de Cronos, como lo sabe el lector de los clásicos, se aplica a Saturno como el "padre de los dioses." Ya habíamos tenido noticia de otro "padre de los dioses," incluso de Cus en su carácter de Bel, el que confunde, o de Hefaistos, "el Dispersador,"[87] y es fácil entender cómo cuando empieza la deificación de los mortales, y el "poderoso" hijo de Cus fue deificado, al considerar especialmente la parte que el padre parece haber tenido en el entramado de todo el sistema idólatra, habría tenido que ser deificado también, y serlo, por supuesto, en su carácter de Padre del "poderoso," y de todos los "inmortales" que a él le sucedieron. Pero, de hecho, en el transcurso de nuestra investigación, encontramos que Nimrod fue el verdadero *Padre* de los dioses, por ser el *primero* de los mortales deificados; y que esto está, por tanto, en perfecta concordancia con el hecho histórico de que Cronos, el Cornudo, o el Poderoso, sea conocido en el panteón clásico por ese título.

El significado del nombre de Cronos, "el Cornudo," aplicado a Nimrod, explica plenamente el origen del notable símbolo, tal como ocurre frecuentemente en las esculturas de Nínive, donde el gigantesco y cornudo hombre-toro representa a las grandes divinidades de Asiria. La misma palabra que significaba *toro*, también significaba *gobernante* o *príncipe*.[88] De aquí que el "toro cornudo" significaba "el Príncipe poderoso," señalando así hacia el primero de aquellos "Poderosos" que, bajo el nombre de Guebres, Gabros o Cabiri, ocuparon lugar tan destacado en el mundo antiguo, y para quienes los deificados monarcas asirios guardaban en secreto el origen de su grandeza y de su poder. Esto explica la razón por la cual el Baco de los griegos

---

[87] Ver *ante*, p. 28.

[88] En hebreo Shur, el nombre para toro o gobernante no tiene puntos; en Caldea, este nombre se convierte en Tur. De Tur con el sentido de toro, viene el latino Taurus; y de la misma palabra con el sentido de gobernante, viene Turannus, que originalmente no tenía un significado execrable. Así, en estas bien conocidas palabras clásicas tenemos evidencia del funcionamiento del mismo principio que hizo que los deificados reyes asirios se representaran bajo la forma de hombre-toro.

[89] *Himnos Orficos*: Himno LI., *Para Trietérico, Griego*, p. 117.

era representado con cuernos, y por qué era llamado frecuentemente por el epíteto de "Toro cornudo," como uno de los más altos títulos de su dignidad.[89] Aun en tiempos comparativamente recientes, Togrul Begh, el líder de los turcos selyúcidas, que procedía de las cercanías del Eufrates, era representado de modo similar con tres cuernos como emblema de su supremacía (Fig. 8).[90] Esto también explica de modo notable el origen de una de las divinidades adoradas por nuestros antepasados paganos, los anglosajones, bajo el nombre de Zernebogo. Este Zernebogo fue "la divinidad negra, malévola y fatídica,"[91] en otras palabras, la réplica exacta de la idea popular del diablo, que se supone que es negro y tiene cuernos y pezuñas. Este nombre, analizado y comparado con el grabado adjunto, de

Fig. 8

Cabeza con Tres Cuernos de Togrul Beg

El Hércules Asirio o Zernebogus

Fig. 9

---

[90] De HYDE, *Religio Veterum Persarum*, cap. 4, p. 116.

[91] SHARON TURNER, *Los Anglosajones*, vol. I. p. 217.

[92] LAYARD, *Nínive y Babilonia*, p. 605.

Acerca de los Misterios. . . y el Culto al Hombre

Layard, (Fig. 9),[92] arroja una luz muy singular sobre la fuente de donde ha procedido la superstición popular con respecto al gran Enemigo. El nombre de Zer-Nebo-Gus es también caldeo puro, y parece que diera a entender algo como "La semilla del profeta Cus." Ya hemos encontrado razón para concluir que bajo el nombre de Bel, distinto al de Baal, Cus fue el gran adivino o falso profeta adorado en Babilonia. Pero los investigadores independientes han llegado a la conclusión de que Bel y Nebo sólo fueron dos títulos diferentes para el mismo dios, un dios profético. Así comenta Kitto sobre las palabras de Isaías 46:1, "Se postró Bel, se abatió Nebo," con respecto a este último nombre: "La palabra parece venir de Nibba, anunciar un oráculo, o profetizar, por lo cual podría significar un "oráculo," pudiendo ser así, como lo sugiere Calmet ("Comentario Literal"), nada más que otro nombre para el mismo Bel, o un epíteto caracterizador aplicado a él, no siendo extraña la repetición de la misma cosa en el mismo versículo, en términos equivalentes."[93] "Zar-Nebo-Gus," la gran "simiente del profeta Cus" era, por supuesto, Nimrod, porque Cus fue el padre de Nimrod. Volvamos a Layard y veamos cómo esta tierra nuestra y Asiria son, de este modo, puestas en íntima comunicación. En el grabado ya mencionado, encontramos primero al "Hércules asirio,"[94] es decir, a "Nimrod, el gigante," como se le llama en la versión del Génesis de los Setenta, sin garrote, ni lanza, ni armas de ninguna clase, atacando a un toro. Habiéndolo vencido, él se pone los cuernos del toro en la cabeza, como un trofeo de victoria y como un símbolo de poder; y, de allí en adelante, el héroe es representado no sólo con los cuernos en la cabeza, sino que, de medio cuerpo para abajo, se le representa con las patas y las pezuñas hendidas del toro. Así pertrechado, se le representa seguidamente combatiendo contra un león. Y esto, con toda probabilidad, tiene por objeto conmemorar algún suceso en la vida del que empezó primero a ser poderoso en la caza y en la guerra, y el que, según las tradiciones antiguas, fue notable también por la fuerza corporal, siendo

---

[93] KITTO, *Comentario Ilustrado*, vol. IV. p. 53.

[94] En *Lares y Penates de Cilicia*, p. 151, Barker identifica al Hércules asirio con "Dayad, el Cazador," que es Nimrod, evidentemente.

el líder de los gigantes que se rebelaron contra el cielo. Nimrod, como hijo de Cus, era negro; en otras palabras, era un negro. En el original se dice: "¿Mudará el etíope su piel?" ¿"Puede el cusita" hacer esto? Teniendo presente esto, se verá que en esa figura desenterrada en Nínive, tenemos tanto el prototipo del Zer-Nebo-Gus anglosajón, "la simiente del profeta Cus," como el verdadero original del negro Enemigo de la humanidad, con cuernos y pezuñas. Fue en un carácter diferente al del Enemigo, como Nimrod fue adorado originalmente, pero entre un pueblo de cutis blanco como el anglosajón, era inevitable que si lo adoraban, de algún modo debía ser, por lo general, simplemente como un objeto de temor; y así Cronos, "el Cornudo," que tenía cuernos tanto como emblema de su fuerza física como de poder soberano, ha llegado a ser, en la superstición popular, como la reconocida representación del diablo.

En muchos y lejanos países, los cuernos se convirtieron en los símbolos del poder soberano. La *corona* o *diadema* que todavía rodea las sienes de los monarcas europeos, parece haberse derivado remotamente del emblema de *poder* adoptado por *Cronos* o Saturno que, según Ferécides fue "el primero antes que todos los demás que llevaron corona alguna vez."[95] La primera corona real parece haber sido solamente una cinta en la cual estaban puestos los cuernos. De la idea de poder representada por el "cuerno," resultó la costumbre de que los gobernantes subalternos llevaran una diadema adornado con un solo cuerno, en señal de su autoridad subalterna. Bruce, el viajero abisinio, da ejemplos de jefes abisinios engalanados de tal modo (Fig. 10), con respecto a los cuales dice que el cuerno atrajo su atención cuando se dio cuenta de que los *gobernantes de las provincias* se distinguían por usar este tocado.[96] En el caso de poderes soberanos, la diadema para la cabeza estaba adornada unas veces con

---

[95] "Saturnum Pherecydes ante omnes refert coronatum." – TERTULIANO, *De Corona Militis*, cap. 7, vol. II. p. 85.

[96] Ver KITTO, *Comentario Ilustrado*, vol. IV. pp. 280-282. En la figura 10, las dos figuras masculinas asirias son jefes abisinios. Las dos figuras femeninas que Kitto ha reunido con ellos, son señoras del Monte Líbano, cuyos tocados en forma de cuerno son considerados por Walpole como reliquias del antiguo culto de Astarté. (Ver lo anterior, y el *Ansayri* de Walpole, vol. III. p. 16).

un cuerno doble, y otras, con un cuerno triple. El cuerno doble había sido evidentemente el símbolo original del poder o de la fortaleza por parte de los soberanos porque, en los monumentos egipcios, las cabezas de las personas reales deificadas no tenían más que dos cuernos, por lo general, para simbolizar su poder. Como la soberanía en el caso de Nimrod estaba fundamentada en la fuerza física, por esa razón los dos cuernos del toro eran los símbolos de esa fuerza física. Leemos en la Versión de los Se-

Tocados con Cuernos
Fig. 10

tenta que "Astarté puso sobre su cabeza una cabeza de toro como enseña de su realeza."[97] Sin embargo, pronto surgió otra idea más conspicua, y la expresión de ella se vio en el símbolo de los *tres* cuernos. Parece que, con el transcurso del tiempo, llegó a asociarse una gorra con los cuernos reales. En Asiria, la gorra de los tres cuernos fue uno de los *"emblemas sagrados,"*[98] en señal de que el poder relacionado con ella era de origen celestial, pues los tres cuernos tenían que ver evidentemente con el poder de la Trinidad. Todavía tenemos indicaciones de que la

---

[97] EUSEBIO, *Proeparatio Evangelii*, lib. I. cap. 10, vol I. p. 45.

[98] LAYARD, *Nínive*, vol. II. p. 446.

[99] MAURICE, vol. III. p. 353. Londres, 1793.

[100] *Investigaciones Asiáticas*, vol. I. p. 260.

diadema con cuernos sin la gorra, fue antiguamente la *corona real*. La corona que lleva Visnú, el dios hindú, en su *avatar* del Pez, es solamente una diadema o círculo abierto con tres cuernos que aparecen erectos sobre ella, con una borlita en la punta de cada uno de los cuernos (Fig. 11).[99] En todos los *avatares* se

Gorra con Tres Cuernos de Visnú
Fig. 11

le representa con una corona que parece haber tenido como modelo a la anterior y que consiste en una diadema con tres puntos que se mantienen erguidos sobre ella, y en la cual Sir William Jones reconoce la diadema etíope o parta.[100] La tiara abierta de

Acerca de los Misterios... y el Culto al Hombre

Agni, el dios hindú del fuego, muestra en su círculo inferior el cuerno doble[101] de manera igual a lo acostumbrado desde tiempos muy antiguos en Asiria,[102] de donde procedía tal costumbre. En lugar de los tres cuernos, aparecen en su lugar tres hojas en forma de cuerno (Fig. 12);[103] de este modo, la diadema con cuernos se convirtió gradualmente en la diadema moderna o corona con las tres hojas de la flor de lis, o con otros adornos muy conocidos de tres hojas.

Entre los indios pieles rojas de Norteamérica había algo evidentemente semejante del todo a la costumbre babilónica de usar

El Hércules Tirio
Fig. 12

cuernos, porque en la "danza del búfalo," cada uno de los danzantes tenía la cabeza adornada con cuernos de búfalo;[104] y es digno de especial mención que en Grecia la "danza satírica"[105]

---

[101] *Ibid.* "Agni," lámina 80.

[102] LAYARD, *Nínive y sus Ruinas*, vol. II. p. 451.

[103] De KITTO, *Comentario Ilustrado*, vol. II. p. 301. La acanaladura en medio de la prominencia central parece demostrar que no es un cuerno realmente sino una hoja.

[104] CATLIN, *Los Indios Norteamericanos*, vol. II. p. 128.

[105] BRYANT, vol. IV. p. 250. Los sátiros eran los compañeros de Baco, y "danzaban con él" (Historia Elena, p. 22). Cuando se considera lo que era Baco y lo que era su famoso epíteto el "Toro Cornudo," los cuernos de los "sátiros" aparecerán con su verdadera trascendencia. Por una razón mística especial, el cuerno del sátiro era por lo general un cuerno de cabra, pero originalmente debió haber sido el mismo de Baco.

o danza de los sátiros parece haber sido la réplica de esta solemnidad de los pieles rojas, porque los sátiros eran divinidades con cuernos y, en consecuencia, aquellos que imitaban su danza debían tener sus cabezas adornadas a imitación de las suyas. Así cuando encontramos una costumbre en tantos y tan diferentes países, alejados los unos de los otros, que se fundamenta claramente en una forma de expresión característica del país donde Nimrod ejerció su poder, y que dicha forma de expresión no se usaba en la *vida corriente*, podemos estar seguros de que tal costumbre no fue el resultado de un mero accidente, sino que ella indica la amplia difusión de una influencia que se propagó en todas direcciones desde Babilonia, desde el tiempo en que Nimrod llegó a ser "el primer poderoso de la tierra."

Hubo otra forma en que fue simbolizado el poder de Nimrod, además de serlo por el "cuerno." Un sinónimo para Gheber, "el Poderoso" fue "Abir," en tanto que "Aber" sólo significaba "ala." Nimrod, como Cabeza y Capitán de aquellos hombres de guerra que lo rodeaban y que fueron los instrumentos para el establecimiento de su poder, era "Baal-aberin," "el Señor de los poderosos." Pero "Baal-abirin" (pronunciado casi del mismo modo), significaba "el que tiene alas"[106] y, por tanto, él fue representado no sólo como un toro cornudo, sino a la vez, como un toro cornudo y alado, demostrando no solamente que era poderoso de por sí, sino que tenía a los poderosos bajo su mando, los cuales estaban listos para hacer cumplir su voluntad y para sofocar toda oposición a su poder; y para simbolizar el inmenso alcance de su poder, era representado con grandes y extendidas alas. En Isaías 8:6-8, hay una alusión expresa sobre este modo de representar a los poderosos reyes de Babilonia y de Asiria que imitaban a Nimrod y a sus sucesores: "Por cuanto desechó este pueblo las aguas de Siloé, que corren mansamente, y se regocijó con Rezín y con el hijo de Remalías; he aquí, por tanto, que el Señor hace subir sobre ellas aguas de ríos impetuosos y muchas, esto es, al

---

[106] Esto es según la forma peculiar de un idioma oriental de la cual hay muchos ejemplos. Así, *Baal-aph,* "el Señor de la ira", significa "hombre furioso;" *Baal-lashon,* "el Señor de la lengua," significa "hombre elocuente;" *Baal-hatzim,* "el Señor de las flechas," significa "arquero;" y de igual manera, *Baal-aberin,* "el Señor de las alas," significa "el que tiene alas."

Acerca de los Misterios... y el Culto al Hombre

rey de Asiria con todo su poder; el cual subirá sobre sus ríos, y pasará sobre todas sus riberas; y pasando hasta Judá, inundará y pasará adelante, y llegará hasta la garganta; y EXTENDIENDO SUS ALAS, LLENARA la anchura de la tierra, oh Emanuel." Cuando observamos figuras tales como las que aquí se le presentan al lector (Fig. 13 y 14), con el gran alcance de sus alas extendidas simbolizando a un rey asirio, ¡qué vivacidad y fuerza

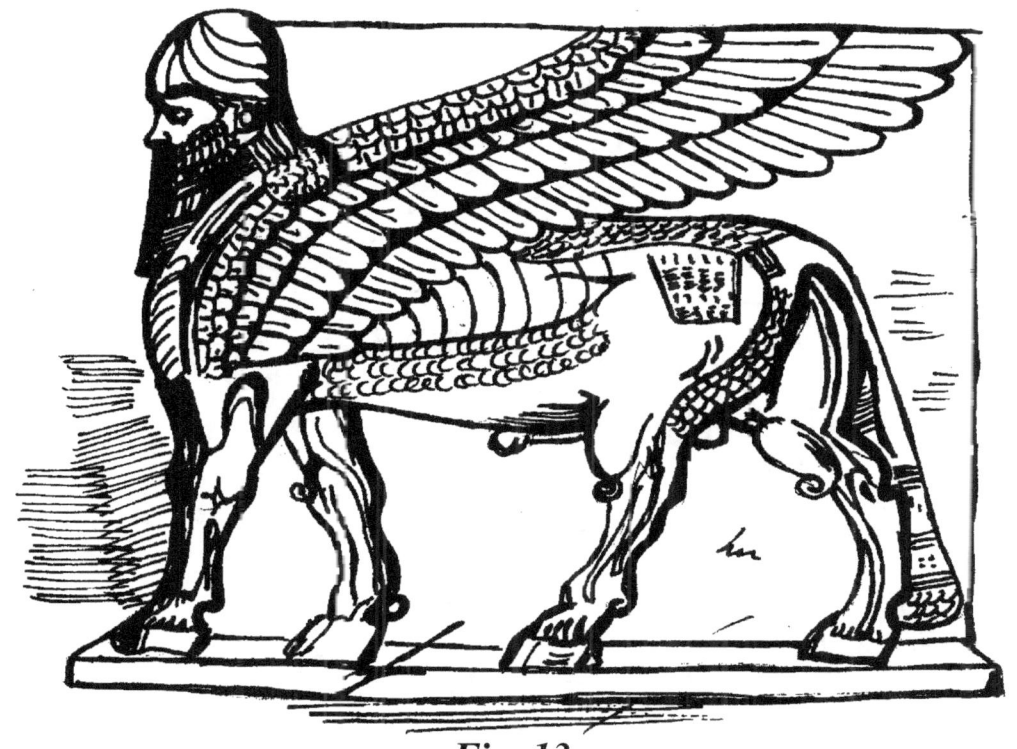

Fig. 13
El Toro Alado de Nimrod (VAUX, p.236.)

le dan al inspirado lenguaje del profeta! Y qué claro es también que el extendimiento de las ALAS de los monarcas asirios, era para "*llenar* la anchura de la tierra de Emanuel," lo cual tiene el mismo significado simbólico al que me he referido: el cubrimiento de la tierra por sus "poderosos," o sea por sus multitudinarias huestes armadas, ¡que el rey de Babilonia iba a llevar consigo en el desbordamiento de su invasión! El conocimiento de la manera como eran representados los monarcas asirios, y del significado de esa representación, refuerza adicionalmente la historia del sueño de Ciro el Grande, como lo relata Heródoto. Ciro, dice el historiador, soñó que veía al hijo de uno de sus príncipes, quien estaba entonces en una provincia distante, con dos grandes "alas en sus hombros, una de las cuales cubría el Asia, y la otra a Europa,"[107] de lo cual concluyó inmediatamente que estaba organizando una *rebelión* en contra suya. Los símbolos de los babilonios, cuya capital había tomado Ciro, y a cuyo poder había accedido, le eran completamente familiares; y si las "alas" eran los símbolos del poder soberano,

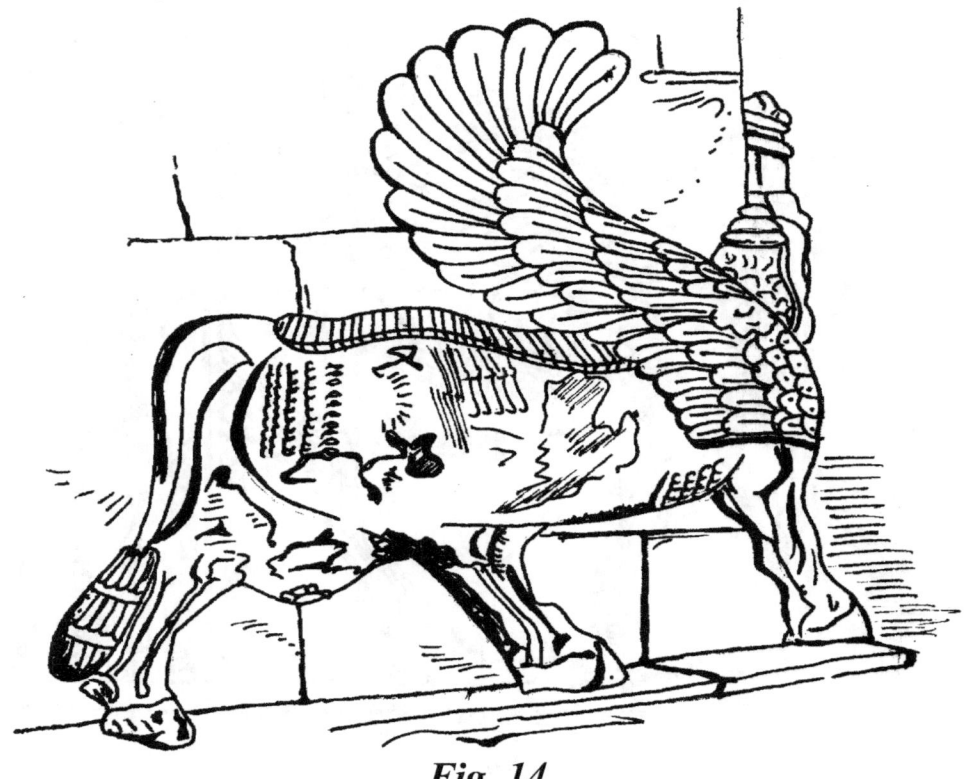

Fig. 14

El Toro Alado de Persepolis (VAUX p. 320.)

y la posesión de ellas implicaba el *señorío* sobre el *poder* o sobre las armas del imperio, entonces se comprenderá fácilmente cómo cualquier sospecha de deslealtad que afectara muy naturalmente al individuo en cuestión, podía tomar forma en la trama del relato, en los sueños del que podía abrigar tales sospechas.

Solo la comprensión del sentido equívoco de "Baal-aberin," puede explicar la notable expresión de Aristófanes de que al principio del mundo "las aves" fueron creadas *primero* y *luego, des-*

---

[107] HERODOTO, lib. I. cap. 209, p. 96.

[108] ARISTOFANES, *Las Aves*, v. 695-705, p. 404.

Acerca de los Misterios. . . y el Culto al Hombre

pués de su creación, vino la "raza de los benditos dioses inmortales."[108] Esto ha sido considerado como una expresión antiestética o disparatada por parte del poeta pero, aplicando al lenguaje la verdadera clave, se encuentra que contiene un importante hecho histórico. Tengamos en cuenta solamente que "las aves," es decir, los "alados" simbolizaban a "los Señores de los poderosos," y entonces el sentido es claro, a saber, que los hombres *primero* "empezaron a ser poderosos en la tierra," y *después* los "Señores" o líderes de "estos poderosos" fueron *deificados*. El conocimiento del sentido místico de este símbolo, explica también el origen de la historia de Perseo, el hijo de Júpiter tenido milagrosamente en Dánae, y quien fue de un país a otro con las alas que le fueron dadas en forma divina. Esto arroja luz igualmente sobre los mitos simbólicos con respecto a Belerofonte y las hazañas que él realizó en su caballo alado, y su última y desastrosa salida, cuando subió tan alto que su caída fue terrible; y de Icaro, el hijo de Dédalo, quien al volar con las alas pegadas con cera sobre el Mar de Icaro, éstas se derritieron al aproximarse demasiado al sol, dando así su nombre al mar donde se suponía que había caído. También todas las fábulas que se refieren a aquellos que imitaron o que se supone que imitaron los pasos de Nimrod, el primer "Señor de los poderosos," simbolizado en tal carácter como provisto de alas.

Es notable que, en el pasaje de Aristófanes, ya mencionado, en que habla de las aves o de los seres "alados" creados antes que los dioses, se nos informa que aquel de quien tanto "los poderosos" como los dioses derivaron su origen, fue nadie menos que Cupido, el *niño* alado.[109] Cupido, el hijo de Venus, ocupó, como será demostrado posteriormente, en la mitología mística el mismo lugar que Nin o Nino, "el hijo" con respecto a Rea, la madre de los dioses.[110] Como Nimrod fue incuestionablemente el *pri-*

---

[109] Aristófanes dice que Eros o Cupido produjo las "aves" y los "dioses" *"mezclando todas las cosas."* Esto apunta evidentemente al significado del nombre Bel, que quiere decir a la vez "el que *mezcla*" y "el que confunde." Este nombre pertenece propiamente al padre de Nimrod pero, como el hijo se representaba como identificado con el padre, tenemos evidencia de que el nombre le correspondió al hijo y a los demás por herencia.

[110] Ver Capítulo Quinto, Sección IV.

mero de "los poderosos" después del diluvio, esta afirmación de Aristófanes de que un ser alado, Cupido, el *dios-niño*, siendo él un ser alado, dio origen a todas las aves o seres "alados;" mientras que, al ocupar el mismo lugar de Nin o Nino, "el hijo," demuestra, con respecto a esto, que Nino o Nimrod también se identifican. En tanto que éste es el significado evidente que le da el poeta, ésta es también, desde un punto de vista estrictamente histórico, la conclusión del historiador Apolodoro, pues él dice que "Nino es Nimrod."[111] Después, de acuerdo con esta identidad de Nino y Nimrod, encontramos, en una de las más celebradas esculturas de la antigua Babilonia, a Nino y a su esposa Semíramis representados cuando se empeñaban activamente en la práctica de la caza[112] – "el carcaj que lleva Semíramis" es un compañero adecuado para "el poderoso Cazador delante del Señor."

SUBSECCION II — EL HIJO EN EGIPTO

Al volver a Egipto, encontramos allí también una notable y semejante evidencia. Justino, como ya hemos visto, dice que "Nino sometió a todas las naciones hasta Libia," y, en consecuencia, a Egipto. La aseveración de Diodoro Sículo es del mismo tenor, en el sentido de que Egipto fue uno de los países que Nino sometió, según él.[113] En total acuerdo con estas aseveraciones históricas encontramos que el nombre de la tercera persona en la triada egipcia fue Khons. Pero Khons en egipcio viene de una palabra que significa "cazar."[114] Por tanto, el nombre de Khons, el hijo de Maut, la diosa madre, cuyas cualidades la identificaban con Rea, la gran diosa madre de los caldeos,[115] significaba propiamente "el Cazador," o el dios de la caza. Como la rela-

---

[111] APOLODORO, *Fragmento 68*, en MÜLLER, vol. I. p. 440.

[112] DIODORO, lib. II. p. 69.

[113] Ver BRYANT, vol. II. p. 377.

[114] BUNSEN, vol. I. p. 392, y *Vocabulario*, p. 488. El cóptico para "cazar" es *Kwvc*, pronunciándose la *c* como *s*.

[115] El ornamento distintivo de Maut era el tocado de buitre. El nombre de Rea, en uno de sus significados es buitre. Para el significado *místico* de este nombre, ver Apéndice, Nota C.

ción de Khons con la egipcia Maut es la misma que existe entre Nino y Rea, ¿de qué manera identifica este título de "el Cazador" al dios egipcio con Nimrod? Este mismo nombre de Khons puesto en contacto con la mitología romana, no sólo explica el significado del nombre de un dios del Panteón romano que, hasta ahora se ha mantenido reacio a la necesidad de una explicación, sino que hace que, cuando ese nombre se explica, se arroje nueva luz sobre esta divinidad egipcia, y se refuerce la conclusión a que se ha llegado. El nombre al cual me refiero es el nombre del dios latino Conso que, en algún aspecto, fue identificado con Neptuno,[116] pero que también era considerado como "el dios de las cosas ocultas" o como "el encubridor de los secretos," y era tenido como el protector de la equitación, pues se decía que él había creado al caballo.[117] ¿Quién podía ser "el dios de las cosas ocultas," o "el encubridor de los secretos," sino Saturno, el dios de los "misterios," y cuyo nombre tal como era usado en Roma, significaba "el Oculto"?[118] El padre de Khons o Khonso (como también se le llamaba), es decir Amón, fue conocido, como nos dice Plutarco, como "el dios oculto,"[119] y ya que el padre y el hijo tienen, por lo general, una correspondencia de carácter en la misma triada, esto demuestra que Khons también debió de haber sido conocido con el mismo carácter de Saturno, es decir, como "el Oculto." Entonces, si el latino Conso concuerda tan exactamente con el egipcio Khons como el dios de "los misterios" o el dios de "los secretos," ¿puede haber duda de que Khons, "el Cazador," también concuerda con la misma divinidad romana de quien se supone que creó el caballo? ¿Quién que sea tan idóneo para tener el crédito de haber creado al caballo como el gran cazador de Babel, que lo reclutó, sin duda, para

---

[116] Cómo Nimrod fue considerado como el dios del mar, aparecería después. Ver Capítulo Cuarto, Sección I.

[117] FUSS, *Antigüedades Romanas*, cap. IV. p. 347.

[118] El significado que los romanos le asignaban al nombre Saturno se deriva evidentemente de la explicación que ellos daban del origen del nombre del Lacio, nombre éste que le fue dado, decían ellos, porque "Saturno había *permanecido oculto seguramente* en sus costas." VIRGILIO, *La Eneida*, lib. VIII. Ver también OVIDIO, *Festos*, lib. I.

[119] PLUTARCO, *De Iside et Osiride*, vol. II. p. 354.

las faenas de la caza, siendo de esta manera ayudado grandemente en su lucha contra las bestias salvajes? A propósito de esto, es bueno que el lector traiga a la memoria esa fabulosa criatura, el centauro, que era mitad hombre y mitad caballo y que tanto figura en la mitología de Grecia. Esa creación imaginaria tenía el propósito, como se admite generalmente, de recordar al hombre que primero enseñó el arte de la equitación.[120] Pero esa creación no fue producto de la fantasía griega, pues en esto, como en muchas otras cosas, los griegos se limitaron a tomarla de una fuente anterior. El centauro se encuentra en monedas acuñadas en Babilonia (Fig. 15),[121] demostrándose así que tal

El Centauro

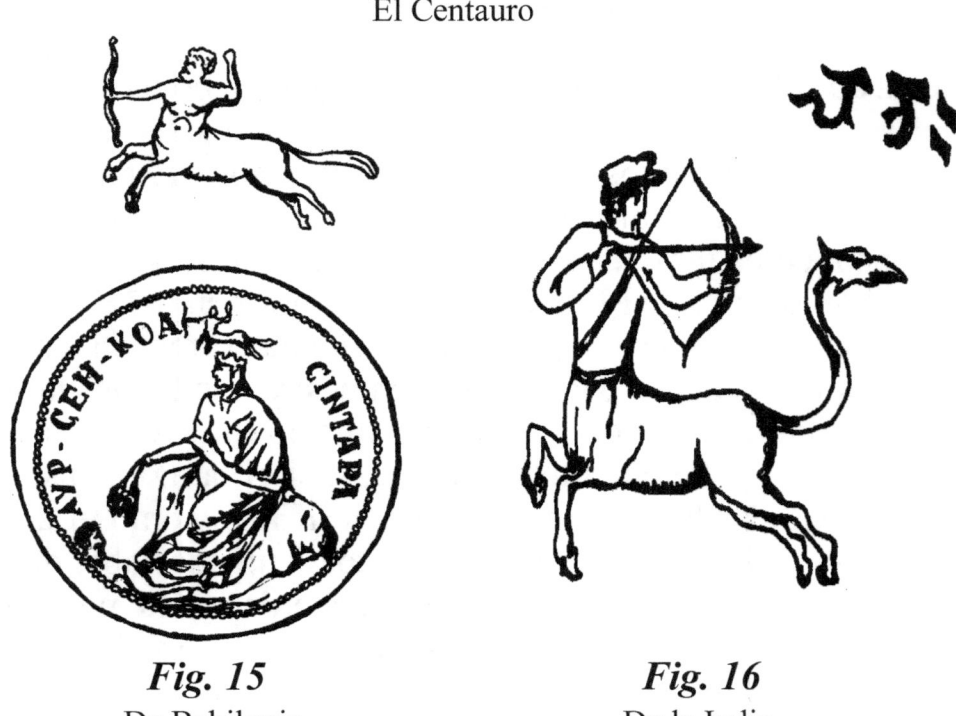

Fig. 15
De Babilonia

Fig. 16
De la India

---

[120] Como ilustración del principio que llevó a la creación de la imagen del centauro, se puede dar el siguiente pasaje de PRESCOTT, *México*, vol. I. p. 259, como demostración de los sentimientos de los mejicanos cuando vieron al primer hombre a caballo: "El (Cortés) ordenó a sus hombres [los que iban a caballo] que apuntaran sus lanzas al rostro de sus oponentes quienes, aterrorizados ante la monstruosa aparición – pues ellos suponían que el jinete y el caballo, al que nunca habían visto antes, *eran la misma cosa* – fueron sobrecogidos por el pánico."

[121] Ver *Nínive y Babilonia*, p. 250, y BRYANT, vol. III., lámina, p. 245.

[122] *Nínive y sus Ruinas*, vol. II. p. 440, Nota. El nombre que allí se le da es Sagitario. Ver nota más abajo.

Acerca de los Misterios... y el Culto al Hombre

idea debe de haber salido originalmente de esa moneda. El centauro se encuentra en el zodíaco (Fig. 16),[122] y su antigüedad se remonta a un período remoto, teniendo su origen en Babilonia. El centauro estaba representado, como nos lo dice el historiador babilónico Beroso, en el templo de Babilonia,[123] y el lenguaje que él usa parece demostrar también que así había sido en los tiempos primigenios. Ciertamente que los griegos mismos admitieron la antigüedad y el origen foráneo del centauro porque, aunque comúnmente se representaba a Ixión como el padre del centauro, reconocían, sin embargo, que el centauro era tan primitivo como Cronos o Saturno, el padre de los dioses.[124] Pero hemos visto que Cronos o Nimrod fue el primer rey de Babilonia; y, en consecuencia, también lo fue el primer centauro. Visto así, es muy sorprendente la manera como se representa al centauro en las monedas de Babilonia y en el zodíaco. El centauro era el mismo signo de Sagitario o "el Arquero."[125] Si el fundador de la gloria de Babilonia fue "el Cazador poderoso," cuyo nombre aun en los días de Moisés era proverbial (Génesis 10:9, "Este fue [Nimrod] poderoso cazador delante del SEÑOR), y cuando encontramos al "Arquero" con su arco y sus flechas en el símbolo de la suprema divinidad babilónica,[126] y el "Arquero" entre los signos del zodíaco que tuvieron su origen en Babilonia, creo que podemos concluir con seguridad que este Arquero hombre-caballo, o caballo-hombre se refería originalmente a *él*, y tenía el propósito de perpetuar el recuerdo, al mismo tiempo que su fama como cazador y su habilidad como domador de caballos.

---

[123] BEROSO, *apud* BUNSEN, p. 708.

[124] El escoliasta en *Licofrón*, v. 1200, *apud* BRYANT, vol. III. p. 315. El escoliasta dice que Quirón era el hijo de "Centauros, es decir, Cronos." Si alguien objeta que como se dice que Quirón vivió en tiempos de la guerra de Troya, esto demuestra que su padre Cronos no puede ser el padre de los dioses y de los hombres, Xenofón responde, diciendo "que Cronos era hermano de Júpiter." – *De Venatione*, p. 973.

[125] Ver las monedas ya mencionadas, y también la figura en el Zodíaco. Ver también *Manilio*, I. 270, donde él describe a Sagitario como *"mixtus equo."* De aquí que Smith diga en su *Diccionario Clásico* que Sagitario es "llamado frecuentemente centauro."

[126] LAYARD, *Nínive y sus Ruinas*, vol. II. p. 448. Para el significado del nombre centauro, ver Apéndice, Nota E.

Lo Que Usted Debe Saber

Cuando comparamos de este modo al egipcio Khons, "el Cazador," con el latino Conso, el dios de las carreras de caballos, el que "creó el caballo," y con el centauro de Babilonia, al que se atribuye el honor de ser el padre de la equitación, y mientras vemos cómo todas las líneas convergen en Babilonia, será muy claro, pienso yo, saber de dónde proviene el primitivo dios egipcio Khons.

Khons, el hijo de la gran madre-diosa parece haber sido representado generalmente como un dios en pleno crecimiento.[127] La divinidad babilónica también era representada muy frecuentemente de la misma manera en Egipto que en la tierra de su origen, es decir, como un niño en los brazos de la madre.[128] Esta es la forma en que Osiris, "el hijo y el esposo de su madre," fue representado con frecuencia, y lo que sabemos de este dios, lo mismo que en el caso de Conso, demuestra que, en su origen, no fue otro que Nimrod. Se admite que el sistema secreto de la francmasonería se fundamenta originalmente en los Misterios de la Isis egipcia, la diosa madre, o la esposa de Osiris. Pero lo que pudo haber llevado a la unión del cuerpo masónico con estos Misterios, ¿no habría tenido relación particular con la arquitectura, y el dios que se adoraba en ellos no habría sido celebrado por su éxito en perfeccionar las artes de la fortificación y de la construcción? Si ese era el caso, y teniendo en cuenta la relación en la cual, como hemos visto, Egipto se mantuvo al lado de Babilonia, ¿quién se consideraría allí naturalmente como el gran protector del arte masónico? La presunción firme es que Nimrod debe haber sido ese hombre. El fue el primero que se hizo famoso de ese modo. Como el hijo de la diosa madre babilónica, él fue adorado, como hemos visto, con el carácter de Alá Mahozín, "el dios de las fortificaciones." De igual manera Osiris, el hijo de la Madona egipcia, fue celebrado también como "el poderoso jefe de las edificaciones."[129] Este fuerte jefe de los edificios fue

---

[127] Ver WILKINSON, vol. VI. lámina 20.

[128] Uno de los símbolos con los que era representado Conso muestra que incluso a él se le identificaba con el *dios-niño*; "porque," dice Wilkinson, "al lado de su cabeza cae la guedeja trenzada de Harpócrates, o *la niñez*." Vol. V. p. 19.

[129] BUNSEN, vol. I. p. 425.

adorado originalmente en Egipto con todas las características físicas de Nimrod. Ya he observado el hecho de que Nimrod, como hijo de Cus, era negro. Y en Egipto había una tradición recordada por Plutarco en el sentido de que "Osiris era *negro,*"[130] lo cual, en una tierra donde predominaba el color moreno de la piel, su color obscuro debe haber significado algo más de lo ordinario. Plutarco también dice que Horus, el hijo de Osiris, "era de hermoso semblante,"[131] y que, por lo general, Osiris era representado de esta manera. Sin embargo, tenemos una evidencia inequívoca de que Osiris, el hijo y el esposo de la gran reina-diosa de Egipto, también se representaba como un verdadero negro. En Wilkinson puede encontrarse una representación de él (Fig. 17)[132] con las características inconfundibles del cusita genuino o sea del negro. Bunsen considera esto como un mero aporte casual de alguna de las tribus bárbaras, pero el vestido con el que está ataviado este dios negro dice algo diferente. Ese vestido lo relaciona directamente con Nimrod. Este Osiris negro está vestido de pies a cabeza con un *traje moteado,* llevando en la parte superior una piel de leopardo, y la parte inferior igualmente moteada para hacer juego con ella. Ahora, como el nombre de Nimrod[133] significa "el domador del leopardo," esto parece indicar que como Nimrod se había hecho famoso amansando caballos para emplearlos en la caza, de igual modo su fama como

---

[130] PLUTARCO, *De Isid. Et Os.*, vol. II. p. 359.

[131] *Ibid.*

[132] WILKINSON, vol. VI. lámina 33.

[133] Nimr-rod: de *Nimr* "leopardo," y *rada* o *rad* "domar." Según una costumbre invariable en hebreo, cuando concurren dos consonantes como las dos *eres* en Nimr-rod, una de ellas se suprime. Así, Nín-nive, "la habitación de Nino," se convierte en Nínive. El nombre de Nimrod se deriva comúnmente de Mered, "rebelarse;" pero siempre se ha encontrado una dificultad con respecto a esta derivación como la de que haría el nombre de Nimrod propiamente pasivo, no "el rebelde," sino "el que se rebeló contra." No hay duda de que Nimrod era un rebelde, y que su rebelión fue celebrada en los mitos antiguos; pero su nombre con tal carácter no fue Nimrod, sino Merodac o, entre los romanos, Marte, "el rebelde;" o Mamerte, "el promotor de la rebelión" entre los oscos de Italia (SMITH, *sub voce*). Que el Marte romano fue real y originalmente el dios babilónico, es evidente por el nombre dado a la diosa que fue reconocida unas veces como su "hermana," y otras como su "esposa," es decir, Belona (ver *Ibid., sub voce*), que en caldeo significa "la Lamentadora de Bel" (de **Bel** y *onah*, lamentar). La egipcia Isis, la hermana y esposa de Osiris se representaba de la misma manera, como hemos visto, "*lamentándose* por su hermano Osiris." – BUNSEN, vol. I. p. 419, Nota.

El Osiris de Egipto

Fig. 17

cazador descansaba principalmente en que encontrara el recurso para hacer que el leopardo le ayudara en la cacería de las otras bestias salvajes. Una clase especial de doma del leopardo se emplea hoy día en la India, siendo de recordarse que Bagaget I, el emperador mongol de la India, utilizaba en la organización de sus cacerías no solamente sabuesos de varias razas, sino también leopardos, cuyos "collares estaban adornados con joyas."[134] Sobre las palabras del profeta Habacuc 1:8, "más ligeros que leopardos," Kitto hace las siguientes observaciones: "La ligereza del leopardo es proverbial en todos los países donde se le encuentra. Esto, asociado con sus otras cualidades, sugirieron

---

[134] WILKINSON, vol. III. p. 17.

Acerca de los Misterios... y el Culto al Hombre

la idea en el Oriente de entrenarlo parcialmente para que pudiera ser empleado en la cacería.... A los leopardos raramente se les tiene ahora para la cacería en Asia occidental, a no ser por reyes y gobernantes; pero es más usual en las regiones orientales de Asia. Orosio relata que el rey de Portugal le envió un leopardo al Papa, lo que produjo gran asombro por la manera como daba alcance a los ciervos, y por la facilidad con que mataba ciervos y jabalíes. Le Bruyn hace mención de un leopardo que tenía el bajá que gobernaba en Gaza y en los demás territorios de la antigua Palestina, y que él empleaba frecuentemente en la caza de chacales. Pero es en la India donde se emplea con mayor frecuencia el *chita* o leopardo de caza, y donde se le ve en la perfección de poder."[135] Esta costumbre de domar leopardos, obligándolos de esta manera para que sirvan al hombre, se la encuentra hasta en los más remotos tiempos de la antigüedad primitiva. En las palabras de Sir William Jones encontramos que él afirma, basándose en las leyes persas, que Hosang, el padre de Tamurs, que edificó a Babilonia, fue "el primero que crió perros y leopardos para la cacería."[136] Como el Tamurs que edificó a Babilonia no puede ser otro que Nimrod, esta leyenda sólo se le atribuye a su padre que, como su nombre lo indica, se hizo famoso por haberse hecho a sí mismo. Como al dios clásico que lleva una piel de león, se le reconoce por esta señal como Hércules, quien mató al león de Nemea, de la misma manera el dios que se vestía con la piel de leopardo, podía ser señalado naturalmente como Nimrod, el "domador del leopardo." De que esta piel de leopardo como perteneciente al dios egipcio, no fue algo casual, tenemos la más clara evidencia. Wilkinson nos dice que, en todas las grandes ocasiones en que el sumo sacerdote egipcio era llamado para que oficiara, era indispensable que usara la piel de leopardo como su túnica de ceremonia (Fig. 18).[137] Como según principio universal en todas las idolatrías, el mismo sacerdote llevaba la insignia del dios al cual servía, esto indica la importancia que la piel manchada debe haber tenido como

---

[135] KITTO, *Comentario Ilustrado*, vol. IV. pp. 271,272.

[136] *Obras*, vol. XII. p. 400.

[137] WILKINSON, vol. IV. pp. 341,353.

símbolo del propio dios. La manera usual en que la divinidad favorita de los egipcios era representada *místicamente* era bajo la forma de un toro joven o becerro – el becerro Apis – del cual fue copiado el becerro de oro de los israelitas. Había una razón por la cual ese becerro no podía aparecer de ordinario con los

El Sumo Sacerdote Egipcio

Fig. 18

símbolos apropiados del dios que él representaba, y era porque ese becerro representaba la divinidad con el carácter de Saturno, "el Oculto," siendo "Apis" solamente otro nombre para Saturno.[138] Sin embargo, la vaca de Ator, la divinidad femenina correspondiente a Apis, es bien conocida como la "vaca manchada,"[139] y es notable que los druidas de Gran Bretaña también

---

[138] El nombre de Apis en egipcio es Hepi o Hapi, que viene evidentemente del caldeo *"Hap,"* "cubrir." En egipcio, *Hap* significa "ocultar." – BUNSEN, vol. I. Vocabulario, p. 462.

[139] WILKINSON, vol. IV. p. 387, y vol. VI. lámina 36.

adoraran una "vaca manchada."¹⁴⁰ Sin embargo, aunque parezca raro encontrar un ejemplo del becerro o del novillo deificado representado con manchas, existe todavía la evidencia de que

Idolo Egipto en Forma de Becerro.

Fig. 19

algunas veces también fuera representado así. La figura acompañante (Fig. 19) representa esa divinidad tal como fue copiada por la Colección Hamilton Smith "de la colección original hecha por los artistas del Instituto Francés del Cairo."¹⁴¹ Cuando encontramos a Osiris, el gran dios de Egipto, bajo diferentes formas, ataviado con la piel de leopardo o vestido manchado, siendo el vestido de piel de leopardo parte tan indispensable de las vestiduras sagradas de su sumo sacerdote, podemos estar seguros de que había un profundo significado en esa costumbre. Y, ¿cuál podía ser esa significación sino únicamente identificar a Osiris con el dios babilónico que era adorado como el "Domador de leopardos," y que fue adorado incluso cuando lo fue como Nino, el hijo en los brazos de su madre?

---

¹⁴⁰ DAVIES, *Los Druidas*, p. 121.

¹⁴¹ *Enciclopedia Bíblica*, vol. I. p. 368. El flagelo o látigo – el emblema del gran dios egipcio – suspendido del yugo que rodea el cuello del becerro, demuestra que este becerro representaba al dios en una de sus diferentes formas.

SUBSECCION III — EL HIJO EN GRECIA

Baste con esto para Egipto. Al entrar en Grecia, no sólo encontramos allí la evidencia sobre lo mismo, sino el incremento de esa evidencia. El dios adorado como un niño en los brazos de la gran Madre en Grecia, bajo los nombres de Dionisio, o Baco, o Iaco está expresamente identificado con el Osiris egipcio por los investigadores antiguos. Tal es el caso de Heródoto que continuó sus investigaciones en el propio Egipto, y que siempre habla de Osiris como Baco.[142] Este mismo propósito tiene el testimonio de Diodoro Sículo. "Orfeo," dice él, "introdujo de Egipto la mayor parte de las ceremonias místicas, las orgías que celebraban los extravíos de Ceres, y toda la fábula del averno. Los ritos de Osiris y de Baco son los mismos; los de Isis y Ceres se parecen exactamente los unos a los otros, excepto por el nombre."[143] Para identificar a Baco con Nimrod, "el domador de leopardos," éstos fueron empleados para tirar de su carro, y a él mismo se le representaba vistiendo una piel de leopardo, así como sus sacerdotes, ataviados de la misma manera; cuando se omitía la piel de leopardo, en su lugar se usaba, como vestidura sacerdotal, la *piel manchada* de un cervatillo. La misma costumbre de usar la piel manchada de un cervatillo parece haber sido importada a Grecia originalmente de Asiria, donde el cervatillo manchado era un símbolo sagrado, como lo sabemos por las esculturas de Nínive, pues allí encontramos una divinidad que lleva un cervatillo manchado, o un ciervo leonado en el brazo (Fig. 20), como símbolo de alguna misteriosa significación.[144] El origen de la importancia atribuida al cervatillo manchado y a su piel, ocurrió evidentemente de esta manera: Cuando Nimrod, como "el domador de leopardos," empezó a vestirse con la piel de ellos como trofeo, su vestido manchado y su apariencia deben haber impresionado la imaginación de aquellos que lo veían;

---

[142] HERODOTO, lib. I. cap. 42.

[143] *Biblioteca*, lib. I. p. 9.

[144] VAUX, *Nínive y Persépolis*, cap. VIII. p. 233.

Divinidad Asiriacon el Gamo Manchado
Fig. 20

y así llegó a ser llamado no sólo "*el Domador del manchado*" (pues éste es el significado preciso de Nimr – el nombre del leopardo), sino a ser llamado él mismo como "el Manchado." Al respecto tenemos clara evidencia sostenida por Damascio, que nos dice que los babilonios llamaban "Momis o Moumis"[145] al "único hijo" de la gran madre-diosa. Momis o Moumis significa en caldeo "el Manchado," igual que Nimr. Así, entonces, llegó a ser fácil representar a Nimrod por el nombre del "cervatillo manchado," especialmente en Grecia y dondequiera que prevaleciera una pronunciación semejante a la de Grecia. El

---

[145] DAMASCIO, en *Fragmentos* de CORY, p. 318.

nombre de Nimrod, conocido por los griegos, era Nebrod,[146] y el nombre del cervatillo "manchado" era Nebros;[147] de este modo, nada podía ser más natural que ese Nebros, "el cervatillo manchado," se convirtiera en sinónimo del mismo Nimrod. Por tanto, cuando el Baco de Grecia fue simbolizado por el Nebros, o "cervatillo manchado," tal como hemos encontrado que lo fue, ¿cuál pudo ser el propósito sino solamente el de identificarlo secretamente con Nimrod?

Tenemos evidencia de que este dios, cuyo emblema era el Nebros, fue conocido como descendiente del mismo linaje que Nimrod. En Anacreonte encontramos que un título de Baco era Aithiopais,[148] es decir, "hijo de Ethiops." Pero, ¿quién era Ethiops? Como los etíopes eran los cusitas, entonces Ethiops era Cus. "Cus," dice Eusebio, "era el que descendía de etíopes."[149] El testimonio de Josefo es del mismo tenor. Así, Cus, el padre de los etíopes, era Ethiops a modo de distinción. Por tanto, Epifanio, refiriéndose al origen de Nimrod, dice: "Nimrod, el hijo de Cus, el etíope."[150] Como Baco era hijo de Ethiops o Cus, exteriormente se le representaba con este carácter. Como Nin, "el Hijo," se le describía como un joven o un niño, y ese joven o niño era representado generalmente con una *copa* en la mano. Esa copa, para el público, lo mostraba como el dios de la borrachera; y no hay duda de que había abundancia de tal borrachera en sus orgías; sin embargo, después de todo, la copa era principalmente un jeroglífico, el del *nombre* del dios. En el lenguaje sagrado el nombre de copa era khus; y así, la *copa* en la mano del joven Baco, el hijo de Ethiops, mostraba que él era el *joven* Cus, o el hijo de Cus. En el grabado adjunto (Fig. 21),[151] la copa

---

[146] En la versión griega de los Setenta, traducida en Egipto, el nombre de Nimrod es "Nebrod" (p. 17).

[147] Nebros, el nombre del cervatillo, significa "el manchado." En Egipto, *Nmr*, se convertiría en *Nbr*; pues Bunsen demuestra que la *m* y la *b* eran convertibles con frecuencia en esa tierra. Ver vol. I. p. 449.

[148] ANACREONTE, p. 296. Las palabras de Anacreonte eran *Dionison Aitiopaida*.

[149] EUSEBIO, *Crónica*, vol. I. p. 109.

[150] EPIFANIO, lib. I. vol. I. p. 7.

[151] De *Diccionario Clásico* de SMITH, p. 208.

Baco, con la Copa y la Rama

Fig. 21

en la mano derecha de Baco está sostenida de una manera tan significativa que sugiere naturalmente que ella debe ser un símbolo y, en cuanto a la rama de la otra mano, tenemos testimonio expreso que se trata también de un símbolo. Pero, es digno de observar que la rama no tiene hojas para determinar la clase precisa de rama que es. Por tanto, debe ser un emblema genérico para una rama, o un símbolo de una rama en general y, en consecuencia, necesita de la copa como su complemento para determinar específicamente de qué clase de rama se trata. Entonces, los dos símbolos deben interpretarse en conjunto y, al interpretarlos así, solamente equivalen a la "rama de Cus," es decir, al "vástago de Cus."[152]

Lo Que Usted Debe Saber

Hay otro jeroglífico relacionado con Baco que sirve no poco para confirmar esto: la rama de hiedra. Ningún emblema era más característico del culto de Baco que éste. Dondequiera que se realizaban los ritos de Baco, dondequiera que se celebraban sus orgías, aparecía con seguridad la rama de hiedra. De una manera o de otra, la hiedra era esencial en estas celebraciones. Los adoradores la llevaban en la mano,[153] amarrada en torno a sus cabezas[154] o, incluso, llevando la hoja de hiedra tatuada indeleblemente en sus personas.[155] ¿Cuál podía ser el uso, cuál podía ser el significado de esto? Unas pocas palabras serán suficientes para demostrarlo. En primer lugar, tenemos la evidencia de que kissos, el nombre griego para la hiedra, era uno de los *nombres* de Baco;[156] además, aunque en los Misterios el nombre de Cus era conocido por su propio nombre por los sacerdotes; sin embargo, la forma establecida en la que el nombre de sus descendientes, los cusitas, era pronunciado comúnmente en Grecia, no lo era al modo oriental, sino como "kissaioi" o "kissioi."[157] Así, Estrabón, hablando de los habitantes de Susa, que era el

---

[152] Todos saben que el *odzoz Areos* de Homero, o "Rama de Marte," es lo mismo que "Hijo de Marte." El jeroglífico mencionado se formó evidentemente sobre el mismo principio. Por esa *copa* única en la mano del *joven* Baco podemos concluir claramente, por una aseveración de Pausanias, en la cual hace ver "al *muchacho* Kuathos," representando el papel de *copero* al ofrecerle la copa a Hércules, que ella pretendía señalarlo "como el joven Cus," o "el muchacho Cus." – PAUSANIAS, lib. II; *Corintíaca*, cap. 13, p. 142. Kuathos es la palabra griega para "copa," y se deriva evidentemente del hebreo Khus, "una copa," que en una de las formas caldeas se convierte en Khuth o Khuath. Es bien sabido que el nombre de Cus se encuentra a menudo en la forma Cuth, y ese nombre, en ciertos dialectos, sería Cuath. Entonces, "el muchacho Kuathos" es solamente la forma griega del "muchacho Cus," o del "joven Cus."

[Las bayas o capullos de flor sin abrir al final de las ramas, pueden significar la hiedra. Esto, sin embargo, no invalida sino que, por el contrario, refuerza el argumento general].

[153] SMITH, *Diccionario Clásico*, "Dionisos," p. 227.

[154] EURIPIDES, en ESTRABO, lib. X. p. 452.

[155] KITTO, *Comentario Ilustrado*, vol. IV. p. 144. POTTER, vol. I. p. 75. Edic. 1808.

[156] PAUSANIAS, *Atica*, cap. 31, p. 78.

[157] ESTRABON, lib. XV. p. 691. En Hesiquio, el nombre es Kissaioi, p. 531. El epíteto aplicado a la tierra de Cus en Esquilo es Kissinos – ESQUILO, *Los Persas*, v. 16. Lo anterior aclara uno de los títulos inexplicables de Apolo. "Kisseus Apollon" es claramente "Apolo el cusita."

Acerca de los Misterios... y el Culto al Hombre

pueblo de Cusistán, o la antigua tierra de Cus, dice: "Los susos se llamaban kissioi," que son, incuestionablemente, los cusitas. Si kissioi es cusita, entonces Kissos es Cus. Por consiguiente, la rama de hiedra que ocupaba lugar tan destacado en todas las bacanales, era un símbolo expreso del mismo Baco, pues Hesiquio nos asegura que Baco, representado por su sacerdote, era conocido en los Misterios *como* "la Rama."[158] Entonces, según esto, kissos, el nombre griego de la hiedra, parece que se convierte en el nombre de Baco. Como hijo de Cus, e identificado con él, algunas veces se le llamaba por el nombre de su padre: Kissos.[159] Sin embargo, su verdadera relación con su padre se derivaba específicamente de la rama de hiedra, por "la rama de Kissos" que, para los profanos comunes y corrientes, era solamente "la rama de hiedra" pero, para el iniciado, era "la rama de Cus."[160]

Este dios, reconocido como "el vástago de Cus," era adorado bajo un nombre que, al mismo tiempo que era apropiado para él en su carácter popular de dios de la vendimia, también lo describía ciertamente como el gran Fortificador. Ese nombre era

---

[158] HESIQUIO, p. 179.

[159] Ver *ante*, por lo que se dice de Jano, Nota, p. 28.

[160] La guirnalda o cintillo de hiedra tenía evidentemente un significado jeroglífico similar al anterior, porque el griego "Zeira Kissou" es también una "cinta o banda circular de hiedra," o "la simiente de Cus," La formación del griego "Zeira," cinta o banda circular, del caldeo *Zer*, "circundar," demuestra que Zero "la simiente," que también se pronunciaba *Zeraa,* de igual manera, se convertiría en Zeira en algunos dialectos griegos. Kissos, "hiedra" en griego, retiene el sentido radical del caldeo Khesha o Khesa, "cubrir u ocultar," del cual hay razón para creer que se deriva el nombre de Cus, porque la hiedra es característicamente "el encubridor u ocultador." En relación con esto, puede decirse que la segunda persona de la trinidad fenicia era Cusoros (WILKINSON, vol. IV. p. 191), que evidentemente es Cus-zoro, "La simiente de Cus." Ya hemos visto que los fenicios tomaron su mitología de Asiria.

[161] Bassareus viene evidentemente del caldeo Batzar, para el cual tanto Gesenio, pp. 150,151, como Parkhurst, p. 77, dan el doble significado de "recoger uvas" y "fortificar." Batzar se suaviza en Bazzar de la misma manera en que Nebuchadnetzar se pronunciaba Nebuchadnezzar. En el sentido de "significar una defensa inexpugnable," Gesenio cita a Jeremías 51:53: "*Si subiese* Babilonia al cielo, y si *fortaleciere* (tabatzar) en lo alto su fuerza, de mí vendrán a ella destruidores, dijo el SEÑOR." Aquí hay una referencia evidente a los dos grandes elementos del poderío de Babilonia, primero la torre; después sus numerosas fortificaciones, o murallas circundantes. Tomando el significado de Batzar como "hacer inexpugnable," Gesenio parece haber mezclado el significado genérico propio del término Batzar es un verbo compuesto de *Ba*, "en," y *Tzar*, "circundar."

Bassareus que, en su doble significación quiere decir al tiempo "el que guarda las uvas, o el recolector de la vendimia," y "el que encierra con una muralla,"[161] significando esto último que el dios griego se identificaba con el egipcio Osiris, "el fuerte jefe de los edificios," y con el asirio Belo, "que encerró a Babilonia con una muralla."

Así, tenemos evidencia acumulada y abrumadora de Asiria, Egipto y Grecia, concurriendo toda ella para demostrar que el niño adorado en los brazos de la madre-diosa en todos estos países, con el mismo carácter de Nino o Nin, "el Hijo," era Nimrod, el hijo de Cus. Puede que se haya tomado prestado de algún héroe exitoso una característica por acá, un incidente por allá, pero parece imposible dudar de que ese Nimrod niño fue el prototipo, el gran original.

La asombrosa propagación del culto de este hombre indica algo muy extraordinario en su carácter; y hay rasgos suficientes para creer que, en sus propios días, él fue objeto de muchísima popularidad. Exaltado como rey, Nimrod invadió el sistema patriarcal y abolió las libertades de la humanidad; sin embargo, fue ensalzado por muchos por haberles conferido beneficios que los indemnizaron ampliamente por la pérdida de sus libertades, y lo cubrieron de gloria y de fama. En la época en que, al parecer, las bestias salvajes del bosque se multiplicaban más rápidamente que la raza humana, deben de haber hecho grandes depredaciones en las poblaciones apartadas y dispersas de la tierra, por lo que deben haber inspirado temor en la mente de los hombres. El peligro que provenía de una fuente como ésta para la vida de los hombres, cuando la población era escasa, está implícito en la razón dada por Dios Mismo para no desalojar delante de Israel a los sentenciados cananeos, aunque la medida de su iniquidad se había llenado (Exodo 23:29,30): "No los echaré de delante de ti en un año, para que no quede la tierra desierta, y se aumenten contra ti las fieras del campo. Poco a poco los echaré de delante de ti, hasta que te multipliques..." Por tanto, las proezas de Nimrod al cazar las fieras del campo, y librar al mundo de monstruos, debe haberlo hecho famoso como benefactor de su raza. Por estos medios, no menos que por las cuadrillas que contrataba,

Acerca de los Misterios... y el Culto al Hombre

consiguió su poder cuando empezó a ser el *primero* nacido para ser poderoso sobre la tierra; y, del mismo modo sin duda, se consolidó ese poder. Luego, como el primer gran constructor de la ciudad, después del diluvio, agrupando a los hombres y rodeándolos con murallas, hizo más todavía para capacitarlos, con el fin que pasaran sus días en seguridad, libres de las alarmas a las cuales habían estado expuestos en su vida dispersa, cuando nadie podía decirles siquiera que, en cualquier momento, podían ser llamados para entrar en lucha mortal con las fieras merodeadoras, en defensa de su propia vida y de la de aquellos a quienes ellos amaban. Dentro de las murallas almenadas de una ciudad fortificada no iría a tenerse tal peligro proveniente de las fieras; y, por la seguridad proporcionada de esta manera, los hombres se considerarían, sin duda, grandemente obligados con Nimrod. Por tanto, no causa sorpresa que el nombre del "cazador poderoso," que era al mismo tiempo el prototipo del "dios de las fortalezas," llegara a ser un nombre afamado. Conque Nimrod hubiese ganado fama solamente de esta manera, habría estado bien. Pero no contento con librar a los hombres del temor de las bestias salvajes, también se empeñó en la obra de emanciparlos del temor al Señor, temor este que es el principio de la sabiduría, y sólo en el cual puede encontrarse la verdadera felicidad. Parece que por esto mismo se ganó uno de los títulos con el que los hombres se deleitaban honrándolo, el título de "Emancipador" o "Libertador." El lector puede recordar un nombre del que ya tuvo conocimiento. Ese nombre es el de Foroneo. La era de Foroneo es exactamente la era de Nimrod. El vivió en la época en que los hombres empleaban una lengua, cuando comenzó la confusión de las lenguas, y cuando la humanidad se dispersó.[162] Se dice que él fue el primero que congregó la humanidad en comunidades;[163] el primero de los mortales que reinó,[164] y el primero que ofreció sacrificios idólatras.[165] Este carácter no puede convenir con nadie menos que con Nimrod. El

---

[162] Ver ante, p. 25, y Nota.

[163] PAUSANIAS, lib. II; *Corintíaca*, cap. 15, p. 145.

[164] HIGINIO, *Fab.* 143, p. 114.

nombre que le fue dado con respecto a su "congregación de los hombres," y el ofrecimiento de sacrificios idólatras, es muy significativo. Foroneo, en uno de sus significados más naturales, quiere decir "el Apóstata."¹⁶⁶ Muy probablemente, ese nombre le hubiera sido dado por la porción incontaminada de los hijos de Noé. Pero ese nombre también tenía otro significado, esto es, "liberar;" por tanto, sus propios adeptos lo adoptaron, y glorificaron al gran "Apóstata" de la fe primigenia, ¡aunque él fue el primero que abolió las libertades de la humanidad como el gran "Emancipador"!¹⁶⁷ Y de aquí que este título, en una forma o en otra, fuera transmitido a sus deificados sucesores como título de honor.¹⁶⁸ Toda la tradición de los tiempos primitivos da testimonio de la apostasía de Nimrod y de su éxito en apartar a los hombres de la fe patriarcal, además de liberar sus mentes del temor reverente de Dios, y del temor a los juicios del cielo, que deben haber permanecido en ellos en tanto que todavía era re-

---

¹⁶⁵ LUTACIO PLACIDO, en *Stat. Theb.*, lib. IV. v. 589, apud BRYANT, vol. III. p. 65, Nota. Las palabras son "Primus *Junoni* sacrificasse dicitur." El significado de esto es, probablemente, que él estableció primero la paloma (Iunè) como símbolo visible y material del Espíritu Santo. Ver la Sección siguiente.

¹⁶⁶ De Pharo, pronunciando también Pharang, o Pharong, "abandonar, desnudar, apostatar, liberar." Estos significados no se daban comúnmente en este *orden*, pero como el sentido de "abandono" explica los demás significados, esto avala la conclusión de que "abandonar" es el significado genérico de la palabra. *"Apostasía"* se asemeja mucho a este sentido y, por tanto, es uno de los más naturales.

¹⁶⁷ La diosa sabina Feronia tiene, evidentemente, un parentesco con Foroneo como "el Emancipador." Se creía que ella era la "diosa de la libertad," porque en Terracina (o Anxur) los esclavos fueron emancipados en su templo (Servio, en *La Eneida*, VIII. v. 564, vol. I. p. 490), y porque se cuenta que, en una ocasión, los hombres libres de Roma hicieron una colecta con el propósito de ofrecerla en su templo. – SMITH, *Diccionario Clásico* (el extenso), *sub voce* "Feronia."

El significado caldeo del nombre Feronia, confirma sorprendentemente esta conclusión. Su divinidad contemplativa, adorada junto con ella en una arboleda, era una divinidad juvenil, como Nino. El era considerado como un "Júpiter joven." – SMITH, *Diccionario Clásico*, *sub voce* "Anxurus," p. 60.

¹⁶⁸ Así leemos de "Zeus Aphesio" (PAUSANIAS, lib. I. *Atica*, cap. 44), que es "Júpiter Libertador" (ver también ARRIANO, que habla de "Jovi *Aphesio* Liberatori scilicet," apud BRYANT, vol. V. p. 25), y de "Dionysus Eleuthereus" (PAUSANIAS, *Atica*, cap. 20, p. 46), o "Baco el Emancipador." El nombre de Teseo parece haber tenido el mismo origen, de *nthes* "desatar," y así libertar (omitiendo la *n*). "El templo de Teseo" (en Atenas) dice POTTER (vol. I. p. 36)...."tenía el privilegio de ser un santuario para esclavos, y aquellos de condición humilde que huyeran de la persecución de hombres poderosos, como recuerdo de que Teseo, mientras vivió, fue un *socorredor y protector de los desgraciados*."

Acerca de los Misterios… y el Culto al Hombre

ciente el recuerdo del diluvio. Y según todos los principios de la depravada naturaleza humana, esto fue también, sin duda, un gran elemento de su fama, porque los hombres se congregan de buena gana en torno a cualquiera que pueda dar la menor apariencia de credibilidad de cualquier doctrina que enseñe que ellos pueden estar seguros al final de la felicidad y del cielo, aunque su corazón y su naturaleza sigan sin cambio, y aunque vivan sin Dios en el mundo.

En opinión de los hombres impíos, grande fue la dicha que Nimrod le proporcionó a la raza humana al emanciparlos de la marca de la verdadera religión y por alejar de ellos la autoridad del cielo, descritos vívidamente en una tradición polinesia que lleva consigo su propia evidencia. John Williams, el bien conocido misionero, nos cuenta que, según una de las tradiciones antiguas de los isleños de los Mares del Sur, "los cielos estaban originalmente tan cerca de la tierra que los hombres no podían andar, sino que se veían obligados a arrastrarse" por debajo de ellos. "Esto era considerado como un mal muy grave; pero al fin, un individuo concibió la sublime idea de elevar los cielos a una altura conveniente. Con este propósito, él empleó toda su fuerza y, en el primer impulso, los elevó hasta la altura de una tierna planta llamada *teve*, a unos 120 centímetros de altura. Allí los depositó hasta refrescarse, y haciendo un segundo esfuerzo, los levantó hasta la altura de un árbol llamado kauriki, el cual es tan alto como un sicómoro. En el tercer intento los llevó hasta la cumbre de los montes; después de un largo intervalo de reposo, y haciendo el más prodigioso esfuerzo, los elevó hasta su actual posición." Por esto, como poderoso benefactor de la humanidad, "este individuo fue deificado; y, hasta el momento en que abrazaron el cristianismo, los engañados habitantes lo adoraron como 'el Elevador de los cielos.'"[169] ¿Qué podía describir más gráficamente la posición de la humanidad poco después del diluvio y los procedimientos de Nimrod como Foroneo, "el Eman-

---

[169] WILLIAMS, *Actividades Narrativas Misioneras*, cap. XXXI. p. 142.

[170] El sentido del nombre Foroneo, "el Emancipador," se verá en el Capítulo Tercero, Sección I., "Navidad…," donde se demuestra que los esclavos tenían una emancipación temporal al nacer.

cipador,"[170] que esta fábula polinesia? Mientras en la mente de los hombres todavía estaba fresca la terrible catástrofe por medio de la cual Dios había mostrado Su justicia vengadora sobre los pecadores del mundo antiguo; Noé y sus descendientes buscaban encarecidamente inculcar, en todos los que estaban bajo su control, las lecciones de ese grave acontecimiento, que resultaba tan a propósito para enseñar que el "cielo," es decir, Dios, debió haber estado, al parecer, muy cerca de la tierra. Mantener la unión entre el cielo y la tierra, y mantenerlos tan cerca como fuera posible, debió haber sido el gran propósito de todo aquel que amara a Dios y a los mejores intereses de la raza humana. Pero esto implicaba la prohibición y la desaprobación de todo vicio y todos aquellos "placeres del pecado," por los cuales suspira continuamente la mente material, no renovada ni santificada. Esto debe haber sido sentido secretamente por toda mente impía como un estado de insufrible esclavitud. "Los designios de la carne son enemistad contra Dios," porque "no se sujetan a la ley de Dios;" y, a la verdad, "tampoco pueden" hacerlo así. Ellos dicen al Todopoderoso: "Apártate de nosotros, porque no deseamos el conocimiento de Tus caminos." En tanto que la influencia del gran padre del nuevo mundo iba en aumento, mientras que sus máximas eran observadas, y una atmósfera de santidad rodeaba al mundo, no sorprende que aquellos que estaban alejados de Dios y de la santidad, sintieran que el cielo y su influencia y su autoridad estaban intolerablemente cerca y que, en tales circunstancias, ellos no podían andar de pie, sino solamente "arrastrándose," es decir, que no tenían libertad para "ir tras la visión de sus propios ojos y de las imaginaciones de su propio corazón." De esta esclavitud los liberó Nimrod. Por la apostasía que introdujo, por la vida libre que fomentó entre aquellos que se congregaban a su alrededor, y por haberlos apartado de las influencias sagradas que los habían mantenido, poco más o menos, bajo control, ayudándolos a mantenerse alejados de Dios y de la espiritualidad estricta de Su ley, llegando él, de ese modo, a ser el "Elevador de los cielos," haciendo que los hombres sintieran y actuaran como si el cielo estuviera lejos de la tierra, y como si el Dios del cielo tampoco "pudiera ver a través de la nube obscura," o no viera con disgusto el quebrantamiento

Acerca de los Misterios. . . y el Culto al Hombre

de Sus leyes. Entonces, todos los que sintieran eso, podrían ahora respirar y andar libremente. Para esto, tales hombres sólo tendrían que mirar a Nimrod como un sublime benefactor.

¿Quién podía imaginarse que una tradición de Tahití hubiera esclarecido la historia de Atlas? Pero con todo, cuando Atlas lleva los cielos sobre sus espaldas se le presenta en yuxtaposición con el héroe deificado de los Mares del Sur, que bendijo al mundo levantando los cielos superyacentes que tanto pesaban sobre el mundo, y ¿quién es el que no ve que una historia tenga relación con la otra?[171] Así entonces, parece que Atlas, con los cielos descansando sobre sus anchas espaldas, no se refiera a ninguna mera distinción astronómica, por muy grande que ella sea, como algunos han supuesto, sino a algo bastante diferente, incluso a esa gran apostasía por la cual los Gigantes se rebelaron

---

[171] En el relato polinesio se dice que los cielos y la tierra habían sido "atados con cuerdas," y también que el *"rompimiento"* de esas cuerdas lo hicieron millares de "dragones-moscas" que con sus "alas" realizaron parte importante de la gran obra (WILLIAMS, p. 142). ¿No hay aquí una referencia a los "poderosos" o "alados" de Nimrod? A los "poderosos" deificados se les representaba a menudo como serpientes con alas. Ver WILKINSON, vol. IV. p. 232, donde el dios Agatodemón está representado como un "áspid con alas." Entre un pueblo inculto, la mayoría de tales representaciones pueden ser conservadas muy naturalmente a propósito del "dragón-mosca;" y al igual que todos los poderosos o alados de la época de Nimrod, la *verdadera* edad de oro del paganismo, cuando "los muertos se convertían en demonios" (HESIODO, *Los Trabajos y los Días*, v. 120, 121), pues todos ellos podían, por supuesto, ser simbolizados de la misma manera. Si alguno duda en que tal relación exista entre la mitología de Tahití y la de Babilonia, puede permitirse observar que el nombre del dios tahitiano de la guerra era Oro (WILLIAMS, *ibid.*), en tanto que "Horus (u Orus)," como Wilkinson llamó al hijo de Osiris, apareció con el mismo carácter en Egipto, país éste que tomó incuestionablemente su sistema de Babilonia (WILKINSON, vol. IV. p. 402). Entonces, ¿qué otra cosa podía ser la ruptura de las "cuerdas" que ataban al cielo con la tierra, sino sólo el rompimiento de las ataduras del pacto por el cual Dios había atado la tierra a Sí Mismo, al percibir el olor grato del sacrificio de Noé, cuando Él renovó Su pacto con quien era la cabeza de la raza humana? El pacto no fue solamente con respecto a la seguridad de la tierra contra otro diluvio universal, sino que, en el fondo, contenía la promesa de todas las bendiciones espirituales para aquellos que adhirieran a él. El olor grato del sacrificio de Noé estaba relacionado con *su fe en Cristo*. Por tanto, cuando a consecuencia de ese olor grato "Dios bendijo a Noé y a sus hijos" (Génesis 9:1), eso tenía que ver no sólo con las bendiciones temporales, sino también con las eternas. Por consiguiente, todos los hijos de Noé que tuvieran su fe y que anduvieran como él anduvo, tendrían asegurada divinamente una participación en el "pacto perpetuo y seguro establecido en todas las cosas." Benditas fueron aquellas ataduras por las cuales Dios ató a Sí Mismo a los hijos creyentes de los hombres, y por las cuales el cielo y la tierra estuvieron tan fuertemente unidos. Por otro lado, aquellos que se unieron a la apostasía de Nimrod, rompieron el pacto y, al desechar la autoridad de Dios, dijeron en efecto: "Rompamos sus ligaduras, y echemos de nosotros sus cuerdas." Sobre este mismo

Lo Que Usted Debe Saber

contra el Cielo,[172] y por la que Nimrod, "el Poderoso,"[173] ocupa un lugar de preeminencia como reconocido cabecilla.[174]

Según el sistema del cual Nimrod fue el gran instrumento de iniciación, se les indujo a creer a los hombres que un cambio real del corazón era innecesario, y que hasta donde ese cambio fuese necesario, ellos podían ser regenerados por medios meramente externos. Considerando el asunto a la luz de las bacanales que, como ha visto el lector, conmemoraban la historia de Nimrod, es evidente que él llevó a la humanidad a que buscara su bien principal en el disfrute sensual, y les mostró cómo podían disfrutar de los placeres del pecado sin ningún temor a la ira de un Dios santo. En sus diversas expediciones, él estuvo acompañado siempre por cuadrillas de mujeres; y por música y canciones, y juegos y orgías, y en todo lo que pudiera agradar al corazón material, él se encomendaba a la bienquerencia de la humanidad.

---

acto del *rompimiento* del pacto de unión entre la tierra y el cielo, hay una alusión muy clara, aunque velada, en la historia babilónica de Beroso. En ella se dice que Belo, o sea Nimrod, después de haber disipado las tinieblas primigenias, *separó* el cielo de la tierra y la tierra del cielo, y arregló ordenadamente el mundo (BEROSO, en BUNSEN, vol. I. p. 709). Estas palabras tenían el propósito de representar a Belo como el "*Ordenador* del mundo." Pero era un mundo *nuevo* el que él ordenó, pues había criaturas existentes antes de que él ejerciera su poder demiúrgico. Este nuevo mundo que formó Belo o Nimrod fue sólo un *nuevo orden de cosas* que él inició cuando, al abolir completamente los decretos divinos, se rebeló contra el *Cielo*. La rebelión de los gigantes se representa particularmente como una rebelión contra el *Cielo*. Sobre esta antigua contienda entre los potentados babilonios y el *Cielo*, hay una alusión clara en las palabras de Daniel para Nabucodonosor cuando le anuncia su humillación y la subsiguiente restauración, diciendo (Daniel 4:26): "Tu reino te quedará firme, luego que reconozcas que el CIELO gobierna."

[172] SMITH, Pequeño *Diccionario*, "Gigantes," pp. 282,283.

[173] En la versión griega de los Setenta, traducida en Egipto, el término "poderoso," aplicado en el Génesis 10:8 a Nimrod, se traduce *gigas*, el nombre corriente para "gigante."

[174] IVAN y KALLERY, en su relato sobre el Japón, dicen que allí se conocía una historia similar a la de Atlas, porque una vez al día el Emperador "se sienta en su trono sosteniendo el mundo y el imperio." Algo como esto llegó a ser añadido a la historia de Atlas, pues PAUSANIAS manifiesta (lib. V. cap. 18, p. 423) que a Atlas también se le representaba sosteniendo tanto a la *tierra* como al cielo.

SUBSECCION IV — LA MUERTE DEL HIJO

Las Escrituras guardan absoluto silencio sobre cómo murió Nimrod. Según una tradición antigua, él tuvo un final violento. Sin embargo, las circunstancias de ese final como las presenta la antigüedad están deformadas por la fábula. Se dice que los vientos impetuosos enviados por Dios contra la Torre de Babel la derribaron, y que Nimrod pereció entre sus ruinas.[175] Esto podría no ser cierto, porque tenemos suficiente evidencia de que la Torre de Babel permaneció en pie mucho tiempo después de los días de Nimrod. Luego, con respecto a la muerte de Nino, la historia profana habla obscura y misteriosamente, aunque está de acuerdo en relatar que él encontró una muerte violenta, similar a la de Penteo,[176] Licurgo,[177] y Orfeo,[178] de los que se dice fueron despedazados.[179] Sin embargo, habiendo sido establecida la identidad entre Nimrod y el egipcio Osiris, tenemos claridad sobre la muerte de Nimrod. Osiris encontró una muerte violenta, y esa muerte violenta de Osiris fue el tema central de toda la idolatría de Egipto. Si Osiris fue Nimrod, como hemos visto, esa muerte violenta que los egipcios deploraban tan patéticamente en sus festividades anuales, era precisamente la muerte de Nimrod. Todos los relatos relacionados con la muerte del

---

[175] BRYANT, vol. IV. pp. 61,62.

[176] HIGINIO, *Fab*. 184, p. 138.

[177] *Ibid. Fab*. 132, p. 109. Licurgo, que comúnmente es considerado como enemigo de Baco, era identificado por los tracios y por los frigios con Baco, que fue despedazado, como es bien sabido. Ver ESTRABON, lib. X. p. 453.

[178] APOLODORO, *Biblioteca*, lib. I. cap. 3 y 7, p. 17.

[179] LUDOVICO VIVES, *Comentario sobre Agustina*, lib. VI. cap. IX. Nota, p. 239. El Nino al que alude Vives se le llama "Rey de la India." La palabra "India" en los escritores clásicos significa por lo general, aunque no siempre, Etiopía, o tierra de Cus. Así al Choaspes en la tierra de los cusitas orientales se le llama "Río de la India" (DIONISIO AFER. *Periergesis,* v. 1073 - 4, p. 32); y Virgilio dice que el Nilo viene de las "Indias de color" (*Las Geórgicas,* lib. IV. v. 293, p. 230), es decir, de los cusitas o etíopes del Africa. Diodoro Sículo también llama a Osiris "un indio por origen" (*Biblioteca*, lib. I. p. 16). No puede haber duda entonces de que el "Nino, rey de la India," es el cusita o etíope Nino.

dios adorado en los diversos misterios de los diferentes países tienen el mismo efecto. Una aseveración de Platón parece demostrar que, en su tiempo, el egipcio Osiris era considerado como idéntico a Tamuz;[180] y es bien sabido que Tamuz es el mismo Adonis,[181] el famoso CAZADOR, por cuya muerte, según dice la fábula, Venus se lamentó amargamente. Como las mujeres de Egipto lloraban por Osiris, al igual que las mujeres fenicias y asirias lloraban por Tamuz, del mismo modo lloraban en Grecia y en Roma por Baco, cuyo nombre, como hemos visto, significaba "el Deplorado" o "el Lamentado." Con respecto a las lamentaciones de las bacanales, se verá la importancia de la relación establecida entre nebros, "el cervatillo manchado," y Nebrod, "el Cazador poderoso." El nebros, o "cervatillo manchado," era el símbolo de Baco, como representación del mismo Nebrod o Nimrod. En ciertas ocasiones, en las celebraciones místicas, los nebros o "cervatillos manchados" eran despedazados expresamente, como lo sabemos por Focio, como conmemoración de lo ocurrido a Baco,[182] a quien ese cervatillo representaba. El despedazamiento del nebros, "el manchado," confirma la conclusión de que tanto la muerte de Baco, como la de Osiris, representaban la muerte de Nebrod, quien con el mismo nombre de "el Manchado" era adorado por los babilonios. Aunque no encontramos ningún relato de los Misterios que tenían lugar en Grecia en memoria de Orión, el gigantesco y poderoso cazador celebrado por Homero con ese nombre, se le representaba, sin embargo, simbólicamente, como si hubiera muerto de manera similar a la forma en que murió Osiris, siendo llevado luego al cielo.[183] Por los relatos persas, estamos completamente seguros de que así fue la muerte de Nimrod, que fue deificado después

---

[180] Ver WILKINSON, *Los Egipcios*, vol. V. p. 3. Lo que dice Platón equivale a que el famoso Tot fue consejero de Tamuz, rey de Egipto. Por su parte, Tamuz es conocido universalmente como el "consejero" de Osiris (WLKINSON, vol. V. cap. XIII. p. 10). Por tanto, puede concluirse que Tamuz y Osiris son lo mismo.

[181] KITTO, *Comentario Ilustrado*, vol. IV. p. 141.

[182] Focio, bajo el título de "Nebridzion" cita a Demóstenes, quien dice que "los cervatillos manchados (o nebros) eran despedazados por cierta razón mística o misteriosa," y él mismo nos dice que "el despedazamiento de los nebros (o cervatillos manchados) era a imitación del sufrimiento en el caso de Dionisos" o Baco. - FOCIO, *Léxico*, part. I. p. 291.

de su muerte con el nombre de Orión y colocado entre las estrellas.[184] Aquí, entonces, tenemos amplia y consistente evidencia que nos lleva a la conclusión de que la muerte de Nimrod, el niño adorado en los brazos de la madre-diosa de Babilonia, fue una muerte violenta.

Cuando este héroe poderoso fue cortado repentinamente por una muerte violenta en medio de su carrera de gloria, parece haber sido grande el choque que esta catástrofe ocasionó. Cuando se propagó la noticia, los fogosos partidarios del placer sintieron como si se hubiera ido el mayor benefactor de la humanidad, y el júbilo de las naciones se hubiera eclipsado. Alto fue el lamento que de todas partes ascendió hasta el cielo entre los apóstatas de la fe primigenia por tan lamentable catástrofe. Luego empezaron aquellos llantos por Tamuz, en cuya culpa se dejaron implicar las hijas de Israel, y cuya existencia puede ser rastreada no solamente en los anales de la antigüedad clásica, sino en la literatura mundial desde la Ultima Tule hasta el Japón.

De la preponderancia de tales lamentos en China, se expresa así el reverendo W. Gillespie: "La fiesta del bote-dragón tiene lugar a mediados del verano, y es un tiempo de gran agitación. Hace cerca de 2000 años vivió allí un joven mandarín chino, Wat-yune, muy respetado y amado por el pueblo. Para aflicción de todos, él se ahogó en el río. Inmediatamente salieron muchos botes en su búsqueda, pero su cuerpo nunca se encontró. Desde entonces en esa época y en el mismo día del mes, el bote-dragón sale a buscarlo." "Es algo así," dice el autor, "como la lamenta-

---

[183] Ver OVIDIO, *Fastos*, lib. V. v. lin. 540-544. Ovidio muestra a Orión tan poseído por el orgullo a causa de su gran fortaleza, que se vanagloriaba ostentosamente de que ninguna criatura de la tierra podía contender con él; entonces apareció un escorpión, "y," dice el poeta, "él fue agregado a las estrellas." El nombre del escorpión en caldeo es Akrab; pero Ak-rab, separado, significa "EL GRAN OPRESOR," y éste es el significado oculto del escorpión representado en el Zodíaco. Ese signo simboliza al que destruyó al dios babilónico, y *acabó* con el sistema que él había establecido. Fue mientras el sol estaba en Escorpión cuando Osiris *"desapareció"* en Egipto (WILKINSON, vol. IV. p. 331), y se hizo gran lamentación por su *desaparición.* Con la muerte del dios egipcio estuvo mezclado otro asunto; pero obsérvese especialmente que fue a consecuencia de la lucha con un *escorpión* que Orión fue "agregado a las estrellas," y fue mientras el *escorpión* estaba en ascenso cuando Osiris *"desapareció."*

[184] Ver *Crónica Pascal*, tom. I. p. 64.

ción de Adonis, o el llanto por Tamuz, mencionado en las Escrituras."[185] Como al gran dios Buda se le representa generalmente en China como *negro*, esto puede servir para identificar al bienamado mandarín, cuya pérdida es lamentada anualmente. El sistema religioso del Japón coincide en gran manera con el de China. En Islandia y en toda Escandinavia, existen lamentaciones similares por la pérdida del dios Balder. Por la perfidia del dios Loki, el espíritu del mal, según está escrito en el libro del destino, Balder "fue muerto, aunque todo el imperio del cielo dependía de su vida." Su padre Odín había "sabido el terrible secreto por el libro del destino, al conjurar a uno de los Volar para que apareciera desde su morada infernal. Todos los dioses temblaron cuando supieron esto. Entonces Friga [la esposa de Odín] llamó a todas las cosas animadas e inanimadas para tomarles el juramento de que no destruirían a Balder, ni alzarían sus manos contra él. El fuego, las aguas, las rocas y los vegetales quedaron atados por esta solemne obligación. Sólo una planta, el muérdago, no fue tenida en cuenta. Loki descubrió la omisión, y convirtió a ese despreciable arbusto en el arma fatal. Entre los pasatiempos bélicos del Valhala [la asamblea de los dioses] estaba el de lanzar dardos a la deidad invulnerable, que sentía placer en exponer su pecho encantado a las armas de los demás. En un torneo de esta clase, el genio del mal puso una ballesta de muérdago en las manos del ciego Hoder, y dirigiendo su puntería, se cumplió la terrible predicción por medio de un fratricida involuntario.[186] Los espectadores fueron sacudidos por ese prodigio inexplicable, y su desgracia fue la más grande, sin duda alguna, dada la santidad del lugar, pues ninguno de ellos se atrevió a vengarlo. Con lágrimas de dolor llevaron el cuerpo sin vida a la playa y lo pusieron en una nave, con una pira funeraria, junto con la de Nana, su amada prometida, que había muerto de dolor. Su caballo y sus armas fueron quemados al mismo tiempo, como era costumbre en los funerales de los antiguos héroes del norte." Friga, su madre, quedó abrumada por la pena. "In-

---

[185] GILLESPIE, *Sinim*, p. 71.

[186] También en TEOCRITO, se representa al jabalí que mató a Adonis haciendo esto accidentalmente. Ver la sección siguiente.

consolable por la pérdida de su hermoso hijo," dice el Dr. Crichton, "envió a Hermod (el vencejo) a la morada de Hela [la diosa del Hell, o las regiones infernales] para ofrecer un rescate por su liberación. La diosa de las tinieblas prometió que él sería restituido con tal de que todos en la tierra estuvieran llorando por él. Luego se enviaron mensajeros por todo el mundo para cuidar de que la orden fuera obedecida, y el efecto del duelo general fue 'como cuando hay un deshielo universal.'"[187] Existe gran número de variaciones de la historia original de estas dos leyendas; pero, en el fondo, no varía lo esencial de ellas, lo que indica que deben haber surgido de la misma fuente.

SUBSECCION V — LA DEIFICACION DEL HIJO

Si hubo alguien a quien le hubiera afectado más profundamente la trágica muerte de Nimrod, fue a su esposa Semíramis, quien desde una posición originalmente humilde, había sido elevada para compartir con él el trono de Babilonia. ¿Qué hizo ella en tal emergencia? ¿Renunció tranquilamente a la pompa y al boato a los cuales había sido exaltada? No. Aunque la muerte de su esposo había sido un rudo golpe para su poder, sin embargo, su determinación y su incontenible ambición no se vieron reprimidas en forma alguna. Por el contrario, su ambición voló todavía más alto. En vida, su esposo había sido honrado como héroe; en la muerte, haría que lo adoraran ciertamente como dios, como la simiente prometida a la mujer, "Zero-ashta,"[188] que estaba destinada a herir la cabeza de la serpiente y que, al hacerlo así, también la simiente iba a ser herida en el calcañal. Los patriarcas y, en general, los ancianos del mundo, tenían pleno conocimiento de la gran promesa primigenia del Edén, y sabían muy bien que la herida en el calcañal de la simiente prometida significaba su muerte, y que la maldición podía ser levantada del mundo por la muerte del gran Libertador. Si la promesa de herir la cabeza de la serpiente, narrada en el Génesis, hecha a nuestros primeros

---

[187] *Escandinavia*, vol. I. pp. 93,94.

Lo Que Usted Debe Saber

[188] En caldeo, zero es "la simiente," aunque hemos creído conveniente concluir que en griego aparece algunas veces como Zeira, de donde también pasó naturalmente a Zoro, como puede verse por el cambio de Zerubbabel en Zoro-babel en la Versión griega de los Setenta; y, por consiguiente, Zuro-ashta, "la simiente de la mujer" se convirtió Zoroastro, el bien conocido jefe de los adoradores del fuego. El nombre de Zoroastro también se encuentra como Zeroastes (JOHANES CLERICO, tom. II., *De Chaldoeis*, sec. I. cap. 2, p. 194). El lector que consulte la competente y erudita obra del Dr. Wilson de Bombay sobre la religión parsi, encontrará que hubo un Zoroastro mucho antes del Zoroastro que vivió en el reinado de Darío Histaspes (Ver nota a *La Religión Parsi* de WILSON, p. 398). En la historia general se hace referencia más frecuentemente al Zoroastro de Bactria; pero la voz de la antigüedad es clara y precisa en el sentido de que el primero y gran Zoroastro fue asirio o caldeo (SUIDAS, tom. I. p. 1133), y que él fue el fundador del sistema idólatra de Babilonia, por lo cual era el mismo Nimrod. También es igualmente clara cuando dice que él pereció de manera violenta, tal como le ocurrió a Nimrod, a Tamuz y a Baco. La identidad de Baco y Zoroastro se prueba aún más por el epíteto Pirisporo dado a Baco en los *Himnos Orficos* (Himno XLIV. 1). Cuando empezó a olvidarse la promesa primigenia del Edén, el significado del nombre de Zero-ashta se perdió para todos los que sólo conocían la doctrina esotérica del paganismo; y como en caldeo "ashta" significaba "fuego," Zero-ashta llegó a significar "la simiente del fuego," así como "la mujer" y los ritos de Baco tuvieron mucho que ver con el culto del fuego, resultando de esto el epíteto de Pirisporo o El Ignígena, es decir, "nacido del fuego," aplicado a Baco. Del malentendido del significado del nombre de Zero-ashta, o más bien de su corrupción intencionada por los sacerdotes que deseaban establecer una doctrina para el iniciado y otra para el profano, resultó toda la historia sobre Baco, el niño nonato rescatado de las llamas que consumieron a su madre Semele cuando Júpiter, en toda su gloria, vino a visitarla. – (Nota a *Matem.* de OVIDIO, lib. III. v. 254, tom. II. p. 139).

Hubo otro nombre por el cual fue conocido Zoroastro y que no es poco instructivo. Tal nombre fue Zar-adas, "la única simiente" (JOHANES CLERICO, tom. II. *De Chaldeois*, sec. I. cap. 2. p. 191). En *La Religión Parsi* de WILSON, se le da tanto el nombre de Zoroades, como el de Zoroastro (p. 400). Los antiguos paganos en tanto que reconocieron un sólo y supremo Dios, supieron también que había una sola *simiente,* en la cual estaban puestas las esperanzas del mundo. En casi todas las naciones, no solamente hubo un gran dios conocido por el nombre de Zero o Zer, "la simiente," y una gran diosa con el nombre de Ashta o Isha, "la mujer," sino que el gran dios Zero se caracterizaba frecuentemente por algún epíteto que diera a entender que él era "El Unico." ¿Qué pueden explicar tales nombres o epítetos? Sólo Génesis 3:15 puede explicarlos, nada más puede hacerlo. El nombre de Zar-ades, o Zoro-adus, también ilustran sorprendentemente lo dicho por Pablo: "No dice: Y a las simientes, como de muchos, sino como de uno; y a tu simiente, la cual es Cristo."

Es digno de observar que el sistema moderno del parsismo, que data desde la reforma del viejo culto al fuego en tiempos de Darío Histaspes, al rechazar el culto a la diosa madre, se libró por igual del nombre de Zoroastro y del de la "mujer;" y, por tanto, en el Zend, el lenguaje sagrado de los parsis, el nombre de su gran reformador es Zaratustra (ver WILSON, p. 201, y *passim*), es decir, "la simiente libertadora," cuyo último elemento viene de Thusht (de la raíz caldea nthsh, que pierde la *n* inicial), "desatado, o desatar," esto es, libertar. Thusht es el infinitivo, y con *ra*, en sánscrito, anexado a él, idioma con el cual el Zend tiene mucha afinidad, resulta el bien conocido signo del que hace una acción, tal como ocurre con el sufijo *er* en inglés. Entonces, Zaratustra, en Zend, parece ser el justo equivalente de Foroneo, "El Emancipador."

padres, fue hecha realmente, y si toda la humanidad descendió de ellos, entonces podía esperarse que alguna huella de esa promesa se encontrara en todas las naciones. Y así es. Difícilmente hay un pueblo o una tribu en la tierra en cuya mitología no se la simbolice. Los griegos representaron a su gran Dios Apolo dando muerte a la serpiente Pitón, y a Hércules estrangulando una serpiente estando todavía en la cuna. En Egipto, en la India, en Escandinavia, en México, encontramos claras alusiones a la misma gran verdad. "Al genio del mal," dice Wilkinson, "de los adversarios del dios egipcio Horus se le representa bajo la forma de una serpiente, cuya cabeza atraviesa él con una lanza." La misma fábula aparece en la religión de la India, donde Visnú, en su avatar de Crisna (Fig. 22), da muerte a la serpiente maligna Calyia; y de la divinidad escandinava Thor se decía que había herido la cabeza de la gran serpiente con su maza. "El origen de esto," añade Wilkinson, "puede ser seguido fácilmente en la Biblia."[189] Con relación a una creencia similar entre los mejicanos, encontramos a Humboldt que dice que "la serpiente aplastada por el gran espíritu Teotl, cuando éste toma la forma de una de las divinidades subalternas, es el genio del mal – un verdadero Kakodaemon."[190] En casi todos los casos, cuando se llega hasta el fondo del asunto, resulta que al dios que destruye la serpiente se le representa soportando penalidades y sufrimientos que terminan con su muerte. De este modo, el dios Thor, al tiempo que tiene éxito al fin en la destrucción de la gran serpiente, es representado, en el momento mismo de su victoria, pereciendo a consecuencia de los efluvios venenosos de ella.[191] Parece que es la misma forma en que los babilonios representaban, entre las figuras de su antiguo radio de acción, a su gran destructor de la serpiente. Su misterioso sufrimiento es descrito por el poeta griego Aratos, cuyo lenguaje muestra que cuando él escribió sobre esto, el significado de la representación se había perdido generalmente aunque, al ser considerado el asunto a la luz de las Escrituras, resulta por cierto sumamente significativo:

---

[189] WILKINSON, vol. IV. p. 395.

[190] HUMBOLDT, *Investigaciones Mexicanas*, vol. I. p. 228.

[191] MALLET, *Antigüedades Nórdicas*, Fab. LI. p. 453.

Una Diosa Egipcia, y el Crisna Hindú, aplastando la Cabeza de la Serpiente
Fig. 22

"Una figura humana aparece abrumada por la fatiga;

Pero todavía con nombre incierto permanece;

Sin conocer el trabajo que él así soporta;

Pues desde entonces parece que sobre sus rodillas cae,

Los mortales ignorantes lo llaman Engonasis,

Y mientras sus manos sublimes se extienden majestuosas

Debajo de él rueda la horrible cabeza del dragón,

Y su pie derecho que parece descansar inmóvil, se asienta

Sobre la contorsionada y bruñida cresta del monstruo."[192]

---

[192] LANDSEER, *Investigaciones Sabeas*, pp. 132-134.

Acerca de los Misterios… y el Culto al Hombre

La constelación representada de este modo se conoce comúnmente con el nombre de "El Arrodillado," tomado de esta misma descripción del poeta griego; pero está claro que como "Engonasis" viene de los babilonios, debe ser interpretado no en sentido griego, sino en sentido caldeo, e interpretado así, como la acción de la figura misma quiere decir, el título del sufridor misterioso es justamente "el aplastador de serpientes."[193] Algunas veces, sin embargo, el verdadero aplastamiento de la serpiente se representaba como un proceso mucho más fácil; con todo, aun entonces, la muerte era el resultado final; y esa muerte del destructor de la serpiente se describe de tal modo que no deja duda de dónde se tomó la fábula. Esto es lo que ocurre particularmente con el dios hindú Crisna, al que alude Wilkinson en el fragmento ya visto. En la leyenda que se refiere a él, la totalidad de la promesa primigenia está notablemente sintetizada. Primero, en los cuadros y en las imágenes se le representa con el pie sobre la cabeza de la gran serpiente,[194] y luego, después de destruirla, la fábula dice que él murió a consecuencia de haber sido herido en el *pie* por una flecha; y, como en el caso de Tamuz, se hacen grandes lamentaciones anuales por su muerte.[195] También en Grecia, en la historia clásica de Paris y Aquiles, tenemos una clarísima alusión a esa parte de la promesa primigenia, en lo que se refiere a la herida en el calcañal del "vencedor." Aquiles, el hijo único de una diosa, era invulnerable, con excepción *del talón*, donde una herida era mortal. Allí apuntó su adversario, y el resultado fue la muerte.

Si hay una evidencia de tal magnitud que aun los paganos sabían que era muriendo como el Mesías iba a destruir la muerte y al que tenía el poder de la muerte, es decir, el diablo, cuánto más intensa debe haber sido la impresión de la humanidad en general con respecto a esta verdad vital en los remotos días de Semíramis, cuando se estaba mucho más cerca del origen de toda tradición

---

[193] De *E*, "el," *nko*, "aplastar," y *nahash*, "una serpiente," – "E´nko-nahash." El nombre árabe de la constelación "El Arrodillado" es "Al-Gethi," que también significa "El Aplastador."

[194] COLEMAN, *La Mitología India*, lámina XII. p. 34. Ver *ante*, p. 60.

[195] POCOCKE, *La India en Grecia*, p. 300.

divina. Por tanto, cuando el nombre de Zoroastes, "la simiente de la mujer," le fue dado a aquel que había perecido en medio de próspera carrera de falsa adoración y de apostasía, no puede haber duda del significado que ese nombre tenía el propósito de comunicar. Y el hecho de la muerte violenta del héroe que, en opinión de sus partidarios, había hecho tanto por bendecir a la humanidad, por hacer que la vida fuera feliz, y por librarlos del temor y de la ira por venir, en lugar de ser fatal para el otorgamiento de tal título para él, antes que impedirlo, contribuyó al osado proyecto. Era necesario proclamar todo esto para favorecer el designio por parte de los que deseaban una excusa para el mantenimiento de la apostasía con respecto al verdadero Dios, pues aunque el gran protector de la apostasía había sido presa de la perfidia de los hombres, él se había ofrecido sin reservas para el bien de la humanidad. Esto fue lo que sucedió realmente. La versión caldea de la historia del gran Zoroastro es que él oró al Dios supremo del cielo para que le quitara la vida; que su oración fue oída y que él expiró, asegurando a sus seguidores que si ellos hubieran fomentado el respeto debido a su memoria, el imperio nunca se hubiera ido de los babilonios.[196] Lo que dice Beroso, el historiador babilónico, sobre cortarle la cabeza al gran dios Belo, tiene claramente el mismo efecto. Belo, dice Beroso, le ordenó a uno de los dioses que le cortara la cabeza para que la sangre así derramada por su propio mandato y con su propio consentimiento, pudiera formar nuevas criaturas cuando se mezclara con la tierra, representando así la primera creación como una especie de fracaso.[197] De este modo, la muerte de Belo, que era Nimrod, así como la atribuida a Zoroastro, se representaba como algo completamente voluntario y propuesto para el *beneficio del mundo*.

Parece que sólo hubiera sido en el momento en que la muerte del héroe iba a ser deificada, cuando se instituyeron los Misterios secretos. Parece que la forma anterior de la apostasía durante la vida de Nimrod era libre y pública, pero ahora se consideraba evidentemente que la publicidad estaba descartada. La muerte

---

[196] SUIDAS, tom. I. pp. 1133,1134.

[197] BEROSO, *apud* BUNSEN, vol. I. p. 709.

del gran instigador de la apostasía no fue el fallecimiento de un guerrero muerto en combate, sino un acto de severidad judicial, impuesto con todas las formalidades. Esto queda bien demostrado por los relatos de la muerte de Tamuz y de Osiris. El siguiente es el relato sobre Tamuz, hecho por el célebre Maimónides, muy conocido en la enseñanza de los caldeos: "Cuando el falso profeta llamado Tamuz predicaba a cierto rey que él debía adorar las siete estrellas y los doce signos del zodíaco, ese rey ordenó que se le diera una muerte terrible. En la noche de su muerte, todas las imágenes de los confines de la tierra se unieron en el templo de Babilonia a la imagen de oro del Sol, que estaba suspendida entre el cielo y la tierra. Esa imagen se postró en medio del templo, y así lo hicieron todas las demás imágenes a su alrededor, mientras se les narraba todo lo que había sucedido a Tamuz. Las imágenes lloraron y se lamentaron toda la noche, y luego, por la mañana, se marcharon de nuevo cada cual a su templo en los confines de la tierra. De ahí se originó la costumbre de lamentarse y de llorar por Tamuz todos los años en el primer día del mes de Tamuz."[198] Por supuesto, aquí hay toda la extravagancia de la idolatría, como se encuentra en los libros sagrados de los caldeos, que Maimónides había consultado; pero no hay razón para dudar del hecho mencionado, o en cuanto a la forma o a la causa de la muerte de Tamuz. En esta leyenda caldea se dice que fue por la orden de "cierto rey" como fue ejecutado este instigador de la gran apostasía. ¿Quién pudo ser ese rey tan decididamente opuesto al culto del anfitrión del cielo? De lo que se dice del Hércules egipcio, logramos valiosísima luz sobre este asunto. Wilkinson admite que el Hércules más antiguo y verdaderamente primitivo, fue el conocido en Egipto como el que luchó "por el poder de los dioses"[199] (es decir por el ESPIRITU), contra los gigantes y los venció. Sin duda, el título y el carácter de Hércules le fueron dados después por los paganos, a quien ellos adoraban como el gran libertador o Mesías, al tiempo que los adversarios de las

---

[198] MORE NEVOCHIM, p. 426.

[199] El nombre del verdadero Dios (Elohim) es plural. Por tanto, "el poder de los dioses," y "de Dios," se expresaba con el mismo término.

divinidades paganas llegaron a ser estigmatizados como los "gigantes" que se rebelaron contra el Cielo. Pero dejemos que sea el lector el que reflexione sobre los gigantes que se rebelaron contra el Cielo. Ellos fueron Nimrod y su cuadrilla, porque los "gigantes" sólo fueron los "poderosos" de los cuales Nimrod fue el líder. ¿Quién, entonces, fue el más apto para encabezar la oposición a la apostasía proveniente del culto primitivo? Si Sem vivía en ese tiempo, como está fuera de toda duda, ¿quién era más apto que él? En exacta conformidad con esta deducción, encontramos que uno de los nombres del Hércules primitivo en Egipto fue el de "Sem."[200]

Entonces, si Sem fue el Hércules primitivo que venció a los gigantes, y no por mera fuerza física, sino por "el poder de Dios," o por la influencia del Espíritu Santo, esto concuerda perfectamente con su carácter; y más que eso, concuerda notablemente con el relato egipcio de la muerte de Osiris. Los egipcios dicen que el gran enemigo de su dios lo venció no por violencia manifiesta, sino que habiendo formado parte de una *conspiración* con setenta y dos de los líderes de Egipto, él cayó en poder de ellos, siendo ejecutado y, después, cortado en pedazos su cuerpo muerto y enviadas las partes a muchas y diferentes ciudades en todo el país.[201] El verdadero significado de lo dicho aparecerá si echamos un vistazo a las instituciones judiciales de Egipto. Setenta y dos era justamente el número de los jueces, tanto civiles como sagrados que, según la ley egipcia, se requerían para determinar cuál iba a ser el castigo del culpable de un delito tan notable como el de Osiris, en el supuesto de que ello hubiera llegado a ser motivo de investigación judicial. Para dar por terminado un caso semejante se necesitaban dos tribunales para conocer el caso. Primero, estaban los jueces ordinarios que tenían poder de vida o muerte, y de los cuales había treinta;[202] luego estaba un tribunal integrado por cuarenta y dos jueces para determinar si el cuerpo de Osiris, en el caso de que fuera condenado a muerte,

---

[200] WILKINSON, vol. V. p. 17.

[201] *Ibid.* vol. IV. pp. 330-332.

[202] DIODORO, lib. I. p. 48.

sería quemado, o no, porque después de muertos y antes de ser enterrados, todos tenían que pasar por la ordalía de este tribunal.[203] Como le fue negado el entierro, el asunto le correspondía a ambos tribunales; y así, había exactamente setenta y dos personas a órdenes de Tifo, el presidente, para condenar a muerte a Osiris y para despedazarlo después. ¿Qué valor tiene entonces lo dicho con relación a la conspiración, sino solamente que el gran opositor del sistema idólatra que Osiris representaba, había convencido a estos jueces de la enormidad del delito que él había cometido, por lo que ellos entregaron al delincuente a una muerte horrible y a la ignominia después de ella, como ejemplo atemorizador para cualquiera que siguiera sus pasos? Cortar el cadáver en pedazos y distribuir las partes desmembradas en las ciudades distantes, corre parejas y explica su propósito con lo que leemos en la Biblia sobre el descuartizamiento del cadáver de la concubina del levita (Jueces 19:29), y el envío de una de las doce partes a cada una de las doce tribus de Israel; y en el comportamiento similar de Saúl cuando despedazó la yunta de bueyes y envió los pedazos por todo el territorio de su reino (1 Samuel 11:7). Los exégetas admiten que tanto el levita como Saúl actuaron según una costumbre patriarcal de acuerdo con la cual se tomaría pronta venganza contra aquellos que no concurrieran a

---

[203] DIODORO, lib. I. p. 58. Las palabras de Diodoro, impresas en las ediciones ordinarias, dan simplemente el número de los jueces como "más de cuarenta," sin especificar cuántos más. En el *Codex Coislianus,* se dice que son "dos más que cuarenta." Los jueces terrenales que tenían que ver con la cuestión del entierro, debían corresponder en número a los jueces de las regiones infernales, según lo admiten tanto WILKINSON (vol. V. p. 75) como BUNSEN (vol. I. p. 27). Por los monumentos, se ha determinado que estos jueces eran apenas cuarenta y dos, además de su presidente. Por tanto, los jueces terrenales de los funerales deberían haber sido igualmente cuarenta y dos. En relación con este número de igual correspondencia entre los jueces de este mundo y los jueces del mundo espiritual, Bunsen, hablando del juicio de una persona fallecida en el mundo invisible, emplea estas palabras en el pasaje antes mencionado: "Cuarenta y dos dioses (*el número de integrantes del tribunal terrenal de los muertos*) ocupan el tribunal del juicio." Diodoro mismo, aunque escribió realmente "dos más que cuarenta," o simplemente "más que cuarenta," da razón para creer que el número que tenía presente en su mente era cuarenta y dos, porque dice que "toda la fábula de las sombras de abajo," traída por Orfeo de Egipto, fue "copiada de las ceremonias de los funerales egipcios," de los cuales había sido del juicio antes del entierro de los muertos.- (DIODORO, lib. I. p. 58). Por tanto, si había cuarenta y dos jueces en "las sombras de abajo," se demuestra que el número de los jueces en el juicio terrenal tenía que haber sido el mismo, incluso aceptando lo manifestado por Diodoro.

la asamblea para la que habían sido citados de modo solemne. Esto fue dicho por Saúl en abundantes palabras cuando las partes de los bueyes muertos fueron enviadas a las tribus: "Así se hará con los bueyes del que no saliere en pos de Saúl y en pos de Samuel." De igual manera, cuando las desmembradas partes de Osiris fueron enviadas en medio de las ciudades por los setenta y dos "conspiradores" – en otras palabras, por los setenta y dos jueces de Egipto – esto equivalía a una solemne declaración hecha a nombre de ellos en el sentido de que, "a cualquiera que hiciera lo que Osiris había hecho, le ocurriría lo mismo, siendo también cortado en pedazos."

Cuando surgieron de nuevo la irreligión y la apostasía entre los antepasados, este acto en el que se vieron involucradas las autoridades constituidas que tenían que ver con el instigador de los apóstatas por el sofocamiento del sistema combinado de irreligión y despotismo preconizado por Osiris o por Nimrod, fue naturalmente objeto de extremado aborrecimiento de parte de todos sus seguidores; y por su participación en ella, el actor principal fue estigmatizado como Tifo, o "el diablo."[204] La influencia que este odiado Tifo ejerció sobre la mente de los así llamados "conspiradores," teniendo en cuenta la fuerza física de que estaba dotado Nimrod, debe haber sido maravillosa, y sirve para demostrar que, aunque sus hazañas con respecto a Osiris están encubiertas y él mismo infamado por un nombre aborrecible, fue ciertamente, nada menos que el primitivo Hércules que venció a los gigantes por "el poder de Dios," por el poder persuasivo de Su Espíritu Santo.

---

[204] Wilkinson acepta que diferentes individuos en diversas épocas llevaron este odiado nombre en Egipto. Set fue uno de los más notables entre los que llevaron el nombre de Tifo, o el diablo (EPIFANIO, *Adv. Hoeres.*, lib. III). Set o Sem son sinónimos, y ambos significan "el elegido." Como Sem era el primogénito de Noé, y "el hermano mayor de Jafet" (Génesis 10:21), y como la preeminencia le fue predestinada en forma divina, el nombre de Sem, "el elegido" le había sido dado indudablemente por inspiración divina, bien al nacer o después, para elegirlo como antes había sido elegido Set como "el hijo prometido." Sem, sin embargo, parece haber sido conocido en Egipto como Tifo, no solamente con el nombre de Set, sino por su propio nombre, pues Wilkinson nos dice que Tifo se caracterizaba por un nombre que significaba "destruir y desolar." – (*Los Egipcios*, vol. IV. p. 434). El nombre de Sem en uno de sus significados quiere decir también "desolar" o destruir. Así Sem, el elegido, fue convertido por sus enemigos en Sem, el Desolador o el Destructor, es decir, el diablo.

Acerca de los Misterios. . . y el Culto al Hombre

A propósito de este carácter de Sem, el mito que hace que Adonis, quien se identifica con Osiris, perezca por los colmillos de un jabalí, se aclara fácilmente.[205] El colmillo de jabalí era un símbolo. En las Escrituras, al colmillo se le llama "cuerno;"[206] y entre muchos de los clásicos griegos se le considera del mismo modo.[207] Cuando se sabe que el colmillo se considera como cuerno, según el simbolismo de la idolatría, el significado de los colmillos de jabalí por los cuales pereció Adonis, no hay que buscarlo muy lejos. Los cuernos de toro que usaba Nimrod eran el símbolo de su poder físico. Los colmillos de jabalí eran el símbolo del poder *espiritual*. Así como el "cuerno" significa *poder*, así también el colmillo, que es un cuerno en la boca, significa "poder en la boca;" en otras palabras, el poder de la persuasión; el mismo poder con el cual "Sem," el Hércules primitivo, estaba dotado tan singularmente. Aun desde las tradiciones antiguas del gaélico, tenemos un punto de evidencia que, al mismo tiempo, ilustra esta idea de poder en la boca, y lo relaciona con ese gran hijo de Noé, a quien la bendición del Altísimo, como se relata en las Escrituras, le hizo descansar especialmente. Al céltico Hércules se le llamó Hércules Ogmius que, en caldeo es "Hércules el lamentador."[208] Ningún otro nombre sería más apropiado ni más descriptivo que éste de la historia de Sem. Con excepción de nuestro primer padre, Adán, no hubo un solo hombre que viera, quizás, tanta aflicción como él. No solamente presenció una apostasía generalizada que debe haberle dolido profundamente por sus justos sentimientos y por haber sido testigo, como lo fue, de la terrible catástrofe del diluvio;

---

[205] En la India, se decía que un demonio con "cara de jabalí" había logrado tal poder por la devoción que se le tributaba, que obligó a esconderse a los "devotos" o adoradores de los dioses.– (MOOR, *Panteón*, p. 19). Parece que aun en el Japón hay un mito similar. Para el jabalí japonés, ver *Noticias Ilustradas* del 15 de diciembre de 1860.

[206] Ezequiel 27:15, "... *cuernos* de marfil y pavos te dieron en presente."

[207] Pausanias admite que, en sus días, algunos consideraban los colmillos como dientes; pero él redarguye fuertemente, y yo creo concluyente el que se les considere como *"cuernos."* – Ver PAUSANIAS, lib. V., *Elíaca*, cap. 12. P. 404; también VARRO, *De Lingua Latina,* lib. VI. *apud* PARKHURST, *sub voce* "Krn."

[208] Los eruditos celtas derivan el nombre Ogmius de la palabra celta Ogum, que se dice que significa "escritura secreta;" pero es mucho más probable que la palabra Ogum se derive del nombre del dios, que el nombre del dios se derive de ella.

pues vivió para enterrar SIETE GENERACIONES de sus descendientes. Vivió 502 años después del diluvio, y como después de ese acontecimiento, la vida de los hombres era de corta duración, no menos de SIETE generaciones de descendientes directos murieron antes que él (Génesis 11:10-32). Ogmius, "el lamentador o el doliente," ¡qué nombre tan apropiado para alguien que tenía una historia semejante! ¿Cómo se representa a este Hércules "doliente" para reprimir las atrocidades y para enmendar los errores? No por medio del garrote, como el Hércules de los griegos, sino por la fuerza de la persuasión. Se representa a la multitud siguiéndolo tiradas por finas cadenas de oro y ámbar enganchadas en sus orejas, cadenas éstas que salen de la boca de él.[209] Hay una gran diferencia entre los dos símbolos: los colmillos de jabalí y las cadenas de oro que salen de la boca y arrastran grandes multitudes voluntarias por las orejas; pero ambos ilustran bellamente la misma idea – la fuerza de ese poder persuasivo que le permitió a Sem resistir por un tiempo la acometida del mal que se precipitó sobre el mundo.

Al influir Sem tan poderosamente sobre la mente de los hombres como para inducirlos a hacer un terrible escarmiento en el gran Apóstata, y cuando los miembros cortados del cuerpo de ese Apóstata fueron enviados a las principales ciudades donde, sin duda, se había establecido su sistema, y descubriéndose prontamente que, en tales circunstancias, si la idolatría iba a continuar y si, sobre todo, iba a progresar, era indispensable que lo hiciera en secreto. El temor a una ejecución impuesta a alguien tan poderoso como Nimrod, hacía necesario que, por algún tiem-

---

[209] Sir W. BETHAM, *Gaélico y Cimbrio*, pp. 90-93. En relación con este Ogmius, es digno de observarse uno de los nombres de "Sem," el gran Hércules egipcio que venció a los gigantes. Este nombre era Chon. En el *Etymologicum Magnum, apud* BRYANT, vol. II. p. 33, leemos: "Se dice que en el dialecto egipcio a Hércules se le llama Chon." Compárese esto con WILKINSON, vol. V. p. 17, donde a Chon se le llama "Sem." En caldeo, Khon significa "lamentar," y como Sem era Khon, es decir, "sacerdote" del Dios Altísimo, su carácter y sus circunstancias peculiares como Khon, "el lamentador," suministrarían una razón adicional por la que él se distinguiría por ese nombre por el que fue conocido el Hércules egipcio. Y no es menospreciable la elocuencia impresionante que hay en las lágrimas de los que buscan apartar a los pecadores de sus caminos equivocados. Las lágrimas de Whitefield constituyeron una gran parte de su poder; y, de igual manera, las lágrimas de Khon, el Hércules "lamentador," le ayudarían poderosamente para vencer a los gigantes.

Acerca de los Misterios... y el Culto al Hombre

po, se tuviera – por lo menos – precaución extrema al valerse de ella. En estas circunstancias, entonces, sin que quepa duda alguna, el sistema de los "Misterios," que tenía como centro a Babilonia, se difundió por el mundo. En estos Misterios, bajo el sello del secreto y la sanción de un juramento, y mediante todos los fecundos recursos de la magia, los hombres fueron llevados de nuevo a toda la idolatría, que había sido públicamente suprimida, agregándosele al mismo tiempo nuevos rasgos distintivos que la hicieron todavía más blasfema que antes. De que la magia y la idolatría eran hermanas gemelas, y que entraron juntas al mundo, tenemos abundante evidencia. "De él (de Zoroastro)," afirma el historiador Justino, "se dijo que fue el primero que inventó las artes mágicas, y el que estudió más diligentemente los movimientos de los cuerpos celestes."[210] El Zoroastro de que habla Justino es el Zoroastro bactriano; pero se admite generalmente que esto es un error. Stanley, en su "Historia de la Filosofía Oriental," concluye que este error ha resultado de la similitud del nombre y que, por tal razón, se le ha atribuido al Zoroastro bactriano lo que propiamente corresponde al caldeo, "puesto que no puede pensarse que el bactriano fuese el inventor de aquellas artes en las cuales el caldeo, que fue contemporáneo suyo, era mucho más experto."[211] Antes que Stanley, Epifanio había llegado evidentemente a la misma conclusión substancial. Epifanio sostiene, según la evidencia que le fue revelada en sus días, que fue "*Nimrod* el que estableció las ciencias de la magia y de la astronomía, invención que fue atribuida posteriormente a Zoroastro (el bactriano)."[212] Como hemos visto que Nimrod y el caldeo Zoroastro son uno mismo, las conclusiones de los investigadores antiguos y modernos de la antigüedad caldea armonizan completamente. El sistema secreto de los Misterios proporcionaba grandísimas facilidades para imponerse sobre los sentidos de los iniciados por medio de las diversas tretas y artificios de la magia. A pesar de todos los cuidados y precauciones de los que dirigían estas iniciaciones, se filtraba

---

[210] JUSTINO, *Historia*, lib. I. cap. 1, vol. II. p. 615.

[211] STANLEY, p. 1031, col. 1.

[212] EPIFANIO, *Adv. Hoeres.*, lib. I., vol. I. p. 7.

bastante para darnos una comprensión muy clara de su verdadero carácter. Todo era tan sumamente ingenioso para estimular la mente de los novicios hasta el más alto grado de excitación que, después de haberlos sometido sin reserva a los sacerdotes, podían estar preparados para aceptarlo todo. Después de que los candidatos a la iniciación habían pasado por el confesionario, y hecho los juramentos requeridos, "se les presentaban," dice Wilkinson, "extraños y maravillosos objetos. Algunas veces, el lugar donde se encontraban parecía temblar en torno de ellos; otras veces, aparecía brillante y resplandeciente con luz y fuego ardiente, para cubrirse de nuevo con obscuras tinieblas; unas veces tronaba y relampagueaba; otras veces, se oían ruidos espantosos y bramidos; a veces, surgían terribles apariciones que asombraban a los temblorosos espectadores."[213] Luego, al final, de la manera más a propósito para ablandar sus sentimientos y ganar sus afectos, se les revelaba el gran dios, el objeto central de su culto: Osiris, Tamuz, Nimrod, o Adonis. Un relato de tal manifestación fue dado, con cautela ciertamente, por un pagano viejo, pero en una forma tal que muestra la naturaleza del secreto mágico por medio del cual se realizó un aparente milagro: "En una manifestación que uno no debe revelar... se ve en la pared del templo un haz de luz que, al principio, aparece a una distancia muy grande. Al mismo tiempo que el haz de luz se despliega, se transforma en una figura evidentemente divina o sobrenatural, de aspecto severo, pero con un toque de dulzura. Siguiendo las enseñanzas de una religión misteriosa, los alejandrinos lo honran como a Osiris o Adonis."[214] Según lo que aquí se dice, difícilmente puede quedar duda de que el arte mágico empleado en este caso no fue otro que el que ahora se emplea en la fantasmagoría moderna. Tales o parecidos medios

---

[213] WILKINSON, *Modales y Costumbres de los Egipcios*, vol. V. p. 326.

[214] Uno de los relatos a que me refiero está contenido en las siguientes palabras de Moisés de Corene en su *Historia Armenia*, refiriéndose a la respuesta que dio Semíramis a los amigos de Areo, a quien ella había matado en la batalla: "Dios inquit [Semíramis] meis mendata dedi, tu Araei vulnera lamberunt, et ab inferis excitarent.... Dii, inquit, Areaum lamberunt, et ad vitam revocarunt;" "He dado órdenes, dice Semíramis, a mis dioses de lamer las heridas de Areo y hacerlo volver de los muertos. Los dioses, dice ella, *han* lamido a Areo, y lo han llamado de nuevo a la vida." – (MOISES CORENENSE, lib. I. cap. 14, p. 42). Si Semíramis hubiera hecho realmente lo que dijo que había hecho, habría sido un milagro. Los efectos de los magos

se emplearon en períodos muy primitivos en los Misterios secretos para presentar ante los ojos del viviente a los que estaban muertos. En la historia antigua encontramos relatos que se refieren a la misma época de Semíramis, que dan a entender que los ritos mágicos se practicaban con tal propósito; y como se empleó ostensiblemente más tarde la linterna mágica, o algo que se le pareciera, para el mismo fin, es razonable concluir que los mismos medios, u otros similares, se emplearon en tiempos muy antiguos, cuando se producían los *mismos* efectos. En manos de hombres astutos e ingeniosos éste fue un medio poderoso para imponerse sobre aquellos que estaban dispuestos a ser embaucados, pues eran renuentes a la santa religión espiritual del Dios viviente, y que todavía ansiaban el sistema que había sido reprimido. Era fácil para los que controlaban los Misterios, habiendo descubierto sus secretos, que entonces eran desconocidos para la humanidad en conjunto, y que ellos preservaron cuidadosamente bajo su propia y exclusiva custodia, darles lo que podía parecer demostración visual de que Tamuz, que había sido ejecutado, y por quien se habían hecho tales lamentaciones, estaba vivo todavía y circundado de gloria divina y celestial. De los labios de alguien revelado gloriosamente de esta manera, o lo que era prácticamente lo mismo, de los labios de algún sacerdote invisible, hablando en su nombre desde atrás del escenario, ¿qué podía ser demasiado maravilloso o increíble para ser creído? Así, la totalidad del sistema de los Milagros secretos de Babilonia, tenía por objeto glorificar a un hombre muerto, y una vez establecido el culto de un muerto, se aseguraba la continuación de ese culto para muchos otros. Esto arroja luz sobre el

---

eran milagros *fingidos*; y Justino y Epifanio demuestran que los milagros fingidos aparecieron desde el nacimiento de la idolatría. A menos que el milagro fingido de la resurrección de los muertos por artes mágicas ya hubiera sido conocido y practicado en los días de Semíramis, no es probable que ella hubiera dado tal respuesta a aquellos a quienes ella deseaba predisponer en su favor; pues, por una parte, ¿cómo podía esperar que tuviera el efecto deseado, si no era corriente creer en las prácticas de la nigromancia? Encontramos que en Egipto, más o menos por la misma época, tales artes mágicas debieron haber sido practicadas, si se da crédito a Maneto. "Maneto dice," según Josefo, "que él [hablando evidentemente del viejo Horus como de un rey humano y mortal] fue admitido a *la visión de los dioses*, y que Amenofis deseaba el mismo privilegio." – (JOSEFO, *contra* APION, lib. I. p. 932). Este pretendido acceso a *la visión de los dioses*, significa evidentemente el uso del arte mágico aludido en el texto.

lenguaje del Salmo 106, donde el Señor, reconviniendo a Israel por su apostasía, dice: "Se unieron asimismo a Baal-peor, y comieron los sacrificios de los *muertos*." De este modo se preparó también el camino para la introducción de todas las abominaciones y de los crímenes de los cuales los Misterios llegaron a ser el escenario; porque para aquellos a quienes no les gustaba conservar a Dios en su conocimiento y que preferían algún objeto visible de culto, que se acomodara a los sentimientos sensuales de su mente carnal, nada podía parecer una razón más conveniente para la fe o para la práctica, que oír con sus propios oídos un mandamiento publicado en medio de una manifestación, aparentemente tan gloriosa, por la misma divinidad que ellos adoraban.

El plan, hábilmente diseñado de tal modo, surtió efecto. Semíramis recibió la gloria de su esposo muerto y deificado; y, con el transcurso del tiempo, los dos, bajo los nombres de Rea y Nin, o de "la madre-diosa y el Hijo," fueron adorados con un entusiasmo increíble, y sus imágenes fueron erigidas y adoradas en todas partes.[215] Dondequiera que el aspecto negro de Nimrod resultaba un obstáculo para su culto, esto se obviaba fácilmente. Según la doctrina caldea de la transmigración de las almas, todo lo que se necesitó fue enseñar solamente que Nino había reaparecido en la persona de un hijo póstumo, de tez blanca, dado a luz sobrenaturalmente por su esposa después de que el padre se había ido a la gloria. Como la licenciosa y disoluta vida de Semíramis le dio muchos hijos para los cuales ningún pretendido padre terrenal era reconocido, un argumento como éste santificaría al mismo tiempo el pecado y permitiría satisfacer los sentimientos de los que eran hostiles al verdadero culto del SEÑOR, y que, sin embargo, no sentían agrado en inclinarse delante de una divinidad negra. A causa de la luz reflejada por Egipto sobre Babilonia, así como por la forma de las imágenes existentes del niño de Babilonia en los brazos de la madre-diosa, tenemos toda la razón para creer que esto sucedió realmente. En Egipto,

---

[215] Parece que ninguna idolatría se habría arriesgado a aparecer públicamente hasta el reinado de Arioc o Ario, el nieto de Semíramis.– *Cedreni Compendium*, vol. I. pp. 29,30.

Acerca de los Misterios... y el Culto al Hombre

del *hermoso* Horus, el hijo del *negro* Osiris, que era el objeto favorito de adoración en los brazos de la madre-diosa Isis, se decía que había nacido milagrosamente como consecuencia de una relación sexual de esta diosa con Osiris, después de la muerte de éste;[216] y, en cuanto al hecho de haber sido una nueva encarnación de ese dios para vengar su muerte en sus asesinos, sorprende encontrar hoy día que se adorara un dios negro entre tantos países tan distantes y entre tantos millones de seres humanos que nunca habían visto un negro. Sin embargo, como lo veremos después, entre las naciones civilizadas de la antigüedad, Nimrod cayó en descrédito en casi todas partes, y fue degradado de su preeminencia original expresamente *ob deformitatem*,[217] "a causa de su fealdad." Incluso en la misma Babilonia, el hijo póstumo, a pesar de identificársele con su padre y de heredar toda la gloria de éste, llegó a ser, sin embargo, el símbolo favorito del hijo divino de la Madona por tener más del color de la piel de la madre.

A este hijo adorado de este modo en los brazos de la madre, se le consideraba como investido de todos los atributos del Mesías prometido y se le llamaba por casi todos Sus nombres. Tal como a Cristo se le llama Adonai, EL SEÑOR, en el hebreo del Antiguo Testamento, así a Tamuz se le llamó Adón o Adonis. Bajo el nombre de Mithras, fue adorado como "el Mediador."[218] Como mediador y cabeza del pacto de la gracia, se le llamó Baal-berit, el Señor del Pacto (Jueces 8:33) – (Fig. 23). Con este carácter se le representó en los monumentos persas sentado sobre el arco iris, el bien conocido símbolo del pacto.[219] En la India, bajo el nombre de Visnú – el Preservador y el Salvador de los hombres – aun siendo dios, fue adorado como el gran "Hombre-Víctima," que antes de que existieran los mundos, se ofreció a *sí mismo*

---

[216] PLUTARCO, *Obras*, vol. II. p. 366.

[217] Estas son las palabras del *Gradus ad Parnassum*, con respecto a la causa de la caída de Vulcano, cuya identidad con Nimrod se demuestra en el Capítulo Séptimo, Sección I.

[218] PLUTARCO, *De Iside,* vol. II. p. 369.

[219] THEVENOT, *Viajes*, part. II., cap. VII. p. 514.

Baal-Berith,
el Señor del Pacto

Fig. 23

como sacrificio,[220] porque no había nada que ofrendar. Los escritores sagrados hindúes enseñan que esta misteriosa ofrenda antes de toda la creación, es el fundamento de todos los sacrificios que se han ofrecido desde entonces.[221] ¿Sorprende acaso que tal aseveración haya tenido su fundamento en los libros sagrados de la mitología pagana? ¿Por qué se hizo esto? Puesto que el pecado entró al mundo, sólo había una forma de salvación, y era por medio de la sangre del pacto eterno – una forma que toda la humanidad conoció en otro tiempo, desde los días de la ofrenda del justo Abel. Cuando Abel, "por la fe," ofreció a Dios un sacrificio superior al de Caín, lo que dio toda la "superioridad" a su ofrenda, fue su fe "en la sangre del Cordero inmolado," según el propósito de Dios "desde la fundación del mundo," ofrecida a su debido tiempo en el Calvario. Si Abel conocía "la sangre del Cordero," ¿por qué no habrían de conocerla los hindúes? Una palabra deja ver que aun por los griegos ya había sido conocida la virtud de "la sangre de Dios," aunque esa

---

[220] Coronel KENNEDY, *La Mitología Hindú*, pp. 221 y 247, con Nota.

[221] *Ibid.* pp. 200, 204, 205. En el ejercicio de su oficio como dios Reparador, se dice que Visnú "quitó los espinos de los tres mundos." – MOOR, *Panteón*, p. 12. Los "espinos" eran un símbolo de la maldición.– (Génesis 3:18).

virtud, al ser expuesta por sus poetas fue completamente opacada y degradada. Esa palabra es Icor. Todo lector de los bardos de la Grecia clásica sabe que Icor es el término especialmente apropiado para nombrar la sangre de una divinidad. Homero se refiere a ella de esta manera:

"Desde la abierta vena fluye el inmortal Icor

Como fuente que mana de un dios herido,

Emanación pura, sangre incorrupta,

Diferente a nuestra espesa y mórbida sangre terrenal."[222]

¿Cuál es el verdadero significado del término Icor? En griego no tiene ningún significado etimológico; pero en caldeo, Icor significa "cosa preciosa." Tal nombre, aplicado a la sangre de una divinidad, sólo podía tener un origen. Su evidencia la tiene en su misma procedencia, pues proviene de esa gran tradición patriarcal que llevó a Abel a prever la "preciosa sangre" de Cristo, el don más "precioso" que el amor divino podía dar a un mundo culpable, aun cuando la sangre del único y verdadero "Hombre-Víctima" es, al mismo tiempo, de hecho y verdaderamente "la sangre de Dios" (Hechos 20:28). Incluso en la misma Grecia, aun cuando la doctrina fue completamente pervertida, no se había perdido del todo. Estaba mezclada con falsedad y con fábula y se mantuvo oculta del vulgo; pero ocupaba un lugar importante en el sistema místico secreto. Como nos dice Servio, el propósito principal de las orgías báquicas "era la purificación de las almas,"[223] y como en estas orgías había, por lo regular, el despedazamiento de un animal y el derramamiento de su sangre, en memoria del derramamiento de la sangre de la vida de la gran divinidad conmemorada en ellas, ¿el derramamiento simbólico de la sangre de esa divinidad no podría tener relación con la

---

[222] POPE, *Homero*, corregido por PARKHURST. Ver el original en *La Ilíada*, lb. V. ll. 339,340, pp. 198,199.

[223] Ver *ante*, p. 22.

"purificación" del pecado, que estos mismos ritos tenían el propósito de lograr? Hemos visto que los sufrimientos del Zoroastro babilónico y de Belo fueron expresamente representados como voluntarios y como propuestos para beneficio del mundo, y esto con respecto al aplastamiento de la cabeza de la gran serpiente, lo que implicaba la remoción del pecado y de la maldición. Si el Baco griego fue solamente otra forma de la divinidad babilónica, entonces sus sufrimientos y el derramamiento de su sangre deben haber sido representados como padecidos con el mismo propósito, a saber, la "purificación de las almas." Permítase que se considere en Grecia, desde este punto de vista, el bien conocido nombre de Baco. Su nombre era Dionisos o Diniosio, ¿cuál es el significado de este nombre? Hasta ahora ha desafiado toda interpretación. Pero entendiéndolo como procedente del lenguaje de la tierra de donde el dios vino originalmente, el significado es muy claro. *D'ion-niso-s* significa "EL QUE CARGA CON EL PECADO,"[224] un nombre muy apropiado al carácter de aquel cuyos sufrimientos eran representados como tan misteriosos, y que era considerado como el gran "purificador de las almas."

Este dios babilónico, conocido en Grecia como "el que Carga con el Pecado," y en la India como el "Hombre-Víctima," considerado usualmente como el "Salvador del mundo" entre los budistas orientales, los elementos de cuyo sistema eran claramente babilónicos.[225] Siempre se ha conocido suficientemente

---

[224] La expresión usada en Exodo 28:38 para "llevar las faltas (la iniquidad)" o el pecado de manera substitutiva es *"nsha eon"* (siendo *ayn* la primera letra *eon*). Un sinónimo para *eon*, "falta o iniquidad," es *aon* (siendo alef la primera letra). – (Ver PARKHURST *sub voce* "An," Nº IV.). En caldeo, la primera letra *a* se convierte en *i*, y por tanto *aon*, "iniquidad," es *ion*. Entonces *nsha* "llevar," es *"nusha"* en el participio activo. Como los griegos no tenían *sh*, *nusha* se convierte en *nusa*. *De*, o *Da*, es el pronombre demostrativo y significa "ese" o "el gran." Así, *"D'ion-nusa"* es exactamente "El gran portador del pecado." Que los paganos de la época clásica tenían la misma idea de la imputación del pecado y del sufrimiento substitutivo, se demuestra por lo que dice Ovidio con respecto a Olenos. Se decía que Olenos había llevado voluntariamente sobre sí el vituperio de la culpa de que él era inocente: "Quique in se crimen traxit, voluitque videri, Olenos esse nocens."(OVIDO, *Metamorfosis*., vol. II p. 486). Bajo el peso de esta culpa imputada, tomada voluntariamente sobre sí, a Olenos se le representa sufriendo tal horror como para perecer, o ser convertido en piedra. Como la piedra en que se convirtió Olenos fue erigida en el monte *santo* de Ida, esto demuestra que Olenos debe haber sido considerado como una persona *sagrada*. El verdadero carácter de Olenos como el "portador del pecado" puede establecerse fácilmente. Ver Apéndice, Nota F.

Acerca de los Misterios... y el Culto al Hombre

que los griegos adoraban, a veces, al dios supremo bajo en título de "Zeus, el Salvador," pero se enseñaba que este título se refería solamente a la salvación en el combate, o algo parecido a una salvación temporal. Pero cuando se sabe que "Zeus, el Salvador" fue solamente un título de Dionisio,[226] el "Baco que cargaba con el pecado," su carácter como "el Salvador" aparece con una luz bastante diferente. En Egipto, al dios caldeo se le ensalzaba como el gran objeto de amor y adoración, como el dios por medio del cual "la bondad y la verdad fueron reveladas a la humanidad."[227] Era considerado como el heredero predestinado de todas las cosas; y se creía que el día de su nacimiento se oyó una voz que proclamaba: "Ha nacido el Señor de toda la tierra."[228] Con este carácter se le llamó "Rey de reyes, y Señor de señores," siendo una especie de reconocida representación de este dios-héroe, lo que hizo que el célebre Sesostris hiciera que este mismo título se agregara a su nombre en los monumentos que él erigió para perpetuar la fama de sus victorias.[229] No solamente fue honrado como el gran "Rey del Mundo," y considerado como el "Señor del mundo visible," sino que también lo fue como "Juez de los muertos;" y se enseñó que, en el mundo de los espíritus, todos debían presentarse ante su terrible tribunal

---

[225] MAHAWANSO, XXXI. *apud* POCOCKE, *La India y Grecia*, p. 185.

[226] ATENEO, lib. XV. p. 675.

[227] WILKINSON, *Los Egipcios*, vol. IV. p. 189.

[228] Ibid. p. 310.

[229] RUSSELL, *Egipto*, p. 79.

[230] WILKINSON, vol. IV. pp. 310, 314.

[231] Este es el significado esotérico de la "Rama Dorada" de Virgilio, y de la rama de muérdago de los druidas. La prueba de esto debe reservarse para el *Apocalipsis del Pasado*. Sin embargo, puedo hacer una observación, al paso, sobre la amplia difusión del culto de la rama sagrada. No solamente hacen uso de la rama sagrada, en ciertas ocasiones, los negros del Africa en el culto del Fetiche (HURD, *Ritos y Ceremonias*, p. 375), sino que aun en la India hay huellas de la misma práctica. Mi hermano S. Hislop, de la Iglesia Misionera Libre, en Nagpore, me informa que el último Rajá de Nagpore acostumbraba cada año, en determinado día, ir con gran pompa a adorar la rama de una clase especial de árbol, llamado *apta*, que había sido plantado para la ocasión y el cual, después de recibir honores divinos, era arrancado y sus hojas distribuidas por el Príncipe nativo entre sus nobles. En las calles de la ciudad se vendían cantidad de ramas de la misma clase de árbol, y las hojas, con el nombre de *sona*, "oro," eran regaladas a los amigos.

para señalarles su destino.²³⁰ Así como se profetizó del verdadero Mesías con el título de "el varón cuyo nombre es Renuevo," él fue célebre no solamente como el "Renuevo de Cus," sino como "el Renuevo de Dios," dado graciosamente a la tierra para la sanidad de todas las enfermedades de que es heredera la carne.²³¹ En Babilonia se le adoró con el nombre de El-Bar, o "Dios Hijo." Con este mismo nombre lo presenta Beroso, el historiador caldeo, como el segundo en la lista de los soberanos babilónicos.²³² Con este nombre lo ha encontrado Layard en las esculturas de Nínive, teniendo el nombre de Bar, "el Hijo" como prefijo del mismo nombre que significa El, o "Dios."²³³ Sir H. Rawlinson lo ha encontrado con el mismo nombre, estando yuxtapuestos inmediatamente los nombres de "Beltis" y el de "Bar el Resplandeciente".²³⁴ Con el nombre de Bar fue adorado en Egipto en los tiempos primitivos, aunque posteriormente el dios Bar fue degradado en el panteón popular para dar paso a otra divinidad más popular.²³⁵ En la misma Roma pagana, como lo testifica Ovidio, fue adorado con el nombre del "Hijo Eterno."²³⁶ Así, un simple mortal fue osada y abiertamente ensalzado en Babilonia, en oposición al "Hijo del Bendito."

---

²³² BEROSO, en *Egipto* de BUNSEN, vol. I. p. 710, Nota 5. El nombre "El-Bar" está en forma hebrea por ser la más familiar para el lector común y corriente de la Biblia en inglés. La forma caldea del nombre es Ala-Bar, que en el griego de Beroso es Ala-Par, con la terminación afija griega *os*. En griego, el cambio de Bar en Par se basa exactamente en el mismo principio por el que *Ab* "padre" se convierte en *Appa* en griego, y *Bard*, el "manchado," se convierte en Pardos, etc. Este nombre, Ala-Bar, fue dado por Beroso, probablemente, a Ninyas como sucesor e hijo legítimo de Nimrod. Ese Ala-Par-os tenía realmente el propósito de designar al soberano en mención como "Dios el Hijo," o "el Hijo de Dios," lo que está confirmado por otra lectura del mismo nombre dada en griego (en p. 712 de BUNSEN, Nota). Allí, el nombre es Alasparos. Ahora, Pyrisporos, aplicado a Baco, significa Ignígena, o la "Simiente del Fuego;" y Ala-sporos, la "Simiente de Dios," es apenas una expresión similar formada a la manera griega. Es bien sabido que el griego *speiro* viene del hebreo *Zero*, y que ambos verbos significan "sembrar." La formación de *speiro* es así: El participio activo de Zero es Zuro, el cual, empleado como verbo, se convierte en Zwero, Zvero, y Zpero. Entonces, "Ala-sporos," significa naturalmente "La Simiente de Dios" – una mera variación de Ala-Par-os, "Dios el Hijo," o "el Hijo de Dios."

²³³ *Nínive y Babilonia*, p. 629.

²³⁴ VAUX, *Nínive*, p. 457.

²³⁵ BUNSEN, vol. I. p. 426. Aunque Bunsen no *menciona* la degradación del dios Bar; sin embargo, al convertirlo en Tifón, lo degrada *implícitamente*. Ver EPIFANIO, *Adv. Hoereses*, lib. III. tom. II., vol. I. p. 1093.

SECCION III — LA MADRE Y EL HIJO

No obstante que la madre debía su gloria en primera instancia al carácter divino atribuido al hijo que llevaba en los brazos, a la larga eclipsó prácticamente al hijo. Al principio, con toda probabilidad, ni siquiera se habría pensado en atribuirle carácter divino a la madre. Existía una clara promesa que llevaría necesariamente a la humanidad a esperar que, de un momento a otro, el Hijo de Dios aparecería en este mundo con sorprendente condescendencia como el Hijo del hombre. Pero no existía promesa alguna, ni siquiera el indicio de una promesa que llevara a cualquiera a prever que una *mujer* sería alguna vez investida con atributos que la elevarían al nivel de la Divinidad. Por tanto, es improbable en último término, que cuando la madre se mostró por primera vez con el hijo en los brazos, se pretendiera darle honores divinos. A ella se le usó indudable y principalmente como pedestal para que sostuviera al Hijo divino, y para presentarlo a la adoración de la humanidad, considerándose como gloria suficiente para ella ser la única, entre todas las hijas de Eva, que diera a luz a la simiente prometida, a la única esperanza del mundo. Pero entre tanto que, sin duda, éste fue el propósito, hay un principio evidente en todas las idolatrías, el de que aquello que más excita los sentimientos, debe producir la impresión más poderosa. El Hijo, aun en su nueva encarnación, cuando se cre-

---

[236] Para comprender el significado de esta expresión, debe hacerse referencia a la forma notable del juramento entre los romanos. En Roma, la forma más sagrada del juramento, como lo sabemos por AULO GELIO, I. 21, p. 192, era: "Per Jovem LAPIDEM," "Por Júpiter la PIEDRA." Esto, tal como está, no tiene sentido. Pero si para la traducción de *lapidem* se regresa al caldeo, la lengua sagrada, el juramento quiere decir: "Por Jove, el Hijo," o "Por el hijo de Jove." *Ben*, que en hebreo es Hijo, en caldeo se convierte en *Eben*, que también significa piedra, como puede verse en "Eben-ezer," "*Piedra* de ayuda." Como los más eruditos investigadores, incluyendo entre ellos, evidentemente, a Sir G. Wilkinson (ver *Los Egipcios,* vol. IV. p. 186), han admitido que el Jovis romano, que antiguamente era el nominativo, es sólo una forma del hebreo Jehová, es evidente que el juramento habría sido originalmente, "Por el hijo de Jehová." Esto explica cómo el juramento más solemne y obligatorio se hubiera tomado en la forma mencionada; y demuestra, también, lo que significaba cuando a Baco, "el hijo de Jove," se le llamó "El Hijo Eterno." – OVIDIO, *Metamorfosis*, IV. 17,18.

yó que Nimrod había reaparecido en una forma más hermosa, lo hizo solamente como un niño, sin ninguna atracción particular, en tanto que la madre en cuyos brazos estaba, fue adornada con todo el arte de la pintura y de la escultura, como investida con mucha de aquella extraordinaria belleza que le pertenecía en realidad. Se dice que la belleza de Semíramis reprimió, en cierta ocasión, con su aparición repentina, una rebelión entre sus súbditos; y se recuerda que la admiración despertada en la mente de ellos por su aparición en tal ocasión, fue perpetuada en una estatua erigida en Babilonia, que la representaba del modo en que ella los había fascinado.[237] Esta reina babilónica coincide no solamente en su carácter con la Afrodita de Grecia y con la Venus de Roma, sino que fue, de hecho, el original histórico de esa diosa que fue considerada en el mundo antiguo como la misma personificación de todo atractivo en forma femenina, y como la perfección de la belleza en la mujer; porque, según nos asegura la Versión de los Setenta, Afrodita o Venus era idéntica a Astarté,[238] entendiéndose que Astarté[239] no es otra que "la mujer que edificó torres o murallas," es decir, Semíramis. Como bien se sabe, la Venus romana fue la Venus chipriota, y se comprobó históricamente que la Venus de Chipre había provenido de Babilonia. En tales circunstancias, ¿qué podría haberse esperado que ocurriera realmente? Si el hijo iba a ser adorado, con mayor razón lo sería la madre. Ella, de hecho, llegó a ser el objeto favorito del culto.[240] Para justificar este culto, la madre

---

[237] VALERIO MAXIMO, lib. IX., cap. 3, hoja 193, p. 2. Valerio Máximo no menciona nada sobre la representación de Semíramis con el hijo en sus brazos; pero como Semíramis fue deificada como Rea, cuyo carácter distintivo era el de *madre* diosa, y como tenemos evidencia de que el nombre "Simiente de la *Mujer*," o Zoroastro, se remonta a los tiempos primigenios – a saber, a sus propios días (CLERICO, *De Chaldoeis*, lib. I. sec. I., cap. 3. tom. II. p. 199), esto implica que si en esos tiempos hubo algún culto a las imágenes, esa "Simiente de la *Mujer*" debe haber ocupado un lugar prominente. Como en todo el mundo la Madre y el hijo aparecen de una forma o de otra, y se encuentran en los primitivos monumentos egipcios, eso demuestra que este culto debe haber tenido sus raíces en las edades primigenias del mundo. Por tanto, si la madre era representada ella sola en forma tan fascinante, podemos estar seguros de que la misma belleza por la que fue celebrada, se le daría cuando fue exhibida con el hijo en sus brazos.

[238] Versión de los SETENTA, p. 25.

[239] De Asht-trt. Ver Apéndice, "Sobre el significado del nombre Astarté."

Acerca de los Misterios... y el Culto al Hombre

fue elevada a la divinidad al igual que su hijo, y se la consideró como destinada a terminar el aplastamiento de la cabeza de la serpiente, siendo fácil, si tal cosa era necesaria, encontrar abundantes y plausibles razones para alegar que Nino o Nimrod, el gran Hijo, sólo había comenzado su vida mortal.

La Iglesia romana sostiene que no era tanto la *simiente* de la mujer *misma*, la que iba a quebrantar la cabeza de la serpiente. Desafiando la gramática, traduce de esta manera la condenación divina a la serpiente: "Ella golpeará tu cabeza, y tú golpearás su calcañal." Lo mismo sostuvieron los antiguos babilonios, y lo representaron simbólicamente en sus templos. Diodoro Sículo nos cuenta que, en el piso superior de la torre de Babel, o templo de Belo, se levantaban tres imágenes de las grandes divinidades de Babilonia, y una de ellas era la de una *mujer que cogía la cabeza de una serpiente*.[241] Entre los griegos se simbolizó lo mismo, pues a Diana, cuyo verdadero carácter fue originalmente el mismo de la gran diosa babilónica,[242] se la representaba sosteniendo una serpiente *sin cabeza* en una de sus manos.[243] A medida que pasaba el tiempo y que los hechos de la historia de Semíramis se fueron opacando, el nacimiento de su hijo fue declarado osadamente como milagroso y, por tanto, ella fue llama-

---

[240] Ciertamente, cuán extraordinaria y fanática fue la devoción en la mente babilónica para con esta reina diosa, se comprueba suficientemente tanto por lo dicho por Heródoto, lib. I. cap. 199, como por la forma en que requería ser propiciada. Que todo un pueblo se hubiera avenido a una costumbre como la descrita, demuestra el asombroso dominio que su culto debe haber ejercido sobre ellos. Nono, hablando de la misma diosa, la llama "La esperanza del mundo entero." (*Dionisíaca*, lib. XLI., en BRYANT, vol. III. p. 226). Como hemos visto, era la misma diosa que fue adorada en Efeso, a quien Demetrio, el platero, se refería como "aquella a quien venera toda Asia, y el mundo entero" (Hechos 19:27). Tan grande era la devoción a esta reina diosa, no sólo de parte de los babilonios, sino del mundo antiguo en general, que la fama de las hazañas de Semíramis en la historia ha dejado completamente en el olvido las hazañas de su esposo Nino o Nimrod.

Con respecto a la identificación de Rea o Cibeles y de Venus, ver Apéndice, Nota G.

[241] DIODORO, *Biblioteca*, lib. II. p. 70. Ver Fig. 23, *ante*, donde una diosa egipcia, a imitación de Horus, atraviesa la cabeza de una serpiente.

[242] Ver *ante*, pp. 29, 30.

[243] Ver SMITH, *Diccionario Clásico*, p. 320.

Lo Que Usted Debe Saber

da "*Alma* Mater,"[244] la "*Virgen* Madre." Que el nacimiento del Gran Libertador iba a ser milagroso, se conocía ampliamente desde mucho antes de la era cristiana. Durante siglos, por decir algo, miles de años antes de ese evento, los sacerdotes budistas tenían una tradición sobre una *Virgen* que daría a luz un hijo para bendecir al mundo.[245] Que tal tradición no proviene de una fuente papal o cristiana, se evidencia por la sorpresa sentida y

---

[244] *Alma* es el término preciso usado por Isaías en el hebreo del Antiguo Testamento cuando anunció, con una anticipación de 700 años, el acontecimiento de que Cristo nacería de una virgen. Si se preguntara cómo este término hebreo *Alma* (no en sentido romano, sino en sentido hebreo) pudo encontrar su camino a Roma, la respuesta es que fue a través de Etruria, que mantenía una estrecha relación con Asiria (ver LAYARD, *Nínive y Babilonia*, p. 190). La palabra "mater," la misma de donde proviene nuestra palabra "madre," es originalmente hebrea; y viene de *Msh*, "hacer salir," en egipcio *Ms*, "dar a luz" (BUNSEN, vol. I. p. 540), que en la forma caldea se convierte en *Mt*, de donde viene el egipcio *Maut*, "madre." *Erh* o *Er*, como en inglés (y en forma similar en sánscrito), es "el que hace." Así que mater o madre significa "la que produce."

Aunque puede hacerse una objeción al significado del epíteto Alma, pues este término se aplicaba frecuentemente a Venus, que ciertamente no era virgen. Sin embargo, esta objeción es más aparente que real. Por el testimonio de Agustín, testigo ocular él mismo, sabemos que los ritos de Vesta, que era enfáticamente "la diosa *virgen* de Roma," con el nombre de Terra, eran exactamente los mismos de Venus, la diosa de la impureza y el libertinaje (Agustín, *La Ciudad de Dios*, lib. II. cap. 26). Por otra parte, Agustín dice que Vesta, la diosa virgen, "era llamada Venus por algunos" (*Ibid*. lib. IV. cap. 10).

Incluso en la mitología de nuestros antepasados escandinavos tenemos una notable evidencia de que *Alma Mater*, o la Virgen Madre, había sido conocida originalmente por ellos. A uno de sus dioses, llamado Heimdal, descrito en los términos más exaltados como el que tenía una percepción tan fina que podía oír crecer la hierba en la tierra, o la lana en el lomo de las ovejas, y que cuando soplaba su trompeta se lo podía oír en todos los mundos, se le llamaba por el nombre paradójico de "el hijo de las nueve vírgenes" (MALLET, p. 65). Esto entraña obviamente un enigma. Permítase que el lenguaje donde tuvo su origen la religión de Odín, a saber, el caldeo, sea traído como apoyo, y el enigma se resuelva. En caldeo, "el hijo de las nueve vírgenes" es Ben-Almut-Teshaah. Pero la pronunciación de esto es idéntica a "Ben-Almet-Ishaa," "el hijo de la virgen de la salvación." Ese hijo era conocido en todas partes como "la simiente salvadora." "Zera-hosha" (en Zend, "cra-osha"), y su virgen madre proclamada, en consecuencia, como "la virgen de la salvación." Aun en los mismos cielos, el Dios de la Providencia ha obligado a Sus enemigos a dar testimonio de la gran verdad bíblica proclamada por el profeta hebreo de que "la virgen concebirá y dará a luz un hijo, y llamará su nombre Emmanuel." La constelación de Virgo, como lo admite la mayoría de los astrónomos eruditos, estaba dedicada a Ceres (Dr. JOHN HILL, en su *Urania*, y el Sr. A. JAMIESON, en su *Atlas Celestial*, ver LANDSEER, *Investigaciones Sabeas*, p. 201), que es lo mismo que la gran diosa de Babilonia, porque Ceres fue adorada con el hijo en su pecho (SOFOCLES, *Antígona*, v. 1133), así como lo fue la diosa babilónica. Originalmente, Virgo fue la Venus asiria, la madre de Baco o Tamuz. Virgo, entonces, era la Virgen *Madre*. La profecía de Isaías fue llevada por los judíos cautivos a Babilonia, y por consiguiente el nuevo título dado a la diosa babilónica.

manifestada por los misioneros jesuitas cuando ellos entraron por primera vez al Tíbet y a China, y se encontraron no solamente con una madre y un hijo adorados como en casa, sino que esa madre adorada tenía un carácter que se correspondía exactamente con el de su propia Madona, "Virgo Deipara," la "*Virgen madre de Dios,*"[246] y eso, además, en lugares donde no pudieron encontrar el menor vestigio de que alguna vez se hubiera conocido el nombre o la historia de nuestro Señor Jesucristo.[247] De la promesa primigenia de que la "simiente de la *mujer* herirá la cabeza de la serpiente," surgiría naturalmente la idea de un nacimiento milagroso. La superchería y el engreimiento humanos inclinaron perversamente a anticipar el cumplimiento de la promesa; y la reina babilónica parece haber sido la primera a quien se tributó ese honor. Por consiguiente, se le dieron los más altos títulos. Se le llamó la "reina del cielo" (Jeremías 44:17,18,19,25).[248] En Egipto fue llamada Athor, es decir, "la habitación de Dios,"[249] para dar a entender que en ella moraba toda la "plenitud de la Deidad." Para destacar a la gran madre-diosa, en un sentido panteísta y, a la vez, al Infinito y Todopoderoso y a la Virgen madre, se grabó esta inscripción en uno de los templos de Egipto: "Yo soy todo lo que ha sido, o lo que es, o lo que será. Ningún mortal ha alzado mi velo. El fruto que he dado a luz es el Sol."[250] En Grecia tenía el nombre de Hestia, y el de Vesta entre

---

[245] *Investigaciones Asiáticas*, vol. X. p. 27.

[246] Ver Sir J.F. DAVIS, *China*, vol. II. p. 56, y LAFITAN, que dice que los relatos enviados a casa por los misioneros papistas sostienen que los libros sagrados de la China hablan no solamente de una Santa Madre, sino de una *Virgen* Madre (vol. I. p. 235, Nota). Ver también a SALVERTÉ, *Las Ciencias Ocultas,* Apéndice, Nota A, sec. 12, p. 490. El lector puede encontrar testimonios adicionales sobre lo mismo en PRESCOTT, *La Conquista de México*, vol. I. pp. 53,54, Nota. Para mayor evidencia sobre este asunto, ver Apéndice, Nota H.

[247] PARSON, *Jafet.* pp. 205,206.

[248] Cuando Ashta, o "la mujer," llegó a ser llamada la "reina del cielo," el nombre "mujer" se convirtió en el más alto título de honor aplicado a una hembra. Esto explica que encontremos tan generalizado entre las naciones del Oriente, el dirigirse a las reinas y a los personajes más encumbrados por el nombre de "mujer." "Mujer" no es un título lisonjero en nuestro idioma; pero en tiempos pasados fue aplicado por nuestros antepasados de manera muy similar a la de los orientales, pues nuestra palabra "Reina" se deriva de Cwino, que en el gótico antiguo significaba justamente mujer.

[249] BUNSEN, vol. I. p. 401.

los romanos, lo que apenas es una modificación del mismo nombre, el cual – aunque haya sido entendido usualmente en sentido diferente, significa en realidad *"la Habitación."*[251] Como habitación de la Deidad se les llamó a Hestia y a Vesta en los *Himnos Orficos*:

"Hija de Saturno, venerable señora,

Que habitas entre la gran llama del fuego eterno,

Los *dioses* tienen en ti su LUGAR DE HABITACION,

Fuerte y estable cimiento de los mortales."[252]

Aun cuando a Vesta se le *identifica* con el fuego, sigue apareciendo claramente su propio carácter como "lugar de habitación." Así Filolao al hablar de un fuego en todo el centro del mundo, la llama "la Vesta del universo, la CASA de Júpiter, la Madre de los dioses."[253] En Babilonia, el título de la madre-diosa como el Lugar de Habitación de Dios era Sacca,[254] o en la forma enfática, Sacta, es decir, "el Tabernáculo." De aquí que hoy la gran

---

[250] Ibid. vol. I. pp. 386,387.

[251] En Griego, Hestia significa "una casa" o "habitación." – (Ver ESCREVELIO y FOCIO, *sub voce*). Usualmente se cree que éste es un significado secundario de la palabra, y que su significado propio es "fuego." Pero las aseveraciones hechas con respecto a Hestia, demuestran que el nombre se deriva de Hes o Hesè, "cubrir o guarecer," que es la misma idea de casa, que "cubre" o "guarece" de la inclemencia del tiempo. El verbo Hes también significa "proteger," "mostrar misericordia," y de esto viene evidentemente el carácter de Hestia como "la protectora de los suplicantes." – (Ver SMITH). Tomando Hestia como derivada de Hes, "cubrir," o "guarecer," la siguiente aseveración de Smith se explica fácilmente: "Hestia era la diosa de la vida doméstica, y la dispensadora de toda la felicidad doméstica; como tal, se creía que ella habitaba en el interior de cada casa, y que *había inventado el arte de edificar casas*." Si se supone que la idea original de Hestia era "fuego," ¿cómo pudo suponerse alguna vez que el "fuego" fuera "el edificador de casas"? Pero tomando Hestia en el sentido de Habitación o Morada, aunque se deriva de Hes, "guarecer," o "cubrir," se puede ver fácilmente cómo llegó a ser identificada con el "fuego". La diosa considerada como la "Habitación de Dios," era conocida con el nombre de Ashta, "La Mujer;" al mismo tiempo que "Ashta" también significaba "El fuego;" y así, a medida que el sistema babilónico se fue desarrollando, Hestia o Vesta llegaron a ser consideradas fácilmente como "el Fuego," o como "la diosa del fuego." Para la razón que sugiere la idea de la madre-diosa como una Habitación, ver Apéndice, Nota I.

[252] TAYLOR, *Himnos Orficos: Himno a Vesta*, p. 175. Aunque aquí se llama a Vesta hija de Saturno, también se le identifica en todo el Panteón con Cibeles o Rea, la esposa de Saturno.

Acerca de los Misterios. . . y el Culto al Hombre

diosa de la India, se llame "Sacti," o "el Tabernáculo,"[255] como la que ejerce todo el poder del dios a quien ellos representan. Se creía que en ella residía, como el Tabernáculo o Templo de Dios, no sólo todo el poder, sino toda la gracia y toda la bondad. Se consideraba que en ella se centraba toda cualidad de dulzura y misericordia, y cuando la muerte hubo puesto fin al curso de su vida, al tiempo que fue fabulada por haber sido deificada y transformada en paloma,[256] para expresar la dulzura celestial de su naturaleza, se le llamó por el nombre de "D'Iuné,"[257] o "la Paloma," o, sin el artículo, "Juno," el nombre de la "reina del cielo" de los romanos, que tiene el mismo significado; y bajo la forma de una *paloma* fue adorada por los babilonios. A la paloma, el símbolo preferido de esta reina deificada, se la representa usualmente con una rama de olivo en el pico (Fig. 24), así como a ella misma, en su forma humana, también se le ve llevando la rama de olivo en la mano;[258] y de esta forma de representarla, es muy probable que provenga el nombre por el cual se le conoce usualmente "Z'emir-amit," que significa "la Portadora de la rama."[259] Cuando se representó a la diosa como la Paloma con la rama de olivo, no puede haber duda de que el símbolo, en cierto modo, hacía referencia a la historia del diluvio, pero en el símbolo ha-

---

[253] Nota a los *Himnos Orficos* de TAYLOR, p. 156.

[254] Para el culto de Saca con el carácter de Anaitis, es decir, Venus, ver CHESNEY, *Expedición al Eufrates*, vol. I. p. 381.

[255] KENNEDY y MOOR, *passim*. Un sinónimo para Saca, "un tabernáculo," es "Ahel," que se pronunciaba "Ohel." De la primera forma de la palabra parece derivarse el nombre de la esposa del dios Buda, la cual es Ahalya en KENNEDY (pp. 246,256), y Ahilya en el *Panteón* de MOOR (p. 264). De igual manera parece derivarse de la segunda forma el nombre de la esposa del patriarca de los peruanos, "Mama Oëllo" (PRESCOTT, *El Perú*, vol. I. pp. 7,8). Los peruanos empleaban la palabra Mama en el sentido oriental: Oëllo se emplea, con toda probabilidad, en el mismo sentido.

[256] DIODORO SICULO, lib. II. p. 76. En relación con esto, el lector de los clásicos recordará el título de una de las fábulas la *Metamorfosis* de OVIDIO: "Semiramis en columbam," "Semíramis en una paloma" (*Metam*. IV.).

[257] Dione, el nombre de la madre de Venus, aplicado frecuentemente a la misma Venus, es evidentemente el mismo nombre que aparece aquí. Ovidio le aplica claramente a la diosa de Babilonia el nombre de Dione, con el significado de Venus (*Fastos*, lib. II. 461-464, vol. II. p. 113).

[258] LAYARD, *Nínive y Babilonia*, p. 250.

bía mucho más que un mero recordatorio de ese gran evento. Una "rama," como ya se ha demostrado, fue el símbolo del hijo deificado, y cuando la madre deificada fue representada como una Paloma, ¿cuál podía ser el significado de esta representación sino sólo *identificarla* con el Espíritu de toda gracia, que incubó, como paloma, sobre el abismo en la creación? En las esculturas de Nínive, como lo hemos visto, las alas y la cola de la paloma representaban al *tercer* miembro de la trinidad idólatra de los asirios. Como confirmación de este parecer, debe decirse que la "Juno" asiria, o la "Virgen Venus," como se le llamaba, se identificaba con el *aire*. Así, Julio Firmico dice: "Los asirios y parte de los africanos desean que el *aire* tenga la supremacía de los elementos, porque ellos han consagrado este mismo elemento con el nombre de Juno, o la Virgen Venus."[260] ¿Por

La Paloma y la Rama de Olivo de la Juno Asiria

Fig. 24

qué se identificaba el *aire* de este modo con Juno, cuyo símbolo era el de la tercera persona de la trinidad asiria? ¿Por qué?, pues porque en Caldea la misma palabra que significa *aire*, también significa *"Espíritu Santo."* El conocimiento de esto explica ple-

---

[259] De *Ze*, "la" o "esa," *emir*, "rama," y *amit*, "portadora," en *femenino*. – HESIQUIO, *sub voce*, dice que Semíramis es el nombre de una "paloma silvestre." La anterior explicación del significado original del nombre de Semíramis como relacionado con la paloma silvestre de Noé (pues evidentemente era silvestre, ya que una paloma domesticada no hubiera servido para la prueba), puede explicar la aplicación de este nombre a *cualquier* paloma silvestre por parte de los griegos.

[260] FIRMICO, *De Errore*, cap. 4, p. 9.

namente la aseveración de Proclo de que "Juno significa la procreación del alma."²⁶¹ De quién sino del Espíritu de Dios podía suponerse que tiene su origen el alma, el espíritu del hombre. De acuerdo con este carácter de Juno como encarnación del Espíritu de Dios, la fuente de la vida, y también como la diosa del *aire*, así se le invoca en los *Himnos Órficos*:

> "Oh, Juno real, de semblante majestuoso
>
> Del *aire* formada, divina, reina bendita de Jove,
>
> Entronizada en el seno del *aire* cerúleo;
>
> La raza de los mortales es tu cuidado constante;
>
> Los *vientos refrescantes*, sólo tu poder inspira
>
> Que dan aliento a la *vida*, lo que desea toda *vida*;
>
> Madre de las lluvias y los *vientos*, sólo de ti
>
> Provienen todas las cosas, y la *vida* mortal es conocida;
>
> Todas las especies muestran tu naturaleza divina,
>
> Y es tuyo solamente el predominio universal,
>
> Con sonoras ráfagas de viento el mar se inquieta
>
> Y las fluctuantes olas rugen cuando tú las agitas."²⁶²

Así, pues, la reina deificada, al tiempo que era considerada en todos los aspectos como una verdadera mujer, era adorada como la encarnación del Espíritu Santo, el Espíritu de la paz y del amor. En el templo de Hierápolis, en Siria, había una estatua famosa de la diosa Juno, a la que adoraban multitudes procedentes de todas partes. La diosa estaba ricamente vestida, sobre su cabeza tenía una paloma de oro, y se le llamaba por un nombre peculiar del país, "Seméion."²⁶³ ¿Cuál es el significado de Seméion?

---

[261] PROCLO, lib. VI. cap. 22, vol. II. p. 76.

[262] TAYLOR, *Himnos Órficos*, p. 50. Todo lector de los clásicos debe saber de la identificación de Juno con el *aire*. Sin embargo, lo siguiente no debe desecharse, pues es más ilustrativo todavía del tema de Proclo: "La gradación de Juno, nuestra señora soberana, empezando en lo alto, penetra hasta la última de las cosas, y su parte en la región sublunar es el aire; porque el aire es un símbolo del alma, según lo cual también al alma se le llama *espíritu, pneuma.*" – PROCLO, *Ibid*. p. 197.

Evidentemente es "la Habitación,"[264] y la "paloma de oro" en su cabeza muestra claramente quién era el que se suponía que habitaba en ella: el Espíritu de Dios precisamente. Cuando se le confirió tan trascendental dignidad, cuando se le atribuyeron tan atractivas características, y cuando, además de todo esto, sus imágenes la presentaban ante los ojos de los hombres como la Venus Urania, "la Venus del cielo," la reina de la belleza que le aseguraba a sus adoradores la salvación, al paso que daba rienda suelta a toda pasión impía y a todo apetito depravado y sensual, no sorprende que ella fuera entusiastamente adorada en todas partes. Con el nombre de "Madre de los dioses," la diosa reina de Babilonia llegó a ser un objeto de culto casi universal. "La Madre de los dioses," dice Clérico, "era adorada por los persas, los asirios, y todos los reyes de Europa y de Asia, con la más profunda veneración religiosa."[265] Tácito proporciona evidencia en el sentido de que la diosa babilónica era adorada en el corazón de Alemania,[266] y César, cuando invadió a Gran Bretaña, encontró que los sacerdotes de esta misma diosa, conocidos por el nombre de druidas, habían estado allí antes que él.[267] Heródoto testifica, por medio de su conocimiento personal que, en Egipto, esta "reina del cielo" era "la más grande y la más adorada de todas las divinidades."[268] Dondequiera que se introdujo su culto, es asombroso el poder fascinante que ejerció. En verdad, podría decirse que las naciones se habían "embriagado"

---

[263] BRYANT, vol. III. p. 145.

[264] De *Ze*, "esa," o "la gran," y "Maaon," o Maïon, "una habitación," que en dialecto jónico, en el cual escribió Luciano al describir la diosa, se convertiría naturalmente en Meïon.

[265] JOHANES CLERICO, *La Filosofía Oriental*, lib. II., *Los Persas*, cap. 9, vol. II. p. 340.

[266] TACITO, *Germania,* IX. tom. II. p. 386.

[267] CESAR, *De Bello Gallico*, lib. VI. cap. 13, p. 121. Se cree que el nombre druida se derivó del griego *Drus*, roble, o del céltico *Deru*, que tiene el mismo significado; pero, obviamente, esto es un error. En Irlanda, druida es *Droi*, y en Gales, *Dryw*; y se encontrará que la relación de los druidas con el roble era debida más a la similitud de su nombre con el del roble, que porque ellos hubieran derivado su nombre de él. El sistema druida era evidentemente en su totalidad igual al sistema babilónico. Dionisio nos informa los ritos de Baco eran celebrados debidamente en las Islas Británicas (*Periergesis*, v. 565, p. 29), y Estrabón cita a Artemidoro para demostrar que, en una

Acerca de los Misterios. . . y el Culto al Hombre

con el vino de sus fornicaciones. En particular, así se embriagaron intensamente los judíos en tiempos de Jeremías, quienes bebiendo la copa de su vino se hechizaron de tal modo con su culto idólatra que, aun después de que Jerusalén fue incendiada y la tierra desolada por esto mismo, no fue posible convencerlos de que abandonaran su culto. Mientras vivieron en Egipto como exiliados abandonados, a pesar de ser advertidos por Dios contra el paganismo que los rodeaba, se entregaron de tal modo a esta forma de idolatría al igual que los mismos egipcios. Jeremías fue enviado por Dios para anunciar Su ira contra ellos si continuaban adorando a la reina del cielo, pero Sus advertencias fueron en vano. "Entonces," dice el profeta, "todos los que sabían que sus mujeres habían ofrecido sahumerios a dioses ajenos, y todas las mujeres que estaban presentes, una gran concurrencia, y todo el pueblo que habitaba en tierra de Egipto, en Patros, respondieron a Jeremías, diciendo: La palabra que nos has hablado en nombre del SEÑOR, no oímos de ti; antes pondremos ciertamente por obra toda palabra que ha salido de nuestra boca, para ofrecer sahumerios a la reina del cielo, y derramándole libaciones, como hemos hecho nosotros y nuestros padres, nuestros reyes y nuestros príncipes, en las ciudades de Judá y en las plazas de Jerusalén, y fuimos llenos de pan, y estuvimos alegres, y nunca vimos mal." (Jeremías 44:15-17). Así lo hicieron los judíos, el propio pueblo de Dios, emulando con los egipcios en su devoción a la reina del cielo.

El culto de la madre-diosa con el hijo en sus brazos, siguió siendo observado en Egipto hasta la llegada del cristianismo. Si el

---

isla cercana a Gran Bretaña, se veneraba a Ceres y Proserpina con ritos similares a los de Samotracia.– (lib. IV. p. 190). Se verá por lo dicho sobre la druídica Ceridwen y su hijo (ver Capítulo Cuarto, Sección III), que había una gran correspondencia entre el carácter de ella y el de la gran madre diosa de Babilonia. Así era el sistema; y el nombre Dryw, o Droi, dado a los sacerdotes, concuerda exactamente con ese sistema. El nombre de Zero dado en hebreo o en caldeo primitivo al hijo de la gran reina diosa, en el caldeo posterior se convirtió en "Dero." Como ocurrió en casi todas las religiones, al sacerdote de Dero se le dio el nombre de su propio dios y, por tanto, se comprueba así que el muy conocido nombre de "Druida" significa sacerdote de "Dero," la *"simiente"* prometida de la mujer. Evidentemente, las clásicas hamadríadas fueron, de igual manera, sacerdotisas de "Hamed-dero," *"la simiente deseada,"* es decir, *"el deseo de todas las naciones."*

[268] HERODOTO, *Historia*, lib. II. cap. 66, p. 117, D.

Evangelio hubiera entrado con fuerza en la masa popular, el culto de esta madre-diosa se habría extinguido. Al común de la gente, el Evangelio sólo les llegó de nombre. Por tanto, en lugar de que la diosa babilónica fuese echada fuera, en muchísimos casos sólo se le cambió el nombre. Así fue llamada la Virgen María que, con su Hijo, fue adorada con el mismo sentimiento idólatra por los cristianos confesos, como lo fue anteriormente por los paganos declarados y reconocidos. La consecuencia de esto fue que, cuando en el año 325 D.C., el Concilio de Nicea se congregó para condenar la herejía de Arrio, que negaba la verdadera divinidad de Cristo, herejía que fue condenada ciertamente, pero no sin la ayuda de los hombres, que dieron claras muestras del deseo de elevar a la criatura al nivel del Creador, al poner a la madre-Virgen hombro a hombro con su Hijo. En el Concilio de Nicea, dice el autor de "Nimrod," "Los de la sección melchita," es decir, los representantes del así llamado cristianismo egipcio, "sostuvieron que había tres personas en la Trinidad: El Padre, la Virgen María, y el Mesías, el Hijo de ellos."[269] Con respecto a este hecho asombroso, producido por el Concilio niceo, el padre Newman habla exultantemente de estas decisiones que propendían a la glorificación de María. "Así," dice él, "la controversia dio comienzo a un debate que no estaba previsto. Se descubrió una nueva esfera, si así podemos decir, en los reinos de la luz *para la cual la Iglesia no había designado todavía su ocupante.*" Así, hubo un prodigio en el Cielo; se vio elevarse un trono muy por encima de todos los poderes creados, mediador, intercesorio, un título arquetípico, una corona que brillaba como la estrella de la mañana, una gloria procedente del trono eterno que se vestía de pureza como los cielos, y un cetro que se elevaba por encima de todo. ¿Y quién era el heredero predestinado de esa mejestad? ¿Quién era ese portento y cuál era su nombre? *La madre del amor perfecto,* y la veneración y la esperanza santa, enaltecida como una palma de Engadi, y como un rosal de Jericó, creada desde el principio, antes que el mundo, en los designios de Dios, y en Jerusalén estaba su poder. La

---

[269] *Nimrod,* III. p. 329, citado en *La Revista Trimestral de la Profecía,* julio, 1852, p. 244.

visión tiene su fundamento en el Apocalipis: 'Una mujer vestida de sol, con la luna debajo de sus pies, y sobre su cabeza una corona de doce estrellas.'"[270] "Los seguidores de María," añade, "no sobrepasaron la verdadera fe, a menos que los que blasfeman de su Hijo lleguen hasta eso. La Iglesia de Roma no es idólatra, salvo que el arrianismo sea la ortodoxia."[271] Esta es la verdadera poesía de la blasfemia. También conlleva un tema de discusión; pero, ¿qué valor tiene ese tema de discusión? Simplemente su valor es éste: que si se acepta que Cristo es verdadera y propiamente Dios, y es digno de honores divinos, Su madre, de la cual El solamente obtuvo Su humanidad, debe aceptarse que sea igual, debe ser elevada muy por encima del nivel de todas las criaturas, y ser adorada como participante de la Divinidad. La divinidad de Cristo se sostiene o se cae con la divinidad de Su madre. Así era el papado en el siglo diecinueve; más aún, así es el papado en Inglaterra. Ya se sabía que el papado era atrevido en sus declaraciones en el exterior; que en Lisboa se vería una iglesia con estas palabras grabadas en su fachada: "A la virgen diosa de Loreto, la estirpe italiana devota de su DIVINIDAD, ha dedicado este templo."[272] Pero, ¿cuándo hasta ahora se había oído antes tal lenguaje en Gran Bretaña? Esto, sin embargo, apenas es la reproducción exacta de la doctrina de la antigua Babilonia con respecto a la gran madre-diosa. Entonces, la Madona de Roma es solamente la Madona de Babilonia. La "Reina del Cielo" de uno de los sistemas, es la misma "Reina del Cielo" del otro. La diosa adorada en Babilonia y en Egipto como el *Tabernáculo* o la Habitación de Dios, es idéntica a aquella que, con el nombre de María, es llamada por Roma "la CASA consagrada a Dios," "la Morada majestuosa,"[273] "la Mansión de Dios,"[274] "el Tabernáculo del Espíritu Santo,"[275] "el Templo de

---

[270] NEWMAN, *Development*, pp. 405,406. El lector inteligente verá a primera vista lo absurdo de aplicar esta visión de la "mujer" del Apocalipsis a la Virgen María. Juan declara expresamente que lo que él vio era una señal o símbolo (*semeion*). Si aquí la mujer es una mujer simbólica, la mujer que se sienta sobre las siete colinas debe serlo igualmente. En ambos casos, "la mujer" es un "símbolo." "La mujer" sobre las siete colinas es el símbolo de la iglesia falsa; la mujer vestida de sol, es la Esposa, la iglesia verdadera, la esposa del Cordero.

[271] *Ibid.*

[272] Diario del Profesor GIBSON, vol. I. p. 464.

la Trinidad."²⁷⁶ Posiblemente haya alguien que pueda sentirse inclinado a defender tal lenguaje, diciendo que las Escrituras hacen que cada creyente sea un templo del Espíritu Santo y, por tanto, ¿qué mal puede haber en hablar de la Virgen María que, incuestionablemente, fue un santo de Dios, con tales nombres, o con nombres que signifiquen algo parecido? Es verdad, indudablemente, que Pablo dice en (1 Corintios 3:16): "¿No sabéis que sois templo de Dios, y que el Espíritu de Dios mora en vosotros?" Esto no solamente es verdad, sino una gran verdad y una bendición – una verdad que acrecienta todo solaz cuando se la disfruta, y saca el aguijón de toda congoja que llega, y para que todo cristiano verdadero tenga mayor o menor experiencia de lo que está contenido en estas palabras del mismo apóstol (2 Corintios 6:16): "Vosotros sois el templo del Dios viviente, como Dios dijo: Habitaré y andaré entre ellos, y seré su Dios, y ellos serán mi pueblo." También debe aceptarse, y aceptarse alegremente, que esto implica ser la morada de todas las Personas de la gloriosa Divinidad; porque el Señor Jesús ha dicho (Juan 14:23): "El que me ama, mi palabra guardará; y mi Padre le amará, y vendremos a él, y haremos con él morada." Pero aun cuando aceptemos esto, encontraremos, al examinarlo, que las ideas del papado y de las Escrituras, transmitidas por estas expresiones, aunque aparentemente similares, son esencialmente diferentes. Cuando se dice que el creyente es "templo de Dios" o templo del Espíritu Santo, el significado es: "Que habite el Cristo por la fe en vuestros corazones" (Efesios 3:17). Pero cuando Roma dice que María es "el Templo" o "el Tabernáculo de Dios," el significado es exactamente el mismo del término pagano, es decir, que la unión entre ella y la Divinidad es una unión semejante a la unión hipostática entre la naturaleza divina y la naturaleza humana de

---

²⁷³ *El Manual Dorado*, vol. II. p. 271. La palabra usada aquí, en el latín de esta obra, por "morada" es puro caldeo, "Zabulo," que viene del mismo verbo que Zabulón (Génesis 30:20), el nombre que le dio Lea a su hijo, cuando dijo: "Ahora morará conmigo mi marido."

²⁷⁴ *Pancarpium Marioe*, p. 141.

²⁷⁵ *El Jardín del Alma*, p. 488.

²⁷⁶ *El Manual Dorado*, vol II. p. 272.

Cristo. La naturaleza humana de Cristo es el Tabernáculo de Dios, por cuanto la naturaleza divina ha encubierto su gloria de tal modo, asumiendo nuestra naturaleza, que podemos acercarnos al Espíritu de Dios sin terrible temor. Juan se refiere a esta gloriosa verdad cuando dice: "Y aquella Palabra fue hecha carne, y habitó (literalmente, se hizo *Tabernáculo*) entre nosotros; y vimos su gloria, gloria como del Unigénito del Padre, lleno de gracia y de verdad." En este sentido, Cristo, el hombre-Dios es el único "Tabernáculo de Dios." Es precisamente en este sentido en el que Roma llama a María "el Tabernáculo de Dios" o "el Tabernáculo del Espíritu Santo." Así lo dice el autor de una obra papista dedicada a la exaltación de la Virgen María, en la cual todos los títulos y las prerrogativas privativos de Cristo se le dan a María: "He aquí que el tabernáculo de Dios, la mansión de Dios, la habitación, la ciudad de Dios está con los hombres, y en los hombres y para los hombres, para su salvación, y su exaltación y su glorificación eterna.... ¿Hay algo más claro que esta verdad de la santa iglesia? ¿Y también algo igualmente verdadero del más santo sacramento del cuerpo del Señor? ¿Está (verdaderamente) en cada uno de nosotros en cuanto que seamos verdaderamente cristianos? Indudablemente; pero tenemos que meditar sobre este misterio (mientras existimos) y de una *manera especial* en la santísima Madre de nuestro Señor."[277] Luego, el autor, después de empeñarse en demostrar que "María es justamente considerada como el Tabernáculo de Dios con los hombres," y que en un sentido especial, en un sentido diferente de aquel en que todos los cristianos son el "templo de Dios," continúa con expresa referencia a ella en este carácter del Tabernáculo: "Grande en verdad es el beneficio, singular es el privilegio de que el Tabernáculo de Dios estuviera con los hombres, y EN EL CUAL los hombres pueden acercarse con seguridad al Dios hecho hombre."[278] Aquí toda la gloria mediadora de Cristo como el hombre-Dios, en quien reside corporalmente toda la plenitud de la Divinidad, se le da a María o, al menos, es compartida con ella. Las citas anteriores se han tomado de una obra publicada

---

[277] *Pancarpium Mariae*, o *Marianum*, pp. 141, 142.

[278] *Ibid.* p. 142.

hace más de dos siglos. ¿El papado se ha enmendado desde entonces? ¿Se ha arrepentido? No, por el contrario. La cita ya hecha del padre Newman es prueba de esto, pero todavía hay una prueba más contundente. En una obra publicada recientemente se manifiesta más claramente aún la misma idea. En tanto que María es llamada "la CASA consagrada a Dios" y el "TEMPLO de la Trinidad," el siguiente versículo y la respuesta mostrarán en qué sentido se le considera como el templo del Espíritu Santo: "V. Ipse [deus] creavit illam in Spiritu Sancto. R. Et EFFUDIT ILLAM inter omnia opera sua. V. Domina, exaudi...etc," lo cual quiere decir esto: "P. El mismo Señor la creó en el Espíritu Santo. R. Y la derramó en medio de todas sus obras. V. Oh, Señora, oye... etc."[279] Este asombroso lenguaje quiere decir claramente que María se identifica con el Espíritu Santo, cuando se dice de ella que es derramada "en medio de todas" las obras de Dios, y que, como lo hemos visto, fue exactamente la misma forma en que la Mujer fue considerada como el "Tabernáculo" o la Casa de Dios por los paganos. ¿Dónde se emplea tal lenguaje con respecto a la Virgen? No en España, ni en Austria; no en los lugares ignorantes de la Europa continental, sino en Londres, la sede y el centro de la cultura del mundo.

Los nombres dados por el papado a María no tienen ni sombra de fundamento en la Biblia, sino que se fundamentan todos en la idolatría babilónica. Sí, el aspecto y las características de las Madonas romanas y babilónicas son los mismos. Hasta tiempos recientes cuando Rafael se apartó, de algún modo, de la senda trillada, no había nada de judío y ni siquiera de italiano en las Madonas romanas. Esos cuadros o esas imágenes de la Virgen Madre, hechos con el propósito de representar a la madre de nuestro Señor, bien podían haber sido vaciadas en un molde o en el otro. Pero no fue así. En una tierra de bellezas de ojos y de cabellos negros, siempre se representó a las Madonas con ojos azules y cabellos rubios, rasgos completamente diferentes a los judíos, como los que se supondría naturalmente que correspondían a la madre de nuestro Señor, sino con aquellos que con-

---

[279] *El Manual Dorado*, p. 649. Esta obra tiene el imprimatur de "Nicolás, Obispo de Melipótamo," ahora Cardenal Wiseman.

cuerdan precisamente con los que toda la antigüedad atribuyó a la reina-diosa de Babilonia. En casi todas partes la gran diosa ha sido descrita con cabello dorado o rubio, por lo cual debe haber sido un magnífico prototipo al cual todas debían ajustarse. "*Flava Ceres*," la "Ceres de cabellos rubios" podía no haber tenido ninguna trascendencia en esta discusión si se hubiese quedado sola, porque podría haberse supuesto, en ese caso, que el epíteto de "cabellos rubios" se había tomado del trigo que se suponía estaba bajo su custodia. Pero a muchas otras diosas se les ha aplicado el mismo epíteto. A Europa, a quien Júpiter raptó tomando la forma de un toro, se le llamaba "la Europa de cabellos rubios."[280] Homero llama a Minerva "Minerva, la de ojos azules,"[281] y Ovidio la llama "la de cabellos rubios."[282] Anacreonte se dirige a la Diana cazadora, a quien se identificaba usualmente con la luna, como "la hija de cabellos rubios de Júpiter,"[283] un título que la pálida faz de la luna plateada seguramente que no hubiera sugerido nunca. Teócrito describe a Dione, la madre de Venus, como de "cabellos rubios."[284] A la luna misma se le llamaba frecuentemente como la "Aurea Venus," la "Venus dorada."[285] A Lakshmi, la diosa hindú, la "Madre del Universo" se la describe como de "tez dorada."[286] A Ariadna, la esposa de Baco, se le llamó "Ariadna la de cabellos rubios."[287] Dryden se refiere así a su cabello dorado o rubio:

"Donde se agitan las fuertes olas en el puerto de Dian,

Se encontraba abandonada la rubia Ariadna;

Allí de dolor enferma y frenética de desesperación,

Rasga su vestido y se arranca sus cabellos rubios."[288]

---

[280] OVIDIO, *Fastos*, lib. V. l. 609, tom. III. p. 330.

[281] *La Ilíada*, lib. V. v. 420, tom. I. p, 205.

[282] OVIDIO, *Tristium*, lib. I; *Elegías*, p. 44; *Fastos*, lib. VI. v. 652, tom. III. p. 387.

[283] ANACREONTE, *Odas*, IX. p. 204.

[284] *Idilio* VII. v. 116, p. 157.

[285] HOMERO, *La Ilíada*, lib. V. v. 427.

[286] *Investigaciones Asiáticas*, vol. XI. p. 134.

Lo Que Usted Debe Saber

Medusa, la gorgona, antes de su transformación, al tiempo que era celebrada por su belleza, también lo era por sus cabellos dorados:

"Una vez, Medusa tuvo encantos; para ganar su amor

Una multitud rival de amantes ansiosos competían,

Los que la habían visto, nunca reconocieron la huella

De los más cambiantes rasgos de un hermoso rostro;

Pues ante todo admiraban la luenga cabellera

En rizos dorados ondulada, y luciendo donairosa."[289]

La sirena, que tanto figura en los relatos románticos del norte, y que fue tomada evidentemente de la historia de Atergatis, la diosa en forma de pez de Siria, que se creía que era la madre de Semíramis, fue identificada algunas veces con la misma Semíramis, y se le describía con cabellos rubios.[290] La introducción de los "Cuentos Daneses" de Hans Andersen dice que la sirena escandinava "es rubia y de cabello dorado, y toca muy dulcemente un instrumento de cuerdas."[291] "Se la ve frecuentemente sentada en la superficie de las aguas, peinando su largo cabello dorado con un peine de oro."[292] Incluso cuando Ator, la Venus de Egipto, era representada como una vaca, para indicar sin duda la tez de la diosa, la *cabeza* y el *cuello* de la vaca que la representaba eran *dorados*.[293] Por tanto, cuando se sabe que en Italia las más famosas pinturas de la Virgen Madre la representan como de tez blanca y con cabellos dorados, y cuando hoy

---

[287] HESIODO, *Teogonía*, v. 947, p. 74.

[288] *Mitología Pagana Ilustrada*, p. 58.

[289] *Ibid.* p. 90.

[290] LUCIANO, *De Dea Syria*, vol. III. pp. 460,461. El nombre mencionado por Luciano es Derketo, pero es bien sabido que Derketo y Atergatis son lo mismo.

[291] *Cuentos Daneses*, p. 30.

día, de un extremo a otro de Irlanda, la Virgen está representada invariablemente de la misma manera, ¿quién puede rechazar la conclusión de que ella debe haber sido representada así sólo porque ha sido copiada del mismo prototipo, tal como lo fueron las divinidades paganas?

No es solamente la semejanza en la tez, sino también en los rasgos. Los rasgos judíos se destacan dondequiera y tienen un carácter particularmente propio. Pero las Madonas originales no solamente no tienen en absoluto forma o rasgos judíos, sino que aquellos que las han comparado con las Madonas babilónicas encontradas por Sir Robert Ker Porter entre las ruinas de Babilonia, se han declarado completamente de acuerdo a este respecto, así como en cuanto al color de la tez.[294]

Todavía hay otra característica notable de estas pinturas, digna de observarse, y es la aureola o círculo peculiar de luz que circunda frecuentemente la cabeza de la Madona romana. Con este mismo círculo se circundan frecuentemente las cabezas de las así llamadas imágenes de Cristo. ¿De dónde pudo haberse originado tal invención? En el caso de nuestro Señor, si Su cabeza hubiera sido circundada solamente por rayos, podría haber habido algún *pretexto* para decir que eso se había tomado de la narración evangélica donde se dice que, en el monte sagrado, Su rostro se volvió resplandeciente de luz. Pero, ¿dónde en todo el ámbito de las Escrituras hemos leído alguna vez que Su *cabeza* estuviera circundada por un *disco* o *círculo* de luz? Sin embargo, lo que será buscado en vano en la Palabra de Dios, se encuentra en las representaciones artísticas de los grandes dioses y diosas de Babilonia. El disco y, particularmente, el *círculo* fue el símbolo bien conocido de la divinidad del Sol, y figuraron ampliamente en el simbolismo del Oriente. Con el disco o con el círculo se circundaba la cabeza de la divinidad del Sol. Lo mismo ocurría en la Roma pagana donde, Apolo, el hijo del Sol, era representado frecuentemente de esta manera. La diosa que

---

[292] *Ibid.* p. 37.

[293] HERODOTO, lib. II. p. 158, y WILKINSON, vol. I., Nota a la p. 128.

[294] H.J. JONES, en *La Revista Trimestral de la Profecía*, Octubre, 1852, p. 331.

Fig. 25

pretendía tener parentesco con el Sol, tenía derecho igualmente a ser adornada con el nimbo o círculo luminoso. De Pompeya tomamos una representación de Circe, "la hija del Sol" (Ver Fig. 25), con su cabeza circundada por un círculo, de la misma manera en que hoy está circundada la cabeza de la Madona romana. Que cualquiera compare el nimbo que circunda la cabeza de Circe con el que rodea la cabeza de la Virgen papal, y verá cuán exactamente se corresponden.[295]

Posiblemente, cualquiera podría creer que todas estas coincidencias pudieran ser accidentales. Por supuesto, si alguna vez la Madona hubiera representado tan exactamente a la Virgen María que jamás se hubiera justificado la idolatría. Pero cuando es evidente que la diosa tenida como cosa sagrada en la Iglesia papal para la suprema adoración de sus seguidores, es la misma

Acerca de los Misterios. . . y el Culto al Hombre

reina babilónica que ensalzó a Nimrod, o a Nino "el Hijo" como rival de Cristo, y que en su propia persona fue la encarnación de toda clase de libertinaje, ¡qué horrible carácter impuro imprime esto a la idolatría romana! ¿Qué aprovechará atenuar el horrible carácter de esa idolatría, diciendo que el hijo que ella presenta para la adoración tiene el nombre de Jesús? Cuando se le adoraba con su hijo en la Babilonia antigua, a ese hijo se le daba un nombre tan propio para Cristo, tan distintivo de Su glorioso carácter, como el nombre de Jesús. Se le llamaba "Zero-ashta," "la simiente de la mujer." Pero eso no impidió que la ardiente ira de Dios se dirigiera contra aquellos que adoraron esa "imagen del celo, la que provoca a celos"[296] en la antigüedad. Ni puede el hecho de darle el nombre de Cristo al niño que está en los brazos de la Madona romana, hacer que la "imagen del celo"

---

[295] La explicación del anterior grabado (Fig. 26) se da de la siguiente manera en *Pompeya*, vol. II. pp. 91,92: "Una de ellas [de las pinturas] está tomada de *La Odisea*, y representa a Ulises y a Circe, en el momento en que el héroe, después de haber bebido impunemente la copa hechizada [es bien sabido que Circe tenía una 'copa de oro' lo mismo que la Venus de Babilonia] por la virtud del antídoto que le había dado Mercurio, sacó su espada y avanzó para vengar a sus compañeros," quienes habían bebido de la copa de ella y habían sido convertidos en cerdos. Aterrorizada, la diosa se somete en el acto, como lo describe Homero, siendo el mismo Ulises el narrador:

"'Por tanto, busca la pocilga y revuélcate allí con tus amigos,'
Dijo ella, yo saqué de junto a mi muslo
Mi afilada cimitarra, y con mirada asesina,
Me arrojé sobre ella quien, con un agudo grito de temor,
Se precipitó debajo de mi arma levantada y se abrazó a mis rodillas,
Y con alados y doloridos acentos, así empezó a decir:
'Di, quién eres tú....'" COWPER, *La Odisea*, X. 320. "Esta pintura," añade el autor de *Pompeya*, "es notable por enseñarnos el origen de esa detestable e insignificante gloria que circunda a menudo la cabeza de los santos.... Esta gloria fue llamada nimbo, o aureola, y Servio la definía como 'el fluido luminoso que rodea las cabezas de los dioses.' (En *La Eneida*, lib. II. v. 616, vol. I. p. 165). Ella le corresponde con particular propiedad a Circe, como hermana del Sol. Los emperadores, con su acostumbrada modestia, se apropiaron de ella como insignia de su divinidad, y bajo este respetable patrocinio pasó, como muchas otras supersticiones y costumbres paganas, al uso de la Iglesia." Aquí los emperadores tuvieron algo más que una mediana participación de la culpa debida a ellos. Pero no fueron tanto los emperadores los que trajeron la "superstición pagana" a la Iglesia, como lo hizo el Obispo de Roma. Ver el Capítulo Séptimo, Sección II.

[296] Ezequiel 8:3. Se ha especulado mucho sobre lo que podría ser esta "imagen del celo." Pero cuando se sabe que la gran característica de la idolatría antigua fue precisamente el culto de la Madre y el niño, y que el niño es el Hijo de Dios encarnado, todo se aclara. Compárese los versículos 3 y 5 con el versículo 14, y se verá que las mujeres "endechando a Tamuz," estaban llorando justo al lado de la imagen del celo.

sea menos ofensiva para el Altísimo, menos a propósito para provocar Su supremo desagrado, cuando es evidente que ese niño es adorado como el hijo de aquella que fue adorada como la Reina del Cielo, con todos los atributos de la divinidad y que, al mismo tiempo, era la "Madre de las prostitutas y de las abominaciones de la tierra." En todo caso, el Señor abomina el culto de las imágenes; pues un culto de esta naturaleza debe ser particularmente aborrecible para Su Espíritu Santo. Si los hechos que he aducido son verdaderos, ¿sorprende acaso que tan terribles amenazas dirigidas en la Palabra de Dios contra la apostasía romana, y que las copas de esa tremenda ira estén destinadas a ser derramadas sobre su cabeza culpable? Si esto es cierto (y contradígalo quien pueda hacerlo), ¿quién se arriesgaría a defender a la Roma papal, o llamarla Iglesia cristiana? ¿Habrá alguien que tema a Dios y que lea estas líneas, que no admita que solamente el paganismo pudo haber inspirado una doctrina como la sostenida por los melchitas en el Concilio niceno, en el sentido de que la Santísima Trinidad estaba formada por "el Padre, la Virgen María, y el Mesías, el hijo de ellos"?[297] ¿Habrá alguien que no se estremezca de horror ante tal idea? Entonces, ¿qué diría el lector de una Iglesia que enseña a sus hijos a adorar una Trinidad como la contenida en los siguientes versos?:

"Corazón de Jesús, te adoro;

Corazón de María, te imploro;

Corazón de José, puro y justo;

EN ESTOS TRES CORAZONES pongo mi confianza."[298]

Si esto no es paganismo, ¿qué otra cosa puede recibir tal nombre? Sin embargo, esta es la Trinidad que ahora se les está enseñando a adorar a los niños católico-romanos de cierta edad, en Irlanda, y que se presenta como el gran objeto de devoción a los seguidores del papado en los últimos textos de instrucción catequística. El manual que contiene estas afirmaciones apare-

---

[297] *Revista Trimestral de la Profecía,* julio, 1852, p. 244.

Acerca de los Misterios... y el Culto al Hombre

ce con la expresión "Imprimatur" de Paulus Cullen, el arzobispo papal de Dublín. En el mismo sentido en que lo hace Roma, así lo hacían los paganos babilónicos, así lo hacían los egipcios, así lo hacen actualmente los hindúes. Todos éstos admitían una trinidad; pero, ¿adoraban ellos al Dios, Trino y Uno, al Rey eterno, Inmortal e Invisible? Y, con tal evidencia ante sus ojos, ¿dirá alguien que Roma sí hace esto? ¿Habrá entonces seguridad en ella? ¡Fuera, entonces, con el engaño mortal! Alguna vez pudo haber un paliativo para aceptar algo de su doctrina; pero todos los días se está revelando, cada vez más, en su verdadero carácter el "Gran Misterio."

---

[298] *Lo que todo cristiano debe saber y hacer*, por el Rev. J. FURNISS. Publicado por James Duffy, Dublín. La edición de este manual del papado citado arriba, además de la blasfemia, contiene los principios más inmorales al enseñar claramente la inocuidad del engaño, si solamente se mantiene dentro de los limites debidos. Con respecto a esto, si se hubiera levantado un gran clamor contra él, creo que esta edición habría sido sacada de la circulación general. Sin embargo, la autenticidad del pasaje citado antes, está fuera de toda discusión. Yo mismo recibí en Liverpool, enviada por un amigo, una copia de la edición que contenía estas palabras que ahora están en mi posesión, habiéndolas visto antes en una copia que tenía el Pastor Richard Smyth de Armagh. Sin embargo, no es en Irlanda solamente donde se exhibe tal trinidad para la adoración de los romanistas. En una tarjeta u hoja volante, publicada por los sacerdotes papistas de Sunderland, que ahora tengo ante mí, con el encabezamiento de "Servicio Pascual, Iglesia de Santa María, Bishopwearmouth, 1859," hay la siguiente 4ª amonestación para los "queridos cristianos" a quienes va dirigida:

4. Y no olvide nunca los actos de un buen cristiano, recomendados a usted con tanta frecuencia durante la renovación de la misión.

> Alabados sean Jesús, María y José.
> Jesús, María y José, os entrego mi corazón, mi vida y mi alma.
> Jesús, María y José, socorredme siempre; y en mi última agonía,
> Jesús, María y José, recibid mi último suspiro. Amén.

Para inducir a los seguidores de Roma a realizar este "acto de un buen cristiano" se ofrece un incentivo. En la página 30 del Manual de Furniss, ya mencionado, bajo el título de "Precepto de Vida," se encuentra el siguiente pasaje: "Por la mañana, antes de levantarse, haga la señal de la cruz, y diga, Jesús, María y José, os entrego mi corazón y mi alma. (Cada vez que usted diga esta oración, tendrá una indulgencia de 100 días, que usted puede darle a las almas del Purgatorio)." Debo añadir que el título del libro de Furniss, dado arriba, es el título de la copia del Sr. Smyth. El título de la copia que yo poseo es *"Lo que todo cristiano debe saber."* Londres: Richardson & Son, 147 Strand. Ambas copias tienen por igual las palabras blasfemas dadas en el texto, y ambas tienen el "Imprimatur" de "Paulus Cullen."

"Y en su frente un nombre escrito:
MISTERIO,
BABILONIA LA GRANDE:
MADRE DE LAS FORNICACIONES
Y DE LAS ABOMINACIONES
DE LA TIERRA"

(Apocalipsis 17:5).

CAPITULO II

EL CARACTER DISTINTIVO DE LOS DOS SISTEMAS

Al aportar pruebas del carácter de la Iglesia papal, el primer punto para solicitar la atención del lector es el carácter de MISTERIO que se atribuye tanto al sistema romano moderno como al sistema de la Babilonia antigua. Al gigantesco sistema de corrupción moral y de idolatría descrito en la Biblia bajo el emblema de una mujer con un "CALIZ DE ORO EN SU MANO" (Apocalipsis 17:4), "y los que moran en la tierra se han embriagado con el vino de su fornicación" (Apocalipsis 17:2; 18:3), se le llama en forma divina "MISTERIO, Babilonia La Grande" (Apocalipsis 17:5). Ese "MISTERIO de iniquidad" de Pablo, descrito en 2 Tesalonicenses 2:7, tiene su duplicado en la Iglesia de Roma, de lo cual ningún hombre de mente pura, que haya examinado cuidadosamente el asunto, puede dudar fácilmente. Esa fue la impresión causada por tal motivo en la mente de Sir Matthew Hale, buen juez de evidencia, quien solía decir que si la descripción apostólica se inscribiera con el toque público de "somatén," le sería dado a cualquier guardia del reino ver, dondequiera que se encontrase, al Obispo de Roma, como cabeza de ese "MISTERIO de iniquidad." Ahora, como el sistema aquí descrito se caracteriza igualmente por el nombre de "MISTERIO," se podría presumir que ambos pasajes bíblicos se refieren al mismo sistema. Pero el lenguaje aplicado a la Babilonia del Nuevo Testamento, hace que nos volvamos naturalmente hacia la Babilonia del mundo antiguo. Como la mujer del Apocalipsis tiene en su mano un CALIZ con el cual intoxica a las naciones, así ocurrió con la antigua Babilonia. De esa Babilonia, mientras ella se encontraba en toda su gloria, el Señor, por medio del profeta Jeremías, habló así, anunciando su ruina: "Vaso de oro fue Babilonia en la mano del SEÑOR, que embriagaba toda la tierra; de su vino bebieron las gentes; por tanto enloquecerán las gentes" (Jeremías 51:7). ¿Por qué esta similitud de lenguaje con respecto a los dos sistemas? Seguramente porque la deducción natural es que el uno sostiene al otro como símbolo y antisímbolo. Ahora, como la Babilonia del Apocalipsis se caracteriza por el nombre de "MISTERIO," de igual modo la gran característica distintiva del sistema de la antigua Babilonia fueron los "MISTERIOS" caldeos, que constituyeron una parte especial de ese sistema. Y a estos misterios alude claramente el mismo lenguaje del profeta hebreo, aunque simbólicamente – por supuesto – cuando se refiere a Babilonia como un "VASO de oro." Beber de los "brebajes misteriosos," dice Salverté, era indispensable de parte de todos los que buscaban la iniciación en estos Misterios.[6] Estos "misteriosos brebajes" se componían de "*vino*, miel, agua y harina."[7] Por los ingredientes usados abiertamente, y por la naturaleza de otros no divulgados, pero usados evidentemente,[8] no podía haber duda de que eran un tóxico natural; y hasta que los aspirantes hubieran caído bajo sus efectos, hasta cuando su entendimiento hubiera sido disminuido y sus pasiones excitadas por la pócima ingerida, no estarían debidamente preparados para lo que iban a oír o a ver. Si se pregunta cuál fue el objeto y el propósito de estos "Misterios" antiguos, se encontrará que hay una maravillosa analogía entre ellos y ese "misterio de iniquidad," que se sintetiza en la Iglesia de Roma. Su objeto principal fue el de introducir privadamente, poco a poco, bajo el sello del secreto y la sanción de un juramento, aquello que no hubiera sido seguro presentarlo abiertamente de buenas a primeras. La época en que ellos fueron instituidos demuestra que las cosas debieron ocurrir de ese modo. Los misterios caldeos pueden ser rastreados hasta los días de Semíramis, que vivió sólo unos pocos siglos después del diluvio, y a quien se la cono-

---

[6] EUSÈBE SALVERTÉ, *Las Ciencias Ocultas*, p. 259.

[7] GEBELIN, *El Mundo Primitivo*, vol. IV. p. 319.

[8] Ver SALVERTÉ, pp. 258, 259.

[9] AMIANO MARCELINO, lib. XIV, cap. 6, p. ad. 26, y lib. XXIII, cap. 6, pp. 371, 374, comparado con JUSTINO, *Historia*, lib. I, cap. 1, p. 615, y *Crónica* de EUSEBIO, vol. I. pp. 40, 70, etc. Eusebio dice que Nino y Semíramis reinaron en tiempos de Abraham. Ver vol. I. p. 41, y vol. II. p. 65. Con respecto a la edad de Semíramis ver nota en la página 142.

Acerca de los Misterios. . . y el Culto al Hombre

ce por haber dejado en ellos la imagen de su propia mente depravada y corrupta.[9] Esta hermosa pero malvada reina de Babilonia, no fue de por sí solamente un dechado de desenfrenada lujuria y libertinaje, sino que en los Misterios en los que tenía parte principal, era adorada como Rea,[10] la gran "MADRE" de los dioses,[11] con ritos tan abominables que la identificaban con Venus, la MADRE de toda impureza, llevando a la propia ciudad donde ella reinaba a una depravada eminencia entre las naciones, como la gran sede, a la vez, de la idolatría y de la prostitución consagrada.[12] Así, esta reina caldea fue un digno y notable prototipo de la *"Mujer"* del Apocalipsis, con el cáliz de oro en su mano, y el nombre sobre su frente: "Misterio, Babilonia La Grande, madre de las fornicaciones y de las abominaciones de la tierra" (Ver la Fig. 1 página 26). El emblema apocalíptico de la ramera con el cáliz en la mano, fue igualmente incluido entre los símbolos de la idolatría provenientes de la antigua Babilonia, tal como fueron representados en Grecia; porque así fue representada originalmente la Venus griega,[13] y es curioso que en nuestros días y cuando apareció por primera vez, fuera la Iglesia de Roma la que tomara realmente este mismo símbolo como su emblema preferido. En 1825, con ocasión del jubileo, el Papa León XII, acuñó una medalla que llevaba por un lado su propia imagen, y en el otro, la Iglesia de Roma simbolizada como una "mujer" que sostenía en su mano izquierda una cruz, y en la derecha un CALIZ, con esta leyenda alrededor: *"Sedet super universum,"*

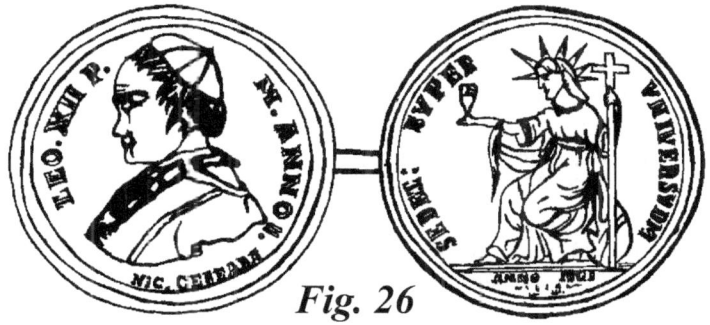

Fig. 26

ver Apendice, Nota A p. 443

[10] *Crónica Pascual,* vol. I. p. 65.

[11] HESIODO, *Teogonía,* v. 453, p. 36.

[12] HERODOTO, *Historia,* lib. I. cap. 199, p. 92; QUINTO CURCIO, v. 1.

[13] Para evidencia sobre este asunto, ver Apéndice, Nota A.

"El mundo entero es su sede"[14] (Fig. 26). Ahora, la época en que vivió Semíramis, fue una época en que la fe patriarcal estaba fresca todavía en la mente de los hombres, y cuando Sem vivía aún,[15] para despertar la mente de los fieles con el fin de que se congregaran en torno a la bandera por la verdad y por la causa de Dios, hizo que fuera peligroso instituir públicamente un sistema como el que inauguró la reina babilónica. Sabemos por lo dicho en Job, que entre las tribus patriarcales que no tenían nada que ver con las instituciones mosaicas, sino que se apegaban a la fe pura de los patriarcas, la idolatría en cualesquiera de sus formas, era considerada como un crimen digno de ser sancionado con señalado y pronto castigo sobre la cabeza de aquellos que la practicaran. "Si he mirado al sol, dijo Job, cuando resplandecía, o a la luna cuando iba hermosa, y mi corazón se engañó en secreto, y mi boca besó mi mano, *esto también sería maldad juzgada*; porque habría negado al Dios soberano" (Job 31:26-28). Ahora, si éste era el caso en los días de Job, con mayor razón debe haber sido el caso en los tiempos antiguos, cuando fueron instituidos los Misterios. Era, por tanto, un caso de necesidad, si la idolatría iba a ser introducida y, en especial, una idolatría tan obscena como la que el sistema babilónico contenía en su seno, que esto fuera hecho clandestinamente y en secreto. Aun cuando fuera introducida por la mano del poder, podría haber producido una reacción, y la parte incorrupta de la humanidad podría haber hecho violentos intentos para reprimirla; y, de cualquier

---

[14] ELLIOTT, *Libro de Horas*, vol. IV. p. 30.

[15] Para la edad de Sem ver Génesis 11:10,11. Según esto, Sem vivió 502 años después del diluvio, es decir, según la cronología hebrea hasta el año 1846, A.C. Según Eusebio, la edad de Nino, el esposo de Semíramis, es sincrónica con la de Abraham, que nació en el año 1996 A.C. Sin embargo, se dice que el nacimiento de Abraham sólo tuvo lugar nueve años antes del fin del reinado de Nino (SINCELO p. 170. París, 1652). En consecuencia, según esto, el reinado de Nino debe haber terminado, según la cronología usual, cerca del año 1987 A.C. Clinton, que es una autoridad en cronología, sitúa el reinado de Nino un poco antes, hacia el año 2182 A.C. en sus *Fastos Helénicos* (vol. I. p. 263). Layard (en *Nínive y sus Ruinas*, vol. II. p. 217) comparte esta opinión. Se dice que Semíramis sobrevivió a su esposo cuarenta y dos años (SINCELO, p. 96). Por tanto, cualquiera que sea el punto de vista que se tenga sobre la edad de Nino, bien sea el de Eusebio, el de Clinton o el de Layard, es evidente que Sem sobrevivió largo tiempo tanto a Nino como a su esposa. Por supuesto, esto se basa en la suposición de la corrección de la cronología hebrea. Para evidencia concluyente sobre el asunto, ver Apéndice, Nota B. página 444

modo, si ella hubiera aparecido inmediatamente con toda su horripilancia, hubiera alarmado la conciencia de los hombres, y frustrado el propósito en perspectiva. Ese propósito era someter a toda la humanidad a una sumisión ciega y absoluta a una jerarquía dependiente por completo de los soberanos de Babilonia. Para llevar a cabo este plan, todo conocimiento sagrado y profano llega a ser monopolizado por el sacerdocio,[16] que se las entendía con aquellos que iban a ser iniciados en los "Misterios," exactamente en la forma en que lo creían más conveniente, de acuerdo con los intereses del gran sistema del despotismo espiritual, que ellos tenían que administrar tan poderosamente como pareciera requerirlo. Así, el pueblo, dondequiera que se propagó el sistema babilónico, estuvo atado de pies a cabeza a los sacerdotes. Sólo ellos eran los depositarios del conocimiento religioso; sólo ellos tenían la verdadera tradición por la cual podían ser interpretados los escritos y los símbolos de la religión pública; y sin la sumisión ciega e implícita a ellos, lo que era necesario para la salvación, no podían ser conocidos. Ahora, compare esto con la historia antigua del papado y con su espíritu y *modus operandi* en todo, ¡y verá cuán exacta es la coincidencia! ¿Fue durante un período de luz patriarcal cuando empezó el corrupto sistema de los "Misterios" babilónicos? Fue en un período de mayor luz todavía, cuando empezó ese sistema impío y no bíblico que ha tenido tan exuberante desarrollo en la Iglesia de Roma. Esto empezó en la misma época de los apóstoles, cuando la iglesia primitiva estaba en floración, cuando los gloriosos frutos de Pentecostés estaban por todas partes a donde se mirara, y cuando los mártires estaban sellando con su sangre su testimonio por la verdad. Aun entonces, cuando el Evangelio resplandecía en forma tan fulgurante, fue cuando el Espíritu de Dios dio este claro y preciso testimonio por medio de Pablo: "PORQUE YA ESTA OBRANDO EL MISTERIO DE INIQUIDAD" (2 Tesalonicenses 2:7). Este sistema de iniquidad que empezaría después y que fue predicho en forma divina, iría a manifestarse después en una portentosa apostasía que, en su momento, sería "revelada" terriblemente, y continuaría hasta cuando fuera des-

---

[16] EUSÈBE SALVERTÉ, *Las Ciencias Ocultas*, passim.

truida "con el Espíritu de su boca, y con la claridad de su venida" (2 Tesalonicenses 2 :8). Pero en su primera penetración en la Iglesia, lo hizo en secreto y a escondidas, con "todo ENGAÑO DE INIQUIDAD." Procedió "misteriosamente" valiéndose de bellas pero falsas apariencias, apartando a los hombres de la sencillez de la verdad como ella es en Jesús. Y lo hizo tan secretamente por la misma razón de que la idolatría fue introducida secretamente en los antiguos Misterios de Babilonia. No era seguro, no era prudente hacerlo de otro modo. El celo de la verdadera Iglesia, aunque desprovista del poder civil, se habría levantado para poner fuera del recinto de la cristiandad al falso sistema y a sus cómplices, si él hubiera aparecido abiertamente y, a la vez, con toda su obscenidad; y esto habría detenido su avance. Por tanto, fue introducida en secreto, poco a poco, una corrupción tras otra, mientras avanzaba la apostasía, y la Iglesia apóstata llegaba a estar preparada para tolerarla, hasta que hubiera alcanzado las proporciones gigantescas que ahora vemos, cuando casi todos los rasgos del sistema papal son verdaderos antípodas del sistema de la Iglesia primitiva. De la *gradual* introducción de todo esto, lo más característico de Roma ahora es que, mediante la obra del *"Misterio de iniquidad,"* tenemos la más notoria evidencia, sustentada incluso por la propia Roma, tomada de las inscripciones de las catacumbas romanas. Estas catacumbas son extensas excavaciones bajo tierra en las inmediaciones de Roma, en las cuales los cristianos celebraban su culto, e igualmente enterraban sus muertos en los tiempos de la persecución, durante los tres primeros siglos. En algunas de las piedras sepulcrales se pueden encontrar todavía inscripciones que contradicen abiertamente los actuales y bien conocidos principios y prácticas de Roma. Tómese sólo un ejemplo. En la actualidad, ¿la característica más notable del papado no es el celibato obligatorio del clero? Sin embargo, en esas inscripciones tenemos la más concluyente evidencia de que, incluso en Roma, hubo una época en que no se conocía tal sistema de celibato clerical. Testimonios como los siguientes se encuentran en diferentes tumbas:

1. "A Basilio, el *presbítero*, y a Felícitas, *su esposa*. Esto lo hicieron ellos mismos."

Acerca de los Misterios. . . y el Culto al Hombre

  2. "Petronia, *esposa de sacerdote*, modelo de modestia. En este lugar descansan sus huesos. Ahorraos vuestras lágrimas esposo e hija queridos, y creed que está prohibido llorar por alguien que vive en Dios."[17]

Una oración por acá y otra por allá por los muertos: "Que Dios refresque tu espíritu," demuestran que también entonces había *empezado* a obrar el Misterio de iniquidad; pero, como lo anterior, demuestran igualmente que él obraba lenta y prudentemente, y que, hasta la época a que ellas se refieren, la Iglesia romana no había llegado al extremo de "prohibirle a sus sacerdotes que se 'casasen.'" Astuta y gradualmente, Roma estableció los fundamentos de su sistema de superchería, sobre el cual iba a erigir después tan inmensa superestructura. Desde sus comienzos, el "Misterio" estuvo impreso sobre su sistema.

Pero esta característica de "Misterio" se le ha adherido a lo largo de todo su recorrido. Cuando alguna vez ha tenido éxito en disminuir la luz del Evangelio, oscureciendo la plenitud y la liberalidad de la gracia de Dios, apartando las almas de los hombres de los tratos directos e inmediatos con el Unico Gran Profeta y Sumo Sacerdote de nuestra profesión de fe, al atribuirle al clero un poder misterioso que le ha dado "dominio sobre la fe" del pueblo – un dominio rechazado abiertamente por los hombres apostólicos (2 Corintios 1:24), pero que, en unión con el confesionario ha llegado a ser, por lo menos, tan absoluto y completo como el poseído alguna vez por el sacerdote babilónico ante los iniciados en los antiguos Misterios. El poder clerical del sacerdocio romano culminó con la institución del confesionario, el cual fue tomado de Babilonia. La confesión de los adeptos de Roma es completamente diferente a la confesión prescrita en la Palabra de Dios. El precepto de las Escrituras con relación a la confesión es éste: "Confesaos vuestras faltas *unos a otros*" (Santiago 5:16), lo que implica que el sacerdote se confesaría ante el pueblo, al igual que el pueblo se confesaría ante el sacerdote, si cualesquiera de los dos pecase contra el otro. Esto jamás podría

---

[17] Dr. MAITLAND, *La Iglesia en las Catacumbas*, pp. 191,192.

haber servido para ningún propósito de despotismo espiritual; y por lo tanto, Roma, al abandonar la Palabra de Dios, ha tenido que recurrir al sistema babilónico. En aquel sistema, según fórmula prescrita, se requería la confesión secreta al sacerdote de todos los que fueran admitidos a los "Misterios;" y hasta tanto que tal confesión se hubiese hecho, no podía tener lugar ninguna iniciación completa. Así, Salverté se refiere a esta confesión como observada en Grecia, con ritos que pueden ser claramente rastreados como de origen babilónico.[18] "Todos los griegos, desde Delfos a las Termópilas, estaban iniciados en los Misterios del templo de Delfos. El silencio con relación a todo lo que les fuera ordenado para guardar el secreto, estaba asegurado tanto por el temor a los castigos que amenazaban ante una revelación perjura, como por la CONFESION general impuesta a los aspirantes después de la iniciación - una confesión que hacía que *ellos* tuvieran más temor de la indiscreción del sacerdote, que darle a *él* la razón para temer la indiscreción de *ellos*."[19] Potter, en sus "Antigüedades Griegas" también se refiere a esta confesión aunque, por lo general, ella se haya pasado por alto. En su relato de los Misterios eleusinos, después de describir las ceremonias y las instrucciones preliminares antes de la admisión de los candidatos a la iniciación ante la presencia inmediata de las divinidades, prosigue así: "Entonces el sacerdote que los iniciaba, llamado *'Ierofantes'* [el Hierofante], hacía ciertas preguntas tales como si ellos estaban ayunando, etc., a lo cual ellos respondían de una manera determinada."[20] El etcétera que aparece aquí puede que no sorprenda a un lector casual, pero es un etcétera significativo que quiere decir mucho. Significa: ¿Están ustedes libres de toda violación de la castidad? Y no solamente en el sentido de impureza moral, sino en ese sentido artificial de la castidad que el paganismo siempre apreciaba;[21] ¿están ustedes

---

[18] Para el origen babilónico de estos Misterios, ver las dos primeras secciones del capítulo anterior.

[19] EUSÈBE SALVERTÉ, *Las Ciencias Ocultas*, cap. XXVI, p. 428.

[20] POTTER, vol. I, *Eleusinia*, p. 356.

[21] Para las prohibiciones arbitrarias, a consecuencia de las cuales la culpa podía ser disminuida, ver Potter, vol. I, p. 356.

libres de la culpa de asesinato? Porque ningún culpable de matar, así fuera accidentalmente, podía ser admitido hasta cuando fuera purificado de la sangre, para lo que había ciertos sacerdotes llamados köes, que "oían confesiones" en tales casos y purificaban al culpable.[22] La severidad de las preguntas en el confesionario pagano se amplía ciertamente en ciertos poemas licenciosos de Propercio, Tíbulo y Juvenal.[23] Wilkinson, en su capítulo sobre "Fiestas Privadas y Penitencias" dice que éstas "eran cumplidas estrictamente" a propósito de "ciertas reglamentaciones en épocas determinadas,"[24] y tiene varias citas de escritores clásicos que prueban claramente de dónde sacó el papado la clase de preguntas que han impreso ese carácter de obscenidad en su confesionario, como el exhibido en las bien conocidas páginas de Peter Dens. El pretexto según el cual se requería la confesión auricular, era que las solemnidades a las cuales iban a ser admitidos los iniciados eran tan sublimes, tan celestiales, tan santas, que ningún hombre con la culpa yacente en su conciencia, y con el pecado no limpiado, podía ser admitido lícitamente a ellas. Por tanto, la protección de los que iban a ser iniciados se basaba en que era indispensable que el sacerdote oficiante probara cabalmente sus conciencias, no fuera que entrando sin la purificación conveniente de la culpa contraída anteriormente, la ira de los dioses fuera provocada contra los intrusos irreverentes. Este era el pretexto, pero conociendo la naturaleza esencialmente pecaminosa tanto de los dioses como de su culto, no puede dejar de verse que esto no era más que eso, un pretexto; que el gran propósito al exigir a los candidatos a la iniciación que confesaran sus faltas y sus pecados, era solamente para ponerlos por completo en poder de aquellos en quienes habían depositado los sentimientos íntimos de sus almas y sus más importantes secretos. Exactamente del mismo modo Roma ha instituido el confesionario. En lugar de exigir por igual a los sacerdotes y al pueblo, como lo hacen las Escrituras, el "confesaos vuestras faltas

---

[22] DUPUIS, *De todos los Cultos*, vol. IV. Part. I, p. 312. París, año III de la República.

[23] Ver particularmente las *Sátiras* de JUVENAL, vi 535, p. 129.

[24] WILKINSON, *Los Egipcios*, vol. V, pp. 335, 336.

unos a otros," ella ordena a todos, bajo pena de perdición, confesar al sacerdote[25] si han transgredido, o no; en tanto que el sacerdote no está obligado en absoluto a confesarse ante el pueblo. En la Iglesia de Roma sin tal confesión no puede haber admisión para los sacramentos, excediendo así al paganismo, donde había admisión sin confesión para los beneficios de los Misterios. Ahora, esta confesión la hace cada individuo en SECRETO Y SOLITARIAMENTE al sacerdote que está sentado, investido con el poder para examinar la conciencia en el nombre de Dios y revestido con Su autoridad,[26] para juzgar la vida, para absolver o condenar, según su voluntad y deseo únicos y arbitrarios. Este es el gran soporte sobre el cual se hace girar todo el "Misterio de iniquidad" encarnado en el papado; y dondequiera que se le establece, sirve admirablemente para el designio de atar a los hombres en abyecta sujeción al sacerdocio.

De conformidad con el principio según el cual se propagó el confesionario, la Iglesia, es decir, el clero, proclamó ser el único depositario de la verdadera fe cristiana. Como los sacerdotes caldeos, que creían ser los únicos depositarios de la clave – una clave transmitida a ellos desde la más remota antigüedad – para la comprensión de la mitología de Babilonia, así los sacerdotes de Roma se erigen como los únicos intérpretes de las Escrituras, pues sólo ellos poseen la verdadera tradición, transmitida en el transcurso de las edades, sin la cual es imposible llegar a su verdadero significado. Por tanto, exigen fe absoluta en sus dogmas, y todos los hombres están obligados a creer lo que cree la Iglesia, permitiéndole así a la Iglesia moldear su fe como a ella le plazca. Como poseedora también de la autoridad suprema sobre la fe, podía divulgar poco o mucho de ella, como juzgara más conveniente. "EXCLUIR" de la enseñanza las grandes verdades de la religión fue un principio tan esencial en el sistema de

---

[25] El Obispo HAY, *El Cristiano Sincero*, vol. II, p. 68. En esta obra se encuentra la siguiente pregunta y su respuesta: "P. ¿La confesión de nuestros pecados es necesaria para conseguir la absolución? R. Ella está ordenada por Jesucristo como absolutamente necesaria para este propósito." Ver también *El Manual del Hombre Pobre*, una obra de uso en Irlanda, pp. 109,110.

[26] *Luz de la Profecía*, Apéndice, Nota C.

Acerca de los Misterios... y el Culto al Hombre

Babilonia, como lo es en el romanismo o tractarianismo actuales.[27] Fue esta pretensión sacerdotal de dominio sobre la fe de los hombres la que detenía "la verdad con injusticia"[28] en el mundo antiguo, de modo que las "tinieblas cubrieron la tierra y gran obscuridad al pueblo." Fue esta misma pretensión en manos de los sacerdotes romanos la que se aposentó en las Edades del Obscurantismo, cuando durante muchos siglos sombríos, el Evangelio fue desconocido, y la Biblia fue un libro prohibido para millones que llevaban el nombre de Cristo. Entonces, en todos los aspectos, vemos cómo Roma ha llevado justamente en su frente el nombre de "*Misterio*, Babilonia La Grande." No hay, ni puede haber ninguna seguridad para las almas en "Babilonia." "Sal de ella, pueblo mío," es el urgente y expreso mandato de Dios. Los que desobedezcan este mandato, lo hacen corriendo su propio riesgo.

> Y oí otra voz del cielo, que decía: Salid
> de ella, pueblo mío, para que no seáis
> participantes de sus pecados, y que no
> recibáis de sus plagas;
> (Apocalipsis 18:4).

---

[27] Aun entre los iniciados había diferencia. Algunos sólo eran admitidos a los "Misterios Menores," los "Misterios Mayores" eran para unos pocos favoritos. – WILKINSON, *Los Antiguos Egipcios*, vol. I, pp. 266,267.

[28] Romanos 1:18. Los mejores exégetas traducen el pasaje como se da arriba. Se observará que Pablo se refiere expresamente a los paganos.

. . . que por revelación me fue declarado el misterio, como arriba he escrito en breve; leyendo lo cual podéis entender cuál sea mi inteligencia en el misterio del Cristo; el cual misterio en los otros siglos no se dio a conocer a los hijos de los hombres como ahora es revelado a sus santos apóstoles y profetas en Espíritu:

(Efecios 3:3-5).

. . . a saber, el misterio escondido desde los siglos y edades, y que ahora ha sido manifestado a sus santos, a los cuales quiso Dios hacer notorias las riquezas gloriosas de este misterio en los gentiles; que es el Cristo en vosotros, la esperanza gloriosa, el cual nosotros anunciamos, amonestando a todo hombre, y enseñando en toda sabiduría, para hacer a todo hombre perfecto en el Cristo Jesús;

(Colosenses 1:26-28).

CAPITULO III

LAS FIESTAS

Sección I — La Navidad y La Anunciación de Nuestra Señora

Si Roma es en verdad la Babilonia del Apocalipsis, y si la Madona tenida como reliquia en sus santuarios es la misma reina del cielo, por cuya adoración se encendió el furor de la ira de Dios contra los judíos en los días de Jeremías, la última consecuencia que de tal hecho podría demostrarse está fuera de toda posibilidad de duda, porque una vez que esto se haya demostrado, todos los que tiemblan ante la Palabra de Dios deben estremecerse ante el sólo pensamiento de permanecer en tal sistema. Ya se ha dicho algo que servirá de mucho para probar la identidad de los sistemas de Roma y de Babilonia; pero a cada paso, la evidencia se hará todavía más abrumadora. Y la que surge de la comparación de las diferentes fiestas, lo es en modo particular.

Las fiestas de Roma son innumerables; pero se pueden escoger cinco de las más importantes para dilucidar el asunto: La Navidad, La Anunciación de Nuestra Señora, La Pascua Florida, La Natividad de San Juan, y la Fiesta de la Asunción. Puede probarse que todas y cada una de ellas son babilónicas. Primero, la fiesta en honor del nacimiento de Cristo, o Navidad. ¿Cómo ocurrió que tal fiesta se relacionara con el 25 de diciembre? En las Escrituras no hay una sola palabra sobre el día preciso de Su nacimiento, ni sobre la época del año en que El nació. Lo que allí se relata implica que sea como fuere, el tiempo en que tuvo lugar Su nacimiento, no *pudo* ser el 25 de diciembre. En el momento en que el ángel anunció Su nacimiento a los pastores de Belén, ellos estaban pastoreando sus rebaños, de noche y a campo raso. Sin duda, el clima de Palestina no es tan riguroso como el de este país; pero aun allí, aunque el calor del día sea considerable, el frío de la noche de diciembre a febrero es muy penetrante,[1] y *no se acostumbraba* que los pastores de Judea cuidaran sus rebaños a campo abierto desde fines de octubre.[2] Entonces, es increíble, desde todo punto de vista, que el nacimiento de Cristo pudiera haber tenido lugar a fines de diciembre. A este respecto, existe gran unanimidad entre los comentaristas. Además, Barnes, Doddridge, Lightfoot, Joseph Scaliger, y Jennings, en sus "Antigüedades Judías," todos ellos opinan que el 25 de diciembre no puede ser la fecha correcta de la natividad de nuestro Señor. Al efecto, el famoso Joseph Mede emite un concepto decisivo. Después de una larga y cuidadosa disertación sobre el asunto, él aduce, entre otros argumentos, el siguiente: "Cuando ocurrió el nacimiento de Cristo, toda mujer y todo niño iban a ser censados en la ciudad a la cual pertenecían, a algunas de las cuales había largas jornadas; pero a mediados del invierno no era la época apropiada para tales asuntos, especialmente para una mujer embarazada, ni para que viajaran los niños. Por tanto, Cristo no pudo nacer en la mitad del invierno. Además, en el tiempo del nacimiento de Cristo, los pastores permanecían afuera para cuidar sus rebaños en las horas de la noche, pero no era probable que ocurriera esto a mediados del invierno. Si alguien cree que el viento en invierno no era tan difícil de soportar en estas regiones, que recuerde las palabras de Cristo en el Evange-

---

[1] *Folleto Londinense, Comentario de la Sociedad,* vol. I. p. 472. ALFORD, *Testamento Griego,* vol. I. p. 412. GRESWELL, vol. I., *Disertación,* XII. pp. 381-437.

[2] GILL, en su *Comentario* sobre Lucas 2:8, trae lo siguiente: "Hay dos clases de ganado entre los judíos... hay el ganado casero que pernocta en la ciudad; el ganado del campo, que pernocta en las dehesas. Sobre el cual uno de los comentaristas (MAIMONIDES, *Misn. Betza,* cap. 5, secc. 7), observa: 'Estos ganados pernoctan en las dehesas, que están en las aldeas, todos los días fríos o cálidos, y no entran en las ciudades hasta cuando empiezan las lluvias.' La primeras lluvias caen en el mes de Marchesvan, que corresponde a la última parte de octubre y a la primera de noviembre.... Por lo que parece que Cristo debió de nacer antes de mediados de octubre, puesto que todavía no habían llegado las primeras lluvias." KITTO, sobre Deuteronomio 11:14 (*Comentario Ilustrado,* vol. I. p. 398), dice que las "primeras lluvias" son en "el otoño," es decir, "en septiembre u octubre." Esto haría que el traslado de los rebaños de los campos se hiciera un poco antes de lo que yo he dicho en el texto; pero no hay duda de que no podía ser después de lo que allí se dijo, según el testimonio de Maimónides, cuyo conocimiento de todo lo que concierne a los judíos es bien conocido.

lio: 'Orad, pues, que vuestra huida no sea en invierno.' Si el invierno era un tiempo tan malo para huir, parece que no era un tiempo adecuado para que los pastores permanecieran en los campos, ni para que viajaran las mujeres y los niños."[3] Ciertamente, los más instruidos y sinceros escritores de todas partes[4] están de acuerdo en que el día del nacimiento de nuestro Señor no puede determinarse,[5] y que no se tiene noticia de que *dentro de la Iglesia cristiana* hubiera alguna fiesta como la Navidad *hasta el siglo tercero*, ni que ella se guardara mucho hasta bien avanzado el *siglo cuarto*. Entonces, ¿cómo fijó la Iglesia romana el 25 de diciembre como el día de la Navidad? Por esto: Mucho antes del siglo cuarto, y mucho antes de la misma era cristiana, se celebraba una fiesta entre los *paganos*, exactamente en esa época del año, en honor del nacimiento del hijo de la reina del cielo babilónica, pudiéndose presumir cabalmente que, con el fin de atraer a los paganos y aumentar el número de adherentes al cris-

---

[3] MEDE, *Obras*, 1672. Discurso XLVIII. El anterior argumento de Mede se basa en la suposición de la racionalidad y análisis que distinguía a las leyes romanas.

[4] Archidiácono WOOD, *El Comentador Cristiano*, vol. III. p. 2. LORIMER, *Manual del Presbiterio*, p. 130. Lorimer cita a Sir Peter King, quien, en su *Investigación del Culto de la Iglesia Primitiva*, etc. concluye que tal fiesta no se celebraba en esa Iglesia, y añade: "Parece improbable que celebraran la natividad de Cristo cuando no estaban de acuerdo en el mes y en el día en que nació Cristo." Ver también al Rev. J. RYLE, en su *Comentario* sobre Lucas, cap. II., Nota al versículo 8, quien admite que el tiempo del nacimiento de Cristo es incierto, aunque no acepta la idea de que los rebaños no podían haber estado a campo raso en diciembre, por la queja de Jacob a Labán: "De día me consumía el calor, y de noche la helada." Toda la fuerza de la queja de Jacob contra su avaro pariente estriba en que Labán le hizo hacer lo que ningún otro hombre habría hecho y, por tanto, si él se refiere al frío de las noches de invierno (que, sin embargo, no es el significado común de la expresión), esto prueba justamente lo contrario de lo aducido como prueba por el Sr. Ryle, a saber, que los pastores no acostumbraban cuidar sus rebaños en los campos por la noche en el invierno.

[5] GIESELER, vol. I. p. 54, y Nota. CRISOSTOMO (*Monitium in Hom. de Natal. Christi*), escrito en Antioquía hacia el año 380 D.C., dice: "Todavía no hace diez años desde que este día nos fue dado a conocer" (Vol. II., p. 352). "Lo que sigue," agrega Gieseler, "proporciona un ejemplo notable del caso en que las costumbres de época reciente pueden asumir el carácter de instituciones apostólicas." Crisóstomo prosigue de este modo: "Era conocido desde antes de los tiempos antiguos y primitivos por los habitantes de Occidente; y, desde antes, era familiar y bien conocido por los moradores desde Tracia hasta Gadeira [Cádiz]," es decir, el día del nacimiento de nuestro Señor, ¡que era conocido en Antioquía en el Oriente, en las propias fronteras de la Tierra Santa, donde Él nació, y perfectamente bien conocido en toda la Europa occidental desde Tracia hasta España!

tianismo, se adoptara la misma fecha por la Iglesia romana, dándole solamente el nombre de Cristo. Esta tendencia de parte de los cristianos de hacer algunas concesiones al paganismo, se manifestó desde muy temprano; y así encontramos a Tertuliano que, incluso en sus días, cerca del año 230 D.C., se lamentaba amargamente de la inconsecuencia de los discípulos de Cristo a este respecto, contrastando esto con la estricta fidelidad de los paganos a su propia superstición. "Para nosotros," dice él, "que desconocíamos los sábados[6] y las lunas nuevas, y las fiestas en otro tiempo aceptables para Dios, ahora concurrimos a la Saturnalia, a las fiestas de enero, a la *Brumalia*, a la Matronalia; las ofrendas son llevadas de acá para allá, los regalos del día de año nuevo se hacen con estrépito, y los deportes y los banquetes se celebran con alboroto; ¡oh, cuánto más fieles son los paganos a su religión, pues tienen cuidado especial para no adoptar ninguna solemnidad de los cristianos."[7] Hombres rectos hicieron lo posible para detener la marea pero, a despecho de sus esfuerzos, la apostasía continuó hasta que la Iglesia, con excepción de un pequeño remanente, se sumergió bajo la superstición pagana. Está fuera de toda duda que la Navidad fue, originalmente, una fiesta pagana. La época del año y las ceremonias con las cuales se celebra todavía, prueban su origen. En Egipto, el hijo de Isis, el título egipcio para la reina del cielo, nació en esta misma época, "cerca del tiempo del solsticio de invierno."[8] El mismo nombre – el día Yule[9] – por el cual se conoce popularmente la Navidad entre nosotros, prueba enseguida su origen pagano y babilónico. Yule es el nombre caldeo para "niño" o "bebé,"[10] y como el

---

[6] Se refiere a los sábados judíos.

[7] TERTULIANO, *De Idolatria*, c. 14, vol. I. p. 682. Para los excesos relacionados con la práctica pagana de la primera parte del Día de Año Nuevo, ver GIESELER, vol. I. secc. 79, Nota.

[8] WILKINSON, *Los Egipcios*, vol. IV, p. 405. PLUTARCO (*De Iside*, vol. II. p. 377, B), dice que los sacerdotes egipcios pretendían que el nacimiento del hijo divino de Isis a fines de diciembre era prematuro. Pero esto es evidentemente sólo copia de la historia clásica de Baco, el cual, se dice, fue rescatado en estado embrionario de las llamas que consumieron a su madre Semele, cuando ella fue consumida por el fuego de Jove. El fundamento de la historia, al ser tomado de una nota previa (ver Nota Cap. Segundo, sub-sección V), cae por el suelo.

[9] MALLET, vol. I. p. 130.

Acerca de los Misterios... y el Culto al Hombre

25 de diciembre fue llamado por los anglosajones, nuestros antepasados paganos, "Yule-day," o "el día del Niño," y a la noche que lo precedía, "la noche de la Madre"[11] mucho antes de que ellos entraran en contacto con el cristianismo, esto prueba suficientemente su verdadero carácter. Por todas partes, en los ámbitos del paganismo, se guardaba este día del nacimiento. Se cree, por lo general, que esta fiesta tenía solamente un carácter astronómico por referirse simplemente a la terminación del año en curso y al comienzo de un nuevo ciclo.[12] Pero hay evidencia indudable de que la fiesta en mención tenía una referencia de mayor jerarquía que la de una conmemoración, no solamente del día del nacimiento simbólico del sol en el renacimiento de su curso, sino del día del nacimiento del gran Libertador. Entre los sabeos de Arabia, que consideraban la luna en lugar del sol como el símbolo visible del objeto favorito de su idolatría, se observaba el mismo período como la fiesta del nacimiento. Así leemos en la *Filosofía Sabea* de Stanley: "El 24 del décimo mes," es decir, diciembre, según nuestro cómputo, "los árabes celebraban el NACIMIENTO DEL SEÑOR, es decir, de la Luna."[13] El Señor Luna era el gran objeto de culto de los árabes, y ese Señor Luna, según ellos, *nació* el 24 de diciembre, lo que demuestra claramente que el *nacimiento* que ellos celebraban no tenía relación necesaria con el curso del sol. También es digno de especial consideración que el día de Navidad entre los antiguos sajones en esta isla, se observara para celebrar el nacimiento de algún Señor de las huestes celestiales, lo cual debe haber sido exactamente lo mismo aquí que en Arabia. Los sajones, como bien se sabe, consideraban el *Sol* como una divinidad *femenina*, y la luna como una divinidad masculina.[14] Por tanto, debe hacer sido

---

[10] De Eöl, "niño," que se pronuncia lo mismo que la terminación eón de Gedeón. En Escocia, al menos en las tierras bajas, a los pasteles de navidad (Yule-cakes) también se les llama Nür-cakes (pronunciando la *u* como la *u* francesa). En Caldea, Noür significa "nacer;" por tanto, Nür-cakes son los "pasteles del nacimiento." La diosa escandinava "Norns," que señalaba el destino de los niños al nacer, se deriva evidentemente de la palabra caldea "Nor," "niño."
[11] SHARON TURNER, *Los Anglosajones*, vol. I. p. 219.
[12] SALVERTÉ, *Las Ciencias Ocultas*, p. 491.
[13] STANLEY, p. 1066, col. 1.
[14] SHARON TURNER, vol. I. p. 213. Turner cita un poema árabe que comprueba que en Arabia, lo mismo que los anglosajones, el sol era reconocido como femenino, y la luna como masculina.–(*Ibid.*).

Lo Que Usted Debe Saber

el día del nacimiento del Señor Luna, y no del Sol, lo que era celebrado por ellos el 25 de diciembre, así como los árabes observaban el 24 de diciembre como el nacimiento del Señor Luna. El nombre del Señor Luna en el Oriente, parece haber sido Meni, porque ésta parece ser la interpretación más natural de la afirmación divina en Isaías 65:11: "Pero vosotros los que olvidáis mi santo monte, que ponéis mesa para la Fortuna (Gad), y suministráis libaciones para el Destino (Meni)."[15] Hay razón para creer que Dios se refiere al dios-sol, y que el Destino (Meni) alude, de algún modo a la divinidad lunar.[16] Meni, o Manai, significa "El que numera," siendo por los cambios de la luna por los que se numeran los meses: Salmo 104:19, "Hizo la *luna* para los tiempos; el sol conoce su ocaso." El nombre del "Hombre de la Luna," el dios que presidía sobre la luna entre los sajones, era Mané, como se dice en las "Eddas,"[17] y Mani en el "Voluspa."[18] De que era el nacimiento del Señor Luna el que se celebraba entre nuestros antepasados en Navidad, tenemos notable evidencia en el nombre que todavía se da en las tierras bajas de Escocia a la fiesta del último día del año, y que parece ser un remanente de la antigua fiesta del nacimiento, por los pasteles que entonces se hacían, llamados pasteles Nur, o pasteles del Nacimiento. Ese nombre es Hogmanay.[19] En caldeo, "Hog-Manai" significa "La fiesta del que numera;" en otras palabras, la fiesta del Deus Lunus,

---

[15] En la versión autorizada, Gad se tradujo por "esa tropa," y Meni, por "esa cantidad;" pero los más eruditos admiten que esto es incorrecto, y que esas palabras son nombres propios.

[16] Ver KITTO, vol. IV. p. 66 y Nota. El nombre Gad se refiere evidentemente, en primera instancia, al dios de la guerra, pues significa "atacar;" pero también significa "el que congrega;" y, en ambos sentidos, se refería a Nimrod, cuya característica general era la del dios-sol, por ser el primer gran guerrero; y, porque con el nombre de Foroneo se le celebró, primero, por haber reunido a la humanidad en comunidades sociales. El nombre Meni, "el que numera" parece ser, por otra parte, un sinónimo para el nombre de Cus o Chus que, al tiempo que significa "cubrir" u "ocultar," también significa "contar o numerar." El propio y verdadero nombre de Cus es, sin duda, "El que numera" o "El aritmético," porque mientras su hijo Nimrod, como el *"poderoso,"* fue el gran propagador del sistema de la idolatría babilónica, mediante la fuerza y el poder, y quien, como Hermes, fue el verdadero ideólogo de ese sistema, pues se dice que él "enseñó a los hombres la manera adecuada de acercarse a la Divinidad con oraciones y sacrificios" (WILDINSON, vol. V. p. 10); y, como la idolatría y la astrología estaban íntimamente relacionadas, para permitirle hacerlo así efectivamente, era indispensable que fuera hábil, sobre todo, en la ciencia de los números. De Hermes, es decir, de Cus, se dice que había "descubierto primero los números y el arte del cálculo, la geometría, la astronomía, y los juegos de azar y el

Acerca de los Misterios. . . y el Culto al Hombre

o del Hombre de la Luna. Para mostrar la conexión entre un país y otro, y la permanencia inveterada de las viejas costumbres, es digno de observarse que Jerónimo, al comentar las palabras de Isaías, ya citadas, "ponéis mesa para la Fortuna (Gad)" y "suministráis libaciones para el Destino (Meni)," observa que esa "era la costumbre, tan antigua como su época [el siglo cuarto] en todas las ciudades, especialmente en Egipto y Alejandría, de poner mesas el *último día del mes y del año*, y disponerlas con variados y suculentos manjares alimenticios, y con grandes copas que contenían una mezcla de vinos nuevos, mesas sobre las cuales la gente hacía presagios relacionados con la fertilidad del año."[20] El año egipcio empezaba en una época distinta al nuestro, pero está lo más cerca posible por la forma en que todavía se celebra el Hogmanay (cambiando solamente el vino por el whis-

---

ajedrez" (*Ibid.* p. 3); y, esto se refiere, con toda probabilidad, al nombre de Cus, al que alguien llamó "NUMERO, el padre de los dioses y de los hombres" (*Ibid.* vol. IV. p. 196). El nombre caldeo Meni corresponde exactamente al hebreo Mené, "el numerador," porque en caldeo la *i* toma con frecuencia el lugar de *e* la final. Como hemos visto razonable concluir con el Génesis que Nebo, el gran dios profético de Babilonia, fue solamente el mismo dios Hermes, esto demuestra el énfasis particular de las primeras palabras del juicio divino que selló la sentencia de Belsasar, como representante del dios primigenio: "MENE, MENE, tekel, upharsin," que es tanto como decir secretamente: "El numerador es numerado." Como la copa era peculiarmente el símbolo de Cus, de aquí que se derramara la libación para él como el dios de la copa; y como fue el gran Adivinador, adivinaciones como las del año venidero, Jerónimo las relaciona con la divinidad mencionada por Isaías. En Egipto, Hermes, como "El numerador" se identificaba con la luna, que numera los meses, se le llamó el "Señor de la Luna" (BUNSEN, vol. I. p. 394); y como el "dispensador del tiempo" (WILKINSON, vol. V. p. 11), llevaba una "hoja de palma, que es el emblema del año" (*Ibid.* p. 2). Así, entonces, si Gad era la "divinidad solar," Meni era considerado muy naturalmente como "El Señor Luna."

[17] MALLET, vol. II. p. 24. Edimburgo, 1809.

[18] Suplemento para *Islandia*, de IDA PFEIFFER, pp. 322,323.

[19] Ver JAMIESON, *Diccionario Escocés, sub voce*. Jamieson trae teorías muy buenas de diferentes autores con respecto al significado del término "Hogmanay;" pero el siguiente extracto es todo lo que parece necesario citar: "Hogmanay es el término apropiado para el nombre vulgar del último día del año. Sibb cree que el término puede relacionarse con el escandinavo Hoeg-tid, una palabra aplicada a la Navidad, *y a otras fiestas diferentes de la Iglesia*." Como el escandinavo "tid" significa "tiempo," y "hoe-tid" se aplica a las fiestas de la Iglesia en general, su significado es evidentemente "tiempo festivo;" pero esto demuestra que "hoag" tiene exactamente el significado caldeo que yo le he dado a Hog.

[20] JERONIMO, vol. II. p. 217.

ky) el *último* día del *último* mes de nuestro año en Escocia. No sé que se haya hecho ningún presagio sobre nada que tuviera lugar en esa época, pero todos en el sur de Escocia tienen conocimiento personal del hecho de que, entre los que observan las costumbres antiguas, en el Hogmanay, o la noche anterior al día de Año Nuevo, se pone una mesa y que, en tanto que los bollos y otras golosinas son suministrados por los que tienen cómo hacerlo, las tortas de avena y el queso aparecen en medio de aquellos que jamás ven las tortas de avena sino en esta ocasión, y en que las bebidas espirituosas constituyen un artículo esencial de la provisión.

Incluso donde el sol era el objeto favorito de culto, como lo fue en la propia Babilonia y en otras partes, el sol era adorado en esta fiesta, no solamente como el astro del día, sino como el Dios encarnado.[21] Era un principio esencial del sistema babilónico que el Sol o Baal fuera el único Dios.[22] Por tanto, cuando Tamuz fue adorado como el Dios encarnado, esto también implicó que él fuera una encarnación del Sol. En la mitología hindú, que se considera como esencialmente babilónica, esto se ve muy claramente. Allí, Surya, o el Sol, se representa como un ser encarnado que *nace* con el propósito de someter a los enemigos de los dioses que, sin tal nacimiento, no podrían haber sido dominados.[23]

Entonces, no era una mera fiesta astronómica la que los paganos celebraban en el solsticio de invierno. En Roma, a esa fiesta se

---

[21] PLUTARCO, *De Iside*, vol. II. secc. 52. p. 372; D. MACROBIO, *Saturn*. lib. I. cap. 21, p. 71.

[22] MACROBIO, *Sat*. lib. I. cap. 23, p. 72, E.

[23] Ver las *Investigaciones Sánscritas* del Cor. VANS KENNEDY, p. 438. El coronel KENNEDY, un distinguido erudito en sánscrito, da a los brahmanes como procedentes de Babilonia (*Ibid.* p. 157). Obsérvese que el mismo nombre Surya, dado al sol en toda la India, está relacionado con este nacimiento. Aunque la palabra tiene originalmente un significado diferente, los sacerdotes la identificaban evidentemente con el caldeo "Zero," y lo hacen para reforzar la idea del nacimiento del "dios sol." El nombre prácrito que se acerca todavía más al nombre de la "simiente" prometida, es "Suro." En el capítulo anterior hemos visto que en Egipto el Sol también se representaba como nacido de una diosa.

le dio el nombre de fiesta de Saturno, y la forma en que era celebrada allí, demuestra de dónde provenía. La fiesta, reglamentada por Calígula, duraba cinco días,[24] y en ella se daba rienda suelta a la *embriaguez* y a la orgía; los esclavos gozaban de una emancipación temporal,[25] y acostumbraban a tomarse toda clase de libertades con sus amos.[26] Según Beroso, ésta era precisamente la forma en que se celebraba en Babilonia la fiesta de la borrachera del mes Thebeth, correspondiente a nuestro diciembre, la fiesta de Baco. "Era costumbre," dice él, "durante los cinco días que duraba, que los amos estuvieran sometidos a sus esclavos, y uno de éstos ejercía el gobierno de la casa, llevando vestiduras de púrpura, como un rey."[27] Ese esclavo "vestido de púrpura" recibía el nombre "Zoganes,"[28] "el hombre de la diversión y el libertinaje," que corresponde exactamente al "Señor del Desorden" que, en las épocas del oscurantismo, era escogido en los países papistas para dirigir los jolgorios en la Navidad. La ponchera de la bebida de la Navidad tenía su duplicado exacto en la "Fiesta de la Embriaguez" de Babilonia, y muchas de las otras costumbres conservadas entre nosotros en Navidad tenían la misma procedencia. Las velas encendidas en la víspera de la Navidad en algunas regiones de Inglaterra, y usadas mientras dura la fiesta, eran encendidas igualmente por los paganos la víspera de la fiesta del dios babilónico para honrarlo, porque era una de las peculiaridades distintivas de su culto el tener velas de cera encendidas en sus altares.[29] El árbol de Navidad, ahora tan

---

[24] Posteriormente el número de días de la saturnalia se aumentó a siete. Ver JUSTUS LIPSIUS, *Opera*, tom. II., *Saturnal*, lib. I. cap. 4.

[25] Si Saturno, o Cronos, era Foroneo, "El emancipador" (ver *ante*, pp. 51,52), como hemos estimado razonable creer, "la emancipación temporal" de los esclavos en su fiesta estaba en armonía con su supuesto carácter.

[26] ADAM, *Antigüedades Romanas*, "Religión, Saturno." Ver Estacio, *Silv.*, lib. I. c. VI. v. 4. pp. 65,66. Las palabras de Estacio son: "*Saturnus mihi compede exoluta, Et multo gravidua mero December, Et ridens jocus, et protervi Asint.*"

[27] *En ATENEO,* XIV. p. 639, C.

[28] De "Tzohkh," "divertirse y hacer picardías," y "anesh," "hombre," o quizás "anes" puede ser solamente una terminación que significa "el que hace," de "influir en." Para el iniciado, tenía otro significado.

[29] CRABB, *Mitología*, "Saturno," p. 12.

Lo Que Usted Debe Saber

común entre nosotros, era igualmente común en la Roma y en el Egipto paganos. En Egipto, ese árbol era la palmera; en Roma era el abeto.[30] La palmera simbolizaba al Mesías pagano, como Baal-Tamar; el abeto lo simbolizaba como Baal-Berit. La madre de Adonis, el Dios-Sol, la más grande divinidad mediadora, de la cual se decía místicamente que había sido trasformada en un árbol y que, encontrándose en tal estado, había dado a luz a su divino hijo.[31] Si la madre era un árbol, el hijo tenía que haber sido reconocido como el "Hombre-rama." Y esto explica plenamente la quema del Leño de Navidad la víspera de la fiesta y la aparición del árbol navideño en la mañana siguiente. Como Zero-Ashta, "La simiente de la mujer," cuyo nombre también significa *Ignígena*, o "Nacido del fuego," tenía que prender el fuego en la "Noche-Madre" para que pudiera nacer al día siguiente del fuego como la "Rama de Dios," o el Arbol que produce todos los dones divinos para los hombres. Pero, podría preguntarse: ¿por qué se tiene que prender el fuego bajo el símbolo de un leño? Para comprender esto, debe recordarse que el niño divino nacido en el solsticio de invierno, nació como una nueva encarnación del gran dios (después de que ese dios fue hecho pedazos), con el propósito de vengar su muerte en sus asesinos.[32] El gran dios muerto en el apogeo de su poder y de su gloria, era simbolizado como un árbol enorme, despojado de todas sus ramas, y cortado casi a ras de tierra.[33] Pero Esculapio – la gran serpiente – símbolo de la restauración de la vida,[34] se enrosca en torno del tronco muerto (ver Fig. 27),[35] y he aquí que a su lado

---

[30] Corresponsal en Berlín del *London Times*, diciembre 23, 1853.

[31] OVIDIO, *Metamorfosis*, lib. X. v. 500-513.

[32] Ver *ante*, p. 69.

[33] "Ail," o "Il," un sinónimo para Gheber, el "valiente" (Exodo 15:15), también significa un árbol de ramas bifurcadas, o un ciervo de cuernos ramificados (ver PARKHURST, *sub voce*). Por tanto, en épocas diferentes, al gran dios se le simbolizaba por un árbol imponente o por un ciervo. En el grabado siguiente, la destrucción del valiente está simbolizada por la tala del árbol. En una moneda efesia (SMITH, p. 289), está simbolizado por un ciervo despedazado; y hay una palmera que está creciendo al lado del ciervo, al igual que aquí crece al lado del tronco muerto. Como el gran dios ha sido destruido, la cornucopia del lado izquierdo está vacía: pero la palmera lo restaura todo.

Acerca de los Misterios... y el Culto al Hombre

brota un árbol joven, un árbol de una clase completamente diferente, que está destinado a no ser derribado jamás por un poder hostil; este árbol es precisamente una palmera, el bien conocido símbolo de la victoria. En Roma, el árbol de Navidad, como ya se ha dicho, era un árbol diferente, el abeto; pero la misma idea que está implícita en la palmera, lo está igualmente en el abeto, por lo que simbolizan secretamente al dios renacido como Baal-berit,[36] el "Señor del Pacto," y así se representaba la perpetuidad y la naturaleza eterna de su poder ahora, cuando después de haber caído ante sus enemigos, se había levantado triunfante sobre todos ellos. Por tanto, el 25 de diciembre, el día que se guardaba en Roma como el día en que el dios reapareció victorioso sobre la tierra, siendo considerado como el *Natalis invicti solis*, "el día del nacimiento del Sol invencible."[37] El leño de Navidad es el tronco muerto de Nimrod, deificado como dios-sol, pero derribado por sus enemigos; el árbol de Navidad es Nimrod *redivivus,* el dios sacrificado que vuelve a la vida.

Fig. 27 El Tronco de Navidad

A la luz reflejada por las declaraciones anteriores sobre las costumbres que todavía perduran entre nosotros, y cuyo origen se ha perdido en medio de la vetusta antigüedad, le permiten al lector ver la costumbre singular que todavía se mantiene en el Sur en la víspera de la Navidad, de besarse bajo la rama de muérdago. En la superstición druida, esa rama de muérdago que, como hemos

---

[34] El lector recordará que a Esculapio se le representa generalmente con un palo o un tronco a su lado, y con una serpiente enroscada en el palo. La figura del texto explica claramente el origen de esta representación. Para su carácter como restaurador de la vida, ver PAUSANIAS, lib. II., *Corintíaca,* cap. 26; y VIRGILIO, *La Eneida,* lib. VII. Ll. 769-773, pp. 364,365.

[35] De MAURICE, *Antigüedades Indias*, vol. VI. p. 368. 1796.

[36] Baal-beret, que sólo difiere en una letra de Baal-berit, "El Señor del Pacto," significa "El Señor del abeto."

[37] GIESELER, p. 42, Nota.

visto, procede de Babilonia, era una representación del Mesías, "El varón del renuevo." El muérdago se consideraba como una rama divina,[38] como una rama que bajó del cielo y creció sobre un árbol que brotó de la tierra. Así, por el injerto de la rama celestial en el árbol terrenal, el cielo y la tierra, que el pecado había separado, se unieron, y de este modo la rama de muérdago se convirtió en la señal de la reconciliación divina para con el hombre, siendo el *beso* la bien conocida señal del perdón y de la reconciliación. ¿De dónde pudo haber venido semejante idea? Ojalá que no haya venido del Salmo 85, versículos 10 y 11: "La misericordia y la verdad se encontraron; la justicia y la paz se besaron. La verdad brotará de la tierra [como consecuencia de la venida del Salvador prometido], y la justicia mirará desde el cielo." Lo cierto es que ese Salmo se escribió poco después del cautiverio de Babilonia; y como millares de judíos, después de ese acontecimiento, todavía permanecían en Babilonia bajo la guía de hombres inspirados, tales como Daniel, como una parte de la palabra divina que debe haberles sido comunicada, así como a sus parientes en Palestina. En ese tiempo, Babilonia era el centro del mundo civilizado; y así el paganismo, al corromper el símbolo divino, como ya había sucedido, tenía la oportunidad de enviar a todos los rincones de la tierra su falsificada imitación de la Verdad, mediante los Misterios que fueron adoptados por el gran sistema central de Babilonia. Es así como las mismas costumbres de la Navidad, todavía existentes, arrojan una luz sorprendente tanto sobre las revelaciones de la gracia hechas

---

[38] En la historia escandinava de Balder, la rama de muérdago es notable por el dios lamentado. Los mitos druidas y escandinavos difieren algo; en todo, incluso en la historia escandinava, es evidente que se atribuía algún poder maravilloso a la rama de muérdago, pues pudo hacer lo que nadie más podía realizar en el ámbito de la creación: dar muerte a la divinidad de quien los escandinavos consideraban que dependía "el imperio" de su "cielo." Todo lo que es necesario aclarar sobre esta aparente contradicción, es entender solamente que la "rama" que tenía tal poder es una expresión simbólica del Mesías *verdadero*. El Baco de los griegos llegó a ser reconocido como la "*simiente de la serpiente;*" porque se decía que él había sido concebido por su madre a consecuencia del trato carnal de ella con Júpiter, cuando este dios se había aparecido en forma de serpiente.– (Ver DYMOCK, *Diccionario Clásico, sub voce* "Deois"). Si el carácter de Balder era el mismo, la historia de su muerte significa exactamente que la "simiente de la mujer" había dado muerte a la "simiente de la serpiente." Esta historia, por supuesto, debe haber sido inventada por sus enemigos. Pero los idólatras admitían lo que no podía negarse del todo, con el fin evidente de explicarlo abiertamente.

Acerca de los Misterios... y el Culto al Hombre

El Emperador romano, Trajano, quemándole incienso a Diana

Fig. 28

a toda la tierra, como sobre los esfuerzos hechos por Satanás y sus emisarios para degradarlas y hacerlas materialistas y carnales.

En muchos países se sacrificaba un jabalí al dios, porque se habían convertido en fábula las heridas que el jabalí le había causado al dios. Según una de las versiones de la historia de la muerte de Adonis, o Tamuz, él murió, como hemos visto, a consecuencia de la herida causada por el colmillo de un jabalí.[39] Del Ates frigio, el amado de Cibeles, cuya historia se idenficaba con la de Adonis, se fabuló que había perecido de manera semejante por el colmillo de un jabalí.[40] Por tanto, Diana, que aunque

---

[39] Para el significado místico de la historia del jabalí, ver *ante*, p. 48

[40] PAUSANIAS, lib. VII, *Achaica,* cap. 7.

163

se le representaba en los mitos populares sólo como la Diana cazadora, fue en realidad, la gran madre de los dioses,[41] tiene con frecuencia, como acompañante, la cabeza del jabalí, no como recuerdo de algún éxito en la cacería, sino de su victoria sobre el gran enemigo del sistema idolátrico, en el cual ella ocupaba tan destacado lugar. Según Teócrito, Venus se reconcilió con el jabalí que había matado a Adonis, porque cuando fue traído encadenado ante ella, él alegó tan patéticamente que no había matado maliciosa y premeditadamente a su esposo, sino que había sido sólo por accidente.[42] Sin embargo, en memoria de lo hecho por el místico jabalí, muchos más de ellos perdieron su cabeza, o fueron ofrecidos como sacrificio a la diosa ofendida. En la obra de Smith, Diana está representada con la cabeza de un jabalí que reposa junto a ella en la cima de un montón de piedras;[43] y en el grabado de la página anterior (Fig. 28),[44] en el que se representa al emperador romano Trajano quemando incienso ante la misma diosa, la cabeza del jabalí hace parte de una figura muy prominente. El día de Navidad, los sajones continentales ofrecían un jabalí como sacrificio al Sol,[45] con el fin de propiciar a la diosa[46] por la pérdida de su amado Adonis. En Roma existió, evidentemente, una ceremonia similar, porque el jabalí era el objeto principal en la fiesta de Saturno, como se desprende de las siguientes palabras de Marcial:

"Ese jabalí os proporcionará una buena saturnalia."[47]

---

[41] Ver *ante*, pp. 29,30.

[42] TEOCRITO, *Idilio XXX*. v. 21,45.

[43] SMITH, *Diccionario Clásico*, p. 112.

[44] De KITTO, *Comentario Ilustrado*, vol. IV. p. 137.

[45] Corresponsal del *Times* en Berlín, diciembre 23, 1853.

[46] El lector recordará que el Sol era una diosa. Mallet dice: "Ofrecían el cerdo más grande que podían conseguir a Friga," es decir, a la madre de Balder, el lamentado. – (Vol. I. p. 132). En Egipto, los cerdos se ofrecían una vez al año, en la fiesta de la Luna, y en la de Baco u Osiris; y solamente para ellos se permitía hacer tal ofrenda.– *Derecho Eliano*, X. 16, p. 562.

El Dios egipcio Seb, y el Ganso simbólico; y el Ganso sagrado ofrecido como sacrificio en un atril.

Fig. 29

Por esto, la cabeza del jabalí todavía perdura en la cena de Navidad en Inglaterra, cuando la razón para ello se olvidó desde hace mucho tiempo. Efectivamente, el "pavo de Navidad" y las "tortas de Navidad" eran esenciales en el culto del Mesías babilónico, al igual que cuando ese culto fue practicado tanto en Egipto como en Roma (Fig. 29). Wilkinson, al referirse a Egipto, dice que "la ofrenda favorita" para Osiris era "un ganso"[48] y, además, que el "ganso no podía comerse excepto en lo más crudo del invierno."[49] Con respecto a Roma, Juvenal dice: "que si Osiris estaba enojado, sólo podía pacificársele por medio de un ganso grande y de una torta pequeña."[50] En muchos países encontra-

---

[47] "Iste tibi faciet bona Saturnalia porcus." – MARCIAL, p. 754.

[48] WILKINSON, vol. V. p. 353.

[49] Ibid. vol. II. p. 380.

[50] JUVENAL, *Sátiras*, VI. 539, 540, p. 129.

El Ganso de Cupido
Fig. 30

mos la evidencia de que al ganso se le atribuye un carácter sagrado. Es bien sabido que, en una ocasión, el capitolio de Roma, estando a punto de ser sorprendido en el silencio de la noche por los galos, se salvó por el cloqueo del ganso consagrado a Juno, mantenido en el templo de Júpiter.[51] El grabado (Fig. 30)[52] demuestra que el ganso era el símbolo de Cupido en Asia Menor, al tiempo que en Egipto era el símbolo de Seb. En la India, el ganso ocupaba una posición similar, porque en esa tierra leemos sobre el sagrado "ganso brahamánico," o ganso consagrado a

---

[51] LIVIO, *Historia*, lib. V. cap. 47, vol. I. p. 388.

[52] De BARKER y AINSWORTH, *Lares y Penates de Cilicia*, cap. IV. p. 220.

[53] MOOR, *Panteón*, p. 10.

[54] KITTO, *Comentario Ilustrado*, vol. IV. p. 31.

[55] El significado simbólico de la ofrenda del ganso es digno de tenerse en cuenta. "El ganso," dice Wilkinson, "significaba en los jeroglíficos un niño o un hijo;" y Horapolo dice (i. 53, p. 276), "Se escogió para representar un hijo, por el amor a sus polluelos, al estar siempre *dispuesto a entregarse al cazador, con el fin de salvaguardarlos*, razón por la cual los egipcios creyeron justo venerar este animal." – WILKINSON, *Los Egipcios*, vol. V. p. 227. Entonces, el verdadero significado del símbolo es el de un hijo que se entrega voluntariamente como sacrificio por aquellos que ama, a saber, el Mesías pagano.

Acerca de los Misterios... y el Culto al Hombre

Brahma.[53] Finalmente, los monumentos de Babilonia[54] demuestran que el ganso tenía un carácter místico parecido en Caldea, y que era ofrecido en sacrificio allí, al igual que en Roma o en Egipto, pues allí se ve al sacerdote con el ganso en una mano y con el cuchillo para el sacrificio en la otra.[55] Entonces, no puede haber duda de que la fiesta pagana del solsticio de invierno, en otras palabras, la Navidad, se celebraba en honor del nacimiento del Mesías babilónico.

Al considerar la siguiente gran fiesta del calendario papal, se tiene la más notable confirmación de lo que ya se ha dicho. Esa fiesta, llamada el Día de la Anunciación de Nuestra Señora, se celebra en Roma el 25 de marzo, como pretendida conmemoración de la milagrosa concepción de nuestro Señor en el vientre de la Virgen, el día en que fue enviado el ángel para anunciarle a ella el señalado honor que iba a serle concedido como la madre del Mesías. Pero, ¿podía decirse cuándo se cumplió esta anunciación? Las Escrituras guardan silencio con respecto al tiempo en que sucedió. Pero esto no tenía importancia aquí. Antes de que nuestro Señor naciera o fuera concebido, ese mismo día, establecido ahora en el calendario papal como la "Anunciación de la Virgen," era observado en la Roma *pagana* en honor de

---

[56] AMIANO MARCELINO, lib. XXIII. cap. 3, p. 355, y MACROBIO, *Sátiras*, lib. I. cap. 3, p. 47, G, H. Lo dicho en el párrafo anterior arroja luz sobre la fiesta celebrada en Egipto. Esa fiesta se celebraba en conmemoración de "la entrada de Osiris en la luna." Osiris, como Surya en la India, era el Sol. – (PLUTARCO, *De Iside et Osiride*, sec. 52, vol. II. p. 372, D). Por otra parte, la luna, aunque era más frecuentemente el símbolo del dios Hermes o Tot, también era el símbolo de la diosa Isis, la reina del cielo. El erudito Bunsen parece discrepar de esto, pero sus propias concesiones muestran que no tiene razón. – (Vol. I. pp. 414, 416). Y lo dicho por Jeremías 44:17 parece decisivo sobre el asunto. La entrada de Osiris en la luna fue, entonces, solamente la concepción del sol por Isis, la reina del cielo, el cual, a su debido tiempo, podía, como el Surya indio, nacer como el libertador. De aquí, el mismo nombre de Osiris; pues, así como la forma griega de Isis es H'isha, "la mujer," del mismo modo Osiris, como se lee hoy en los monumentos egipcios, es He-siri, "la simiente." Esto no es obstáculo para decir que a Osiris se le representa generalmente como el esposo de Isis porque, como ya lo hemos visto, Osiris es, al mismo tiempo, el hijo y el esposo de su madre. En Egipto, esta fiesta tenía lugar generalmente en marzo, así como el Día de la Señora, o la gran fiesta de Cibeles, se celebraba en el mismo mes en la Roma pagana. Hemos visto que el título común de Cibeles en Roma era Dómina o "la Señora" (OVIDIO, *Fastos*, lib. IV. 340), así como en Babilonia era Beltis (EUSEBIO, *Praep. Evang.*, lib. IX. cap. 41, vol. II. p. 58), y de aquí proviene, sin duda, el nombre de "Día de la Señora," tal como ha llegado hasta nosotros.

Cibeles, la *Madre* del Mesías babilónico.[56] Es claro que el Día de la Anunciación y el Día de Navidad se relacionan íntimamente el uno con el otro. Entre el 25 de marzo y el 25 de diciembre hay exactamente nueve meses. Si el falso Mesías fue concebido en marzo y nació en diciembre, entonces ¿puede alguien creer por un momento que la concepción y el nacimiento del verdadero Mesías pudieron haberse sincronizado tan exactamente, no sólo en cuanto al mes sino también en lo relacionado con el día? Esto es increíble. Entonces, el Día de la Anunciación y el Día de Navidad son puramente babilónicos.

SECCION II — LA PASCUA

Ahora, veamos la Pascua. ¿Qué quiere decir el término Pascua Florida o Easter? No es un nombre cristiano, pues lleva en su misma frente su origen caldeo. Easter es nada menos que Astarté, uno de los títulos de Beltis, la reina del cielo, cuyo nombre, pronunciado por la gente de Nínive, era evidentemente idéntico al que ahora se emplea comúnmente en este país. Ese nombre, encontrado por Layard en los monumentos asirios, es Ishtar[57] (como easter – pascua – pronunciado ístoer en inglés). El culto de Bel y de Astarté se introdujo muy pronto en Gran Bretaña con los druidas, "los sacerdotes de las arboledas" Algunos han imaginado que el culto de los druidas fue introducido primero por los fenicios quienes, siglos antes de la era cristiana, explotaron las minas de estaño de Cornwall. Sin embargo, las huellas inequívocas de ese culto se encuentra en lugares de las Islas Británicas donde los fenicios nunca llegaron, y ha dejado en todas partes señales inequívocas de la marcada influencia que debe haber tenido en la primitiva mente británica. Por Bel, el primero de mayo se llama todavía Beltane en el almanaque;[58] y tenemos costumbres que todavía permanecen entre nosotros, lo que demuestra cuán exactamente ha sido observado el culto de Bel o

---

[57] LAYARD, *Nínive y Babilonia*, p. 629.

[58] Ver OLIVER y BOYD, *Almanaque de Edimburgo*, 1860.

[59] El muy honorable Lord John Scott.

Acerca de los Misterios. . . y el Culto al Hombre

Moloc (pues ambos títulos corresponden al mismo dios), incluso en las regiones del norte de esta isla. "La última Lady Baird, de Fern Tower en Perthshire," dice en "Notas e Interrogantes" un escritor muy versado en lo relacionado con las antigüedades británicas:[59] "me dijo que todos los años en Beltane (el primero de mayo) algunos hombres y mujeres se reunían en un antiguo cercado circular de piedras druida de propiedad de ella, cerca de Crieff. Ellos encienden un fuego en el centro, y cada persona pone un pedazo de torta de avena en una boina de pintor; todos se sientan, y sacan a ciegas un pedazo de la boina. Previamente, se ha ennegrecido uno de esos pedazos, y cualquiera que saque ese pedazo, tiene que saltar por entre el fuego encendido en el centro del círculo, y pagar una multa. Esto es, de hecho, una parte del antiguo culto de Baal, y la persona a quien le correspondía la suerte era quemada como sacrificio. Ahora, pasar por entre el fuego significaba eso, y el pago de la multa redimía a la víctima." Si Baal fue adorado de ese modo en Gran Bretaña, no es difícil creer que su consorte Astarté lo fuera también por nuestros antepasados y que, de Astarté, cuyo nombre en Nínive era Ishtar, recibieran el nombre de Pascua (easter) las solemnidades religiosas de abril, como se practican ahora, mes al que nuestros antepasados llamaron Easter-monath. La fiesta de la cual leemos en la historia de la Iglesia con el nombre de Pascua era, en el siglo tercero o cuarto, bastante diferente de la que ahora se celebra en la Iglesia romana, pues *en ese tiempo* nadie la conocía por el nombre de Easter.[60] Se le daba el nombre de Pascua, o la Pascua, y aunque no era una institución apostólica,[61] fue observada muy pronto por muchos cristianos creyentes en conmemoración de la muerte y resurrección de Cristo. Originalmente, esa fiesta tenía lugar en el tiempo de la pascua judía, cuando

---

[60] El nombre de Easter es característico de las Islas Británicas.

[61] Sócrates, el antiguo historiador eclesiástico, después de un extenso relato sobre las formas diferentes en que se observaba la Pascua, en su época – es decir, en el siglo quinto – en varios países, lo resume en estas palabras: "Así, mucho de lo ya dicho puede parecer suficiente para probar que la celebración de la fiesta de la Pascua empezó en todas partes más como una costumbre que como un precepto de Cristo o de algún apóstol."– (*Historia Eclesiástica*, lib. V. cap. 22). Todos saben que el nombre de "Pascua," usado en nuestra traducción de Hechos 12:4, no se refiere a ninguna fiesta cristiana, sino a la Pascua judía.

Cristo fue crucificado; período éste que, en los días de Tertuliano, a fines del siglo segundo, se creía que había ocurrido el 23 de marzo.[62] Esa fiesta no era idólatra, y no estaba precedida por ninguna cuaresma. "Debe saberse," dice Casiano, el monje de Marsella, que escribió en el siglo quinto, al comparar la Iglesia primitiva con la Iglesia de sus días, "que la observancia de los cuarenta días no existió mientras la perfección de esa Iglesia primitiva permaneció inviolable."[63] Entonces, ¿de dónde vino esta observancia? Los cuarenta días de abstinencia de la Cuaresma están tomados directamente de los adoradores de la diosa babilónica. Tal Cuaresma de cuarenta días, "en la víspera de la primavera" se observa todavía por los yezidis de Kurdistán, o paganos adoradores del diablo,[64] que la han heredado de sus primitivos amos, los babilonios. Esa Cuaresma de cuarenta días era celebrada en la primavera por los paganos mejicanos, pues así se lee en Humboldt,[65] donde él da cuenta de las celebraciones mejicanas: "Tres días después del equinoccio de primavera... empezaba una fiesta solemne de cuarenta días en honor del sol." Tal Cuaresma de *cuarenta días* se observaba en Egipto, como puede verse consultando *Los Egipcios* de Wilkinson.[66] Landseer nos informa en sus *Investigaciones Sabeas* que esta Cuaresma egipcia se celebraba expresamente en honor de Adonis u Osiris, el gran dios mediador.[67] Parece que en la misma época se conmemoraba de manera similar el rapto de Proserpina, pues Julio Firmico nos informa que la "lamentación por Proserpina" duraba "cuarenta noches;"[68] y Arnobio nos enseña sobre el ayuno que observaban los paganos, llamado "Castus," o el ayuno "sa-

---

[62] GIESELER, vol. I. p. 55, Nota. En Gieseler, la fecha que aparece impresa es "25 de marzo," pero la cita latina que transcribe demuestra que es un error tipográfico por "23."

[63] *Ibid.* vol. II. p. 42, Nota.

[64] LAYARD, *Nínive y Babilonia*, p. 93.

[65] HUMBOLDT, *Investigaciones Mejicanas*, v. I. p. 404.

[66] WILKINSON, *Antigüedades Egipcias*, vol. I. p. 278.

[67] LANDSEER, *Investigaciones Sabeas*, p. 112.

[68] *De Errore*, p. 70.

grado," y que los cristianos de ese tiempo creían que había sido imitado principalmente del largo ayuno de Ceres, cuando durante cuarenta días ella se negó rotundamente a comer a causa de su "gran tristeza" (*violentia moeroris*),[69] es decir, a causa de la pérdida de su hija Proserpina cuando la raptó Plutón, el dios de los infiernos. Como las historias de Baco, de Adonis y de Proserpina, aunque originalmente diferentes, se idearon para que se relacionaran y se complementaran entre sí, de suerte que a Baco se le llamaba Liber, y a su esposa Ariadna, Libera[70] (que era uno de los nombres de Proserpina),[71] es muy probable que el ayuno de cuarenta días de la Cuaresma se dispusiera en tiempos más recientes para referirse a ambos. Parece que entre los paganos esta Cuaresma era una preparación indispensable para la gran fiesta anual en conmemoración de la muerte y de la resurrección de Tamuz, que se celebraba con alternación de llanto y regocijo y que, en muchos países se celebraba mucho más tarde que la fiesta cristiana. En Palestina y en Asiria se celebraba en junio, llamado por tanto el "mes de Tamuz;" en Egipto, se celebraba más o menos a mediados de mayo, y en Gran Bretaña, en alguna fecha de abril. Para atraer a los paganos al cristianismo nominal, Roma, siguiendo su política acostumbrada, tomó medidas para incorporar las fiestas paganas y cristianas y, por medio de un complicado pero hábil ajuste del calendario, se encontró que no era difícil, en general, hacer que el paganismo y el cristianismo, ahora hundido hasta el cogote en la idolatría, se dieran la mano tanto en esto como en muchas otras cosas. El instrumento para llevar a cabo este amalgamamiento fue el abad Dionisio el Pequeño.[72] Este cambio del calendario con respecto a la Pascua estuvo acompañado de trascendentales consecuencias. Introdujo en el cristianismo la más grande corrupción y la más profunda superstición en unión con la abstinencia de la Cuaresma. Que

---

[69] ARNOBIO, *Adversus Gentes*, lib. V. p. 403. Ver también lo precedente en el mismo libro con respecto a Proserpina.

[70] OVIDIO, *Fastos*, lib. III. l. 512, vol. III. p. 184.

[71] SMITH, *Diccionario Clásico*, "Liber y Liberia," p. 381.

[72] Alrededor del año 525 D.C.

cualquiera lea solamente las atrocidades que se conmemoraban durante el "ayuno sagrado" o Cuaresma pagana, como las describen Arnobio y Clemente Alejandrino[73] y, con seguridad, debe sentir vergüenza por el cristianismo de aquellos que, con pleno conocimiento de todas estas abominaciones, "descienden a Egipto por ayuda" para despertar la lánguida devoción de la Iglesia degenerada, y que no pudieron encontrar un mejor camino para "revivirla" que tomar de fuente tan contaminada, los disparates y las abominaciones que escarnecieron los primitivos escritores cristianos. Estos cristianos creyeron siempre que la introducción de la abstinencia de la Cuaresma era una señal del mal, pues demostraba cuán bajo se había caído, y era también una causa del mal que llevaría inevitablemente a la más profunda degradación. Originalmente, incluso en Roma, la Cuaresma, precedida por la orgía del carnaval, era completamente desconocida; y, aunque se sostenía que el ayuno era necesario antes de la Pascua, fue a paso lento con respecto a esto, como se llegó al avenimiento con el ritual del paganismo. No se sabe con certeza cuánto era el tiempo del ayuno en la Iglesia antes de las sesiones del Concilio de Nicea, pero bastante tiempo después de ese Concilio tenemos evidencia clara de que el ayuno no sobrepasaba las tres semanas.[74] Las palabras de Sócrates sobre este asunto, escritas aproximadamente el año 450 D.C., son éstas: "Aque-

---

[73] CLEMENTE ALEJANDRINO, *Protrepticos,* p. 13.

[74] GIESELER, hablando sobre la Iglesia oriental del siglo segundo, con respecto a la observancia pascual, dice: "En ella [la fiesta de la Pascua en conmemoración de la muerte de Cristo] comían [los cristianos orientales] pan sin levadura, probablemente como los judíos, durante ocho días completos.... No hay rastro de una fiesta anual de la resurrección entre ellos, pues ésta se guardaba todos los domingos" (*La Iglesia Católica*, secc. 53, p. 178, Nota 35). Con respecto a la Iglesia occidental, en una época algo anterior – en tiempos de Constantino – parece que se guardaban quince días en ejercicios religiosos en relación con la fiesta de la Pascua cristiana, como aparece en las siguientes citas de Bingham, que me proporcionó bondadosamente un amigo, aunque no se menciona el tiempo de *ayuno*. Bingham (*Origin. Eccles.*, vol. IX. p. 94) dice: "Las solemnidades de la Pascua [son] una semana antes y una semana después del Domingo de Pascua – una semana de la Cruz, y la otra de la resurrección. Los ancianos hablan de la Pasión y del Domingo de Resurrección como de una solemnidad de quince días. Quince días que se hacían cumplir por una ley del Imperio, y por mandamiento de la Iglesia universal.... Scaliger menciona una ley de Constantino que ordena dos semanas para la Pascua, y un receso de todos los procesos legales" (BINGHAM, IX. p. 95).

Acerca de los Misterios... y el Culto al Hombre

llos que habitaban en la magnífica ciudad de Roma ayunaban por todo tres semanas antes de la Pascua, con excepción de los sábados y del Día del Señor."[75] Pero finalmente, cuando el culto de Astarté estaba declinando, se tomaron medidas para hacer que la Cuaresma caldea de seis semanas, o cuarenta días, fuera mandato perentorio en todo el ámbito del Imperio Romano de Occidente. El camino para esto fue preparado por el Concilio celebrado en Aurelia en tiempos de Hormisdas, Obispo de Roma, alrededor del año 519, que decretó que la Cuaresma se guardaría solemnemente antes de la Pascua.[76] Sin duda, esto se hizo con el propósito de hacer con este decreto que el calendario fuera reajustado, pocos días después, por Dionisio. Este decreto no pudo cumplirse enseguida. Aproximadamente, a fines del siglo sexto, se hizo el primer intento decisivo para hacer cumplir la observancia del nuevo calendario. Fue en Gran Bretaña donde se hizo ese primer intento;[77] y aquí ese intento encontró una vigorosa resistencia. La diferencia con respecto al tiempo entre la Pascua cristiana, como se observaba en Gran Bretaña por los cristianos nativos, y la Pascua pagana ordenada por Roma era, en el momento de su cumplimiento, de un mes completo,[78] y fue

---

[75] SOCRATES, *Hist. Eccles.*, lib. V. cap. 22, p. 234.

[76] Dr. MEREDITH HANMER, *Cronografía*, añadida a su traducción de EUSEBIO, p. 502. Londres, 1636.

[77] GIESELER, vol. I. p. 54.

[78] CUMIANO, citado por el arzobispo USSHER, *Sylloge*, p. 34. Aquellos que han sido criados en la observancia de la Navidad y de la Pascua; pero que, sin embargo, aborrecen por igual en su corazón la idolatría pagana y la idolatría papal, quizás puedan sentir como si hubiera algo "inconveniente" en las revelaciones hechas anteriormente con respecto al origen de estas fiestas. Pero será suficiente con un momento de reflexión para ahuyentar tal sentimiento. Verán que lo que hemos dicho es verdad, y que es inútil ignorarlo. Unos pocos de los hechos mencionados en estas páginas ya son conocidos por escritores infieles y socinianos de no poca importancia, tanto en este país como en el continente, y los están usando de tal manera que socavan la fe de los jóvenes y de los mal informados con respecto a los muy vitales de la fe cristiana. Ciertamente, entonces, debe ser de la mayor importancia que la verdad sea manifestada en su verdadera luz, aun cuando pueda ser contraria a opiniones preconcebidas, especialmente cuando esa verdad considerada rectamente tienda tanto a fortalecer a la vez a la juventud que se levanta contra las seducciones del papado, como a confirmarlos en la fe dada una vez a los santos. Si un pagano pudiera decir: "Amo a Sócrates y amo a Platón, pero amo más la verdad." seguramente que una mente cristiana no manifestaría menos magnanimidad. ¿No hay mucho, aun en el aspecto

solamente mediante la violencia y el derramamiento de sangre cuando, al fin, la fiesta de la diosa anglosajona o caldea vino a desplazar lo que había sido establecido en honor de Cristo.

Esta es la historia de la Pascua. Los ritos populares que todavía acompañan el tiempo de esta celebración, confirman ampliamente el testimonio de la historia con respecto a su carácter babilónico. Los bollos del viernes santo y los huevos pintados de Pascua figuraban entre los ritos caldeos, tal como se hace ahora. Los bollos, conocidos también por ese mismo nombre, se usaban en el culto de la reina del cielo, la diosa de la Pascua, desde tiempos tan remotos como los de Cécrope, el fundador de Atenas, es decir, 1500 años antes de la era cristiana. "Una especie de pan sagrado," dice Bryant,[79] "que se acostumbraba ofrecer a los dioses, se remonta a tiempos muy antiguos, y se llamaba Boun." Diógenes Laercio, hablando de esta ofrenda hecha por Empédocles, menciona los principales ingredientes de que estaba hecho, diciendo: "El ofreció uno de los panes sagrados llamados Boun, que estaba hecho con harina refinada y miel de abejas."[80] El profeta Jeremías da cuenta de esta clase de ofrenda cuando dice: "Los hijos recogen la leña, los padres encienden el fuego, y las mujeres amasan la masa para hacer tortas a la reina del cielo."[81] Los bollos calientes del viernes santo no se *ofrendan* ahora, pero se *comen* en la fiesta de Astarté; sin embargo,

---

temporal, que deba incitar a la búsqueda diligente, si no se ha presentado la ocasión, cuando se hacen grandes esfuerzos para purificar el Establecimiento nacional del sur de tales observancias y de todo lo demás que se ha derramado sobre él de la copa de oro de Babilonia? Hay hombres de mérito en la Iglesia de Cramer, Latimer y Ridley que aman sinceramente a nuestro Señor Jesús, el Cristo, y que han sentido el poder de Su sangre y conocen el consuelo de Su Espíritu. Que en sus oratorios y de rodillas se hagan la pregunta por su Dios y por su propia conciencia, si no deben actuar con verdadero celo y bregar con todas sus fuerzas hasta que tal consumación se realice. Entonces, en verdad, la Iglesia de Inglaterra podría ser el gran baluarte de la Reforma. Entonces sus hijos hablarían con sus enemigos en la puerta; y entonces ella aparecería ante toda la cristiandad "hermosa como la luna, esclarecida como el sol, imponente como ejércitos en orden." Sin embargo, si no se hace nada efectivo para detener la plaga que se está propagando en ella, el resultado deberá ser desastroso, no sólo para sí misma, sino para todo el imperio.

[79] *Mitología*, vol. I. p. 373.

[80] LAERCIO, p. 227, B.

Acerca de los Misterios... y el Culto al Hombre

El Huevo Sagrado de Heliópolis, y el Huevo de Tifo
(Del *Mitología* de BRYANT, vol.III, p.62).

Fig. 31

esto no deja duda de dónde provienen. El origen de los huevos de Pascua es igualmente claro. Los antiguos druidas llevaban un huevo como emblema sagrado de su orden.[82] En la Dionisíaca o misterios de Baco, tal como se celebraba en Atenas, una parte de la ceremonia nocturna consistía en la consagración de un huevo.[83] Las fábulas hindúes alaban su huevo cósmico como un huevo de color dorado.[84] El pueblo japonés hace sus huevos

---

[81] Jeremías 7:18. Es de la misma palabra usada aquí por el profeta que parece derivarse la palabra "*bun*." La palabra hebrea, con los puntos, se pronunciaba Khavan, que en griego se convierte algunas veces en Kapan-cs (FOCIO, *Lexeon Syttoge*, part. I. p. 130); y, otras veces, Khabön (NEANDER, en la *Enciclopedia Bíblica* de KITTO, vol. I. p. 237). El primero señala como Khvan, pronunciado como una sílaba, pasa al latín como *panis*, "pan;" y el segundo Khvön se convertiría, de la misma manera, en Bön o Bun. No carece de importancia que nuestra palabra inglesa Loaf haya pasado por un proceso similar, pues en anglosajón era Hlaf.

[82] DAVIES, *Los Druidas*, p. 208.

[83] *Ibid.* p. 207.

[84] Coronel KENNEDY, p. 223.

sagrados de latón.[85] En China, en la actualidad, los huevos decorados o pintados se usan en las fiestas sagradas, lo mismo que en este país.[86] En tiempos antiguos, los huevos se empleaban en los ritos religiosos de los egipcios y de los griegos y eran colgados en sus templos con propósitos místicos[87] (Fig. 31). Estos huevos pueden ser rastreados desde Egipto hasta las orillas del Eufrates. Los poetas clásicos están llenos de la fábula de los huevos místicos de los babilonios; y así, su fábula es relatada por Higinio, el egipcio, erudito guardián de la biblioteca de Roma, en tiempos de Augusto, y experto en todo lo relacionado con la sabiduría de su país nativo: "Se dice que un huevo de asombroso tamaño había caído del cielo en el río Eufrates. Los peces lo empujaron hasta la orilla, donde las palomas, posándose sobre él, lo incubaron, y de allí salió Venus, que después fue llamada la Diosa Siria,"[88] es decir, Astarté. Por esto, el huevo llegó a ser uno de los símbolos de Astarté o Easter; y, en efecto, en Chipre, una de las sedes preferidas del culto de Venus, o Astarté, se representó a gran escala el huevo de asombroso tamaño (Fig. 32).[89]

El significado oculto de este huevo de Astarté, en uno de sus aspectos, tuvo relación, en tiempos del diluvio, con el arca,[90] en la cual fue encerrada toda la humanidad, al igual que el polluelo está encerrado en el huevo antes de ser empollado. Si alguien se siente inclinado a preguntar, ¿cómo pudieron concebir, alguna vez, la mente de los hombres el empleo de un símbolo tan extraordinario para tal propósito?, la respuesta es: primero, que el huevo sagrado del paganismo, como ya se indicó, es bien conocido como el "huevo cósmico;" es decir, el huevo en el cual

---

[85] COLEMAN, p. 340.

[86] Mi cita de autoridad para la anterior afirmación es James Johnston, de Glasgow, en tiempos pasados misionero en Amoy, China.

[87] WILKINSON, vol. III. p. 20, y PAUSANIAS, lib. III, *Laconica*, cap. 16.

[88] HIGINIO, *Fábulas*, pp. 148,149.

[89] De LANDSEER, *Investigaciones Sabeas*, p. 80. Londres, 1823.

[90] BRYANT, vol. III. p. 161.

Acerca de los Misterios... y el Culto al Hombre

El Huevo Mistico de Astarte

Fig. 32

estaba encerrado el *mundo*. El *mundo* tiene dos significados diferentes: o significa la tierra física, o los *habitantes* de la tierra. El último significado del término se ve en Génesis 11:1: "Tenía entonces toda la tierra una sola lengua y unas mismas palabras," cuyo significado es el de que así eran todos los pobladores del mundo. Si el *mundo* se ve entonces encerrado en un huevo que flota en las aguas, esto no resulta difícil de creer; sin embargo, la idea del *huevo* puede haber surgido de que el huevo, al flotar de esa manera en el inmenso mar universal, podría ser la familia de Noé que contenía a todo el mundo en su seno. Entonces, la aplicación de la palabra *huevo* al arca, es el resultado de que, en hebreo, el nombre del huevo es Baitz, o en femenino (pues existen los dos géneros), Baitza. Esta palabra se convierte en caldeo y en fenicio en Baith, o Baitha[91] (en caldeo actual),

---

[91] En caldeo antiguo el nombre para huevo es comúnmente Baiaa, o Baietha, en la forma enfática; pero Baith también se formó exactamente según la regla de Baitz, a igual que Kaitz, "verano" se convierte en Kaith en caldeo, lo mismo que muchas otras palabras.

que en estas lenguas es también la forma usual en que se pronuncia la palabra *casa*.[92] El *huevo* que flotaba en las aguas y que contenía el *mundo,* fue la *casa* que flotaba en las aguas del diluvio, con los elementos del nuevo mundo en su seno. La procedencia celestial del huevo se refiere evidentemente a la preparación del arca por expreso mandato de Dios; y lo mismo parece estar claramente implícito en la historia egipcia del huevo cósmico, del cual se decía que había salido de la boca del gran dios.[93] Las palomas que se posan sobre el huevo, no necesitan explicación. Este es, entonces, el significado del huevo místico en un aspecto. Sin embargo, como todo lo que era bueno y benéfico para la humanidad se representaba en los misterios caldeos, relacionado de algún modo con la diosa babilónica, de igual manera se sostenía que la más grande bendición para la raza humana que el arca contenía en su seno, era Astarté, que era la más grande civilizadora y benefactora del mundo. Aunque la reina deificada a quien representaba Astarte, sólo tuvo existencia real algunos siglos después del diluvio; no obstante, mediante la doctrina de la metempsicosis, que se había establecido sólidamente en Babilonia, era fácil hacer creer a sus adoradores que, en una encarnación anterior, ella había vivido en el mundo antediluviano, y que había pasado sana y salva a través de las aguas del diluvio. La Iglesia romana adoptó este huevo místico de Astarté, y lo consagró como símbolo de la resurrección de Cristo. El papa Paulo V llegó, incluso, a presentar una oración para ser usada en asocio con el huevo, enseñando así a sus supersticiosos seguidores para que oraran en la Pascua: "Bendice, oh Señor, te lo imploramos, estos *huevos*, criaturas tuya, para que puedan llegar a ser una substancia salutífera para tus siervos, al comerlos en memoria de nuestro Señor Jesucristo, etc., etc."[94] Además del huevo místico, había otro emblema de la Pascua, la "granada," o Rimón. Con el Rimón o "granada" en la mano se re-

---

[92] La palabra común "Beth," "casa," es "Baith" en la Biblia, como puede verse en el nombre Bet-el. como aparece en el griego de la versión de los Setenta, donde es "Bait-el."

[93] BUNSEN, vol. I. p. 377.

[94] *El Guardián Escocés*, abril, 1844.

presentaba frecuentemente en las medallas antiguas a la reina-diosa de Babilonia, y la casa de Rimón, en la que adoraba el rey de Damasco, el Señor de Naamán, el sirio, era, con toda probabilidad un templo de Astarté, donde se adoraba públicamente a esa diosa con el Rimón. La granada es una fruta que está llena de semillas; y, por tal razón, se ha creído que se empleaba como emblema de la embarcación en la que fueron preservadas las simientes de la nueva creación, con las cuales el mundo iba a ser sembrado de nuevo con el hombre y con las bestias, cuando hubiera pasado la desolación del diluvio. Pero, mediante una investigación más minuciosa, resulta que la "granada" o Rimón tenía relación con algo completamente diferente. Astarté, o Cibeles, también era llamada Idaia Mater,[95] y el monte sagrado de Frigia, afamadísimo por la celebración de sus misterios, fue llamado Monte Ida, es decir, el Monte del *Conocimiento*, en caldeo, el idioma sagrado de estos misterios. "Idaia Mater" significaba, entonces, la "Madre del *Conocimiento*," en otras palabras, nuestra Madre Eva, la que primero codició el "*conocimiento* del bien y del mal," el cual *compró* realmente a tan horrendo precio para ella y para sus hijos. Astarté, como puede demostrarse abundantemente, era adorada no sólo como la encarnación del Espíritu de Dios, sino también como la madre de la humanidad.[96] Por tanto, ¿puede quedar alguna duda de lo que esa fruta se proponía significar cuando la madre de los dioses y madre del *conocimiento*, representada con el fruto del granado en su mano extendida (ver Fig. 33), invitaba a los que subían al monte sagrado a la iniciación de sus misterios? Evidentemente, debe concordar con su pretendido carácter; debe ser el fruto del "Arbol del Conocimiento," el fruto de ese mismo árbol.

"Arbol cuyo sabor mortal
Trajo al mundo la muerte, y todo nuestro infortunio."

El conocimiento al cual eran admitidos los seguidores de la diosa Idaina, era precisamente la misma clase de conocimiento que

---

[95] DYMOCK, *Diccionario Clásico, sub voce*.

[96] Para comprobar esto, ver Apéndice, Nota J.

Eva adquirió por comer del fruto prohibido, el conocimiento práctico de lo que era moralmente malo y ruin. Sin embargo, con relación a este carácter de Astarté, se enseñó a los hombres para que miraran a su gran benefactora como la que ganó para ellos el conocimiento que, de otra manera, podían haberle pedido en vano a Aquel que es el Padre de las luces, de quien procede todo bien y todo don perfecto. El papado inspira el mismo

Juno con la Granada

Fig. 33[97]

sentimiento con respecto a la reina romana del cielo, y lleva a sus seguidores a considerar el pecado de Eva en la forma en que lo consideraba el paganismo. En el Canon de la misa, el servicio más solemne del Breviario romano, se encuentra la siguiente

---

[97] BRYANT, vol. iii. p.276. Bryant titula la figura anterias como "Juno, Columba, y la Granada," pero por Pausamas sabemos que el ave que está en el cetro de Hera, o Juno, cuando se le representaba con la granada, no era la columba o paloma, sino el cuclillo (Pausamas, lib. II, Corintíaca, cap. 17); por lo que parece, cuando Hera o Juno se representaba de esa manera, no era como la encarnación del Espíritu de Dios, sino como la madre de la *humanidad*. Pero aqui no entro a referirme a la historia del cuclillo.

expresión, en la que se apostrofa el pecado de nuestros primeros padres: *"O beata culpa, quoe talem meruisti redemptorem."*[98] "¡Oh, bendita culpa, que logró tal redentor!" La idea contenida en estas palabras es puramente pagana, pues quieren decir exactamente esto: "Gracias sean dadas a Eva, a cuyo pecado debemos el glorioso Salvador." Es verdad que la idea contenida en ellas se encuentra expresada en las mismas palabras en los escritos de Agustín; pero es una idea absolutamente opuesta al espíritu del Evangelio, que hace del pecado la culpa más grande, partiendo de la consideración de que él necesitó de tal rescate para la liberación de su horrenda maldición. Agustín se había empapado de ambos sentimientos paganos, y nunca se libró completamente de ellos. ¡Es asombroso que alguien tan bueno y tan ilustrado como Merle D'Aubigné no hubiera visto lo maligno de estas palabras!

Como Roma alimenta los mismos sentimientos del paganismo, ha adoptado también los mismos símbolos en cuanto se le presenta la oportunidad. En este país, y en la mayoría de los países de Europa no se dan las granadas; y, sin embargo, aun aquí, la superstición de la Granada debe mantenerse hasta donde sea posible. Por tanto, en lugar de la granada, se emplea la naranja; y así los papistas de Escocia agregan naranjas a sus huevos; y así también, cuando el obispo Gillis de Edimburgo realizaba, hace unos pocos años, la ostentosa ceremonia del lavamiento de los pies a doce harapientos irlandeses durante la Pascua, terminó por obsequiarle a cada uno de ellos dos huevos y una naranja.

Ese empleo de la naranja como el fruto representativo del "terrible árbol probatorio" del Edén, no es una invención moderna, pues ella se remonta hasta las épocas distantes de la antigüedad clásica. Se acepta por todos aquellos que han estudiado el asunto, que los jardines de las Hespérides en el Occidente, sólo son la réplica del paraíso del Edén en el Oriente. La descripción de los jardines sagrados como situados en las islas del Atlántico en frente de la costa de Africa, demuestra que su legendaria locali-

---

[98] MERLE D'AUBIGNÉ, *La Reforma*, vol. I. p. 179.

zación concuerda exactamente con el Cabo Verde o con las Islas Canarias, o con alguna isla de ese grupo; y, por supuesto, el "fruto dorado" del árbol sagrado, tan celosamente custodiado, no era otro que la naranja. Dejemos que sea el lector quien se fije bien: Según la historia clásica pagana, no había ninguna serpiente en ese jardín del deleite en las "islas de la bendición," con el fin de TENTAR a la humanidad para que violara la sumisión a su gran benefactor, comiendo del árbol sagrado, excluido como prueba de su fidelidad. No, pues por el contrario, fue la Serpiente, el símbolo del Demonio, el Príncipe del mal, el Enemigo del hombre, la que les *prohibió* que comieran del precioso fruto, vigilado tan estrictamente que no se permitía que fuera tocado. Hércules, una de las representaciones de los Mesías paganos, no el primigenio, sino el Hércules griego, apiadándose del estado de infelicidad del hombre, mató o derrotó a la serpiente, ese ser envidioso que escatimaba a la humanidad el uso de aquello que era tan necesario para hacerlos, a la vez, completamente felices y sabios, y concederles lo que de otra manera hubiera estado irremediablemente fuera de su alcance. Aquí, entonces, Dios y el Demonio están hechos precisamente para cambiar de puesto. El SEÑOR, quien *prohibió* al hombre que comiera del árbol del conocimiento, está simbolizado por la serpiente, y presentado como un ser maligno, carente de generosidad, en tanto que el que emancipó al hombre del yugo del SEÑOR, y le dio del fruto del árbol prohibido – en otras palabras, Satanás, bajo el nombre de Hércules – es celebrado como el libertador bueno y amable de la raza humana. ¡Qué misterio de iniquidad el que hay aquí! Ahora, todo está encubierto en la naranja sagrada de la Pascua.

SECCION III — LA NATIVIDAD DE SAN JUAN

La fiesta de la Natividad de San Juan, o Día de San Juan, está establecida en el calendario papal para el 24 de junio. Exactamente la misma época era igualmente memorable en el calendario babilónico, como una de sus más célebres fiestas. Era en mitad del verano, o en el solsticio de verano, cuando empezaba el llamado *"mes* de Tamuz" en Caldea, Siria y Fenicia; y en el *primer* día, es decir, más o menos el 24 de junio, se celebraba

Acerca de los Misterios... y el Culto al Hombre

una de las grandes fiestas especiales de Tamuz.[99] Por diferentes razones y en diferentes países se han destinado otras épocas para conmemorar la muerte y la revivificación del dios babilónico pero *éste*, como parece inferirse por el *nombre* del mes, parece haber sido el tiempo real en que se observó primitivamente su fiesta en la tierra donde la idolatría tuvo su nacimiento. Y era tan poderosa la influencia que esta fiesta, con sus ritos peculiares, había ejercido en la mente de los hombres que, aun cuando se destinaron otras fechas para los grandes acontecimientos relacionados con el Mesías babilónico, como ocurrió en algunos lugares de nuestra tierra, no podía permitirse que pasara este tiempo sagrado sin la debida observancia de, por lo menos, algunos de sus ritos peculiares. Cuando, a fines del siglo sexto, el papado envió sus emisarios a Europa para congregar a los paganos en su rebaño, esta fiesta encontró un alto favoritismo en muchos países. ¿Qué otro recurso quedaba? ¿Iban a hacer la guerra por eso? No, pues esto habría sido contrario al famoso consejo del papa Gregorio I de que, por todos los medios, se hicieran algunas concesiones a los paganos, para atraerlos así a la Iglesia romana.[100] La política de Gregorio fue cumplida cuidadosamente; y, así, el solsticio de verano, que había sido consagrado por los paganos para rendir culto a Tamuz, fue incorporado como una fiesta sacro-cristiana en el calendario romano.

Pero todavía tenía que resolverse una pregunta: ¿Cuál iba a ser el nombre de esta fiesta pagana cuando fuera bautizada y admitida en el ritual del cristianismo romano? Llamarla por su antiguo nombre de Bel o Tamuz en el primer período, cuando parecía que iba a ser adoptada, habría sido demasiado atrevido. Llamarla por el nombre de Cristo era difícil, porque no había nada especial en la historia de Cristo en esa época del año para conmemorarlo. Pero el ingenio de los agentes del Misterio de Iniquidad no iba a verse frustrado. Si el nombre de Cristo no podía ser añadido convenientemente, ¿qué impedimento habría si se le

---

[99] STANLEY, *La Filosofía Sabea*, p. 1065. En Egipto, el mes correspondiente para Tamuz, a saber, Epep, empezaba el 25 de junio.– WILKINSON, vol. IV. p. 14.

[100] BOWER, *Vidas de los Papas*, vol. II. p. 523.

daba el nombre de Su precursor, Juan el Bautista? Juan el Bautista nació seis meses antes que nuestro Señor. Por tanto, si la fiesta pagana del solsticio de invierno ya se había consagrado como el nacimiento de nuestro Salvador, se seguiría, como cosa natural, que Su precursor tuviera una fiesta, la cual debería ser en esa misma época, pues entre el 24 de junio y el 25 de diciembre, es decir, entre el solsticio de verano y el solsticio de invierno, había exactamente seis meses. Para el propósito del papado, nada podía ser más oportuno que esto. Uno de los muchos nombres sagrados con los cuales se llamaba a Tamuz, o Nimrod, cuando él reapareció en los Misterios, después de ser asesinado, fue Oannes.[101] Por otro lado, el nombre de Juan el Bautista en la lengua sagrada adoptada por la Iglesia romana, era Joannes. Entonces, hacer la fiesta el 24 de junio satisfacía por igual a cristianos y paganos, y todo lo que se necesitaba era llamarla precisamente la fiesta de Joannes pues, de este modo, los cristianos supondrían que estaban honrando a Juan el Bautista, en tanto que los paganos seguirían adorando a su antiguo dios Oannes, o Tamuz. Así, en la misma época en que se celebraba la gran fiesta de verano de Tamuz en la antigua Babilonia, se observa en la actualidad la fiesta de la Natividad de San Juan en la Iglesia papal. Y la *fiesta* onomástica de San Juan comienza exactamente como empezaba el día festivo en Caldea. Es bien sabido que, en el Oriente, el día empieza al atardecer; así que, aunque el 24 se estableció como la Natividad es, sin embargo, la Víspera de San Juan, es decir, que es en la tarde del 23, cuando empiezan las festividades y solemnidades de la fecha.

Si examinamos las festividades en sí, veremos cuán puramente paganas son, cuán decisivamente prueban su verdadero origen.

---

[101] BEROSO, *apud* BENSEN, *Egipto*, vol. I. p. 707. Al identificar a Nimrod con el Oannes que sale del mar, mencionado por Beroso, se recordará que se ha comprobado que Nimrod era Baco. Entonces, como prueba de que Nimrod o Baco, al ser vencido por sus enemigos, se fabuló que se había refugiado en el mar (ver Capítulo Cuarto, Sección I). Por tanto, al representársele como aparecido, era natural que reapareciera con el mismo carácter de Oannes, el dios-pez. Jerónimo llama Dagón al bien conocido dios-pez, Piscem moeroris, "el pez del lamento" (BRYANT, vol. III. p. 179), que llega a identificarse con Baco, el "Lamentado;" completándose la identificación cuando Hesiquio nos habla de ese alguien llamado Bacchus Ichthys. o "El pez" (*sub voce* "Bacchos," p. 179).

Acerca de los Misterios. . . y el Culto al Hombre

Las grandes y famosas solemnidades de la Víspera de San Juan son los fuegos del Día de San Juan. Estos fuegos se encienden en Francia, en Suiza, en la Irlanda católico-romana, y en algunas de las islas escocesas de Occidente, donde todavía perdura el pasado. Los fuegos se encienden en todas las tierras de los seguidores de Roma, y teas encendidas se llevan de un lado a otro de los campos de cultivo. Bell, en sus *Cuadros a la orilla del Camino* describe los fuegos de San Juan a la manera de Bretaña en Francia: "Cada *fête* (fiesta) se caracteriza por diferentes rasgos peculiares. La de San Juan es quizás, en general, la más notable. Durante todo el día los niños pobres van de un lado para otro pidiendo contribuciones para encender los fuegos del Señor San Juan, y al llegar la noche, se enciende gradualmente un fuego tras otro: dos, tres, cuatro; luego fulguran mil en las altas colinas hasta que todo el país arde con la conflagración. Algunas veces, los sacerdotes encienden el primer fuego en la plaza de mercado; y otras, es encendido por un ángel que se hace descender, por medio de un artificio mecánico, desde lo alto de la iglesia, con una antorcha en la mano para encender la hoguera, y regresar de nuevo, volando. Los jóvenes danzan con una actividad desconcertante en torno de los fuegos, porque existe entre ellos la superstición de que si danzan en torno a nueve fuegos antes de la medianoche, se casarán el año siguiente. Se ponen sillas cerca de las hogueras para los muertos, pues se supone que sus espíritus vienen hasta allí por el melancólico placer de escuchar una vez más sus canciones nativas, y contemplar los animados ritmos de su juventud. En tales ocasiones se guardan fragmentos de las antorchas como hechizos contra el rayo y las enfermedades nerviosas; y la corona de flores que se pone encima del fuego principal tiene tal demanda, que suscitaba tumultuosos celos por su posesión."[102] Así era en Francia, ahora volvamos a Irlanda: "En esa gran fiesta de los lugareños de Irlanda, la Víspera de San Juan," dice Charlotte Elizabeth, al describir una fiesta especial que ella había presenciado, "es costumbre, a la puesta del sol de esa tarde, encender inmensos fuegos por todo el país, hechos a gran altura, como nuestras foga-

---
[102] *Cuadros a la Orilla del Camino*, p. 225.

tas, y estando compuesta la hoguera por césped, turba y algunas otras substancias combustibles que puedan recogerse. El césped produce una llama fuerte y estable, la turba una llama más brillante, y el efecto de estos grandes fanales que fulguran en todas las colinas, expidiendo gran cantidad de humo desde todos los puntos del horizonte, es muy notable. Temprano, por la tarde, empiezan a congregarse los campesinos, ataviados todos con sus mejores galas, resplandecientes de salud; todos los rostros rebosantes de esa animación fulgurante y del exceso de gozo que caracteriza a la gente entusiasta de la tierra. Nunca había visto algo semejante, y fue algo sumamente encantador ver las caras alegres, inteligentes y hermosas; la manera osada de los hombres, y el comportamiento juguetón, pero realmente modesto de las doncellas; la vivacidad de los viejos, y la alegría turbulenta de los niños. Al encenderse el fuego, salta una espléndida llama y, por un momento, ellos permanecen contemplándola con rostros extrañamente desfigurados por la luz peculiar emitida cuando se echa en ella la turba. Después de una pequeña pausa, la tierra se aclara delante de un gaitero viejo y ciego, verdadero y *bello ideal* de vigor, del humor y de la astucia, que sentado en una silla baja, con un jarro bien repleto a su alcance, afina su gaita para los tonos más vivaces, y empeeza la giga interminable. Pero iba a suceder algo que me confundió bastante. Después de que el fuego ardió durante algunas horas, y decreció, comenzó una parte indispensable de la ceremonia. Cada uno de los campesinos presentes pasaba a través del fuego, y varios niños fueron lanzados por entre las chispeantes ascuas; mientras hacía su aparición un marco de madera de unos 2.40 metros de largo, con una cabeza de caballo fijada en un extremo, y una sábana blanca y grande extendida sobre él, para ocultar la madera y también al hombre que lo llevaba sobre su cabeza. Esto fue saludado con fuertes gritos como el 'caballo blanco,' y conducido sin riesgo por la habilidad de su portador, pasó varias veces por entre el fuego con un osado brinco, y persiguiendo a la gente, que corría gritando en todas direcciones. Pregunté qué significaba el caballo, y se me respondió que representaba a 'todo el ganado.' Aquí – añade la escritora – estaba el culto pagano de Baal, si no era también el de Moloc, practicado abiertamente y sin excepciones en el corazón de un país nominalmente cristiano, ¡y por millares que decían llevar el nombre de cristianos! Yo estaba confundida, porque entonces no sabía que el papado es sólo una ingeniosa adaptación de las idolatrías paganas a su propio esquema."[103]

Esta es la fiesta de la Víspera de San Juan, tal como se celebra hoy día en Francia y en la Irlanda papista. Tal es la manera en que los seguidores de Roma pretenden conmemorar el nacimiento de aquel que vino a preparar el camino del Señor, apartando a Su antiguo pueblo de todos sus refugios de mentiras, apremiándolos con la necesidad de abrazar ese reino de Dios que no consiste en cosas meramente externas, sino en "justicia, y paz, y alegría en el Espíritu Santo." Hemos visto que el espectáculo mismo de los ritos con los cuales se celebra la fiesta, llevaron a la autora que acabamos de citar, a la conclusión inmediata de que aquello que estaba viendo era verdaderamente un vestigio del culto pagano de Baal. La historia de la fiesta y la forma en que es observada, aclaran lo relacionado con cada uno de estos aspectos. Antes de que el cristianismo entrara en las Islas Británicas, la fiesta pagana del 24 de junio se celebraba entre los druidas encendiendo fuegos en honor de su gran divinidad que, como ya hemos visto, era Baal. "Estos fuegos y estos sacrificios de la canícula," dice Toland en su *Relato sobre los Druidas*, "eran [pretendían ser] para conseguir la bendición sobre los frutos de la tierra, ahora listos para la recolección; así como los del primero de mayo, eran para que pudieran crecer prósperamente, y los de fines de octubre eran una acción de gracias por la terminación de la cosecha."[104] Asimismo, hablando de los fuegos druidas de la canícula, prosigue de este modo: "Volviendo a nuestros fuegos carnales, era costumbre que el señor del lugar, o su hijo, o alguna otra persona distinguida, tomando las entrañas de los animales sacrificados en sus manos, caminara descalzo tres veces sobre las brasas, después de que las llamas se hubieran apagado, para llevarlas directamente al druida, que esperaba vesti-

---

[103] *Recuerdos Personales*, pp. 112-115.

[104] TOLAND, *Los Druidas*, p. 107.

do con una piel entera en el altar. Si el noble salía ileso, esto era considerado como buen presagio, y acogido con ruidosas aclamaciones; pero si sufría algún daño, esto era considerado de mala suerte, tanto por la comunidad como por él mismo." "Así he visto," añade Toland, "al pueblo corriendo y saltando por causa de los fuegos de San Juan en Irlanda; y no solamente orgullosos por salir indemnes, sino como si eso fuera alguna especie de *lustración*, creyéndose bendecidos de alguna manera por la ceremonia; siendo, sin embargo, completamente ignorantes de su procedencia, en la imperfecta imitación que de ella hacían."[105] Ya hemos visto la razón para concluir que Foroneo, "el primero de los mortales que reinó," es decir, Nimrod, y la diosa romana Feronia se relacionan entre sí. A propósito de los fuegos de "San Juan," esa relación tiene todavía mayor alcance por lo que ha sido transmitido desde la antigüedad con respecto a estas dos divinidades; y, al mismo tiempo, se dilucida el origen de estos fuegos. A Foroneo se le describe de tal manera que se ve que se le conocía como quien había estado relacionado con el origen del culto al fuego. Así, se refiere Pausanias a él: "Cerca de esta imagen [la imagen de Biton] ellos [los argivos] encienden un fuego, porque no aceptan que el fuego fue dado a los hombres por Prometeo, sino que atribuían su invención a Foroneo."[106] Debe haber algo trágico en la muerte de este Foroneo, inventor del fuego, que fue "el primero que congregó a la humanidad en comunidades;"[107] porque, después de describir la localización de su sepulcro, Pausanias agrega: "En verdad, aun ahora ellos hacen ritos funerales a Foroneo,"[108] lenguaje que deja ver que su muerte debe haber sido celebrada de manera algo parecida a la de Baco. Entonces, el carácter del culto de Feronia, como coincidente en el culto del fuego, es evidente que proviene de los ritos practicados por los sacerdotes en la ciudad situada al pie del Monte Socracte, en honor de ella. "Los sacerdotes," dice

---

[105] *Ibid.* p. 112.

[106] PAUSANIAS, lib. II., *Corintíaca*, cap. 19.

[107] *Ibid.* cap. 15.

[108] *Ibid.* cap. 20.

Acerca de los Misterios. . . y el Culto al Hombre

Bryant, refiriéndose tanto a Plinio como a Estrabón como sus autoridades, "con los pies descalzos, caminaban sobre una gran cantidad de brasas de carbón y cenizas."[109] Para esta misma práctica encontramos a Arún, refiriéndose a Virgilio, cuando éste se dirige a Apolo, el dios-sol, que tenía su santuario en el Soracto, donde Feronia era adorada y que, por tanto, debe haber sido lo mismo que Júpiter Anxur, su divinidad contemplativa, que era considerado como un "Júpiter juvenil," así como Apolo fue llamado con frecuencia el "joven Apolo:"

> "Oh, protector de las altas moradas del Soracto,
> Febo, el poder decisorio entre los dioses,
> A quien primero servimos;
> Todos los bosques de untuoso pino
> Han sido talados para ti, y tu gloria resplandece.
> Por ti protegidos, con nuestras plantas descalzas,
> Por entre llamas indemnes caminamos
> Y pisamos las brasas encendidas."[110]

Así que los fuegos de San Juan, por sobre cuyas brasas se hace pasar a jóvenes y viejos, se remontan hasta "el primero de los mortales que reinó."

Es digno de observar que una fiesta acompañada de todos los ritos del culto al fuego de Baal se encuentre, más o menos en la misma época del mes de Tamuz, en que el dios babilónico era celebrado antiguamente, en naciones paganas de regiones muy alejadas entre sí. Entre los turcos, el ayuno del Ramadán que, según Hurd, empieza el 12 de junio, está acompañado por una iluminación con lámparas encendidas.[111] En China, donde la fiesta del bote-dragón se celebra de una manera muy vívida para recordar a quienes lo presencian el duelo por Adonis, la solemnidad empieza en el solsticio de verano.[112] En el Perú, durante el

---

[109] BRYANT, vol. I. p. 237.

[110] DRYDEN, *Virgilio, La Eneida,* lib. XI, ll. 1153-1158. Se decía que "el joven Apolo, nacido para imponer la ley y el orden entre los griegos," había aparecido en Delfos "exactamente a mediados del verano."– (MULLER, *Los Dorios,* vol. I. pp. 295,296).

reinado de los incas, tenía lugar en la misma época del año la fiesta de Raimi, la más espléndida de los peruanos, en la cual el fuego sagrado solía ser encendido de nuevo todos los años con el sol, por medio de un espejo cóncavo de metal pulido. Por lo regular, cuando llegaba la canícula había primero, en señal de duelo, "un ayuno general durante tres días, y no se permitía que se encendiera ningún fuego en sus moradas;" luego, al cuarto día, el duelo se convertía en alegría cuando el Inca y su corte, seguido por toda la población del Cuzco, se congregaban al amanecer en la gran plaza para saludar la salida del sol. "Ansiosamente," dice Prescott, "ellos vigilaban la aparición de la deidad y, tan pronto como sus primeros rayos dorados herían las tinieblas y los edificios más altos de la capital, brotaba un grito de congratulación de la multitud congregada, acompañado por cánticos triunfales, y la melodía salvaje de bárbaros instrumentos sonaba cada vez más alto, mientras la brillante esfera se elevaba por encima de las montañas orientales, resplandeciendo en todo su esplendor sobre sus seguidores."[113] ¿Podrían ser accidentales este duelo y este regocijo alternativos en la misma época del duelo y del regocijo babilónico por Tamuz? Como Tamuz era la encarnación de la divinidad solar, es fácil ver cómo tal duelo y tal regocijo se relacionaban con el culto al Sol. En Egipto, la fiesta de las lámparas encendidas, en la cual muchos se han visto obligados a ver ya el duplicado de la fiesta de San Juan, se asoció, sin tapujos, con el duelo y el regocijo por Osiris. "En Sais," dice Heródoto,[114] "ellos muestran el sepulcro de aquel al que yo no creo conveniente mencionar en esta ocasión." Esta era la forma invariable en que el historiador se refiere a Osiris, en cu-

---

[111] HURD, *Ritos y Ceremonias*, p. 346, col. I. El tiempo dado por Hurd no sería decisivo por sí mismo como prueba de correspondencia con la época de la fiesta original de Tamuz, pues un amigo mío que vivió tres años en Constantinopla, me informa que, a consecuencia de que los turcos no tienen en cuanta el año solar, el ayuno de Ramadán cae sucesivamente en meses diferentes del año. Sin embargo, el hecho de la iluminación relacionada con las observancias religiosas, está fuera de duda.

[112] Ver *ante*, p. 57.

[113] PRESCOTT, *La Conquista del Perú*, vol. I. p. 69.

[114] *Historia*, lib. II. p. 176.

yos misterios había sido iniciado, al relatar algunos de los ritos de su culto. "Ella está en el recinto sagrado detrás del templo de Minerva, y contigua al muro de este templo, ocupando toda su longitud.[115] También se congregaban en Sais para ofrecer sacrificios durante una noche determinada, cuando todos encienden, *al aire libre*, algunas lámparas alrededor de sus casas. Las lámparas consisten en pequeñas copas llenas de sal y aceite, con pábilo flotante que arde toda la noche. Esta fiesta recibe el nombre de la fiesta de las lámparas encendidas. Los egipcios que no pueden asistir, también hacen el sacrificio, y encienden lámparas en sus casas, para que no sólo en Sais, sino *en todo Egipto tenga lugar la misma iluminación*. Ellos le atribuyen una razón sagrada a la fiesta celebrada en esta noche, y al respeto que sienten por ella."[116] Wilkinson,[117] al citar este pasaje de Heródoto, identifica expresamente esta fiesta con el duelo por Osiris, y nos asegura que "era considerada de grandísima importancia para honrar a la divinidad mediante la apropiada realización de este rito."

Entre los yezidis, o adoradores del diablo de la Caldea moderna, se celebra la misma fiesta en la actualidad, con ritos muy semejantes, hasta donde las circunstancias lo permiten, como hace miles de años, cuando en las mismas regiones el culto de Tamuz estaba en todo su apogeo. Así describe gráficamente el señor Layard una fiesta de esta clase, en la cual había estado presente: "A medida que se desvanece el crepúsculo, los faquires, u órdenes inferiores de sacerdotes, ataviados con vestiduras de tela burda de color marrón, estrechamente ajustadas a sus cuerpos, y con turbantes negros en la cabeza, salen de la tumba, portando cada uno una luz en una mano, y un jarro de aceite con un manojo de pábilos de algodón en la otra. Llenan y preparan las lámparas colocadas en nichos en las paredes del patio y esparcidas en los edificios a los lados del valle e, incluso, en rocas aisladas y en los huecos de los troncos de los árboles. Parece que cente-

---

[115] *Ibid.*

[116] HERODOTO, lib. II. c. 62, p. 127.

[117] WILKINSON, vol. V. p. 308.

llearan innumerables estrellas en las laderas de la montaña y en las oscuras oquedades del bosque. Cuando los sacerdotes se abren camino por entre la multitud para hacer su trabajo, los hombres y las mujeres pasan su mano derecha por entre las llamas y, después de frotarse la ceja derecha con la parte que ha sido *purificada por el sagrado elemento*, la llevan devotamente a los labios. Algunos que llevan niños en los brazos los ungen de manera semejante, en tanto que otros levantan las manos para ser tocados por aquellos que, menos afortunados que ellos, no pudieron alcanzar la llama... . Mientras avanzaba la noche, los que se habían congregado – ahora debía de haber casi cinco mil personas – encendían antorchas que llevaban consigo mientras vagaban por el bosque. El efecto era mágico; los diversos grupos apenas podían distinguirse entre las tinieblas: los hombres iban de acá para allá, las mujeres con sus hijos sentadas en los tejados, y la multitud congregada en torno a los vendedores ambulantes, que exponían sus mercancías para la venta en el patio. Miles de luces se reflejaban en las fuentes y en las corrientes, centelleando entre el follaje de los árboles y danzando a la distancia. Cuando estaba contemplando esta escena extraordinaria, el susurro de las voces humanas se enmudeció repentinamente, y una tensión solemne y *melancólica* emergió del valle. Se parecía a algún cantar majestuoso que yo había escuchado años antes en la catedral de una tierra lejana. Una música *tan patética y tan dulce*, nunca la había escuchado antes en el Oriente. Las voces de los hombres y de las mujeres se mezclaban armónicamente con las suaves notas de muchas flautas. En acompasados intervalos, la canción era interrumpida por el fuerte batir de los címbalos y de las panderetas y, entonces, los que estaban en la tumba se unían a la melodía... . Las panderetas, que eran golpeadas simultáneamente, sólo interrumpían a intervalos el cántico de los sacerdotes. A medida que el tiempo pasaba rápidamente, irrumpían con más frecuencia. El cántico daba paso, gradualmente, a una melodía vivaz que, aumentando el compás, se perdía finalmente en una confusión de sonidos. Las panderetas eran batidas con extraordinaria energía, las flautas emitían un flujo rápido de notas, las voces se elevaban hasta el tono más alto, los hombres que estaban afuera se unían al cla-

Acerca de los Misterios... y el Culto al Hombre

mor, en tanto que las mujeres hacían resonar las rocas con el agudo *tahlehl*.

"Los músicos, dando rienda suelta a la excitación, lanzaban sus instrumentos al aire, y estiraban sus miembros en toda clase de contorsiones hasta que caían exhaustos al suelo. Nunca oí un alarido tan espantoso como el que se elevaba del valle. Era medianoche. Contemplaba con admiración la extraordinaria escena a mi alrededor. Así probablemente se celebraban desde edades remotas los misterios o ritos de los coribantes, cuando ellos se reunían en alguna *tumba* consagrada."[118] Layard no nos dice en qué época tenía lugar esta fiesta, pero el lenguaje que emplea deja poca duda de que él la consideraba con una fiesta de Baco; en otras palabras, del Mesías babilónico, cuya trágica muerte y subsiguiente restitución a la vida y a la gloria constituyó la piedra angular del paganismo antiguo. La fiesta se celebraba declaradamente en honor, a la vez, de Seik Sems, o el Sol, y de Seik Adi, o "El Príncipe de la Eternidad," en torno a cuya *tumba*, sin embargo, tenía lugar la solemnidad, a semejanza de la fiesta de las lámparas en honor del dios-sol Osiris en Egipto, que se celebraba en las inmediaciones de la *tumba* de ese dios en Sais.

El lector no puede dejar de haber observado que en esa fiesta yesidi, los hombres, las mujeres y los niños eran "PURIFICADOS" al ponerse en contacto con *"el elemento sagrado"* del fuego. En los ritos de Zoroastro, el gran dios caldeo, el fuego ocupaba precisamente el mismo lugar; y estaba establecido como un principio esencial en su sistema que "aquel que se aproximara al fuego recibía una luz de la divinidad,"[119] y que "por medio del fuego divino serían purificadas todas las manchas producidas por generación."[120] Por tanto, esto era "para hacer pasar por el fuego sus hijos y sus hijas a Moloc" (Jeremías 32:35), para purificarlos del pecado original; y, por esta purificación, muchas cria-

---

[118] LAYARD, *Nínive y sus Ruinas*, vol I. pp. 290-294.

[119] TAYLOR, *Iámblico*, p. 247.

[120] PROCLO, en *Timaco*, p. 805.

turas indefensas se convirtieron en víctimas para la sanguinaria divinidad. Esta purificación de pasar por entre el fuego se observaba igualmente entre los paganos romanos, "porque," dice Ovidio, haciendo hincapié en esta práctica, "el fuego purifica tanto al pastor como a las ovejas."[121] Entre los hindúes, desde tiempo inmemorial, se ha rendido culto al fuego por su eficacia purificadora. Así, Colebrooke, según los libros sagrados, representa a un adorador al dirigirse al fuego: "Te saludo a ti [oh fuego], que tienes en cuenta las oblaciones, a ti que resplandeces, a ti que centelleas, que tu llama propicia queme a nuestros enemigos; que tú, el PURIFICADOR, nos seas propicio."[122] Hay algunos que mantienen un "fuego perpetuo," y practican devociones diarias para él; y, al "concluir los sacramentos de los dioses," todos los días le presentan sus súplicas, así: "Oh fuego, tú, que expías el pecado contra los dioses, haz que esta oblación sea eficaz. Tú, que expías el pecado contra el hombre; tú, que expías el pecado contra los *manes* [los espíritus que han partido]; tú, que expías el pecado contra mi propia alma; tú, que expías los pecados repetidos; tú, que expías todo pecado que he cometido voluntariamente o sin intención, haz que esta oblación sea eficaz."[123] Entre los druidas también se celebraba el fuego como el purificador. Así, en un cántico druida, leemos: "Celebraban la alabanza de los santos en presencia del *fuego purificador*, que fue hecho para subir a lo alto."[124] Si, en verdad, en tiempos de los druidas se esperaba una bendición al encender los fuegos de la orgía, y hacer pasar por el fuego al joven o al viejo, a los seres humanos o al ganado, fue simplemente a consecuencia de la purificación del pecado que acompaña a los seres humanos y a todo lo relacionado con ellos, y que se creía que se conseguía por este paso por entre el fuego. Es evidente que esta misma creencia sobre la eficacia *"purificadora"* del fuego la tienen los

---

[121] OVIDIO, *Fastos*, lib. IV. 785-794 inclusive.

[122] COLEBROOKE, "Ceremonias Religiosas Hindúes," en *Investigaciones Asiáticas*, vol. VII. p. 260.

[123] *Ibid.* vol. VII. p. 273.

[124] DAVIES, *Los Druidas*, "Himno al Sol," pp. 369,370.

católicos romanos de Irlanda, cuando se muestran tan celosos por pasar, tanto ellos como sus hijos, por entre los fuegos de San Juan.[125] Tolan da testimonio de que es a manera de *"lustración"* como se encienden estos fuegos; y todos los que hayan examinado cuidadosamente el asunto, deberán llegar a la misma conclusión.

Si Tamuz era, como hemos visto, el mismo Zoroastro, el dios de los antiguos adoradores del fuego, y si su fiesta en Babilonia está tan exactamente sincronizada con la fiesta de la Natividad de San Juan, ¿qué hay de extraño en que esa fiesta se celebre todavía mediante los flameantes "fuegos de Baal," y que esto sea una copia tan fiel de lo que fue condenado por el SEÑOR en Su antiguo pueblo, cuando ellos hacían pasar "por el fuego sus hijos y sus hijas a Moloc? Pero, ¿quién que conozca algo del Evangelio llamaría a una fiesta como ésta una fiesta cristiana? Los sacerdotes papistas, si no lo enseñan abiertamente, por lo menos permiten que sus engañados seguidores crean, tan firmemente como lo hicieron alguna vez los antiguos adoradores del fuego, que el fuego físico puede purificar de la culpa y de la mancha del pecado. Más adelante consideraremos esto como una de las más monstruosas, pero productivas fábulas de su sistema, que tiende a afianzarse en la mente de sus descarriados vasallos.

Unicamente los iniciados podían saber que el nombre de Oannes era el nombre del Mesías pagano; y, al principio, se necesitó cierto grado de prudencia para la introducción del paganismo en la Iglesia. Pero, a medida que pasaba el tiempo, como el Evangelio llegó a mantenerse oculto, y las tinieblas se hicieron más densas, tal precaución ya no fue necesaria en modo alguno. En efecto, encontramos que, en las edades del obscurantismo, el Mesías pagano no fue introducido en la Iglesia de una manera clandestina, pues abierta y descaradamente había sido canonizado bajo sus nombres clásicos de Baco y Dionisos, y exaltado

---

[125] "He visto padres," dice Lord J. Scott, Q.E.P.D., en una carta que me envió, "que *obligan* a sus hijos a pasar por entre los fuegos de Baal."

para la adoración de los "fieles." Sí, Roma, que pretende ser en forma preeminente la Esposa de Cristo, la única iglesia en la cual se encuentra la salvación, ha tenido la desvergonzada desfachatez de darle al gran adversario pagano del Hijo de Dios un lugar en su calendario BAJO SU PROPIO NOMBRE. El lector sólo tiene que remitirse al calendario romano, y encontrará que esto es un hecho; encontrará el 7 de octubre para ser guardado en honor de "San Baco, mártir." Es indudable que Baco *fue* un "mártir," pues tuvo una muerte violenta y perdió su vida por la religión; pero la religión por la cual murió fue la religión de los adoradores del fuego; ya que, como hemos visto por Maimónides, fue asesinado por mantener el culto de la hueste del cielo. Este patrono de la hueste celestial y del culto al fuego (porque los dos siempre iban juntos), ha sido canonizado por Roma. Que éste "San Baco, mártir" es el mismo Baco de los paganos, el dios de la borrachera y del libertinaje, es evidente por la *fecha* de su fiesta, pues el 7 de octubre viene poco después de la vendimia. En el otoño, al final de la vendimia, los antiguos paganos romanos acostumbraban celebrar lo que se llamaba la "Fiesta Campestre" de Baco;[126] y alrededor de esa misma fecha tiene lugar la fiesta papal de "San Baco, mártir."

Así como el dios caldeo ha sido admitido en el calendario romano con el nombre de Baco, así también fue canonizado bajo su otro nombre de Dionisos.[127] Los paganos tenían la costumbre de adorar al mismo dios bajo nombres diferentes; y, en efecto, no contentos los romanos con la fiesta a Baco, con el nombre por el cual era más conocido comúnmente, para complacer, sin duda, a los griegos, dos días después celebraron una fiesta campestre para él bajo el nombre de Dionisos Eleutéreo, el nombre por el cual era adorado en Grecia.[128] Esa fiesta "campestre" recibió pronto el nombre de Dionisia, o para expresar más completa-

---

[126] Ver citas de *La Leyenda de la Silla de San Pedro*, por ANTHONY RICH, Esq., en el admirable *Cuaderno del Papado*, del Dr. BEGG, pp. 114,115. Ver también SALVARTÉ, *Ensayo sobre Nombres*, tom. II. p. 54.

[127] Dionysus, como es bien sabido, es la forma latina del griego Dionüsos.

[128] PAUSANIAS, *Atica*, p. 46, y TOOKE, *Panteón*, p. 58.

Acerca de los Misterios... y el Culto al Hombre

mente su propósito, el nombre se convirtió en "Festum Dionysi Eleutherei rusticum," es decir, la "Fiesta *campestre* de Dionisos Eleutéreo."[129] El papado, en su exceso de celo por los santos y por el culto de los santos, ha separado realmente en dos a Dioniso Eleutéreo, sacando dos santos distintos del *nombre doble* de una divinidad pagana; y más todavía, ha hecho del inocente epíteto "rusticum" que, incluso entre los paganos no tenía en modo alguno pretensiones de divinidad, un tercer santo, por lo cual leemos, bajo la fecha del 9 de octubre, esta anotación en el calendario: "La Fiesta de San Dionisio[130] y sus compañeros, San Eleutéreo y San Rústico."[131] Este Dionisio, a quien el papado le ha proporcionado, en forma tan sorprendente, dos compañeros, es el famoso St. Denys, el santo patrono de París; y una comparación de la historia del santo papista y del dios pagano, arrojará no poca luz sobre el asunto. Dice la leyenda que St. Denys, al ser decapitado y arrojado al Sena, después de flotar un tiempo en las aguas del río, tomó su cabeza en la mano, para asombro de los espectadores, y así siguió adelante con ella hasta el lugar del entierro. En conmemoración de tan estupendo milagro, se cantó dolidamente durante muchos siglos en la catedral de St. Denys, en París, un himno que tenía los siguientes versos:

> "Se cadaver mox erexit
> Truncus truncum caput vexit,
> Quem ferentem hoc direxit
> Angelorum legio."[132]

Al fin, aun los mismos papistas empezaron a sentir vergüenza

---

[129] BEGG, *Cuaderno del Papado*, p. 115.

[130] Aunque Dionysus era el propio nombre clásico del dios, sin embargo, en el período post-clásico o bajo latín, su nombre se encuentra como Dionysius, lo mismo que en el caso del santo romano.

[131] Ver el calendario en el *Misal Romano*, octubre 9: "Dionisii, Rustici et Eleutherii Mart," y octubre 7. "Sergii, Bachii, Marcelli et Apuleii Mart."

[132] "El cadáver emerge inmediatamente; el tronco sin cabeza, guiado en su camino por una legión de ángeles" (SALVERTÉ. *Las Ciencias Ocultas*, Nota, p. 48). En Salverté, la primera palabra de la tercera línea del anterior verso latino es "Quo," pero como esto no tiene sentido y, evidentemente, es un error, lo he corregido por "Quem."

de semejante absurdo celebrado en nombre de la religión y, en 1789, fue suprimido "el oficio de St. Denys." Aquí tenemos, sin embargo, la marcha de los acontecimientos. El mundo, durante algún tiempo en el pasado, ha ido regresando nuevamente a las edades del obscurantismo. El breviario romano publicado en Francia, ha sido impuesto de nuevo a la iglesia gala en los últimos seis años por la autoridad papal, con todas sus falsas leyendas, y entre ellas, la de St. Denys; la catedral de St. Denys está siendo reconstruida, y el antiguo culto da indicios de ser restaurado en toda su estupidez.[133] ¿Cómo pudo concebirse alguna vez en la mente de los hombres la invención de una fábula tan monstruosa? No se necesita ir muy lejos para encontrar el origen de esto. La Iglesia de Roma representaba a sus santos canonizados, de los que se decía que habían sufrido el martirio por medio de la espada, como imágenes o estatuas decapitadas que llevaban en la mano la cabeza que les había sido cortada "He visto," dice Eusèbe Salverté, "en una iglesia de Normandía a Santa Clara; en Arlés, a Santa Mitra, y a todos los santos de la legión tebana en Suiza, representados con sus cabezas en la mano. Así se representaba a San Valerio en Limoges, a la entrada de la catedral, y en otros monumentos. El gran sello del cantón de Zurich representa en la misma actitud a San Félix, a Santa Regula y a San Exsuperancio. Allí está ciertamente el origen de las fábulas piadosas que se cuentan sobre estos mártires, tales como la de St. Denys, además de las de muchos otros."[134] Este fue el origen *inmediato* de la historia de los santos muertos que se levantan y siguen andando con su cabeza en la mano. Pero resulta que este modo de representación fue tomado igualmente del paganismo, y tomado de tal manera que identifica al St. Danys papal con el Dionisos pagano, no sólo el de Roma, sino el de Babilonia. Dionisos o Baco, en una de sus transformaciones, fue representado como Capricornio, el "pez con cuernos de cabra;" y hay razón para creer que fue en esta misma forma como

---

[133] La afirmación en la última parte de la frase aludía a la situación del asunto hace cinco años. Probablemente en este momento se haya terminado la reconstrucción de la catedral de St. Denys.

[134] SALVERTÉ, *Las Ciencias Ocultas*, pp. 47, 48.

recibió el nombre de Oannes. En la India, en esta misma forma y bajo el nombre de "Souro," que es, evidentemente, "la simiente," se dice que ha hecho muchas cosas maravillosas.[135] En el Imperio persa no sólo se le representó místicamente como Capricornio, sino también en forma humana; y después, exactamente tal como es representado St. Denys por el papado. Las palabras del escritor antiguo que describe esta figura en el Imperio persa, son éstas: "Capricornio, el tercer Decán. *La mitad de la figura sin cabeza, porque su cabeza la tiene en la mano.*"[136] A Nimrod le habían cortado la cabeza y, en conmemoración de ese hecho, que sus adoradores lamentaban tan piadosamente, fue representada su imagen en el Imperio. En algunas versiones de su historia se contaba que esa cabeza separada había hecho cosas tan maravillosas como cualquiera de las que hubiera hecho el tronco sin vida de St. Denys. Bryant ha comprobado que la historia de Orfeo es solamente una variación ligeramente cambiada de la de Osiris.[137] Así como Osiris fue cortado en pedazos en Egipto, de igual modo Orfeo fue despedazado en Tracia. Cuando los miembros mutilados de este último fueron esparcidos por el campo, su cabeza, flotando en el Hebros dio muestras del milagroso carácter de aquel que la había poseído. "Entonces," dice Virgilio:

---

[135] HUMBOLDT, *México*, vol. I. pp. 339,340. Para Oannes y Souro, ver Apéndice, Nota K.

[136] Nota en SALVERTÉ, *Las Ciencias Ocultas*, p. 47.

[137] BRYANT, vol. II. pp. 419-423. El mismo nombre de Orfeo es solamente un sinónimo para Bel, el nombre del gran dios babilónico que, dado originalmente a Cus, llegó a ser heredero en la línea de sus deificados descendientes. Bel significa "mezclar" así como "confundir;" y "Orv" en hebreo, que se convierte en Orph en caldeo (ver PARKHURST, *Gramática Caldea* en *Léxico*, p. 40), también significa "mezclar." Pero "Orv" u "Orph," significa además "sauce;" y, por tanto, en exacta concordancia con el sistema místico, encontramos que el símbolo de Orfeo, entre los griegos, ha sido un sauce. Así, Pausanias, después de referirse a una representación de Acteón, dice. "Si usted mira de nuevo las partes bajas del cuadro, verá que después de Patroclo, Orfeo se sienta en una colina, con el arpa en la mano izquierda, y en su mano derecha *las hojas de un sauce*"(PAUSANIAS, lib. X., *Phosica*, cap. 30); y de nuevo, un poco más adelante, dice: "Se le representa apoyado en un tronco de este árbol." Las hojas de sauce en la mano derecha de Orfeo, y el sauce en el cual se apoya, demuestran suficientemente el significado de su nombre.

> "Entonces, cuando su cabeza arrancada de sus hombros,
> Llevada por las aguas, flotaba sobre el Hebros,
> Aun entonces su voz trémula invocaba a su esposa,
> Con su último aliento, 'Eurídice' clamaba;
> 'Eurídice' repetían las rocas y las orillas del río."[138]

Aquí hay diferencias, pero en medio de esas diferencias hay una unidad obvia. En ambos casos, la cabeza separada del cuerpo sin vida ocupa el primer plano del cuadro; en ambos casos, el milagro está relacionado con el río. Cuando las fiestas de "San Baco, mártir," y la de "San Dionisio y San Eleutéreo" coinciden tan notablemente con la *fecha* en que eran celebradas las fiestas del dios pagano del vino, bien sea con el nombre de Baco, o Dionisos, o Eleutéreo, y cuando la manera de representar al Dinisio moderno y al antiguo Dionisos es evidentemente la misma, en tanto que las leyendas de ambos armonizan tan sorprendentemente, ¿quién puede dudar del carácter real de estas fiestas romanas? Ellas no son cristianas, son paganas; son inequívocamente babilónicas.

SECCION IV — LA FIESTA DE LA ASUNCION

La doctrina con respecto a la fiesta de la Asunción, en lo que concierne al papado, no fue establecida en las edades del obscurantismo, sino tres siglos después de la Reforma, en medio de las ponderadas luces del siglo diecinueve. La doctrina en la cual se fundamenta la fiesta de la Asunción, es ésta: que la Virgen María no experimentó la corrupción, pues fue llevada en cuerpo y alma al cielo, y que ahora está investida de todo poder en el cielo y en la tierra. Esta doctrina ha sido admitida descaradamente ante el pueblo británico en una reciente pastoral del obispo papal de Dublín. Esta doctrina ha recibido el sello de la Infa-

---

[138] *Las Geórgicas*, lib. IV. vol. I. ll. 759-766, y en el original, ll. 523-527. La edición de Dryden, que cito por lo general, tiene en la primera línea "Entonces con," pero como esto no concuerda con la construcción de la frase, he dado el pasaje como aparece en la edición de Baxter, Londres, 1807, que es evidentemente la correcta.

libilidad Papal, al ser incorporada en el decreto que proclama la "Inmaculada Concepción." A los sacerdotes de Roma les resultará imposible encontrar un indicio de que tal doctrina esté contenida en las Escrituras. Pero en el sistema babilónico, la fábula se encuentra lista y a la mano. Se había enseñado que Baco bajó al infierno, rescató a su madre de los poderes infernales y la llevó consigo en triunfo al cielo.[139] Esta fábula se divulgó dondequiera que se extendió el sistema babilónico; y, por consiguiente, los chinos celebran actualmente, como lo han hecho desde tiempo inmemorial, una fiesta en honor de una Madre que fue rescatada *por su hijo* del poder de la muerte y de la tumba. La fiesta de la Asunción en la Iglesia romana tiene lugar el 15 de agosto. La fiesta china, basada en una leyenda similar y celebrada con arañas de luces y linternas, como lo demuestra Sir J.F. Davis en su completo y gráfico relato sobre China, se celebra igualmente en el mes de agosto.[140] Cuando se celebró a la madre del Mesías pagano por haber sido *"ascendida,"* recibió el nombre de "Paloma,"[141] y fue adorada como la Encarnación del Espíritu de Dios, con quien fue identificada. Como tal, fue considerada como la fuente de toda santidad y como la gran "PURIFICADORA" y, por supuesto, fue conocida como la "Virgen" madre, como la "PURA E INMACULADA."[142] Con el nombre de Proserpina (con quien fue identificada, aunque la diosa

---

[139] APOLODORO, lib. III. cap. 5, p. 266. Hemos visto que la gran diosa que era adorada en Babilonia como "La Madre," era en realidad la *esposa* de Nino, el gran dios, el prototipo de Baco. De conformidad con esto, encontramos una historia algo similar contada sobre Ariadna, la esposa de Baco, fabulada como Semele, su madre. "El vestido de Tetis," dice Bryant (vol. II. p. 99), "tenía la descripción de algunos sucesos notables de las primeras edades; y un relato particular de la apoteosis de Ariadna, a quien se describe, sea cual sea el significado de ello, como *llevada al cielo por Baco."* Una historia similar se cuenta de Alcmena, la madre del Hércules griego que era, como hemos visto, bastante diferente del Hércules primitivo, y era sólo una de las formas de Baco, porque él era un "gran bebedor;" y las "copas hercúleas" eran proverbiales. – (MÜLLER, *Los Dorios*, vol I. p. 462). Se dice que la madre de este Hércules había sido resucitada. "Júpiter" (el padre de Hércules), dice Müller, "levantó de los muertos a Alcmena, y la llevó a las islas de los benditos, como esposa de Radamanto." (*Ibid.* p. 443).

[140] *China*, vol. I. pp. 354, 355.

[141] Ver *ante*, p. 79.

[142] PROCLO, en *Nota sobre Yámblico* de TAYLOR, p. 136.

babilónica era originalmente diferente), fue celebrada al tiempo como la *madre* del primer Baco, y conocida como la "venerada esposa de Plutón;" en los "Himnos Orficos" se le señala también como:

"Asociada con las estaciones, esencia luminosa,
VIRGEN que todo lo gobierna, llevando la luz celestial."[143]

Quienquiera que haya escrito estos himnos, cuando más se les analiza, más se hace evidente, cuando se les compara con la más antigua doctrina de la Grecia clásica, que sus autores comprendieron y observaron completamente la teología genuina del paganismo. Para el hecho de que Proserpina era adorada comúnmente en la Grecia pagana con el nombre de "La Santa Virgen," aunque era bien conocida como la esposa de Plutón, el dios de los infiernos, encontramos que Pausanias, al describir la tumba Carnasios, da testimonio de ello en estos términos: "Esta tumba contiene una estatua de Apolo Carneo, o Mercurio, que lleva un morueco, y de Proserpina, la hija de Ceres, a quien se llama 'La SANTA VIRGEN.'"[144] La pureza de esta "Santa Virgen" no consiste solamente en que, realmente, esté libre de pecado, sino que ella fue especialmente distinguida por "inmaculada concepción," pues Proclo dice: "A ella se le llama Coré por la pureza de su naturaleza y por la INMACULADA excelencia en su CONCEPCION."[145] ¿Se sorprende alguien por el reciente decreto? No existe razón verdadera para sorprenderse. Que ese decreto haya sido publicado y que la Madona de Roma haya sido finalmente declarada absolutamente "INMACULADA," en todo el sentido de la palabra, es una consecuencia lógica del seguimiento de la doctrina pagana adoptada previamente y entremezclada con la totalidad del sistema romano.

---

[143] *Himnos Orficos*, 28. P. 109. Algunos creen que estos himnos fueron compuestos, después de la era cristiana, por los neo-platónicos, de quienes se decía que habían pervertido la verdadera doctrina de sus predecesores. Yo dudo de esto. De todos modos, no alego por lo que no está apoyado por autoridad de la más alta calidad.

[144] PAUSANIAS, lib. IV., *Messenica*, cap. 33, p. 362.

[145] PROCLO, en nota adicional a *Himnos Orficos* de TAYLOR, p. 198.

Acerca de los Misterios... y el Culto al Hombre

Después de todo esto, ¿es posible dudar de que la Madona de Roma, con el niño en los brazos, y la Madona de Babilonia, sean la misma y única diosa? Es notorio que la Madona romana es adorada como una diosa, pues ciertamente es el objeto supremo de culto. Entonces, ¿no se sublevarán los cristianos de Gran Bretaña ante la idea de soportar por más tiempo este monstruoso paganismo babilónico? ¿Qué electorado cristiano puede tolerar que sus representantes malgasten el dinero en el sostenimiento de tan blasfema idolatría?[146] Si la mente de los hombres no estuviera tan ciega en materia judicial, temblarían ante la sola idea de incurrir en la culpa que esta tierra ha contraído durante años en el pasado, por apoyar la corrupción y la maldad de Roma. ¿No ha condenado la Palabra de Dios, en los términos más terribles y enérgicos, la Babilonia del Nuevo Testamento? Y, ¿no ha declarado igualmente que los que *participen* de los *pecados* de Babilonia, *recibirán* las *plagas* de Babilonia? (Apocalipsis 18:4).

La culpa de idolatría es considerada por muchos como una culpa comparativamente leve e insignificante. Pero el Dios del cielo no la considera así. ¿Cuál es el mandamiento, entre todos los diez, que contiene las sanciones más solemnes y terribles? Es el segundo: "No te harás imagen, ni ninguna semejanza de lo que esté arriba en el cielo, ni abajo en la tierra, ni en las aguas debajo de la tierra. No te inclinarás a ellas, ni las honrarás; *porque yo soy el SEÑOR tu Dios, fuerte, celoso, que visito la maldad de los padres sobre los hijos hasta la tercera y cuarta generación de los que me aborrecen.*" Estas palabras salieron de los propios labios de Dios y fueron escritas por los propios dedos de Dios en las tablas de piedra, no sólo para conocimiento de la simiente de Abraham, sino de todas las tribus y generaciones de la humanidad. *Ningún otro mandamiento está acompañado de una amenaza semejante.* Si Dios ha amenazado con visitar el PECADO

---

[146] Es lamentable que los cristianos parezcan tener, en general, tan poco sentido tanto de la gravedad de la crisis actual de la Iglesia, así como de la del mundo, o del deber que tienen como testigos de Cristo, para dar testimonio, *en la práctica*, contra los pecados públicos de la nación. Si desean que se les estimule para una exoneración más vigorosa del deber a este respecto, que lean una excelente y oportuna obrita publicada recientemente y titulada *Una Interpretación Original del Apocalipsis*, donde las revelaciones apocalípticas con respecto al carácter, a la vida, a la muerte y a la resurrección de los Dos Testigos, están tratadas con brevedad, pero eficazmente.

DE IDOLATRIA POR SOBRE TODOS LOS DEMAS PECADOS, y si encontramos que los severos juicios de Dios nos obligan como nación, mientras que este mismo pecado esté clamando al cielo contra nosotros, ¿no debe ser un asunto de cuidadosa investigación para ver si entre todos nuestros demás pecados nacionales, que son tantos y tan grandes, éste no pueda ser "la cabeza y la frente de nuestra culpa"? ¿Qué importa que no nos inclinemos ante los troncos y ante las piedras? Sin embargo, si nosotros hacemos una profesión de fe muy opuesta, valerosa y firme, pero mantenemos esa misma idolatría que Dios ha amenazado tan terriblemente con Su ira, nuestra culpa, en lugar de amenguarse, solamente se hace mucho más grande, porque es un pecado contra la luz. Los hechos son claros para todos los hombres. Es notorio que, en 1845, la idolatría anticristiana fue incorporada en la Constitución británica como nunca antes lo había sido durante siglo y medio. Es igualmente notorio que, *desde entonces*, la nación ha sido visitada con juicios que se siguen el uno al otro. ¿Debemos, entonces, considerar esta coincidencia como meramente accidental? ¿Antes, por el contrario, no debemos ver en ella el cumplimiento de la amenaza pronunciada por Dios en el Apocalipsis? En este momento, éste es un asunto esencialmente práctico. Si en este asunto no reconocemos nacionalmente nuestro pecado, si no lo confesamos penitencialmente, si no lo apartamos de nosotros; si, por el contario, seguimos incrementándolo; si, ahora, por primera vez desde la revolución, cuando dependíamos tan manifiestamente del Dios de las batallas para el éxito de nuestras armas, lo agraviamos en Su casa al enviar sacerdotes idólatras a nuestros campamentos, entonces, aunque tengamos ayunos nacionales y días de humillación sin cuento, esto no nos proporcionará una tregua temporal, pues podemos estar seguros de que "la ira del Señor no se apartará, Su mano se extenderá aún más."

CAPITULO IV

DOCTRINA Y DISCIPLINA

Cuando, en el reinado de Enrique VIII, Linacer, un distinguido físico, pero fanático romanista, se encontró por primera vez con el Nuevo Testamento, después de leerlo durante algún tiempo, lo arrojó lejos de sí con impaciencia, profiriendo una palabrota y exclamando: "O este libro no dice la verdad, o nosotros no somos cristianos." Al mismo tiempo, vio que el sistema de Roma y el sistema del Nuevo Testamento eran diametralmente opuestos el uno al otro; y nadie que los compare imparcialmente puede llegar a una conclusión diferente. Pasar de la Biblia al Breviario, es como pasar de la luz a las tinieblas. Mientras la una revela gloria en las alturas a Dios, y en la tierra paz, y a los hombres buena voluntad; el otro inculca todo lo que es ignominioso para el Altísimo, y funesto para la lucha moral y espiritual de la humanidad. ¿Cómo ocurrió que doctrinas y prácticas tan perniciosas fueran abrazadas por el papado? ¿Era la Biblia tan obscura y ambigua que los hombres cayeron naturalmente en el error de suponer que ella les exigía que creyeran y practicaran exactamente lo opuesto a lo que ella decía? No; la doctrina y la disciplina del papado nunca han provenido de la Biblia. La prueba está en el hecho de que dondequiera que ha tenido el poder, el papado ha puesto la lectura de la Biblia bajo pena de excomunión, o ha entregado al fuego ese don selectísimo del amor celestial, o lo ha encerrado bajo llave. Pero esto puede ser demostrado aún más concluyentemente. Una mirada a las principales columnas del sistema papal, probará suficientemente que su doctrina y su disciplina, en todos los aspectos esenciales, provienen de Babilonia. Dejemos que ahora sea el lector quien encuentre la evidencia.

SECCION I — LA REGENERACION BAUTISMAL

Es bien sabido que la regeneración por medio del bautismo es una artículo de fe de Roma que se encuentra ciertamente en el propio umbral del sistema romano. Según Roma, el bautismo es tan importante para este propósito que, por una parte, se le declara como de "absoluta necesidad para la salvación,"[1] hasta el punto en que los niños que mueren sin él, no pueden entrar en la gloria; y, por otra parte, sus virtudes son tan grandes, que se le declara infalible en todos los casos para "regenerarnos mediante un nuevo nacimiento espiritual, haciéndonos hijos de Dios,"[2] por lo que se le declara como "la *primera* puerta por la cual entramos en el rebaño de Jesús el Cristo, el *primer* medio mediante el cual recibimos la gracia de la reconciliación con Dios; por tanto, los méritos de Su muerte se aplican por el bautismo a nuestra alma de manera tan superabundante, que satisface plenamente a la justicia divina para todas las demandas contra nosotros, ya sea por el pecado original o por el pecado actual."[3] En ambos aspectos, esta doctrina es absolutamente contraria a las Escrituras, porque el Señor Jesús el Cristo ha declarado expresamente que los niños, sin la más leve relación con el bautismo o con cualquier rito externo, sea el que fuere, *pueden* entrar en la gloria del mundo espiritual: "Dejad a los niños, y no les impidáis venir a mí; *porque de los tales es el Reino de los cielos.*" Fue tal la alegría de Juan el Bautista, cuando todavía estaba en el vientre de su madre, por la llegada del Salvador que, tan pronto como resonó en los oídos de su madre la salutación de María, el bebé no nacido aún, "saltó en su vientre" de gozo. Si este niño hubiera muerto al nacer, ¿qué podría haberlo excluido de "la

---

[1] Obispo HAY, *El Cristiano Sincero*, vol. I. p. 369. Hay dos excepciones a esto: el caso de un infiel convertido en tierra de gentiles, donde es imposible que sea bautizado, y el caso de un mártir "bautizado," como se dice "por su propia sangre; pero, en todos los demás casos, séase joven o viejo, la necesidad es *"absoluta."*

[2] *Ibid.*, vol. I. p. 356.

[3] *Ibid.* p. 358.

herencia de los santos en luz" para la cual fue "hecho carne" tan ciertamente"? Sin embargo, Hay, el obispo católico romano, desafiando todo principio de la Palabra de Dios, no duda en escribir lo siguiente: "Pregunta: ¿Qué acontece con los niños que mueren sin el bautismo? Respuesta: Si el niño murió por la causa de Cristo, esto sería el *bautismo de sangre* para él, y lo llevaría al cielo; pero, con excepción de este caso, cuando tales niños no pueden cumplir el deseo del bautismo con todas las disposiciones necesarias, y no son bautizados realmente con agua, NO PUEDEN IR AL CIELO."[4] Como tal doctrina jamás procedió de la Biblia, ¿de dónde vino? Vino del paganismo. El lector de los clásicos no puede dejar de recordar dónde se hallaba Eneas, y en qué triste situación, cuando visitó las regiones infernales, encontrando las almas de niños desventurados que habían muerto antes de recibir, si así puede decirse, "los ritos de la Iglesia:"

"*En la entrada* los gritos de los niños recién nacidos,
A quienes el hado había arrebatado de sus adoloridas madres,
Asaltó sus oídos."[5]

Para glorificar las virtudes de los ritos del paganismo, estas criaturas desventuradas eran excluidas de los Campos Elíseos, el paraíso de los gentiles, y no tenían mejor y más cercana compañía que la de los suicidas culpables:

"Los que siguen en colocación y castigo son los que
Pródigamente sus almas malgastaron,
Locos que, descontentos de su desventurado estado,
Y soportando vidas aflictivas, a su hado sobornaron."[6]

¡Tánto por la *falta* del bautismo! Entonces, en cuanto a su eficacia positiva, la doctrina papal es igualmente contraria a las Es-

---

[4] *Ibid.* vol. I. p. 362.

[5] *La Eneida,* lib. VI. ll. 576-578, DRYDEN.– En el original, ll. 427-429.

[6] *Virgilio,* lib. VI. ll. 586-589, DRYDEN, Traducción.– En el original, ll. 434-436. Entre los niños y los suicidas se interponía otra clase, es decir, la de aquellos que en la tierra habían sido condenados a morir injustamente. Para éstos hay esperanza, pero no la hay para los niños.

crituras, cuando ella prevalece. Hay protestantes declarados que sostienen la misma doctrina de la regeneración bautismal, pero la Palabra de Dios no sabe nada de esto. El relato bíblico del bautismo *no* es el de que él *comunique* el renacimiento, sino que es el medio elegido para significar y para *sellar* ese renacimiento donde ya existe. En este aspecto, el bautismo está en el mismo plano que la circuncisión. ¿Qué dice la Palabra de Dios sobre la eficacia de la circuncisión? Dice esto, hablando de Abraham: "Y recibió la circuncisión por señal, por sello de la justicia de la fe que tuvo en la incircuncisión" (Romanos 4:11). La circuncisión no estaba destinada para *hacer* justo a Abraham, pues él ya lo era antes de que fuera circuncidado. Pero ella tenía el propósito de *declararlo* justo, de darle la más abundante evidencia en su propia conciencia de que así era. Si Abraham no hubiera sido justo *antes* de su circuncisión, ésta no podría haber sido un *sello*, no podría haberle dado la confirmación de aquello que no existía. Lo mismo pasa con el bautismo, que es "sello de la justicia de la fe" que el hombre "tiene antes de ser bautizado," porque se dijo: "El que creyere y fuere bautizado, será salvo" (Marcos 16:16). Cuando existe la fe, si ella es verdadera, constituye la evidencia de un corazón nuevo, de una *naturaleza regenerada*; y es solamente en la profesión de la fe y en la regeneración, tratándose de un adulto, por lo que él es admitido al bautismo. Aun en el caso de los bebés que no pueden hacer profesión de fe o de santidad, la administración del bautismo no se hace con el propósito de regenerarlos, o de *hacerlos* santos, sino de *declararlos* "santos" en el sentido de que están preparados para ser consagrados al servicio de Cristo, aun en la infancia, así como lo fue toda la nación de Israel, pues ellos "eran santos para el Señor" a consecuencia de su relación con Abraham, según la carne. Si los bebés no eran "santos" en ese sentido figurado, tampoco serían sujetos aptos para el bautismo, que es el *"sello"* de un estado de santidad. Pero la Biblia los declara "santos" como consecuencia de ser descendientes de padres creyentes, incluso donde sólo uno de los padres sea creyente: "Porque el marido incrédulo es santificado en la mujer [fiel], y la mujer incrédula en el marido [fiel]; de otra manera ciertamente vuestros hijos serían inmundos; pero ahora son SANTOS" (1 Corintios

7:14). La "santidad," con todas las responsabilidades que la acompañan, es una consecuencia de ser bautizados y declarados solemnemente como tales. Sin embargo, esa "santidad" es muy diferente de la "santidad" de la nueva naturaleza; y aunque el mismo acto del bautismo, si se le reconoce bíblicamente y si se aprovecha en forma debida es, en las manos del buen Espíritu de Dios, un *medio* importante para hacer que esa "santidad" sea una gloriosa realidad en el más alto sentido de la palabra; con todo, esto no asegura necesariamente la regeneración espiritual en todos los casos. Dios puede dar, o no, el corazón nuevo, como El lo crea conveniente, antes del bautismo, durante el bautismo, o después de él; pero es notorio que miles que han sido debidamente bautizados siguen aún sin regenerarse, permaneciendo exactamente en la misma situación que Simón el Mago, de quien, después de haber sido bautizado canónicamente por Felipe, se dijo que estaba "en hiel de amargura y en prisión de maldad" (Hechos 8:23). Sin embargo, la doctrina de Roma es que todos aquellos que sean canónicamente bautizados, aunque sean muy ignorantes, aunque sean muy inmorales, si tienen fe ciega en la Iglesia y entregan su conciencia a los sacerdotes, serán todo lo regenerados que puedan serlo, y que los niños que salen de las aguas bautismales estarán purificados completamente de la mancha del pecado original. Así encontramos que los misioneros jesuitas en la India, hacen alarde de haber convertido a miles por el mero hecho de haberlos bautizado, sin la menor instrucción previa, con la sola declaración de sometimiento a Roma, pero en la más completa ignorancia de las verdades del cristianismo. Esta doctrina de la regeneración bautismal también es esencialmente babilónica. Puede que algunos vacilen, quizás, ante la idea de que la regeneración haya sido conocida de alguna manera en el mundo pagano; pero si ellos van solamente a la India, allí encontrarán ahora que los hindúes fanáticos, que nunca han abierto sus oídos a la instrucción cristiana, están tan familiarizados con el término y con la idea como lo estamos nosotros. Los brahmanes hacen de ella motivo de singular ostentación en el sentido de que ellos son hombres que han

---

[7] Ver *Investigaciones Asiáticas*, vol VII. p. 271.

"nacido dos veces"[7] y que, como tales, están seguros de la felicidad eterna. Lo mismo ocurría en Babilonia, pero allí el renacimiento era conferido por el bautismo. En los misterios caldeos, *antes* de que pudiera recibirse cualquier instrucción, se requería, primero que todo, que la persona que iba a ser iniciada se sometiera al baustismo, en señal de obediencia ciega y sin reservas. Encontramos diferentes autores antiguos que dan testimonio inequívoco tanto del hecho de este bautismo, como de su propósito. "En ciertos ritos sagrados de los paganos," dice Tertuliano, refiriéndose especialmente al culto de Isis y de Mitra, "el modo de iniciación es por medio del bautismo."[8] El término "iniciación" muestra claramente que era a los Misterios de tales divinidades a los que él se refería. Este bautismo era por inmersión, y parece haber sido un procedimiento algo rudo y violento, porque encontramos que el que pasaba por la purificación de las aguas, además de otras penitencias necesarias, *"si sobrevivía, era admitido entonces al conocimiento de los Misterios."*[9] Pasar por esta prueba requería no poco valor de parte de los que iban a ser iniciados. Sin embargo, había un gran aliciente para someterse a esto, y era que, a los que fueran bautizados, se les prometía como consecuencia, afirma Tertuliano, "la REGENERACION y el perdón de todos sus perjurios."[10] Se sabe que nuestros propios antepasados paganos, los adoradores de Odín, practicaban ritos bautismales los cuales, según el propósito confesado por ellos para practicarlos, demuestran que, al menos al comienzo, deben haber creído que la culpa y la maldad connatural de sus hijos renacidos podían ser lavadas rociándolos con agua o sumergiéndolos en los lagos o en los ríos, tan pronto como nacían.[11] Ciertamente, al otro lado del Atlántico, en México, cuando Cortez y sus soldados desembarcaron en sus costas, se en-

---

[8] TERTULIANO, *De Bautismo*, vol. I. p. 1204.

[9] *Eliae Comment*. En San GREGORIO NACIANCENO, Orat. IV; GREGORIO NACIANCENO, *Obras*, p. 245.

[10] TERTULIANO, *De Bautismo*, vol I. p. 1205.

[11] Ver MALLET sobre el bautismo anglosajón, *Antigüedades*, vol. I. p. 335.

[12] HUMBOLDT, *Investigaciones Mejicanas*, vol. I. p. 185.

contró entre los nativos la doctrina de la regeneración bautismal en toda su fuerza.[12] La ceremonia del bautismo mejicano, que fue observada con asombro por los misioneros católico-romanos españoles, está descrita vívidamente por Prescott en su obra la *Conquista de México*: "Cuando estaba listo todo lo necesario para el bautismo, se congregaba toda la parentela del niño, y se llamaba a la partera, que era la persona que llevaba a cabo el rito del bautismo.[13] Al despuntar el alba se reunían en el patio de la casa; y, cuando salía el sol, la partera, tomando al niño en sus brazos, pedía una jarrita de barro con agua, en tanto que los que estaban cerca de ella, ponían en medio del patio los ornamentos que habían sido preparados para el bautismo. Para efectuar el rito del bautismo, ella se volvía con el rostro hacia el occidente, e inmediatamente empezaban a realizarse determinadas ceremonias... . Después de esto, ella rociaba agua en la cabeza del bebé, diciendo: 'Oh, hijo mío, toma y recibe el agua del Señor del mundo, a quien pertenece nuestra vida, que se nos da para el crecimiento y la renovación de nuestro cuerpo. *Esto es para lavar y para purificar*. Oro para que estas gotas celestiales puedan entrar en tu cuerpo, y morar allí; para que ellas puedan destruir y alejar de ti todo el mal y el pecado que te fue dado desde el principio del mundo, pues desde entonces todos nosotros estamos bajo su poder'... . Luego lavaba el cuerpo del niño con agua, hablando de esta manera: 'De dondequiera que tú vengas, tú que eres dañino para este niño, sal de él y apártate de él, para que él viva ahora de nuevo, y NAZCA DE NUEVO; ahora, él está purificado y limpio de nuevo, y nuestra madre Chalchiuntlicue [la diosa del agua] lo presenta en el mundo.' Habiendo orado de este modo, la partera tomó al niño con ambas manos, y levantándolo hacia el cielo, dijo: 'Oh, Señor, tú ves aquí a tu criatura, a quien tú has enviado al mundo, a este lugar de dolor, de sufrimiento y de penitencia. Dale, Señor, tus dones y tu inspiración, porque tú eres el Gran Dios, y contigo está la gran diosa.'"[14]

---

[13] Como el bautismo es absolutamente necesario para la salvación, Roma también autoriza a las parteras para administrar el bautismo. Parece que en México la partera tenía que ser una "sacerdotisa."

[14] PRESCOTT, *México,* vol. III. pp. 339,340.

Aquí está el opus operatum sin equivocación. Aquí está la regeneración, lo mismo que el exorcismo,[15] tan completa y perfectamente como cualquier sacerdote romano o amante del tractarianismo pudiera desear. ¿Pregunta el lector qué evidencia hay de que México haya tomado esta doctrina de Caldea? La evidencia es decisiva. Desde las investigaciones de Humboldt encontramos que los mejicanos celebraban a Wodan como el iniciador de su raza, tal como lo hicieron nuestros antepasados. Puede probarse que el Wodan o el Odín de Escandinavia es el Adón de Babilonia.[16] De acuerdo con la cita siguiente se verá que el Wodan de México es exactamente el mismo dios: "Según las antiguas tradiciones recogidas por el obispo Francisco Núñez de la Vega," dice Humboldt, "el Wodan de los chiapaneses [de México] era nieto de aquel ilustre anciano que se salvó en una balsa, junto con su familia, en tiempos del gran diluvio, en el que pereció la mayor parte de la humanidad. Wodan cooperó en la construcción del gran edificio en que se habían empeñado los hombres para llegar hasta los cielos; la ejecución de este temerario proyecto fue interrumpida; cada familia entonces tuvo una lengua diferente; y el gran espíritu de Teotl ordenó a Wodan que fuera y poblara el país de Anahuac."[17] Esto sirve indudablemente como demostración de dónde procedió originalmente la mitología mejicana e, igualmente, de dónde provenía esa doctrina de la regeneración bautismal, que los mejicanos tenían en común con los adoradores egipcios y persas de la Reina caldea del Cielo. Ciertamente, Prescott ha puesto en duda la autenticidad de esta tradición, por coincidir demasiado exactamente con la historia bíblica, para ser creída fácilmente. Pero el famoso Humboldt, que había examinado cuidadosamente el asunto, y que no tenía ningún prejuicio que lo desviara, expresa su plena creencia en su exactitud; incluso, por las interesantes páginas de

---

[15] En la ceremonia romana del bautismo, lo primero que hace el sacerdote es exorcizar al diablo para sacarlo del niño que va a ser bautizado, con estas palabras: "Sal de él espíritu inmundo, y deja el lugar al Espíritu Santo, el Consolador." – (*El Cristiano Sincero*, vol. I. p. 365). En las Escrituras no hay el más leve indicio de ningún exorcismo que acompañe al bautismo cristiano. Esto es puramente pagano.

[16] Como prueba, véase Apéndice, Nota I.

[17] HUMBOLDT, *Investigaciones*, vol. I. p. 320.

Prescott puede probarse cada detalle esencial, con la sola excepción del nombre de Wodan, de quien él no hace referencia. Pero, afortunadamente, está fuera de toda duda el hecho de que ese nombre se hubiera originado por algún héroe ilustre entre los supuestos antepasados de la raza mejicana, por la circunstancia singular de que los mejicanos tenían un día llamado Día de Wodan, exactamente como lo teníamos nosotros también.[18] Esto, tomado en relación con todas las otras circunstancias, es una prueba muy notable tanto de la unidad de la raza humana, como de la amplísima difusión del sistema que empezó en Babel.

El Dios de Dos Cabezas
Fig. 34

Si surge la pregunta sobre cómo ocurrió que los babilonios mismos adoptaran una doctrina semejante a la de la regeneración por medio del bautismo, también tenemos claridad sobre esto. En los Misterios babilónicos, la conmemoración del diluvio, del arca, y de los grandes acontecimientos de la vida de Noé, estaban mezclados con el culto a la Reina del Cielo y a su hijo. Noé, por haber vivido en dos mundos, tanto antes como después del diluvio, fue llamado "Diphues," o "nacido dos veces,"[19] y era representado como un dios con dos cabezas que miraban en direcciones opuestas: una de ellas era la de un viejo, y *la otra, la de un joven* (Fig. 34).[20] Aunque hemos visto que el Jano de dos cabezas se refiere en un aspecto a Cus y a su hijo Nimrod, visto como un dios de doble poder, como el Supremo, y el Padre de los "poderosos" deificados; sin embargo, con el fin de conseguir

---

[18] *Ibid.* vol. I. p. 319.

[19] BRYANT, vol. III. p. 21.

[20] *Ibid.* p. 84.

para él la misma autoridad y el mismo respeto, esenciales para constituirlo apropiadamente como la cabeza del gran sistema de la idolatría iniciado por los apóstatas, era necesario representarlo, de una manera o de otra, como identificado con el gran patriarca, que era el Padre de todos, y que tenía una historia tan prodigiosa. Por tanto, en las leyendas de Jano encontramos afirmaciones, mezcladas con otras cosas provenientes de una fuente completamente diferente, no solamente en el sentido de que él es el "Padre del mundo," sino también como "el inventor de las embarcaciones,"[21] lo que ha sido tomado evidentemente de la historia de Noé; y, por tanto, puede concluirse confiadamente, por la manera notable en que se le representa en la figura del héroe mostrada al lector, que eso ha sido sugerido principalmente por la historia del gran patriarca del diluvio, cuya integridad en su *doble vida* se narra tan particularmente en las Escrituras, donde se dice (Génesis 6:9): "Noé, varón justo, era perfecto en sus *generaciones*," es decir, en su vida antes del diluvio, y en su vida después del diluvio. Toda la mitología de Grecia y de Roma, así como la de Asia, está tan llena con la historia y las hazañas de Noé, que es imposible equivocarse al respecto. En la India, el dios Visnú, "el Preservador," que es celebrado por haber preservado milagrosamente una familia justa en la época en que el mundo fue inundado, no solamente ha ensalzado con su leyenda la historia de Noé, sino que se le llama por su mismo nombre. Visnú es exactamente la forma sánscrita del caldeo "Ish-nuh," "el hombre Noé," o "el Hombre del *reposo*."[22] En el caso de Indra, el "rey de los dioses," y el *dios de la lluvia* que, evidentemente, sólo es otra forma del mismo dios, el nombre se encuentra en la misma forma de Ish-nuh. La misma leyenda de Visnú que pretende hacer de él no solamente una criatura, sino el supremo y "eterno dios," demuestra que esta interpretación del nombre no es una mera imaginación infundada. En el "Matsia Purán" se le celebra así: "El sol, el viento, el éter, todas las cosas incorpóreas estaban incorporadas en su esencia divina; y, al ser

---

[21] *Ibid.* vol. III. p. 78.

[22] Encontramos la misma palabra *Ish,* "hombre" usada en sánscrito con el digama prefijo: Así, Vishampati, "Señor de los hombres." – Ver WILSON, *La India hace Tres Mil Años*, p. 59.

destruido el universo, el eterno y omnipotente dios, habiendo tomado la forma de un anciano, REPOSO misteriosamente sobre la superficie de ese *océano* (universal). Pero nadie puede saber si ese ser era entonces visible o invisible, o cuál era el nombre santo de esa persona, o cuál era la causa de su SUEÑO misterioso. Ni nadie puede decir cuánto tiempo REPOSO así hasta cuando concibió la idea de actuar; porque nadie lo vio, ni nadie se acercó a él, y nadie puede penetrar el misterio de su esencia real."[23] De acuerdo con esta antigua leyenda, a Visnú se le representa todavía *durmiendo* cuatro meses cada año. Relaciónese esta historia con el nombre de Noé, el hombre del "reposo," y con su historia personal durante el tiempo del diluvio, cuando el mundo fue destruido, cuando durante cuarenta días y cuarenta noches todo fue caos, cuando ni el sol ni la luna ni las rutilantes estrellas aparecieron, cuando el mar y el cielo se confundieron, y todo fue un inmenso "océano" universal en el seno del cual flotaba el patriarca, cuando no había ser humano que se acercara a él, sino aquellos que estaban con él en el arca, y "es penetrado el misterio de su esencia real," y se acierta al mismo tiempo con "el santo nombre de su persona," y se explica su "sueño misterioso." Dondequiera que Noé es celebrado bien por el nombre de Saturno,[24] "el Oculto," pues tal nombre se le aplicó, lo mismo que a Nimrod, por haber estado "oculto" en el arca, en el "día de la ira del Señor;" o bien por el nombre de "Oannes," o de "Jano," "el Hombre del Mar," se le describía de tal manera que era considerado como Diphues, "nacido dos veces," o "regenerado." Los brahmanes, "nacidos dos veces," que son todos ellos otros tantos dioses sobre la tierra por el título que se dan a sí mismos, demuestra que el dios a quien *representan*, y por cuyos privilegios claman sin descanso, fue conocido como el dios "nacido dos veces." La relación de la "regeneración" con la historia de Noé, aparece con especial evidencia en los relatos que se nos han transmitido de los Misterios celebrados en Egipto. Los más eruditos exploradores de las antigüedades egipcias, incluyendo a Sir Gardiner Wilkinson, admiten que la historia de Noé está

---

[23] Coronel KENNEDY, *La Mitología Hindú*, p. 228.

[24] BRYANT, vol. III. p. 75.

mezclada con la historia de Osiris.²⁵ La barca de Isis y el *féretro* de Osiris flotando en las aguas, indican claramente ese notable acontecimiento. Hubo diferentes períodos en diversos lugares de Egipto donde se lamentaba el destino fatal de Osiris; y, en una época, hubo una referencia más especial a la historia personal de "el vigoroso cazador delante del Señor," y otra a la terrible catástrofe por la que pasó Noé. En la grande y solemne fiesta llamada "La Desaparición de Osiris," es evidente que es el mismo Noé el que entonces se suponía que se había perdido. El tiempo en que Osiris estuvo "encerrado en su féretro," y cuando ese féretro fue puesto a flote en las aguas, según lo dicho por Plutarco, concuerda exactamente con la fecha en que Noé entró en el arca. Esa fecha fue la del "17 del mes de Atir, cuando ha terminado la inundación del Nilo, cuando las noches se alargan y los días se acortan."²⁶ El mes de Atir era el segundo mes después del equinoccio de otoño, tiempo en el cual empieza el año civil de los judíos y de los patriarcas. Entonces, según este relato, Osiris fue "encerrado en su féretro" el día 17 del segundo mes del año patriarcal. Compárese este relato con la entrada de Noé en el arca, según las Escrituras, y se verá cómo concuerdan notablemente (Génesis 7:11): "El año seiscientos de la vida de Noé, en el SEGUNDO MES, a los DIECISIETE DIAS del mes, aquel día fueron rotas todas las fuentes del grande abismo." En ese mismo día entró Noé en el arca; además, la época en que se creía que Osiris (también Adonis) había sido encerrado en su féretro, era precisamente la misma época en que Noé se encerró durante todo un año en el arca.²⁷ De modo que, como lo demuestran los relatos de Plutarco, en la fiesta en que Osiris se consideraba como *muerto* y *sepultado* al ser puesto en su arca o féretro, y entregado al abismo; al final, él salió de nuevo de allí, considerándose ese nuevo estado como un estado de "nueva vida" o "REGENE-

---

²⁵ WILKINSON, vol. IV. p. 340.

²⁶ PLUTARCO, *De Iside et Osiridi*, vol. II. p. 336, D.

²⁷ APOLODORO, lib. III. c. XIV., vol. I. pp. 356,357. TEOCRITO, *Idilio* XV., ll.103, 104, pp. 190,191, *Los Poetas Griegos Menores*. Teócrito habla de Adonis como liberado por Venus del Aqueronte, o de las regiones infernales, después de estar allí un año; pero como la escena tiene lugar en Egipto, es evidente que se refiere a Osiris, por ser el Adonis de los egipcios.

RACION."²⁸ Parece que existe toda la razón para creer que, por medio del arca y del diluvio, Dios le dio realmente a los santos patriarcas y, en especial, al justo Noé, una vívida representación simbólica del poder de la sangre y del Espíritu de Cristo, y al salvarlos de la ira y limpiarlos de todo pecado les daba una representación que era, a la vez, el *"sello"* más consolador y la confirmación en la fe de aquellos que creyeran verdaderamente. A esto parece aludir claramente Pedro cuando dice, hablando de este acontecimiento (1 Pedro 3:21): "A la figura de la cual el bautismo que ahora corresponde nos salva." Cualquier verdad primigenia que caía en manos de los sacerdotes caldeos, ellos la pervertían y la adulteraban por completo. Pasaban voluntariamente por alto el hecho de que era "la rectitud de la fe" que Noé "tuvo *antes*" del diluvio lo que lo llevó con seguridad por entre las aguas vengadoras de esa terrible catástrofe, y lo anunció, por decirlo así, mediante un nuevo nacimiento, a un mundo nuevo desde el vientre del arca, cuando ésta reposó sobre el Monte Ararat, y él fue liberado de su prolongado confinamiento. Hacían que sus seguidores creyeran que si solamente pasaban por las aguas bautismales y por todas las panaceas relacionadas con esto, de suyo los harían semejantes al segundo padre de la humanidad, "Diphueis," el "nacido dos veces," o el "regenerado," dándoles derecho a todos los privilegios del "justo" Noé, y dándoles ese "nuevo nacimiento" (o *palingenesia*)²⁹ que su conciencia le decía que necesitaba tanto. Precisamente, el Papa actúa sobre el mismo principio; y de esta misma fuente ha sacado su doctrina de la regeneración bautismal, sobre la cual tanto se ha escrito y tantas controversias ha suscitado. Dejar que los hom-

---

[28] PLUTARCO, *De Iside et Osiridi*, vol II. pp. 356-367, y siguientes. Fue con el carácter de Pthah-Sokari-Osiris como se le representó "sepultado" en las aguas. (Ver WILKINSON, vol. IV. p. 256). En su propio carácter, como Osiris simplemente, tuvo otra sepultura permanente.

[29] *Ibid. De Iside*, vol II. p. 364, F.

[30] Se han hecho numerosas especulaciones sobre el significado del nombre Sinar, aplicado a la región de la cual era capital Babilonia. ¿No arrojan luz sobre esto los hechos mencionados arriba? Cuán a propósito derivarlo de "shené," "repetir," y "naar," "niñez." Entonces, según este punto de vista, Sinar es sólo la tierra del "Regenerador."

bres se las arreglaran como pudiesen resultaría ser el sólo y único origen real de este dogma anti-bíblico.[30]

El lector ya ha visto de qué manera ha copiado Roma, fielmente, el exorcismo pagano con respecto al bautismo. Todas las demás peculiaridades relacionadas con el bautismo romano, tales como el uso de la sal, la saliva, el crisma o unción con aceite, y signar la frente con la señal de la cruz, son igualmente paganas. Los abogados continentales de Roma han *admitido* que algunas de estas peculiaridades no proceden, por lo menos, de las *Escrituras*. Así, Jodoco Tiletano de Lovaina, al defender la doctrina de la "tradición no escrita," no duda en decir: "No estamos satisfechos con lo que dicen los apóstoles o el Evangelio, pues decimos que tanto antes como después, se han aceptado diversos e importantes asuntos de peso procedentes de una doctrina que no aparece escrita en ninguna parte. Porque nosotros sí bendecimos el agua con la cual bautizamos y el óleo con el cual ungimos; sí, y además de esto, también al que es cristianizado. Y (dígame) ¿de qué Escrituras hubiéramos aprendido lo mismo? ¿No lo tenemos de una ceremonia secreta y no escrita del culto? Y, además, qué Escrituras nos han enseñado a untar con el óleo? Sí, dígame, ¿de dónde viene que sumerjamos tres veces al niño en el agua? ¿No proviene de esa doctrina secreta y no publicada que nuestros antepasados recibieron secretamente sin ninguna extrañeza, y ciertamente observada todavía."[31] Desde luego, este erudito teólogo de Lovaina sostiene que "la doctrina secreta y no publicada" de la cual habla, era "la palabra no escrita," transmitida por el canal de la infalibilidad, desde los apóstoles de Cristo hasta su propia época. Pero después de lo que ya hemos visto, el lector tendrá, probablemente, una opinión diferente sobre la fuente de la cual debe haber venido la doctrina secreta y no publicada. Y, ciertamente, el propio padre Newman admite con respecto al "agua santa" (es decir, agua consagrada mezclada con "sal"), y a muchas otras cosas que eran, como él dice, "los mismos instrumentos y accesorios del culto demoníaco,"

---

[31] Dr. GENCIANO HARVET, *Repaso de la Epístola*, p. 19 B, y 20 A.

[32] NEWMAN, *La Evolución*, pp. 359, 360.

que eran todos de origen "pagano," pero "santificados por adopción en la Iglesia."³² ¿Qué argumento, entonces, qué excusa se puede dar para tan extraordinaria adopción? Pues nada menos que ésta: que la Iglesia tenía "confianza en el poder del cristianismo para resistir la infección del mal," y para transmutarlos para "un uso evangélico." ¿Qué derecho tenía la Iglesia para tener semejante "confianza"? ¿Qué congregación podría tener la luz junto con las tinieblas? ¿Qué acuerdo puede haber entre Cristo y Belial? Sí, ¡dejemos que la historia de la Iglesia dé testimonio de la vanidad y de la impiedad de tal confianza! Dejemos que la marcha de nuestras investigaciones arrojen luz sobre esto. Actualmente, uno sólo de los ritos que acompañan el bautismo, a saber, el uso de la *"saliva"* en esa ceremonia, y el examen de las propias palabras del ritual romano al aplicarla, probarán que su empleo en el bautismo *debe* haber procedido de los Misterios. El siguiente es el relato de su aplicación, hecho por el obispo Hay:³³ "El sacerdote recita otro exorcismo y, al final de él, toca la oreja y la nariz de la persona que se bautiza con un poco de *saliva*, diciendo: 'Efeta,' es decir, 'ábrete a un *olor grato;* pero huye, demonio, porque el juicio de Dios está cerca.'" Seguramente, el lector se preguntará enseguida, ¿qué relación posible, qué relación concebible puede haber entre la saliva y un *"olor grato"*? Si al lado de esta frase se pone la doctrina secreta de los Misterios caldeos, se verá cuán absurda y sin sentido puede resultar esta colocación de términos, y que no fue al azar como la *saliva* y un "olor grato" se asociaron. Ya hemos visto cuán cabalmente estaba familiarizado el paganismo con los atributos y con la obra del Mesías prometido, aunque todo ese conocimiento de estos grandes temas se empleó con el propósito de corromper la mente de los hombres, y mantenerlos en una esclavitud espiritual. Hemos visto ahora que así como ellos estaban bien enterados de la existencia del Espíritu Santo, así también, intelectualmente, conocían bien Su *obra*, aunque el conocimiento que tenían de este asunto estaba igualmente falsificado y envilecido. Servio, en su comentario sobre la *primera*

---

[33] *El Cristiano Sincero*, vol. I. p. 368.

Geórgica de Virgilio, después de citar la bien conocida expresión "mystica vannus Iacchi," "El aventador místico de Baco," dice que este "aventador místico" simbolizaba la purificación de las almas."[34] ¿De qué manera podía ser el aventador un símbolo de la purificación de las almas? La respuesta es que el aventador es un instrumento para producir "viento;"[35] y en Caldea, como ya se ha visto, la misma palabra significa a la vez "viento" y "Espíritu Santo." No puede haber duda que, desde el principio, el "viento" fue uno de los emblemas divinos de los patriarcas, por el cual se mostraba el poder del Espíritu Santo, así como se lo dijo nuestro Señor Jesús el Cristo a Nicodemo: "El *viento* de dondequiera sopla, y oyes su sonido; mas ni sabes de dónde viene, ni a dónde va; así es todo aquel que es nacido del Espíritu." Por tanto, cuando se representa a Baco con "el aventador místico," es para manifestar que él es el Poderoso en quien quedaba "un resto del Espíritu." De aquí proviene la idea de la purificación del alma por medio del viento, según la descripción de Virgilio, al representar la mancha y contaminación del pecado, removidos por ese medio:

"Para esto se juntan varias panaceas,
Y algunos están colgando para ser blanqueados por el viento."[36]

Por esto, los sacerdotes de Júpiter (que originalmente sólo era otra forma de Baco) (ver Fig. 35), se llamaban los flamen,[37] es decir, *inspiradores* o *donadores* del Espíritu Santo, cuando soplaban sobre sus seguidores.

---

[34] SERVIO, vol. II. p.197.

[35] Hay una alusión evidente al "aventador místico" del dios babilónico, en el juicio de Babilonia pronunciado por Jeremías 51:1,2: "Así dijo el SEÑOR: He aquí que yo levanto sobre Babilonia, y sobre sus moradores que de corazón se levantan contra mí, un viento destruidor. Y enviaré a Babilonia *aventadores* que la *avienten*, y vaciarán su tierra."

[36] DRYDEN, *Virgilio, La Eneida*, lib. VI, vs. 1002,1003; en el original, ll. 739-741.

[37] De "Flo," "Yo soplo."

[38] BUNSEN, vol. I. pp. 475,476, y 516.

Acerca de los Misterios... y el Culto al Hombre

Cupido con la Copa de Vino y la Guirnalda de Hiedra de Baco

Fig. 35

En los Misterios, la *"saliva"* sólo era otro símbolo para lo mismo. En Egipto, que sirvió de medio para el paso del sistema babilónico a Europa occidental, "Rekh"[38] era el nombre de "el Puro, o el Espíritu purificador." Pero "Rekh" también significaba "saliva;"[39] así que, al ungir la nariz y las orejas del iniciado con "saliva," según el sistema místico, se entendía que eran ungidos con "el Espíritu purificador." Que Roma, al adoptar la "saliva," realmente copió esto de algún ritual caldeo, en el cual la "saliva" era el emblema elegido por "Espíritu," se desprende claramente del informe que ella suministra en sus conocidos formularios sobre la razón para la unción de las *orejas* con "saliva." La razón para la unción de las *orejas* con *"saliva,"* dice el obispo Hay, es porque "por la gracia del bautismo, los oídos de nuestra alma se abren para oír la Palabra de Dios, y las *inspira-*

---

[39] PARKHURST, *Léxico*, p. 703.

[40] *El Cristiano Sincero*, vol. I. p. 368.

ciones de Su Espíritu Santo.[40] Pero puede preguntarse, ¿qué tiene que ver la "saliva" con el "olor grato"? Yo respondo: porque la propia palabra "Rekh" que significaba el "Espíritu Santo," y que se representaba visiblemente por medio de la "saliva," estaba íntimamente relacionada con "Rikh," que significa "olor grato" u "olor a fragancia." Así, un conocimiento de los Misterios le da sentido y consistencia al significado de la cabalística expresión dirigida por el bautizador papal a la persona que está siendo bautizada, cuando le unta la "saliva" en la nariz y en las orejas, y que de otra manera no tendría ningún significado: "Efeta, ábrete a un olor grato." Mientras se ocultaba de este modo la verdad primigenia bajo la "saliva," todo el espíritu del paganismo tan contrario, sin embargo, a la espiritualidad de la religión patriarcal a la que, ciertamente, se proponía devaluar, apartando por completo de ella a los hombres, al tiempo que pretendía rendirle homenaje, haciendo que entre el común de la gente el empleo mágico de la "saliva" se convirtiera en el símbolo de la más estúpida superstición. Teócrito muestra los degradantes ritos con los que esta práctica estaba mezclada en Sicilia y en Grecia;[41] y Perseo la celebraba en sus días para escarnecer al pueblo de Roma por su confianza en ella para conjurar la influencia del "mal de ojo:"

> Nuestras supersticiones con nuestra vida empiezan;
> La anciana repugnante, o el pariente allegado,
> Al niño recién nacido de la cuna toma,
> Y hace primero una purificación de la saliva;
> Luego mete su dedo medio en el esputo,
> Unge las sienes, la frente, y los labios
> Por virtud de su repugnante excremento.– DRYDEN.[42]

A pesar de lo que hemos avanzado en la consideración de cómo el bautismo papal es apenas una reproducción del bautismo caldeo, todavía queda otro aspecto para ser considerado, que completa la demostración. Ese aspecto está contenido en la tremen-

---

[41] TEOCRITO, *Idilio*, II. 61, pp. 126,127.

[42] PERSIO, *Sátiras*, II. v. 30-34, en el original.

Acerca de los Misterios... y el Culto al Hombre

da maldición que fue fulminada contra un hombre que cometió el delito imperdonable de abandonar la Iglesia de Roma, y publicar las graves y serias razones que tuvo para hacerlo: "¡Que el Padre que creó al hombre, lo maldiga! ¡Que el Hijo, que padeció por nosotros, lo maldiga! ¡Que el *Espíritu Santo, que padeció por nosotros en el bautismo*, lo maldiga!"[43] No me detengo para demostrar cuán absoluta y completamente opuesta al espíritu del Evangelio es una maldición como ésta. Pero para lo que llamo la atención del lector es sobre la asombrosa afirmación de que "el Espíritu Santo padeció por nosotros en el bautismo." ¿En qué parte de toda la extensión de las Escrituras puede encontrarse algo que justifique una aseveración como ésta, o algo

Los Símbolos de Nimrod y de Baal-Berith

Fig 36

que tan sólo lo sugiera? Pero que el lector recurra al relato babilónico sobre la personalidad del Espíritu Santo, y la blasfemia contenida en esta expresión se hará manifiesta. Según la doctrina caldea, Semíramis, la esposa de Nino o Nimrod, al ser exaltada a la divinidad bajo el nombre de la Reina del Cielo, llegó a ser adorada, como lo hemos visto, como Juno, la "Paloma;" o, en otras palabras, como el Espíritu Santo encarnado. Cuando su esposo, por su blasfema rebeldía contra la majestad del cielo, fue segado por algún tiempo, esto también fue para ella un tiempo de tribulación. Los fragmentos de la historia antigua que han llegado hasta nosotros, hacen un relato de su azoramiento y de

---

[43] Lo citado está tomado de la maldición contra el Sr. Hogan de Filadelfia por abandonar la Iglesia de Roma, y por señalar las razones que tuvo para hacerlo así. – Ver BEGG, *Guía*, p. 152. Ver también BLAKENEY, *El Papado en su Aspecto Social*, p. 126, y Nota p. 127.

su huida para salvarse de sus adversarios. En las fábulas de la mitología, esta huida está representada místicamente de acuerdo con lo que se le atribuía a su esposo. Los bardos de Grecia representaron a Baco cuando él fue derrotado por sus enemigos, y se refugió en las profundidades del océano (ver Fig.36).[44] Así dice Homero:

"De mala manera, mientras Baco ciegamente enfurecido,
Licurgo, guiaba sus trémulas bandas, confundido,
Sobre las extensas llanuras de Nusa. De prisa
Echaron abajo sus sagrados enseres, y huyeron
En temerosa desbandada. Baco vio
Derrota tras derrota, y, perdido en alocada congoja,
Se sumergió en las profundidades. Aquí en sus brazos
Lo recibió Tetis, temblando ante el suceso horrendo."[45]

En Egipto, como hemos visto, a Osiris, identificado con Noé, se le representaba pasando por entre las aguas, al ser derrotado por su gran enemigo Tifón, o sea "el Maligno." Los poetas representaban a Semíramis compartiendo su desgracia, y buscando también la seguridad en igual forma. Ya hemos visto que, bajo

---

[44] La primera figura, el toro partido, es de BRYANT, vol. III. p. 303; la segunda, el dios sobre el pez, es del mismo volumen p. 338. La primera es apenas otro símbolo de lo que también se representaba por el árbol corpulento cortado, ya visto. Ese árbol representaba a Nimrod como "el Poderoso" despedazado en medio de su poder y de su gloria. El toro-hombre partido lo simbolizaba de igual manera como "El Príncipe" que fue despedazado, pues el nombre para toro y para príncipe es el mismo. El pez encima del toro muestra la transformación que se suponía había ocurrido cuando él fue muerto por sus enemigos; ya que la historia de Melicertes, quien fue arrojado al mar junto con su madre Ino, y se convirtió en dios del mar (SMITH, *Diccionario Clásico*, "Athamas," p. 100), sólo es otra versión de la historia de Baco, pues Ino fue la madre adoptiva de Baco (SMITH, *sub voce* "Dionisos," p.226). En la segunda medalla, se representa a Melicertes, bajo el nombre de Palemón, montado triunfalmente sobre el pez cuando terminaron sus aflicciones, con el abeto o pino, el emblema de Baal-berith, "El Señor del Pacto," como su insignia. Esto, comparado con lo que ya se dijo sobre el árbol de Navidad, demuestra cómo llegó el abeto a ser considerado como árbol de Navidad. El nombre Ghela que aparece encima del toro partido, es ambiguo. Aplicado al pez, viene de Ghela, "exultar y saltar de alegría" como delfines y como lo hacen los peces en el mar; aplicado a la divinidad, a quien representan por igual el toro y el pez, viene de Ghela, "revelar," pues esa divinidad era la "reveladora de la bondad y la verdad" (WILKINSON, vol. IV. p. 189).

[45] HOMERO, *La Ilíada*, VI. v. 133. Ver BRYANT, *Mitología*, vol. IV. p. 57.

el nombre de Astarté, se decía de ella que había nacido del prodigioso huevo que se encontró flotando en las aguas del Eufrates. En su *Poética Astronómica*, Manilio cuenta lo que la indujo a refugiarse en dichas aguas. "Venus se sumergió en las aguas babilónicas, dice él, "para librarse de la furia de Tifón, la serpiente que tiene pies."[46] Cuando la Venus Urania, o Dione,[47] la "Paloma Celestial," con dolor profundo se sumergió en las aguas de Babilonia, se observa que, según la doctrina caldea, esto quería decir, ni más ni menos, que el Espíritu Santo encarnado y en profunda tribulación entró en dichas aguas, con el propósito de que tales aguas pudieran ser aptas, no sólo por la residencia temporal del Mesías en medio de ellas, sino por la eficacia del Espíritu impartida a ellas de ese modo, dando a los adoradores de la Madre caldea nueva vida y regeneración *por el bautismo*. Tenemos evidencia de que la virtud purificadora de las aguas que, en opinión de los paganos, tenían tanta eficacia en la purificación de la culpa y en la regeneración del alma, se derivaba, en parte, del paso del dios mediador, el dios-sol y dios del fuego, por entre dichas aguas durante su humillación y su permanencia en medio de ellas; y de que el papado conserva, en la actualidad, la misma costumbre que dimanó de dicha persuasión. En lo que tiene que ver con el paganismo, las siguientes citas de Potter y de Ateneo hablan con suficiente claridad. "Toda persona," dice el primero, "que venía a los sacrificios solemnes [de los griegos] era purificada con agua. Para tal fin, en la entrada de los templos, en general, se colocaba una vasija llena de agua bendita."[48] ¿Cómo se santificaba esa agua? Esa agua "era consagrada," dice Ateneo, "introduciendo en ella una ANTORCHA ENCENDIDA, tomada del altar."[49] La *antorcha encendida* era el símbolo manifiesto del dios del fuego; y, mediante la llama de esta antorcha, tan indispensable para la consagración del agua bendita, pode-

---

[46] MANILIO, *Astronomía*, lib. IV. v. 579-582, p. 146.

[47] OVIDIO, *Fastos*, lib. II. 461.

[48] POTTER, *Antigüedades*, vol. I. p.195.

[49] ATENEO, lib. IX. p. 409.

mos ver fácilmente de dónde procedía una gran parte de la virtud purificadora del "agua del altisonante mar," que se consideraba tan eficaz en la purificación de la culpa y de la mancha del pecado,[50] incluso por haber encontrado refugio en sus aguas el dios-sol. Este mismo método se emplea ahora en la Iglesia romana para consagrar el agua para el bautismo. El testimonio confiable del obispo Hay no deja duda en cuanto a esto. "Ella" [el agua guardada en la pila bautismal], dice él, "se bendice en la víspera de Pentecostés, porque es el Espíritu Santo el que da a las aguas del bautismo el poder y la eficacia para santificar nuestra alma, y porque el bautismo de Cristo es 'en Espíritu Santo y fuego' (Mateo 3:11). Para bendecir las aguas se mete en la pila una ANTORCHA ENCENDIDA."[51] Aquí, entonces, queda claro que el agua de la regeneración bautismal de Roma se consagra del mismo modo en que lo era el agua de la *regeneración* y de la *purificación* de los paganos. ¿De qué le sirve al obispo Hay decir, con el propósito de santificar la superstición y "hacer plausible la apostasía," que esto se hace "para representar el fuego del amor divino, que se comunica al alma por el bautismo, y la luz del buen ejemplo, que todos los que son bautizados deben dar."?[52] Esta es la cara bonita del asunto; pero permanece el hecho de que al tiempo que la doctrina romana con respecto al bautismo es puramente pagana, en las ceremonias relacionadas con el bautismo papal, uno de los ritos esenciales del antiguo culto del fuego se practica en la actualidad en la misma forma en que era practicado por los adoradores de Baco, el Mesías babilónico. Así como Roma conserva la conmemoración del dios del fuego que pasa por entre las aguas y les confiere su virtud, así cuando se habla del "Espíritu Santo que *padece* por nuestro bautismo," de igual manera se conmemora la parte que el paganismo asignaba a la diosa babilónica cuando ella se sumergió en las aguas. Los infortunios de Nimrod, o Baco, se convirtieron en sufrimientos meritorios en las aguas. Con los sufrimientos de su

---

[50] "Todos los males humanos," dice Eurípides, en un pasaje bien conocido, "son lavados por el mar."

[51] HAY, *El Cristiano Sincero,* vol. I. p. 365.

[52] HAY, *El Cristiano Sincero*, vol. I. p. 365.

esposa, en quien moraba milagrosamente el Espíritu Santo, ocurrió lo mismo. Los sufrimientos de la Madona, entonces, desde cuando entró en dichas aguas, huyendo de la ira de Tifón, fueron los dolores de parto por los cuales nacieron los hijos para Dios. Y así, incluso en el Lejano Oeste, a la Chalchiuntlicue mejicana, "la diosa de las aguas" y la "madre" de todos los regenerados, se le representaba purificando del pecado original al niño recién nacido, y "trayéndolo otra vez al mundo,"[53] El Espíritu Santo era adorado idolátricamente en Babilonia bajo la forma de una "Paloma." Bajo la misma forma, y con igual idolatría, se le adora en Roma. Por tanto, cuando en contradicción con el mismo principio de las Escrituras, leemos que *"el Espíritu Santo padeció por nosotros en el bautismo,"* debe ciertamente darse a conocer ahora quién es ese Espíritu Santo, y lo que se pretende realmente. Esto no es otra cosa que Semíramis, la misma encarnación de la lujuria y de toda impureza.

SECCION II — LA JUSTIFICACION POR LAS OBRAS

A los adoradores de Nimrod y su reina se les consideraba como regenerados y purificados del pecado por el bautismo, bautismo que recibía su virtud de los sufrimientos de estas dos grandes divinidades babilónicas. Sin embargo, con respecto a la justificación, la doctrina caldea era la de que por medio de las obras y de los méritos de los mismos hombres, era como ellos debían ser justificados y aceptados por Dios. Las siguientes notas de Christie en sus observaciones anexadas a los *Misterios Eleusinos* de Ouvaroff, demuestran que eso era lo que se pretendía. "El señor Ouvaroff ha sugerido que uno de los grandes objetivos de los Misterios era el de presentar a los hombres caídos los medios para su regreso a Dios. Estos medios eran las virtudes catárticas (es decir, las virtudes por medio de las cuales se quita el pecado), por cuya eficacia iría a ser vencida la vida corporal. En efecto, los Misterios recibieron el nombre de Teletae, 'las per-

---

[53] HUMBOLDT, *Investigaciones Mejicanas*, vol. I. p. 185.

fecciones,' porque se suponía que ellos inducían a la perfección de la vida. A los que eran purificados por ellos se les decía teloumenoi y tetelesmenoi, es decir, 'llevados... a la perfección', lo que dependía de los esfuerzos del individuo."[54] En la *Metamorfosis* de Apuleyo, quien fue iniciado en los misterios de Isis, encontramos expresada claramente la misma doctrina de los méritos humanos. Allí aparece la diosa dirigiéndose de esta manera al héroe de la fábula: "Si te haces MERECEDOR a la protección de mi divinidad por la *obediencia asidua*, la *devoción religiosa* y la castidad inquebrantable, te convencerás de que a mí, y solamente a mí, me es posible prolongar tu vida más allá de los límites que han sido señalados para ella por el destino."[55] Cuando el propio individuo ha recibido una prueba del supuesto favor de la divinidad, los espectadores expresan así sus congratulaciones: "¡Dichoso, por Hércules!, y bendecido tres veces el que haya MERECIDO por la inocencia y la probidad de su vida pasada, tan especial auspicio del cielo."[56] Así era en vida. Pero también en la muerte el gran pasaporte en el mundo desconocido, seguía siendo los méritos de los mismos hombres, aunque el nombre de Osiris se les daba, como lo veremos pronto, a aquellos que morían en la fe. "Cuando [en Egipto] los cuerpos de las personas notables," dice Wilkinson, citando a Porfirio, "eran embalsamados, les sacaban los intestinos y los ponían en un recipiente, sobre el cual uno de los embalsamadores (después de haberse realizado algunos ritos por el muerto) pronunciaba una invocación al sol en nombre del difunto." La fórmula, según Eufanto, quien la tradujo del original al griego, era la siguiente: ¡Tú, oh Sol, nuestro señor soberano!, y todas las deidades que le han dado la vida al hombre, recíbanme, y denme una morada con los dioses eternos. Durante todo el curso de mi vida he adorado escrupulosamente a los dioses que mi padre me enseñó a adorar; siempre he honrado a mis padres, que engen-

---

[54] OUVAROFF, pp. 183,184.

[55] *Metamorfosis*, cap. 11.

[56] *Metamorfosis*, cap. 11.

[57] WILKINSON, vol. V. pp. 463,464.

draron este cuerpo; no he matado a nadie, no he estafado, ni hecho mal a ningún hombre."[57] Así, los méritos, la obediencia, o la inocencia del hombre constituían la gran súplica. La doctrina de Roma con respecto al artículo fundamental de la justificación del pecador es la misma. Por supuesto, probaría poco por sí misma con relación a la afiliación de los dos sistemas (el babilónico y el romano), pues, desde los días de Caín en adelante, la doctrina del mérito humano y de la propia justificación han sido, en todas partes, connaturales al corazón de la humanidad descarriada. Pero lo que es digno de observarse con respecto a este asunto es que, en los dos sistemas, está *simbolizada* exactamente de la misma manera. En las leyendas papales se dice que el arcángel San Miguel tiene a su cargo la balanza de la justicia de Dios,[58] y que en los dos platillos de la balanza se ponen los méritos y los desmerecimientos del difunto, para que puedan ser pesados imparcialmente los unos contra los otros; y que, cuando la balanza se inclina del lado favorable o desfavorable, él pueda ser justificado o condenado, según el caso. Por su parte, la doctrina caldea de la justificación, como nos lo aclaran los monumentos de Egipto, está simbolizada exactamente de la misma manera, con la excepción de que, en la tierra de Cam, los platillos de la justicia estaban a cargo de Anubis, en lugar del arcángel San Miguel, y que las buenas obras se pesaban por separado de las malas, dándose un informe distinto de cada grupo para que, cuando se contabilizaran y se hiciera el balance, se pronunciara el juicio en consecuencia. Wilkinson dice que Anubis y sus platillos están representados con frecuencia y que, en algunos casos, hay alguna diferencia en los *detalles*. Pero es evidente, por sus relatos, que lo *principal* no varía. El siguiente es el relato que él hace de uno de esos lugares del juicio previo para la admisión del muerto en el paraíso. "Cerbero está presente como guardián de las puertas, cerca de las cuales se levantan los platillos de la justicia; y Anubis, el director de la pesada, después de poner un jarrón que representa las buenas acciones del difunto en un platillo, y la figura o emblema de la verdad en el otro, procede a averiguar sus peticiones para la admisión. Si, al ser

---

[58] Dr. GENCIANO HARVET, *Análisis de la Epístola*, lib. II. cap. XIV.

pesado, se le encuentra falto, es rechazado y Osiris, el juez de los muertos, inclinando su cetro en señal de condenación, pronuncia el juicio sobre el difunto, y condena su alma a regresar a la tierra bajo la forma de un cerdo o de algún otro animal inmundo.... Pero cuando en la SUMA señalada por Tot [que ayuda a señalar los resultados de las diferentes pesadas de Anubis], sus virtudes PREDOMINAN hasta el límite que le da derecho a la admisión en la mansión de los bienaventurados, Horus, tomando en su mano la tablilla de Tot, lo lleva a la presencia de Osiris que está en su palacio, acompañado por Isis y Neptuno, y se encuentra sentado en su trono en medio de las aguas, de las cuales emergen los lotos, que tienen sobre sus flores abiertas los cuatro genios de Amenti."[59] La misma forma de simbolizar la justificación por las obras había sido usada, evidentemente, en la misma Babilonia; y, por tanto, tiene mucho valor la escritura divina en la pared cuando se efectuó la sentencia de Belsasar: "Tekel," "Has sido pesado en la balanza, y hallado falto." En el sistema persa, que fue tomado grandemente del caldeo, el principio del peso de las obras buenas contra el peso de las obras malas se desarrolló plenamente. "Durante tres días después de la muerte," dice Vaux en su *Nínive y Persépolis*, al hacer un recuento de las doctrinas persas con respecto a los muertos, "se supone que el alma vuela en torno a su vivienda de barro, con la esperanza de la reunificación; al cuarto día aparece el ángel Seroc y la lleva al puente de Chinevad. En esta estructura, de la que se asegura que une al cielo con la tierra, se sienta el Angel de la Justicia, para pesar las acciones de los mortales; cuando prevalecen las buenas obras, el alma es recibida en el puente por una figura deslumbrante que dice: 'Yo soy tu ángel bueno; yo era puro originalmente, pero tus buenas acciones me han hecho más puro'; y pasando su mano por el cuello del alma bienaventurada la conduce al Paraíso. Si predominan las iniquidades, el alma es recibida por un espectro horrible, que grita: 'Yo soy tu genio del mal; yo era impuro desde el principio, pero tus malas acciones me han hecho más impuro; por ti seguiré siendo miserable hasta

---

[59] WILKINSON, *Los Egipcios*, vol. V. p. 447.

[60] VAUX, p. 113.

la resurrección;' entonces, el alma pecadora es arrastrada al infierno, donde Ahrimán se sienta para vituperarla por sus crímenes."[60] Así es la doctrina del persianismo. Lo mismo ocurre en el caso de China, donde el obispo Hurd, al referirse a las descripciones de las regiones infernales y de los símbolos que se relacionan con ellas, dice: "Una de ellas siempre representa un pecador y un par de platillos, con las iniquidades en uno de ellos, y sus buenas obras en el otro." "Nosotros encontramos algunas de estas representaciones," añade, "en la mitología griega."[61] Así describe Sir J.F. Davis el funcionamiento de la norma en China: "En una obra de alguna importancia sobre las costumbres, llamada *Méritos y Deméritos Examinados*, un hombre es inducido a llevar consigo mismo una relación de débitos y créditos de las acciones de cada día, y a liquidarlas al final del año, si el balance es a su favor, éste sirve como base para un capital de méritos para el año siguiente; y si en su contra, deben ser liquidados por obras buenas futuras. Se dan algunas listas y tablas comparativas, tanto de las acciones buenas como de las malas en las distintas relaciones de la vida; y se inculca celosamente la benevolencia primero con respecto al hombre, y después con respecto a las bestias de la creación. Causar la muerte a alguien se cuenta como un ciento en lado del demérito; en tanto que un solo acto de caridad descarga las cuentas en uno en el otro lado.... Salvar la vida de una persona se clasifica en la obra antedicha como el exacto equivalente del acto opuesto de quitarla; y se dice que esta acción de mérito prolongará la vida de una persona en veinte años."[62]

En tanto que tal forma de justificación es completamente corruptora, por una parte, por la misma naturaleza del caso; por la otra, nunca se podría despertar, por medio de ella, ningún sentimiento verdadero de consuelo o de seguridad en el corazón de ningún hombre cuya conciencia permanezca despierta, en cuanto a sus perspectivas en el mundo eterno. ¿Quién podría decir alguna vez, por bueno que fuese en concepto de sí mismo, si la

---

[61] HURD, *Ritos y Ceremonias*, p. 64, col. I.

[62] DAVIS, *China*, vol. II. cap. "Religión - Budismo."

"*suma* de sus buenas acciones" podrían compensar, o no, la cantidad de pecados y transgresiones que su conciencia le pudiera imputar en su contra? Cuán diferente es el plan bíblico, el plan divino de la "santificación por la fe," y por la "fe sin las obras de la ley", prescindiendo absolutamente de los méritos humanos, simple y solamente por medio de la justicia "de Dios por la fe de Jesús el Cristo, para todos y sobre todos los que creen en él." y que libera "de toda condenación," a los que reciban del Salvador inmolado, y están unidos vitalmente a El por la fe. No es la voluntad de nuestro Padre del cielo que Sus hijos en este mundo estén alguna vez en duda y en tinieblas en cuanto al punto vital de su salvación eterna. Indudablemente, incluso un santo, si es necesario, puede estar abatido por un tiempo por muchas tentaciones, pero esto no es lo normal, ya que el estado normal y natural del cristiano vital, es el de que conozca la plenitud y la libertad de las bendiciones del Evangelio de la paz. Dios ha puesto el más sólido cimiento para que todo Su pueblo diga con Juan: "Y nosotros hemos CONOCIDO y creído la caridad que Dios tiene en nosotros" (1 Juan 4:16); o con Pablo: "por lo cual estoy CIERTO que ni la muerte, ni la vida, ni ángeles, ni principados, ni potestades, ni lo presente, ni lo porvenir, ni lo alto, ni lo bajo, ni ninguna criatura nos podrá apartar de la caridad de Dios, que es el Cristo Jesús, Señor nuestro" (Romanos 8:38,39). Por esto, ningún hombre puede decir nunca que procurará "establecer su propia justicia" (Romanos 10:3); que buscará, de alguna manera, ser justificado por sus propias obras. Tal seguridad, tal consuelo sólo puede resultar de una dependencia simple y creyente en la gracia libre e inmerecida de Dios, dado *en* y *junto* con Cristo quien es el don indescriptible del amor del Padre,. Esto fue lo que hizo que el espíritu de Lutero fuera, como él mismo lo dijo, "tan libre como una flor del campo"[63] cuando, completamente solo, fue a la Dieta de Worms para enfrentarse a todos los prelados y a los potentados allí reunidos con el propósito de condenar la doctrina que él sostenía. Esto fue lo que hizo que, en todas las épocas, que los mártires fueran con tan notable heroísmo no sólo a la prisión, sino a la muerte. Esto es lo que

---

[63] Citado en la *Revista de Edinburgo*, enero, 1839.

emancipa el alma, lo que restaura la verdadera dignidad de la humanidad, y corta de raíz todas las pretensiones abusivas de la intriga sacerdotal. Es solamente esto lo que puede producir una vida de obediencia amante, filial, sincera a la ley y a los mandamientos de Dios; y que, cuando se acabe la naturaleza, y cuando el rey del terror esté cerca, puede permitirle a los pobres hijos de los hombres decir todavía, con el más profundo sentimiento de humildad: "¿Dónde está, oh muerte, tu aguijón? ¿Dónde, oh sepulcro, tu victoria?... . Mas a Dios gracias, que nos dio victoria por el Señor nuestro Jesús, el Cristo" (1 Corintios 15:55,57).

Para tan plena confianza en Dios, para tal seguridad en la salvación, el despotismo espiritual de todas las épocas, tanto pagano como papal, se ha mostrado siempre hostil. Su gran objetivo ha sido siempre el de mantener alejadas las almas de sus seguidores de un trato directo e inmediato con un Salvador viviente y misericordioso; y, por lo tanto, de la seguridad de Su favor, para inspirar el sentimiento de la necesidad humana de la mediación, erigiéndola así sobre las ruinas de la esperanza y de la felicidad del mundo. Considerando las pretensiones de infalibilidad absoluta que tiene el papado y los poderes sobrenaturales que atribuye a las funciones de sus sacerdotes con respecto a la regeneración y al perdón de los pecados, podría haberse supuesto, como cosa natural, que todos sus seguidores se sentirían estimulados para regocijarse con la seguridad sin límites de su salvación personal. Pero es todo lo contrario. Después de todos los alardes y de todas las arrogantes pretensiones, se inculca como una obligación la duda perpetua sobre el asunto de la salvación del hombre al término de su vida, decretándose perentoriamente por el Concilio de Trento, como artículo de fe, "que *ningún hombre* puede conocer con infalible seguridad de fe que HA CONSEGUIDO la gracia de Dios."[64] Este mismo decreto de Roma, aunque diametralmente opuesto a la Palabra de Dios, imprime sobre sus soberbias exigencias el sello de la impostura, pues si ningún hombre que haya sido regenerado por su bautismo, y que

---

[64] *Concilio Tridentino, Decretum de Justificatione.* Articulus IX. Ver SARPI, *Historia del Concilio de Trento*, traducido al francés por COURAYER, vol. I. p. 353.

haya recibido la absolución de sus pecados puede tener, sin embargo, después de todo eso una *seguridad indudable* de que le haya sido *conferida* "la gracia de Dios," ¿cuál puede ser el mérito de su *opus operatum*? Sin embargo, busca mantener a sus seguidores en continua duda e incertidumbre en cuanto su estado final, pues esto "es prudente de acuerdo con su generación." En el sistema pagano, el sacerdote era el único que podía anticipar el funcionamiento de la balanza de Anubis; y, en el confesionario había, de cuando en cuando y en cierto modo, un ensayo mímico del terrible pesaje que tenía lugar al final en la escena del juicio ante el tribunal de Osiris. Allí, el sacerdote se sentaba para juzgar las buenas y las malas acciones de sus penitentes y, como su poder e influencia se fundamentaban en grado máximo en el mero principio del terror abyecto, tenía el cuidado de que la balanza se inclinara generalmente del lado equivocado para poder tenerlos más sometidos a su voluntad, echando una buena cantidad de buenas acciones en el platillo contrario. Como él era el gran juez de lo que pudieran ser estas obras, estaba interesado en señalar lo que fuera mejor para la egoísta exaltación de sí mismo, o para gloria de su orden; y de esta manera era como pesaba y contrapesaba méritos y deméritos que siempre dejaban un gran balance por liquidar, no sólo para el hombre mismo, sino para sus herederos. Si a cualquier hombre se le hubiera permitido con antelación creerse absolutamente seguro de la gloria, los sacerdotes podrían haber estado en peligro de ser despojados de sus derechos con respecto a la muerte, beneficios estos para ser protegidos por todos los medios. Los sacerdotes de Roma han copiado en todos los conceptos a los sacerdotes de Anubis, el dios de la balanza. En el confesionario, cuando tienen algo que ganar, hacen que los pecados y las transgresiones pesen bastante; y luego, cuando tienen que tratar con un hombre influyente o poderoso, o rico, no le darán la más leve esperanza, hasta conseguir echar en el otro platillo cuantiosas sumas de dinero, o la fundación de una abadía, o algún otro objetivo en el cual hayan puesto su corazón. En la famosa carta del padre La Chaise, el confesor de Luis XIV de Francia, al hacer un relato del método que adoptó para lograr la aquiescencia de ese monarca disoluto para la revocación del Edicto de Nantes, que concedía grandes beneficios y privilegios a los hugonotes, vemos cómo el temor a la balanza de San Miguel obró para producir el resultado deseado: "Hace mucho tiempo," dice el culto jesuita, refiriéndose a un atroz pecado del cual había sido culpable el rey, "hace mucho tiempo, cuando lo tuve en confesión, *sacudí el infierno en sus oídos, e hice que se lamentara, temiera y temblara*, antes de darle la absolución. Por esto, vi que él todavía sentía inclinación hacia mí para tenerlo bajo mi dominio; así puse las bases para la acción ante él, contándole toda la historia, y cuán mala era, y que no podía ser perdonada hasta cuando él hiciera alguna buena acción para BALANCEARLA, y expiar el crimen. Después de esto, él me preguntó, por fin, qué debía hacer. Le dije que debía arrancar de raíz a todos los herejes de su reino."[65] Esta fue la "buena acción" para ser echada en la *balanza* de San Miguel, para "BALANCEAR" su crimen. El rey, a pesar de lo perverso que era – apesarado y en contra de su voluntad – accedió; y la "buena acción" se echó en la balanza, y los "herejes" fueron exterminados, y el rey fue absuelto. Y sin embargo, no hubo tal absolución, pues cuando el rey terminó su camino en la tierra, todavía quedaba mucho por echar antes de que la balanza pudiera ser cabalmente balanceada. De este modo, el paganismo y el papismo hacen por igual "mercadería... de almas de hombres" (Apocalipsis 18:12,13). De este modo, el uno con la balanza de Anubis, el otro con la balanza de San Miguel, responden exactamente a la descripción divina de Efraín en su apostasía: "Es mercader que tiene en su mano peso falso, amador de opresión" (Oseas 12:7). El Anubis de los egipcios era precisamente el mismo Mercurio de los griegos,[66] el dios de los ladrones; y San Miguel, en las manos de Roma, resulta ser exactamente de la misma calaña. Por medio de él y de su balanza y de la doctrina de los méritos humanos, han hecho que se llame a la casa de Dios nada menos que "cueva de ladrones." Despojar a los hombres de su dinero es malo, pero es infinitamente peor robarles también sus almas.

---

[65] MACGAVIN, *El Protestante*, p. 841, col 2.

[66] WILKINSON, *Los Egipcios*, vol. V. pp. 9,10.

A los antiguos paganos se les pedía, para asegurar su justificación, que pusieran en la balanza de Anubis no sólo las buenas acciones propiamente dichas, sino acciones de austeridad y de automortificación impuestas sobre sus propias personas para aplacar la ira de los dioses.[67] La balanza de San Miguel exige inflexiblemente ser balanceada de la misma manera. Los sacerdotes de Roma enseñan que cuando el pecado es perdonado, el castigo no se suprime completamente por esto. No obstante lo perfecto que pueda ser el perdón que Dios, por medio de los sacerdotes, pueda otorgar, aun así, el castigo, grande o pequeño que los hombres deben sufrir para *"satisfacer la justicia de Dios,"* persiste todavía. Muchas veces se ha demostrado que el hombre no puede hacer nada para satisfacer la justicia de Dios, pues está irremediablemente en deuda con esa justicia, ya que no "tiene" absolutamente "nada con que pagar," por esto, de parte de todos los que dependen de él, Cristo ha puesto fin a la transgresión, acabando con el pecado, "el cual fue entregado por nuestros delitos, y resucitado para nuestra justificación. Justificados pues por la fe, tenemos paz para con Dios por el Señor nuestro, Jesús, el Cristo; por el cual también tenemos entrada por la fe a esta gracia en la cual estamos firmes" (Romanos 4:25-6:2). Roma insiste todavía en que todo hombre debe ser castigado por sus propios pecados, y que Dios *no puede ser satisfecho*[68] sin gemidos y suspiros, sin laceraciones de la carne, sin torturas del cuerpo, y sin panaceas sin cuento de parte del ofensor, por mucho que sea el quebrantamiento del corazón, por muy contrito que pueda estar. Tomando simplemente las Escrituras, esta perversa exigencia de la autotortura por parte de aquellos para los cuales Cristo ha hecho una *completa* y *perfecta* reparación, parecería algo completamente extraño pero, teniendo en cuenta el verdadero carácter del dios a quien el papado ha puesto para adoración de sus engañados seguidores, no hay, por lo menos, nada extraño en

---

[67] Ver lo que se dice sobre la penitencia en relación con el confesionario en el Cap. I.

[68] Obispo HAY, *El Cristiano Sincero*, vol. I. p. 270. Las palabras del obispo Hay son: "Pero Él exige perentoriamente que, mediante obras penitenciales, nos CASTIGUEMOS nosotros mismos por nuestra espantosa ingratitud, y satisfagamos a la justicia divina por el ultraje a Su misericordia." Las formas de "castigo" establecidas, como es bien sabido, son tales como están descritas en el texto.

esto. Ese dios es Moloc, el dios de la crueldad y de la sangre. Moloc significa "rey;" y Nimrod fue el primero que, después del diluvio, violó el sistema patriarcal, y se erigió como "rey" sobre sus compañeros. Al principio, fue adorado como el "dispensador de la bondad y de la verdad," pero pronto se cambió su culto para que estuviera de acuerdo con su obscuro semblante y con su temperamento repugnante. Originalmente, el nombre de Moloc no sugería cosa distinta a crueldad y terror; pero ahora los bien conocidos ritos asociados con tal nombre han hecho de él, en el transcurso de los tiempos, un sinónimo de todo lo que es más odioso para el corazón de la humanidad, y justifica ampliamente la descripción de Milton:

"Primero Moloc, horrendo rey, embadurnado con sangre
Oh, el sacrificio humano, y las lágrimas de los padres,
Aunque el ruido estrepitoso de tambores y panderetas
Haga inaudibles los gritos de sus hijos pasados por el fuego
Para su dios siniestro."[69]

En casi toda la tierra prevaleció el culto sanguinario, la "horrenda crueldad," mano a mano con la superstición abyecta, que llenaron no sólo "los lugares obscuros de la tierra," sino también las regiones que hacían gala de su civilización. Grecia, Roma, Egipto, Fenicia, Asiria, y nuestra propia patria bajo los salvajes druidas, adoraron al mismo dios y de la misma manera, en un período o en otro de su historia. Sus ofrendas más agradables eran las víctimas humanas; los gemidos y el llanto eran la música más dulce para sus oídos, y se decía que las torturas humanas deleitaban su corazón. Su imagen llevaba un *látigo* como símbolo de "majestad,"[70] y en algunas de sus fiestas se les exigía a sus adoradores que se flagelaran despiadadamente con látigos. "Después de las ceremonias del sacrificio," dice Heródoto, hablando de la fiesta de Isis en Busiris, "toda la asamblea, en nú-

---

[69] *El Paraíso Perdido*, lib. I. ll. 392-396, p. 13.

[70] Ver la imagen de Osiris en la Fig. 18.

[71] HERODOTO, lib. II. cap. 61, p. 127, A.

mero de muchos miles, se flagelaba; pero no estoy en libertad de revelar en honor de quien se flagelaban."⁷¹ Este sigilo empleado generalmente por Heródoto, tiene que ver con su juramento como iniciado; pero las investigaciones subsiguientes no dejan duda con respecto al dios "en cuyo honor" tenían lugar las flagelaciones. En la Roma pagana, los adoradores de Isis observaban la misma práctica en honor de Osiris. En Grecia, Apolo, el dios delio que se identificaba con Osiris,⁷² era propiciado con panaceas similares por los marineros que visitaban su sepulcro, como sabemos por los siguientes versos de Clímaco en su himno a Delos:

"Tan pronto llegan a tus aguas bajas, a un mismo tiempo
Bajan las flojas velas y todo el aparejo náutico.
La nave es anclada; y la tripulación no se atreve
A abandonar tus sacros límites, hasta cuando pasan

---

[72] Ya hemos visto que el egipcio Horus sólo era una nueva encarnación de Osiris o Nimrod. Ahora, Heródoto le da a Horus el nombre de Apolo (lib. II. p. 171, C). Diodoro Sículo (lib. I. p. 15) también dice que "A Horus, el hijo de Isis, se le representa como Apolo." Parece que Wilkinson, en una ocasión, puso en duda esta identidad de Horus y Apolo; pero, por otra parte, admite que la lucha de Apolo "con la serpiente Pitón se deriva evidentemente de la mitología egipcia" (vol. IV. p. 395), aludiendo a la representación de Horus, donde éste atraviesa la serpiente con una lanza. Por diversas consideraciones, puede demostrarse que esa conclusión es correcta: 1. Horus u Osiris, era el dios-sol, como lo era Apolo. 2. Osiris, a quien Horus representaba, era el gran Revelador; el Apolo pitio era el dios de los oráculos. 3. Osiris, en el carácter de Horus nació cuando, según se decía, su madre era perseguida por la perversidad de sus enemigos. Latona, la madre de Apolo, era fugitiva por una razón similar, cuando nació Apolo. 4. De Horus se decía, según una versión del mito, que había sido despedazado como Osiris (PLUTARCO, vol. II., *De Iside,* p. 358, E). En la historia clásica de Grecia, esta parte del mito de Apolo se mantenía generalmente en segundo plano, y se le representaba como el vencedor en una lucha con la serpiente; pero, aun allí, se admitía algunas veces que él había sufrido una muerte violenta, pues Porfirio decía que la serpiente lo había matado, y Pitágoras afirmaba que había visto su tumba en Tripos en Delfos (BRYANT, vol. II. p. 187). 5. Horus era el dios de la guerra. A Apolo se le representaba de la misma manera como el gran dios que trae Layard, con el arco y la flecha, que era evidentemente el dios babilonio de la guerra, habiéndose tomado ciertamente de esa fuente el término "Arcitenense," "El portador del arco," el bien conocido título de Apolo. Fuss nos dice (pp. 354, 355) que Apolo era considerado como el inventor de disparar con el arco, lo que lo identifica con Sagitario, cuyo origen ya hemos visto. 6. Por último, por Ovidio (*Metam.*, lib. I. fab. 8, l. 442, vol II. p. 39) sabemos que, antes de pelear con Pitón, Apolo había usado sus flechas solamente en los corzos, en los ciervos, etc.; todo lo cual prueba suficientemente su identificación substancial con el poderoso *Cazador de Babel.*

[73] CALIMACO, en el original, v. 318-321, vol. I. p. 134.

> Por una horrible panacea; con el áspero látigo
> Flagelados tres veces en torno a tu altar."[73]

Además de las flagelaciones, había también laceraciones y cortaduras de la carne exigidas como ritos propiciatorios por parte de los adoradores. "En la solemne celebración de los Misterios," dice Julio Firmico, "los jóvenes o tenían que hacer todas las cosas en orden o *sufrían* la muerte."[74] Osiris fue despedazado; por tanto, para imitar su hado, hasta donde lo podían hacer los hombres vivientes, se exigía que cortaran e hirieran sus propios cuerpos. Por tanto, los sacerdotes de Baal para lograr el favor de su dios, e inducirle a realizar el milagro deseado cuando contendieron con Eliseo, "clamaban a grandes voces, y se sajaban con cuchillos y con lancetas conforme a su costumbre, hasta chorrear la sangre sobre ellos."[75] En Egipto, los nativos en general, aunque liberales en el uso del látigo, parece que se abstenían del cuchillo; pero, aun allí, había hombres que también imitaban en su propia persona la desmembración de Osiris. "Los cairinos de Egipto," dice Heródoto, en la parte ya citada, "se tratan a sí mismos con mayor severidad todavía en esta solemnidad, porque se cortan en la cara con espadas."[76] No puede haber duda que sobre esta práctica hay una alusión directa en el mandamiento de la ley mosaica que dice: "Y no haréis rasguños en vuestro cuerpo por un muerto."[77] Estas cortaduras en la carne se practican grandemente en la adoración de las divinidades hindúes, como ritos propiciatorios o panaceas meritorias. Es bien sabido que se practicaban en los ritos de Belona,[78] la "hermana" o la "esposa de Marte, el dios romano de la guerra," cuyo nom-

---

[74] JULIO FIRMICO, p. 18.

[75] 1 Reyes 18:28.

[76] HERODOTO, lib. II. cap. 61, p. 127, A y B.

[77] Levítico 19:28. Se creía que toda persona que moría en la fe se identificaba con Osiris, y era llamada por su nombre. – WILKINSON, vol. IV. p.167, Nota.

[78] "Los sacerdotes de Belona," dice Lactancio, "sacrificaban no con la sangre de ningún otro hombre, sino con la suya, lanceándose los hombros; y, blandiendo con ambas manos espadas desnudas, corrían y saltaban de un lado a otro como locos." – Lib. I. cap. 2, p. 52.

bre "La lamentadora de Bel," prueba claramente el origen de su esposo, cuya genealogía rastreaban los romanos con tanta afición. Los ritos se practicaban también de una manera más salvaje en las exhibiciones de los gladiadores, en las cuales se deleitaba tanto el pueblo romano, con toda su ponderada civilización. Los desdichados hombres que eran condenados a combatir en estas exhibiciones sangrientas, no lo hacían, por lo general, por su propia y libre voluntad. Sin embargo, el principio que regía tales espectáculos era exactamente el mismo que inducía a los sacerdotes de Baal, siendo celebrados como sacrificios propiciatorios. Por Fuss nos enteramos que "los espectáculos de gladiadores estaban consagrados" a Saturno;[79] y leemos en Ausonio que "el anfiteatro aclamaba de buena gana a sus gladiadores cuando, a fines de diciembre, ellos PROPICIABAN con su sangre al Hijo del Cielo que portaba la hoz."[80] En el pasaje siguiente, Justo Lipsio, que cita esto, lo comenta así: "Donde usted observará dos cosas, y en ambas, que los gladiadores combatían en la saturnalia, y que lo hacían así con el propósito de aplacar y de PROPICIAR a Saturno."[81] "Supongo que la razón de esto," añade, "sea la de que Saturno no estaba entre los dioses celestiales, sino entre los infernales. Plutarco, en su libro de "Epítomes," dice que 'los romanos consideraban a Cronos como un dios subterráneo e infernal.'"[82] No puede haber duda de que esto es así, porque el nombre de Plutón es solamente un sinónimo de Saturno, "el Oculto."[83] Pero aun así, a la luz de la historia real del Saturno histórico, encontramos una razón más satisfactoria para la bárbara costumbre que tanto deslustró toda la gloria del escudo de armas de Roma, cuando mujeres licenciosas y miles de hombres eran

---

[79] *Antigüedades Romanas*, p. 359.

[80] AUSONIO, *Eclog.* I. p. 156.

[81] LIPSIO, tom. II. *Saturnalia*, lib I. cap. 5.

[82] PLUTARCO, vol. II. p. 266.

[83] El nombre de Plutón viene evidentemente de "Lut," ocultar que, con el artículo definido egipcio antepuesto, se convierte en "P'lut." El griego ploutos, "riqueza," "lo *oculto*," se formó obviamente de la misma manera. Hades sólo es otro sinónimo del mismo nombre.

Acerca de los Misterios... y el Culto al Hombre
"sacrificados cruelmente para hacer una fiesta romana."

Cuando se recuerda que el mismo Saturno fue despedazado, es fácil comprender cómo surgió la idea de ofrecer un sacrificio grato, haciendo que los hombres se despedazaran unos a otros en su natalicio, como una forma de propiciar su favor.

Entonces, la práctica de tales panaceas por parte de aquellos de entre los paganos que se cortaban y se flagelaban, tenía el propósito de propiciar o agradar a su dios, y así atesorar una provisión de méritos que pudiera hablar en su favor en la balanza de Anubis. En el papado, las panaceas no solamente tienen el propósito de responder al mismo fin, sino que son completamente idénticas. A la verdad, no sé que usen un *cuchillo*, como lo hacían los sacerdotes de Baal, pero es cierto que consideran el derramamiento de su propia *sangre* como la panacea más meritoria, la que les ganará muchísimo favor con Dios, y les quitará muchos pecados. Que el lector observe a los peregrinos en Lough Dergh, en Irlanda, arrastrándose de rodillas sobre rocas escarpadas, dejando huellas sangrientas detrás de ellos, y diga qué diferencia substancial hay entre esto y cortarse con cuchillos. Sin embargo, en materia de flagelación, los seguidores del papado han copiado al pie de la letra el látigo de Osiris. Todos hemos oído sobre los flagelantes que se azotan públicamente en las fiestas de la Iglesia romana, y que son mirados como santos de primera clase. En los primeros tiempos del cristianismo, tales flagelaciones se consideraban como pura y completamente paganas. Atenágoras, uno de los primeros apologistas cristianos, ridiculizaba a los paganos por creer que el pecado podía ser reparado, o propiciar a Dios, por tales medios.[84] Pero ahora, en los lugares altos de la Iglesia papal, tales prácticas se consideran como los grandes medios para ganar el favor de Dios. El Viernes Santo, en Roma, en Madrid y en otros sitios principales de la idolatría romana, se congregan multitudes para presenciar las

---

[84] ATENAGORAS, *Legatio pro Christ.*, s. 14, p. 134.

[85] HURD, *Ritos y Ceremonias*, p. 175; y *Roma en el Siglo Diecinueve*, vol. III. p. 161.

hazañas de los devotos flagelantes, que se azotan hasta cuando la sangre fluye a chorros de todas las partes de sus cuerpos.[85] Ellos pretenden hacer esto en honor de Cristo, en la fiesta escogida expresamente para conmemorar Su muerte, lo mismo que hacían los adoradores de Osiris en la fiesta en que se lamentaban por su pérdida.[86] Pero, ¿puede algún hombre creer por escasa instrucción cristiana que posea, que el Salvador glorificado pueda mirar tales ritos como hechos en honor de Aquel, que derraman desprecio en Su expiación perfectísima, y que presenta Su "preciosísima sangre" como necesitada de que su virtud sea *complementada* por la sangre derramada por las espaldas de desdichados y descarriados pecadores? Tales ofrendas eran del todo apropiadas para el culto de Moloc; pero están muy lejos de ser adecuadas para el servicio de Cristo.

No es en un aspecto solamente, sino en múltiples aspectos en los que las ceremonias de la "Semana Santa," como se le llama en Roma, traen a la memoria los ritos del gran dios babilónico. Cuanto más consideramos estos ritos, más nos sorprendemos con el maravilloso parecido que subsiste entre ellos y los observados en la fiesta egipcia de las lámparas encendidas y en las demás ceremonias de los adoradores del fuego en diferentes países. En Egipto, la *gran iluminación* tenía lugar junto al sepulcro de Osiris en Sais.[87] En Roma, en la "Semana Santa" también se representa el sepulcro de Cristo asociado con una brillante iluminación de cirios encendidos.[88] En Creta, donde se exhibía la tumba de Júpiter, ella era objeto de adoración por los cretenses.[89] En Roma, si los seguidores no adoran el llamado sepulcro de Cristo, adoran lo que está sepultado dentro de él.[90] Como hay

---

[86] Los sacerdotes de Cibeles en Roma observaban la misma práctica. – *Ibid.* p. 251, Nota.

[87] WILKINSON, vol. IV. p. 328.

[88] *Roma en el Siglo Diecinueve*, vol. III. pp. 145,150.

[89] "A vanis Cretensibus adhuc mortui Jovis tumulus adoratur." – FIRMICO, lib. II. p. 23.

[90] *Roma en el Siglo Diecinueve*, vol III. p. 145.

razón para creer que la fiesta pagana de las lámparas encendidas se observaba en conmemoración del antiguo culto del fuego, así mismo existe en Roma, en la semana de la Pascua, una ceremonia que es un acto inequívoco de culto al fuego, cuando es objeto de adoración una *cruz de fuego*. Esta ceremonia la describe gráficamente la autora de *Roma en el Siglo Diecinueve* en la siguiente forma: "El aspecto de la llameante cruz de fuego suspendida encima de la cúpula de la confesión o tumba de San Pedro, brilla conspicuamente en la noche. Está cubierta con innumerables lámparas, que hacen el efecto de una llama de fuego... . Toda la iglesia estaba atestada por una inmensa multitud de todas las clases y de todos los países, desde la realeza hasta el más humilde mendigo, mirando todos fijamente este objeto único. En pocos minutos, el Papa y todos sus cardenales descendieron a San Pedro, y los guardias suizos les abrían paso; el anciano pontífice... se postró en silenciosa adoración ante la CRUZ DE FUEGO. Delante de él estaba arrodillado un largo séquito de cardenales, cuyas espléndidas vestiduras y las de sus acompañantes formaban un llamativo contraste con la humildad de su actitud."[91] ¿Qué podría ser más claro e inequívoco que este acto de adoración del fuego? Véase esto en relación con el hecho mencionado en la siguiente cita de la misma obra, y cómo lo uno arroja luz sobre lo otro: "Con el Jueves Santo empezaron nuestros infortunios [es decir por causa de la aglomeración]. En este desastroso día fuimos a la Capilla Sixtina antes de las nueve... y contemplamos una procesión iniciada por las órdenes inferiores de la clerecía, seguidas por los cardenales con sus espléndidas vestiduras, llevando largos cirios de cera en sus manos, y rematada por el propio Papa, que caminaba debajo de un dosel carmesí, con la cabeza descubierta, llevando en un cofre la hostia que, como ustedes saben, es la carne y la sangre verdaderas de Cristo, desde la Capilla Sixtina, por un vestíbulo intermedio a la Capilla Paulina, donde era depositada en el sepulcro preparado debajo del altar para recibirla... . Nunca pude comprender por qué Cristo iba a ser enterrado antes de que muriera porque, ya

---

[91]*Roma en el Siglo Diecinueve,* pp. 148,149. Hemos visto, sin embargo, que la cruz es el símbolo reconocido de Tamuz, el dios-sol y dios del fuego. Ver Sección VI del Capítulo siguiente.

que la crucifixión sólo tendría lugar el Viernes Santo, parecía extraño sepultarlo el jueves. Su cuerpo, sin embargo, se ponía en el sepulcro en todas las iglesias de Roma, donde se practicaba este rito el jueves por la mañana, y allí permanecía hasta el sábado a mediodía cuando, por alguna razón mejor conocida por ellos mismos, se suponía que El se levantaba de la tumba[92] en medio del canon del fuego, y del sonido de las trompetas, y del repique de las campanas, que habían sido cuidadosamente amarradas después del amanecer del Jueves Santo, para que el diablo no pudiera entrar en ellas."[93] Se canta el *Miserere* con tan irresistible emoción, que son pocos los que pueden escucharlo impasiblemente, y muchos se desmayan por las emociones provocadas. ¿Qué importa que esto sea, en el fondo, el antiguo cántico de Lino,[94] de cuyo carácter conmovedor y melancólico habla Heródoto tan vívidamente? Es cierto que mucha de la emoción de ese Miserere se debe en parte a que es cantado por *sopranos*; y es cierto igualmente que Semíramis, la esposa de quien fue, históricamente, el prototipo de ese dios cuya muerte se celebraba tan patéticamente en muchos países, gozaba de la fama de haber sido la inventora de la práctica de la cual surgió el canto con *voz de soprano*.[95]

Las flagelaciones que son parte importante de las panaceas que tienen lugar en Roma en la noche del Viernes Santo, igualmente fueron parte importante en los ritos de aquel dios del fuego, del cual, como hemos visto, el papado ha tomado tanto. Entonces, estas flagelaciones de la "Semana Santa," tomadas a propósito

---

[92] El relato anterior se refería a las ceremonias presenciadas por la autora en 1817 y 1818. Desde entonces, parece que ha habido un cambio en ellas debido, probablemente, a su llamada de atención sobre la protuberante anomalía menciona, pues Count Vlodaisky, quien fuera sacerdote católico romano, y que visitó a Roma en 1845, me ha informado que en ese año la resurrección tuvo lugar no a mediodía, sino a las nueve de la noche del sábado.

[93] *Roma en el Siglo Diecinueve,* pp. 144,145.

[94] El apodo de uno de los tres Linos era Narciso (en Griego, Narkissos). – (CLINTON, *Fasti Hellenici*, apéndice, vol. I. p. 343). Ahora, "Naar" significa "niño," y "Kissos," coma ya hemos visto, es Cus, así que Nar-kissos es "El hijo de Cus."

[95] AMIANO MARCELINO, lib. XIV. cap. 6, p. xxv.

de las otras ceremonias de ahora, dan su testimonio tradicional al verdadero carácter de ese dios cuya muerte y resurrección celebraba Roma en aquellos tiempos. Lo asombroso es considerar que en el propio lugar alto de la llamada cristiandad católica, los ritos esenciales de hoy día resultan ser los mismos ritos de los adoradores caldeos del fuego.

SECCION III — EL SACRIFICIO DE LA MISA

Si la regeneración bautismal, el rito de iniciación de Roma, y la justificación por las obras son caldeos, el principio incorporado en el "sacrificio incruento" de la misa no lo es menos. Por Tácito[96] sabemos que no se permitía derramar sangre para ser ofrendada en los altares de la Venus pafiana. Las víctimas se empleaban para los propósitos del arúspice, que presagiaba sobre las consecuencias que podían derivarse de los acontecimientos resultantes de la inspección de las entrañas de esas víctimas; pero se exigía que los altares de la diosa pafiana se mantuvieran limpios de sangre. Tácito manifiesta que el arúspice del templo de la Venus pafiana se traía de Cilicia, pues los cilicios tenían un conocimiento especial de los ritos de la diosa, con el fin de que pudieran ser debidamente practicados, según la supuesta voluntad de la diosa. Tarso, la capital de Cilicia fue edificada por Senaquerib, el rey asirio, imitando exactamente a Babilonia,[97] y en su religión habría una correspondencia natural; así que cuando encontramos un "sacrificio incruento" en Chipre, y cuyo sacerdote proviene de Cilicia, se presume firmemente, dadas las circunstancias, que el "sacrificio incruento" llegó allí desde Babilonia, por intermedio de Cilicia. Esta presunción se refuerza grandemente cuando encontramos, según Heródoto, que la peculiar y abominable institución babilónica de prostituir a las vírgenes en honor de Milita, era también observada en Chipre en honor de Venus.[98] Pero el testimonio categórico de Pausanias le

---

[96] *Historia,* lib. II. cap. 3. Vol. III. p. 106.

[97] BUNSEN, vol. I. p. 718.

[98] HERODOTO, *Historia*, lib. I. cap. 199, p. 92.

confiere certeza a esta presunción: "Cerca de éste," dice el historiador, hablando del templo de Venus en Atenas, "está el templo de la Venus celestial, que primero fue adorada por los asirios, y después de éstos por los pafianos en Chipre y por los fenicios que habitaban la ciudad de Ascalón en Palestina. Pero los citereanos veneraron a esta diosa como consecuencia de haber aprendido sus sagrados ritos de los fenicios."[99] Entonces, la Venus asiria, es decir, la gran diosa de Babilonia y la Venus chipriota eran idénticas y, en consecuencia, los altares "incruentos" de la diosa pafiana demuestran el carácter de la adoración peculiar de la diosa babilónica, de la cual provenía. En esto, la reina-diosa de Caldea difería de su hijo, que era adorado en sus brazos. A él se le representaba, como hemos visto, deleitándose con la sangre. Pero ella, como la madre de la gracia y de la misericordia, como la "Paloma" celestial, como "la esperanza del mundo entero,"[100] era renuente a la sangre, y se le representaba con un carácter benigno y dulce. En efecto, en Babilonia tenía el nombre de Milita,[101] es decir, "La Mediadora."[102] Quien lea la Biblia y vea cómo se dice en ella explícitamente que así como hay "un solo Dios," así también hay "un solo Mediador entre Dios y los hombres" (1 Timoteo 2:5), deberá asombrarse de cómo alguna vez pudo la mente de alguien concebir la idea de concederle a María el carácter de "Mediadora," como lo ha hecho la Iglesia de Roma. Pero el carácter atribuido a la diosa babilónica como Milita explica esto suficientemente. De acuerdo con este carácter de Mediadora, recibió el nombre de Afrodita, es decir, "apaciguadora de la ira,"[103] aquella que con sus encan-

---

[99] PAUSANIAS, lib. I., *Atica*, cap. 14.

[100] *Nonni Dionysiaca*, en BRYANT, vol. III. p. 226.

[101] HERODOTO, lib. I. cap. 199.

[102] Mylitta es lo mismo que Melitta, el femenino de Melitz, "un mediador" que, en Caldea se convierte en Melitt. Melitz es la palabra que se emplea en Job 33:23,24: "Si tuviese cerca de él algún elocuente mediador, muy escogido, que anuncie al hombre su deber; que le diga que Dios tuvo de él misericordia, que lo libró de descender al sepulcro, que halló redención." Para mayor evidencia sobre esto, ver Apéndice, Nota J.

[103] Del caldeo "aph," "ira," y "radah," "apaciguar."

Acerca de los Misterios... y el Culto al Hombre

tos podía ablandar el corazón del encolerizado Jove, y amanzar los espíritus más rudos de los dioses o de los hombres mortales. En Atenas se le llamaba Amarusia,[104] es decir, "La Madre de la bondadosa aceptación."[105] En Roma recibió el nombre de "Bona Dea," "La diosa buena," cuyos misterios eran celebrados con especial secreto por mujeres. En la India, a la diosa Lakshmi, "La Madre del Universo," la consorte de Visnú, se le representa también como poseedora de la más bondadosa y cordial disposición; y esta disposición se le atribuye igualmente a la diosa babilónica. "En las fiestas de Lakshmi," dice Coleman, "*no se ofrecen sacrificios sangrientos.*"[106] En China, los grandes dioses, de los cuales depende el destino final de la humanidad, son considerados como objetos de terror por la mente popular; pero a la diosa Kuanyín, "la diosa de la misericordia,"[107] en quien los chinos de Cantón ven alguna semejanza con la Virgen de Roma, se le describe mirando con ojos compasivos al culpable, e interponiéndose para salvar las almas miserables, aun de los tormentos a los cuales hayan sido condenadas en el mundo de los espíritus.[108] Por lo tanto, es considerada con especial favor por los chinos. Evidentemente, este carácter de madre-diosa se ha propagado en todas las direcciones, desde Caldea. Así vemos cómo ocurre que Roma, que representa a Cristo, el "Cordero de Dios," manso y humilde de corazón, que nunca quebrará la caña cascada, ni apagará el pábilo que humea, y que dijo palabras del más dulce estímulo para todos los afligidos penitentes, y que lloró sobre Jerusalén, y que oró por sus victimarios, como un juez

---

[104] PAUSANIAS, lib. I., *Atica*, cap. 31, p. 72.

[105] De "Ama," "madre," y "Retza," "aceptar graciosamente" que en el participio activo es "Rutza." Pausanias manifiesta su confusión en cuanto a la significación del nombre Amarusia aplicado a Diana, cuando dice: "Con respecto a tal título nunca he encontrado a nadie que pueda dar una explicación satisfactoria." La lengua sagrada muestra claramente su significado.

[106] *La Mitología Hindú*, p. 61.

[107] Sir J. F. DAVIES, vol. II. p. 67.

[108] *Ibid.* vol. II. p. 61.

[109] Sermón de un sacerdote italiano, en *Cristiandad Evangélica*, mayo, 1853.

severo e inexorable, ante quien el pecador "debe arrastrarse en el polvo, y todavía nunca estará seguro de que sus oraciones sean oídas;"[109] en tanto que a María la ensalza con la luz más encantadora y atractiva, como la esperanza del culpable, como el gran refugio de los pecadores, ¡llegando a decir del primero que se ha "reservado para Sí Mismo la justicia y el juicio," pero que ha depositado en Su madre el ejercicio de toda misericordia![110] Las más caracterizadas obras devocionales de Roma están saturadas de este mismo principio, exaltando la compasión y la dulzura de la madre, en detrimento del carácter amoroso del Hijo. Así, San Alfonso María de Ligorio dice a sus lectores que el pecador que se arriesgue a llegarse directamente a Cristo, lo haga con temor y cuidado de Su ira; pero que emplee la mediación de la Virgen con su Hijo, y ella sólo tendrá que *"mostrarle"* a ese Hijo *"los pechos que lo amamantaron,"*[111] y Su ira se apaciguará inmediatamente. Pero, ¿en qué parte de la Palabra de Dios puede haberse fundamentado semejante idea? Con seguridad, no en la respuesta del Señor Jesús a la mujer que exclamaba: "Bienaventurado el vientre que te trajo, y los pechos que mamaste." Jesús respondió, y le dijo: "Antes bienaventurados los que oyen la palabra de Dios, y la guardan" (Lucas 11:27,28). No puede dudarse de que esta respuesta la dio el Salvador conocedor del futuro, para prevenir desde un principio toda idea parecida a la expresada por San Alfonso María de Ligorio. Sin embargo, esta idea que no se encontrará en las Escrituras y que ellas rechazan expresamente, estaba ampliamente difundida en los ámbitos del paganismo. Tanto, que encontramos una representación exactamente igual en la mitología hindú con respecto al dios Siva y a su esposa Kali, cuando este dios apareció como un niño. "Siva," dice el Lainga Purana, "apareció como un niño en un cementerio, rodeado por los espectros, y Kali (su esposa) al verlo, lo alzó y, *acariciándolo*, le *dio el pecho*. El mamó el nectáreo fluido; pero cuando se ENOJO, Kali, con el fin de contentarlo y APACIGUARLO, *lo estrechó contra su pecho,* y bailó

---

[110] *Los Reformadores Británicos,* "Jewell," p. 209.

[111] *El Laicado Católico,* julio, 1856.

Acerca de los Misterios... y el Culto al Hombre

en medio de los muertos con los duendes y demonios acompañantes, hasta cuando él estuvo *satisfecho y contento*, mientras Visnú, Brahma, Indra, y todos los dioses, inclinándose, alababan con laudatorios acentos al dios de los dioses, Kal y Parvati."[112] En la India, Kali es la diosa de la destrucción; pero, aun en el mito que se relaciona con esta diosa de la destrucción, el poder de la *madre* diosa, al apaciguar a un dios enojado por medios propios únicamente para APACIGUAR a un niño malhumorado, ha producido una relación familiar. Si la historia hindú muestra a su "dios de dioses" con una luz tan degradante, no es mucho más honrosa la historia papal para el Hijo de la Bienaventurada, cuando lo representa como necesitado de ser pacificado por Su madre mostrándole "los pechos que lo amamantaron." Todo esto se hace solamente para ensalzar a la Madre como *más* bondadosa y *más* compasiva que su glorioso Hijo. Esto fue lo mismo que ocurrió en Babilonia, y a ese carácter de la diosa corresponden exactamente sus ofrendas favoritas. Por tanto, encontramos que a las mujeres de Judá se les representaba simplemente ofreciendo "sahumerios a la reina del cielo, y le derramamos libaciones, y le ofrecemos *tortas*" (Jeremías 44:19). Las tortas eran "el sacrificio incruento" que ella exigía. Sus devotos no solamente le ofrecían ese "sacrificio incruento," sino que cuando eran admitidos a más altos misterios, participaban de una fidelidad juramentada para con ella. En el siglo cuarto, cuando la reina del cielo bajo el nombre de María estaba empezando a ser adorada en la Iglesia cristiana, también se introdujo este "sacrificio incruento." Epifanio dice que la práctica de ofrecer y de comer el sacrificio empezó entre las mujeres de Arabia;[113] y en ese tiempo fue bien conocido por haber sido tomado de los paganos. La misma forma del sacrificio incruento de Roma puede indicar de dónde procede. Se trata de una oblea pequeña, *redonda* y delgada; y la Iglesia de Roma pone mucho énfasis en su *redondez*, para usar el lenguaje expresivo de John Knox con respecto a la oblea de Dios. "Si al *redondearla* se daña el círculo,

---

[112] LAINGA PURANA, *apud* KENNEDY, *Mitología Antigua e Hindú*, p. 338, Nota.

[113] EPIFANIO, *Adversus Haereses*, vol. I. p. 1054.

entonces otra de sus obleas acompañantes debe recibir el honor de convertirse en dios, y la desdichada oblea cuarteada o rajada, que una vez tuvo la esperanza de convertirse en dios, debe, además, ser dada a un niño para que juegue."[114] ¿Qué pudo haber inducido al papado para insistir tanto en la *"redondez"* de su "sacrificio incruento"? Evidentemente nada que tenga que ver con la institución divina de la Cena de nuestro Señor, pues en todos los relatos que se hacen sobre ella, no hay ninguna referencia a la *forma* del pan que tomó nuestro Señor cuando El lo bendijo, y lo partió, y se lo dio a Sus discípulos, diciendo: "Tomad, comed; esto es mi cuerpo, haced esto en memoria de mí." Por pequeña que fuese, podría tenerse alguna referencia sobre la forma del pan pascual de los judíos, pero sobre este asunto no se dan normas en los libros de Moisés. Sin embargo, la importancia que Roma le atribuye a la *redondez* de la hostia debe tener alguna razón; y esa razón se encontrará si ponemos atención a los altares de Egipto. "La torta delgada y *redonda*," dice Wilkinson, "se encuentra en todos los altares."[115] Casi toda insignificancia o todo título tenían un significado simbólico en el culto egipcio. El *disco redondo*, tan frecuente entre los emblemas sagrados de Egipto, simbolizaba el *sol*. Cuando Osiris, la divinidad solar, se encarnó y nació, no fue solamente para que diera su vida como *sacrificio* por los hombres,[116] sino para que pudiera ser la vida y el *alimento* de las almas de los hombres. Se acepta universalmente que Isis fue el prototipo de la Ceres griega y romana. Pero obsérvese que Ceres fue adorada no solamente como la *descubridora* del cereal, sino que fue adorada como "la Madre del Cereal."[117] El niño que ella dio a luz, He-Siri, "la Simiente," o "Bar," como se le llamó más frecuentemente en Asiria, y que también significa "el *Hijo*," o "el *Cereal*." (Fig. 37).[118] Los no iniciados podían reverenciar a Ceres por el don del cereal con el cual alimentaban sus *cuerpos,* pero los iniciados la adoraban por un don más alto, por alimentar sus

---

[114] BEGG, *Guía del Papado*, p. 259.

[115] WILKINSON, *Los Egipcios*, vol. V. p. 353.

[116] Ver *ante*, p. 102, Nota, con respecto al significado simbólico del ganso.

Ceres, la Madre de Bar, "el Hijo," y de Bar, "el Cereal"

Fig. 37

almas, por darles ese pan de Dios que viene del cielo para la vida del mundo, del cual "si un hombre come, nunca morirá." ¿Cree alguien que sólo es una doctrina del *Nuevo Testamento* el que Cristo sea el "pan de vida"? Nunca *hubo,* nunca *pudo haber* vida espiritual en ninguna alma desde que comenzó el mundo, al menos desde la expulsión del Edén, que no fuera alimentada y mantenida por el alimento continuo de la fe en el Hijo de Dios, "por cuanto agradó al Padre que en él habitase toda plenitud" (Colosenses 1:19), "y de su plenitud tomamos todos, y gracia por gracia" (Juan 1:16). Pablo nos dice que el maná que comieron los israelitas en el desierto, era para ellos un emblema y un símbolo viviente del "pan de vida;" "todos comieron la misma vianda *espiritual*" (1 Corintios 10:3), es decir, comida que tenía el propósito no sólo de mantener su vida material, sino el de señalarles a Aquel que era la vida de sus almas. Clemente de Alejandría, a quien estamos grandemente agradecidos por todos los descubri-

---

[117] "Genitrix, o Mater frugum." Ver PYPER, *Gradus ad Parnassum*, "Ceres;" también OVIDIO, *Metam.*, lib. VI. v. 117,118.

[118] La espiga de trigo que aparece en la medalla (BRYANT, vol. V. p. 384) está al lado de Ceres, pero usualmente ella le sostiene en la mano.

mientos que, en los tiempos modernos, han sido hechos en Egipto, nos asegura explícitamente que "en su *carácter oculto,* los enigmas de los egipcios eran MUY SIMILARES A LOS DE LOS JUDIOS."[119] Tenemos prueba clara y decisiva de que los paganos iniciados creían realmente que el "cereal que Ceres dio al mundo, no era el "cereal" de esta tierra, sino el "Hijo" divino, el único por quien se podía disfrutar de la vida espiritual y eterna. Los druidas eran adoradores fervientes de Ceres, y en tal condición fueron celebrados en sus poemas místicos como "portadores de las espigas de trigo."[120] El siguiente es el relato que los druidas hacen de su gran divinidad bajo la forma de *"Cereal."* A tal divinidad se le representaba en primera instancia como habiendo incurrido, por una u otra razón, en el disfavor de Ceres, por lo que huía aterrado de ella. Con este pánico, "tomó" la forma de un ave, y se elevó en el aire. Este elemento no le proporcionó refugio, pues *la Señora*, en forma de gavilán pollero, se le estaba aproximando, estando a punto de agarrarlo. Temblando de miedo, percibió un montón de trigo limpio sobre el suelo, y se lanzó en medio de él, tomando la forma de un *simple grano*. Ceridwen [es decir, la Ceres británica] tomó la forma de una gallina negra de alto copete, descendió hasta el trigo, escarbó, lo distinguió, y se lo tragó. Y, como lo relata la historia, ella estuvo preñada nueve meses de él, y cuando se libró de él, se dio cuenta de que era un *niño tan hermoso* que no tuvo valor para darle muerte."[121] Aquí es evidente que el *grano de trigo* se identifica expresamente con el *"hermoso niño;"* por lo cual es todavía más evidente que Ceres, a quien el vulgo profano conocía solamente como la madre de "Bar," "el Cereal;" los iniciados la conocían como la madre de "Bar," "el Hijo." Y ahora, el lector estará preparado para comprender la significación plena de la representación en el ámbito celestial de "la Virgen con la espiga de trigo en la mano." Esa *espiga de trigo* en la *mano* de la Virgen es precisamente otro símbolo del *niño* en los brazos de la Virgen Madre.

[119] CLEMENTE ALEJANDRINO, *Stromata*, v. 7, vol. III. p. 56.

[120] DAVIES, *Los Druidas Británicos,* p. 504.

[121] "Cántico de Taliesin," DAVIES, *Los Druidas Británicos*, p. 230.

Acerca de los Misterios... y el Culto al Hombre

Este hijo simbolizado como el "Cereal" era la divinidad SOLAR encarnada, según el oráculo de la gran diosa de Egipto: "Ningún mortal ha alzado mi velo. El fruto que he dado a luz es el SOL."[122] Entonces, ¿qué más natural que si esta divinidad encarnada está simbolizada como el "*pan* de Dios," fuera representada como una "oblea *redonda*," para identificarlo con el Sol? ¿Esto es sólo una mera fantasía? Que el lector lea con atención la siguiente cita de Hurd, en la cual describe los ornamentos del altar romano en el que se deposita el sacramento o la hostia consagrada, y después podrá juzgar: "Un disco de plata en forma de SOL está colocado en el altar frente al SACRAMENTO; el cual con la luz de los cirios adquiere una apariencia más brillante."[123] ¿Qué tiene que hacer ese *"Sol"* "brillante" en el altar frente al *"sacramento"* u hostia *redonda*? En Egipto, el *disco* del Sol se representaba en los templos, y al soberano con su esposa y sus hijos se les representaba adorándolo. Cerca del pequeño pueblo de Babain, en el Alto Egipto, todavía existe en una gruta la representación de un sacrificio al Sol, donde se ven "dos sacerdotes adorando la imagen del sol, como en el grabado en la página siguiente (Fig. 38).[124] En el gran templo de Babilonia, la imagen de oro del Sol se exhibía para la adoración de los babilonios.[125] En el templo del Cuzco, en el Perú, el disco fulgurante de un sol de oro estaba colocado sobre la pared,[126] para que todo el que entrara pudiera inclinarse ante él. Los peonios de Tracia eran adoradores del sol; y en su culto adoraban una imagen del sol en forma de disco colocado en lo alto de un palo largo.[127] En el culto de Baal, practicado por los israelitas idólatras en sus épocas de apostasía, se observaba igualmente la adoración de la imagen del sol; y es sorprendente encontrar que la imagen del

---

[122] BUNSEN, *Egipto*, vol. I. pp. 386,387.

[123] HURD, *Ritos y Ceremonias*, p. 196, col I.

[124] De MAURICE, *Antigüedades Indias*, vol. III. p. 309. 1793.

[125] Ver *ante*, p. 62.

[126] PRESCOTT, *El Perú*, vol. I. p. 64.

[127] BRYANT, vol. I. p. 259.

Lo Que Usted Debe Saber

sol que adoraba el apóstata Israel estaba *erigida sobre el altar*. Cuando el buen rey Josías emprendió la obra de la reforma, leemos que sus siervos, para llevarla a cabo, procedieron de esta manera: "Y derribaron delante de él los *altares* de los baales, e hizo pedazos las imágenes del sol, que estaban puestas encima" (2 Crónicas 34:4). Benjamín de Tudela, el gran viajero judío, hace un sorprendente relato de adoración del sol aun en tiempos comparativamente modernos, como el que subsiste entre los cusitas del Oriente, en el cual encontramos que la imagen del sol era, incluso en sus días, adorada en el altar. "Hay un pueblo," dice

La Adoración del Sol en Egipto
Fig. 38

Acerca de los Misterios... y el Culto al Hombre

él, "de la descendencia de Cus, adictos a la contemplación de las estrellas. Ellos adoran al Sol como dios, y todo el país, por media milla a la redonda del pueblo, está lleno de altares dedicados a él. Al despuntar la mañana se levantan y salen corriendo del pueblo para esperar la salida del sol, del cual hay una *imagen consagrada* en *todos los altares*, no a semejanza de hombre, sino de *esfera solar*, construida por arte mágico. Estas esferas, tan pronto como sale el sol, se encienden y resuenan con gran ruido, mientras todos los que están allí, hombres y mujeres, tienen incensarios en las manos, y todos queman incienso al sol."[128] Por todo esto, se hace patente que la imagen del sol encima del altar o sobre él, era uno de los símbolos reconocidos de aquellos que adoraban a Baal o al Sol. Y, aquí, en una Iglesia que se dice cristiana, se coloca en el altar un brillante disco de plata "en forma de SOL," ante el cual todo aquel que adore en ese altar debe inclinarse en humilde reverencia ante esa imagen del *"Sol."* ¿De dónde, pregunto, pudo haber venido esto sino del antiguo culto del sol, o del culto a Baal? Y cuando la hostia se coloca de tal modo que el "SOL" de plata esté en frente de la hostia *"redonda,"* cuya "redondez" es un elemento tan importante en el Misterio romano, ¿cuál puede ser el significado de ella, sino simplemente el de mostrar, para aquellos que tienen ojos para ver, que la misma "Hostia" es solamente otro símbolo de Baal o del Sol? Si la divinidad solar fue adorada en Egipto como "la Simiente," o en Babilonia como "el Grano," exactamente del mismo modo se adora la hostia en Roma. "Pan de trigo de los elegidos, ten misericordia de nosotros," es una de las preces prescritas en la Letanía romana dirigida a la hostia durante la celebración de la misa.[129] Y uno, por lo menos, de los mandatos perentorios en cuanto a la manera en que se reparte esa hostia, es exactamente la misma que se cumplía en el antiguo culto de la divinidad babilónica. Se exige que aquellos que participan de ella ayunen del todo, pues esto está establecido muy estrictamente. El obispo Hay, al formular la ley sobre el asunto, dice que es

---

[128] Citado por el traductor de las *Cartas* de SAVARY, vol. II. pp. 562, 563, Nota.

[129] *El Protestante*, p. 269, col 2.

indispensable "que ayunemos desde medianoche a fin de no tener nada en el estómago desde las doce de la noche antes de que la recibamos, ni alimento, ni bebida, ni medicina."[130] Teniendo en cuenta que nuestro Señor Jesús el Cristo instituyó la Sagrada Comunión inmediatamente después de que Sus discípulos habían participado del banquete pascual, un requisito tan estricto sobre el ayuno puede parecer inexplicable. Pero considerando esta disposición con respecto al "sacrificio incruento" de la misa a la luz de los Misterios eleusinos, esto se explica en seguida, pues allí la primera pregunta que se hacía a los que buscaban la iniciación era: "¿Ustedes están ayunando?"[131] Y, a menos que esa pregunta fuera respondida afirmativamente, no tenía lugar ninguna iniciación. Es indiscutible que, en ciertas circunstancias, el ayuno es un deber cristiano; pero mientras que ni la letra, ni el espíritu de la institución divina demanda una reglamentación tan estricta como la anterior, las reglamentaciones con respecto a los Misterios eleusinos, hacen evidente de dónde han venido realmente tales requerimientos.

Aunque el dios a quien Isis o Ceres dio a luz, y que le era ofrecido bajo el símbolo de la oblea o de la torta delgada, como el "pan de vida," era en realidad el Sol cruel y abrasador, o el terrible Moloc, en esa ofrenda, sin embargo, el terror que lo acompañaba estaba disimulado, y todo lo repulsivo quedaba oculto en las sombras. En el símbolo señalado en que él es ofrecido a la Madre propicia, que mitiga el juicio con misericordia, y a quien se le atribuyen finalmente todas las bendiciones espirituales, él es bendecido por esa Madre, y restituido para ser festejado como el sostén de la vida, como el alimento de las almas de sus adoradores. Así, la Madre fue ensalzada como la divinidad favorita; y así también, y por una razón completamente igual, la Madona de Roma eclipsa por completo a su Hijo como la "Madre de la gracia y de la misericordia."

---

[130] *El Cristiano Sincero*, vol. II. secc. III. p. 34.

[131] POTTER, vol. I. *Eleusiania*, p. 356.

Acerca de los Misterios… y el Culto al Hombre

Con respecto a la índole pagana del "sacrificio incruento" de la misa, ya hemos visto no poco. Pero todavía hay algo que considerar en lo que aparecerá todavía más la obra del misterio de iniquidad. Sobre la hostia hay unas letras que vale la pena leer. Estas letras son I. H. S. ¿Qué significan estas letras místicas? Para un cristiano, estas letras tienen el significado de *"Iesus Hominum Salvator,"* "Jesús, el Salvador de los hombres." Pero permítasele a un adorador romano de Isis (pues en la época de los emperadores había innumerables adoradores de Isis en Roma) posar sus ojos en ellas, ¿y cómo las leerá? El las leerá, por supuesto, de acuerdo con su propio y bien conocido sistema idólatra: *"Isis, Horus, Seb,"* es decir, "La Madre, el Hijo, y el Padre de los dioses;" en otras palabras, "La Trinidad" egipcia. ¿Puede pensar el lector que este doble significado sea algo casual? Con seguridad que no. El mismo espíritu que convirtió la fiesta del pagano Oannes en la fiesta del cristiano Joannes, conservando al mismo tiempo todo su paganismo antiguo, ha planeado hábilmente las iniciales I. H. S. para dar la *apariencia* de un tributo al cristianismo, mientras el paganismo tiene realmente toda la *substancia* del homenaje que le es tributado.

Cuando las mujeres de Arabia empezaron a adoptar esta hostia y a ofrecer el "sacrificio incruento," todos los verdaderos cristianos vieron enseguida el verdadero carácter de su sacrificio. Ellas fueron tratadas como herejes, y rotuladas con el nombre de colidirianas, del nombre griego para la torta que ellas empleaban. Pero Roma vio que la herejía podía justificarse; y, por tanto, aunque condenada por la parte ortodoxa de la Iglesia, la práctica de ofrecer y comer este "sacrificio incruento" fue adoptado por el papado; y, ahora, en todos los confines de la comunión romana ha reemplazado el sencillo pero preciosísimo sacramento de la Cena instituida por el mismo Señor nuestro.

Intimamente relacionado con el sacrificio de la misa está el asunto de la transubstanciación; pero la consideración de esto sería más conveniente en una etapa subsiguiente de esta investigación.

SECCION IV— LA EXTREMAUNCION

El último oficio que celebra el papado para los hombres vivientes es darles "la extremaunción," ungiéndolos en el nombre del Señor, después de que han sido oídos en confesión y absueltos, con el fin de prepararlos así para su último viaje. El pretexto para esta "unción" de los agonizantes ha sido, supuestamente, un mandato de Santiago con respecto a la visita a los enfermos; pero si el pasaje en cuestión se cita cabalmente, se ve que tal práctica nunca pudo haberse originado en la directiva apostólica, y tiene que haber provenido de una fuente completamente diferente. "¿Está alguno enfermo entre vosotros?," dice Santiago (5:14,15), "llame a los ancianos de la Iglesia, y oren por él, ungiéndole con aceite en el nombre del Señor; y la oración de fe hará salvo al enfermo, y el Señor lo ALIVIARA." Es evidente que esta oración y esta unción fueron prescritas para la *recuperación* del enfermo. Los apóstoles fueron investidos con poder por su gran Rey y su Cabeza. Este poder se ejercía diariamente por los "ancianos de la Iglesia," cuando Santiago escribió su epístola, y lo hacían para la *sanidad* de los cuerpos de los hombres, del mismo modo que lo hizo nuestro Señor Mismo. La "extremaunción" de Roma, como lo dice la misma expresión, no se propone ninguno de tales propósitos. No tiene el propósito de sanar a los enfermos o *"aliviarlos,"* pues de *ninguna* manera se administra hasta cuando se ha perdido *toda esperanza de recuperación*, y la muerte se encuentra *ad portas*. Como el propósito de tal unción es totalmente contrario a la unción de las Escrituras, debe haber tenido una procedencia completamente distinta. Y tal procedencia es exactamente la misma de la cual el papado ha importado, como lo hemos visto, tanto paganismo a su propio seno. La extremaunción ha venido, obviamente, de los Misterios caldeos. Entre los muchos nombres del dios babilónico estaba el nombre de "Beël-samen," "El Señor del Cielo,"[132] que es el mismo nombre del sol y también, por supuesto, del dios-sol. Pero Beël-samen también significa propiamente "El Señor del Aceite," y se usaba evidentemente como sinónimo del nombre divino de "El Mesías." En Heródoto encontramos un relato que puede explicar plenamente este nombre. Allí se representa a un individuo que ha soñado que el sol había ungido a su padre.[133] Que el sol ungiera a alguien, no es ciertamente una idea que hubiera podido ocurrírsele por sí misma, sino que cuando se sabe que el nombre de "Beël-samen," "El Señor del Cielo," también significa "El Señor del Aceite," es fácil ver cómo fue sugerida esa idea. Esto también explica el hecho de que el cuerpo del Belos babilónico se representara preservado y flotando en aceite,[134] en su sepulcro de Babilonia hasta la época de Jerjes. Y, por la misma razón, sin duda, era "hueca" la "estatua de Saturno" en Roma, y estaba *llena de aceite."*[135]

La rama de olivo que, como ya hemos visto, ha sido uno de los símbolos del dios caldeo, tenía, evidentemente, el mismo significado jeroglífico; pues, como el olivo era el árbol del aceite, así una rama de olivo significaba emblemáticamente "hijo del aceite," o "ungido" (Zacarías 4:12-14). Esta es la razón de que los griegos, al presentarse delante de un dios en actitud de suplicantes, lamentándose por su ira y suplicando su favor, llegaban en muchas ocasiones al templo llevando en sus manos una rama de olivo. Como la rama de olivo era uno de los símbolos reconocidos de ese Mesías, cuya gran misión consistía en hacer la paz entre Dios y los hombres, así, llevando esa rama del ungido, daban testimonio de que venían buscando la paz en el *nombre* de ese ungido. Los adoradores de este Beël-samen, "Señor del Cielo" y "Señor del Aceite," eran ungidos en nombre de su dios. No era suficiente con que fueran ungidos con "saliva;" eran ungidos igualmente con "ungüentos mágicos" de la clase más poderosa, siendo estos ungüentos los medios para la introducción de drogas en sus sistemas corporales, con el propósito de excitar su imaginación, a lo cual se agregaba el poder de las

---

[132] "El Señor del Cielo" es propiamente "Beel-shemin," pero en la versión de los Setenta se le da exactamente el nombre de "El Señor del Aceite" (pp. 12,13).– EUSEBIO, *Praep. Evang.* lib. I, cap. 10, p. 39.

[133] HERODOTO, lib. III. cap. 124.

[134] CLERICO, *La Filosofía Oriental*, lib. I., *Los Caldeos*, secc. I. cap. 1.

[135] SMITH, *Diccionario Clásico*, p. 679.

bebidas mágicas que se les daban con el fin de que pudieran ser preparados para las visiones y las revelaciones que se les iban a hacer en los Misterios. Estas *"unciones,"* dice Salverté, "eran sumamente frecuentes en las ceremonias antiguas... . Antes de consultar el oráculo de Trofonio, eran frotados con aceite por todo el cuerpo. Esta preparación contribuía ciertamente a producir la visión. Antes de ser admitidos a los Misterios de los sabios indios, Apolonio y su compañero fueron frotados con un aceite tan poderoso que sintieron como *si fueran bañados con fuego.*"[136] Esta fue claramente una unción en nombre del "Señor del Cielo," con el fin de disponerlos y prepararlos para ser admitidos *en visión* a su terrible presencia. La misma razón que sugirió tal unción antes de la iniciación en las circunstancias dichas, resultaría todavía más poderosa para una *"unción"* especial cuando el individuo fuera llamado, no a una visión, sino para enfrentarse realmente al "misterio de los misterios" en su presentación personal en el mundo invisible y eterno. De esta manera, el sistema pagano avanzó naturalmente hacia la "extremaunción."[137] Sus seguidores eran *ungidos* para su último viaje para que, por la doble influencia de la superstición y de los poderosos estimulantes introducidos en su cuerpo, de la única manera en que esto era posible entonces, sus mentes pudieran ser fortalecidas simultáneamente contra el sentimiento de culpa y los ataques del rey de los terrores. Es indudable que de esta fuente, y de ella sola, vino la "extremaunción" del papado, que era completamente desconocida entre los cristianos hasta cuando la corrupción hubo avanzado mucho en la Iglesia.[138]

---

[136] SALVERTÉ, *Las Ciencias Ocultas*, p. 282.

[137] *Revista Trimestral de la Profecía*, p. 6, enero, 1852.

[138] El obispo GIBSON dice que ella se conocía en la Iglesia desde hacía mil años. – *Defensa contra el Papado*, vol. VIII. p. 255.

SECCION V — EL PURGATORIO Y LAS ORACIONES POR LOS MUERTOS

Sin embargo, la "extremaunción" para un alma abrumada, era apenas un recurso insignificante, después de todo, ante la perspectiva de la muerte. Por tanto, no causa sorpresa que aquellos que habían recibido todo lo que la arrogancia sacerdotal pretendiera otorgarles, encontraran necesario algo más para animarlos ante la perspectiva de la eternidad. En todo sistema, por tanto, con excepción del de la Biblia, siempre han ocupado un lugar las oraciones por los muertos y la doctrina de un purgatorio después de la muerte. A dondequiera que vayamos en los tiempos modernos o en los antiguos, encontramos que el paganismo deja una esperanza después de la muerte para los pecadores que, en el momento de su partida, estuvieran conscientemente inhabilitados para entrar en las moradas de los bienaventurados. Para este fin se inventó un estado intermedio en el cual, por medio de penas expiatorias, la culpa no perdonada a tiempo, pudiera ser absuelta en el mundo futuro e hiciera aceptable el alma para la bienaventuranza final. En Grecia, la doctrina de un purgatorio fue inculcada por uno de los principales filósofos. Así, Platón, hablando del juicio futuro de los muertos, sostiene la esperanza de la salvación final para todos, pero afirma que, de "aquellos que son juzgados," "algunos" deben pasar *primero* "por un lugar de juicio subterráneo, donde *sufrirán el castigo que hayan merecido*;" mientras que otros, como consecuencia de un juicio favorable, son llevados enseguida a determinado lugar celestial donde "pasarán su tiempo de una manera que llegará a ser la vida que vivieron en forma humana."[139] En la Roma pagana, el purgatorio era igualmente sostenido ante la mente de los hombres; pero allí, parece que no se mantenía la esperanza de ninguna excepción con respecto a las penas. Por tanto, Virgilio describía sus diferentes torturas de esta manera:

---

[139] PLATON, *Fedro*, p. 249, A, B.

"Ni puede la mente envilecida,
En el obscuro calabozo de los miembros prisionera,
Defender los cielos nativos, o ser dueña de celestial condición,
Ningún muerto puede por sí mismo lavar completamente sus manchas;
Pues la suciedad largo tiempo contraída, aún en el alma permanece,
Y perduran en ella los restos del vicio inveterado,
Y en *todo rostro* aparecen las manchas del pecado obsceno,
Para esto se imponen diferentes penitencias;
Y algunos cuelgan para ser blanqueados por el viento,
Unos sumergidos en el agua, *otros purificados por el fuego*,
Hasta cuando se sequen las escorias, y toda herrumbe muera.
Todos tienen sus manes, y esos manes llevan
Lo poco limpio para restaurar estas moradas,
Y respirar a campo abierto los dulces aires elíseos.
Después son felices cuando al pasar el tiempo,
Cae la costra de todo crimen cometido
Y no queda señal de sus habituales manchas,
Pues el éter puro del alma permanece."[140]

En Egipto, se inculcó substancialmente la misma doctrina. Pero una vez que esta doctrina fue aceptada por la mente popular, se abrió la puerta para toda clase de extorsiones sacerdotales. Las oraciones por los muertos siempre hacen pareja con el purgatorio, pero ninguna oración puede ser completamente eficaz sin la mediación de los sacerdotes; y ningún oficio sacerdotal puede prestarse a menos que se pague un *precio especial* por él. Por tanto, dondequiera que encontramos el sacerdocio pagano "que devora las casas de las viudas;" y hace mercancía de los tiernos sentimientos de los afligidos parientes, vivamente sensibles a la felicidad eterna del amado difunto. En todas partes hay un testimonio universal en cuanto al carácter oneroso y al *costo* de estas devociones póstumas. Una de las opresiones bajo la cual gimen los pobres romanistas irlandeses son las devociones periódicas

---
[140] DRYDEN, *Virgilio*, lib. VI. ll. 995-1012, vol. II. p. 536; en el original, ll. 730-774.

especiales, por las que se les exige pagar cuando la muerte se lleva a uno de los residentes de su morada. No se trata solamente de los servicios fúnebres y del funeral acostumbrados en el momento del entierro por el reposo de aquel que se ha ido, sino que el sacerdote hace repetidas visitas a la familia con el mismo propósito, lo que ocasiona gastos onerosos, empezando por lo que se llama "la intención del mes," es decir, un servicio en nombre del difunto cuando ha pasado un mes después de la muerte. Algo completamente parecido a esto era lo que ocurría evidentemente en la antigua Grecia, pues Miller dice en su *Historia de los Dorios*: "Los argivos sacrificaban el día treinta [después de la muerte] a Mercurio como el guía de los muertos."[141] En la India, los servicios del Sradd'ha, o ritos fúnebres por el reposo del difunto eran muchos y costosos; y, para asegurar la debida eficacia de ellos, se inculcaba que se hicieran "donaciones de ganado, tierras, oro, plata y otras cosas," por la persona misma ante la proximidad de la muerte, o si "está demasiado débil, por otra persona en su nombre."[142] Dondequiera que miramos, el caso es casi el mismo. En Tartaria, "el Gurjumi, u oraciones por el difunto," dice la *Revista Asiática*, "son muy onerosas."[143] En Grecia, dice Suidas,[144] "el sacrificio más grande y más costoso era el sacrificio misterioso llamado Teleté," un sacrificio que, según Platón, "era ofrecido por los vivos y los muertos, y se suponía que los libraría de todos los males a los cuales están expuestos los malos cuando dejan este mundo."[145] En Egipto, las exacciones de los sacerdotes por los derechos funerarios y las misas por los muertos, estaban lejos de ser insignificantes. "Los sacerdotes," dice Wilkinson, "inducían al pueblo a gastar grandes sumas en la celebración de los ritos fúnebres, y *muchos que escasamente conseguían lo necesario para vivir*, se angus-

---

[141] *Los Dorios*, vol II. p. 405. MULLER dice que los argivos también sacrificaban inmediatamente después por los muertos.

[142] *Investigaciones Asiáticas,* vol. VII. pp. 239, 240.

[143] *Revista Asiática*, vol. XVII. p. 143.

[144] SUIDAS, vol. II. p. 879, B.

[145] PLATON, vol. II. pp. 364, 365.

tiaban por ahorrar algo para los gastos de su muerte. Porque, además del proceso de embalsamamiento que, algunas veces, costaba un talento de plata, o cerca de 250 libras esterlinas, la tumba misma se compraba a costo inmenso; y se hacían numerosas exigencias sobre los bienes del difunto para la celebración de oraciones y de otros servicios para el alma."[146] "Las ceremonias," dice en otra parte, "consistían en un sacrificio similar a los ofrecidos en los templos, dedicados por el difunto a uno o más dioses (como Osiris, Anubis, y otros relacionados con Amenti); también se ofrecían incienso y libaciones; algunas veces se leía una oración, estando presentes como dolientes los parientes y los amigos. Ellos también se unían a las oraciones del sacerdote. El sacerdote que oficiaba en el servicio del entierro era seleccionado del grado de los pontífices, que usaban la piel de leopardo; pero algunos otros ritos eran oficiados por uno de los sacerdotes inferiores a las momias, antes de que fueran bajadas al hoyo de la tumba, después de esa ceremonia. En realidad, las ceremonias seguían administrándose a intervalos, *mientras la familia pagara por su celebración*."[147] Tal era el funcionamiento de la doctrina del purgatorio y de las oraciones por los muertos admitidas y reconocidas entre los paganos; y, ¿en qué aspecto esencial difiere esto del funcionamiento de la misma doctrina en la Roma papal? Las mismas extorsiones que hay en el funcionamiento del uno, las hay en el funcionamiento del otro. La doctrina del purgatorio es puramente pagana, y no puede resistir ni por un momento la luz de las Escrituras. Para aquellos que mueren en Cristo, no *hay* ni *puede haber* necesidad del purgatorio, porque "la sangre de Jesús, el Cristo, Hijo de Dios, nos limpia de TODO pecado." Si esto es verdad, ¿por dónde puede haber necesidad de ninguna otra limpieza? Por otro lado, para aquellos que mueren sin unión personal con Cristo y, por consiguiente, sin ser lavados, ni justificados, ni salvos, no puede haber otra purificación, porque mientras "el que tiene al Hijo, tiene la vida; el que *no* tiene al Hijo de Dios *no* tiene vida." Búsquese en las Escrituras, y se verá que con respecto a todo el que *"mue-*

---

[146] WILKINSON, vol. II. p. 94.

[147] *Ibid*. vol. V. pp. 167.

re en pecado," el decreto de Dios es: "El que es injusto, sea injusto todavía; y el que es sucio, ensúciese todavía" (Apocalipsis 22:11). Así, toda la doctrina del purgatorio es un sistema de pura y descarada impostura pagana, que deshonra a Dios, que engaña a los hombres que viven en pecado con la esperanza de expiarlo después de la muerte, a la vez que los estafa en su propiedad y en su salvación. En el purgatorio pagano, el fuego, el agua, el viento se representaban, como puede verse en los versos de Virgilio,[148] aunándose para purificar la culpa del pecado. En el purgatorio del papado, incluso desde los días del papa Gregorio, el fuego ha sido el gran medio de purificación.[149] Así, mientras las llamas del purgatorio del mundo futuro son apenas la realización del principio incorporado en los llameantes y purificadores fuegos de Baal de la víspera de San Juan, constituyen otro eslabón en la identificación del sistema de Roma con el sistema de Tamuz o Zoroastro, el gran dios de los antiguos adoradores del fuego.

Si la regeneración bautismal, la justificación por las obras, la penitencia como satisfacción para la justicia de Dios, el sacrificio incruento de la misa, la extremaunción, el purgatorio y las oraciones por los difuntos provinieron todos de Babilonia, ¿será que el sistema general de Roma puede llamarse justamente babilónico? Y si lo ya dicho es cierto, ¡cuán agradecidos debemos estar con Dios de que nos puede liberar de estar en semejante sistema! ¡Qué dicha la de estar libres de la confianza en tales refugios de mentiras que no pueden quitar el pecado más de lo que haría la sangre de los bueyes o la de los machos cabríos! ¡Qué bienaventurado sentir que la sangre del Cordero, aplicada por el Espíritu de Dios a la conciencia más depravada, la purifica completamente de las obras muertas y del pecado! ¡Cuán ferviente debe ser nuestra gratitud cuando sabemos que, en todas las pruebas y aflicciones, podemos llegarnos confiadamente ante el trono de la gracia, no en nombre de criatura alguna, sino en nombre del Dios eterno y del Hijo bienamado; y que este

---

[148] WILKINSON, p. 167.

[149] *Catecismo Romano*, part. I., art. 5, secc. 5, p. 50.

Lo Que Usted Debe Saber

Hijo se presenta como el más benévolo y compasivo sumo sacerdote, CONMOVIDO al sentir nuestras flaquezas, por haber sido tentado, aunque inmaculado, por el pecado en todas sus formas, tal como lo somos nosotros! Ciertamente, pensar en todo esto, al tiempo que nos inspira benévola compasión por los engañados esclavos de la tiranía papal, debe hacer que estemos firmes en la libertad con la cual el Cristo nos ha hecho libres, y no volver atrás, para que ni nosotros ni nuestros hijos podamos alguna vez ser sometidos de nuevo al yugo de la esclavitud.

> Salid de Babilonia, huid de entre los caldeos. Dad nuevas de esto con voz de alegría; publicadlo, llevadlo hasta lo postrero de la tierra. Decid: Redimió el SEÑOR a su siervo Jacob.
> (Isaías 48:20).

> Para que digas a los presos: Salid; y a los que están en tinieblas: Manifestaos. Sobre los caminos serán apacentados, y en todas las cumbres serán sus pastos.
> (Isaías 49:9).

> Apartaos, apartaos; salid de allí; no toquéis cosa inmunda. Salid de en medio de ella; sed limpios los que lleváis los vasos del SEÑOR.
> (Isaías 52:11).

> Huid de en medio de Babilonia, y salid de la tierra de los caldeos, y sed como los mansos delante del ganado.
> (Jeremías 50:8).

> Salid de en medio de ella, pueblo mío, y salvad cada uno su vida de la ira del furor del SEÑOR.
> (Jeremías 51:45).

RITOS Y CEREMONIAS

SECCION I — PROCESIONES IDOLATRAS

Aquellos que hayan leído el relato de la última procesión idólatra en la capital de Escocia, en la *Historia de la Reforma* de John Knox, no podrán olvidar fácilmente la tragicomedia en que terminó. La luz del Evangelio se había propagado ampliamente, y los ídolos papales había perdido su fascinación. "Las imágenes," dice el historiador, "se habían marchado a hurtadillas de todas partes en el país; y en Edimburgo estaba ese gran ídolo llamado San Giles [el santo patrono de la capital], que primero había sido sumergido en el North Loch, y después quemado, lo que provocó no pocos disturbios en la ciudad."[1] Los obispos exigieron del Concejo de la ciudad o "entregarles de nuevo al viejo San Giles, o bien, a sus expensas, hacer una nueva imagen."[2] Ellos se rehusaron absolutamente a hacerlo, pues ahora estaban convencidos del pecado de idolatría. Sin embargo, los obispos y los sacerdotes (como se aproximaba el aniversario de la fiesta de San Giles) resolvieron hacer lo posible para que la procesión tuviera lugar con tanta pompa como se pudiera. Para tal fin, se pidió prestado a los frailes grises "un ídolo pequeño," al que llamaban "San Giles, el joven." El día señalado, dice Knox, "se congregaron los sacerdotes, los frailes, los canónigos... con panderetas y trompetas, con estandartes y gaitas." La procesión se dirigió al oeste, y bajó por High Street, hasta Canno Cross."[3] Alguno de la multitud, "se acercó al ídolo como si se dispusiera para ayudar a cargarlo, y poniéndose las andas (o angarillas) en los hombros, empezó a estremecerse, creyendo que de ese modo el ídolo se caería. Pero algo así se había previsto, y

---

[1] KNOX, vol. I. p. 256.

[2] *Ibid.* vol. I. p. 258.

[3] *Ibid.* vol. I. p. 259.

lo impidieron los clavos de hierro [con los que estaba asegurado a las andas]; entonces, alguien empezó a gritar: 'Abajo el ídolo, abajo;' y así fue derribado sin demora."[4]

Tal procesión idólatra en medio de un pueblo que había empezado a estudiar la Palabra de Dios y a encontrarle el gusto, no produjo cosa distinta que indignación y escarnio. Pero en tierras papales, en medio de un pueblo mantenido asiduamente en la obscuridad, las procesiones están entre los medios favoritos que emplea la Iglesia romana para atar a sus seguidores. Las largas procesiones con imágenes cargadas al hombro por los hombres, además de las suntuosas vestiduras de los sacerdotes y los diversos hábitos de las distintas órdenes monacales, con la ayuda de estandartes desplegados y de los conmovedores acordes de instrumentos musicales, aunque no muy cuidadosamente organizadas, son bien adecuadas para "entretener plausiblemente" la mente mundana y para satisfacer el amor por lo pintoresco, y cuando se sacan a flote de esta manera las emociones, se las dignifica con los nombres de piedad y religión, para ministrar los propósitos del despotismo espiritual. En efecto, el papado siempre se ha beneficiado grandemente de tales procesiones. En los momentos de alegría, se ha buscado consagrar la alegría y la excitación producidas por tales procesiones al servicio de sus ídolos; y, en los momentos de tristeza, se emplean los mismos medios para hacer brotar el gemido de dolor de la multitude que se agolpa en las procesiones, como si la mera algarabía del clamor conjurara el disgusto de un Dios justamente ofendido. Gregorio, comúnmente llamado el Grande, parece que fue el primero que introdujo a *gran escala* estas procesiones religiosas en la Iglesia romana. En el año 590, cuando Roma estaba sufriendo la pestilencia bajo la dura mano de Dios, él exhortó al pueblo para que se congregara públicamente en súplica a Dios, indicando que podían reunirse al amanecer en SIETE COMPAÑIAS DIFERENTES, según sus respectivas edades, SEXOS, y condición social, y participar en siete procesiones diferentes, recitando letanías o súplicas, hasta cuando se congregaran todos

---

[4] KNOX, vol. I. p. 260.

en un lugar determinado.⁵ Así lo hicieron, y marcharon cantando y exclamando: "Señor, ten misericordia de nosotros," llevando con ellos, por mandato expreso de Gregorio, una imagen de la Virgen,⁶ según lo relata Baronio. La misma idea de tales procesiones fue una afrenta a la majestad del cielo, pues querían decir que Dios, que es un Espíritu, "veía con ojos carnales," y podía ser conmovido por la imponente vistosidad de tal espectáculo, como pudiera hacerlo cualquier mortal sensitivo. Como experimento, su éxito fue apenas escaso. Por espacio de una hora, mientras se empeñaban de ese modo, ochenta personas cayeron al suelo, y dieron su último suspiro.⁷ Sin embargo, ahora esto es considerado por los romanos como "el mejor medio" para conjurar la ira de Dios en un momento de desgracia nacional. "Si esta calamidad," dice el Dr. Wiseman, refiriéndose a las desgracias de la India, "si esta calamidad sobre nuestros antepasados hubiera ocurrido en los días del catolicismo, las calles de esta ciudad [Londres] se habrían visto holladas, en todas direcciones, por las procesiones penitenciales, clamando como David cuando la pestilencia golpeó al pueblo." Si esta alusión a David tiene algún propósito o significado, querría decir que David, en tiempos de pestilencia, encabezó alguna de tales "procesiones penitenciales." Pero el Dr. Wiseman sabe o debe saberlo, que David no hizo nada por el estilo, que su penitencia no se expresó de tal manera por medio de procesiones y, mucho menos, por medio de procesiones idólatras, como "en los días del catolicismo de nuestros antepasados," a los cuales se nos invita a regresar. Entonces, esta referencia a David es un mero engaño, destinado a despistar a aquellos a quienes no se les ha permitido leer la Biblia, como si tales "procesiones penitenciales" tuvieran alguna garantía bíblica para confiar en ellas. *El Times*, al comentar esta recomendación del dignatario papal, ha dado en el clavo. "La idea histórica," dice este diario, "es tan simple y tan vieja como puede serlo. En Homero encontramos

---

⁵ Este es el origen de lo que se llamó *Litania Septemplex*, o "La Letanía de las Siete Veces."

⁶ BARONIO, *Anales*, 590, tom. VIII. pp. 6,7.

⁷ *Ibid.* tom. VIII. p. 7.

la procesión de Hécuba y de las matronas de Troya al altar de Minerva en la Acrópolis de esa ciudad." Era una época de terror y consternación en Troya, cuando Diomedes, con fuerzas irresistibles, estaba esclavizándolo todo ante él, y la caída de la soberbia ciudad parecía estar cerca. Para conjurar la ruina aparentemente inevitable, la Reina troyana fue enviada en forma divina

> "para guiar el congregado séquito
> De las principales matronas troyanas al santuario de Minerva"

Y así lo hizo ella.

> "Ella misma... guía la larga procesión,
> El séquito avanza lenta y majestuosamente.
> Tan pronto como llegan a la torre más alta de Ilión,
> E imponentes llegan al encumbrado y majestuoso Paladio,
> La consorte de Antenor, la bella Teano, espera
> Como sacerdotisa de Palas, y desatranca las puertas.
> Con las manos levantadas y con ojos implorantes,
> Llenan el majestuoso edificio con lamentos suplicantes."[8]

Este es un antecedente de las "procesiones penitenciales," en plena alianza con la idolatría, tal como se le buscaría en vano en la historia de David, o de cualquier otro de los santos del Antiguo Testamento. Las procesiones religiosas, y especialmente las procesiones con imágenes, ya sean descritas jubilosa o tristemente, son puramente paganas. En la Palabra de Dios encontramos dos ejemplos en los cuales se realizaron procesiones con la aprobación divina; pero cuando se compara el propósito de estas procesiones con el propósito reconocido y con el carácter de las procesiones romanas, se ve que no existe afinidad entre ellas y las procesiones de Roma. Los dos casos a los cuales me refiero son el asedio de siete días de Jericó, y la procesión para la conducción del arca de Dios desde Quiriat-jearim a la ciudad de David. En el primer caso, la procesión, aunque acompañada por

---

[8] *La Ilíada,* lib. VI. Traducción de POPE, vol. II. pp. 455-468.

los símbolos del culto divino, no tenía por objeto realizar actos de culto religioso, sino que fue una manera milagrosa de conducir la guerra, cuando iba a darse una señal de la intervención del poder divino. En el otro caso, hubo simplemente el traslado del arca, el símbolo de la presencia del SEÑOR, desde el lugar donde se había permitido que estuviera largo tiempo en la obscuridad, hasta el lugar que el Señor Mismo había escogido para su morada, siendo en tal ocasión completamente apropiado y conveniente que el traslado se hiciera con toda la solemnidad religiosa. Pero estos casos fueron simplemente ocasionales y no tienen nada en común con las procesiones romanas, que constituyen una parte normal del ceremonial del papado. Pero aunque las Escrituras no dicen nada sobre las procesiones religiosas en el culto aprobado por Dios, se refieren varias veces a las procesiones paganas, también acompañadas de imágenes, exponiendo vívidamente la locura de aquellos que puedan esperar algo bueno de dioses que no pueden moverse de un lugar a otro, a menos que los lleven. Hablando de los dioses de Babilonia, dice así el profeta Isaías (46:6,7): "Sacan oro de su talegón, y pesan plata con balanzas; alquilan un platero para hacer dios de él; se humillan y adoran. *Se lo echan sobre los hombros, lo llevan*, y lo asientan en su lugar. Allí se está, y no se mueve de su lugar." Estas procesiones de ídolos llevados en hombros por los hombres, están eficazmente representadas en las esculturas de Nínive,[9] y constituyen, a la vez, una notable ilustración del lenguaje profético y del *origen* real de las procesiones papales. La misma práctica era observada en Egipto. En "la procesión de los santuarios," dice Wilkinson, "era costumbre que los hombres llevaran en hombros la estatua de la deidad principal, en cuyo honor se hacía la procesión, junto con la del rey y las de sus antepasados."[10] Pero las procesiones no solamente se identifican en general con el sistema babilónico. Tenemos evidencia de que tales procesiones se remontan en su origen hasta el desastrocísimo acontecimiento de la historia de Nimrod, que ya ha ocupado tanto nuestra atención. Wilkinson dice que "Diodoro habla de una

---

[9] LAYARD, *Nínive y sus Ruinas*, vol. II. p. 451.

[10] WILKINSON, vol. V. p. 273.

fiesta etíope de Júpiter en la que su estatua se llevaba en procesión para conmemorar, probablemente, el supuesto refugio de los dioses en ese país que," dice él, "puede haber sido una conmemoración de la huida de los egipcios con sus dioses."[11] El pasaje de Diodoro, al cual se refiere Wilkinson, no dice mucho en cuanto al motivo por el cual las estatuas de Júpiter y de Juno (pues Diodoro menciona la tumba de Juno así como la de Júpiter) eran llevadas anualmente a la tierra de Etiopía; y luego, después de cierto tiempo de permanencia allí, se les regresaba a Egipto de nuevo.[12] Pero, comparando este pasaje con otros pasajes antiguos, esto se hace evidente. Eustacio dice de la fiesta en cuestión: "Según algunos, los etíopes acostumbraban traer la imágenes de Zeus y de otros dioses desde el gran templo de Zeus en Tebas. Con estas imágenes iban de un lado para otro en Libia durante un tiempo determinado, y celebraban una espléndida fiesta para doce dioses."[13] Como la fiesta se llamaba la fiesta etíope, y como eran etíopes los que se llevaban los ídolos y los traían de nuevo, esto quiere decir que los ídolos tienen que haber sido ídolos etíopes; y, como hemos visto que Egipto estaba bajo el poder de Nimrod y, en consecuencia, de los cusitas o etíopes, cuando se reprimió la idolatría durante algún tiempo en Egipto,[14] ¿qué sería ésta llevada de los ídolos a Etiopía, la tierra de los cusitas, que se conmemoraba solemnemente todos los años, sino apenas el resultado natural de la supresión temporal de la adoración idólatra iniciada por Nimrod? En México, encontramos el relato del duplicado exacto de la fiesta etíope. Allí, en determinada época, se sacaban del país las imágenes de los dioses en una procesión fúnebre, como si se les hiciera una despedida, y luego, después de cierto tiempo, eran traídas de nuevo con todas las demostraciones de júbilo.[15] En Grecia, encontra-

---

[11] *Ibid.* vol. V. p. 274.

[12] DIODORO, lib. I. sec. 97, p. 62.

[13] EUSTACIO, sobre *La Ilíada* de HOMERO, lib. I. ll. 423-425, citado en el *Diccionario Clásico* de SMITH, *sub voce* "Etiopía."

[14] Ver *ante*, pp. 63-65.

[15] HUMBOLDT, vol. I. pp. 381,382.

oraciones y súplicas, y esto con la aprobación superior del obispo de Hipona, como lo demuestra suficientemente la siguiente historia: "Aquí, en Hipona," dice él, "había un pobre hombre, viejo y santo, llamado Florencio, que se ganaba la vida como sastre. Este hombre perdió una vez su chaqueta, y no pudiendo comprarse otra para reemplazarla, fue al sepulcro de los Veinte Mártires, en esta ciudad, y oró en voz alta implorándoles para que ellos le permitieran conseguir otro vestido. Una turba de necios muchachos que lo oyeron, lo siguieron cuando salió, mofándose de él y preguntándole si les había pedido cincuenta centavos a los mártires para comprar su chaqueta. El pobre hombre se marchó en silencio para su casa, y cuando pasó cerca del mar, vio un gran pez que había sido arrojado a la arena y que todavía estaba palpitando. Las demás personas que estaban presentes, le permitieron que lo cogiera, y él se lo llevó a un tal Catoso, cocinero y buen cristiano, que se lo compró por trescientos centavos. Con esto se proponía comprar lana que su esposa podría hilar, y haría un vestido para él. Cuando el cocinero abrió el pescado, encontró dentro de su estómago un anillo de oro, que su conciencia le persuadió para que se lo entregara al pobre hombre a quien le había comprado el pescado. Así lo hizo, diciéndole al mismo tiempo: 'He aquí, ¡cómo te han vestido los Veinte Mártires!'"[20] Esto hizo que el gran Agustín inculcara el culto a los muertos y que se honraran sus reliquias, obradoras de milagros. Los "muchachos necios" que "se burlaron" de la oración del sastre, parece que tenían más sentido común que el "sastre viejo y santo" o que el obispo. Si los hombres que profesaban el cristianismo en el siglo quinto obraban así, preparando el camino para el culto de toda clase de harapos o de huesos carcomidos, en los reinos del paganismo, el mismo culto había florecido durante muchos siglos antes de que hubieran aparecido en el mundo los santos cristianos o los mártires. En Grecia, las supersticiones con respecto a las reliquias y, espe-

---

[20] *De Civitate*, lib. XXII. cap. 8, vol. IX. pp. 874,875. La historia del pescado y el anillo es una antigua historia egipcia. – (WILKINSON, vol. I. pp. 186,187). Catoso, "el buen cristiano," era evidentemente un instrumento de los sacerdotes, que pudieron suministrarle un anillo para ponerlo en el vientre del pescado. El milagro llevaría adoradores a la tumba de los Veinte Mártires, y así traerían provisiones para su taller, recompensándolos ampliamente.

cialmente, en lo relacionado con los huesos de los héroes deificados, era una parte preponderante de la idolatría popular. La obra de Pausanias, el erudito anticuario griego, está llena de referencias a esta superstición. Así, sobre el omoplato de Pélope, leemos que, después de pasar por diversas aventuras, fue señalado por el oráculo de Delfos como un medio divino para que los eleanos se libraran de la pestilencia bajo la cual sufrían, fue "entregado" para "su custodia," como reliquia sagrada para la posteridad después de él, al hombre que lo había sacado del mar.[21] Los huesos del troyano Héctor fueron guardados como depósito precioso en Tebas. "Ellos [los tebanos]," afirma Pausanias, "dicen que sus huesos [los de Héctor] fueron traídos acá desde Troya, como consecuencia del siguiente oráculo: 'Tebanos, que habitáis la ciudad de Cadmo, si deseáis residir en vuestro país, bendecíos con la posesión de irreprochable riqueza, trayendo a vuestros dominios desde Asia los huesos de Héctor, el hijo de Príamo, y reverenciad al héroe según el mandato de Júpiter.'"[22] Pueden aducirse muchos otros ejemplos. Todos creían que los huesos cuidadosamente guardados y reverenciados obraban milagros. Desde sus comienzos, el sistema budista ha sido sustentado por las reliquias que han hecho milagros tan bien atestiguados como puedan serlo los obrados por las reliquias de San Esteban, o por los "Veinte Mártires." En el "Mahawanso," uno de los grandes códigos de la fe budista, se hace referencia a la guarda de las reliquias de Buda: "El vencedor de los enemigos, habiendo perfeccionado las obras para ser ejecutadas dentro del receptáculo de la reliquia, convocando una gran asamblea del sacerdocio, así les habló: 'Las obras que fueron ejecutadas por mí en el receptáculo de la reliquia, están terminadas. Mañana guardaré las reliquias. Señores, tengan en cuenta las reliquias.'"[23] ¿Quién no ha oído hablar de la Santa Casaca de Tréveris, y de su *exhibición* ante el pueblo? Por lo siguiente, el lector verá que hubo una exhibición exactamente igual de la Santa Casaca de

---

[21] PAUSANIAS, lib. V., *Prior Eliaca*, cap. 13, p. 408.

[22] Ibid. lib. IX., *Baeotica*, cap. 18. p.746.

[23] POCOCKE, *La India en Grecia*, p. 307.

Acerca de los Misterios. . . y el Culto al Hombre

Buda: "Por consiguiente (el sobrino del Naga Rajah) por su don sobrenatural, subió en el aire a la altura de siete palmeras y, extendiendo su brazo, alcanzó el lugar donde él estuvo suspendido, el Dupatupo (o sepulcro) en el cual estaba guardado el VESTIDO del que se despojó Buda como Príncipe Siddhatto, al entrar al sacerdocio... y lo EXHIBIO ANTE EL PUEBLO."[24] Sin duda, esta "Casaca Sagrada" de Buda era tan genuina y tenía tanto derecho a ser adorada como la "Santa Casaca" de Tréveris. La similitud no termina aquí. Hace solamente un año o dos el Papa le regaló a su amado hijo Francisco José de Austria, un "DIENTE" de "San Pedro," como una muestra de su especial favor y consideración.[25] El *diente* de Buda goza de igual solicitud entre sus adoradores. "Rey de Devas," dijo un misionero budista que había sido enviado a una de las principales cortes de Ceilán para pedir una o dos reliquias del Rajah, "Rey de Devas, tú posees la *reliquia del canino* derecho (de Buda), así como la clavícula derecha del divino maestro. Señor de Devas, no pongas dificultades en asuntos que involucran la salvación de la tierra de Lanka."[26] Luego, se demuestra la eficacia milagrosa de tales reliquias con lo siguiente: "El Salvador del mundo (Buda) aun después de que alcanzó el Parinibanan o la emancipación final (es decir, después de su muerte), realizó *infinitos actos de suma perfección* para el consuelo espiritual y para la prosperidad mundana de la humanidad, por medio de una reliquia corporal. Mientras el Vencedor (Jeyus) vivía todavía, ¿no hizo él lo que debía?"[27] En las *Investigaciones Asiáticas* hay un relato sobre estas reliquias de Buda que nos revela maravillosamente el origen verdadero de tal culto. El relato es éste: "Los huesos o miembros de Buda fueron esparcidos por todo el mundo, como los de Osiris y Júpiter Zagreo. La primera obligación de sus descendientes y seguidores fue la de recogerlos y enterrarlos. Por piedad filial, el recuerdo de esta búsqueda fúnebre fue man-

---

[24] *Ibid.* pp. 307, 308.

[25] *Interpretación Original del Apocalipsis*, p. 72.

[26] POCOCKE, p. 321.

[27] *Ibid.* p. 321, y Nota.

tenido cada año mediante una búsqueda ficticia, con todas las señales de la aflicción y de la pena, hasta cuando un sacerdote anunció que las reliquias sagradas habían sido encontradas finalmente. Esto se practica hoy día por algunas tribus tártaras de religión budista; y la expresión: los huesos del Hijo del Espíritu del cielo, es propia de los chinos y de algunas tribus de Tartaria."[28] Entonces, es evidente que el culto a las reliquias es apenas una parte de aquellas ceremonias instituidas para conmemorar la muerte trágica de Osiris o Nimrod quien, como recordará el lector, fue cortado en catorce pedazos que se enviaron a las diferentes regiones infectadas por su apostasía y su falso culto, con el fin de producir el pánico en todos los que pudieran buscar seguir su ejemplo. Cuando los apóstatas reconquistaron el poder, lo primero que hicieron fue buscar estas desmembradas reliquias del gran cabecilla de la idolatría, y enterrarlas con toda muestra de devoción. Así describe Plutarco la búsqueda: "Estando familiarizada con este acontecimiento [a saber, el desmembramiento de Osiris], Isis promulga una vez más la búsqueda de los miembros dispersos del cuerpo de su esposo, usando un bote hecho de tallos de papiro, con el fin de pasar fácilmente por las partes más bajas y pantanosas del país.... Y la razón aducida para los distintos sepulcros de Osiris encontrados en Egipto, es la de que dondequiera que se descubrió uno cualquiera de sus esparcidos miembros, ella lo enterró en el lugar, aunque otros suponen que esto se debe a un ardid de la reina, que señalaba cada una de estas ciudades con una imagen de su esposo para que si Tifón derrotaba a Horus en la siguiente contienda, no pudiera encontrar el sepulcro verdadero. Isis logró recuperar todos los diferentes miembros, con excepción de uno, que había *sido* devorado por los Lepidotus, los Phragus, y los Oxyrhynchus, razón por la cual los egipcios odian estos peces. Para enmendar esto, ella consagró el Falo, e instituyó una fiesta solemne en su memoria."[29] Esto demuestra no sólo el verdadero origen del culto a las reliquias, sino que también demuestra que la *multiplicación* de las reliquias puede pretender la más venerable antigüedad. Por tan-

---

[28] *Investigaciones Asiáticas*, vol. X. pp. 128,129.

[29] PLUTARCO, vol. II. p. 358, A.

to, si Roma puede alardear de que tiene dieciséis o veinte casacas santas, siete u ocho brazos de San Mateo, dos o tres cabezas de San Pedro, esto no es cosa distinta a lo que pudo hacer Egipto con respecto a las reliquias de Osiris. Egipto quedó *cubierto* con los sepulcros de su dios martirizado; y muchas piernas y brazos y calaveras, certificados todos como auténticos, fueron exhibidos en los lugares de sepultura rivales para la adoración de los fieles egipcios. Más aún, estas reliquias egipcias no solamente eran sagradas de suyo, sino que SANTIFICABAN EL MISMO SUELO en el cual estaban enterradas. Este hecho es revelado por Wilkinson tomado de un relato de Plutarco:[30] "El templo de esta deidad en Abidos," dice él, "era también particularmente honrado, y el lugar era considerado santo por los egipcios hasta el punto de que las personas que vivían a alguna distancia de él buscaban y, eventualmente, conseguían con dificultad el permiso para poseer una sepultura en su Necrópolis, con el fin de que después de muertas, *pudieran reposar* en el SUELO SANTIFICADO POR LA TUMBA de esta grande y misteriosa deidad."[31] Si los lugares donde estaban enterradas las reliquias de Osiris eran considerados como particularmente santos, es fácil ver cómo estimularía esto las *peregrinaciones* que eran tan frecuentes entre los paganos. El lector no necesita que se le diga qué mérito atribuye Roma a tales *peregrinaciones* a las tumbas de los santos, y cómo en la Edad Media, uno de los medios favoritos para lavar el pecado, era emprender una peregrinación a la tumba de Santiago de Compostela en España, o al Santo Sepulcro en Jerusalén.[32] En las Escrituras no hay la más ligera huella de cosas tales como una peregrinación a la tumba de un santo, de un mártir, de un profeta, o de un apóstol. La misma forma en que el SEÑOR creyó conveniente disponer del cuerpo de Moisés, enterrándolo Él Mismo en las llanuras de Moab, para que ningún hombre supiera alguna vez dónde se encontraba su sepultura, estaba destinada evidentemente a reprobar todo sentimiento como aquel del cual surgen tales *peregrinaciones*. Y teniendo en con-

---

[30] PLUTARCO, sec. 20, vol. II. p. 350, A.

[31] WILKINSON, vol. IV. p. 346.

[32] *La Cristiandad Evangélica*, año 1855, vol. IX. p. 201.

sideración de *dónde* había venido Israel, y las ideas egipcias con las cuales estaban infectados, como se demuestra con el asunto del becerro de oro, además de la suma reverencia que ellos debían de haber tenido por Moisés, demuestra claramente la sabiduría de Dios al disponer de esa manera de su cuerpo. En la tierra donde Israel había permanecido tanto tiempo, había grandes y pomposas *peregrinaciones* en determinadas épocas del año, acompañadas, con frecuencia, de obscenos excesos. Heródoto nos dice que, en su tiempo, la multitud que iba anualmente en peregrinación a Bubastis ascendía a 700.000 individuos, y que entonces se bebía más vino que en ninguna otra época del año.[33] Wilkinson se refiere de este modo a una peregrinación similar a Filae: "Además de la celebración de los grandes misterios que tenían lugar en Filae, se realizaba una gran ceremonia en una época especial, cuando los sacerdotes, en procesión solemne, visitaban su tumba, y la coronaban de flores."[34] Plutarco alega, incluso, que todo acceso a la isla estaba prohibido en cualquiera otra época del año, y que ningún ave volaba sobre ella, ni ningún pez nadaba cerca de ese SUELO CONSAGRADO."[35] Parece que esta no había sido sólo una procesión de sacerdotes en la inmediata vecindad de la tumba, sino una verdadera *peregrinación* nacional, porque dice Diodoro: "El sepulcro de Osiris en Filae es reverenciado por todos los sacerdotes en todo Egipto."[36] No tenemos la misma información detallada sobre el culto a las reliquias en Asiria o Babilonia; pero tenemos la suficiente para demostrar que así como era el dios babilónico el que se adoraba en Egipto con el nombre de Osiris, así también en su propio país se tributaba la misma reverencia supersticiosa a sus reliquias. Ya hemos visto que cuando murió el Zoroastro babilónico, se dijo que él había dado su vida voluntariamente como sacrificio, y que había "encargado a sus compatriotas que *guardaran sus restos*," asegurándoles que la suerte de su imperio dependería de la

---

[33] HERODOTO, *Historia*, lib. II. cap. 60, pp. 126,127.

[34] PLUTARCO, vol. II. p. 359, B.

[35] WILKINSON, *Los Egipcios*, vol. IV. p. 346.

[36] DIODORO, lib. I. p. 13.

observancia o inobservancia de este último mandato.[37] Y, en efecto, sabemos por Ovidio que el "Busta Nini," o "Sepulcro de Nino" era, muchísimo tiempo después uno de los monumentos de Babilonia.[38] Comparando la muerte y la resurrección fingidas del falso Mesías con la muerte y la resurrección del verdadero, cuando El apareció realmente, se encontrará que hay un notabilísimo contraste. Cuando murió el falso Mesías fue cortado miembro por miembro, y sus huesos esparcidos por el país. Cuando tuvo lugar la muerte del Mesías verdadero, la Providencia dispuso que el cuerpo permaneciera entero, y que la palabra profética se cumpliera exactamente: "Hueso no quebrantaréis de él." Cuando se pretendió de nuevo que el falso Mesías había resucitado, esa resurrección tuvo lugar en un nuevo cuerpo, en tanto que el cuerpo viejo, con todos sus miembros quedó relegado, demostrando así que tal resurrección no fue más que una simulación, una farsa. Sin embargo, cuando el Mesías verdadero fue "declarado Hijo de Dios con potencia, según el Espíritu de santificación, para la resurrección de los muertos," la tumba, aunque celosamente vigilada por la soldadesca armada e incrédula de Roma, se halló que estaba absolutamente vacía, y no se encontró jamás ningún cuerpo muerto del Señor, ni tampoco se pretendió haberlo encontrado. La resurrección de Cristo, por tanto, descansa en fundamento muy diferente al de la resurrección de Osiris. Del cuerpo de Cristo, por supuesto, por la misma naturaleza del caso, no podía haber reliquias. Sin embargo, Roma, para llevar a su culminación el sistema babilónico, ha suplido la deficiencia por medio de las reliquias de los santos; y ahora, las reliquias de San Pedro y de San Pablo, o de Santo Tomás Becket y de San Lorenzo O'Toole, ocupan el mismo lugar en la adoración del papado que el ocupado por las reliquias de Osiris en Egipto, o de Zoroastro en Babilonia.

---

[37] SUIDAS, en *Zoroastro*, vol. I. pp. 1133,1134. Ver además sobre este asunto en el Capítulo Séptimo, Sección I, en relación con lo que se dice sobre Faetón.

[38] *Metamorfosis*, lib. IV. l. 88, vol. II. p. 278.

SECCION III
VESTIDO Y CORONACION DE IMAGENES

En la Iglesia de Roma, el vestido y la coronación de las imágenes constituye una parte de no poca importancia del ceremonial. Las imágenes sagradas no se representan, como las estatuas, con los vestidos hechos con el mismo material en que son elaboradas, sino que, de vez en cuando, llevan puestas vestiduras como lo hacen ordinariamente los mortales de carne y hueso. Con frecuencia, se malbarata buen dinero en su vestimenta; y se cree que aquellos que les regalan vestiduras espléndidas se ganan por esto su señalado favor, y atesoran un gran caudal de méritos para sí mismos. Así, encontramos que, en septiembre de 1852, el duque y la duquesa de Montpensier, alabados en la *lápida* no sólo por su caridad al "donar 3000 reales en limosnas para los pobres," lo son especialmente y sobre todo, por su piedad al *"obsequiar a la Virgen un magnífico vestido de tisú de oro, con encaje blanco, y una corona de plata."* Más o menos por la misma época, la piedad de la disoluta Reina de España fue atestiguada por una merced similar, cuando depositó a los pies de la Reina del Cielo el homenaje del vestido y de las joyas que había usado en una ocasión anterior, con motivo de una solemne acción de gracias, así como el vestido que llevaba cuando fue herida por el asesino Merino. "El manto," dice el diario español *España*, "mostraba las marcas de la herida, y su forro de armiño estaba manchado con la preciosa sangre de su majestad. En la escarcela (que llevaba el vestido) estaban también las joyas que adornaban la cabeza y el pecho de su majestad. Entre ellas estaba un diamante ombliguero, tan exquisitamente tallado, y tan deslumbrante, que parecía tallado de una sola piedra."[39] Todo esto es suficientemente infantil, y deja ver la naturaleza humana en su aspecto más degradante; pero es apenas una copia del antiguo culto pagano. En Egipto acontecía lo mismo con la vestimenta y adorno de los dioses; allí, solamente a las personas santas se les permitía intervenir en tan altos menesteres. Así es

---

[39] BEEG, *Manual*, pp. 272,273.

como encontramos que en la Piedra de Roseta se hace una clara referencia a estos sagrados funcionarios cuando dice: "Los sumos sacerdotes y los profetas, y aquellos que tenían acceso al santuario para *vestir a los dioses*... reunidos en el templo de Menfis, promulgaron el siguiente decreto."[40] La "vestimenta de los dioses" ocupaba un lugar igualmente importante en el ceremonial sagrado de la antigua Grecia. Así, encontramos que Pausanias se refiere a una ofrenda hecha a Minerva: "En tiempos remotos, Laodicea, la hija de Agapénor, envió un velo a Tegea, para Minerva Alea." El epigrama [la inscripción] sobre esta ofrenda indica, al mismo tiempo, el origen de Laodicea:

"Laodicea, de Chipre, la divina,
A su extensísima tierra paterna,
Este velo – ofrenda a Minerva – envió."[41]

Así también, en la cita ya mencionada, cuando Hécuba, la reina troyana, fue enviada para que encabezara la procesión penitencial por las calles de Troya hasta el templo de Minerva, y se le ordenó que no fuera con las manos vacías, sino que llevara con ella, como su más aceptable ofrenda,

"El manto más espléndido que su atestado guardarropa
    tuviera
El de arte más preciado, con oro elaborado."

La dama real obedeció puntualmente:

"La reina frigia a su rico guardarropa fue,
Donde acumulado aroma exhalaba costoso perfume;
Allí estaban las vestiduras de arte no común;
Doncellas sidonias, a quienes trajo del dulce Sidón
el joven Paris, cuando tocó con Helena en la playa de Tiro,
recamaron cada parte. Aquí, cuando la Reina daba vueltas

---

[40] Línea VI. *apud* WILKINSON, vol. I. p. 265, Nota.

[41] PAUSANIAS, lib. VIII. *Arcadica*, cap. 5, p.607.

Con ojos cuidadosos a las diversas texturas y diferentes colores,
Escogió un velo que esplendía en grado sumo,
Y brillaba refulgente como la estrella matutina."[42]

Ciertamente que aquí hay una semejanza maravillosa entre la piedad de la Reina de Troya y la de la Reina de España. En el paganismo antiguo había un encubierto misterio bajo las vestiduras de los dioses. Si los dioses y las diosas se complacían tanto al ser vestidos, era porque hubo una época en su historia en que ellos tuvieron gran *necesidad* de vestido. Puede establecerse claramente, como ya se ha indicado, que el gran dios y las grandes diosas del paganismo, a medida que los hechos de su propia historia se fueron entretejiendo con su sistema idólatra, fueron adorados también como encarnaciones de sus grandes progenitores, cuya desastrosa caída los despojó de su gloria primigenia, e hizo necesario que la mano divina cubriera su desnudez con vestiduras especialmente preparadas para ellos. No puedo entrar aquí en una demostración detallada de este punto; pero, póngase atención al relato de Heródoto con respecto a la ceremonia anual observada en Egipto en la que se mataba un morueco para cubrir con su piel al PADRE DE LOS DIOSES.[43] Compárese este relato con el relato divino del Génesis sobre la vestimienta del "Padre de la *Humanidad*" con una túnica de pieles; y después de todo lo que hemos visto sobre la deificación de los muertos, ¿puede quedar alguna duda de que esto era lo que se conmemoraba anualmente de tal modo? El mismo Nimrod tuvo que ser necesariamente desnudado cuando fue destrozado. Este desnudamiento se identificaba con la desnudez de Noé, y en últimas con la de Adán. Sus sufrimientos se consideraban como padecidos *voluntariamente* por el dios de la humanidad. Su desnudez, por tanto, y la desnudez del "Padre de los dioses," del cual él era una encarnación, se consideraba también como una humillación *voluntaria*. Por tanto, cuando terminaron sus sufrimientos y pasó por su humillación, la vestidura con la cual

---

[42] HOMERO, *La Ilíada*, lib. VI. En la traducción de POPE pp. 466-468.

[43] HERODOTO, *Historia*, lib. II. cap. 42. p. 119, A y B.

se le cubrió se consideró como una vestidura digna de honor, asequible no sólo para él, sino para todo aquel que fuera iniciado en sus misterios. En los ritos sagrados del dios babilónico, tanto la desnudez como la vestimienta, que se representaban como si tuvieran lugar en su propia historia, se repetían en todos sus adoradores, de acuerdo con el relato de Firmico, en el sentido de que los iniciados padecían lo que había padecido su dios.[44] Primero, después de ser preparados debidamente por medio de ritos mágicos y de ceremonias, eran introducidos, completamente desnudos, en los lugares más apartados del templo. Esto se ve en el siguiente relato de Proclo: "En el más sagrado de los misterios, se dice que los místicos se encontraban primero con los géneros de muchas formas [es decir, con los demonios], que fueron arrojados de delante de los dioses; pero al entrar en las partes interiores del templo, inmutables y custodiados por los ritos místicos, ciertamente recibían dentro de ellos la iluminación divina, y, DESPOJADOS DE SUS VESTIDOS, participaban, según se decía, de una naturaleza divina."[45] Cuando los iniciados "iluminados" de este modo, y hechos partícipes de "una naturaleza divina," después de haber sido "despojados de sus vestidos," eran vestidos de nuevo, tales vestidos eran considerados como "vestiduras sagradas" que poseían virtudes manifiestas. "La túnica de pieles" con la cual fue vestido en forma divina el Padre de la humanidad, después de sentirse dolorosamente avergonzado por su desnudez, fue, como lo admiten todos los teólogos bien fundados, un emblema simbólico de la gloriosa justicia de Cristo – la "vestidura de salvación" – que es "para todos los que crean." Las vestiduras que se ponían al iniciado después de despojarlo de sus vestidos anteriores, estaban destinadas evidentemente a ser una *réplica* de las mismas. "Las vestiduras de los iniciados en los Misterios eleusinos," dice Potter, "eran consideradas como *sagradas*, y de no poca eficacia para conjurar los males de los hechizos y encantamientos. Nunca se desechaban hasta cuando estuvieran completamente destrozadas."[46] Y, por supuesto, si era posible, eran enterrados con esas *"vestiduras*

---

[44] FIRMICO, *De Errore*, p. 18.

[45] TAYLOR, *Yámblico*, Nota, p. 148. Ver Apéndice, Nota M.

sagradas;" pues, Heródoto, al hablar de Egipto, de donde provenían estos misterios, nos dice que la "religión" daba normas sobre las vestiduras de los muertos.[47] La eficacia de las "vestiduras sagradas" como medios de salvación y de liberación del mal en el mundo invisible y eterno, ocupa un lugar destacado en muchas religiones. Así los persas, los elementos fundamentales de cuyo sistema provenían del Zoroastro caldeo, creían que "el *sadra* o *vestidura sagrada*" propendía esencialmente a "preservar al alma que partía de las calamidades que proceden de Arimán (o el diablo);" y hacían ver que aquellos que se negaban a usar esas *"vestiduras sagradas"* sufrirían en su alma, y lanzarían "los gritos más espantosos y aterradores," a causa de los tormentos que les serían infligidos "por toda clase de reptiles y animales nocivos que los atacarían con dientes y aguijones, y no les darían un momento de reposo."[48] ¿Qué pudo haber llevado alguna vez a la humanidad a atribuir tales virtudes a una *"vestidura sagrada"*? Si se admite que sólo es una tergiversación de las "vestiduras sagradas" puestas a nuestros primeros padres, todo se aclara. Esto también cuenta para el sentimiento supersticioso que hay en el papado, de otro modo tan inexplicable, que llevó a tantos en la edad del oscurantismo a fortalecerse contra los temores del juicio por venir, buscando ser enterrados con vestidos monacales. "Ser enterrado con un hábito desechado de fraile, acompañado por cartas que inscribían al difunto en una orden monástica, ¡fue tenido como liberación segura de la condenación eterna! En *Los Pilares del Credo del Labrador* se describe a un fraile que le sonsaca a un pobre hombre su dinero, asegurándole que si solamente contribuía para su monasterio,

'San Francisco mismo te sostendrá en su capa,
Y te presentará ante la Trinidad, y orará por tus pecados.'"[49]

---

[46] POTTER, *Antigüedades Griegas*, vol. I. p. 356.

[47] HERODOTO, lib. II. cap. 81, p. 134, B.

[48] WILSON, *Religiòn Persa*, pp. 164, 441, y 442.

[49] *Los Reformadores Británicos*, "Bilney," p. 258, Nota.

Acerca de los Misterios… y el Culto al Hombre

En virtud de la misma creencia supersticiosa, el rey Juan de Inglaterra fue enterrado con una cogulla de monje;[50] y muchos personajes reales y también nobles "antes de que la vida y la inmortalidad" fueran de nuevo "traídas a la luz" con la Reforma, no podían creer en un medio mejor para cubrir sus almas manchadas y desnudas ante la perspectiva de la muerte, que cubrirse con la vestidura de algún monje o fraile, tan pecadores como ellos mismos. Todas estas guaridas de la mentira tanto en el papado como en el paganismo, relacionadas con la vestimienta de los santos en uno de estos sistemas, y de los dioses en el otro, muestran, cuando se rastrea su origen, que desde que el pecado entró en el mundo, el hombre siempre ha sentido la necesidad de una justicia mejor que la suya para que lo proteja, y que ese momento fue cuando todas las tribus de la tierra se dieron cuenta de que la única justicia que podía ser útil para tal propósito era "la justicia de Dios," y la que "Dios manifiesta en la carne."

Intimamente relacionado con la "vestimienta de las imágenes de los santos" está también la *"coronación"* de ellos. Durante los dos últimos siglos, en la congregación papal, las fiestas para la *coronación* de las "imágenes sagradas" se han celebrado con más frecuencia cada vez. En Florencia, hace pocos años, fue *"coronada,"* con excepcional pompa y solemnidad, la imagen de la Madona con el niño en los brazos.[51] Esto también proviene de los hechos que se conmemoran en la historia de Baco u Osiris. Como Nimrod fue el primer rey después del diluvio, de igual modo fue célebre como el primero que llevó una corona.[52] Sin embargo, cuando cayó en manos de sus enemigos, de la misma manera en que fue despojado de toda su gloria y de todo su poder, también fue despojado de su *corona*. La "caída de la *corona* de la cabeza de Osiris" se conmemoró especialmente en Egipto. Esa corona fue representada en diferentes épocas y de distintas maneras, pero en el más famoso mito de Osiris se le representa-

---

[50] *Ibid.*

[51] *Bulwark*, 1852-53, pp. 154-157.

[52] PLINIO, *Hist. Nat.*, lib. XVI. p. 377. A Nimrod, con el nombre de Saturno, también le fue atribuido lo mismo. Ver *ante*, p. 35, Nota.

ba como una "guirnalda de meliloto."⁵³ El meliloto es una especie de trébol; y el trébol, en el sistema pagano, era uno de los emblemas de la Trinidad. Hoy día, entre los tractarianos, el trébol se emplea con el mismo significado simbólico como lo ha sido durante largo tiempo en el papado, del cual lo ha tomado el puseísmo. Así, en una representación papal (del siglo catorce) de lo que se llama Dios el Padre, lo encontramos representado llevando una corona de tres puntas, cada uno de los cuales está puesto sobre una hoja de trébol blanco (Fig. 39).⁵⁴ Pero mucho antes de que se conociera el tractarianismo o el romanismo, el trébol era un símbolo sagrado. La hoja de trébol fue, evidentemente, un símbolo de gran importancia entre los antiguos persas, pues Heródoto, al describir los ritos de la magia persa, se refiere a él de este modo: "Si alguien (un persa) se propone ofrendar a un dios, lleva el animal a un lugar consagrado. Después, cortando la víctima en partes, cuece la carne y le pone las hierbas más tiernas, especialmente TREBOL. Hecho esto, un mago – sin un mago no se puede realizar ningún sacrificio – canta un himno sagrado."⁵⁵ En Grecia, el trébol o trifolio, ocupaba también, en una forma u otra, un lugar importante, pues a la vara de Mercurio, el conductor de las almas, se le atribuía tanto poder que se le llamaba "Rabdos Tripetalos," o "la *vara de los tres pétalos*."⁵⁶ Entre los druidas británicos, la hoja de trébol blanco se tenía en alta estima como emblema de su Dios Trino y Uno,⁵⁷ y provenía de la misma fuente babilónica, como el resto de su religión. Entonces, el Meliloto, o guirnalda de trébol con la cual estaba ceñida la cabeza de Osiris, era la corona de la Trinidad – la corona puesta sobre su cabeza como representante del Eterno – "la corona de toda la tierra," según lo anunciado por la voz divina el día de su nacimiento: "Ha nacido el Señor de toda la tierra." Y así como esa "guirnalda de meliloto," esa corona del dominio universal, cayó "de su cabeza" antes de su muerte, así

---

⁵³ PLUTARCO, *De Iside,* vol. II. p.356, E.

⁵⁴ De la *Iconografía* de DIDRON, vol. I. p. 296.

⁵⁵ *Historia*, lib. I. cap. 132, pp. 62,63.

⁵⁶ HOMERO, *Himno a Mercurio*, ll. 526,527.

también, cuando él se levante a una nueva vida, la corona debe ser puesta nuevamente en su cabeza, y su dominio universal reconocido solemnemente. Por tanto, a consecuencia de esto hizo su aparición la solemne coronación de las estatuas del gran dios, y también poner la "guirnalda" sobre su altar, como trofeo de su reconquistado "dominio." Pero si se coronaba al gran dios, también era necesario que la gran diosa recibiera un honor semejante.

Imagen Papista de "Dios" con Corona de Trébol

Por tanto, se fabuló que cuando Baco llevó al cielo a su esposa Ariadna, como demostración de la alta dignidad que se la había otorgado, él puso sobre su cabeza una corona;[58] y la conmemoración de esta coronación de la esposa del dios babilónico, se perpetúa hasta hoy en la bien conocida figura de la esfera llamada *Ariadnae corona*,[59] o "la corona de Ariadna." Esta fue, indiscutiblemente, la fuente real del rito papal de la coronación de la Virgen.

Del hecho de que la guirnalda de meliloto ocupara lugar tan destacado en el mito de Osiris, de que la "guirnalda" se pusiera sobre su altar, y de que su tumba fuera "coronada"[60] con flores, se originó la costumbre, tan predominante en el paganismo, de adornar los altares de los dioses con "guirnaldas" de todas clases, y con una notable profusión de flores.[61] Hombro a hombro

---

[57] DAVIES, *Los Druidas*, p. 448.

[58] OVIDIO, *Fastos*, lib. III, l. 513, vol. III. p. 184.

[59] MANILIO, lib. V. v. 21, p. 164.

[60] WILKINSON, vol. IV. p. 345.

[61] *Ibid.* vol. V. p. 368.

con esta razón para la decoración de los altares con flores, había también otra. Cuando en

> "En ese hermoso campo
> de Ena, Proserpina recogía flores,
> Ella misma, la flor más bella, por el tenebroso Dis
> Fue raptada; .....–"

y todas las flores que había recogido en su falda se perdieron, por lo cual la pérdida sufrida por el mundo no sólo hizo brotar sus propias lágrimas, sino que fue lamentada en los Misterios como una pérdida de no poca monta, una pérdida que no sólo la despojaba de su propia gloria espiritual, sino que acabó con la fertilidad y con la belleza de la misma tierra.[62] No obstante esa pérdida, se creía que la esposa de Nimrod, bajo el nombre de Astarté, o Venus, había sido más que indemnizada. Por tanto, al tiempo que la sagrada "guirnalda" del dios descoronado se ponía de nuevo triunfalmente sobre su cabeza y sobre sus altares, al recobrarse las flores que había perdido Proserpina, también se ponían en esos altares junto con ella, en señal de gratitud a esa madre de la gracia y de la bondad, por la belleza y las bendiciones temporales que la tierra debía a su mediación y a su amor.[63] Esto ocurrió especialmente en la Roma pagana, donde los altares se adornaban profusamente con flores. De esta fuente tomó directamente el papado la costumbre de adornar con flores el altar; y del papado, la tomó el puseísmo en la Inglaterra protestante, bregando por introducir tal costumbre entre nosotros mismos. Pero, considerando esto con respecto a su fuente, seguramente que los hombres con la más ligera chispa de sentimiento cristiano, podrán sentirse bastante avergonzados de considerar

---

[62] OVIDIO, *Metamorfosis*, lib. V. fab. 6, ll. 391-395, y fab. 8, ll. 468-473. Ovidio habla de las lágrimas que derramó Proserpina cuando, al desgarrarse de arriba abajo su vestido, todas las flores que había recogido cayeron al suelo, como una muestra de la ingenuidad de una mente infantil. Pero esto es, evidentemente, para el no iniciado. Los lamentos de Ceres, que estaban íntimamente relacionados con la caída de estas flores, y la maldición del suelo, que siguió inmediatamente, indicaban algo completamente diferente. Pero que no puedo tratar aquí.

[63] Lucrecio, dirigiéndose a Venus, dice: "Tibi suaveis daedala tellus summittit flores." – Lib. I. v. 6,7 p. 2.

tal cosa. Esto no sólo es contrario al genio de la administración del Evangelio, que requiere que los que adoran a Dios, que es Espíritu, le adoren "en espíritu y en verdad,"[64] sino que eso es un símbolo inequívoco de los que se regocijan con el restablecimiento del paganismo en *oposición* al culto del único Dios viviente y verdadero.

SECCION IV — EL ROSARIO Y EL CULTO DEL SAGRADO CORAZON

Todos saben cuán completamente romanista es el uso del rosario; y cómo los seguidores de Roma repiten mecánicamente sus oraciones con las cuentas del rosario. Sin embargo, el rosario no es un invento del papado. Pertenece a la más remota antigüedad y se encuentra casi universalmente en las naciones paganas. El rosario se usó como instrumento sagrado entre los antiguos mejicanos.[65] Se le usaba ampliamente entre los brahmanes del Indostán; y en los libros sagrados hindúes se hace referencia a él muchas veces. Así, en un relato de la muerte de Sati, la esposa de Siva, aparece el rosario: "Al oír este suceso, Siva se desmayó de dolor; luego, habiéndose recobrado, se precipitó a las orillas del río del cielo, donde vio el cuerpo tendido de su amada Sati, ataviado con blancas vestiduras, *sosteniendo en sus manos un rosario*, y fulgurando con esplendor, brillando como oro bruñido."[66] En el Tibet se le ha usado desde tiempo inmemorial, y entre todos los millones de orientales adherentes de la fe budista. Lo que sigue, tomado de Sir John F. Davis, demostrará cómo se le emplea en la China: "En la religión tártara de los lamas, el rosario de 108 cuentas ha llegado a ser parte de la vestidura ceremonial asignada a los nueve grados de las clase oficial. El rosario consiste en un collar de cuentas de coral, casi tan grandes como huevos de paloma, que desciende hasta la cintura, y que se distingue por algunas cuentas, según la categoría del usua-

---

[64] Es evidente que esta expresión no significa solamente que se le adorara con sinceridad, sino también con sencillez, lo que era opuesto al culto simbólico de los judíos.

[65] HUMBOLDT, vol. II. p. 20.

[66] *Vaivasi Purana*, KENNEDY, p. 332.

rio. Hay un rosario pequeño de 18 cuentas, de tamaño inferior, *con el cual los bonzos cuentan sus oraciones y jaculatorias, exactamente como en el ritual romano.* En China, los laicos lo llevan algunas veces en la cintura, perfumado con almizcle, y le dan el nombre de Heang-choo, o cuentas olorosas."[67] En la Grecia asiática, el rosario se usó comúnmente, como puede verse por la Diana efesia.[68] Parece que en la Roma pagana ocurría lo mismo. Los collares que usaban las damas romanas no eran solamente cintas ornamentales alrededor del cuello, sino que colgaban hasta el pecho,[69] tal como ocurre con los rosarios modernos; y el nombre que se les daba, indica el uso a que se destinaban. *"Monilé,"* la palabra común para nombrar la gargantilla, no puede tener ningún otro significado que el de "recordatorio." Entonces, fuera cual fuese el pretexto que se tuvo desde un principio para la introducción de tales "rosarios" o "recordatorios," la idea en sí de tal cosa, es completamente pagana.[70] Se supone que cierto número de oraciones deben ser repetidas, pero esto pasa por alto la gran exigencia que Dios hace al corazón, y lleva a los que hacen tal cosa a creer que la forma y la rutina lo son todo, y "piensan que por su palabrería serán oídos" (Mateo 6:7).

En la Iglesia católica se ha introducido ampliamente una nueva clase de devoción, en la cual las cuentas desempeñan una parte importante, y que demuestra cuáles son las nuevas zancadas que está dando todos los días el papado en la dirección del antiguo paganismo babilónico. Me refiero al "Rosario del Sagrado Corazón." No ha pasado mucho tiempo desde que se introdujo primero el culto del "Sagrado Corazón;" y ahora es el culto favorito en todas partes. Así ocurrió en la antigua Babilonia, como se evidencia por el sistema babilónico cuando éste apareció en Egipto. Allí también fue venerado un "Sagrado Corazón." El

---

[67] China, vol. I. p. 391.

[68] Ver el grabado de la Fig. 8.

[69] "Dat *longa* monilia collo." – OVIDIO, Metam., lib. X. l. 264, vol. II. p. 498.

[70] La misma palabra "Rosario" parece venir del coladeo "Ro," "meditación," y "Shareh," "guía."

Acerca de los Misterios. . . y el Culto al Hombre

Cupido con el Corazón Simbólico
Fig. 40

"Corazón" era uno de los símbolos sagrados de Osiris cuando él nació de nuevo, y apareció como Harpócrates, o el niño divino,[71] nacido en los brazos de su madre Isis. Por tanto, el fruto de la persea egipcia era particularmente sagrado para él por su parecido al "CORAZON HUMANO."[72] Por esto, esta divinidad infantil se representaba frecuentemente llevando en una de sus manos un corazón, o el fruto en forma de corazón de la persea (Fig. 40).[73] El grabado adjunto procede de *Pompeya*; pero en la siguiente cita del crítico John Bell sobre las antigüedades de la Galería de Pinturas de Florencia, se demostrará que la pueril divinidad había sido representada de la misma manera en todas partes en la antigüedad. Hablando de la estatua de Cupido, él dice que es "un muchacho hermoso, fuerte, carnudo y rollizo, en primorosa acción deportiva, *agitando hacia atrás un corazón.*"[74] Así, el dios-niño llega a ser considerado como el "dios del cora-

---

[71] El nombre de Harpócrates, como se ve por Bunsen, significa "Horus, el niño."

[72] PLUTARCO, *De Iside*, vol. II. p. 378, C.

[73] *Pompeya*, vol. II. p. 177.

zón," en otras palabras, como Cupido, el dios del amor. Para identificar esta deidad infantil con su padre "el cazador poderoso" se le equipaba con el "arco y las flechas;" y para deleite del vulgo pagano, este dios-niño deportista, en manos de los poetas, fue celebrado apuntando con sus dardos de punta dorada a los corazones de la humanidad. Sin embargo, su verdadero carácter, como lo demuestra el relato anterior, como se concluye por el motivo que ya hemos visto, era mucho más elevado y de clase muy diferente: El era la simiente de la mujer. Entonces, Venus y su hijo Cupido, no eran otra cosa que la Madona y el niño.[75] Mirando el asunto con esta luz, la verdadera fuerza y el significado del lenguaje aparecerán en las palabras que Virgilio puso en boca de Venus, cuando dijo, dirigiéndose a Cupido:

"Hijo mío, *mi defensa*, cuyo sólo poder
Mantiene a raya al tronador en su terrible trono,
A ti, tu muy afligida madre acude,
Y en tu socorro y en tu fe confía."[76]

De lo que ya hemos visto sobre la forma en que el *poder y la gloria* de la Madre Diosa se fundamentan completamente en el carácter divino atribuido a su Hijo, el lector debe ver cómo esto se pone exactamente de manifiesto cuando al *Hijo* se le llama "LA DEFENSA" de su madre. Como el dios-niño, cuyo símbolo era el *corazón*, era reconocido como el dios de la niñez, esto explica muy satisfactoriamente una de las costumbres peculiares de los romanos. Kennett nos dice en sus *Antigüedades*, que los jóvenes romanos, en sus tiernos años, acostumbraban llevar

---

[74] JOHN BELL, *Italia*, p. 269. Edimburgo, 1825.

[75] Los versos siguientes de Ovidio demostrará que él identificaba claramente a Venus y a Cupido con la "Madre y el niño" babilónicos:

"Terribilem quondam fugiens Typhona Dione
Tune cum pro coelo Jupiter arma tulit,
Venit ad Euphraten, comitata Cupidine parvo,
Inque Palaestinae margine sedit aquae."
Fastos, lib. II. 461-464, vol. III. p. 113.

[76] *La Eneida*, lib. I. 937-940. En la traducción de DRYDEN, vol. II. p. 335. En el original, ll. 668-670.

un adorno de oro colgado al cuello, llamado *bulla*, que era hueco y en forma de *corazón*.[77] Barker, en su obra sobre Cilicia, al tiempo que admite que la bulla romana tenía forma de *corazón*,[78] dice además que "era costumbre en el nacimiento de un niño darle el nombre de algún personaje divino del que se suponía que lo tuviera bajo su cuidado," aunque el "nombre no se mantenía más allá de la infancia, cuando se abandonaba la bulla."[79] ¿Quién era tan idóneo para ser el dios bajo cuya custodia se pusieran los niños romanos, como el dios que bajo cualquiera de sus muchos nombres representaba el símbolo que ellos usaban, y que, al tiempo que era reconocido el grande y poderoso dios de la guerra, era *también* presentado en su forma favorita como un niñito?

Parece que la veneración del "sagrado corazón" también se extendió hasta la India, porque allí a Visnú, el dios mediador, en un de sus avatares, con la señal de la herida en un *pie*,[80] a consecuencia de la cual murió, por lo que se hace anualmente una lamentación, se le representa llevando un *corazón* colgado en el pecho (Fig. 41).[81] Ante la pregunta de ¿cómo ocurrió que el "corazón" se convirtiera en el símbolo reconocido del Hijo de la Gran Madre? La respuesta es: En Caldea, "el Corazón" es "BEL;" y, como en el principio, después de la represión sufrida por la idolatría, casi toda la mayor parte de los elementos importantes del sistema caldeo se introdujeron solapadamente, y así, bajo ese solapamiento continuaron para mantenerlos ocultos a la vista del no iniciado, después de que la razón primordial – la razón del temor – había dejado de operar. Entonces, el culto del "Sagrado Corazón," era justamente, bajo un símbolo, el culto del "Sagrado BEL," de ese poderoso de Babilonia que había muerto como mártir por la idolatría; porque Harpócrates, o Horus, el

---

[77] Pp. 300, 301.

[78] *Lares y Penates de Cilicia*, p. 147.

[79] *Ibid.* p. 166.

[80] Ver *ante*, con respecto a la muerte de Crisna, uno de los avateres de Visnú, p. 61.

[81] De *El Panteón,* de MOOR, lámina 11, Fig. 6.

Lo Que Usted Debe Saber

Visnú con el Símbolo del Corazón
Fig. 41

dios-niño era considerado como Bel.[82] Que éste fue en verdad el caso, lo demuestra la siguiente cita de Taylor, en una de sus notas a la traducción de los *Himnos Órficos*: "Mientras Baco," dice él, "se miraba" con admiración "en un espejo, fue lamentablemente despedazado por los titanes que, no contentos con esta crueldad, cocieron primero sus miembros en agua, y después los asaron en el fuego; pero mientras estaban saboreando su carne así aderezada, Júpiter, excitado por el olor, y dándose cuenta de la crueldad de los hechos, lanzó su rayo a los titanes, y entregó sus miembros a Apolo, el hermano de Baco, para que pudieran ser enterrados apropiadamente. Y al hacerse esto, Dionisos [es decir, Baco], (cuyo CORAZON fue arrebatado y conservado por Minerva durante el despedazamiento) para una nueva REGENERACION, se levantó de nuevo, y al ser restaurado a su vida original y a su integridad, completó después el número de los dioses."[83] Ciertamente, esto demuestra con una luz sorprendente, el peculiar carácter *sagrado* del *corazón* de Baco, y que la regeneración de su *corazón* tiene el mismo significado que fue atri-

---

[82] Ver *ante*, p. 69.

[83] TAILOR, *Himnos Místicos de Orfeo*. Nota, p. 88.

Acerca de los Misterios… y el Culto al Hombre

buido al nuevo nacimiento, o nueva encarnación de Nimrod o Bel. Sin embargo, cuando Bel nació de nuevo como un niño, fue representado, como hemos visto, como una encarnación del sol. Por tanto, para indicar su relación con el ígneo y calcinante sol, el "sagrado corazón" se representaba frecuentemente como un *"corazón flameante."*[84] Así, el "Sagrado Corazón" de Roma es representado como un corazón que despide llamas, como puede verse en los rosarios destinados a su culto. Entonces, ¿a cuento de qué se dice que el "Sagrado Corazón" que Roma adora lleve el nombre de "Jesús," cuando no solamente es la devoción tributada a una imagen material, tomada del culto del Anticristo babilónico, sino que los atributos asignados a ese "Jesús" no son los atributos del Salvador viviente y amante, sino los atributos auténticos del antiguo Moloc o Bel?

SECCION V — LAMPARAS Y CIRIOS

Otra particularidad del culto papal es el empleo de lámparas y cirios. Si la Madona y el niño se ponen en un nicho, debe encenderse una lámpara ante ellos; si va a celebrarse la misa, aunque sea a plena luz del día, deben encenderse cirios en el altar; si va a realizarse una gran procesión, no puede ser cabal y completa sin cirios encendidos para adornar el vistoso espectáculo. El uso de tales lámparas y cirios proviene de la misma fuente que todo el resto de la superstición papal. Lo que dio origen al "Corazón" cuando se convirtió en emblema del Hijo encarnado, siendo representado como un corazón en *llamas*, requería también que tales lámparas y cirios encendidos hicieran parte del culto de ese Hijo, pues así, según los ritos establecidos por Zoroastro era adorado el dios-sol.[85] Cuando a cada uno de los egipcios se le exigía que encendiera una lámpara delante de su casa al aire libre, esto era un acto de homenaje al sol, que había ocultado su gloria para envolverse en una forma humana.[86] Cuando los

---

[84] Ver Fig. 4 con el corazón flameante en una de las manos.

[85] Ver Nota tercera.

[86] Ver *ante*, p. 118.

yezidis del Kurdistán celebran hoy día, una vez al año, su fiesta de las "lámparas encendidas," también es en honor de Sheikh Shems, o el Sol.[87] Lo que se hacía en gran escala en esas grandes ocasiones, era hecho en pequeña escala en los actos individuales de adoración a su dios, mediante lámparas y cirios encendidos ante la divinidad favorita. Como sabemos por el escritor apócrifo del libro de Baruc, esta práctica predominó grandemente en Babilonia. "Encienden lámparas para ellos (para los dioses)," dice él, "y en mayor número que para sí mismos, pero los dioses no pueden ver ninguna; [pues] son como las vigas del templo."[88] La misma práctica se observaba en la Roma pagana. Así encontramos que Licinio, el emperador pagano, antes de entrar en combate con Constantino, su contrincante, convocaba una gran reunión de amigos en un bosque espeso, y allí ofrecía sacrificios a sus dioses, "encendiendo velas de cera" ante ellos, al tiempo que en su arenga les insinuaba a sus dioses que si ellos no le concedían la victoria ante Constantino, su enemigo y el de ellos, se verían en la necesidad de abandonar su culto, y no encendería más "velas de cera en su honor."[89] También en Roma figuraban profusamente las velas de cera en las procesiones paganas. "En estas solemnidades," dice el Dr. Middleton, citando como autoridad a Apuleyo, "en estas solemnidades, el magistrado principal solía asistir con frecuencia, vestido de ceremonia, acompañado por los sacerdotes con sobrepelliz y *con velas de cera en las manos*, llevando en procesión las imágenes de sus dioses, vestidos con su mejores galas; éstos [los dioses] eran seguidos, usualmente, por los jóvenes principales del lugar con vestidos de lino blanco o sobrepellices, cantando himnos en honor de los dioses cuya fiesta estaban celebrando, acompañados por multitud de gente de toda clase que estuvieran iniciados en la misma religión, todos con antorchas o *velas de cera* en las manos."[90]

---

[87] Identificado con Sheik Adi. Ver *Nínive y Babilonia*, p. 81, y *Nínive y sus Ruinas*, vol. I. pp. 289,290.

[88] BARUC 6:19,20.

[89] EUSEBIO, *Vida de Constantino,* lib. II. 5, p. 183.

[90] MIIDDLETON, *Carta desde Roma*, p. 189. APULEYO, vol. I., *Metam.*, cap. IX. pp. 1014-1016, y cap. X. pp. 1019-1021.

Acerca de los Misterios... y el Culto al Hombre

Así, tan absoluta y exclusivamente pagana era la costumbre de encender lámparas y velas a la luz del día, que encontramos escritores cristianos tales como Lactancio, en el siglo cuarto, que ponen de presente lo absurdo de tal práctica, y ridiculizan a los romanos "por encender velas a Dios, como si El viviera en la obscuridad."[91] Si tal costumbre hubiera logrado el menor arraigo entre los cristianos, Lactancio nunca habría podido ridiculizarla como lo hace, como una práctica propia del paganismo. Pero lo que era desconocido para la Iglesia cristiana del comienzo del siglo cuarto, empezó a insinuarse poco tiempo después, y ahora constituye una de las más notables peculiaridades de la congregación que hace alarde de ser la "Madre y Señora de todas las iglesias."

Mientras Roma usa tanto lámparas como cirios en sus ritos sagrados, es sorprendente, sin embargo, que atribuya alguna virtud extraordinaria a los cirios sobre todas las demás luminarias. Hasta los tiempos del Concilio de Trento, así oraba ella el sábado santo en la bendición de los cirios pascuales: "Recordándote en tus obras esta sábado santo, ofrecemos muy humildemente este sacrificio ante tu Majestad; especialmente, un fuego no profanado con la gordura de la carne, ni mancillado con aceite o ungüento profano, ni contaminado con cualquier fuego sacrílego; sino que te ofrecemos con obediencia que procede de perfecta devoción, un fuego hecho de CERA y pábilo, encendido y quemado en honor de tu nombre. Por tanto, este MISTERIO tan grande, y el maravilloso sacramento de esta santa víspera, debe ser ensalzado sin falta con justas y merecidas oraciones."[92] Que *hubiera* algún misterio oculto, como aquí se decía, encubierto en las "velas de cera" en el sistema original de la idolatría, de la cual ha tomado Roma su ritual, bien puede creerse cuando se observa el acuerdo unánime de las naciones más remotas sobre el uso de *velas de cera* en sus ritos sagrados. Entre los tunguses, cerca del lago Baikal en Siberia, "se ponen *velas de cera* ante

---

[91] LACTANCIO, *Institut.*, lib. VI. cap. 2, p. 289.

[92] "Ofico para Pascua Florida," en *Análisis de la Epístola* del Dr. GENCIANO HARVET de *Lovaina*, p. 229, B, y 230, A.

los Burchan," los dioses o ídolos de ese país.[93] En la islas Molucas se usan velas de cera en el culto de Nito, o el Diablo, a quien estos isleños adoran. "Habiéndose reunido veinte o treinta personas," dice Hurd, "ellos llaman a Nito, golpeando un pequeño tambor consagrado, mientras que dos o más del grupo encienden *velas de cera*, y pronuncian algunas palabras misteriosas que ellos consideran capaces de conjurarlo."[94] En Ceilán, el uso de velas de cera en el culto es un requisito indispensable. "En Ceilán," dice el mismo autor, "algunos adeptos, que no son sacerdotes, erigen capillas para sí mismos, pero están obligados a tener en cada una de ellas una imagen de Buda, a encender ante él cirios o *velas de cera*, y a adornarlo con flores."[95] Una práctica tan generalizada debe haber venido de una fuente primigenia, y debe haber tenido originalmente, en el fondo, alguna razón mística. De hecho, la vela de cera era un *jeroglífico*, como tantas otras cosas que ya hemos visto, y estaba destinada a representar al dios babilónico en una de sus caracterizaciones esenciales de Gran Mediador. El lector de los clásicos podrá recordar que uno de los dioses de la antigüedad primigenia se llamaba Urano,[96] es decir, "el Iluminador." Con este mismo carácter

---

[93] *Revista Asiática*, vol. XVII. pp. 593,596.

[94] *Ritos y Ceremonias*, p. 91, col. 1.

[95] *Ibid.* p. 95, col 2.

[96] De *Aor*, o nuestra "luz," y *an*, "hacer" o producir. *Urano* entonces es "El Iluminador." Según la Versión de los Setenta, éste es el Urano fenicio, llamado el hijo de Elios, o Philo-Byblius que, de por sí, representa el nombre de "El Altísimo." – (V. de los SETENTA pp. 16-19). Urano, en sentido material, es "El que brilla; " y para Hesiquio (*sub voce* "Akmón") equivale a *Cronos*, que también tiene el mismo significado, porque *Krn*, la forma verbal de la cual procede, también significa "echar cuernos," o "producir rayos de luz;" y, por tanto, mientras que el epíteto Cronos, o el "El Cornudo" hace referencia principalmente al poder material de Nimrod como un rey "poderoso," cuando ese rey fue deificado, y se convirtió en el "Señor del Cielo," dicho nombre, Cronos, todavía se le aplicaba en su nuevo carácter como "El que Brilla o el Iluminador." La distinción hecha por Hesíodo entre Urano y Cronos, no es argumento en contra de la verdadera identidad substancial de estas divinidades *paganas*. Porque Heródoto (Hist. Lib. II. cap. 53) dice que Hesído tuvo que ver con "la invención de una teogonía" para los griegos, lo que implica que, por lo menos, algunos detalles de esa teogonía deben haber provenido de su propia imaginación; y, al examinarla, se encuentra, cuando se descorre el velo de la alegoría, que el "Urano" de Hesído, aunque presentado como uno de los dioses paganos, era realmente, en el fondo, el "Dios del Cielo," el Dios viviente y verdadero. Ver lo que se dice con respecto al "Titán" de Hesíodo en el Capítulo Séptimo, Sección V.

Acerca de los Misterios... y el Culto al Hombre

se adoraba a Nimrod al ser deificado. Como el dios-Sol era considerado no solamente como el iluminador del mundo material, sino también como el iluminador de las *almas* de los hombres, pues se le reconocía como el revelador de la "bondad y de la verdad."[97] Es evidente que tanto en el Antiguo como en el Nuevo Testamento, el nombre propio y personal de nuestro Señor Jesús, el Cristo, es "La Palabra de Dios," como el Revelador del corazón y de los designios de la Deidad. Para identificar al dios Sol con el Gran Revelador de la Deidad, se le representó en la escultura como un León con el nombre de Mitra; ese León tenía una abeja en la boca (Fig. 42).[98] La abeja en la *boca* del dios Sol tenía el propósito de señalarlo como "la Palabra," pues Dubar, la palabra caldea que significa "abeja," también significa "palabra;" y poner la abeja en la *boca*, no deja duda en cuanto a la idea que se quería dar a entender. Se quería inculcar la creencia de que Mitra (que según dice Plutarco, era adorado como *Mesites*, "el Mediador"),[99] en su carácter de Urano, "el Iluminador," no era otro que el Glorioso, de quien el evangelista San Juan dice: "En el principio ya era la Palabra, y aquel que es la Palabra era con el Dios, y la Palabra era Dios. Este era en el principio con el Dios.... En él estaba la vida, y la vida era LA LUZ DE LOS HOMBRES." El Señor Jesús, el Cristo, fue siempre el revelador de la Deidad, y debe haber sido conocido por los patriarcas como tal, pues el mismo evangelista dice: "A Dios nadie le vio jamás; el Unigénito hijo, que está en el seno del Padre, él nos lo *declaró*," es decir, "El" ha sido *revelado* por El. Antes de que viniera el Salvador, los antiguos judíos se referían comúnmente al Mesías, o al Hijo de Dios, con el nombre de Dabar, o la "Palabra." Esto se verá al reflexionar sobre lo que se dice en el capítulo tercero del libro primero de Samuel. En el primer versículo de ese capítulo se dice: "Y la palabra del SEÑOR escaseaba en aquellos días; no había visión con frecuencia," es decir, como consecuencia del pecado de Elí, el Señor no

---

[97] WILKINSON, vol. IV. p. 189.

[98] DUPUIS, *El Origen de todos los Cultos*, vol. IV. p. 194. La figura anterior es de HYDE, *De Vetere Religine Persarum*, p. 113.

[99] PLUTARCO, *De Iside*, vol. II. p. 369.

Lo Que Usted Debe Saber

El León de Mitra con la Abeja en la Boca
Fig. 42

se había revelado en visión durante largo tiempo, como lo había hecho a los profetas. Cuando el Señor llamó a Samuel, se restauró esta "visión" del Dios de Israel (aunque no para Elí), porque en el último versículo (v. 21) se dice: "Y el SEÑOR volvió a APARECER en Silo; porque el SEÑOR se *manifestó* a Samuel en Silo por la palabra del SEÑOR." Aunque el Señor le habló a Samuel, este lenguaje implicaba más que palabras, porque se dice que "el SEÑOR volvió a *aparecer*," es decir, que fue *visto*. Cuando el Señor se reveló a Sí Mismo, o fue *visto* por Samuel, se dice que fue "por la Palabra (Dabar) del SEÑOR." Para que sea visible, la "Palabra del Señor" tiene que ser la "Palabra de Dios" en persona, es decir, Cristo.[100] Evidentemente, la Palabra

---

[100] Después del cautiverio de Babilonia, como se ve en las paráfrasis caldeas del Antiguo Testamento, a Cristo se le llamó comúnmente por el título de "La Palabra del Señor." En estas paráfrasis caldeas, el término "La Palabra" es "Mimra;" Pero esta palabra, aunque es un sinónimo de la que se emplea en las Escrituras hebreas, jamás se usa allí. Dabar es la palabra que se emplea. Esto tiene tan general aceptación que en la traducción hebrea del Evangelio de San Juan en el Polígloto de Bagster, el primer versículo dice así: "En el principio era la Palabra (Dabar)."

[101] *Obras de Platón*, vol. I. p. 85, E.

fue el nombre primitivo por el cual se le conoció; y, por tanto, no causa sorpresa que Platón se refiriera a la segunda persona de su Trinidad con el nombre de el Logos, lo cual es apenas la traducción de "Dabar," o "la Palabra."[101] La luz de las velas de cera al igual que la luz de Dabar, "la abeja," se presentaba como el *substituto* de la luz de Dabar, "la Palabra." Así, los apóstatas se apartaron de la "Luz Verdadera," y en Su lugar crearon una sombra. Es claro que éste fue el caso, pues dice Crabb, hablando de Saturno: "En sus altares se colocaban velas de cera encendidas, porque por Saturno los hombres pasaron de las tinieblas del error a la luz de la verdad."[102] En la Grecia asiática, el dios babilónico era reconocido evidentemente como la "Palabra" que da luz, porque allí encontramos la abeja ocupando tal posición, que es muy claro que ella era un símbolo del gran Revelador. Así vemos que Miller, refiriéndose a los símbolos relacionados con el culto de la Diana efesia, dice: "Su símbolo permanente es la abeja, que no se atribuía a Diana de otra manera... al mismo sumo sacerdote se le llamaba Essen, o la abeja-rey"[103] El carácter de sumo sacerdote muestra el carácter del dios que representaba. Por supuesto, la divinidad contemplativa de Diana, la diosa que lleva la torre, era la misma divinidad atribuida invariablemente a la diosa babilónica; y tal título del sacerdote deja ver que la abeja que aparecía en sus medallas era apenas un símbolo para su hijo, como la "Simiente de la Mujer," en su supuesto carácter de *Dabar*, "la Palabra," que iluminaba las almas de los hombres. De que éste es precisamente el "Misterio" oculto bajo el encendido de los cirios en los altares del papado, tenemos una evidencia muy notable en sus mismas prescripciones, pues en el mismo lugar en que se habla del "Misterio" de los cirios, Roma se refiere de este modo a la abeja que produce la cera: "Por cuanto nos maravillamos grandemente al considerar el primer principio de esta substancia, a saber, los cirios, entonces nos vemos en la imperiosa necesidad de exaltar la cera original de las abejas, porque... ellas recorren las flores con sus pies, pero las flores no

---

[102] CRABB, *Mitología*, p. 12.

[103] MULLER, *Los Dorios*, vol. I. pp. 403, 404. Oxford, 1830.

se dañan por esto; ellas no tienen hijos, pero dan vida con su *boca* a sus jóvenes enjambres, así como Cristo (para ejemplo maravilloso) procedió de la BOCA de Su Padre."[104] Aquí es evidente que se hace referencia a Cristo como la "Palabra de Dios;" y como podría haberlo concebido alguna vez cualquier imaginación, un paralelo tal como el contenido en este pasaje, no habría sido por el equívoco entre "Dabar," "la abeja," y "Dabar," "la Palabra." En una obra papista, ya citada, el *Pancarpium Marianum*, encuentro que al Señor Jesús se le da expresamente el nombre de la Abeja. Refiriéndose a María, con el nombre de "Paraíso del Deleite," el autor dice así: "En este Paraíso donde la Abeja celestial, es decir, la *Sabiduría encarnada* se alimentó ciertamente. Aquí encontró ese goteante panal, con el cual toda la amargura del mundo corrompido se ha tornado en dulzura."[105] ¡Esto representa blasfemamente al Señor Jesús como si hubiera

---

[104] *Análisis de la Epístola* del Dr. GENCIANO HARVET de *Lovaina*, pp. 349, B, y 350, A. Esta obra comúnmente llamada *La Colmena de la Iglesia Romana*, contiene el latín original del pasaje traducido arriba. El pasaje en cuestión se encuentra por lo menos en dos Misales romanos que, sin embargo, ahora son poco comunes, a saber, uno impreso en Viena en 1506, fol. 75, p. 2, con el cual se comparó y se verificó la cita del texto ; y la otra impresa en Venecia en 1522. Estas fechas son anteriores a la institución de la Reforma; y, según parece, este pasaje fue expurgado de las ediciones subsiguientes por no resistir la búsqueda escrutadora a la que estuvo sometido todo lo relacionado con la religión como consecuencia del magno acontecimiento. Sin embargo, la ceremonia de la bendición de los cirios que no aparece en el *Pontificale Romanum* de la Biblioteca de Abogados de Edimburgo, se encuentra en el *Pontificale Romanum* de Venecia, 1543, p. 195, y en el *Pontificale Romanum* de Venecia, 1572, p. 183. En la ceremonia de bendición de los cirios que aparece en el *Misal* romano impreso en París en 1677, en la página 81 y siguientes, hay una gran alabanza de la abeja, muy semejante al pasaje citado en el texto. La introducción de una fórmula tan fuera de lo común en una ceremonia religiosa es de muy vieja data y su fuente es evidentemente italiana; pues, en las obras del obispo papista Enodio, que ocupó una diócesis italiana en el siglo sexto, encontramos la replica de lo que estamos considerando. Así, en una oración con respecto al "Cirio Pascual," se declara expresamente que la razón para la ofrenda del cirio es porque, por medio de las abejas que producen la cera de la cual se hace, "la tierra tiene una imagen de aquello que le es PECULIAR AL CIELO" (meretur habere terra quod coeli est) (ENOD, Opera, p. 456), y eso con respecto al mismo asunto de la GENERACION, pues las abejas pueden "por medio de la virtud de las hierbas, alimentar a sus crías por medio de sus bocas, empleando menos tiempo que las demás criaturas que lo hacen de manera corriente" ("prolem..... quam herbarum lucro, diligentius possunt ore profligare quam semine") (*Ibid*). Esta oración tiene la misma idea de la oración del texto ; y sólo hay una manera de explicar el origen de tal idea. Ella debe haber procedido de una Liturgia caldea.

[105] *Pancarpium,* cap. 29, p. 122.

tomado de Su madre todo lo necesario para bendecir al mundo! ¿Esto podría haber provenido alguna vez de la Biblia? No. Solamente debe haber procedido de la fuente donde el escritor aprendió a llamar a la "Sabiduría encarnada" por el nombre de la Abeja. Como el equívoco por el cual se aplicó tal nombre al Señor Jesús sólo procede de la lengua babilónica, esto demuestra de dónde ha venido su teología, y sirve también como demostración de que toda esa oración para la bendición de los cirios debe haberse tomado de un libro babilónico de oraciones. Seguramente, a cada paso, el lector debe ver cada vez más la exactitud del nombre divino dado a la mujer de las siete colinas: "¡Misterio, Babilonia la Grande!"

SECCION VI — LA SEÑAL DE LA CRUZ

Todavía queda un símbolo más del culto romano para ser considerado, y es el signo de la cruz. En el sistema papal, como es bien sabido, el signo de la cruz y la imagen de la cruz se encuentran en todo. No puede decirse ninguna oración, ni realizarse ningún culto, y casi ni darse ningún paso, sin el uso frecuente del signo de la cruz. La cruz es considerada como el gran talismán, como el gran refugio en todos los momentos de peligro, en todos los momentos de tentación, como la protección infalible contra todos los poderes de las tinieblas. La cruz es adorada con todo el homenaje debido sólo al Altísimo; y que cualquiera la llame por el término bíblico de "el madero maldito" es, a oídos de un romanista genuino, una gravísima ofensa. Decir que tal sentimiento supersticioso por el signo de la cruz, que un culto como el que Roma le rinde a una cruz de madera o de metal procede de lo dicho por Pablo: "Mas lejos esté de mí gloriarme, sino en la cruz del Señor nuestro Jesús, el Cristo" – es decir, en la doctrina de Cristo crucificado – es un mero disparate, un bajo subterfugio y apenas un pretexto. Las virtudes mágicas atribuidas al así llamado signo de la cruz, y el culto que se le rinde, nunca procedió de tal fuente. El mismo signo de la cruz adorado ahora por Roma, se usó en los Misterios babilónicos, fue aplicado por el paganismo a los mismos fines mágicos, y se le tributaron los mismos honores. Lo que ahora se llama la cruz cristiana,

Lo Que Usted Debe Saber

no fue originalmente un emblema cristiano en modo alguno, sino que fue el Tau místico – la forma verdadera y original de la T – de los caldeos y de los egipcios, y la letra inicial del nombre de Tamuz que, en hebreo, tiene el mismo radical que lleva en el caldeo antiguo, y que, tal como se encuentra en las monedas, tenía la forma que se ve en el Nº 1[106] del grabado adjunto (Fig. 43); y en etrusco y en copto, como en los números 2[107] y 3.[108] Este Tau místico se marcaba en la frente de los iniciados en los Misterios[109] cuando recibían el bautismo, y se le empleaba de muy diversas maneras como símbolo sacratísimo. Algunas veces, para identificar a Tamuz con el Sol, se le agregaba al círculo solar como en el Nº 4; otras veces, se *inscribía* dentro del círculo, como en el Nº 5.[110] Puede haber dudas con respecto a que la cruz de Malta que los obispos romanos agregan a sus nombres como símbolo de su dignidad episcopal, sea la letra Tau; pero parece que no hay razón para dudar que la cruz de Malta es un

La T cruciforme o Tau de las Naciones Antiguas

Fig. 43

[106] De KITTO, *Enciclopedia Bíblica*, vol. I. p. 495.

[107] De Sir W. BETHAM, *Etruria*, vol. I. p. 54.

[108] De BUNSEN, vol. I. p. 450.

[109] TERTULIANO, *De Proescript. Hoeret.* cap. 40, vol. II. p. 54, y Nota. Lo dicho por Tertuliano quiere decir que aquellos que eran iniciados en los Misterios mediante el bautismo, eran señalados en la frente de la misma manera en que lo eran sus compatriotas de Africa que, por ese tiempo, habían empezado a ser marcados en el bautismo con el signo de la cruz.

[110] STEPHEN, *América Central*, vol II. p. 344, lámina 2.

[111] LAYARD, *Nínive y Babilonia*, p. 211; *Nínive y sus Ruinas*, vol. II. p. 446.

[112] WILKINSON, vol. I. p. 365, lámina.

[113] Ver el grabado del rey en el capítulo siguiente.

[114] PÈRE LAFITAN, *Costumbres de los Salvajes Americanos*, vol I. p. 442.

Paganos Antiguos acicalados con Cruces
Fig. 44

símbolo del sol, pues Layard la encontró como símbolo sagrado en Nínive, asociada con él de tal forma que lo llevó a identificarla con el sol.[111] Al Tau místico, como símbolo de la gran divinidad, se le llamó el "signo de la vida," se usaba sobre el corazón como amuleto,[112] se marcaba en las vestiduras ceremoniales de los sacerdotes, tal como se hace en las vestiduras ceremoniales de los sacerdotes de Roma; y los reyes lo llevaron en la mano como señal de su dignidad o autoridad concedida de modo divino.[113] Las vestales de la Roma pagana lo usaban suspendida de sus gargantillas, tal como lo hacen las monjas ahora.[114] Los egipcios hacían lo mismo, y muchas de las naciones bárbaras con las cuales comerciaban ellos, como lo testimonian los monumentos egipcios. En relación con el aderezo de algunas de estas tribus, Wilkinson escribe esto: "El cinturón estaba algunas veces grandemente ornamentado; tanto los hombres como las mujeres usaban aretes; y, frecuentemente, llevaban una *cruz pequeña* suspendida del collar o en el cuello de sus vestidos. La adopción de esto último no les era peculiar; también se colgaba, o se le veía sobre las vestiduras del Rot-n-no; y sus huellas pueden verse en los fantásticos ornamentos del Rebo, mostrando que ya se usaba en *tiempos tan remotos como el siglo quince antes de la era cristiana.*"[115] (Fig. 44). Difícilmente se encuentra una tribu donde no aparezca la cruz. La cruz era adorada por los celtas paganos mucho antes de la encarnación y de la muerte de Cristo.[116] "Es un hecho," dice Mauricio, "no menos notable que bien atestiguado, que los druidas acostumbraban seleccionar para sus tumbas, como emblema de la Deidad que ellos adoraban, el árbol más soberbio y hermoso, al que le cortaban las ramas laterales, uniendo dos de las más grandes en la parte más alta del tronco, de tal manera que esas ramas extendidas a cada lado como los brazos de un hombre daban, junto con el tronco, la apariencia de una CRUZ ENORME; y también, en algunos lugares de la corteza, se inscribía la letra Tau."[117] En México, donde se levantaban grandes cruces de piedra dedicadas probablemente al "dios de la lluvia,"[118] fue adorada muchísimo antes de que los misioneros católico-romanos pusieran allí sus pies. La cruz ampliamente adorada, o considerada como emblema sagrado, fue el símbolo inequívoco de Baco, el Mesías babilónico, pues se le representaba con una cinta cubierta de cruces en la cabeza (Fig. 45).[119] Este símbolo del dios babilónico se reverencia hoy día en los dilatados desiertos

Fig. 45

Baco con una Cinta cubierta de Cruces en la Cabeza

---

[115] WILKINSON, vol. I. p. 376.

[116] CRABB, *Mitología*, p. 163.

[117] MAURICE, *Antigüedades Indias*, vol. VI. p. 49.

[118] PRESCOTT, *La Conquista de México*, vol. I. p. 242.

[119] Esta figura es la cabeza agrandada de la figura que aparece en la Fig. 22 para que puedan verse claramente las cruces. Que el lector vuelva a leer lo que se dice sobre el culto a la "cruz de fuego" en Roma el Viernes Santo, y ese culto aparecerá en toda su significación.

Acerca de los Misterios... y el Culto al Hombre

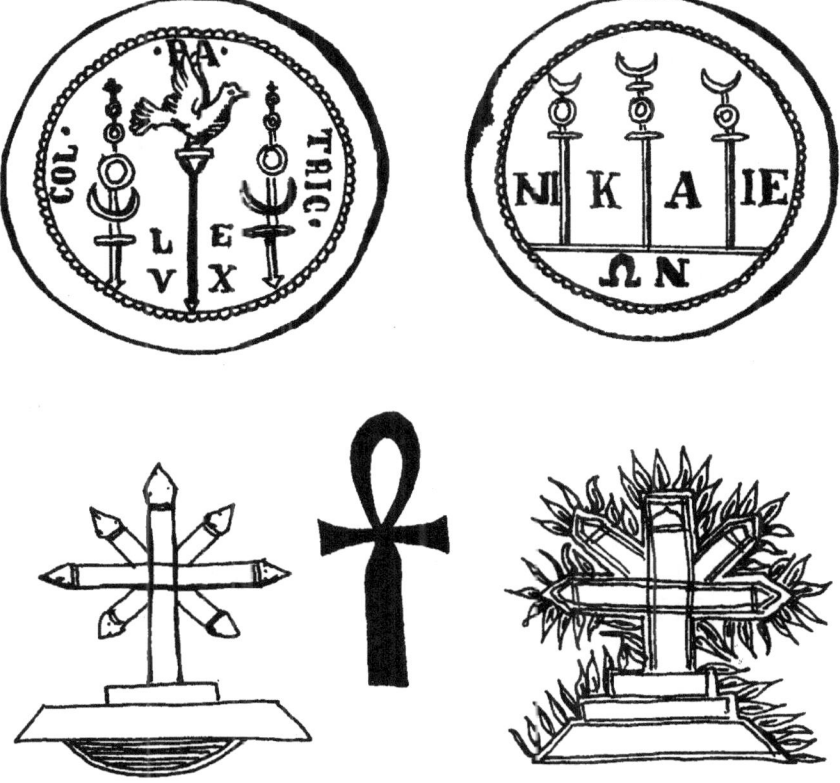

Algunos Ejemplos de Cruces Paganas
Fig. 46

de Tartaria, donde prevalece el budismo, y la forma en que es representada entre ellos, es una sorprendente interpretación del lenguaje aplicado por Roma a la cruz. "La cruz," dice el coronel Wilford, en *Las Investigaciones Asiáticas*, "aunque no es un objeto de *culto* entre los baudas o budistas, es un emblema y una divisa favorita entre ellos. Es exactamente la cruz de los maniqueos, con hojas y flores que brotan de ella. Esta cruz que da hojas y flores (y también fruto, según se me dijo), se llama el árbol divino, el árbol de los dioses, el árbol de la vida y del conocimiento, y que produce todo lo que es bueno y deseable, y se encuentra en el paraíso terrenal."[120] (Fig. 46).[121] Compárese esto con el lenguaje aplicado por Roma a la cruz, y se verá cuán exacta es la coincidencia. En el Oficio de la Cruz se le llama el "Arbol de la vida," y a los adoradores se les enseña a dirigirse a ella de esta manera: "Santa Cruz, madero triunfal, verdadera salvación del mundo, entre los árboles no hay ninguno como tú en hoja, flor y capullo.... Oh Cruz, nuestra única esperanza, aumenta la justicia al piadoso y perdona las ofensas del culpable."[122] ¿Puede creer alguien, al leer la narración de la crucifixión en los Evangelios, que sea posible que esa narración haya germinado en una extravagancia tal como "hoja, flor y capullo," como aparece en el Oficio romano? Pero cuando se considera que la cruz budista, al igual que la cruz babilónica, era el emblema reconocido de Tamuz, y se le conocía como la rama de muérdago o "sanalotodo," entonces es fácil ver por qué se representaba la sagrada inicial recubierta con hojas, y por qué Roma, al adoptarla, la llamaría "medicina que preserva al sano, cura al enfermo, y hace lo que el mero poder humano nunca podría hacer."[123]

Parece que este símbolo pagano se hubiese deslizado primero dentro de la Iglesia cristiana de Egipto y, en general, en Africa. Un relato de Tertuliano, a mediados del siglo tercero, muestra cómo, en dicha época, gran parte de la Iglesia de Cartago estaba contaminada con la vieja levadura.[124] Y parece que Egipto, que

---

[120] *Investigaciones Asiáticas*, vol. X. p. 124.

[121] Las dos de arriba (ver Fig. 46)son estandartes de las naciones bárbaras del Oriente, tomadas de la *Mitología* de BRYANT, vol III. p. 327. La *cruz negra* de la mitad es "el Tau sagrado egipcio o Signo de la Vida," tomado de WILKINSON, vol. V. p. 283. Las dos de abajo son cruces budistas, tomadas de *Investigaciones Asiáticas*, vol. X. p. 124.

[122] *Análisis de la Epístola*, Dr. GENCIANO HARVET de *Lovaina*, p. 251, A. La siguiente es una de las estrofas del himno original:

> "O crux, lignum triumphale
> Mundi vera salus, vale,
> Inter ligna nullum tale
> Fronde, flore, germine."

Lo anterior fue versificado realmente por los romaniseros de la Iglesia de Inglaterra, y publicado hace algunos años, junto con muchas otras cosas de la misma fuente, en un volumen titulado *Devociones sobre la Pasión*. La *Crónica Londinense* de abril, 1842, traía la siguiente muestra de las *"Devociones"* dadas por estos "lobos con piel de oveja" para los miembros de la Iglesia de Inglaterra:

> "Oh cruz fiel, árbol incomparable,
> Ninguna floresta produce algo semejante a ti,
> Hoja, flor y capullo;
> Dulce es el madero, y dulce el peso,
> Y dulces los clavos que te penetraron
> A ti, dulce madero."

[123] Del himno ya citado.

nunca fue evangelizado completamente, tomó la delantera en la introducción de este símbolo pagano. La primera forma de lo que se llama la *Cruz cristiana* encontrado allí en los monumentos *cristianos*, es el inequívoco Tau pagano, o "signo de la vida" egipcio. Que el lector lea cuidadosamente el siguiente relato de Sir G. Wilkinson: "Un hecho todavía más curioso se puede mencionar con respecto a esta clase de jeroglífico [el Tau] que adoptaron los primeros cristianos de Egipto en lugar de la cruz, y que *después* fue substituido por ella, anteponiéndolo a las inscripciones de la misma manera en que se antepone la cruz en los *tiempos actuales*. Pues aunque el Dr. Young tuvo algunos reparos para darle crédito a lo dicho por Sir A. Edmonstone, en cuanto a que el Tau tiene tal colocación en los sepulcros del gran Osiris, yo puedo atestiguar que así es, y que numerosas inscripciones encabezadas por el *Tau* se han preservado hasta el día de hoy en los primitivos monumentos cristianos."[125] Es evidente que el propósito de este relato es hacer ver que, en Egipto, la forma más antigua de lo que desde entonces se ha *llamado* la cruz, no fue otra cosa que la "Crux Ansata," o "Signo de la Vida," llevado por Osiris y por todos los dioses egipcios, en que la *ansa* o "asa" fue suprimida después, convirtiéndose en el Tau sencillo o cruz común y corriente, tal como es actualmente, y que, por tanto, el propósito de su primer empleo en los sepulcros, no podía tener relación con la crucifixión del Nazareno, sino que fue, simplemente, el resultado del apego a los viejos y muy apreciados símbolos paganos, que siempre es fuerte en aquellos que, al adoptar el nombre y la profesión de fe cristianos, siguen siendo, en grado sumo, paganos de corazón y sentimiento. Este, y sólo éste, es el origen del culto a la "cruz."

Esto, sin duda, les parecerá muy extraño e increíble a quienes hayan leído la historia de la Iglesia, como lo ha hecho en grado sumo la mayoría, incluso los protestantes, con anteojos romanos; y especialmente por quienes recuerdan la famosa historia

---

[124] TERTULIANO, *De Corona Militis*, cap. III., vol. II. p. 80.

[125] WILKINSON, vol. V. pp. 283, 284.

que se cuenta sobre la aparición milagrosa de la cruz a Constantino la víspera de la decisiva victoria en el puente Milvio, que decidió la suerte del paganismo aceptado y del cristianismo nominal. Si tal historia, como se dice vulgarmente, fuera verdadera, se habría dado ciertamente una justificación divina a la reverencia por la cruz. Pero si se escudriña hasta el fondo esa historia, según la versión común de ella, se encuentra que se fundamentó en una alucinación – alucinación, sin embargo, en la cual creyó un hombre tan bueno como Milner. El relato de Milner es como sigue: "Constantino, al marchar de Francia hacia Italia contra Majencio, en una expedición que posiblemente lo podría exaltar o acabar con él, se encontraba dominado por la ansiedad. Así que creyó necesario que algún dios lo protegiera; él se sentía más inclinado a venerar al Dios de los cristianos, pero quería una prueba satisfactoria de Su existencia real y de Su poder; pero él no conocía los medios para lograrlo, ni podía estar contento con la indiferencia atea a la que se habían resignado tantos generales y héroes de su tiempo. Oró e imploró con tal vehemencia y porfía que Dios no lo dejó sin respuesta. Al atardecer, mientras marchaba con sus fuerzas, apareció en los cielos, más brillante que el sol, el trofeo resplandeciente de la cruz, con esta inscripción: 'Vence con esta.' El y sus soldados se quedaron atónitos ante la visión; pero él siguió reflexionando sobre el suceso hasta que llegó la noche. Y Cristo se le apareció cuando dormía con el mismo signo de la cruz, y le dijo que hiciera uso del símbolo como su insignia militar."[126] Tal es el relato de Milner. Con respecto al "trofeo de la cruz," serán suficientes unas pocas palabras para demostrar que eso carece completamente de fundamento. No creo que sea necesario discutir el hecho de que se hubiera dado algún signo milagroso. Puede que sí, o puede que no haya habido en tal ocasión un *"dignus vindice nodus,"* una crisis digna de la intervención divina. Sin embargo, si hubo algo fuera del acontecer ordinario, no lo averiguo; pero digo esto en el *supuesto* de que Constantino obrara en este

---

[126] *Historia de la Iglesia*, vol. II. p. 41. Milner se refiere a EUSEBIO, *Constant.* XVII. Pero esto es un error, pues está tomado de *De Vita Constant.* lib. I. cap. 28, 29. p. 173.

Acerca de los Misterios... y el Culto al Hombre

asunto de buena fe, y de que *hubiera habido* realmente una aparición milagrosa en los cielos que no fuera el signo de la cruz que se vio, sino algo bastante diferente como el *nombre* de Cristo. De que esto fue lo que ocurrió nos lo dice enseguida el testimonio de Lactancio, quien era el tutor de Crispo, el hijo de Constantino, y el autor más antiguo que hace un relato del asunto, además de la indisputable evidencia de los mismos estandartes de Constantino, tal como nos ha sido transmitida en las medallas acuñadas en ese tiempo. El testimonio más decisivo es el de Lactancio: "Constantino fue advertido en un sueño para que pusiera el signo celestial de Dios sobre los escudos de sus soldados, y así librara la batalla. El hizo lo que se le pidió, y con la transversa letra X en la parte superior, el marcó *Cristo* en sus escudos. Pertrechado con este signo, su ejército tomó la espada."[127] La letra X, el equivalente griego de la Ch, era justamente la inicial del *nombre* de Cristo. Por tanto, si Constantino hizo lo que se le pidió, cuando trazó el "signo celestial de Dios" en forma de "letra X," fue esa "letra X" como símbolo de *"Cristo"*, y *no* el signo de la cruz, lo que él vio en los cielos. Cuando se elaboró el lábaro, el famosísimo estandarte del propio Constantino, tenemos la evidencia de Ambrosio, el bien conocido obispo de Milán, en el sentido de que ese estandarte se confeccionó según lo dicho en el relato de Lactancio, a saber, para que se viera simplemente el nombre del Redentor. Ambrosio lo llamó "Labarum, hoc est Christi sacratum nomine signum,"[128] "El lábaro, es decir, la insignia consagrada por el NOMBRE de Cristo."[129] No se hace la menor alusión a ninguna cruz, a ninguna otra cosa que no fuera el simple nombre de Cristo. Teniendo estos testimonios de Lactancio y de Ambrosio, cuando examinamos el estandarte de Constantino, encontramos que lo dicho por ambos autores se cumple plenamente; encontramos que ese estandarte llevando inscritas las mismas palabras: *"Hoc signo*

---

[127] LACTANCIO, *De mortibus Persecutorem,* 44, pp. 565,566. Las palabras exactas de Lactancio son éstas: "Commonitus est in quiete Constantinus, tu coeleste signum Dei notaret in scutis, atque ita proelium committeret. Fecit ut jussus est et transversa X litera summo capite circumflexo, Christum scutis notat. Quo signo armatus exercitus ferram."

[128] *Ambrosii Opera*, vol. IV. p. 327.

victor eris," "Con este signo vencerás," que se decía habían sido dirigidas desde el cielo al emperador, no tienen nada que ver con la forma de una cruz, sino con la "letra X." En las catacumbas romanas, sobre un monumento cristiano dedicado a "Sinfonía y sus hijos" hay una clara alusión a la historia de la visión; pero esa alusión también demuestra que era la X, y no la cruz, la que se consideraba como el "signo celestial." Las palabras en la parte superior de la inscripción son éstas:

"IN HOC VINCES [130]
X"

Ninguna otra cosa fuera de la X se da aquí como el "Signo Victorioso." Hay, sin duda, algunos otros ejemplos del estandarte de Constantino en los cuales se encuentra un *travesaño* del que va suspendido el estandarte que tiene esa "letra X;"[131] y Eusebio, que escribió cuando la superstición y la apostasía estaban obrando, se esfuerza por demostrar que ese travesaño era el elemento esencial de la insignia de Constantino. Pero, obviamente, esto es un error; ese travesaño no era nada nuevo, nada especial en el estandarte de Constantino. Tertuliano demuestra[132] que ese travesaño se encontraba desde mucho antes en el *vexillum*, el estandarte pagano-romano que llevaba el pendón, y que se usaba únicamente para que éste se desplegara. Por tanto, si ese travesaño era el "signo celestial," no se hubiera necesitado ninguna

---

[129] *Epístola de Ambrosio al Emperador Teodosio sobre el propósito de restaurar el Altar pagano de la Victoria en el Senado romano*. Ha habido mucha confusión sobre el asunto del lábaro por ignorancia sobre el significado de la palabra. Bryant supone (y a mí mismo me sedujo tal suposición) que se aplicaba al estandarte que llevaba la media luna y la cruz, pero él no da evidencias para tal suposición; y ahora estoy satisfecho de que no haya habido ninguna. En el nombre de lábaro, que por lo general se creía que había venido del Oriente, al considerlo como tal, se ve enseguida su significado. Viene, evidentemente, de Lab, "vibrar," o "moverse de un lado a otro," y ar, "ser activo." Interpretado de este modo, lábaro significa simplemente bandera o estandarte, "que ondea" al viento, y esto concuerda completamente con lo que dice Ambrosio: "una insignia consagrada por el nombre de Cristo," es decir, estandarte.

[130] "Con esto vencerás."

[131] Dr. MAITLAND, *La Iglesia en las Catacumbas*, p. 169.

[132] *Apologeticus Adv. Gentes*, cap. 16, vol. I. pp. 368, 369.

Acerca de los Misterios... y el Culto al Hombre

voz del cielo para decirle a Constantino que hiciera eso; ni su elaboración o despliegue habría despertado curiosidad alguna por parte de aquellos que lo vieran. No tenemos absolutamente ninguna evidencia de que la famosa leyenda: "Con ésta vencerás," tenga ninguna relación con ese travesaño; sin embargo, tenemos la más decisiva evidencia de que esa leyenda sí se refiere a la letra X. Que esa X no tenía por objeto representar el signo de la cruz, sino que era la inicial del nombre de Cristo, se hace evidente porque la P griega, equivalente a nuestra R, se inscribía en medio de ella haciendo, mediante su enlace, la expresión CHR. Cualquiera que lo desee, puede convencerse de esto examinando las láminas que trae *Horae Apocalypticae*[133] del señor Elliot. Entonces, el estandarte de Constantino sólo tenía el *nombre* de Cristo. Si la insignia procedió de la tierra o del cielo, si fue sugerida por la sabiduría humana o divina, en el supuesto de que Constantino fuera sincero en su profesión de fe cristiana, en todo ello no estuvo implicada ninguna cosa distinta a la incorporación literal del sentimiento del salmista: "Alzaremos pendón en el *nombre* de nuestro Dios." Alzar tal nombre en los estandartes de la Roma Imperial era algo absolutamente nuevo; y qué poca duda queda de que la visión de ese nombre animó a los soldados cristianos del ejército de Constantino con mayor fogosidad que la usual para luchar y para vencer en el puente Milvio.

En las observaciones anteriores he partido de la suposición de que Constantino obró de buena fe como cristiano. Sin embargo, su buena fe ha sido puesta en duda;[134] y tengo mis sospechas de que la X *puede* haber sido ideada con el fin de que tuviera un significado para los cristianos, y otro para los paganos. Es cierto que la X era el símbolo del dios Ham en Egipto y que, como tal, era exhibida en el pecho de su imagen.[135] Sin embargo, tómese por donde se tome la sinceridad de Constantino, el supuesto mandamiento divino para reverenciar el signo de la cruz, cae

---

[133] *Horae*, vol. I. pp. 226, 240.

[134] Por GAVAZZI, en su publicación titulada *La Palabra Libre*.

[135] Ver WILKINSON, vol. VI., "Khem."

por el suelo completamente. Con respecto a la X, no hay duda de que los cristianos, que no sabían nada de maquinaciones secretas ni de engaños, la consideraron generalmente, según lo dice Lactancio, como equivalente del nombre de *"Cristo."* En este aspecto, por tanto, ella no tenía muy grandes atractivos para los paganos que, incluso, al adorar a Horus, siempre habían estado acostumbrados a hacer uso del místico Tau o cruz, como el "signo de la vida," o como el talismán mágico que garantizaba todo lo que era bueno, y desviaba todo lo que era malo. Por tanto, cuando, con la conversión de Constantino, multitud de paganos llegaron en tropel a la Iglesia, llevaron consigo, como los semipaganos de Egipto, su predilección por el viejo símbolo. La consecuencia de esto fue que, sin que transcurriera mucho tiempo y, como avanzada de la apostasía, la X que por sí misma no era un símbolo contranatural de Cristo, el verdadero Mesías, y que en otro tiempo había sido considerada como tal, se permitió que cayera completamente en desuso y que el Tau, el signo de la cruz, el signo indisputable de Tamuz, el falso Mesías, se pusiera en su lugar en todas partes. Así, por el "signo de la cruz," Cristo ha sido crucificado de nuevo por aquellos que pretenden ser Sus discípulos. Si estas cosas corresponden a hechos históricos, ¿quién puede sorprenderse de que la Iglesia romana haya adoptado el "signo de la cruz," que ha sido considero siempre y en todas partes como un fértil instrumento de superstición?

Hay más, mucho más, en los ritos y ceremonias de Roma que podrían ser traídos para dilucidar nuestro tema. Pero puede que lo anterior sea suficiente.[136]

---

[136] Si las observaciones anteriores están bien fundamentadas, entonces no puede estar bien que este signo de la cruz, o emblema de Tamuz, sea usado en el bautismo cristiano. En la época de la Revolución, se nombró una Comisión Real para que investigara sobre los ritos y ceremonias de la Iglesia de Inglaterra, incluyendo entre sus miembros a *ocho* o *diez* obispos, quienes recomendaron que se desechara el uso de la cruz por su tendencia hacia la superstición. Si tal recomendación fue hecha con la autoridad de miembros de la Iglesia de Inglaterra, entonces debe ser acatada, ¿cuánto más debe reforzarse esa recomendación por la nueva luz que la Providencia ha arrojado sobre el asunto?

LAS ORDENES RELIGIOSAS

SECCION I — EL SOBERANO PONTIFICE

El don del ministerio es uno de los dones más grandes que Cristo ha dado al mundo. Es con respecto a esto que el salmista, al predecir la ascensión de Cristo, habla inspiradamente de sus benditos resultados, diciendo: "Subiste a lo alto, cautivaste la cautividad, tomaste *dones para los hombres*, y también para los rebeldes, para que habite entre ellos JAH Dios" (Efesios 4:8,11). En un principio, la Iglesia de Roma tuvo el don, dado en forma divina, de un ministerio y de un gobierno en acuerdo con las sagradas escrituras; y entonces "su fe (fue) proclamada por todo el mundo;" y sus obras de justicia fueron a la vez ricas y abundantes. Pero, en mala hora, se permitió que entrara en su ministerio el elemento babilónico; y, desde entonces, lo que había sido prometido como bendición, se convirtió en maldición. Desde entonces, en lugar de santificar a los hombres, ha sido un instrumento para corromperlos y para hacer de ellos "dos veces más los hijos del averno," de lo que hubieran sido de haberlos dejado simplemente abandonados a sí mismos.

Si hay algunos que crean que hay alguna virtud oculta y misteriosa en una sucesión apostólica que ha pasado por el papado, que consideren seriamente entonces el verdadero carácter de las disposiciones emanadas del Papa y de sus obispos y clerecía. Puede demostrarse que todo, del Papa hacia abajo, es *ahora* radicalmente babilónico. El Colegio de Cardenales, con el Papa a la cabeza, es apenas el duplicado del pagano Colegio de los Pontífices, con su "Pontifex Maximus," o "Soberano Pontífice," que existió en Roma desde tiempos muy remotos, y que se sabe que había tomado como modelo original el gran Concilio de los Pontífices de Babilonia. El Papa pretende tener ahora la supremacía en la Iglesia como sucesor de Pedro, a quien se alega que nuestro Señor le entregó exclusivamente las llaves del Reino del Cielo. Pero el hecho importante está en que, *hasta* que el Papa fue investido con el título, al que durante *mil años* se le había atribuido el poder de las llaves de Jano y Cibeles,[1] ningún derecho papal preeminente, o algo que se le pareciera, se hizo público alguna vez por parte suya, *por ser el poseedor de las llaves dadas a Pedro*. Muy pronto, en verdad, los obispos de Roma hicieron gala de un espíritu soberbio y ambicioso; pero durante los tres primeros siglos, su pretensión a un honor más alto, se fundamentaba simplemente en la dignidad de su sede, por ser ésta la de la ciudad imperial, la capital del mundo romano. Sin embargo, cuando la sede del imperio fue trasladada al Oriente, y Constantinopla amenazaba con eclipsar a Roma, debía buscarse un nuevo asidero para mantener la dignidad del Obispo de Roma. Ese nuevo asidero se encontró cuando, hacia el año 378 D.C., le correspondió al Papa ser el heredero de las llaves que eran los símbolos de las bien conocidas divinidades paganas de Roma. Jano llevaba una de las llaves,[2] y Cibeles la otra;[3] y estas son las dos llaves que el Papa ostenta en su escudo de armas como insignias de autoridad espiritual. A continuación se verá de qué manera llegó a ser considerado el Papa como el usufructuario de dichas llaves, siendo indudable lo que él logró en la creencia popular al ser investido de tal poder en el período señalado. Cuando en *concepto* de los paganos, él había llegado a ocupar el lugar de los representantes de Jano y Cibeles y, por tanto, estaba autorizado para usar sus llaves, el Papa vio entonces que podía hacer creer entre los *cristianos* que *únicamente Pedro* tenía el poder de las llaves, y que él era el sucesor de Pedro, manteniendo el engaño con la exhibición de dichas llaves; y así, aunque hubiera decaído la dignidad temporal de Roma como *ciudad*, su

---

[1] Fue solamente en el siglo segundo de la era cristiana cuando se introdujo en Roma, con tal nombre, el culto de Cibeles; pero la misma diosa con el nombre de Cardea y con el "poder de la llave" era adorada en Roma, junto con Jano, desde muchos siglos antes. – OVIDIO, *Fastos*, vol. III. l. 101, p. 340.

[2] *Ibid. Fastos*, lib. I. ll. 95,99, vol. III. p. 18.

[3] TOOKE, *Panteón*, "Cibeles," p. 153.

Acerca de los Misterios. . . y el Culto al Hombre

propia dignidad como *Obispo* de Roma se había establecido más firmemente que nunca. Es evidente que él actuó siguiendo esta política. Se dejó que pasara algún tiempo; y después, cuando la obra secreta del Misterio de Iniquidad hubo preparado el camino para ello, el Papa hizo por primera vez la afirmación pública de su preeminencia, fundamentada en las llaves dadas a Pedro. Hacia el año 378 fue elevado al lugar a que le daba derecho, según el concepto pagano, el poder de las llaves mencionadas. En el año 431, y no antes, hizo pública manifestación laica de la posesión de las llaves de Pedro.[4] Seguramente, sea esta una coincidencia sorprendente. El lector se preguntará, ¿cómo fue posible que los hombres pudieran dar crédito a tal presunción? Con respecto a este asunto, las palabras de las Escrituras dan una solemnísima y satisfactoria respuesta (2 Tesalonicenses 2:10,11): "Por cuanto no recibieron el amor de la verdad para ser salvos. Por esto Dios les envía un poder engañoso, para que crean la mentira." Y pocas mentiras podrían ser más grandes; pero, con el paso del tiempo, llegó a ser creída ampliamente. Ahora, cuando en Roma se adora la estatua de Júpiter como la imagen verdadera de Pedro, así también se cree devotamente que las llaves de Jano y Cibeles representan las llaves del mismo apóstol.

Mientras no haya ninguna otra cosa que no sea apasionamiento jurídico lo que pueda explicar la credulidad de los cristianos con respecto a tales llaves como emblema de un poder exclusivo dado por Cristo al Papa por medio de Pedro, no es difícil ver cómo los *paganos* se congregaron rápidamente en torno del Papa cuando oyeron que el fundamento de su poder radicaba en la posesión de las *llaves de Pedro*. Las llaves que el Papa *llevaba* eran las llaves de un "Pedro" bien conocido por los paganos iniciados en los Misterios caldeos. Se ha comprobado muchas veces que no es cierto que Pedro hubiera ido alguna vez a Roma; e, incluso, que es sumamente dudoso que alguna vez pisara suelo romano. Su visita a esa ciudad no se apoya en autoridad distinta a la de un escritor de fines del siglo segundo o de principios

---

[4] Como prueba del hecho de que esta manifestación se hizo por primera vez en al año 431, ver ELLIOT, Horae, vol. III. p. 139. En el año 429 hubo indicios de ella, pero solamente en el año 431 se hizo abierta y claramente.

del tercero, a saber, el autor de la obra titulada *Los Clementinos*,[5] y quien nos cuenta seriamente que, con ocasión de su visita, y encontrándose allí Simón el Mago, el apóstol lo desafió para que diera una prueba de sus milagros o poderes mágicos, después de lo cual el hechicero se elevó en el aire, pero Pedro lo hizo bajar tan de prisa que se rompió una pierna.[6] Esta historia del encuentro apostólico con el mago ha sido rechazada enseguida por todos los historiadores de renombre como carente de toda evidencia contemporánea; pero como la visita de Pedro a Roma se apoya en tal autoridad, o se afianza o se cae con ella, por lo menos, debe aceptarse que tal hecho resulta extremadamente dudoso. Pero en tanto que este es el caso con respecto a Pedro - *el cristiano* - se puede demostrar, de manera indudable, que antes de la era cristiana, y con posterioridad a ella, *hubo* en Roma un tal "Pedro," que ocupaba el más alto lugar en el sacerdocio pagano. Al sacerdote que explicaba los Misterios a los iniciados se le llamaba a veces con el nombre griego de Hierofante; pero en caldeo primitivo, que era el verdadero lenguaje de los Misterios, su título, pronunciado sin los puntos, era "Pedro," es decir, "el Intérprete."[7] Como revelador de lo que estaba oculto, nada más natural que ese nombre; mientras que, para abrir la doctrina esotérica de los Misterios, sería condecorado con las llaves de las dos divinidades cuyos misterios revelaba.[8] Así podemos ver de qué manera las llaves de Jano y Cibeles llegaron a ser reconocidas como las llaves de Pedro, "el Intérprete" de los Misterios. Ciertamente, tenemos la más firme evidencia de que, en países muy apartados unos de otros, y muy distantes de Roma, los iniciados paganos conocían dichas llaves no solamente como las "llaves de Pedro," sino como las llaves de un Pedro identificado con Roma. En Atenas, en los Misterios eleusinos, cuando se instruía a los iniciados en la doctrina secre-

---

[5] GIESELER, vol. I. pp. 206-208.

[6] Ver BOWER, vol. pp. 1,2.

[7] PARKHURST, *Léxico Hebreo*, p. 602.

[8] Los muftis turcos o "intérpretes" del Corán, toman ese nombre del mismo verbo del que viene Miftah, llave.

ta del paganismo, las lecturas sobre la explicación de tal doctrina se tomaban de un libro llamado por los escritores corrientes "El Libro Petroma," es decir, como si se nos dijera que era un libro hecho de piedra.[9] Pero, evidentemente, esto sólo es un juego de palabras, de acuerdo con el espíritu usual del paganismo, destinado a divertir al vulgo. La naturaleza del caso y la historia de los Misterios, demuestran por igual que tal libro no podía ser otro que "El Libro Pet-Roma," es decir, "El Libro del Gran Intérprete" o, en otras palabras, el libro de Hermes Trismegisto, el gran "Intérprete de los dioses." En Egipto, del cual tomó Atenas su religión, los libros de Hermes se consideraban como la fuente divina de todo conocimiento verdadero de los Misterios.[10] Por tanto, allí se veneraba a Hermes con el mismo carácter del Gran Intérprete, o "Peter-Roma."[11] Como es bien sabido, Hermes ocupaba en Atenas exactamente el mismo lugar;[12] y, por supuesto, en el lenguaje sagrado se le debe haber conocido por el mismo título. Por esto, el sacerdote que expli-

---

[9] POTTER, *Antigüedades*, vol. I., *Los Misterios*, p. 356.

[10] Las siguientes son las citas de autoridad para la afirmación del texto: "Yámblico dice que Hermes [es decir, el egipcio] era el dios de todo conocimiento celestial que, al ser comunicado por él a los sacerdotes, los autorizaba para suscribir sus comentarios con el nombre de Hermes" (WILKINSON, vol. V. cap. XIII. pp. 9,10). Otras veces, según los relatos fabulosos del Mercurio egipcio, se decía... que él había enseñado a los hombres la forma apropiada de acercarse a la divinidad con oraciones y sacrificios (WILKINSON, vol. V., cap. XIII. p. 10). Parece que a Hermes Trismegisto se le había considerado como una encarnación de Tot, y merecedor de altos honores. Según Clemente de Alejandría, los libros principales de este Hermes eran considerados por los egipcios con el más profundo respeto, y llevados en sus procesiones religiosas (CLEMENTE DE ALEJANDRIA, *Strom.*, lib. VI., vol. III. pp. 214-219).

[11] En Egipto, "Petr" se usaba en el mismo sentido. Ver BUNSEN, vol. I., *Jeroglífico*, p. 545, donde se dice que *Ptr* significa "mostrar." A los intérpretes se les llamaba hierofantes, que tiene la misma idea de "mostrar."

[12] Al Hermes ateniense o griego, se le celebraba como "La fuente de la inventiva.... También daba a las almas el arte de aprender, revelando la voluntad del padre, de Júpiter, y esto lo llevaba a cabo como el ángel o el mensajero de Júpiter.... El es el tutor de la educación, porque la invención de la geometría, la lógica y el lenguaje se atribuyen a este dios. Por tanto, él preside sobre toda clase de erudición, llevándonos a una esencia inteligible desde esta morada mortal, guiando los diferentes rebaños de almas" (PROCULO, en *Comentario sobre el primer Alcibíades*, en las notas sobre los *Himnos Orficos* de TAYLOR, pp. 64,65). El Hermes griego era de tal manera el revelador o intérprete de las cosas divinas, que se decía generalmente que hermeneuta, o intérprete, venía de su nombre (HIGINIO, nota de la página 114).

caba, en nombre de Hermes, los Misterios tenía que llevar no solamente las llaves de Pedro, sino las llaves de "Peter-Roma." Aquí, entonces, empieza a aparecer el famoso "Libro de Piedra" con una nueva luz, y no solamente esto, sino que arroja nueva luz sobre uno de los más obscuros y enigmáticos pasajes de la historia papal. Siempre ha sido motivo de asombro para los investigadores cándidos de la historia, cómo pudo llegar a ocurrir alguna vez que el nombre de Pedro se asociara con *Roma*, en la forma en que se encuentra asociado desde el siglo cuarto, y cómo tantos y tan diferentes países han sido inducidos para que crean que Pedro, que fue un "apóstol de la *circuncisión*," hubiera apartado de su encargo divino para convertirse en obispo de una Iglesia de *gentiles*, y ser el jefe espiritual de Roma, cuando no ha podido encontrarse evidencia satisfactoria de que él hubiera estado alguna vez y de alguna manera en Roma. Pero el libro de "Peter-Roma" explica lo que de otro modo sería inexplicable. La existencia de tal título era demasiado valiosa para no ser tenida en cuenta por el papado; y, de acuerdo con su acostumbrada política, era seguro, de presentarse la oportunidad, que la aprovecharía para su propio engrandecimiento. Y esa oportunidad se presentó. Cuando el Papa llegó a tener, como lo hizo, una íntima relación con el sacerdocio pagano; cuando ellos, como le hemos visto, estuvieron al fin bajo su control, ¿qué otra cosa más natural que buscar no sólo reconciliar el paganismo con el cristianismo, sino hacer aparecer que el pagano "Peter-Roma" con sus llaves, quería decir "Pedro de Roma," y que ese "Pedro de Roma" era el mismo apóstol a quien el Señor Jesucristo le había dado las "llaves del Reino del Cielo"? Así, por un mero juego de palabras, se mezclaron personas y cosas esencialmente diferentes; y se revolvió paganismo con cristianismo, para que pudiera ser gratificada la dominante ambición de sacerdotes perversos; y así, mientras que para los enceguecidos cristianos de la apostasía, el Papa era el representante de Pedro, el apóstol; para los paganos iniciados, sólo era el representante de Pedro, el intérprete de sus bien conocidos Misterios.[13] De este modo, el Papa se convirtió en la copia exacta de "Jano, el dios de las dos

---

[13] Para evidencia con respecto al título de intérprete de los Misterios, ver BRYANT, *Mitología*, vol. I. pp. 308-311, 356, 359-362.

caras." ¡Cuán significativa resulta la enfática expresión bíblica "el Misterio de Iniquidad" aplicada al papado!

El lector estará preparado ahora para comprender la razón por la cual el Gran Departamento de Estado que asiste al Papa en el gobierno de la Iglesia, ha llegado a llamarse Colegio de Cardenales. El término cardenal se deriva de *Cardo*, bisagra. Jano, cuya llave lleva el Papa, era el dios de las puertas y de las bisagras, y se le llamó Patulcius y Clusius, "el que abre y el que cierra."[14] Esto tenía un significado blasfemo, porque a él se le adoraba en Roma como el gran mediador. Para cualquier negocio importante que se llevara a cabo entre los romanos, para invocar a cualquier deidad, primero que todo debía hacerse una invocación dirigida a Jano,[15] que era reconocido como el "Dios de los dioses,"[16] en cuya misteriosa divinidad se combinaban los caracteres del padre y del hijo,[17] y sin lo cual no podía ser escuchada ninguna oración, pues no podía ser abierta la "puerta del cielo."[18] Este era el mismo dios cuyo culto predominaba en Asia Menor en el momento en que el Señor envió, por medio de su siervo Juan, los siete mensajes del Apocalipsis a las iglesias establecidas en esa región. Y, por esto, encontramos en uno de esos mensajes que El reprocha tácitamente el que se hubiera atribuido paganamente Su propia y particular dignidad a dicha divinidad, y hace valer Su derecho exclusivo a la prerrogativa atribuida generalmente a Su rival. Así que, en Apocalipsis 3:7, se dice: "Y escribe al ángel de la iglesia que está en Filadelfia: El Santo y Verdadero, que tiene la llave de David; *que abre, y ninguno cierra; que cierra, y ninguno abre.*" A este Jano, adorado en Asia Menor, e igualmente en Roma, desde tiempos remotos, como mediador, le pertenecía el gobierno del mundo, y tenía absolutamente "todo poder en el cielo, en la tierra, y en el mar,"

---

[14] LEMPRIERE, *sub voce*.

[15] OVIDIO, *Fastos*, lib 20. I. ll. 171,172, vol. III. p. 24.

[16] Así llamado en los *Himnos del Salii*, MACROBIO, Sat., lib. I. c- 9, p. 54, col. 2, H.

[17] Ver *ante*, pp. 28 (Nota) y 134.

[18] OVIDIO, *Fastos*, lib. I. ll. 117-121.

según las ideas paganas.[19] En tal carácter, se decía que él tenía *"jus vertendi cardinis,"* "el poder de hacer girar la bisagra" - de abrir y de cerrar las puertas de la paz o de la guerra sobre la tierra. Por tanto, el Papa cuando fue establecido como sumo sacerdote de Jano asumió también el *"jus vertendi cardinis,"* "el poder de hacer girar la bisagra," – de abrir y de cerrar en el blasfemo sentido pagano. Al principio, este poder se hizo valer lenta y cautelosamente, pero al imponerse con constancia, siglo tras siglo, su establecimiento, se convirtió en la gran superestructura del poder sacerdotal erigido sobre él. Los paganos, que veían las grandes zancadas que estaba dando el cristianismo profesado en Roma, bajo la dirección del Papa, hacia el paganismo, estaban más que satisfechos, y reconocían al Papa como el poseedor de tal poder; lo animaban de buena gana para que alcanzara, paso a paso, la plena estatura de las pretensiones blasfemas dignas del representante de Jano, pretensiones que, como lo saben todos los hombres, se le reconocen ahora, con el beneplácito unánime de la cristiandad apóstata occidental, como inherentes al oficio del Obispo de Roma. Sin embargo, se necesitó de la cooperación de otros para animar al Papa con el fin de que alcanzara la total plenitud del poder que él hace valer ahora. Cuando se incrementó su poder, cuando su dominio se extendió y, especialmente, después de que llegó a ser un soberano temporal, la llave de Jano se hizo demasiado pesada para sus solas manos, necesitando de alguien que compartiera con él el poder de la *"bisagra."* De aquí que sus consejeros privados, sus altos funcionarios de estado, asociados con él en el gobierno de la Iglesia y del mundo, tomaron el ahora bien conocido nombre de "Cardenales," o los sacerdotes de la *"bisagra."* Este título lo habían llevado antes los altos funcionarios del emperador romano quien, como "Pontifex Maximus," era de por sí el representante de Jano, y delegaba sus poderes en sus siervos. Aun en el reinado de Teodosio, el emperador cristiano de Roma, su primer ministro llevaba el título de Cardenal.[20] Pero ahora, tanto el nombre como el poder asignados a tal título, han desaparecido, desde hace tiem-

---

[19] *Ibid.* lib. I. ll. 117, 120, 125.

[20] PARKHURST, *Léxico*, p. 627.

Acerca de los Misterios... y el Culto al Hombre

pos, para los funcionarios civiles de los soberanos temporales; y únicamente aquellos que ayudan al Papa a empuñar la llave de Jano - los que abren y cierran - se conocen por el nombre de Cardenales, o sacerdotes de la *"bisagra."*

He dicho que el Papa llegó a ser el representante de Jano quien, como es evidente, no era otro que el Mesías babilónico. Si el lector considera solamente las posturas blasfemas del papado, verá cuan exactamente han sido copiadas del original. En los países donde se desarrolló más ampliamente el sistema babilónico, encontramos al Soberano Pontífice del dios babilónico, investido con los mismos atributos aplicados ahora al Papa. ¿Al Papa se le llama "Dios sobre la tierra," el "Vice Dios," y el "Vicario de Jesucristo"? Al rey de Egipto, que era Soberano Pontífice,[21] se le consideraba con la más grande reverencia, según Wilkinson, como "EL REPRESENTANTE DE LA DIVINIDAD EN LA TIERRA."[22] ¿El Papa es "infalible;" y, en consecuencia, la Iglesia de Roma hace alarde de que ella ha sido siempre "igual e inmutable"? Lo mismo ocurría con el Pontífice caldeo, y con el sistema sobre el cual presidía. Se creía, dice el escritor ya citado, que el Soberano Pontífice era "INCAPAZ DE EQUIVOCACION"[23] y, en consecuencia, existía "grandísimo respeto por la santidad de los viejos decretos;" y, de aquí, sin duda, se originó también la costumbre de que "las leyes de los medos y de los persas no podían ser cambiadas." ¿Recibe el Papa la adoración de los Cardenales? El rey de Babilonia, como Soberano Pontífice, era adorado de igual manera.[24] ¿Se les pide a los reyes y a los embajadores que besen la *zapatilla* del Papa? Esto también se copió del mismo modelo; pues dice el profesor Gaussen, citando a Estrabón y a Heródoto, "los reyes de Caldea usaban *zapati-*

---

[21] Wilkinson demuestra que el rey tenía el derecho de decretar leyes, y de administrar todos los negocios de la religión y del Estado (vol. II. p. 22), lo cual prueba que era el Soberano Pontífice.

[22] WILKINSON, *Los Egipcios*, vol. II. p. 68.

[23] Ibid. *Los Egipcios*. "La infalibilidad" era la consecuencia natural de creencia popular con respecto a la relación en la cual permanecía el Soberano ante los dioses, pues dice Diodoro Sículo, hablando de Egipto, que se creía que el rey "participaba de la naturaleza divina" (lib. I. cap. 7, p. 57).

llas que acostumbraban *besar* los reyes a quienes vencían."[25] En resumen, ¿al Papa se le da el tratamiento de "Su Santidad"? Así también ocurría con el Pontífice pagano de Roma. Tal tratamiento parece haber sido común para todos los pontífices. Al dirigirse a Símaco, el último representante pagano del Emperador romano como Soberano Pontífice, uno de sus colegas o copontífices, que estaba a punto de obtener un grado de promoción, dice: "Oigo que SU SANTIDAD (*sanctitatem tuam*) va a ser llamado por las cartas sagradas."[26]

Las llaves de Pedro han sido restituidas ahora a su legítimo dueño. La silla de Pedro debe acompañarlas también. Esa famosísima silla tiene la misma procedencia que las llaves con la cruz. La misma razón que llevó al Papa para apropiarse de las llaves caldeas, lo llevó también, naturalmente, a tomar posesión de la silla vacante del Pontifex Maximus pagano. Como el Pontifex, en virtud de su oficio, había sido el Hierofante, o Intérprete de los Misterios, su silla oficial también tenía su título y se le llamaba la silla de "Pedro," así como a las llaves se les llamaba "las llaves de Pedro;" y tal era el nombre que se le daba por consiguiente. El verdadero origen de la famosísima silla provenía del siguiente hecho: "Los romanos tenían," dice Bower, "como lo creyeron hasta 1662, una prueba importante no sólo de que su silla era la que Pedro había erigido, sino en la que se

---

[24] Por las aseveraciones de LAYARD (*Nínive y sus Ruinas*, vol. II. pp. 472-474, y *Nínive y Babilonia*, p. 361), parece que así como el rey de Egipto era la "Cabeza de la religión y del Estado," lo era el rey de Asiria, que incluía a Babilonia. Entonces tenemos la evidencia de que se le rendía culto. Las imágenes sagradas se representaban adorándolo (LAYARD, *Nínive y sus Ruinas,* vol. II. p. 464), lo cual no habría ocurrido si sus propios súbditos no le rindieran homenaje de igual manera. Entonces la adoración proclamada por Alejandro el Grande provenía evidentemente de la misma fuente. Era claramente a imitación de la adoración tributada a los reyes persas que él exigía tal homenaje. Quinto Curcio dice (lib. VIII. cap. 5, pp. 592,593), "volebat... itaque *more Persarum* Macedonas venerabundus ipsum salutare prosternentes humi corpora." Por Jenofonte tenemos la evidencia de que esta costumbre persa vino de Babilonia. Fue cuando Ciro entró en Babilonia que los persas le testimoniaron, por *primera* vez, su homenaje por medio de la adoración; porque, "antes de esto," dice Jenofonte (*Ciropedia*, lib. VIII. p. 215, C), "ninguno de los persas había rendido adoración a Ciro."

[25] GAUSSEN, en *Daniel*, vol. I. p. 114.

[26] SIMACO, *Epístola*, lib. VI. 31, p. 240.

había sentado él mismo; porque, hasta ese año, la misma silla en que ellos creían, o le hacían creer a los demás, que se había sentado él, se mostraba y se exponía a la adoración pública el 18 de enero, día de la fiesta de dicha silla. Pero cuando la estaban limpiando para ponerla en algún lugar destacado del Vaticano, ¡aparecieron inscritos en ella, desafortunadamente, los doce trabajos de Hércules![27] Y así tuvo que ser desechada. Los partidarios del papado estaban no poco desconcertados ante este descubrimiento, pero trataban de ponerle al asunto tan buena cara como podían. "Nuestro culto," decía Giacomo Bartolini, en sus *Antigüedades Sagradas de Roma*, al relatar las circunstancias del descubrimiento, "nuestro culto, sin embargo, no fue desechado, puesto que no era a la madera a la que se lo rendíamos, sino a San Pedro, el príncipe de los apóstoles," que se suponía se había sentado en ella.[28] Sea lo que fuere lo que el lector piense de esta apología del culto a la silla, seguramente que comprenderá, por lo menos, relacionando esto con lo que ya hemos visto, que la fábula blanca de la silla de Pedro se ha desbaratado por completo. Con respecto a la silla de Pedro, parece que Roma ha sido bastante desafortunada en los tiempos modernos; porque, aun después de que aparecieron los doce trabajos de Hércules, condenados y desechados como inadecuados para soportar la luz que había derramado la Reforma sobre las tinieblas de la Santa Sede, la que se escogió para reemplazarla, estaba destinada a revelar más ridículamente todavía las descaradas imposturas del papado. La primera silla había sido tomada de los paganos; la siguiente parece haber sido escamoteada a los musulmanes, pues cuando los soldados franceses al mando del general Bonaparte, se apoderaron de Roma en 1795, encontraron en el respaldo de ella, inscrita en árabe, la bien conocida sentencia del Corán: "No hay más Dios que Alá, y Mahoma es su profeta."[29]

---

[27] BOWER, *Historia de los Papas*, vol. I. p. 7.

[28] BARTOLINI, *Antichitá Sacré di Roma*, p. 32, Ibid.

[29] Lady MORGAN, *Italia*, vol III. p. 81. El Dr. Wiseman trató de controvertir esto; pero creo, como lo advirtió El Times, que "la señora tenía evidentemente el mejor argumento."

Lo Que Usted Debe Saber

El Papa no sólo tiene una silla para sentarse, sino que tiene una silla para que lo *lleven* en hombros con pompa y aparato, cuando él hace una visita a San Pedro o a cualesquiera de las iglesias de Roma. Así describe un testigo ocular tal precesión en el Día del Señor en los cuarteles de la idolatría papal: "Afuera se oía el golpear de los tambores. Los fusiles de los soldados resonaron sobre el pavimento de piedra de la casa de Dios cuando, a la orden de su comandante, presentaron armas. ¡Qué sábado tan distinto, qué religión tan diferente, qué preparativos tan inadecuados para recibir a un ministro del manso y humilde Jesús! Después, moviéndose entre dos hileras de soldados armados, apareció una larga procesión de eclesiásticos, obispos, canónigos y cardenales que precedía al Romano Pontífice, llevado sobre una silla dorada, y ataviado con vestiduras resplandecientes como el sol. Sus portadores eran doce hombres vestidos de carmesí, precedidos inmediatamente por algunas personas que llevaban una cruz, la mitra y la tiara del Papa, y otra insignia de su oficio. Mientras era llevado en hombros, su cabeza era sombreada y protegida por dos abanicos inmensos, hechos con plumas de pavo real, llevados por dos cortesanos."[30] Así ocurre hoy día con el Soberano Pontífice de Roma, sólo que, además de ser protegido por el abanico que es, precisamente, el "abanico místico de Baco," su silla gestatoria está cubierta también por un dosel corriente. Miremos retrospectivamente la perspectiva de tres mil años, y veremos de qué manera hacía el Soberano Pontífice de Egipto una visita al templo de su dios. "Habiendo llegado al recinto del templo," dice Wilkinson, "los guardias y los servidores reales seleccionados para representar a todo el ejército, se integraban al séquito... . Las bandas militares tocaban los aires favoritos del país; y los numerosos estandartes de los diferentes regimientos, las banderas que flotaban al aire, el lustre brillante de las armas, la enorme concurrencia de gente, y la imponente majestad de las torres del vestíbulo del templo, enga-

---

[30] BEGG, *Guía del Papado*, p. 24.

[31] WILKINSON, vol. V. pp. 285, 286.

[32] *Ibid.* vol. VI. lámina 76.

Acerca de los Misterios... y el Culto al Hombre

Fig. 47

El Rey-Pontífice Egipcio llevado a hombros bajo Dosel

lanados con sus banderas multicolores, ondeando sobre la cornisa, presentaban una decoración, podemos decir, raras veces igualada en cualquier ocasión en ningún otro país. El rasgo más sorprendente de esta fastuosa ceremonia era el cortejo del monarca que, o bien era llevado en su silla de estado por los principales dignatarios, bajo un suntuoso dosel, o bien andando a pie, protegido con suntuosos flabelos y abanicos de vistosas plumas."[31] Presentamos un grabado de Wilkinson (Fig. 47),[32] que comprende la parte central de una de sus láminas correspondientes a esa procesión egipcia, para que el lector pueda ver, con sus propios ojos, cómo concuerda exactamente la procesión pagana con el bien conocido relato del ceremonial pontificio.

¡Tánto por la silla de Pedro, y tánto por las llaves de Pedro! Jano, cuya llave usurpó el Papa junto con la de Cibeles, su esposa o madre, también era Dagón. Jano, el dios de las dos caras, "que había vivido en dos mundos," era la divinidad babilónica que encarnaba a Noé. Dagón, el dios-pez, representaba a esa deidad como una manifestación del mismo patriarca que había vivido tanto tiempo en las aguas del diluvio. Cuando el Papa lleva la llave de Jano, de igual modo lleva puesta la mitra de

El Dagón Egipcio con la Mitra de Cabeza de Pez
Fig. 48

Dagón. Las excavaciones hechas en Nínive han sobrepasado toda posibilidad de duda. La mitra del Papa es totalmente diferente a la mitra de Aarón y de los sumos sacerdotes judíos, pues esa mitra era un turbante. La mitra de dos puntas que usa el Papa cuando se sienta en el trono elevado de Roma para recibir la adoración de los Cardenales, es la misma mitra usada por Dagón, el dios-pez de los filisteos y de los babilonios. De dos maneras se representaba antiguamente a Dagón. Una era cuando se le representaba como medio hombre y medio pez; la parte superior completamente humana, y la inferior terminada en la cola de un pez. La otra era cuando, para usar las palabras de Layard, "la cabeza del pez formaba una *mitra* sobre la del hombre, mientras su escamosa cola, a modo de abanico, caía por detrás como una túnica, dejando al descubierto los miembros y los pies."[33] Esta es la representación de Dagón que Layard trae en su última obra, y que aparece aquí (Fig. 48) para el lector. Y nadie que examine esta mitra y la compare con la del Papa, tal como se da en *Horae* de Elliot,[34] podrá dudar ni por un momento, que de esa fuente y de ninguna otra, se ha tomado la mitra pontifical. Las mandíbulas abiertas del pez que coronan la cabeza del hombre en Nínive, son el duplicado inequívoco de las puntas de la mitra del Papa en Roma. Así fue en el Oriente, por

Dios Maltés con una Mitra similar
Fig. 49

lo menos quinientos años antes de la era cristiana. Parece que también en Egipto hubo algo semejante, porque Wilkinson, hablando de un pez de la especie de los silúridos, dice "que uno de los genios del panteón egipcio aparece bajo *forma humana*, con la cabeza de este pez."[35] En Occidente, en un período posterior, tenemos la evidencia de que los paganos separaban la mitra en forma de cabeza de pescado del cuerpo del pez, y sólo usaban esta mitra para adornar la cabeza del gran dios Mediador pues, en algunas monedas paganas de Malta ese dios, con los bien conocidos atributos de Osiris, está representado sin forma alguna de pez, salvo por la mitra sobre su cabeza (Fig. 49),[36] mitra muy parecida en la forma a la que hoy usan el Papa y los obispos. Incluso en China, la misma práctica de usar la mitra de cabeza de pescado prevaleció alguna vez, pues el uso por parte del emperador chino de una mitra semejante a la papal ha subsistido hasta los tiempos modernos. "¿Se sabe," pregunta un autor

---

[33] LAYARD, *Babilonia y Nínive*, p. 343.

[34] 4ª edición, vol. III. part. 4, lámina 27.

[35] WILKINSON, vol. V. p. 253.

[36] De BRYANT, vol. V. p. 384. Ver también el grabado de Ceres y la espiga de trigo, Fig. 37.

Lo Que Usted Debe Saber

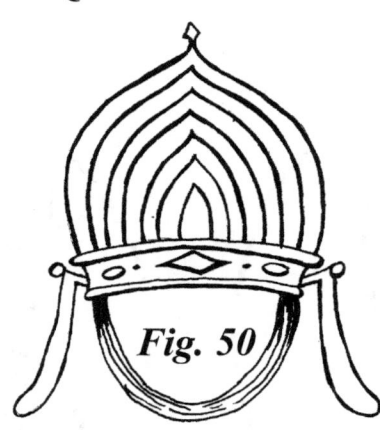

La Mitra Ceremonial del Emperador Chino como
Pontífice Máximo de la Nación

muy leído en la actualidad, en una comunicación privada que me envió, "que el Emperador de China, en todas las épocas, incluso en el año en curso, como sumo sacerdote, una vez al año, ora y bendice a toda la nación, llevando puestas sus vestiduras sacerdotales y en la cabeza su mitra, idéntica en todo a la usada por el Romano Pontífice durante cerca de 1200 años? Pues así es."[37] Como prueba de esta aseveración, se muestra la Mitra imperial (Fig. 50),[38] que es la copia exacta de la mitra episcopal papista vista de frente. El lector recordará que, incluso en el Japón, a pesar de estar tan distante de Babel, como la misma China, una de sus divinidades se representa con el mismo símbolo de poder que prevaleció en Asiria, incluyendo los cuernos de toro, y se le llama "El Príncipe cabeza de buey del Cielo."[39]

---

[37] A. TRIMEN, Esq., el distinguido arquitecto de Londres, autor de *La Arquitectura de Iglesias y Capillas*.

[38] De HAGER, en *Jeroglíficos Chinos*, B XXXV. en el Museo Británico, reproducido para mí por el hijo del Sr. Trimen, el Sr. L. B. Trimen. Las palabras de Hager son: "Lo mismo que la mitra del sacrificio del Emperador chino (el Pontifex Maximus de su nación), que se representaba desde tiempos antiguos de esta manera [y entonces se le dio la forma que se ve arriba] (*Philos. Transact.* en c. 41), tiene una notable semejanza con la Mitra Episcopal romana."

[39] KEMPFER, *El Japón*, en la Colección de PINKERTON, vol. VII. p. 776.

[40] Ver *Gradus ad Parnassum*, recopilado por G. PYPER, miembro de la Compañía de Jesús, *sub vocibus Lituus Episcopus et Pedum*, pp. 372, 464.

[41] BEROSO *apud* ABIDENO, en *Fragmentos* de CORY, p. 32. Ver también EUSEBIO, *Crónica*, part. I. pp. 46,47.

Acerca de los Misterios... y el Culto al Hombre

Si el símbolo de Nimrod, como Cronos, "el Cornudo," se encuentra representado de este modo en el Japón, no puede causar sorpresa que en China se encuentre el símbolo de Dagón.

Pero hay otro símbolo de poder del Papa que no debe dejarse a un lado, y ese símbolo es el báculo pontifical. ¿De dónde vino el báculo? En primer lugar, la respuesta es que el Papa lo hurtó del arúspice romano. El lector de los clásicos podrá recordar que cuando el augur romano consultaba a los cielos, debía proveerse de cierto instrumento que era indispensable. Este instrumento, con el cual demarcaba la porción de los cielos sobre la cual iba a hacer sus observaciones, era curvo en uno de sus extremos, y se llamaba *"lituus."* Es tanta la semejanza del *"lituus,"* o vara curva de los augures romanos con el báculo pontifical, que los mismos escritores católico-romanos, al escribir en las edades del obscurantismo, una época en que el disimulo no se consideraba necesario, no dudaron en emplear el término *"lituus"* como sinónimo de báculo.[40] Así, un escritor papal describe a cierto Papa u obispo papal como *"mitra lituoque decorus,"* adornado con la mitra y la vara del augur, dando a entender que él estaba "adornado con la mitra y el *báculo.*" Pero este lituus, o vara adivinatoria, de los augures romanos se había tomado, como es bien sabido, de los etruscos, que lo habían tomado asimismo, junto con su religión, de los asirios. Así como el augur romano se distinguía por su vara curva, del mismo modo los adivinos y sacerdotes caldeos, para la realización de sus ritos mágicos, estaban provistos generalmente de un cayado o báculo. Este cayado mágico puede rastrearse directamente en el primer rey de Babilonia, es decir, en Nimrod que, como afirma Beroso, fue el primero que llevó el título de rey-pastor.[41] En hebreo, o caldeo de los días de Abraham, "Nimrod el pastor," es precisamente Nimrod "He-Roè;" y de este título de "vigoroso cazador delante del SEÑOR," se derivó indudablemente tanto el nombre Héroe en sí, como todo ese culto a los héroes que desde entonces se extendió por todo el mundo. Es cierto que los deificados sucesores de Nimrod se han representado generalmente con el cayado o báculo. Esto fue lo que ocurrió en Babilonia y en Nínive, como lo demuestran los monumentos existentes. El grabado adjunto (Fig. 51)⁴² de Babilonia, muestra el báculo de manera tosca. En Layard puede verse de una manera más ornamentada, y casi parecido al báculo papal, tal como se usa hoy día.⁴³ Esto fue lo que ocurrió en Egipto después de que el poder babilónico se estableció allí, como lo atestiguan las estatuas de Osiris con su báculo.⁴⁴ A Osiris mismo se le representaba como un báculo con un ojo encima de él.⁴⁵ Un caso similar es el de los negros de Africa, cuyo dios, llamado Fetiche, se representa en forma de báculo, como se evidencia por las siguientes palabras de Hurd: "Ellos ponen fetiches antes sus puertas, y estas deidades tutela-

El Báculo Babilonio
Fig. 51

res se hacen en forma de *garabato* o *gancho*, como el que usamos generalmente para sacudir nuestros árboles frutales."⁴⁶ Esto es lo que ocurre actualmente en el Tibet, donde los lamas o teros llevan, como lo dice el jesuita Huc, un báculo como insignia de su oficio. Este es el caso, incluso en el remoto Japón, donde, en el templo de Miaco, la capital espiritual, encontramos una descripción de los dioses en estos términos: "Sus cabezas están adornadas con rayos de gloria, y algunos de ellos tienen *cayados de pastor* en sus manos, para indicar que son los guardianes de la humanidad contra todas las maquinaciones de los malos espíritus."⁴⁷ El báculo del Papa, entonces, que él lleva como emblema de su oficio, en su carácter de gran pastor de las ovejas, es nada

Acerca de los Misterios. . . y el Culto al Hombre

más ni nada menos que el cayado curvo o vara mágica de los sacerdotes de Nimrod.

¿Qué dicen a todo esto los adoradores de la sucesión apostólica? ¿Qué piensan ahora de sus disposiciones jactanciosas como emanadas de Pedro de Roma? Seguramente que tienen mucha razón para sentirse orgullosos de ellas. Pero, pregunto nuevamente, ¿qué dirían también los antiguos sacerdotes paganos que salieron de la escena del tiempo mientras los mártires todavía estaban luchando contra sus dioses y que, antes que simpatizar con ellos, "no amaron sus vidas hasta la muerte," si llegaran a ver el actual estado de la así llamada Iglesia de la cristiandad europea? ¿Qué diría el mismo Belsasar si le fuera posible "ver de nuevo el resplandor de la luna," y entrar a San Pedro en Roma, y ver al Papa en sus pontificales, con toda su pompa y su gloria? Seguramente que concluiría que sólo había entrado a uno de sus propios y bien conocidos templos, y que todo continuaba como era en Babilonia en aquella noche memorable en que vio con ojos asombrados la escritura en la pared: "Mene, mene, tekel, Upharsin."

---

[42] De KITTO, *Enciclopedia Bíblica,* vol. I. p. 272. – Ver también KITTO, *Comentario Ilustrado,* vol. IV. p. 31, donde se da otra figura de Babilonia con un báculo semejante.

[43] *Nínive y Babilonia,* p. 361. Parece que Layard cree que el instrumento aludido llevado por el rey y que "ornaba como sumo sacerdote su manto del sacrificio," era una hoz; pero cualquiera que lo examine atentamente verá que es un báculo con clavos de adorno, como ocurre comúnmente ahora incluso con los báculos romanos, solamente que, en lugar de sostenerlo levantado, lo mantiene hacia abajo.

[44] El bien conocido nombre de Faraón, el título de los reyes-pontífices de Egipto, es solamente la forma egipcia del hebreo He-Roè. En el Génesis, Faraón sin los puntos es "Phe-Roè." Phe es el artículo definido egipcio. No eran los *reyes*-pastores que los egipcios detestaban, sino Roi-Tzan, "hombres de *ganadería*" (Génesis 46:34). Con el artículo Roé, "pastor" es claramente el original del francés Roi, rey, de donde viene el adjetivo real; y de Ro, que significa "pastorear," que se pronuncia frecuentemente como Reg, (con el afijo Sh, que significa "el que es," o "el que hace") viene Regsh, "el que pastorea," de donde viene la palabra latina Rex, y el inglés Regal.

[45] PLUTARCO, vol. II. p. 354, F.

[46] HURD, p. 374, col. 2.

[47] *Ibid.* p. 104, col. 2.

SECCION II — SACERDOTES, MONJES Y MONJAS

Si la cabeza se corrompe, así también debe ocurrirle a los miembros. Si el Papa es esencialmente pagano, ¿cuál otro puede ser el carácter de su clero? Si sus órdenes provienen de una fuente radicalmente corrupta, tales órdenes deben participar de la corrupción de la fuente de la cual fluyeron. Esto puede inferirse independientemente de cualquier evidencia específica; pero la evidencia con respecto al carácter pagano del clero del Papa es tan absoluta como la que hay con respecto al mismo Papa. Sea la que fuere la luz con que se mire el asunto, esto será muy claro.

Existe un contraste indudable entre el carácter de los ministros de Cristo, y el del sacerdocio papal. Cuando Cristo envió a Sus siervos, fue para "apacentar Sus ovejas, para apacentar Sus corderos," y eso con la Palabra de Dios, que da testimonio de Sí Mismo, y contiene palabras de vida eterna. Cuando el Papa le ordena a sus clérigos y los obliga a que *prohiban*, excepto en circunstancias especiales, la lectura de la Palabra de Dios "en lengua vulgar," es decir, en un lenguaje que el pueblo pueda comprender, les da, ciertamente, una comisión; y, ¿cuál es esa comisión? La que está encubierta en estas asombrosas palabras: "Recibe el poder de sacrificar para los vivos y para los muertos."[48] ¿Qué blasfemia puede ser peor que esta? ¿Qué más denigrante para el *único* sacrificio de Cristo, por medio del cual "con una sola ofrenda hizo perfectos para siempre a los santificados"? Esta es la verdadera función caracterizadora del sacerdocio papista. Años después, Lutero se estremecía ante el recuerdo de que ese mismo poder y con esas mismas palabras le hubiera sido conferido cuando fue ordenado para el sacerdocio, y se asombraba de que "la tierra no hubiera abierto su boca para tragarse tanto al que pronunciaba estas palabras, como al que iban dirigidas."[49] El sacrificio que el sacerdocio papal está facultado para ofrecer como un "verdadero sacrificio propicia-

---

[48] D'AUBIGNÉ, *La Reforma*, vol. I. B. II. cap. 4, p. 171.

[49] *Ibid.* vol. I. p. 171.

Acerca de los Misterios... y el Culto al Hombre

torio" por los pecados de los vivos y de los muertos es, precisamente, el "sacrificio incruento" de la misa que se ofrecía en Babilonia, mucho antes de que, alguna vez, se hubiera oído sobre él en Roma.

Mientras Semíramis, el verdadero prototipo de la Reina caldea del Cielo, a quien primero se ofreció el "sacrificio incruento" de la misa, era en sí misma, como ya lo hemos visto, un dechado de impureza, gozaba, al mismo tiempo, del más grande favor para esa clase de santidad que menosprecia el sagrado mandato del matrimonio de Dios. Los Misterios sobre los cuales presidía ella, eran escenas de la más nauseabunda corrupción; y, sin embargo, las más altas órdenes del sacerdocio estaban obligadas a llevar una vida de celibato, como muestra de una vida de particular y notoria santidad. Por extraño que pueda parecer, la voz de la antigüedad le asigna, no obstante, a esa reina disoluta, la invención del celibato clerical, y precisamente, en su forma más estricta.[50] En algunos países, como Egipto, la naturaleza humana reclamó sus derechos y, aunque se mantuvo el sistema general de Babilonia, el yugo del celibato fue abolido, permitiendo que los sacerdotes se casaran. Sin embargo, toda persona ilustrada sabe que cuando se introdujo en la Roma pagana el culto de Cibeles, la diosa babilónica, se hizo en su forma primitiva, con celibato del clero.[51] Cuando el Papa se apropió de lo que era peculiar al culto de esa diosa, igualmente introdujo en el sacerdocio bajo su autoridad, tomándola de la misma fuente, la obligación forzosa del celibato. La introducción de tal principio en la Iglesia cristiana había sido profetizada claramente como una gran señal de apostasía cuando los hombres "con hipocresía hablarán mentiras, teniendo cauterizada la conciencia, [y] *prohibirán casarse*" (1 Timoteo 4:2,3). Los efectos de su introducción fueron completamente desastrosos.[52] Los informes de todas las

---

[50] AMIANO MARCELINO. "Semiramis teneros mares castravit omnium prima," lib. XIV. cap. 6, p. XXVI.

[51] PAUSANIAS, lib. VII. cap. 17, p. 566; y KENNETT, lib. II. cap. VII., *"De los Duunviros,"* etc.

[52] Ver *Luz de la Profecía,* capítulos I. p. 28, y IV. p.114; y *Los Reformadores Británicos*, "Jewel," p. 228.

naciones donde ha sido introducido el celibato sacerdotal, han demostrado que, en lugar de ministrar para la *pureza* de los condenados a él, solamente los ha hundido en la más profunda corrupción. La historia del Tibet, y de la China, y del Japón, donde ha prevalecido desde tiempo inmemorial la institución babilónica del celibato sacerdotal, da testimonio de las abominaciones que han dimanado de él.⁵³ Los excesos cometidos en la Roma pagana por los sacerdotes célibes de Baco en sus Misterios secretos, fueron tales que el Senado se sintió llamado a expulsarlos de los límites de la república romana.⁵⁴ En la Roma papal han resultado las mismas abominaciones producidas por el celibato sacerdotal, en asocio con el sistema corrupto y corruptor del confesionario, hasta el punto en que todos los hombres que han examinado el asunto se han visto obligados a admirarse de la asombrosa significación del nombre que se le ha dado en forma divina tanto en sentido literal como figurado: "BABILONIA LA GRANDE, MADRE DE LAS FORNICACIONES Y DE LAS ABOMINACIONES DE LA TIERRA."⁵⁵ Aduzcamos uno solo de los miles de hechos similares, atestiguado por el distinguido historiador católico-romano De Thou. Cuando el Papa Paulo V meditaba en la supresión de los burdeles permitidos en la "Ciudad Santa," el Senado romano se opuso a la realización de sus designios, fundándose en que la existencia de tales lugares era la única manera de *impedir que los sacerdotes ¡sedujeran a sus esposas y a sus hijas!*⁵⁶

Todos estos sacerdotes célibes tienen desde su ordenación cierta marca sobre ellos; y esa marca es la tonsura clerical. La tonsura

---

⁵³ HAMEL, *Viajes por Corea*, en la *Colección* de PINKERTON, vol. VII. pp. 536,537. Ver también *Descripción del Tibet* en la misma *Colección*, p. 554; CARON, *El Japón, Ibid.* p. 630; y KEMPFER, *El Japón, Ibid.* p. 747.

⁵⁴ LIVIO, lib. XXXIX. 8 y 18, vol. V. pp. 196-207.

⁵⁵ Apocalipsis 17:5. El Rev. M. H. Seymour demuestra que en 1836 el número total de nacimientos en Roma fue de 4373, ¡de los cuales no menos de 3160 eran niños expósitos! – *"Consecuencias Morales del Sistema Romano,"* p. XLIX. en *Noches con los Romanistas.*

⁵⁶ TUANO, *Historia,* lib. XXXIX. cap. 3, vol. II. p. 483.

Acerca de los Misterios... y el Culto al Hombre

es la primera parte de la ceremonia de ordenación, y se afirma que es un elemento muy importante con respecto a las órdenes del clero romano. Cuando los pictos, después de prolongada contienda, se vieron obligados a someterse al Obispo de Roma, la aceptación por parte de la clerecía de esa tonsura como la tonsura de San Pedro, fue el símbolo visible de su sometimiento. Naitan, el rey picto, habiendo reunido a los nobles, a su corte y a los pastores de su iglesia, se dirigió a ellos de este modo: "Recomiendo a todo el clero de mi reino que reciba la tonsura." Entonces, sin dilación, como nos informa Bede, se llevó a cabo esta importante revolución mediante la autoridad real.[57] El rey envió agentes a cada provincia, e hizo que todos los ministros y los monjes recibieran la *tonsura circular*, según la moda de Roma, para someterse de ese modo a Pedro, "el muy bienaventurado príncipe de los apóstoles."[58] "Esta era la marca," dice Merle D'Aubigné, "que los papas estampaban no en la frente, sino en la coronilla. Una proclama real, y unos cuantos cortes con las tijeras, pusieron a los escoceses como rebaño de ovejas bajo el cayado del pastor del Tíber."[59] Como Roma le daba tanta importancia a esta tonsura, ¿se preguntará cuál era su significado? Era la iniciación visible de los que se sometían a ella como sacerdotes de Baco. Esta tonsura no puede tener la más mínima pretensión de autoridad cristiana. Fue, en verdad, la "tonsura de Pedro," pero no la de Pedro de Galilea, sino la de "Pedro," el caldeo de los Misterios. El *era* un sacerdote *tonsurado*, porque así lo era el dios cuyos Misterios revelaba. Siglos antes de la era cristiana, Heródoto se refirió así a la tonsura babilónica: "Los árabes no conocen dioses diferentes a Baco y Urania [es decir, la Reina del Cielo], y dicen que sus cabellos están recortados de la misma manera que el de Baco; ahora, se lo recortan en forma circular, afeitándose en torno a las sienes."[60] ¿Qué puede haber llevado entonces a esta tonsura de Baco? En su historia, todo estaba mística o jeroglíficamente representado, y eso de tal ma-

---

[57] BEDE, lib. V. c. 21, p. 216.

[58] *Ibid*.

[59] D'AUBIGNÉ, vol. V. p. 55.

nera que nadie pudiera comprenderlo, fuera de los iniciados. Una de las cosas que ocupaban lugar preponderante en los Misterios, era la de la mutilación a la que fue sometido Baco cuando le dieron muerte. En memoria de esto, se le lamentaba con amargo llanto todos los años, como "Rosh-Gheza," "el Príncipe mutilado." Pero "Rosh-Gheza"[61] también significa "cabeza trasquilada o afeitada." Por tanto, se le representaba o bien con una forma de tonsura, o bien con la otra; y sus sacerdotes, por la misma razón, llevaban la cabeza o trasquilada o afeitada en el momento de su ordenación. En todo el mundo, dondequiera que haya huellas del sistema caldeo, se le encuentra acompañado por la tonsura o el afeitado de la cabeza. Los sacerdotes de Osiris, el Baco egipcio, se distinguían siempre por llevar afeitadas sus cabezas.[62] En la Roma pagana,[63] en la India e, incluso, en la China, la marca distintiva del sacerdocio babilónico es la cabeza afeitada. Así, Gautama Buda, que vivió, por lo menos, 540 años antes de Cristo, cuando estableció en la India la secta del budismo, la cual se propagó hasta las regiones más remotas del Oriente, se afeitó primero la cabeza, obedeciendo un mandato divino, según lo pretendía, y después se puso en el trabajo de hacer que los demás imitaran su ejemplo. Uno de los muchos títulos por los cuales se le llamaba era el de la "Cabeza afeitada."[64] *"El cabeza afeitada,"* dice uno de los Puranas, "para que pudiera cumplir las órdenes de Visnú, formó cierto número de discípulos, y de *cabezas afeitadas* como él mismo." La gran antigüedad de esta tonsura puede verse en la norma de la ley mosaica contra ella. A los sacerdotes judíos se les prohibía expresamente hacerse cualquier tonsura en sus cabezas (Levítico 21:5), lo que demuestra suficientemente que, aun en tiempos tan remotos como los de Moisés, ya se había introducido lo de la "cabeza afeitada." En la

---

[60] HERODOTO, lib. III. cap. 8, p. 185, C.

[61] Gheza significa o "esquileo," o "afeitada."

[62] MACROBIO, lib. I. c. 23. p. 189.

[63] TERTULIANO, vol. II., *Carmina*, pp. 1105,1106.

[64] Coronel KENNEDY, "Buda," en *La Mitología Hindú*, pp. 263,264.

Acerca de los Misterios. . . y el Culto al Hombre

Iglesia de Roma, sólo eran *trasquiladas* las cabezas de los sacerdotes seculares, pues las cabezas de los monjes, o clero regular, eran *afeitadas,* pero ambos grupos recibían por igual la *tonsura circular* en su ordenación, identificándolos así, más allá de toda duda posible, con Baco, "el Príncipe mutilado."[65] Si los sacerdotes de Roma menosprecian la llave del conocimiento, y cierran la Biblia para el pueblo; si son ordenados para ofrecer el sacrificio caldeo en honor de la Diosa Pagana del Cielo; si están atados por la ley caldea del celibato, que los hunde en el libertinaje; si, en resumen, todos llevan desde su consagración la marca de los sacerdotes caldeos de Baco, ¿qué derecho, qué posible derecho pueden tener para ser llamados ministros de Cristo?

Pero Roma no tiene solamente su clero secular ordinario, como se les dice; también tiene, como todo el mundo lo sabe, otras órdenes religiosas diferentes. Tiene incontables ejércitos de

---

[65] Ya se ha visto que entre los caldeos el término Zero significa por igual "el círculo" y "la simiente." En la India, como hemos visto, "Suro," "la simiente" era la divinidad solar encarnada. Cuando se representó esa simiente en forma humana para identificarla con el sol, se le representó con el círculo, el bien conocido emblema del curso anual del sol, en alguna parte de su persona. Así, a nuestro propio dios Tor se le representó con un círculo llameante en su pecho.– (WILSON, *La Religión Parsi,* p. 31). En Persia y en Asiria, el círculo se representaba algunas veces sobre el pecho; otras, en torno a la cintura, y algunas más, en la mano de la divinidad solar. – (BRYANT, vol. II., láminas, pp. 216, 406, 409: y LAYARD, *Nínive y Babilonia*, p. 160). En la India se le representaba en la punta del dedo.– (MOOR, *Panteón*, lámina 13, "Visnú."). Por lo tanto, el círculo se convirtió en el emblema de Tamuz nacido de nuevo, o de "la simiente." La *tonsura* circular de Baco pretendía indudablemente señalarlo como "Zero," o "la simiente," el gran libertador. Y el círculo de luz que rodea la cabeza de las así llamadas imágenes de Cristo es apenas otra forma de lo mismo, y tomado de la misma fuente. La ceremonia de la tonsura, dice Maurice, refiriéndose a la práctica de esa ceremonia en la India, "era una antigua práctica de los sacerdotes de Mitra, que *imitaban con sus tonsuras el disco solar."* – (*Antigüedades*, vol. VII. p. 851. Londres, 1800). Como el dios-sol era el dios lamentado grandemente, y tenía el cabello recortado en forma circular, y los sacerdotes que lo lamentaban tenían el cabello recortado en forma similar, así en países diferentes, los que lamentaban a los muertos, se recortaban el cabello en forma circular en honor de ellos. Huella de esto se encontraron en Grecia, como se ve por *Electra* de Sófocles (verso 52, pp. 108,109); y Heródoto se refiere particularmente a esta práctica entre los escitas cuando relata un funeral real entre ese pueblo. "El cuerpo," dice él, "se recubre de cera. Luego lo colocan en un carro, y lo llevan a otro lugar, donde las personas que lo reciben, como los escitas reales, se cortan una parte de las orejas, y *se afeitan las cabezas en forma circular."* – (*Historia*, lib. IV. cap. 71 p. 279). En tanto que el Papa, como representante del falso Mesías, recibió la tonsura circular, asimismo se les exige a todos sus sacerdotes que se sometan a la misma tonsura circular para identificarlos con el mismo sistema, para marcarlos como representantes de ese mismo falso Mesías.

monjes y de monjas, empeñados todos en servirla. ¿Dónde puede encontrarse la menor justificación para tal institución en las Escrituras? En la religión del Mesías babilónico, tal institución data desde tiempos remotísimos. En ese sistema había monjes y monjas en abundancia. En el Tibet y en el Japón, donde se introdujo prontamente el sistema caldeo, todavía se encuentran algunos monasterios, y con los mismos resultados desastrosos para la moral, como ocurre en la Europa papal.[66] En Escandinavia, las sacerdotisas de Freya que, por lo general, eran hijas de reyes, y cuya obligación era mantener el fuego sagrado, estaban atadas por la virginidad perpetua y constituían una orden monacal.[67] En Atenas, había vírgenes mantenidas con los fondos públicos y que estaban obligadas a perpetua soltería.[68] En la Roma pagana, las vestales que eran vírgenes, tenían que cumplir la misma obligación que las sacerdotisas de Freya, ocupaban una posición similar. Incluso en el Perú, durante el reinado de los incas, prevaleció el mismo sistema, y su semejanza es tan notoria como para indicar que las vestales de Roma, las monjas del papado, y las vírgenes sagradas del Perú deben haber tenido un origen común. Prescott se refiere de este modo a los conventos de las monjas peruanas: "Otra analogía singular con las instituciones católico-romanas se presenta en el caso de las vírgenes del sol, las elegidas, como se les llama. Estas eran jóvenes doncellas dedicadas al servicio de la deidad, las cuales eran sacadas de sus hogares desde tierna edad, y llevadas a los conventos, donde eran puestas al cuidado de ciertas matronas de edad, las mamaconas,[69] que habían envejecido entre sus paredes. Su obligación era mantener el fuego sagrado, encendido durante la fiesta de Raymi.

---

[66] Ver ante, Notas p. 220, y también *Historia de Tonquín*, en PINKERTON, vol. IX. p. 766. Hay algunos, y también protestantes, que empiezan a hablar de lo que ellos llaman los beneficios de los monasterios en tiempos difíciles, ¡como si ellos sólo estuvieran en peligro por la "senectud y la depravación"! Intensificar el celibato, que descansa en el establecimiento del sistema monástico, está en la propia esencia de la apostasía, que en forma divina está caracterizada como el "Misterio de Iniquidad." Que esos protestantes lean 1 Timoteo 4:1-3, y seguramente nunca hablarán más de las abominaciones de los monasterios como debidas solamente a la "senectud."

[67] MALLET, vol. I. p. 141.

[68] POTTER, *Antigüedades*, vol. I. p. 369.

Acerca de los Misterios... y el Culto al Hombre

Desde el momento en que ellas entraban al convento se les privaba de toda comunicación con el mundo, incluso con su propia familia y sus amigos.... ¡Ay de la infeliz doncella que fuera cogida en algún enredo amoroso; pues, de acuerdo con la dura ley de los incas era enterrada viva!" Este era precisamente el destino que esperaba a la vestal romana a quien se le comprobara que había violado su voto. Sin embargo, ni en el Perú, ni en la Roma pagana era obligatoria la virginidad de modo tan estricto como lo es en el papado; no era perpetua y, por lo tanto, no era tan excesivamente desmoralizadora. Después de algún tiempo, las monjas podían ser liberadas de su confinamiento, pudiendo casarse, esperanza de la cual se ven privadas absolutamente en la Iglesia de Roma. En todos estos casos es claro, sin embargo, que el principio sobre el cual se fundamentaban tales instituciones era originalmente el mismo. "Uno se asombra," añade Prescott, "de encontrar un parecido tan estrecho entre las instituciones de los indígenas americanos y las de la Roma antigua y del catolicismo moderno."[70]

Prescott encuentra difícil explicarse este parecido, pero la breve cita del profeta Jeremías que aparece al comienzo de esta investigación, lo explica suficientemente: "Vaso de oro fue Babilonia en la mano del SEÑOR, que EMBRIAGA TODA LA TIERRA" (Jeremías 51:7). Esta es la piedra Roseta que ha ayudado para sacar a la luz tanta de la secreta iniquidad del papado, y que está destinada, además, a descifrar también los oscuros misterios de todo sistema de mitología pagana que haya existido, o que siga existiendo. Puede comprobarse que lo que dice el texto citado es un hecho manifiesto. Se puede comprobar que la idolatría de toda la tierra es una sola, que el lenguaje secreto de todas las naciones es radicalmente caldeo, que los GRANDES DIOSES de todos los países llevan nombres babilónicos, y que todo el paga-

---

[69] Mamacona, "madre sacerdotisa," es casi hebreo puro, derivada de *Am*, "madre," y *Cohn*, "sacerdote," sólo que con terminación femenina. Nuestra palabra mamá, así como la de Perú es sólo una reduplicación del hebreo *Am*. Resulta sorprendente que en Irlanda el estilo usual y el título de abadesa sea "Reverenda Madre." (GIESELER, vol. II. p. 14, Nota).

[70] PRESCOTT, *El Perú*, vol. I. p. 103.

nismo de la raza humana es solamente una malvada y deliberada corrupción del evangelio primigenio, predicado primero en el Edén; y, después, transmitido a toda la humanidad por medio de Noé. El sistema cocido primero en Babilonia, y de allí, propagado a todos los confines de la tierra se modificó y se diluyó en las distintas épocas y en los diferentes países. *Sólo en la Roma papal se le encuentra ahora casi puro y completo.* Pero todavía, en medio de la aparente variedad del paganismo, hay una asombrosa unidad e identidad que sirve de testimonio para la verdad de la Palabra de Dios. No puede estar lejos ahora el derrumbamiento de toda idolatría. Pero antes de que los ídolos de los paganos sean finalmente arrojados a los topos y a los murciélagos, estoy convencido de que ellos serán obligados a postrarse y adorar al "Señor el rey," a dar testimonio de Su gloriosa verdad, y con una fuerte y unánime aclamación reconocerán que la salvación, y la gloria, y la honra, y el poder pertenecen a Aquel que se sienta en el trono, y al Cordero para siempre jamás.

34 Mas al fin del tiempo yo Nabucodonosor alcé mis ojos al cielo, y mi sentido me fue vuelto; y bendije al Altísimo, y alabé y glorifiqué al que vive para siempre; porque su señorío es sempiterno, y su Reino por todas las edades.
35 Y todos los moradores de la tierra por nada son contados; y en el ejército del cielo, y en los moradores de la tierra, hace según su voluntad: ni hay quien estorbe con su mano, y le diga: ¿Qué haces?
36 En el mismo tiempo mi sentido me fue vuelto, y torné a la majestad de mi reino; mi dignidad y mi grandeza volvieron a mí, y mis gobernadores y mis grandes me buscaron; y fui restituido en mi reino, y mayor grandeza me fue añadida.
37 Ahora yo, Nabucodonosor, alabo, engrandezco y glorifico al Rey del cielo, porque todas sus obras son verdad, y sus caminos juicio; y a los que andan con soberbia, puede humillar.

(Daniel 4:34-37).

CAPITULO VII

EL DESARROLLO DE LOS DOS SISTEMAS CONSIDERADO HISTORICA Y PROFETICAMENTE

Hasta aquí hemos considerado la historia de las dos Babilonias. Ahora vamos a verlas como sistemas organizados. El sistema idólatra de la antigua Babilonia presenta distintas fases en diferentes períodos de su historia. En la descripción profética de la Babilonia moderna también hay, evidentemente, una evolución de poderes diversos en épocas distintas. ¿Tienen estas dos evoluciones alguna característica en común? Sí que la tienen. Cuando hacemos que la historia religiosa del antiguo paganismo babilónico aparezca en los símbolos proféticos que revelan el trabajo organizado de la idolatría en Roma, puede verse que esto arroja mucha luz tanto sobre este aspecto del asunto, como sobre lo que ha ocupado nuestra atención hasta ahora. Los poderes de la iniquidad que obran en la Babilonia moderna, están descritos específicamente en los capítulos 12 y 13 del Apocalipsis, y son los siguientes: I, El Gran Dragón Bermejo; II, la Bestia que sube del mar; III, la Bestia que sube de la tierra, y IV, la Imagen de la Bestia.[1] Al investigar, encontramos que todos los conceptos con respecto a la sucesión y al orden de la evolución del paganismo de la Babilonia del Antiguo Testamento, constituyeron el modelo exacto del paganismo de la Nueva Babilonia.

---

[1] Omito a propósito la consideración de la "Bestia que sube del abismo" (Apocalipsis 17:8). El lector encontrará una discusión sobre este asunto en la *República Roja*.

SECCION I — EL GRAN DRAGON BERMEJO

Así se describe especialmente en Apocalipsis 12:3 a este formidable enemigo de la verdad: "Y fue vista otra señal en el cielo: y he aquí un grande dragón bermejo." En todas partes se admite que este es el primer gran enemigo que atacó a la iglesia cristiana en tiempos del Evangelio. Si se consideran los términos en que se le describe, y los hechos que se le atribuyen, se encontrará que existe una gran analogía entre él y el primero de todos los enemigos que se levantaron contra la antigua Iglesia de Dios, poco después del diluvio. El término dragón, según los conceptos que se asocian generalmente con él, es algo capaz de despistar al lector, trayendo a su mente los fabulosos dragones dotados de alas de las Edades del Obscurantismo. En la época en que se hace esta descripción divina, la palabra dragón no tenía tal significado ni entre los profanos ni entre los escritores sagrados. "El dragón de los griegos," dice Pausanias, "era solamente una gran serpiente;"[2] y el contexto muestra que aquí se trata de algo semejante, pues lo que en el tercer versículo se llama "dragón," en el versículo catorce se describe simplemente como una "serpiente." Entonces, la palabra traducida por "bermejo" significa propiamente "ígneo;" de suerte que "dragón bermejo" significa "serpiente ígnea" o "serpiente de fuego." Así parece haber ocurrido exactamente en la primera forma de idolatría que apareció en el mundo bajo el patrocinio de Nimrod. La "Serpiente de Fuego" parece haber sido el gran objeto de culto en las llanuras de Sinar. Existe la más firme evidencia de que la apostasía empezó entre los hijos de Noé como culto al fuego, y ello, relacionado con el símbolo de la serpiente.

Ya hemos visto, en diferentes ocasiones, que el fuego era adorado como el elemento esclarecedor y purificador. Así fue desde el mismo principio cuando la voz de la antigüedad señala a Nimrod como el *iniciador* de ese culto al fuego.[3] Ya se ha de-

---

[2] PAUSANIAS, lib. II., *Corinthiaca*, cap. 28, p. 175.

[3] JUAN CLERICO, tom. II. p. 199, y VUAX, p. 8.

mostrado la identidad de Nimrod y de Nino, y con el nombre de Nino se le representa como el inventor de tal práctica. En un fragmento de Apolodoro se dice que "Nino enseñó a los asirios el culto del fuego."[4] El sol, como la gran fuente de luz y calor, fue adorado con el nombre de Baal. El hecho de que el sol fuese adorado con tal nombre en las edades primigenias del mundo, demuestra el carácter audaz de esos comienzos de la apostasía. Los hombres se han referido al culto del sol y de los cuerpos celestes como si ello fuera algo muy justificable, en lo que la raza humana podía caer muy fácil e ingenuamente. Pero, ¿cómo sustentar tal hecho? Según el lenguaje primitivo de la humanidad, al sol se le llamaba "Shemesh," es decir, "el Servidor," nombre este dado, sin duda, en forma divina, para recordarle al mundo la gran verdad de que no obstante lo glorioso que pudiera ser el astro del día era, después de todo, el insigne *Ministro* de la generosidad del gran Creador invisible para con Sus criaturas de la tierra. Los hombres sabían esto; pero, con pleno conocimiento de ello, pusieron al siervo en el lugar del Amo, y lo llamaron Baal, es decir, el Señor, y lo adoraron de conformidad. Lo que quiere decir, entonces, como dijo Pablo, que "*porque habiendo conocido a Dios*, no le glorificaron como a Dios," sino que "mudaron la verdad de Dios en mentira, honrando y sirviendo a las criaturas antes que al Creador, el cual es bendito por los siglos." Entonces, el principio del culto al sol y del culto a la hueste del cielo, fue un pecado contra la luz, un pecado temerario y presuntuoso. Y así como el sol del cielo fue el gran objeto de culto, así también fue adorado el *fuego* como su representante terrenal. A este culto primigenio del fuego se refiere Vitruvio cuando dice que "los hombres se organizaron en estados y comunidades, reuniéndose en torno al fuego."[5] Y esto está plenamente de acuerdo con lo que ya hemos visto con respecto a Foroneo, a quien hemos identificado con Nimrod, y de quien, en tanto que se decía que era el "inventor del fuego," también se le consideraba como el primero que "reunió en comunidades a la humanidad."

---

[4] MULLER, *Frag.*, 68, vol. I. p. 440.

[5] VITRUVIO, lib. II. cap. 1, vol. II. p. 36 y siguientes.

Junto con el sol, como el gran dios del fuego, e identificado con él a su debido tiempo, estaba el culto a la serpiente. (Ver Fig. 52).⁶ "En la mitología del mundo primitivo," dice Owen, "la serpiente es universalmente el símbolo del sol."⁷ En Egipto, uno de los símbolos más comunes del sol, o del dios-sol, es un disco con una serpiente alrededor de él.⁸ Parece que la razón original de tal identificación se debía únicamente a que, como él

La Serpiente Deificada o Serpiente de Fuego

Fig. 52

era el gran iluminador del mundo *físico*, así también la serpiente se consideraba como la gran iluminadora del mundo *espiritual*, al darle a la humanidad el "conocimiento del bien y del mal." Esto, por supuesto, implica una tremenda depravación por parte de los promotores de tal sistema, teniendo en cuenta el período en el cual comenzó; sin embargo, parece que ese es el significado real de tal identificación. En todo caso, tenemos evidencia, tanto bíblica como profana, del hecho de que el culto a la serpiente empezó conjuntamente con el culto al fuego y el culto al sol. Parece que es decisiva la inspirada afirmación de Pablo sobre el asunto. El dice que eso ocurrió *"porque habiendo conocido a Dios, no lo glorificaron como a Dios,"* y trocaron la

---

[6] De una moneda fenicia, en MAURICE, *Antigüedades Indias*, vol. VI. p. 368. Londres, 1796.

[7] OWEN, *apud* DAVIES, *Los Druidas*, en Nota, p. 437.

[8] BUNSEN, Jeroglíficos, vol. I. p. 497.

gloria de Dios no sólo en semejanza de imagen de hombre corruptible, sino en semejanza de "*cosas que se arrastran*" - es decir, de serpientes - (Romanos 1:23). Esto coincide exactamente con la historia profana. Entre los escritores profanos, Sancuniatón, el fenicio, que se cree que vivió aproximadamente en tiempos de Josué, dice: "Tot atribuyó primero algo de la naturaleza divina a la serpiente y al grupo de las serpientes, en lo cual fue seguido por los fenicios y los egipcios. Porque este animal fue considerado por él como el más *espiritual* de todos los reptiles, y de naturaleza FOGOSA, por cuanto ella exhibe una increíble rapidez, moviéndose por su espíritu, sin manos ni pies.... Además, por su larga vida, y porque tiene la cualidad de RENOVAR SU JUVENTUD... como Tot ha escrito en los libros sagrados; en cuyos relatos se presenta este animal en los ritos sagrados y en los Misterios."[9]

Se recordará que Tot fue el consejero de Tamuz, es decir, de Nimrod. Entonces, por este relato, llegamos a la conclusión de que el culto a la serpiente era una parte de la apostasía primigenia de Nimrod. La "NATURALEZA FOGOSA" de la serpiente a la que se alude en la cita anterior, es celebrada continuamente por los poetas paganos. Así, Virgilio, "valiéndose," como observa el autor de *Pompeya*, "de la naturaleza divina atribuida a las serpientes,"[10] describe también en el pasaje siguiente la "fogosa" serpiente sagrada que salió de la tumba de Anquises, cuando su hijo Eneas se encontraba sacrificando delante de ella, en términos tan ilustrativos como el lenguaje usado por el fenicio:

> "Apenas había terminado cuando, con manchado orgullo,
> Una serpiente de la tumba empezó a deslizarse;
> Su enorme tamaño enrollado en siete vueltas,
> Azul era su ancho dorso, listado de oro escamoso.
> Así, al moverse, en sus ondulaciones parecía que pasara
> Un *fuego ondulante que chamuscara la hierba*."[11]

---

[9] VERSION DE LOS SETENTA, lib. I. pp. 46-49.

[10] Vol. II. p. 114.

[11] DRYDEN, *Virgilio*, lib. V. ll. 111-116, vol. II. pp. 460, 461; en el original, ll. 84-88.

Lo Que Usted Debe Saber

No sorprende entonces, que el culto al fuego y el culto a la serpiente se hayan asociado. Además, la serpiente, como la que "renueva su juventud" todos los años, se representó plausiblemente para aquellos que deseaban una justificación para la idolatría, como un emblema apropiado del sol, el gran regenerador, que todos los años regenera y renueva el rostro de la naturaleza y que, al ser deificado, fue adorado como el gran Regenerador de las *almas* de los hombres.

En el capitulo en consideración, la "gran serpiente de fuego" se representaba en todos los emblemas de la realeza. Todas sus testas estaban ceñidas con "coronas y diademas;" y es así como en Egipto fue la serpiente de fuego, o la serpiente del sol; en Grecia, se le dio el nombre de Basilisco, es decir, la "serpiente *real*," para identificarla con Moloc, cuyo nombre, al tiempo que evoca las ideas de *fuego* y *sangre*, significa propiamente "*el Rey*." El basilisco fue considerado siempre entre los egipcios, y entre muchas naciones cercanas, como "el verdadero emblema de la majestad y del dominio."[12] Como tal, su imagen se usó para ponerla sobre el tocado de los monarcas egipcios; y no estaba permitido que la usara ninguna otra persona.[13] Al sol, identificado con esta serpiente, se le llamaba "P´ouro,"[14] que significa al mismo tiempo "el Fuego" y "el Rey," y de este mismo nombre se deriva el epíteto "Purros," "Fogosa" que se le da a la "Gran serpiente de las siete coronas," de nuestro texto.[15]

Así se identificó al Sol, el gran dios del Fuego, con la Serpiente. Pero él también tenía su representante humano, es decir, Tamuz, en otras palabras, Nimrod, por quien se lamentaban las hijas de Israel. Ya hemos visto la identidad entre Nimrod y Zoroastro.

---

[12] WILKINSON, vol. IV. p. 239.

[13] *Ibid*. vol. IV. p. 239.

[14] BUNSEN, vol. I. pp. 407, 457.

[15] La palabra Purros del texto no excluye la idea de *"Rojo,"* porque el dios-sol se pintaba de rojo para identificarlo con Moloc, que era, a la vez, el dios del *fuego* y el dios de la *sangre* .– (WILKINSON, vol. IV. pp. 288-296). Sin embargo, la primera idea directriz es la del *Fuego*.

Acerca de los Misterios... y el Culto al Hombre

Zoroastro no fue solamente la cabeza de los Misterios caldeos, sino la cabeza de los adoradores del fuego,[16] como todos lo aceptan. El título dado por Beroso a Nimrod como el primero de los reyes babilonios, indica la misma cosa. Ese título es Alorus,[17] es decir, "el dios del fuego."[18] Como Nimrod, "el dios del fuego," era Molk-Gheber, o "el Rey poderoso," por cuanto él fue el *primero* a quien se llamó Moloc, o Rey, y el primero que empezó a ser "poderoso" (*Gheber*) en la tierra; veremos enseguida cómo ocurrió el "paso por el fuego para Moloc," y que el dios del fuego llegara a llamarse "Mulciber"[19] entre los romanos. Sin embargo, parece que sólo fue deificado después de su muerte. Después fue adorado retrospectivamente como el hijo del Sol, o como el Sol encarnado. Con todo, durante el curso de su vida, sus más grandes pretensiones se redujeron a ser Bol-Khan, o sacerdote de Baal, del cual se deriva,[20] evidentemente, el otro nombre de Vulcano, el dios romano. En la historia de Vulcano, todo concuerda exactamente con la historia de Nimrod. Vulcano era "el más feo y deformado de todos los dioses."[21] A Nimrod se le representaba en todo el mundo con los rasgos y la condición de negro. Aunque Vulcano era tan feo que cuando buscó esposa, "todas las diosas hermosas lo rechazaron horrorizadas;" sin embargo, "el irrevocable Destino se interpuso y promulgó el decreto por el cual la más hermosa de todas las diosas [Venus], se uniría con el más repugnante de los dioses."[22] Así también,

---

[16] Con respecto a Zoroastro como cabeza de los adoradores del fuego, ver Apéndice, Nota N.

[17] BUNSEN, vol. I. p. 710.

[18] BRYANT, vol. I. p. 10, y vol. IV. p. 152. Bryant deriva el nombre Alorus de Al-Aur, "dios del fuego." Me inclino a creer que, de la analogía del nombre que lo reemplaza, viene de Al-Hor, "el dios que quema;" pero, de cualquier modo, el significado es el mismo.

[19] Escrito comúnmente Mulciber (OVIDIO, *Art. Am.*, lib. II. l. 562, vol. I. p. 535); pero la *c* romana era fuerte. Del epíteto "Gheber," los parsis, o adoradores del fuego de la India, se llaman todavía "Guebros."

[20] OVIDIO, *De Art. Am., Ibid., Nota.*

[21] *Mitología Pagana Ilustrada*, p. 66.

[22] *Ibid.* p. 75.

Lo Que Usted Debe Saber

Nimrod, a pesar de ser negro y de tener rasgos cusitas, tuvo por esposa a Semíramis, la más hermosa de las mujeres. La esposa de Vulcano era famosa por sus infidelidades y por su libertinaje; la esposa de Nimrod no se quedaba atrás.[23] Vulcano fue la cabeza y el jefe de los cíclopes, es decir, de "los reyes del fuego."[24] Nimrod fue la cabeza de los adoradores del fuego. Vulcano era el forjador de los rayos que causaban estragos entre los enemigos de los dioses. Parece que Nino, o Nimrod, en sus contiendas contra el rey de Bactria, sostuvo el conflicto de manera similar. Por Arnobio sabemos que cuando los asirios, a órdenes de Nino, hicieron la guerra contra los bactrianos, la contienda no se sostuvo solamente por medio de la espada y de la fuerza corporal, sino que se hizo por medio de la magia y con los recursos provenientes de las instrucciones secretas de los caldeos.[25] Cuando se sabe que los cíclopes históricos se remontan, según el historiador Cástor, a la misma época de Saturno o Belo, el primer rey de Babilonia,[26] y cuando sabemos que Júpiter (que era adorado con el mismo carácter de Nino, "el hijo"),[27] al luchar contra los Titanes, "recibió la ayuda de los cíclopes," por medio de "de deslumbrantes rayos y de truenos," podemos tener alguna idea bastante clara de las artes mágicas provenientes de los Misterios caldeos, que empleó Nino contra el rey bactriano. Hay evidencia de que, en tiempos remotos, los sacerdotes de los Misterios caldeos conocían la composición del formidable fuego griego, el cual ardía bajo el agua, y cuyo secreto se ha perdido,[28] quedando poca duda de que Nimrod, para subir al poder, se valió de

---

[23] Nimrod, como rey universal, era Khuk-hold, "Rey de la palabra." Como tal, el emblema de su poder eran los cuernos de toro. De aquí, el origen de los cuernos de Cuckhold.

[24] Kuclops, de Khuk, "rey," y Lohb, "fuego." La imagen del gran dios se representaba con *tres ojos* – uno en la frente; de aquí, la historia de los cíclopes con un solo ojo en la frente.

[25] ARNOBIO, lib. I. p. 327, col. 1.

[26] EUSEBIO, *Chronicon*. Traducción armenia, part. I. p. 81.

[27] EUSEBIO, *Chronicon*, p. 139.

[28] SALVERTÉ, *Las Ciencias Ocultas,* p. 415.

Acerca de los Misterios... y el Culto al Hombre

iguales o de similares secretos científicos, que sólo sus aliados poseían.

Por estos conceptos, y por otros que vamos a ver, existe una exacta coincidencia entre Vulcano, el dios del fuego de los romanos, y Nimrod, el dios del fuego de Babilonia. En el caso del clásico Vulcano, era solamente en su carácter de dios del fuego como agente físico, como se le representaba popularmente. Pero fue en sus aspectos espirituales de purificador y de regenerador de las almas de los hombres, como el culto al fuego alcanza su mayor eficacia en el mundo. El poder, la popularidad y la destreza de Nimrod, así como la naturaleza seductora del sistema mismo, le permitieron divulgar en todas partes la engañosa doctrina, siendo representado bajo el bien conocido nombre de Faetón,[29] como si estuviera a punto de "prenderle fuego a todo el mundo," o (sin la metáfora poética) de involucrar a toda la humanidad en la culpa de la adoración al fuego. El extraordinario prevalecimiento del culto al dios del fuego en las edades primigenias del mundo, se comprueba por las leyendas encontradas en toda la tierra, y por los hechos ocurridos en casi todas partes. Así, en México, los nativos relataban que, en los tiempos primigenios, poco después de la primera edad, el mundo fue quemado con fuego.[30] Como su historia lo mismo que la de los egipcios estaba escrita en jeroglíficos, es claro que debe ser entendida simbólicamente. En la India hay una leyenda del mismo tenor, aunque algo diferente en la forma. Los brahmanes dicen que, en una época muy remota del pasado, uno de los dioses fulguraba con tan insufrible resplandor, "infligiendo dolor en el universo con sus refulgente rayos, más brillantes que mil mun-

---

[29] Faetón era el nombre de un etíope, es decir, de un cusita. Para mayor explicación ver Apéndice, Nota O.

[30] HUMBOLDT, *México*, vol. II. pp. 21, 22.

[31] SKANDA PURAN, y PADMA PURAN, *apud* KENNEDY, *La Mitología Hindú*, p. 275. En el mito, esta divinidad se representa como la quinta cabeza de Brahma; pero como esta cabeza se representa por haber conseguido el conocimiento que lo hizo tan insufriblemente orgulloso al examinar los Vedas producidos por las otras cabezas de Brahma, lo que demuestra que debe haber sido considerado como poseedor de una individualidad diferente.

dos,"³¹ que a no ser porque otro dios más poderoso se interpuso cortándole la cabeza, el resultado habría sido más desastroso. En las *Triadas Druídicas* de los antiguos bardos británicos, hay una clara referencia al mismo suceso. Ellos dicen que en los tiempos primigenios, "se produjo una tempestad de fuego que partió en dos la tierra a gran profundidad," de la cual nadie escapó, con excepción de "la compañía selecta encerrada en el recinto de la puerta fuerte," con el gran "patriarca, famoso por su integridad,"³² es decir, evidentemente con Sem, el líder de los fieles, quien preservó la "integridad" de ellos, cuando tantos otros echaron a pique la fe y la buena conciencia. Estas historias apuntan todas a la misma época, y muestran lo poderosa que fue esta forma de apostasía. El purgatorio papal y los fuegos de la Víspera de San Juan, que ya hemos considerado, además de muchos otras fábulas o prácticas todavía existentes, sólo son otras tantas reliquias de la misma superstición antigua.

Sin embargo, se observará que el Gran Dragón Bermejo, o la Gran Serpiente de Fuego se representa parado delante de la Mujer con la corona de doce estrellas, es decir, delante de la verdadera Iglesia de Dios, "*a fin de devorar a su hijo cuando hubiese nacido.*" Esto concuerda perfectamente con el carácter del Gran Jefe del sistema del culto al fuego. Nimrod, como representante del fuego devorador al cual se le ofrecían víctimas humanas, especialmente niños, en sacrificio, era considerado como el gran devorador de niños. Aunque en su primera deificación fue ensalzado como Nino, el niño; sin embargo, por ser el primer humano deificado, era, por supuesto, el verdadero padre de todos los dioses babilónicos y, desde luego, con tal carácter fue considerado después universalmente.³³ Como Padre de los dioses recibió, como hemos visto, el nombre de Cronos; y todos saben que la historia clásica de Cronos era justamente la de que "*él devoraba*

---

³² DAVIES, *Los Druidas*, p. 226.

³³ Faetón, aunque era hijo del sol, también se le llamaba el Padre de los dioses.– (LACTANCIO, *La Falsa Religión,* lib. I. cap. 5, p. 10). En Egipto, Vulcano era también el Padre de los dioses.– (AMIANO MARCELINO, lib. XVII. cap. 4, p. 163).

³⁴ LEMPRIERE, *"Saturno."*

a sus hijos tan pronto como ellos nacían."[34] Esta es la analogía que existe entre el símbolo y el antisímbolo. Esta leyenda tiene un significado más amplio y profundo; pero aplicada a Nimrod, o "el Cornudo,"[35] sólo se refiere al hecho de que, como representante de Moloc o Baal, las ofrendas más aceptables en su altar eran los niños. Tenemos una amplia y triste evidencia sobre este asunto por los relatos de la antigüedad. "Los fenicios," dice Eusebio, "sacrificaban todos los años a sus amados hijos unigénitos a Cronos o Saturno,[36] y los rodios también hacían lo mismo frecuentemente." Diodoro Sículo dice que los cartagineses, estando sitiados una vez por los sicilianos, y sintiéndose dolorosamente afligidos por el error de haberse alejado en Cartago de tal costumbre, según lo suponían, se apresuraron a "escoger doscientos de los más nobles de sus niños, y los sacrificaron públicamente" a ese dios.[37] Hay fundamento para creer que la misma práctica prevaleció en nuestra propia tierra en tiempos de los druidas. Sabemos que ellos ofrecían sacrificios humanos a sus dioses sanguinarios. Tenemos evidencia de que hacían que "sus hijos pasaran por el fuego de Moloc," y esto hace altamente probable que también los ofrecían en sacrificio, pues comparando Jeremías 32:35 con Jeremías 19:5, encontramos que estas dos cosas hacían parte del mismo sistema. El dios a quien adoraban los druidas era Baal, como lo demuestran los fuegos en su honor, y el último pasaje citado, comprueba que los *niños* eran ofrecidos en sacrificio a Baal. Cuando "el fruto del cuerpo" era ofrecido de esa manera, lo era "por el pecado del alma." En la ley mosaica era un precepto, proveniente sin duda de la fe patriarcal, de que el sacerdote debía participar de todo lo que se ofreciera como ofrenda expiatoria (Números 18:9,10). Por consiguiente, a los sacerdotes de Nimrod o Baal se les exigía necesariamente que comieran de los sacrificios humanos; y fue

---

[35] Ver grabado, Fig. 10.

[36] EUSEBIO, *De Laud. Constantini*, cap. XIII. p. 257, A, C.

[37] DIODORO, lib. XX. pp. 739, 740.

[38] La palabra Cahna es la forma enfática de Cahn. Cahn es "un sacerdote," Cahna es "el sacerdote."

así como "Cahna-Bal,"[38] el "Sacerdote de Baal," aparece en nuestra propia lengua para designar al devorador de carne humana.[39]

Las tradiciones antiguas relatan que los apóstatas que se unieron a la rebelión de Nimrod, hicieron la guerra a los fieles entre los hijos de Noé. El poder y el mayor número estaban de parte de los adoradores del fuego. Pero del lado de Sem y de los fieles estaba el poder eficaz del Espíritu de Dios. Por tanto, muchos

---

[39] Por la historia de Castor (en la traducción armenia de EUSEBIO, part. I. p. 81) sabemos que los cíclopes vivieron bajo Bel, o Belo, es decir, Baal; y el escoliasta en Esquilo (p. 32, *ante*, Nota) dice que estos cíclopes eran hermanos de Cronos, que era también Bel o Bal, como lo hemos visto en otra parte. El ojo en la frente indica que originalmente este nombre fue un nombre del gran dios; porque ese ojo en la India y en Grecia es la característica de la divinidad suprema. Los cíclopes, entonces, han sido los representantes de ese dios, en otras palabras, sacerdotes, y sacerdotes de Bel o Bal. Encontramos que los cíclopes eran bien conocidos como caníbales, *Referre ritus Cyclopum*, "volver a los ritos de los cíclopes," significa revivir la práctica de comer carne humana.– (OVIDIO, *Metam.*, XV. 93, vol II. p. 132).

[40] Las guerras de los *gigantes* contra el *cielo*, a las que aluden los escritores paganos antiguos, hacen referencia principalmente a la guerra contra los *santos*; porque los hombres no pueden hacer guerra contra Dios, excepto atacando al pueblo de Dios. El antiguo escritor Eupolemo, citado por Eusebio (*Praeparatio Evang.*, lib. I. cap. 17, vol. II. p. 19), dice que los que edificaron la torre de Babel fueron estos *gigantes*; afirmación esta que equivale casi a la misma conclusión a la cual ya habíamos llegado, pues hemos visto que los "poderosos" de Nimrod fueron "los gigantes" de la antigüedad (ver *ante*, p. 54, Notas). Epifanio relata (lib. I. vol. I. p. 7) que Nimrod fue el cabecilla de estos gigantes, y que "la conspiración, la sedición, y la tiranía, continuaron bajo su mando." Por la misma necesidad del caso, el fiel tiene que haber sufrido más, por ser el que más se oponía a sus ambiciosos y sacrílegos proyectos. Ese reinado de Nimrod terminó en una catástrofe muy señalada, de la que ya hemos visto abundantes razones para llegar a tal conclusión. La siguiente aseveración de Sincelo confirma las conclusiones a las que ya hemos llegado sobre la naturaleza de esa catástrofe; refiriéndose a la interrupción del proyecto de la edificación de la torre, Sincelo (*Cronografía*, vol. I. p. 77), continúa así: "Pero Nimrod todavía persistiría obstinadamente (cuando los otros edificadores de la torre fueron dispersados), y se radicó en el lugar; no pudiendo ser retirado de la torre, conservando todavía el mando sobre un no despreciable cuerpo de hombres. Sobre esto, hemos sido informados que la torre, al ser derribada por vientos violentos, cedió, y por el justo juicio de Dios, lo volvió pedazos." Aunque puede que esto no sea literalmente cierto, pues la torre permaneció en pie durante mucho tiempo; hay, sin embargo, una considerable cantidad de tradición al efecto de que la torre en la cual se gloriaba Nimrod, fue derribada por el *viento,* lo que da razón para suponer que esta historia, cuando es *interpretada apropiadamente,* tiene de suyo un significado real. Tomándola figurativamente, y recordando que la misma palabra que significa *viento*, también significa *Espíritu de Dios*, resulta altamente probable que el significado sea el de que su encumbrado y ambicioso proyecto, por el cual, en el lenguaje de las Escrituras, él estaba buscando "subir al cielo," y "poner su nido entre las estrellas," fue derribado por un tiempo por el Espíritu de Dios, como ya hemos concluido, y que él mismo pereció en ese derrumbamiento.

fueron convencidos de su pecado, y detenidos en su carrera de maldad; y la victoria, como ya hemos visto, se decidió en favor de los santos. El poder de Nimrod llegó a su fin,[40] y con esto, durante algún tiempo, terminaron el culto al sol y a la serpiente de fuego, asociados con ese poder. Y ocurrió exactamente como se dijo aquí con respecto al prototipo (Apocalipsis 12:9): "Y fue lanzado fuera aquel gran dragón," o serpiente de fuego, "y fue arrojado en tierra, y sus ángeles fueron derribados con él," es decir, la Cabeza del culto al fuego, y todos sus asociados y subordinados, fueron arrojados del poder y de la gloria a los que habían sido elevados. Luego vino la época en que todos los dioses del clásico Panteón de Grecia se resignaron a huir de sus adversarios y a esconderse de su ira.[41] Entonces fue cuando en la India, Indra, el rey de los dioses; Surya, el dios del sol; Agni, el dios del fuego, y todo el populacho alborotado del Olimpo hindú, fueron arrojados del cielo y anduvieron errantes por la tierra,[42] o se ocultaron en los bosques,[43] desconsolados y dispuestos a "morir de hambre."[44] Entonces fue cuando Faetón, mientras conducía el carro del sol, estuvo a punto de incendiar el mundo, y fue castigado por el Dios Supremo y arrojado de cabeza a la tierra, en tanto que sus hermanas, las hijas del sol, se lamentaban inconsolablemente por él, así como "las mujeres lloraban por Tamuz." Entonces fue, como el lector debe estar ya listo para verlo, cuando Vulcano, o Molk-Gheber, el clásico "dios del fuego," fue arrojado ignominiosamente del cielo, como él mismo lo cuenta en Homero, hablando de la ira del Rey del Cielo que, en este caso, debe significar Dios, el Altísimo:

"Siento su fuerza incomparable,
Lanzado hacia abajo de cabeza desde la etérea altura;

---

[41] OVIDIO, *Metamorfosis*, lib. V., fab. 5, ll. 321-323.

[42] KENNEDY, *La Mitología Hindú*, p. 336.

[43] COLEMAN, p. 89.

[44] KENNEDY, *La Mitología Hindú*, p. 350.

[45] POPE, *Homero, La Ilíada*, lib. I. ll. 750-765, vol. I. p. 39.

Sacudido todo el día en rápidos círculos,
Ni toqué el suelo hasta cuando se ocultó el sol.
Caí sin aliento, perdido en vertiginoso movimiento.
Los sintios me recogieron en la costa lemnia."[45]

Los versos en los que Milton se refiere a la misma caída, aunque él le da otra explicación, describen más bellamente aún la grandiosidad de la caída:

"En la tierra ausonia
Los hombres lo llamaban Mulciber, y fabularon
Como cayó del cielo. Arrojado de un sólo golpe
Por el airado Jove más allá de las almenas de cristal,
Cayó de la mañana a mediodía, de mediodía a la tarde
Cubierta de rocío, en un día de verano; y al ponerse el sol
Cayó del zenit como estrella fugaz,
En Lemnos, la isla egea.[46]

Estas palabras muestran muy a lo vivo la tremenda caída de Molk-Gheber, o Nimrod, "el Rey poderoso" cuando "fue arrojado de repente desde la altura de su poder, y despojado, al mismo tiempo, de su reino y de su vida."[47] Sobre esta caída hay una alusión muy clara en el apóstrofe de Isaías al rey de Babilonia, regocijándose por su inminente caída: "¡Cómo caíste del cielo, oh Lucero, hijo de la mañana!" El rey babilónico pretendía ser un representante de Nimrod o Faetón; y el profeta le informa, con estas palabras, que tan ciertamente como había sido derribado de su eminente condición el dios en quien él se gloriaba, así también le ocurriría indudablemente a él. En la historia clásica se dice que Faetón fue fulminado por el rayo (y, como lo vere-

---

[46] *El Paraíso Perdido*, lib. I. ll. 738-745.

[47] Los poetas griegos hablan de dos caídas de Vulcano. En la primera fue arrojado por Júpiter, y en la segunda, por Juno. Cuando Júpiter lo arrojó fue por rebelión; cuando lo hizo Juno, una de las razones especialmente señaladas para hacerlo así fue su "deformidad," es decir, su fealdad.– (HOMERO, *Himno a Apolo*, ll. 316-318, p. 37). Cómo concuerda esto exactamente con la historia de Nimrod: Primero, él fue arrojado personalmente cuando, por autoridad divina, fue muerto. Después él fue arrojado en efigie por Juno, cuando su imagen fue degradada de los brazos de la Reina del Cielo, para cederle el lugar a un niño más hermoso. – Ver *ante*, p. 69.

Acerca de los Misterios... y el Culto al Hombre

mos pronto, Esculapio también murió de la misma manera), pero el rayo es apenas una metáfora para significar la *ira de Dios*, bajo la cual su vida y su reino habrían de llegar a su fin. Cuando se examina la historia, y la figura se despoja de sus arreos, resulta, como ya lo hemos visto, que él *murió* justicieramente *a espada*.[48]

Tal es el lenguaje de la profecía que se adapta de esa manera al carácter, a los hechos y al hado del símbolo antiguo. ¿Cómo se adapta al antisímbolo? ¿Podría representarse el poder de la Roma imperial pagana - ese poder que primero persiguió a la Iglesia de

---

[48] Aunque a Orfeo se le representaba comúnmente como habiendo sido *despedazado*, también se fabuló que él había muerto por el rayo – (PAUSANIAS, *Baeotica*, cap. XXX. p. 768). Cuando murió Zoroastro, en el mito también se dijo que él había muerto por el rayo (SUIDAS, vol. I. pp. 1133, 1134); y, por tanto, según ese mito, se le representó encargándole a sus conciudadanos que no guardaran su cuerpo, sino sus *"cenizas."* Sin embargo, la muerte por el rayo es solamente una figura.

[49] El nacimiento del Hijo del hombre, como se cita arriba, es diferente del que se da usualmente; pero que el lector considere si la visión que he dado no se corresponde con todos los requerimientos del caso. Creo que habrá unos pocos que estén de acuerdo con la opinión del Sr. Elliot, que substancialmente equivale a decir que el Hijo del hombre fue Constantino el Grande, y que cuando la cristiandad se sentó en el trono imperial de Roma, en su persona, eso fue el cumplimiento de lo dicho en el sentido de que el hijo dado a luz por la mujer, en medio de los dolores del parto, fue "arrebatado para Dios y para Su trono." Cuando Constantino llegó al imperio, la Iglesia ciertamente, de acuerdo con lo predicho en Daniel 11:34: "Sería ayudada de pequeño socorro," pero eso fue todo. El cristianismo de Constantino fue más bien de una clase dudosa, pues los paganos no vieron en ello nada que impidiera que, a su muerte, él pudiera ser inscrito entre sus dioses.– (EUTROFIO, X. pp. 131-133). Pero aun cuando hubiera podido ser mejor, la descripción del hijo de la mujer es demasiado grande para Constantino, o para cualquier emperador cristiano que lo hubiera sucedido en el trono imperial. "El Hijo del hombre, nacido para gobernar a todas las naciones con vara de hierro," es inequívocamente el Cristo (ver Salmo 2:9; Apocalipsis 19:15). Los verdaderos creyentes, siendo uno con El en un sentido subordinado, comparten ese honor (Apocalipsis 2:27); pero esa prerrogativa pertenece, *propiamente*, sólo a Cristo; y creo que debe ser evidente que es a *Su* nacimiento a lo que aquí se hace referencia. Pero aquellos que han contendido por esta visión, no han hecho justicia a su causa al representar este pasaje como referente a Su nacimiento literal en Belén. Cuando Cristo nació en Belén, no hay duda de que Herodes intentó darle muerte, y Herodes era un súbdito del Imperio Romano. Pero no fue en ningún aspecto por el César que él hizo esto, sino por temor al peligro para su propia dignidad como Rey de Judea. Tan poco simpatizaba César con el asesino de los niños de Belén, que se recuerda que Augusto, al oír sobre esto, observó que era "mejor ser el cerdo de Herodes que ser su hijo." – (MACROBIO. Saturnalia, lib. II. cap. 4, p. 77, B). Entonces, aun cuando se admitiera que el sangriento intento de Herodes para dar muerte al Salvador niño, está simbolizado por el dragón romano que "se paró delante de la mujer que estaba de parto, a fin de devorar a su hijo cuando hubiese nacido," aquí no hay nada que pueda corresponder a la afirmación de que el niño, para ser

Lo Que Usted Debe Saber

Cristo, y que puso sus soldados junto a la tumba del propio Hijo de Dios con el fin de destruirlo, si hubiera sido posible, cuando El resucitara como el *primogénito* de los muertos,[49] para gobernar a todas las naciones - por una "Serpiente de Fuego"? Ninguna otra cosa podría representarse más lúcidamente. Entre los muchos señores, entre los muchos dioses adorados en la ciudad imperial, los dos grandes objetos de culto eran el "Fuego Eterno," mantenido perpetuamente encendido en el templo de Vesta, y la sagrada Serpiente epidauriana. En la Roma pagana, el culto al fuego y el culto a la serpiente se rendían algunas veces separadamente, y otras, conjuntamente; pero ambos ocupaban un lugar preeminente en la estimación de los romanos. El fuego de

---

salvado de ese dragón, "fue arrebatado para Dios y para Su trono." La huida de José y María con el niño a Egipto, no podría nunca corresponder a tal lenguaje. Además, es digno de especial observación que cuando el Señor Jesús nació en Belén, nació, en un sentido muy importante, *sólo* como "Rey de los judíos." "¿Dónde está El que ha nacido Rey de los judíos?" fue la pregunta que hicieron los sabios que vinieron del Oriente para buscarlo. Durante toda Su vida, El no apareció con un carácter distinto; y cuando murió, la inscripción sobre Su cruz, decía: "Este es el Rey de los judíos." Esto no fue algo accidental. Pablo nos dice (Romanos 15:8) que "el Cristo Jesús fue Ministro de la Circuncisión, por la verdad de Dios para confirmar las promesas de los padres." Nuestro Señor Mismo dijo claramente lo mismo: "No soy enviado," le dijo a la mujer cananea, "sino a las ovejas perdidas de la Casa de Israel;" y, al enviar a Sus discípulos durante su ministerio personal, este fue el encargo que les dio: "Por el camino de los gentiles no iréis, y en ciudad de samaritanos no entréis." Fue *solamente* al ser "el primogénito de entre los muertos," y al ser "declarado Hijo de Dios con poder," por su victoria sobre la tumba, cuando El fue revelado como "el Hijo del hombre, nacido para gobernar a todas las naciones." Entonces, El dijo a Sus discípulos, cuando estaba para ascender a lo alto: "Todo poder me ha sido dado en el cielo y en la tierra; id y enseñad a todas las naciones." Para este glorioso "nacimiento" de la tumba, y para los dolores de parto de Su Iglesia que lo precedieron, nuestro Señor Mismo hizo una clara alusión la noche antes de que fuera traicionado (Juan 16:20-22): "De cierto, de cierto os digo, que vosotros lloraréis y lamentaréis, y el mundo se alegrará; pero aunque vosotros estaréis tristes, vuestra tristeza se tornará en gozo. *La mujer cuando da a luz, tiene dolor, porque es venida su hora;* pero después de que ha dado a luz un niño, ya no se acuerda de la apretura, por el gozo de que haya nacido un HOMBRE en el mundo. También, pues, *vosotros ahora ciertamente tenéis tristeza;* mas otra vez os veré, y se gozará vuestro corazón, y nadie quitará de vosotros vuestro gozo." Aquí la tristeza de los apóstoles y, por supuesto, de toda la verdadera Iglesia que simpatizó con ellos durante la hora y el poder de las tinieblas, se compara con los dolores del parto de una mujer; y su gozo, cuando el Salvador los viera de nuevo después de Su resurrección, con la alegría de una madre cuando ha dado a luz al *Hijo del hombre*. ¿Puede haber duda, entonces, de lo que significa el símbolo que tenemos ante nosotros, cuando se representa a la mujer dando a luz con dolor para tener un "Hijo del hombre, que iba a gobernar a todas las naciones," y cuando se dice que ese "*Hijo del hombre* iba a ser arrebatado para Dios y para Su trono"?

[50] VIRGILIO, *La Eneida*, lib. II. ll. 296, 297, p. 78.

Acerca de los Misterios... y el Culto al Hombre

Vesta se consideraba como una de las grandes salvaguardas del imperio. Se pretendía que había sido traído de Troya por Eneas, cuyo cuidado le había sido confiado por la sombra de Héctor,[50] y era mantenido con el mayor celo por las vírgenes vestales que, por encargarse de él, eran honradas con los más altos honores. El templo donde se guardaba, dice Agustín, "era el más sagrado y el más reverenciado de todos los templos de Roma."[51] Al fuego que era tan celosamente mantenido en ese templo, y del cual se creía que dependían tantas cosas, se le atribuía la misma trascendencia que le concedían los antiguos adoradores babilónicos del fuego. Se le consideraba como el purificador, y todos los años en abril, durante la palilia o fiesta de Palas, se hacían pasar por el fuego,[52] con tal propósito, tanto hombres como ganados. La serpiente epidauriana, que los romanos adoraban junto con el fuego, era considerada como la representación divina de Esculapio, el hijo del Sol.[53] Esculapio, a quien ella representaba, era evidentemente, sólo otro nombre para el gran dios babilónico. Su hado era exactamente el mismo que el de Faetón. Se decía que había sido herido por el rayo por resucitar a los muertos.[54] Es evidente que esto no pudo haber sido lo que ocurrió realmente, ni podría haber sido fácilmente creíble; pero visto en sentido espiritual, lo dicho correspondía justamente a lo que se creía: que él resucitaba a una nueva vida a los hombres transgresores y pecadores. Esto era exactamente lo que Faetón pretendía hacer cuando fue herido por haber incendiado el mundo. En el sistema babilónico había una muerte simbólica,[55] por la que todo iniciado tenía que pasar antes de que alcanzara la nueva vida implícita en la regeneración, y esto indicaba justamente que habían pasado de la muerte a la vida. Como el paso por el fuego era tanto una purificación del pecado como un medio para la regeneración, así también fue herido Faetón por la

---

[51] *De Civitate*, lib. III. cap. 28. vol. IX. p. 110.

[52] OVIDIO, *Fastos*, lib. IV. ll. 722-743.

[53] *Ibid. Metam.*, lib. XV. ll. 736-745.

[54] *Ibid.* y *La Eneida*, lib. VII. ll. 769-773, pp. 364, 365.

[55] WILKINSON, vol. I. p. 267, y APULEYO, *Metam.*, cap. XI.

resurrección de los muertos. Entonces, así como Esculapio era el hijo del Sol, también lo era Faetón.[56] Para simbolizar esta relación, la cabeza de la imagen de Esculapio estaba generalmente circundada por rayos.[57] El Papa circunda de esta manera las cabezas de las pretendidas imágenes de Cristo; pero el origen de estas irradiaciones es evidente para todos los conocedores de la literatura y del arte de Roma. Así se refiere Virgilio a Latino:

"Y ahora con pompa aparecen los reyes pacíficos,
Cuatro corceles tiraban de la carroza de Latino,
Doce rayos dorados circundaban sus sienes,
Para indicar su linaje proveniente del dios del día."[58]

Los "rayos dorados" que circundaban la cabeza de Esculapio, tenían el propósito de indicar lo mismo, es decir, señalarlo como el hijo del Sol, o el Sol encarnado. Los "rayos dorados" que circundaban la cabeza en los cuadros o en las imágenes que llevan el nombre de Cristo, tenían el propósito de mostrarle a los paganos que podían adorarlas ciertamente como a las imágenes de sus bien conocidas divinidades, aunque llevaran un nombre diferente. En una época de mortal pestilencia, Esculapio fue invitado a Roma desde Epidauro. El dios, en forma de una gran serpiente, entró al barco que había sido enviado para llevarlo a Roma, y habiendo llegado sin novedad al Tíber, fue solemnemente investido como el dios tutelar de los romanos.[59] De ahí en adelante, tanto en privado como en público, el culto de la serpiente epidauriana, la serpiente que representaba la divinidad encarnada del Sol, en otras palabras, la "Serpiente de Fuego," llegó a ser casi universal. En casi todas las casas se encontraba la serpiente sagrada, que era una especie inofensiva. "Estas serpientes anidaban cerca de los altares domésticos," dice el autor

---

[56] En el mito, el nacimiento de Esculapio fue exactamente lo mismo que el de Baco. Su madre fue consumida por el rayo, y el niño fue rescatado del rayo que la consumió, como Baco fue librado de las llamas que incineraron a su madre.– LEMPRIERE.

[57] DYMOCK, *sub voce*.

[58] DRYDEN, *Virgilio,* lib. XII. ll. 245-248, vol. III. p. 775; en el original, ll. 161-164.

[59] LACTANCIO, *De Origine Erroris*, p. 82.

Acerca de los Misterios. . . y el Culto al Hombre

de *Pompeya*, "y salían, como los perros o los gatos, para ser acariciadas por los visitantes, y para conseguir algo de comer. Más todavía, en las mesas se arrastraban por entre las copas de los invitados, si podemos confiar en pasajes aislados; y en tiem-

El Culto al Fuego Romano combinado con el Culto a la Serpiente

Fig. 53

po caluroso, las mujeres las usaban como un cuello de pieles viviente, enroscándoselas al rededor de sus cuellos en razón de su frialdad.... Estos animales sagrados le hacían la guerra a las ratas y a los ratones, y así acababan con los bichos repugnantes; pero como llevaban una vida regalada y nadie las trataba con violencia, se multiplicaban tan rápidamente que, como los mo-

Lo Que Usted Debe Saber

nos de Benares, se convirtieron en una molestia intolerable. Los frecuentes incendios de Roma fue lo único que los mantuvo a raya."[60] El lector encontrará en el grabado adjunto (Fig. 53) una representación del culto al fuego y del culto a la serpiente en Roma, tanto en forma separada como en forma conjunta.[61] No puedo explicar aquí la razón de la doble representación del dios, pero resulta evidente, por las palabras de Virgilio, ya citadas, que las figuras de la parte superior que llevan las cabezas circundadas de rayos, representan al dios del fuego, o a la divinidad solar; y lo que es digno de observar especialmente es que estos dioses del fuego son *negros*,[62] color que los identificaba

Fig. 54

La Diosa Hindú Devaki
con el Infante Crisna en su Pecho

---

[60] *Pompeya*, vol. II. pp. 114, 115.

[61] *Ibid*. vol. II. p. 105.

[62] "Todos los rostros del grabado (de MAZOIS) son completamente negros." – (*Pompeya*, vol. II. p. 106). En la India, el niño Crisna (el dios negro por excelencia), en los brazos de la diosa Devaki, se representa con el cabello lanudo y los rasgos marcados de la raza negra o africana (ver Fig. 54; de MOOR, lámina 59).

[63] AMIANO MARCELINO, lib. XVI. cap. 12, p. 145. (Ver Apéndice, Nota P.).

[64] ZOSIMO, *Historia*, lib. IV. p. 761.

por consiguiente con el *negro* o etíope Faetón; mientras que, como lo admite el mismo autor de *Pompeya,* estos mismos dioses negros del fuego están representados en la parte inferior por las dos serpientes enormes. Si este culto a la Serpiente sagrada del Sol, el gran dios del fuego, era tan universal en Roma, ¿qué símbolo podía representar más gráficamente el poder idólatra de la Roma imperial pagana que la "Gran Serpiente de Fuego"? Sin duda, fue para representar esto mismo, que el propio estandarte imperial, el estandarte del Emperador pagano de Roma, en su carácter de Pontifex Maximus y Cabeza del gran sistema del culto al fuego y del culto a la serpiente, fuera una serpiente izada en una vara altísima y tan adornada, como para exhibirla como símbolo reconocido del culto al fuego.[63]

Cuando el cristianismo se propagó en el Imperio romano, chocaron los poderes de la luz y de las tinieblas (Apocalipsis 12 :7,9): "Miguel y sus ángeles lidiaban contra el dragón; y lidiaba el dragón y sus ángeles. Y no prevalecieron, ni su lugar fue más hallado en el cielo. Y fue lanzado fuera aquel gran dragón..... y fue arrojado en tierra, y sus ángeles fueron derribados con él." La "gran serpiente de fuego" fue lanzada fuera cuando, por decreto de Graciano, el paganismo fue abolido en todo el Imperio romano, cuando se apagaron los fuegos de Vesta, y se confiscaron las rentas de las vírgenes vestales; cuando el Emperador romano (que durante siglo y medio de profesar el cristianismo, había sido "Pontifex Maximus," la propia cabeza de la idolatría en Roma y, como tal, en las ocasiones solemnes aparecía revestido con todas las insignias idólatras del paganismo) abolió, por motivos de conciencia, su propio oficio.[64] En tanto que Nimrod murió física y *figuradamente* a espada, fue mediante la espada del Espíritu como Sem venció al *sistema* del culto al fuego, y de esta manera inclinó los corazones de los hombres, como lo logró por un tiempo, para que se extinguiera por completo. De igual manera el Dragón de Fuego recibió una herida mortal a espada en el Imperio romano, y esa *espada* fue la del Espíritu, que es la Palabra de Dios. Hasta aquí hay una analogía exacta entre el símbolo y el antisímbolo.

Pero aquí no termina esta analogía. Ella reaparece cuando se investigan a fondo los relatos históricos, pues cuando la cabeza de la idolatría pagana de Roma murió a espada por la extinción de su oficio de Pontifex Maximus, ese último Pontifex Maximus romano era el VERDADERO, LEGITIMO Y UNICO REPRESENTANTE DE NIMROD y de su sistema idólatra existente hasta entonces. Para aclarar esto es necesario echar una breve ojeada a la historia romana. En común con toda la tierra, Roma bebió hasta el fondo la "copa dorada" de Babilonia en un período muy remoto de su prehistoria. Pero por encima de eso, y sobrepasando a todas las demás naciones, había tenido una relación con la idolatría de Babilonia que la colocó en una posición peculiar y única. Mucho antes de los días de Rómulo, un representante del Mesías babilónico, en su propio nombre, estableció su templo como dios y su palacio como rey en una de aquellas mismas colinas que quedaron incluidas dentro de las murallas de esa ciudad que Remo y su hermano estaban destinados a fundar. En el monte Capitolino, tan famoso después como el gran altar del culto romano, se había levantado Saturnia, la ciudad de Saturno, en la obscura y distante antigüedad.[65] En ese entonces tuvo lugar alguna revolución, y las esculpidas imágenes de Babilonia fueron suprimidas, por haberse prohibido severamente la erección de cualquier ídolo,[66] y cuando los gemelos fundadores de la ahora mundialmente famosa ciudad, levantaron sus modestas murallas, hacía tiempos que la ciudad y el sitio de su predecesor babilónico se habían convertido en ruinas. Virgilio alude al ruinoso estado de la ciudad sagrada, incluso en la remota época de Evandro, al referirse a la época en que se dice que Eneas visitó a ese antiguo rey italiano, y dice así:

"Luego vio dos *montones de ruinas* donde una vez se levantaron

---

[65] AURELIO VICTOR, *Origo Gent. Roman.*, cap. 3.

[66] PLUTARCO (en *Hist. Numae*, vol. I. p. 65) dice que Numa prohibió le hechura de imágenes, y que 170 años después de la fundación de Roma, no se permitían imágenes en los templos romanos.

[67] *La Eneida*, lib. VIII. ll. 467-470, vol. III. p. 608.

Acerca de los Misterios. . . y el Culto al Hombre

Dos majestuosas ciudades a uno y otro lado del torrente,
Las ruinas de Saturnia y de Janícula;
Y ambos lugares conservan el nombre del fundador."[67]

Sin embargo, la herida mortal causada de esa manera al sistema caldeo, estaba destinada a ser sanada. Una colonia de etruscos, apegados fervorosamente a la ideología caldea, que habían emigrado de Asia Menor, según dicen algunos, o de Grecia, según otros, se establecieron en las inmediatas vecindades de Roma.[68] Finalmente terminaron por incorporarse al Estado romano; pero mucho antes de que tuviera lugar esta unión política, ejercieron una poderosísima influencia en la religión de los romanos. Desde el comienzo, su pericia en los augurios, en la adivinación, y en toda ciencia real o fingida, monopolizada por los adivinos o augures, hizo que los romanos los miraran con respeto. Generalmente se admite que los romanos obtuvieron principalmente sus conocimientos sobre la adivinación, que ocupaba lugar tan prominente en todo negocio público en el que ellos se comprometían, de los toscanos,[69] es decir, del pueblo de Etruria pues, al principio, no se le permitía ejercer el oficio de arúspice a ninguno que no fuera nativo de ese país y tuviera respeto por todos los ritos relacionados esencialmente con el sacrificio.[70] Entre los romanos y los etruscos surgieron guerras y disputas; sin embargo, los jóvenes nobles más distinguidos de Roma eran enviados a Etruria para ser instruidos en la ciencia sagrada que allí florecía.[71] La consecuencia de esto fue que bajo la influencia de hombres cuyas mentes eran moldeadas por aquellos que se aferraban al antiguo culto de los ídolos, los romanos volvieron de nuevo a mucha de esa idolatría que habían repudiado y desechado antes.

---

[68] DIONISIO HALICARNASO, vol. I. p. 22, Sir W. Betham (*Etruria Céltica*, vol. I. p. 47) se opone al origen licio de los etruscos; pero Layard (*Nínive y Babilonia*, cap. XXIV. p. 563) parece definir el asunto a favor de su origen oriental, o al menos su estrecha relación con el Oriente.

[69] KENNETT, *Antigüedades*, part. II. lib. II. cap. 3. p. 67, y ADAM, *Antigüedades*. "Ministros de la Religión," p. 255.

[70] KENNETT, *Antigüedades*, lib. II. cap. 4, p. 69.

[71] CICERON, *De Divinatione*, lib. I. cap. 41, vol. III. pp. 34, 35.

Lo Que Usted Debe Saber

Por tanto, aunque Numa prohibió el culto a las imágenes cuando estableció su sistema religioso, que difería tanto del sentimiento prevaleciente en sus días, se dieron, sin embargo, las cosas para la última subversión contra tal prohibición, como consecuencia de la alianza subsistente entre Roma y Etruria en los asuntos sagrados. El colegio de los pontífices que había sido establecido por él,[72] con el paso del tiempo llegó a ser substancialmente un colegio etrusco, y el Soberano Pontífice, que presidía ese colegio y que controlaba en sus aspectos esenciales todos los ritos religiosos públicos y privados del pueblo romano, llegó a ser, en la práctica, un Pontífice etrusco.

A pesar de eso, el Soberano Pontífice de Roma, aun después de que la idolatría etrusca se incorporó al sistema romano, sólo era un vástago del grande y original sistema babilónico, pues era un adorador ferviente del dios babilónico, aunque no era su legítimo representante. El verdadero y legítimo Pontífice babilónico

---

[72] LIVIO, lib. IV. cap. 4, vol. I. p. 260.

[73] BARKER y AINSWORTH, *Lares y Penates de Cilicia*, cap. VIII. p. 232. Barker dice: "Los derrotados caldeos huyeron a Asia Menor, y establecieron su colegio central en Pérgamo." Frigia, que fue tan famosa por el culto de Cibeles y Ates, formaba parte del reino de Pérgamo. Misia también fue otra de las ciudades, y de los misios se dice en la *Crónica Pascal* que eran descendientes de Nimrod. Las palabras son: "Nebrod, el cazador y gigante, de quien vienen los misios." – (*Crónica Pascal*. vol. I. p. 50). Igualmente Lidia, de la cual Livio y Heródoto dicen que procedían los etruscos, hizo parte del mismo reino. Para el hecho de que Misia, Lidia, y Frigia eran partes integrantes del reino de Pérgamo, ver SMITH, *Diccionario Clásico*, p. 542.

[74] Los reyes de Pérgamo, en cuyos dominios encontraron asilo los magos caldeos, fueron puestos, por la voz general de Pérgamo, que simpatizaba con ellos, en el lugar que habían ocupado Belsasar y sus predecesores. Ellos fueron aclamados como los representantes del antiguo dios babilónico. Esto resulta evidente por las aseveraciones de Pausanias. Primero, él cita las siguientes palabras del oráculo de una profetiza llamada Faenis, con respecto a los galos: "Pero la divinidad será afligida más gravemente por aquellos que habitan cerca del mar. Sin embargo, poco tiempo después, Júpiter les enviará un defensor, el amado hijo de Jove criado por un toro, que traerá la destrucción sobre todos los galos." – (Lib. X., *Fócica*, cap. XV. p. 833). Luego, él comenta sobre esto lo siguiente: "En este oráculo, Faenis, por el hijo de un toro quiere decir Atalo, rey de Pérgamo, a quien el oráculo de Apolo llamaba Taurokerón, o toro cornudo." – (*Ibid*.) Este título dado por el dios delfo, prueba que Atalo, en cuyos dominios los magos tenían su sede principal, había sido establecido y reconocido con el mismo carácter de Baco, la Cabeza de los magos. Así fue ocupada la sede vacante de Belsasar, y se reanudó la rota cadena de la renovada sucesión caldea.

[75] SMITH, *Diccionario Clásico*, p. 542.

tenía su sede más allá de los límites del Imperio romano. Esa sede, después de la muerte de Belsasar y de la expulsión del sacerdocio caldeo de Babilonia por los reyes medo-persas, estaba en Pérgamo, donde después se estableció una de las siete iglesias de Asia.[73] En consecuencia, allí estuvo durante muchos siglos el "trono de Satanás" (Apocalipsis 2:13). Allí, con el favor de los deificados reyes de Pérgamo,[74] estaba su domicilio favorito; allí se rendía culto a Esculapio, bajo la forma de serpiente, celebrado con orgías y frenéticos excesos que, en cualquier otra parte eran refrenados con alguna medida de contención. Al principio, el Pontífice romano no tenía relación alguna con Pérgamo ni con la jerarquía de allí; sin embargo, con el paso del tiempo, el pontificado de Roma y el pontificado de Pérgamo llegaron a identificarse. El propio Pérgamo llegó a ser carne y hueso del Imperio romano en el año 133 D.C.,[75] cuando Atalo III, el último de sus reyes, dejó voluntariamente, a su muerte, todos sus dominios al pueblo romano. Algún tiempo después, Pérgamo fue absorbido por los dominios romanos sin que apareciera nadie que hiciera valer abierta y deliberadamente la inherente dignidad del viejo título de los reyes de Pérgamo. Durante ese tiempo pareció que los poderes originales, incluso el del Romano Pontífice, habían sido abolidos;[76] pero cuando Julio César, que previamente había sido elegido como Pontifex Maximus,[77] llegó a ser también, en su calidad de Emperador, el supremo gobernante civil de los romanos, quedó soberanamente investido con todos los poderes y funciones del *verdadero y legítimo pontífice babilónico*, como jefe del Estado romano y como jefe de la religión romana, encontrándose entonces en posición de hacer valer todos esos poderes. Parece como si hubiese reclamado para sí la divina dignidad de Atalo, así como el reino que él había dejado a los romanos, centrándolo en sí mismo, pues su bien conocido santo y seña, *"Venus Genetrix,"* que significaba que Venus ha-

---

[76] NIEBUR, vol. III. p. 27.

[77] DYMOCK, *sub voce* "Julius Caesar," p. 460, col. 1.

[78] La deificación de los emperadores que continuó sucesivamente desde los días de Divus Julius, o el "Deificado Julius," puede ser rastreada para algo no tan verosímil como la representación del "Toro cornudo," Atalo, como Pontífice y Soberano.

bía sido la madre de la estirpe Juliana, estaba destinado a convertirlo en "el Hijo" de la gran diosa, así como había sido venerado Atalo, el "Toro cornudo."[78] Luego, en determinadas ocasiones, en el ejercicio de su alto oficio pontifical aparecía, por supuesto, con toda la pompa de la costumbre babilónica, como podía haberlo hecho el propio Belsasar, con vestiduras de grana,[79] con el cayado de Nimrod en la mano, y en la cabeza la mitra de Dagón, llevando las llaves de Jano y de Cibeles.[80] Así efectivamente continuaron las cosas, como ya se dijo, incluso bajo los así llamados emperadores cristianos, los cuales, como un ungüento para su conciencia, nombraron un pagano para que los substituyera en la ejecución de las funciones más *claramente* idólatras del pontificado (sin embargo, tal substituto actuaba en nombre y por autoridad de ellos), hasta el reinado de Graciano que, como lo demuestra Gibbon, fue el primero que se negó a llevar las vestiduras pontificales idólatras y a actuar como Pontífice.[81] Por todo esto es evidente que, cuando fue abolido el paganismo en el Imperio romano, cuando fue suprimido el oficio de Pontifex Maximus, y todos los dignatarios del paganismo fueron despojados de sus puestos de influencia y de poder que, en alguna medida, se les había permitido retener, esto no fue solamente el derrocamiento del Dragón de Fuego de Roma, sino el derrocamiento del Dragón de Fuego de Babilonia. Fue exactamente como proclamar de nuevo, *en sentido simbólico*, la caída del verdadero y único sucesor legítimo de Nimrod (en repre-

---

[79] Esa "grana" era la vestidura de honor en tiempos de Belsasar, ver Daniel 5:7, 29.

[80] Que la *llave* era uno de los símbolos usados en los Misterios, puede verlo el lector consultando la Nota sobre el Himno Orfico a Plutón, de TAYLOR, donde se habla de esa divinidad como el "guardián de las llaves." El Pontífice, como "Hierofante" estaba "ataviado con la vestidura y engalanado con los símbolos del gran Creador del mundo, de quien se suponía, en estos Misterios, que era el substituto." – (MAURICIO, *Antigüedades*, vol. III. p. 356). El dios Primigenio o Creador se representaba en los Misterios como andrógino, como poseedor en su propia persona de ambos sexos (*Ibid*. vol. V. p. 933), siendo al mismo tiempo, tanto Jano como Cibeles. Por tanto, al iniciar los Misterios de esta misteriosa divinidad, el Pontífice llevaría las llaves de ambas divinidades. Sin embargo, a Jano mismo, así como a Plutón, se le representaba frecuentemente llevando más de una llave.

[81] La autoridad original de Zósimo ya ha sido dada por esta aseveración. El lector puede encontrar lo mismo en GIBBON, vol. III. p. 397, Nota.

sentación de Satanás), como ya le había ocurrido cuando la magnitud de su caída dio motivo para la exclamación: "¡Cómo caíste del cielo, oh Lucero, hijo de la mañana!"

SECCION II — LA BESTIA QUE SUBE DEL MAR

El siguiente gran enemigo que se presenta a nuestra consideración es la Bestia que sube del Mar (Apocalipsis 13 :1): "Y yo me paré," dice Juan, "sobre la arena del mar, y vi una bestia subir del mar." Las siete cabezas y los diez cuernos de esta bestia, como los del gran dragón, demuestran que esta potestad es esencialmente la misma bestia, pero que ha ocurrido un cambio circunstancial. En el antiguo sistema babilónico, después del culto al dios del fuego, surgió rápidamente el culto al dios del agua o del océano. Como primeramente el mundo estuvo en peligro de ser incendiado, así también ahora estaba en igual peligro de ser inundado. En la historia mejicana se dice que así ocurrió realmente. Primero, dicen ellos, fue destruido por el fuego, y después fue destruido por el agua.[82] En la mitología druida existe el mismo relato, pues los bardos afirman que la terrible tempestad de fuego que partió en dos la tierra, fue seguida rápidamente por el estallido del lago Llion, cuando las aguas del abismo salieron a borbotones e "inundaron el mundo."[83] En Grecia nos encontramos con la misma historia. Diodoro Sículo nos dice que, en los primeros tiempos, "un monstruo llamado Egides, que vomitaba fuego, apareció en Frigia; la conflagración, propagándose desde allí, incendió todos los bosques hasta la India; luego, retrocediendo, pasó rápidamente por las selvas del Monte Líbano, y se extendió hasta Egipto y Africa; por fin, Minerva la detuvo. Los griegos recuerdan bien esta CONFLAGRACION y el DILUVIO que la siguió."[84] Ovidio también hace una clara alusión al mismo hecho del culto al fuego, seguido rápidamente por el culto al agua, en su fábula de la transformación de Cicno. El repre-

---

[82] HUMBOLDT, *Investigaciones,* vol. II. pp. 21, 23.

[83] DAVIES, *Los Druidas,* Nota en la p. 555, comparada con la p. 142.

[84] DIODORO, lib. III. cap. 4, p. 142.

senta al rey Cicno, amigo íntimo de Faetón y, por tanto, del culto al fuego, y como fue que, después de la muerte de su amigo, *sintiendo odio* por el fuego, y teniéndole *temor* al elemento contrario, es decir, al *agua,* fue convertido en cisne.[85] En la India, el gran diluvio, que ocupa un lugar tan destacado en su mitología, tiene evidentemente el mismo significado simbólico, aunque la historia de Noé esté mezclada con él, pues fue durante el diluvio cuando se recuperaron "los Vedas perdidos," o libros sagrados, por medio del gran *dios* en forma de PEZ. La "pérdida de los Vedas" había tenido lugar, evidentemente, en aquella misma época terriblemente desastrosa para los dioses, ya que, según los Puranas, un gran enemigo de ellos, llamado Durgu, "abolió todas las ceremonias religiosas, y los brahmanes, por temor, abandonaron la *lectura de los Vedas.... el fuego perdió su fuerza, y las aterradas estrellas se ocultaron de la vista;"[86] en otras palabras, cuando fueron suprimidos la idolatría, el culto al fuego y el culto a las huestes del cielo. Cuando retornamos a la propia Babilonia, allí también encontramos substancialmente el mismo relato. En Beroso, la ocurrencia del diluvio tiene lugar *después* de la época de Aloro, o "dios del fuego," es decir, de Nimrod, lo que demuestra que allí también el diluvio fue algo simbólico. De ese diluvio emergió Dagón, el dios-pez, o dios del mar. El origen del culto a Dagón, como lo demuestra Beroso, se fundamentaba en una leyenda sobre un remoto período del pasado, cuando los hombres estaban hundidos en la barbarie, y emergió del Mar Rojo, o Golfo Pérsico, una BESTIA LLAMADA OANES, mitad hombre y mitad pez, que civilizó a los babilonios, ense-

---

[85]
                               Ille relicto
....
Imperio, ripas virides, amnemque querelis
Eridanum implerat, silvamque sororibus auctam,
.... nec se coeloque Jovique
Credit, ut injuste missi memor ignis ab ello,
Stagna petit, patulosque lacus; ignemque perosus,
Quae *colat,* elegit contraria flumina flammis.

Metam., lib. II. v. 369-380, vol. II. pp. 88, 89. El lector observará la ambigüedad de *colat* que significa tanto "adorar" como "habitar."

[86] COLEMAN, *La Mitología Hindú*, p. 89.

Acerca de los Misterios... y el Culto al Hombre

ñándoles artes y ciencias, e iniciándolos en la política y en la religión.[87] Este culto fue introducido por los mismos que, con excepción de Nimrod, por supuesto, habían seducido al mundo con el culto al fuego. Mientras que, sin duda, en los ocultos Misterios que entonces se establecieron, se profesaba, en primera instancia, la más grande antipatía por el proscrito culto al fuego, se buscaba recuperar la influencia y el poder mediante representaciones de las terribles escenas del diluvio, en las cuales se presentaba a Noé con el nombre de Dagón, el dios-pez, escenas en la cuales la familia humana no podía dejar de sentir un profundo interés, tanto por la naturaleza del acontecimiento como por su relación con el segundo padre de la raza humana. Los inventores de tales Misterios vieron que si podían hacer solamente que los hombres regresaran a la idolatría en cualquiera de sus formas, pronto podrían explotar esa idolatría, así como restablecer substancialmente el mismo sistema que había sido abolido. Fue así como, tan pronto como estuvo preparado el camino para ello, Tamuz fue presentado como el que se había inmolado por el bien de la humanidad. Se hizo la distinción entre las serpientes buenas y las serpientes malas, una de esas clases representada como la serpiente de Agatodemón, o la divinidad buena, y la otra, como la serpiente Cacodemón, o el maligno.[88] Fue fácil, entonces, llevar gradualmente a los hombres a que creyeran que, a despecho de todas las apariencias en contra, Tamuz, en lugar de ser el protector del culto a la serpiente, realmente era el gran enemigo de Apofis, la gran serpiente maligna que envidiaba la felicidad de la humanidad; y que, de hecho, él era la misma simiente de la mujer, que estaba destina a herir la cabeza de la serpiente. Mediante la metempsicosis era bastante fácil identificar a Nimrod con Noé, y hacer ver que el gran patriarca, en la persona de su descendiente predilecto, había condescendido bondadosamente a encarnarse de nuevo como Dagón, para que él pudiera hacer volver a la humanidad a las bendiciones que había perdido cuando se había dado muerte a Nimrod.

---

[87] BEROSO, lib. I. p. 48.

[88] WILKINSON, vol. IV. pp. 239 y 412. En Egipto, el Ureo, o el Cerastes, era el dios serpiente, el Apofis, el maligno.– (WILKINSON, vol. V. p. 243).

Lo Que Usted Debe Saber

Lo cierto es que Dagón fue adorado en los Misterios caldeos dondequiera que ellos se establecieron, con un doble carácter que representaba tanto al uno como al otro.[89]

En el sistema anterior, la gran forma de purificación había sido por medio del fuego. *Ahora* era el agua la que iba a purificar a los hombres. Fue entonces cuando empezó la doctrina de la regeneración bautismal, relacionada como hemos visto, con el paso de Noé por las aguas del diluvio. Fue entonces cuando empezó la reverencia por los pozos, por los lagos, por los ríos sagrados, que van a encontrarse dondequiera que existan en la tierra; rastros de esto van a encontrarse no sólo entre los parsis, quienes, junto con el culto al fuego, también adoraban a Zereparenkard, o Mar Caspio,[90] y entre los hindúes, que adoran las aguas purificadoras del Ganges, al que consideran como el gran pasaporte para ir al cielo, por lo que dejan que sus parientes moribundos se ahoguen en sus corrientes; así también se ve hoy día en toda su fuerza la reverencia general por los pozos sagrados en la Irlanda papista, y por las peregrinaciones anuales al lago Dergh para lavar los pecados en sus aguas benditas, y que, evidentemente, también perdura entre nosotros en la superstición popular sobre las brujas, lo que se aprecia en el verso de Burns:

"En agua corriente ellas maldicen la cruz"

¡Tánto por el culto al agua! Sin embargo, en asocio con el culto al agua, pronto reapareció el culto al fuego. Ambos modos de purificación estaban asociados en los Misterios. Aunque la capacidad para regenerar seguía estando en el bautismo con agua, la purificación por medio del fuego se consideraba indispensable,[91] y muchísimo tiempo después de haberse declarado la regeneración bautismal, los niños se hacían pasar todavía "por el fuego para Moloc." Esta doble purificación tanto por el fuego

---

[89] DAVIES, *Los Druidas*, p. 180. Davies identifica a Noé con Baco.

[90] WILSON, *La Religión Parsi*, pp. 192, 251, 252, 262, 305.

Acerca de los Misterios. . . y el Culto al Hombre

como por el agua, se practicó en México entre los seguidores de Wodan.[92] Igualmente era una práctica común entre los antiguos paganos romanos;[93] y, con el paso del tiempo, tanto el culto al fuego como el culto a la serpiente de Nimrod, que habían sido abolidos, se restablecieron casi en todas partes dentro del mundo pagano, con todas sus antiguas abominaciones, además de muchas otras.

Cuando se restableció firmemente el culto al dios del mar, habiéndose eliminado toda oposición, por formidable que hubiera

---

[91] El nombre de Tamuz, aplicado a Nimrod o a Osiris, equivalía a Aloro, el "dios del fuego," y parece que le había sido dado como el gran purificador por el fuego. Tamuz se deriva de *tam*, "perfeccionar," y *muz*, "fuego," y significa "El fuego perfeccionador," o "El fuego que perfecciona." A este significado del nombre, así como al carácter de Nimrod como *Padre* de los dioses, alude el verso zoroastriano cuando dice: "Todas las cosas son la progenie de UN FUEGO. El PADRE perfeccionó todas las cosas, y las entregó a la segunda mente, a quien todas las naciones del mundo llaman la primera." – (CORY, *Fragmentos*, p. 242). Aquí se dice que el Fuego es el *Padre* de todo; porque se dice que todas las cosas son su *progenie*, y también se le llama el "perfeccionador de todas las cosas." La segunda mente es, evidentemente, el niño que fue desplazado por la imagen de Nimrod como objeto de culto; sin embargo, la acción de Nimrod como el primero de los dioses, y el dios del fuego, se tenía como indispensable para la "perfección" de los hombres. Y de aquí también, sin duda, la necesidad del fuego del Purgatorio para "perfeccionar" las almas de los hombres al final, y purificarlas de los pecados que hubieran llevado consigo al mundo invisible.

[92] HUMBOLDT, *Investigaciones*, vol. I. p. 185.

[93] OVIDIO, *Fastos*, lib. IV. ll. 794, 795, vol. III. p. 274. No era poco interesante para mí, después de ser llevado por estricta inducción desde la evidencia circunstancial a la conclusión de que la purificación por el fuego se derivó del culto al fuego de Adón o Tamuz, y que la purificación por medio del agua tiene que ver con el diluvio de Noé, para encontrar una aseveración clara en Ovidio, en el sentido de que esa era una creencia real en la Roma de sus días. Después de mencionar, en el pasaje a que me refiero antes, varias razones fantasiosas para la doble purificación por el fuego y por el agua, él concluye de esta manera: "Por mi parte, no creo en ellas; hay algunos (sin embargo) que dicen que la una pretende conmemorar a Faetón, y la otra, el diluvio de Deucalión."
Sin embargo, si alguien pensara todavía en forma diferente a eso, en el sentido de que el culto a Noé se habría mezclado en el mundo antiguo con el culto de la Reina del Cielo y su hijo, que abra sus ojos a lo que tiene lugar en la Italia de hoy día [en 1856] con respecto al culto de ese patriarca y de la Reina del Cielo. Lo siguiente, que me fue enviado bondadosamente por Lord John Scott, confirma los puntos de vista expuestos en estas páginas, y apareció en el *Morning Herald*, Oct. 26, 1855: "UN ARZOBISPO ORA AL PATRIARCA NOE.– EL PAPADO EN TURIN.– Durante varios años consecutivos la cosecha de uva había sido destruida casi completamente en Toscana, como consecuencia de una enfermedad generalizada. El Arzobispo de Florencia ha concebido la idea de detener esta plaga, ordenando oraciones para ser ofrecidas no a Dios, sino al patriarca Noé; y acaba de publicar una colección que

Lo Que Usted Debe Saber

sido, también se le adoró como el gran dios de la guerra que, aunque habiendo muerto por el bien de la humanidad, ahora se había levantado de nuevo, y era absolutamente invencible. En memoria de esta nueva encarnación, se celebraba en la Roma pagana el *"Natalis Solis invicti,"* "el natalicio del Sol invencible"[94] el 25 de diciembre que, por otra parte, se convertiría en el Día de Navidad. Igualmente hemos visto que el mismo nombre del dios romano de la guerra era justamente el nombre de Nimrod, pues Marte y Mavors, los dos nombres bien conocidos del dios romano de la guerra eran, evidentemente, sólo las formas romanas del caldeo "Mar" o "Mavor," "el Rebelde."[95] Así, terrible e invencible, era Nimrod cuando reapareció como Dagón, la bestia del mar. Si el lector pone atención a lo que se dice en Apocalipsis 13:3,4 verá exactamente lo mismo: "Y vi una de sus cabezas como herida de muerte, y la llaga de su muerte fue curada; y toda la tierra maravillada, siguió a la bestia. Y adoraron al dragón que había dado potestad a la bestia, y adoraron a la bestia, diciendo: ¿Quién es semejante a la bestia, y quién podrá lidiar con ella?" Tal es, en todos los aspectos, la analogía entre el lenguaje de la profecía y el antiguo símbolo babilónico.

---

contiene ocho formas de súplica, dirigidas a este distinguido personaje del pacto antiguo. '¡Santísimo patriarca Noé!' es el lenguaje de una de estas oraciones, 'que te empleaste tú mismo en tu larga carrera como cultivador de la vid, y gratificaste a la raza humana con esa preciosa bebida, que alivia la sed, restaura el vigor, y alegra el espíritu de todos nosotros, dígnate mirar nuestras vides que, siguiendo tu ejemplo, hemos cultivado aquí; y, mientras las contemplas mustiarse y arruinarse por esa desastrosa visitación, que antes de la vendimia, destruye el fruto (como severo castigo por las muchas blasfemias y otros pecados enormes que hemos cometido), ten compasión de nosotros, y póstrate delante del alto trono de Dios, quien ha prometido a Sus hijos los frutos de la tierra, y abundancia de trigo y de vino, suplícale en nuestro favor; prométele en nuestro nombre que, con la ayuda de la gracia divina, abandonaremos los caminos del vicio y del pecado, que ya no abusaremos de Sus dones sagrados, y observaremos escrupulosamente Su santa ley, y la de nuestra santa Madre, la Iglesia católica, etc.' La colección concluye con una nueva oración, dirigida a la Virgen María, que es invocada con estas palabras: '¡Oh, inmaculada María, mira nuestros campos y viñedos! Y, si te parece que merecemos tan gran favor, detén, te lo suplicamos, esta terrible plaga que, infligida por nuestros pecados, hace estériles nuestros campos, y priva a nuestras vides del honor de la vendimia, etc.' La obra tiene una viñeta que representa al patriarca Noé presidiendo las labores de la vendimia, así como una notificación del Arzobispo, concediendo una indulgencia de cuarenta días a todos los que reciten devotamente las oraciones en cuestión.– *"Christian Times."* En vista de tal grado de paganismo como éste, quiera el noble Señor ya mencionado observar que, seguramente, aquí está el mundo vuelto al revés, ¡y se ha restaurado inequívocamente el culto del antiguo dios Baco!

Acerca de los Misterios. . . y el Culto al Hombre

Entonces, ¿encontramos algo que se corresponda con esto en la historia religiosa del Imperio romano después de la caída de su antiguo paganismo? Evidentemente, y en muchos conceptos. No bien se hubo abolido legalmente el paganismo, con la consiguiente extinción del fuego de Vesta y el desalojo de la antigua serpiente de la sede del poder, donde se había sentido segura durante tanto tiempo, cuando puso en práctica los medios más enérgicos para reconquistar su influencia y su potestad. Viendo que la persecución del cristianismo no servía por sí sola para destruir a la iglesia simbolizada por la Mujer vestida del sol, cambió de plan (Apocalipsis 12:15): "Y la serpiente echó de su boca tras la mujer agua como un río, a fin de hacer que fuese arrebatada del río." Aquí, el símbolo es verdaderamente notable. Si se hubiera tratado del dragón de *fuego*, se habría esperado que fuera representado, según los mitos populares, vomitando fuego tras la mujer. Pero no es así. Fue un *río de agua* lo que él arrojó de su boca. ¿Qué podría significar esto? Como el agua salió de la *boca* del dragón, eso podría significar doctrina, falsa doctrina, por supuesto. Pero, ¿no hay algo más específico que esto? Una simple ojeada al antiguo símbolo babilónico mostrará que el agua que sale de la boca de la serpiente tiene que ser el *agua de la regeneración bautismal*. Fue precisamente en la época en que se abolió el antiguo paganismo cuando la doctrina de la regeneración de los hombres mediante el bautismo, que había estado obrando en la Iglesia desde antes, amenazó con propagarse como un diluvio sobre la faz del Imperio romano.[96] Fue entonces, precisamente, cuando nuestro Señor Jesucristo empezó a ser llamado popularmente Ichthys, es decir, "el Pez,"[97] identificándolo claramente con Dagón. A fines del siglo cuarto, y de allí en

---

[94] GIESELER, vol. II. p. 42. Nota.

[95] Los griegos escogieron como su dios de la guerra a Arioch o Ario, el nieto de Nimrod.– (CEDRENO, vol. I, pp. 28, 29).

[96] Desde el año 360 D.C., aproximadamente, hasta la época del emperador Justiniano, más o menos, en el año 550, tenemos evidencia tanto de la promulgación de esta doctrina, como del profundo hueco que iba a dejar al fin entre los cristianos profesos. Ver GIESELER, vol. II., segunda parte, "El Culto Público," p. 145.

[97] AGUSTIN, *De Civitate,* lib. XVIII. cap. 23, vol. IX. p. 665.

adelante, se enseñó que aquel que hubiera sido lavado en la fuente bautismal, con eso había nacido de nuevo, y había sido purificado como la nieve virgen.

Este río no solamente sale de la boca de Satanás, la antigua serpiente, sino de la boca de aquel que llegó a ser reconocido por los paganos de Roma como la cabeza visible del antiguo paganismo romano. Cuando se suprimió el culto al fuego, vimos que el oficio de Pontifex Maximus, el jefe de ese paganismo, fue abolido. Esa era la "herida de muerte" de la cabeza del Dragón de fuego. Pero no bien había recibido la cabeza esta herida de muerte, cuando empezó a sanar de nuevo. En el término de pocos años, el título pagano de Pontífice había sido abolido, pero fue revivido, y eso por el mismo Emperador que lo había abolido, otorgándoselo, con todas sus implicaciones paganas, al Obispo de Roma[98] quien, de allí en adelante, llegó a ser el gran agente para derramar sobre la cristiandad profesa, primero la doctrina de la regeneración bautismal, y luego, todas las demás doctrinas del paganismo, provenientes de la antigua Babilonia. Cuando le fue otorgado al Obispo de Roma este título pagano, no lo fue como un título carente de honor, sino como un título al que estaba unido un formidable poder. Extensas regiones de Occidente en Galia no menos que en Italia estaban sometidas a la autoridad del Obispo de Roma en su nuevo carácter como Pontífice, asociado "con cinco o siete obispos más" como sus consejeros, sus obispos e, incluso, con metropolitanos de iglesias foráneas; y a quienes se negaban a someterse a sus decisiones pontificales[99] les eran impuestos castigos civiles. El riesgo para la causa de la fe y de la justicia fue grande cuando el Obispo de Roma fue investido con tal poder por autoridad imperial, siendo

---

[98] *Código Teodosiano*, lib. XVI. tit. 1, ley 2. Ver también ley 3. El lector observará que mientras únicamente al Obispo de Roma se le llama Pontífice, las cabezas de las demás iglesias se llaman simplemente "Obispos."

[99] *Edicto de Graciano en respuesta a la petición del Concilio romano*, en GIESELER, vol. I. segunda parte, div. 1 cap. 3, "La Jerarquía en Occidente," p. 434, Nota 12. Ver también BOWER, "Dámaso," 378 D.C. Para las peticiones del Concilio romano ver *Ibid.* vol. I. p. 209. Este decreto fue anterior al decreto del Código ya mencionado, decreto que aparece también en el nombre de Valentiniano y Teodosio, así como en el de Graciano, que los había asociado con él.

Acerca de los Misterios... y el Culto al Hombre

además un obispo tan dispuesto a entregarse a la propagación de la falsa doctrina. Sin embargo, a pesar de ser un peligro tan formidable, la verdadera Iglesia, la Esposa, la esposa del Cordero (hasta donde esta iglesia se encontraba dentro de los límites del Imperio de Occidente), fue maravillosamente protegida. Durante un tiempo, esta iglesia fue salvada del peligro no solamente por la fragosidad montañosa donde muchos de sus devotos miembros encontraron un refugio, como ocurrió con los jovinianos, los vigilancios, y los waldenses, y con fieles como ellos, en medio de los desiertos de los Alpes Cocianos y de otras apartadas regiones de Europa, pero no fue sólo por una pequeña, sino por una notable intervención de la Divina Providencia en su favor. Esta intervención está contenida en estas palabras (Apocalipsis 12:16): "Y la tierra abrió su boca, y subió el río que había echado el dragón de su boca." ¿Qué significa el símbolo de "la tierra abrió su boca"? En el mundo físico, cuando la tierra abre su boca se produce un terremoto; y un "terremoto," según el lenguaje figurado del Apocalipsis, como lo admiten todos, significa precisamente una gran convulsión política. Cuando examinamos la historia del período en cuestión, encontramos que el hecho concuerda exactamente con la prefiguración; y que poco después de que el Obispo de Roma se convirtiera en Pontífice y, como tal, se dedicara celosamente a introducir el paganismo en la Iglesia, empezaron esas convulsiones políticas en el Imperio civil de Roma, convulsiones que no cesaron en modo alguno hasta cuando se resquebrajó y se hizo pedazos la armadura de ese Imperio. Pero para esto, el poder espiritual del papado tenía que haberse establecido firmemente sobre todas las naciones de occidente, mucho antes del tiempo en que lo hizo realmente. Es evidente que inmediatamente después de que Dámaso, el Obispo de Roma, recibió su poder pontifical, la "apostasía" profetizada (1 Timoteo 4:3), en lo que concernía a Roma, se difundió ampliamente. Entonces "prohibirán casarse[100] y mandarán apartarse los hombres de las viandas."[101] Entonces, con una doctrina artificial del pecado, se inculcó también una santidad artificial,

---

[100] El celibato del clero fue decretado por Siricio, Obispo de Roma, en el año 385 D.C. – (GIESELER, vol. I. segunda parte, div. I. cap. 4, "Monaquismo," vol. II. p. 20; y BOWER, *Vida de los Papas*, vol. I. p. 235).

Lo Que Usted Debe Saber

y se le hizo creer al pueblo que toda persona bautizada era necesariamente regenerada. Si el Imperio Romano de Occidente hubiera permanecido bajo el mando de un jefe civil, el Obispo de Roma, respaldado por ese jefe civil, podría haber infectado muy pronto todas las partes de ese Imperio con la corrupción pagana que él se había dedicado, evidentemente, a propagar. Considerando la crueldad[102] con que fueron tratados los jovinianos y todos los que se opusieron a las doctrinas paganas con respecto al matrimonio y a la abstinencia por parte del Obispo de Roma con el favor del poder imperial, puede verse fácilmente cuán graves hubieran sido las consecuencias para la causa de la verdad en el Imperio de Occidente, si a este estado de cosas se le hubiera permitido seguir su curso natural. Pero entonces intervino el Gran Señor de la Iglesia. La "sublevación de los godos," y el saqueo de Roma por Alarico, el godo, en el año 410 D.C., le dio al Imperio romano el golpe que produciría el completo resquebrajamiento y la extinción de su poder imperial en el año 476 D.C. Por tanto, aunque en cumplimiento de la política inaugurada previamente, el Obispo de Roma fue reconocido formalmente por un edicto imperial del año 415 D.C. como "Cabeza de todas las iglesias de Occidente," y se les ordenó a todos los obispos "guardar y observar como ley todo lo que le pluguiese ordenar o decretar al Obispo de Roma;"[103] las sublevaciones del imperio, y la extinción poco después del mismo poder imperial, anuló grandemente los desastrosos efectos de este edicto. Entonces, la "tierra abrió su boca," en otras palabras, el resquebrajamiento del Imperio Romano en tantas soberanías independientes, fue benéfico para la verdadera religión, y evitó la avalancha del error y de la corrupción, que tenía su fuente en Roma, y hubiera fluido tan rápido y tan lejos como lo hubiera hecho de otra manera. Cuando en los distintos países, muchas voluntades diferentes substituyeron a la voluntad única del Em-

---

[101] Contra el uso de la carne y el vino, ver lo que se dice en la misma época por Jerónimo, el gran abogado del papado.– (JERONIMO, *Adv. Jovin.*, lib. II. todo el libro, vol. I. pp. 360-380).

[102] Ver BOWER, "Siricio," vol. I. p. 256.

[103] BOWER, vol. II. p. 14.

Acerca de los Misterios... y el Culto al Hombre

perador, en la cual se apoyaba el Soberano Pontífice, su influencia se vio neutralizada grandemente. "Bajo estas circunstancias," dice Gieseler, refiriéndose a la influencia de Roma en los diferentes reinos en los que se había dividido el Imperio, "bajo estas circunstancias, el Papa no podía intervenir directamente en los asuntos eclesiásticos; y su comunicación con la iglesia establecida en el país, dependía enteramente de la voluntad real."[104] El papado superó por fin los efectos del terremoto, y los reinos de Occidente se vieron sumergidos en ese río del error que salió de la boca del dragón. Pero el derrocamiento del poder imperial en los momentos en que apoyaba tan celosamente el despotismo espiritual de Roma, le dio a la verdadera Iglesia de Occidente un prolongado período de relativa libertad que, de otro modo, no podría haber disfrutado. Las Edades del Oscurantismo llegarían pronto, y las tinieblas se habrían hecho más densas, a *no ser* por los godos y los vándalos, y por las conmociones políticas que acompañaron sus irrupciones. Ellos hicieron su aparición para ser el azote de una comunidad apóstata, *no* para perseguir a los santos del Altísimo, aunque éstos también pudieran haber sufrido ocasionalmente en medio de la desgracia común. La mano de la Providencia se pudo ver claramente en esto, y la tierra abrió su boca y ayudó a la mujer en un momento tan crítico.

Pero volvamos al memorable período en que el título pontifical le fue concedido al Obispo de Roma. Las circunstancias en que ese título pagano le fue otorgado al papa Dámaso eran tan poderosas que no podrían haber constituido una pequeña prueba para la fe y para la integridad de un hombre mucho mejor que él. Aunque el paganismo estaba abolido legalmente en el Imperio de Occidente, sin embargo, todavía era exuberante en la ciudad de las Siete Colinas, hasta el punto de que Jerónimo, que la conocía bien, lo llama "el vertedero de todas las supersticiones,"[105] al escribir sobre Roma en este mismo período. La consecuencia de esto fue que, mientras en cualquier otra parte del Imperio, el decreto imperial sobre la abolición del paganismo fue acatado,

---

[104] GIESELER, vol. II. segunda parte, div. II. e. 6 "Las Naciones Germanas," p. 157.

[105] *Comentario en la Epístola a los Gálatas*, IV. 3, tom. III. p. 138, col. 1.

en la propia Roma fue, en gran medida, letra muerta. Símaco, el prefecto de la ciudad, y las familias patricias más encumbradas, así como el populacho, eran seguidores fanáticos de la antigua religión; y, por tanto, el Emperador juzgó necesario, a despecho de la ley, tolerar la idolatría de los romanos. El lector puede darse cuenta de cuán fuerte era la influencia que el paganismo tenía en la ciudad imperial, incluso después de que se extinguió el fuego de Vesta, y las vestales se vieron privadas del sostenimiento estatal, por las siguientes palabras de Gibbon: "La imagen y el altar de la Victoria fueron removidos ciertamente del edificio del Senado; pero el Emperador evitaba pasar cerca de las estatuas de los dioses que se exponían a la vista del público. Todavía quedaban cuatrocientos veinticuatro templos o capillas para satisfacer la devoción del pueblo, y en cada barrio de Roma, la sensibilidad de los cristianos era ofendida por el humo de los sacrificios idólatras."[106] Así de fuerte era el paganismo en Roma, aun después de que el Senado le quitara su apoyo en el año 376 D.C. Pero veamos lo que ocurrió sólo unos cincuenta años después. El nombre de paganismo había desaparecido casi por completo, tanto que el joven Teodosio, en un edicto publicado en el año 423 D.C., emplea estas palabras: "Los paganos que quedan, aunque ahora podemos creer que no hay ninguno."[107] Son muy sorprendentes las palabras de Gibbon con relación a esto. En tanto que admite plenamente que, a pesar de las leyes imperiales en contra del paganismo, no se impusieron "penas específicas" a "los sectarios que aceptaban crédulamente las fábulas de Ovidio, y rechazaban obstinadamente los milagros del Evangelio," manifiesta su sorpresa por la rapidez del cambio que tuvo lugar entre los romanos al pasar del paganismo al cristianismo. "La ruina del paganismo," dice él – y la época de que habla está comprendida entre el año 378 D.C., el año en que el Obispo de Roma fue hecho pontífice, hasta el año 395 D.C. – "La ruina del paganismo, en tiempos de Teodosio, es quizás el único ejemplo de la total *extirpación* de cualquier superstición antigua o popular; por tanto, puede merecer que se le considere

---

[106] *Declinación y Caída*, cap. XXVIII., vol. V. p. 87.

[107] *Código Teodosiano*, XVI. 10, 22, p. 1625.

como un acontecimiento singular en la historia de la mente humana... ." Después de referirse a la apresurada conversión del Senado, prosigue de esta manera: "El ejemplo edificante de la familia Anicia [al abrazar el cristianismo] fue imitado pronto por el resto de la nobleza... . Los ciudadanos que subsistían por sus propios medios, y el populacho, que era sostenido por la liberalidad pública, llenaban las iglesias de Letrán y del Vaticano con una incesante muchedumbre de devotos prosélitos. Los decretos del Senado que proscribían el culto de los ídolos, eran ratificados por el *consentimiento unánime* de los romanos; el esplendor del capitolio estaba estropeado, y los solitarios templos estaban abandonados a la ruina y al menosprecio. Y Roma, se sometió al yugo del Evangelio... . La generación que hizo su aparición en el mundo después de la promulgación de las leyes imperiales, FUE ATRAIDA al seno de la Iglesia católica; y la caída del paganismo fue tan RAPIDA y tan SUAVE, que sólo veintiocho años después de la muerte de Teodosio [el viejo], los casi imperceptibles y nimios vestigios ya no eran visibles para el ojo del legislador."[108] ¿Cómo puede explicarse esta grande y rápida conmoción? ¿Fue porque la Palabra del Señor se difundió libremente y fue glorificada? ¿Qué significado tenía el nuevo aspecto que había empezado a tomar entonces la Iglesia de Roma? En la misma proporción en que el paganismo había desaparecido por *fuera* de la Iglesia, en esa misma proporción hizo su aparición *dentro* de ella. Las vestiduras paganas para los sacerdotes, las fiestas paganas para el pueblo, las doctrinas e ideas paganas de toda índole se pusieron de moda en todas partes.[109] El testimonio del mismo historiador que nos ha hablado tan concluyentemente sobre la rápida conversión de los romanos a la profesión del Evangelio, no es menos concluyente en este punto. En su relato sobre la Iglesia romana, bajo el título de "Introducción de las Ceremonias Paganas," dice así: "Como el único límite de los objetos religiosos era el que le imponía la imaginación, de los ritos y de las ceremonias paganas se introdujeron aquellos que parecían más poderosos para impresionar

---

[108] *Declinación y Caída*, cap. XXVIII., vol. V. pp. 90-93, y p. 112.

[109] GIESELER, vol. II. pp. 40, 45.

los sentidos del vulgo. Si Tertuliano o Lactancio hubieran resucitado repentinamente de entre los muertos a principio del siglo quinto para asistir a la fiesta de algún santo o mártir popular, habrían contemplado con asombro e indignación el espectáculo profano que había reemplazado al culto puro y espiritual de una congregación cristiana. Tan pronto como se abrieran las puertas de la iglesia, les habría disgustado el humo del incienso, el perfume de las flores y el resplandor de las lámparas y velas, que difundían a medio día una iluminación fastuosa, superflua y, en su concepto, sacrílega."[110] Gibbon tiene mucho más sobre el mismo asunto. ¿Puede creer alguien que esto haya sido accidental? No. Era, evidentemente, el resultado de una política sin escrúpulos, de la cual hemos visto tantísimos ejemplos de parte del papado[111] en el curso de esta investigación. El papa Dámaso vio que, en una ciudad entregada predominantemente a la idolatría, si él iba a mantener puro e íntegro el Evangelio, tenía que estar dispuesto a cargar con la cruz, a suscitar el odio y la mala voluntad, y a soportar las dificultades como buen soldado de Jesús, el Cristo. Por otra parte, él no podía dejar de considerar igualmente que si llevaba el *título* en torno al cual durante tantos siglos se habían aglutinado las esperanzas y los afectos del paganismo, y les daba razón a sus seguidores para que creyeran que él estaba dispuesto a obrar de acuerdo con el espíritu original de ese título, podría contar con popularidad, engrandecimiento y gloria. Entonces, ¿cuál sería la opción que escogería probablemente Dámaso? El hombre que llegó al obispado de Roma como ladrón y saqueador, pasando por encima de los cuerpos muertos de cerca de un centenar de sus opositores,[112] no podía dudar sobre la opción que elegiría. El resultado demuestra que él actuó de acuerdo con su carácter y que, al asumir el título pagano de Pontifex, se había comprometido a cualquier sacrificio de la verdad ante los ojos de los paganos, para justificar sus

---

[110] *Declinación y Caída*, cap. XXVIII., vol. V. pp. 121 y siguientes.

[111] Gibbon admite claramente esto. "Debe ser confesado ingenuamente," dice él, "que los ministros de la Iglesia católica imitaron el modelo profano que estaban tan impacientes por destruir."

[112] BOWER, *Vida de los Papas*, vol. I., "Dámaso," pp. 180-183 inclusive.

Acerca de los Misterios. . . y el Culto al Hombre

pretensiones a ese título como representante legítimo de su larga sucesión de pontífices. No queda posibilidad de suponer ninguna otra cosa, teniendo en cuenta los hechos. También es evidente que él y sus sucesores fueron ACEPTADOS con ese carácter por los paganos que entraron en tropel a la Iglesia romana, y al congregarse en torno al nuevo Pontífice, no cambiaron ni *su* credo ni su culto, sino que, junto con ellos, trajeron *ambos* al seno de la Iglesia. El lector ha visto cuán completa y perfecta es la copia del antiguo paganismo babilónico que, con el patrocinio de los papas se ha introducido en la Iglesia romana. El ha visto que el dios al que adora el papado como el Hijo del Altísimo, es adorado no solamente, a pesar del mandato divino, bajo la forma de una imagen hecha, como en los días del paganismo, por arte e invención del hombre, sino que se la han asignado atributos que son lo *contrario* de aquellos que corresponden al Salvador misericordioso, además de aquellos que se le asignaban a Moloc, el dios del fuego, o a Alá Mahozim, "el dios de las fortificaciones."[113] El ha visto que, al mismo tiempo en que el Obispo de Roma era investido con el título pagano de Pontifex, al Salvador empezó a dársele el nombre de Ichtys, o "el Pez," identificándolo así con Dagón, el dios-pez;[114] y que, desde entonces, avanzando paso a paso, según lo permitían las circunstancias, lo que se conoce por el nombre de el culto de Cristo, sólo ha sido el culto de esa misma divinidad babilónica con todos sus ritos, pompas, y ceremonias, exactamente como ocurría en la antigua Babilonia. Por último, ha visto que el Soberano Pontífice de la así llamada Iglesia cristiana de Roma tuvo tanto éxito con el *título* que se le otorgó a fines del siglo cuarto, como para ser honrado, tal como lo ha sido durante siglos, con los mismos "nombres de blasfemia" dados originalmente a los antiguos pontífices babilónicos.[115]

Si se comparan las circunstancias en que el Papa accedió a todas estas alturas del poder y de la arrogancia blasfema, como lo pro-

---

[113] Ver Capítulo Cuarto, Sección II.

[114] El mismo Baco fue llamado por el mismo nombre de "Ichthys." – (HESIQUIO, p. 179).

fetizado por Daniel que, por necesitar de la verdadera clave, nunca se ha entendido, creo que el lector verá como se ha cumplido literalmente esa predicción en la historia de los papas de Roma. La predicción a la cual me refiero es la que tiene que ver con lo que comúnmente se conoce como el "Rey testarudo," como se le describe en Daniel 11:36, y en los versículos siguientes. Se admite en todas partes que ese "Rey testarudo" es un rey que surge en tiempos del Evangelio, y dentro de la cristiandad, pero se ha supuesto generalmente que se trata de un Anticristo infiel, que se opone no solamente a la verdad, sino también al papismo, y a todo lo que tenga que ver con el cristianismo. Sin embargo, dejemos que la predicción sea leída a la luz de los hechos que hemos analizado, y se verá cuán diferente es el asunto: "Y el rey hará a su voluntad; y se ensoberbecerá, y se engrandecerá sobre todo dios; y contra el Dios de los dioses hablará maravillas, y

---

[115] El lector que haya visto la primera edición de esta obra, se dará cuenta de que, en el anterior razonamiento, no encuentro nada sobre el nombramiento hecho por Graciano del Papa como Pontífice, con autoridad directa sobre los *paganos,* como se hizo en esa edición. Esto no es porque yo no crea que tal nombramiento se hizo, sino porque, actualmente, queda alguna obscuridad sobre el asunto. Barcroft Boake, un erudito ministro de la Iglesia de Inglaterra en Ceilán, cuando me informó, en este país, de sus investigaciones sobre el asunto, me hizo dudar para sostener que hubiera alguna autoridad formal dada por Graciano al Obispo de Roma sobre los *paganos*. Al mismo tiempo, todavía estoy convencido de que la aseveración original era substancialmente cierta. El fallecido Sr. Jones, en la *Revista de la Profecía*, no sólo se refiere al *Apéndice del Código Teodosiano*, como prueba de tal nombramiento, sino que, como aclaración de las palabras del *Código*, sostiene en términos claros que había un concurso para el oficio de Pontífice, y que había dos candidatos, uno era el pagano Símaco, que anteriormente había sido diputado de Valentiniano, y el otro era el Obispo de Roma.– (Revista Trimestal de la Profecía, Oct. 1852, p. 328). No puedo saber sobre la autoridad del Sr. Jones para esta aseveración; pues ella es tan circunstancial, que no puede ponérsela en duda fácilmente sin impugnar la veracidad de quien la ha hecho. He encontrado que el Sr. Jones se equivoca en varios puntos, pero no en una equivocación de esta naturaleza; y el carácter del hombre no da lugar a tal suposición. Además, el lenguaje del *Apéndice* no permite fácilmente otra interpretación. Pero, aun cuando no hubiera nombramiento formal del Obispo Dámaso para un pontificado extensivo a los paganos es claro, sin embargo, que, por el decreto de Graciano (la autenticidad del cual se acepta por el meticuloso Gieseler), él fue convertido en la suprema autoridad espiritual del Imperio de Occidente *en todos los asuntos religiosos*. Por tanto, cuando en el año 400 D.C., los sacerdotes *paganos* eran, por motivos políticos, "reconocidos como *empleados públicos*" por el Emperador cristiano de Occidente, (*Código Teodosiano,* XII. 1, ad POMPEJANUM *Procons.* Africa, p. 1262), estos sacerdotes paganos estaban, necesariamente, bajo la jurisdicción del Obispo de Roma, pues entonces no existía ningún otro tribunal, excepto el suyo para la determinación de todos los asuntos que tenían que ver con la religión. En el texto, sin embargo, no hago alusión a esto. El argumento, como creo que lo admitirá el lector, es suficientemente decisivo sin ella.

será prosperado, hasta que la ira sea acabada, porque hecha está la determinación. Y del Dios de sus padres no se cuidará, ni del amor de las mujeres; ni se cuidará de dios alguno, porque sobre todo se engrandecerá." Así, en grado superlativo, estas palabras hacen una descripción exacta del papado con su soberbia, su blasfemia, y su celibato y virginidad obligatorios. Pero las palabras que siguen, cualquiera que sea el sentido que los comentaristas les hayan atribuido, hasta ahora se ha encontrado que no son susceptibles de hacerlas concordar o con la teoría de lo que el Papa se proponía, o con cualquier otra teoría. Sin embargo, dejemos que sólo sean interpretadas literalmente, y comparadas con la historia papal, y todo será claro, consecuente y armonioso. El inspirado profeta ha dicho que aparecerá alguien en la Iglesia de Cristo que no sólo aspirará a un lugar preeminente, sino que lo alcanzará realmente, y que "hará su voluntad," es decir, que su voluntad suprema se impondrá aun en contra de toda ley humana o divina. Si este rey va a ser un pretendido sucesor del pescador de Galilea, la pregunta que surge naturalmente es la de ¿cómo pudo ser posible que él tuviera alguna vez los medios para alcanzar un poder tan descomunal? Las palabras que siguen dan una clara respuesta a esa pregunta: "Ni se CUIDARA[116] de dios alguno, porque sobre todo se engrandecerá. MAS honrará en su lugar al dios Mauzim (Alá Mahozim, el dios de las fortalezas), dios que sus padres no conocieron, lo honrará con oro y plata, y piedras preciosas y con cosas de gran precio. Y con el pueblo del dios ajeno que conocerá, hará fortalezas fuertes[117] [para sí mismo], ensanchará su gloria; y los hará señores sobre muchos, y repartirá la tierra por precio." Esta es la profecía. Esto es exactamente lo que ha hecho el Papa. El *autoengrandecimiento* ha sido siempre el gran principio del papado; y al engrandecerse, fue solamente al "dios de las fortalezas" al que él honró. Introdujo el culto de este dios en la Iglesia romana, y al hacerlo así, convirtió lo que de otra manera habría sido una fuente de debilidad para él, en la misma torre de su

---

[116] El lector observará que no se dice que él no *adorará* a ningún dios; lo contrario es evidente, sino que él no *cuidará* de ninguno, pues su propia gloria está en su más alta meta.

[117] La palabra aquí es la misma que arriba significa "fortificaciones."

fortaleza, poniendo en práctica el mismo paganismo de Roma, por el cual estuvo rodeado el baluarte de su poder. Una vez que se comprobó que el Papa estaba dispuesto a adoptar el paganismo bajo nombres cristianos, los paganos y los sacerdotes paganos serían sus más sinceros y fieles defensores. Y cuando el Papa comenzó a ejercer el poder señorial sobre los cristianos, ¿quiénes fueron los hombres que él recomendaría – que él promovería – que él ascendería al honor y al poder? Precisamente a aquel mismo pueblo más devoto al "culto de un dios ajeno," que él había introducido en la Iglesia cristiana. La gratitud y el propio interés conspiraron por igual para esto. Los jovinianos, y todos los que se opusieron a las ideas y a las prácticas paganas fueron excomulgados y perseguidos.[118] Sólo fueron favorecidos y promovidos aquellos que adhirieron sinceramente a la apostasía (y nadie lo podía hacer mejor que los paganos auténticos). Tales hombres fueron enviados en todas direcciones desde Roma, incluso hasta Gran Bretaña, para restaurar el reinado del paganismo - y fueron enaltecidos con títulos eminentes, y se dividieron las tierras entre ellos, y todo esto "en provecho" de la sede romana, para convertirlo en "dinero de San Pedro" desde los confines de la tierra para el Romano Pontífice. Pero se dice además que el rey engrandecido honraría a un "dios que sus padres no conocieron, con oro y plata, con piedras preciosas." El principio de la transubstanciación es incuestionablemente un principio babilónico, pero no hay evidencia de que tal principio se aplicara de la misma manera en que lo ha aplicado el papado. Es cierto que tenemos evidencia de que ningún dios-hostia como el que adora el papado, fuese adorado alguna vez en la Roma pagana. "¿Sería algún hombre tan loco," dice Cicerón, que fue augur y sacerdote romano, "como para tomar aquello de que él se alimenta para un dios?"[119] Cicerón no podía haber dicho esto, si algo como el culto de la hostia se hubiera establecido en Roma. Pero lo que era demasiado absurdo para los paganos romanos,

---

[118] GIBBON, vol. V. p. 176, dice que él fue perseguido y desterrado, y esto por ser enemigo del celibato y de los ayunos, es decir, los ayunos tal como Roma los impone. Ver también con relación a esta excomunión, BOWER, vol. I. p. 256; y MILNER, *Historia de la Iglesia*, cent, 5º, cap. 10, vol. II. Nota, p. 476.

[119] CICERON, *De Natura Deorum*, lib. III. cap. 16, vol. II. p. 500.

Acerca de los Misterios... y el Culto al Hombre

no lo fue en modo alguno para el Papa. El gran dios de la Iglesia romana es la hostia o galleta consagrada. Esta hostia se guarda como una reliquia en una custodia adornada con oro y plata y piedras preciosas. Y así, es evidente que el "dios" al que "sus padres no conocieron" – los padres *paganos* del Papa – él lo honra hoy de la misma manera en que lo dan a entender los términos de la profecía. Así, en todos los conceptos, cuando el Papa fue investido con el título pagano de Pontifex, y él se dedicó a hacer que ese título fuera una realidad, dio exacto cumplimiento a la profecía de Daniel anunciada hacía más de 900 años antes.

Pero volvamos a los símbolos del Apocalipsis. Fue de la boca del "dragón de fuego" de donde salió "agua como un río." El Papa fue, a fines del siglo cuarto y como lo es también ahora, el único representante en la tierra de Belsasar, o Nimrod, pues los paganos lo ACEPTARON manifiestamente como tal. Por supuesto, él era igualmente el legítimo sucesor del "dragón de fuego" *romano*. Por tanto, cuando fue dignificado con el título de Pontífice, se dedicó a propagar la antigua doctrina babilónica de la regeneración bautismal, que sólo era el cumplimiento inequívoco y efectivo de las palabras divinas en el sentido de que el gran dragón de fuego echaría "de su boca tras la Mujer agua como un río." El, y los que le colaboraron en esta causa, prepararon el camino para el establecimiento de ese tremendo despotismo civil y espiritual, que empezó a surgir plenamente en Europa en el año 606 D.C. cuando, en medio del mar tempestuoso de las revoluciones y de las perturbaciones de las naciones, el Papa de Roma se convirtió en Obispo universal, y cuando los diez reinos principales de Europa lo reconocieron como el Vicario de Cristo en la tierra, como el centro único de la unidad, como la única fuente de estabilidad para sus tronos. Entonces, por sus propias obras y por sus propias acciones, y con el beneplácito del PAGANISMO UNIVERSAL de Roma, él fue realmente el representante de Dagón, cuya mitra lleva hasta el día de hoy sobre su cabeza.[120] ¿Se podría dar entonces un cumplimiento más exacto de Apocalipsis 13:1-3 : "Y yo me paré sobre la arena del mar, y vi una bestia subir del mar, que tenía siete cabezas y diez cuernos;

y sobre sus cuernos diez diademas; y sobre las cabezas de ella nombre de blasfemia... . Y vi una de sus cabezas como herida de muerte, y la llaga de su muerte fue curada; y toda la tierra maravillada, siguió a la bestia"?

SECCION III — LA BESTIA QUE SUBIA DE LA TIERRA

Esta bestia aparece ante nosotros en Apocalipsis 13:11 : "Después vi otra bestia que subía de la tierra; y tenía dos cuernos semejantes a los del Cordero, mas hablaba como el dragón." Aunque esta bestia se *menciona* después de la bestia del mar, no se concluye por esto que haya *existido* después de la bestia marina. La obra realizada por ella parece demostrar todo lo contrario, pues es mediante su mediación como la humanidad es llevada (versículo 12) a "adorar la primera bestia," después de que esta bestia ha recibido su herida mortal, lo que demuestra que ella debe haber existido antes. La razón para que se le mencione después es precisamente porque ejerce todos los poderes de la primera bestia, y hace que todos los hombres la adoren, por lo cual no podía ser descrita apropiadamente hasta cuando hubiera aparecido por primera vez en escena. En la antigua Caldea también existía el símbolo de esto. A ese dios se le llamó Nebo en Babilonia; Nub o Num en Egipto,[121] y Numa entre los romanos, por Numa Pompilio, el gran rey-sacerdote de los romanos que ocupaba, precisamente, el lugar del Nebo babilónico. Entre los etruscos, de los cuales tomaron los romanos la mayor parte de

---

[120] [Hasta "tanto que se sienta en el templo de Dios como Dios, haciéndose parecer Dios" (esta Escritura tiene su cumplimiento desde el papa Agatón en el año 678 D.C.)][N.E.] Es desde esta época solamente cuando empezaron a contarse los bien conocidos 1260 días (días proféticos, o años); porque nunca antes apareció el Papa como Cabeza de la bestia de los diez cuernos, y como cabeza de la Iglesia universal. El lector observará que aunque la bestia mencionada ha pasado por el mar, todavía conserva su característica primitiva. Al principio, la cabeza de la apostasía fue Cronos, "El Cornudo." La cabeza de la apostasía sigue siendo Cronos, porque él es la bestia "con siete cabezas y *diez cuernos*"

[121] En Egipto, especialmente entre la población de habla griega, la *b* egipcia se cambia frecuentemente en *m*.– Ver BUNSEN, vol. I. pp. 273, 472.

[122] AMIANO MARCELINO, lib. XXI. cap. 1, p. 264.

Acerca de los Misterios... y el Culto al Hombre

Dios Egipcio
con Cabeza de Morueco
Fig. 55

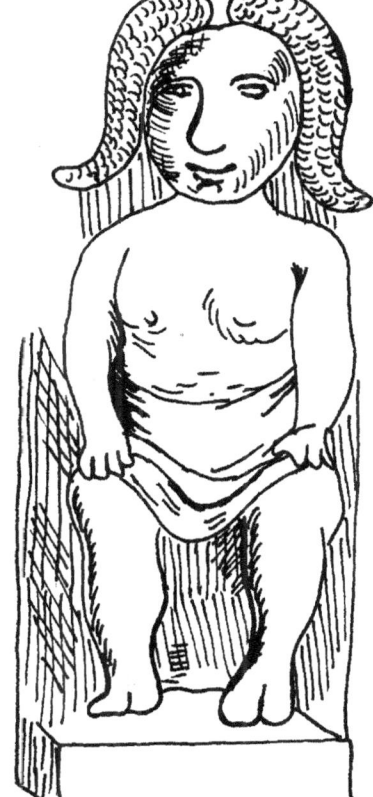

Dios-Niño de Etruria
con Cabeza de Morueco
Fig. 56

sus ritos, se le llamaba Tages, un niño que nació repentina y milagrosamente de una zanja de la tierra,[122] y del cual se dice principalmente que así como Juan vio que la bestia "subía de la tierra," así también Tages fue un niño que nació repentina y milagrosamente de una zanja en la tierra. A este dios se le representaba en Egipto con la cabeza y los cuernos de un morueco (Fig. 55).[123] Parece que en Etruria se le había representado en una forma algo parecida, pues allí encontramos un niño divino y milagroso que se ve con los cuernos del morueco (Fig. 56).[124] El

---

[123] De WILKINSON, lámina 22, "Amón." Comparando esta figura con la que aparece en WILKINSON, vol. IV. pp. 235, 238, se verá que aunque la figura mencionada tiene el nombre de "Amón," la *cabeza de morueco* lo presenta como si tuviera los atributos de Noub.

[124] De *Antigüedades Etruscas* por F.A. DAVID, vol. V. lámina 57. Estoy en deuda con mi amigo y vecino, el Pastor A. Peebles, de Colliston por la anterior y por muchas otras cosas que me han ayudado a esclarecer esta obra.

nombre de Nebo, el gran nombre distintivo de este dios, significa "el Profeta" y, como tal, daba oráculos, practicaba augurios y aparentaba tener poderes milagrosos, siendo un experto en magia. Fue el gran hacedor de milagros, y respondía exactamente a los términos de la profecía, cuando se dice (versículo 13): "Y hace grandes señales, de tal manera que aun hace descender fuego del cielo a la tierra delante de los hombres." Fue con este mismo carácter como se conoció al Tages etrusco, pues se decía que había enseñado los augurios a los romanos, y todas las supersticiones y la patraña de hacer milagros relacionados con esto.[125] Así como en tiempos recientes oímos sobre imágenes de Madonas que lloran y parpadean, además de otros innumerables prodigios que ocurren frecuentemente en la Iglesia romana, como prueba de este o de aquel dogma papal, así fue también en el sistema de Babilonia. ¿Hay escasamente alguna clase de "fraude piadoso" o impostura practicada santamente hoy día a orillas del Tíber, que no pueda demostrarse que haya tenido su réplica en las orillas del Eufrates, o en los sistemas que de allí salieron? ¿Se ha visto que la imagen de la Virgen derrama lágrimas? Las imágenes paganas también derramaban muchas lágrimas. A estos ídolos de corazón tierno se refiere Luciano cuando, al hablar de los prodigios que ocurrían durante las guerras civiles, dice:

"Las lágrimas derramadas por los dioses, patronos de nuestro país,
Y el sudor de los Lares, hablan de los infortunios de la ciudad."[126]

Virgilio también se refiere a lo mismo cuando dice :

"Las llorosas estatuas las guerras pronostican,
Y sudor santo cae de los ídolos de latón."[127]

---

[125] OVIDIO, *Metam.*, lib. XV. ll. 558, 559, p. 760.

[126] LUCANO, *Civ. Bell.*, lib. I. v. 356, 357, p. 41.

[127] *Las Geórgicas*, lib. I. l. 480, p. 129.

[128] AGUSTIN, *De Civitate*, lib. III. cap. 11, vol. IX. p. 86.

En Cumas, la estatua de Apolo derramó lágrimas durante cuatro días, sin interrupción,[128] cuando murió Publio Craso, luchando con Aristarco, durante el consulado de Apio Claudio y Marco Perpena. Los dioses también tenían su humor festivo, así como sus ataques de llanto. Si Roma considera como un logro divino para la sagrada imagen de su Madona que ella "parpadee," seguramente que no lo era menos para las imágenes del paganismo cuando suavizaban sus semblantes con una sonrisa ocasional. De que lo hicieran así, tenemos abundantes testimonios. Psellos nos dice que cuando los sacerdotes ejercían sus poderes mágicos, "las estatuas *reían* y las lámparas se encendían espontáneamente."[129] Sin embargo, parecía que cuando las imágenes se alegraban inspiraban sentimientos distintos a los del júbilo en los pechos de aquellos que las contemplaban. "Los teúrgos," dice Salverté, "hacían que los dioses aparecieran en el aire, en medio de vapores gaseosos, sin emplear el fuego. El teúrgo Máximo se valía indudablemente de una secreto semejante cuando, entre el humo del incienso que quemaba delante de la estatua de Hécate, se veía que la imagen reía tan naturalmente como para *llenar de terror a los espectadores*."[130] No obstante, hubo épocas en que se inspiraron sentimientos diferentes. ¿La imagen de la Madona se ha mostrado benigna para con un adorador favorecido, y lo envía a casa, asegurándole que su oración ha sido escuchada? Así lo hacían las estatuas de la Isis egipcia. Ellas estaban arregladas de tal modo que la diosa podía hacer que se moviera la serpiente de plata de su frente, y hacer con la cabeza una señal afirmativa a aquellos que habían presentado sus peticiones de una manera grata para ella.[131] Leemos sobre santos romanos que demostraban sus poderes milagrosos atravesando los ríos o el mar en los vehículos más inverosímiles. Así, sobre San Raimundo se ha escrito que él fue transportado sobre el mar en su túnica.[132] El paganismo no se queda atrás en

---

[129] PSELLOS, *sobre Demonios*, pp. 40, 41.

[130] EUNAPIO, p. 73.

[131] JUVENAL, *Sátiras*, VI. l. 537.

[132] NEWMAN, *Lecturas*, 285-287, *apud* BEGG, *Manual del Papado*, p. 93.

Lo Que Usted Debe Saber

este asunto, pues se relata que un santo budista, Sura Acaria, "acostumbraba visitar sus rebaños al oeste del Indo, flotando sobre la corriente en su manto."[133] Los dioses y los sumos sacerdotes paganos hacían demostraciones mucho mayores aún que la anterior de su capacidad de flotamiento. En la actualidad, existe un hombre santo en la Iglesia de Roma, en algún lugar del Continente que, con el nombre de San Cubertín, cuando se ocupa en sus devociones se regocija y rebosa tanta espiritualidad, que su cuerpo no permanece en el suelo sino que, a despecho de todas las leyes de la gravedad, se eleva algunos pies en el aire. Así ocurrió también, hace algunos siglos, con los renombrados San Francisco de Asís,[134] Pedro Martina[135] y Francisco de Macerata.[136] Pero tanto San Cubertín, como San Francisco y sus compañeros, están lejos de ser originales en este fervor sobrehumano. Los sacerdotes y los magos de los Misterios caldeos se les adelantaron no solamente por algunos siglos, sino por miles de años. Celio Rodigino dice "que, según los caldeos, algunas veces los rayos luminosos, al emanar del alma, penetran el cuerpo en forma divina, que entonces se eleva sobre la tierra, y que este fue el caso de Zoroastro."[137] Los discípulos de Yámblico aseguraban que, con frecuencia, habían sido testigos de idéntico milagro en el caso de su maestro, el cual, cuando oraba se elevaba de la tierra a una altura de diez codos.[138] El milagro más grande que Roma pretende realizar es cuando, mediante la repetición de cinco palabras mágicas, ella afirma que ha hecho bajar del cielo el cuerpo, la sangre, el alma y la divinidad de nuestro Señor Jesucristo, para hacerlo presente real y corporalmente en

---

[133] TODD, *La India Occidental*, p. 277.

[134] EUSEBE SALVERTÉ, p. 37.

[135] *Flores Seráficas*, p. 158.

[136] *Ibid*. p. 391.

[137] SALVERTÉ, p. 37. La historia del anteriormente mencionado Francisco de Macerata, es el duplicado exacto de la historia de Zoroastro, pues no solamente se elevaba al orar, sino que su cuerpo se volvía luminoso al mismo tiempo, *"flammamque capiti insidentem,"* una "llama permanecía sobre su cabeza" (*Flores Seráficas*, p. 391).

[138] *Ibid*.

el sacramento del altar. Los sacerdotes caldeos pretendían de igual manera, mediante sus palabras mágicas, hacer bajar a las divinidades a sus respectivas estatuas, para que su "presencia real" se manifestara visiblemente en ellas. A esto lo llamaban "la hechura de dioses;"[139] y de allí proviene, sin duda, el dicho blasfemo de los sacerdotes papistas de que ellos tienen poder "para crear a su Creador." Hasta donde he podido averiguar, no hay evidencia de que, en el sistema babilónico, la delgada y redonda torta o galleta del "incruento sacrificio de la misa," fuera considerada alguna vez como algo más que un *símbolo,* ni que *se transformara alguna vez en el dios* al que ella representaba. Pero la doctrina de la transubstanciación es del todo claramente de la esencia de la misma magia, que pretendía cambiar una substancia en otra, con la pronunciación de unas cuantas y poderosas palabras, o mediante un hábil juego de manos eliminar una substancia y hacer aparecer otra en su lugar. Además, el Papa, en la plenitud de su poder, se atribuye el derecho de esgrimir los rayos de Jehová,[140] y de destruir con sus "fulminaciones" a cualquiera que lo disguste. Los reyes, y todas las naciones que creen en tal poder, han temblado y se han inclinado ante él por temor de ser fulminadas por sus rayos espirituales. Los sacerdotes del paganismo se arrogaban el mismo poder; y, para reforzar la creencia en sus poderes espirituales, también pretendían literalmente hacer descender rayos del cielo. Se dice que Numa Pompilio lo hizo así con pleno éxito. Tulio Hostilio, su sucesor, siguiendo su ejemplo, pereció en el intento con toda su familia, al ser alcanzados, como le ocurrió en tiempos recientes al profesor Reichman, por el rayo que pretendía hacer descender.[141] Tales

---

[139] AGUSTIN, *De Civitate,* lib. VIII. cap. 26, vol. IX. p. 284, col. 2.

[140] [Trascripción del nombre de Dios dado en la Sagrada Escritura por el tetragramaton YHWH. La pronunciación Jehováh proviene del hecho de que para la lectura en las sinagogas YHWH se leía Adonai (Señor), y que a las consonantes del tetragramaton (YHWH o JHVH) se habían añadido las vocales de Adonai para recordar al lector el nombre que debía leer. Esta pronunciación se hizo común en Roma a partir de Pedro Galatino, confesor de León X (1518) aunque muchos años después lo desecharon.][NE]

[141] SALVERTÉ p. 383; LIVIO, *Historia,* lib. I. cap. 31, vol I. p. 46; PLINIO, lib. XXVII. p. 684. Los medios indicados para hacer descender el rayo se describen en los libros de las Tages etruscas. Numa los había copiado de estos libros, y de ahí la catástrofe.

eran los poderes para obrar maravillas atribuidos en la Palabra divina a la bestia que subiría de la tierra; poderes que también se pretendían ejercer mediante el antiguo símbolo babilónico.

En recuerdo del nacimiento del dios que salió de un "hueco de la tierra," se celebraban con frecuencia los Misterios en cavernas subterráneas. Esto ocurría en Persia donde, así como se decía que Tages había nacido de la tierra, así también se fabuló de Mitra, del que también se decía que había salido de una cueva de la tierra.[142] Numa, el de Roma, pretendía haber conseguido todas sus revelaciones de la ninfa Egeria en una cueva.[143] En estas cuevas fueron iniciados los hombres, primero en el secreto de los Misterios; y, por las señales y los falsos prodigios que allí se les presentaban, se les hizo volver, después de la muerte de Nimrod, al culto de ese dios en su nueva forma. Entonces, la bestia apocalíptica que "subió de la tierra" concuerda, en todos los respectos, con ese antiguo dios que nació de un "hueco de la tierra," pues no hay palabras que puedan describir más exactamente sus hazañas que las palabras de la profecía (versículos 13,14): "Y hace grandes señales, de tal manera que aun hace descender fuego del cielo a la tierra delante de los hombres... mandando a los moradores de la tierra que hagan la imagen de la bestia que tiene la herida de cuchillo." Esta bestia, obradora de prodigios, llamada Nebo, o "el Profeta," era, por supuesto, el "*falso* profeta," como profeta de la idolatría. Comparando el pasaje que tenemos ante nosotros con Apocalipsis 19:20, se aclarará que a esta bestia "que subió de la tierra" se le llama expresamente por ese mismo nombre: "Y la bestia fue presa, y con ella el *falso* profeta que había hecho las señales delante de ella, con las cuales había engañado a los que tomaron la señal de la bestia, y habían adorado su imagen." Como fue "la bestia de la tierra" la que "había hecho las señales" ante la primera bestia, esto demuestra que "la bestia de la tierra" es "Nebo" el "falso profeta."

---

[142] JUSTINO MARTIR, vol. II. p. 193. Es notable que así como Mitra salió de una cueva, así también los nominales cristianos idólatras del Oriente representen a nuestro Salvador como habiendo nacido igualmente en una cueva.– (Ver KITTO, *Enciclopedia*, "Belén," vol. I. p. 327), No existe la menor indicación de tal cosa en las Escrituras.

[143] LEMPRIERE.

Acerca de los Misterios... y el Culto al Hombre

Si examinamos la historia del Imperio romano, encontraremos que aquí también hay una exacta correspondencia entre el símbolo y antisímbolo. Cuando sanó la herida mortal del paganismo, y el antiguo título pagano de Pontífice fue restaurado, lo fue por medio de la clerecía corrupta, simbolizada precisamente, como se acepta generalmente, por la imagen de la bestia con cuernos, como los de un cordero, según lo dicho por nuestro Señor: "Guardaos de los falsos profetas, que vienen a vosotros con vestidos de ovejas, mas de dentro son lobos robadores." El clero, como cuerpo colectivo, estaba formado por dos grandes divisiones: el clero regular y el clero secular, correspondiendo a los dos cuernos o poderes de la bestia, y fusionando también, en ese período tempranero, tanto los poderes espirituales como los temporales. Los obispos, como jefes de estos cleros, tenían grandes poderes temporales, desde mucho antes de que el Papa consiguiera su corona temporal. Sobre este asunto tenemos la clara evidencia tanto de Guizot como de Gibbon. Guizot, después de demostrar que antes del siglo quinto el clero no solamente había llegado a diferenciarse del pueblo, sino a independizarse de él, añade: "El clero cristiano tenía, además, otra fuente de influencia muy diferente. Los obispos y los sacerdotes llegaron a ser los principales *magistrados municipales*... .Si usted abre o bien el código de Teodosio o el de Justiniano, encontrará numerosas reglamentaciones que traspasan los asuntos municipales al clero y a los obispos." Al respecto, Guizot hace varias citas. La siguiente cita del código de Justiniano es suficiente para demostrar cuán amplio era el poder concedido a los obispos: "Con respecto a los negocios anuales de las ciudades, si conciernen a las rentas ordinarias de la ciudad o a los fondos provenientes de la hacienda de la ciudad, o de donaciones o legados privados, o de cualquier otra fuente; si las obras públicas, o los depósitos de provisiones o los acueductos, o el mantenimiento de los baños o de los puertos, o la construcción de murallas o de torres, o la reparación de los puentes o las vías, o juicios en los cuales pueda estar comprometida la ciudad con relación a los intereses públicos o privados, ordenamos lo siguiente: Se reunirán el propio piadoso obispo, y tres notables escogidos entre los hombres principales de la ciudad; cada año, examinarán las obras hechas;

cuidarán de que aquellos que las dirigen, o las hayan dirigido, las reglamenten con precisión, rindan sus cuentas, y demuestren que han cumplido debidamente con sus compromisos con la administración, trátese de monumentos públicos, o de las sumas destinadas para provisiones o baños, o de gastos en el mantenimiento de vías, acueductos, o cualquier otra obra."[144] Aquí está una larga lista de funciones puestas sobre los hombros de "el propio obispo piadoso," ninguna de las cuales alude en manera alguna a lo puramente divino de los deberes de un obispo, como aparece en la Palabra de Dios (ver 1 Timoteo 3:1-7; y Tito 1:5-9). ¿Cómo fue que los obispos, que originalmente fueron nombrados para asuntos puramente espirituales, se dieron maña para apoderarse de una cantidad tan grande de autoridad temporal? Gibbon nos aclara el verdadero origen de lo que Guizot llama este "prodigioso poder." El autor de *La Decadencia y la Caída* demuestra que poco después de la época de Constantino, "la Iglesia" [y en consecuencia los obispos, especialmente cuando dieron por sentado que ellos constituían un orden aparte del resto de la clerecía] consiguió gran poder temporal mediante el derecho de asilo, que le correspondía a los templos paganos, al ser transferido por los emperadores a las iglesias cristianas. Sus palabras son: "Al fugitivo y aun al culpable, se les permitía implorar o la justicia o la misericordia de la deidad y de sus ministros."[145] Así se estableció la usurpación de los derechos del magistrado civil por los eclesiásticos, y así se les estimuló para que se apoderaran de todos los poderes del Estado. Así también en el siglo diecinueve, como lo hacen notar justamente la autora de *Roma en el Siglo Diecinueve* al referirse al derecho de asilo, "los altares se pervirtieron por la protección de los mismos crímenes por los cuales ellos habían sido levantados para proscribirlos del mundo."[146] Causa estupefacción el hecho de ver cómo el poder temporal del papado se fundamentó, en sus mismos comienzos, en la "ilegalidad," y es una prueba más, de las muchas que pudieran aducirse, de que el jefe del sistema romano, a

---

[144] GUIZOT, *Historia de la Civilización*, vol. I. secc. II. pp. 36, 37.

[145] GIBBON, vol. III. cap. XX. p. 287.

[146] *Roma en el Siglo Diecinueve*, vol. I. pp. 246, 247.

quien están sometidos todos los obispos, es verdaderamente "aquel inicuo" (2 Tesalonicenses 2:8), profetizado por las Escrituras como el jefe reconocido del "Misterio de Iniquidad." Todo este poder temporal cayó en manos de hombres que, mientras decían ser ministros de Cristo, y seguidores del Cordero, estaban buscando simplemente su propio engrandecimiento y, para conseguirlo, no dudaron en traicionar la causa que decían servir. El poder espiritual que esgrimían sobre las almas de los hombres, y el poder secular que consiguieron en los negocios del mundo, fueron usados por igual en contra de la causa de la pura e inmaculada religión. Al principio, estos falsos profetas, al llevar por mal camino a los hombres y al buscar la unión del paganismo y del cristianismo, obraron *soterradamente*, socavando, como el topo en la obscuridad, y pervirtiendo secretamente al ingenuo, según lo dicho por Pablo: "Porque ya está obrando el *Misterio* de Iniquidad." Pronto, hacia fines del siglo cuarto, cuando las mentes de los hombres habían sido muy bien preparadas, y las cosas parecían pintar muy favorablemente para ello, hicieron su aparición los lobos con piel de oveja, sacando poco a poco a la luz del día sus doctrinas y sus prácticas secretas, y siglo tras siglo, a medida que aumentaba su poder con "engaño de iniquidad," y con "señales y milagros mentirosos," embaucaron las mentes de los cristianos laicos, haciéndoles creer que su anatema era equivalente a la maldición de Dios; en otras palabras, que ellos podían "hacer descender fuego del cielo," y así hicieron "a la tierra y a los moradores de ella adorar la primera bestia, cuya llaga de muerte fue curada."[147] Cuando la "llaga de muerte" de la bestia pagana sea curada, y aparezca la bestia del mar, se dice que esta bestia de la tierra llegará a ser el reconocido y acreditado ejecutor de la voluntad de la gran bestia del mar, "y ejerce todo el poder de la primera bestia en presencia de ella" (versículo 12), literalmente, "en su presencia," bajo su ins-

---

[147] Aunque el Papa sea el gran Júpiter Tonante del papado, y "fulmine" desde el Vaticano, como se creía que su predecesor lo hacía anteriormente desde el Capitolio, sin embargo, no es él en realidad el que hace bajar fuego del cielo, sino su clerecía. Pues sin la influencia de la clerecía en todas partes enegueciendo las mentes del pueblo, los rayos papales serían sólo "bruta fulmina" después de todo. Por tanto, el símbolo es más exacto cuando atribuye el "hacer descender fuego del cielo" a la bestia que sube de la tierra, antes que a la bestia que sube del mar.

pección. Considerando lo que representa la primera bestia, la expresión "en presencia de ella" tiene una fuerza muy grande. La bestia que sube del mar es el "cuerno pequeño," en el que "había ojos como ojos de hombre" (Daniel 7:8); es el Janus Tuens, el "Jano que todo lo ve," en otras palabras, el Obispo Universal o el "Inspector Universal" que, desde su trono sobre las siete colinas, ve y sabe todo lo que se hace hasta en los más remotos confines de su extenso dominio, por medio del sistema organizado del confesionario. Fue exactamente por el tiempo en que el Papa llegó a ser obispo universal, cuando empezó la costumbre de investir sistemáticamente a los principales obispos del Imperio de Occidente con la librea papal, el palio, "con el propósito," dice Gieseler, "de simbolizar y fortalecer su relación con la Iglesia de Roma."[148] Ese palio, llevado sobre los hombros por los obispos era, por una parte, la librea del Papa, y obligaba a quienes lo recibían a actuar como funcionarios de Roma, debiendo toda su autoridad al Papa, y a ejercerla bajo su suprema inspección como "obispo de los obispos;" por otra parte, era realmente la investidura visible de estos lobos con piel de oveja. ¿Qué era y para qué servía el palio del obispo papal? Era una prenda hecha de lana, bendita por el Papa, tomada de los corderos sagrados criados por las monjas de Santa Inés, y tejida por sus santas manos,[149] con el fin de que pudiera ser otorgada a aquellos a quienes el Papa deseaba honrar "incorporándolos a nuestra sociedad en el único *redil pastoral*,"[150] como dijo uno de ellos mismos. Así comisionados, así ordenados por el Obispo universal, hacían eficientemente su trabajo, llevando a la tierra y a los moradores de ella, a que adoraran "la imagen de la bestia que tiene la herida de cuchillo, y vivió." Esta fue una parte de la obra de la bestia profetizada. Pero queda por considerar otra parte no menos importante.

---

[148] GIESELER, vol. II., segunda parte, div. 2ª, secc. 117. Por Gieseler sabemos que en fecha tan temprana como el año 501, el Obispo de Roma había renunciado a la *fundación* de la *corporación* de los obispos por el otorgamiento del palio; pero, al mismo tiempo, dice expresamente que fue sólo cerca del año 602, con el ascenso de Focas al trono imperial – de ese Focas que hizo al Papa Obispo Universal – cuando los papas empezaron a otorgar el palio, es decir, sistemáticamente, por supuesto, y en gran escala.

SECCION IV— LA IMAGEN DE LA BESTIA

La bestia de la tierra no solamente llevó al mundo a que adorara la primera bestia, sino que persuadió a los que moran en la tierra para que hicieran una "IMAGEN de la bestia que tiene la herida de cuchillo, y vivió" (versículo 14). Al meditar durante muchos años en lo que podía significar "la imagen de la bestia," nunca pude encontrar el menor convencimiento en todas las teorías que siempre se habían propuesto, hasta que di con una obra modesta pero valiosa, titulada *Una Investigación Original del Apocalipsis*. Esta obra, producto evidente de una mente perspicaz, versada profundamente en la historia del papado, produjo enseguida la solución de la dificultad. Allí se dice que la imagen de la bestia es la Virgen Madre, o la Madona.[151] A primera vista, esto podría parecer una solución muy inverosímil, pero cuando se le compara con la historia religiosa de Caldea, desaparece completamente la inverosimilitud. En el paganismo babilónico antiguo había una *imagen* de la Bestia del mar, y cuando se sabe lo que era esa imagen, el asunto – creo yo – se resuelve cabalmente. Cuando la imagen de Dagón fue presentada por primera vez para su adoración, se le representó de muchas maneras diferentes y con muchos caracteres distintos; sin embargo, la forma favorita en la que se le adoraba, como lo sabe bien el lector, era la de un niño en los brazos de su madre. Con el transcurso natural de los acontecimientos, la madre llegó a ser adorada junto con el niño, convirtiéndose ciertamente en un objeto de culto favorito. Para

---

[149] *Roma en el Siglo Diecinueve*, vol. III. p. 214. Actualmente, el palio se da solamente a los arzobispos; Gieseler, en el pasaje ya citado, prueba que también se daba a los simples obispos.

[150] GIESELER, vol. II. "El Papado," p. 255. El lector que lea atentamente las cartas del Papa en las que concede el palio, no dejará de observar la gran diferencia de significado entre "el único redil pastoral" ("uno pastorali ovili"), ya mencionada, y "el único rebaño" del Señor. El último significa realmente un rebaño formado por pastores y ovejas. Las cartas papales implican inequívocamente la organización de los obispos como una corporación diferente, enteramente independiente de la Iglesia, y dependiente únicamente del papado, lo que parece se corresponde notablemente con los términos de la profecía con respecto a la bestia que sube de la tierra.

[151] *Interpretación Original del Apocalipsis*, p. 123.

Lo Que Usted Debe Saber

justificar este culto, como ya lo hemos visto, esa madre debe, por supuesto, ser elevada a la divinidad y atribuírsele poderes y prerrogativas. Por tanto, toda dignidad que, según la creencia, poseyera el hijo, se le atribuía por igual a ella. Todo nombre de honor que él llevara, se le daba a ella en forma similar. A él se le llamó Belo, "el Señor;" a ella, Beltis, "mi Señora."[152] A él se le llamó Dagón,[153] "el Tritón;" a ella, Derketo, "la Sirena."[154] El, como rey del mundo, llevaba cuernos de buey;[155] a ella, como ya hemos visto, en cita de autoridad de la Versión de los Setenta, se le puso sobre la cabeza una cabeza de buey, como insignia de realeza.[156] A él, como el dios Sol, se le llamó Beël-samen, "Señor del cielo;"[157] a ella, como la diosa Luna, se le llamó Melkat-ashemin, "la Reina del cielo."[158] A él se le adoraba en Egipto como "el Revelador de la bondad y de la verdad;"[159] a ella se le adoraba en Babilonia, bajo el símbolo de la Paloma, como la diosa de la dulzura y la misericordia,[160] la "Madre de la acogida bondadosa,"[161] la "misericordiosa y propicia para los hombres."[162] A él, con el nombre de Mitra, se le adoró como Mesites o "el Mediador;"[163] a ella, como Afrodita o la "Amortiguadora de la Ira," se le llamó Mylitta, "la Mediadora."[164] A él se le represen-

---

[152] Ver *ante*, p. 20, Nota.

[153] Ver *ante*, p. 144, Nota.

[154] KITTO, *Enciclopedia*, vol. I. pp. 251, 252.

[155] Ver *ante*, pp. 32-36.

[156] EUSEBIO, *Praeparatio Evangelii*, lib. I. cap. 10, vol. I. p. 45. Esta afirmación es notable, porque muestra que los cuernos que llevaba la gran diosa pretendían mostrarla realmente como la imagen expresa de Nino, o "el Hijo." Si ella llevara solamente cuernos de vaca, podría haberse supuesto que estos cuernos pretendían identificarla con la luna. Pero los cuernos de *toro* demuestran que la intención era la de representarla como igual en su soberanía con Nimrod, o Cronos, el "Cornudo."

[157] Ver *ante*, p. 165.

[158] Jeremías 7:18, y PARKHURST, *Léxico Hebreo*, pp. 402, 403.

[159] Ver *ante*, p. 72.

[160] Ver *ante*, p. 78.

[161] Ver *ante*, p. 158. El significado caldeo del nombre Amarusia, que quiere decir "Madre de la acogida bondadosa," demuestra que ha venido de Babilonia.

taba aplastando la gran serpiente bajo la planta de sus pies;[165] a ella, quebrantando la cabeza de la serpiente con su mano.[166] El, con el nombre de Jano, tenía una llave, como el que abre y cierra las entradas del mundo invisible;[167] a ella, con el nombre de Cibeles, se le dio una llave igual como emblema del mismo poder.[168] A él, como el purificador del pecado, se le llamó el "dios Inmaculado;"[169] a ella, que también tenía el poder de limpiar el pecado, se le llamó la "Virgen pura y sin mancha,"[170] aunque fue la madre de la simiente. A él se le representó como el "Juez de los muertos;" a ella se le representó de pie, al lado suyo, en el tribunal del juicio del mundo invisible.[171] Después de que él fue muerto por espada, se fabuló que había resucitado[172] y ascendido al cielo.[173] Ella, aunque la historia dice que también fue muerta a espada por uno de sus propios hijos;[174] sin embargo, en el mito se dice que fue llevada en cuerpo y alma al cielo por su hijo,[175] habiendo sido convertida en Pambasileia, la "Reina del universo."[176] Finalmente, como remate de todo, el último nombre por el cual se le conoció fue Semele que, en el lenguaje babilónico,

---

[162] LUCIO AMPELIO, en BRYANT, vol. III. p. 161.

[163] Ver *ante*, p. 194.

[164] Ver *ante*, p. 158.

[165] Ver *ante*, p. 60.

[166] Ver *ante*, p. 75.

[167] Ver *ante*, p. 210.

[168] TOOKE, *Panteón*, p. 153. Que la llave de Cibeles tenía, en la historia esotérica, un significado correspondiente al significado de la que llevaba Jano, aparecerá del carácter arriba asignado como la Mediadora.

[169] Proclo, hablando de Saturno, dice: "Por tanto, pureza indica esta.....trascendencia de Saturno, su inmaculada unión con lo inteligible. Esta *pureza* y lo *inmaculado* que él posee, etc.," en Notas a los *Himnos Orficos* de TAYLOR, p. 176.

[170] Ver *ante*, p. 125.

[171] WILKINSON, vol. IV. pp. 314, 315.

[172] *Ibid.* vol. IV. p. 190.

[173] *Ibid.* p. 256.

Lo Que Usted Debe Saber

significaba "LA IMAGEN."[177] Así, por todos los conceptos, en los más ínfimos detalles y títulos, ella llegó a ser la imagen exacta de la babilónica "bestia que tiene la herida de cuchillo, y vivió."

Después de lo que el lector ya ha visto en una parte anterior de este libro, resulta apenas necesario decir que esta misma diosa es la que ahora se adora en la Iglesia de Roma con el nombre de María. Aunque a esta diosa se le dé el nombre de la madre de nuestro Señor, todos los atributos que se le han dado provienen simplemente de la Madre babilónica, y no de la Virgen Madre de Cristo.[178] En toda la Biblia no hay ni una línea ni una letra para sostener la idea de que María fuera adorada, de que fuera el

---

[174] MOISES DE CORENA, lib. I. cap. 16, p. 48. "Ninyas enim occasionem nactus matrem (Semiramida) necavit." De igual manera, se dice que Horus, en Egipto, le había cortado la cabeza a su madre, así como Bel, en Babilonia, también despedazó a la diosa primigenia de los babilonios.– (BUNSEN, vol. I. pp. 436, 708).

[175] Ver ante, p. 125.

[176] *Himnos Orficos*, "Himno a Semele," No. 43.

[177] Apolodoro dice que Baco, al llevar a su madre al cielo le dio el nombre de Thuoné (APOLODORO, lib. III. cap. 5, p. 266), que era precisamente el femenino de su propio nombre, Thuoneus – en latín Thyoneus.– (OVIDIO, *Metam*., lib. IV. l. 13). Thuoneus es, evidentemente, la forma pasiva del participio de *Thn*, "lamentar," un sinónimo para "Baco," "El *dios* lamentado." Thuoné, de igual manera, es "La *diosa* lamentada." A la Juno romana se le conoció evidentemente con este mismo carácter de la "Imagen;" porque había un templo erigido en Roma para ella, en la colina Capitolina, con el nombre de "Juno Moneta." Moneta es la forma enfática de una de las palabras caldeas para "imagen;" y que éste era el verdadero significado del nombre, se verá por el hecho de que la Casa de la Moneda se encontraba en el recinto de ese templo.– (Ver SMITH, "Juno," p. 358). ¿Cuál es el uso de una casa de moneda sino, justamente, el de estampar *"imágenes"*? De aquí, la relación entre Juno y la Casa de la Moneda.

[178] La misma forma en que se representaba la Madona papista, esta claramente copiada de las representaciones idólatras de las diosas paganas. Al gran dios se le representa sentado o de pie en el cáliz de una flor de loto. (Ver BRYANT, vol. III. p. 180, donde Harpócrates esta representado así; y VAUX, *Manual del Museo Británico*, p. 429, donde Cupido está sentado en una flor). En la India, es común el mismo modo de representación. A Brahma se le ve con frecuencia sentado sobre una flor de loto, para significar que ha brotado del ombligo de Visnú. De igual manera, la gran diosa debe tener un canapé similar; y, por tanto, encontramos a Lakshi, la "Madre del Universo," sentada en un loto, llevado por una tortuga (ver Fig. 57; de COLEMAN, *Mitología*, lámina 23). También en esto mismo, el papado se ha copiado de su modelo pagano, pues en el *Pancarpium Marianum,* p. 88, se representa a la Virgen con el niño sentada en el cáliz de un tulipán (ver Fig. 58).

La Diosa Hindu Laksmi
sentada en una Flor de Loto
y llevada por una Tortuga
Fig. 57

La Virgen con el Niño
sentada en el Cáliz
de un Tulipán
Fig. 58

"refugio de los pecadores," de que fuera "inmaculada," de que hiciera expiación por el pecado cuando estuvo de pie junto a la cruz y cuando, según Simeón, "una espada traspasará tu misma alma;" ni que, después de su muerte, fuera llevada en gloria al cielo. Pero en el sistema babilónico se encuentra todo esto; y todo esto se ha incorporado ahora al sistema de Roma. El "sagrado corazón de María" se muestra como traspasado por una espada, *en señal*, como lo enseña la Iglesia apóstata, de que su dolor durante la crucifixión fue como una verdadera expiación, tal como lo fue la muerte de Cristo, pues leemos en el Devocionario o misal adoptado por la "Cofradía del Sagrado Corazón," palabras tan blasfemas como estas: "Ve, entonces, devoto feligrés, ve al corazón de Jesús, pero que tu camino sea por medio del corazón de María; *la espada del dolor que traspasó su alma te abre una entrada*; entra por la herida que ha hecho el amor."[179] Por otra parte, oigamos a un expositor de la nueva fe, como el francés M. Genoude, que dice que "María fue la reparadora de la culpa de Eva, como nuestro Señor fue el reparador de la culpa de Adán;"[180] y a otro, como el profesor Oswald de Paderbon, que afirma que María no fue una criatura humana, como nosotros, que ella es "la Mujer, como Cristo es el Hombre," que "María está copresente en la eucaristía, y es incuestionable, según la doctrina de la eucaristía de la Iglesia, que esta presencia de María en la eucaristía es *verdadera y real,* no solamente ideal o figurada;"[181] y, además, leemos en el decreto del Papa sobre la Inmaculada Concepción, que esa misma Madona "herida con la espada" para tal propósito, se levantó de los muertos, y al ser ascendida a lo alto, llegó a ser Reina del Cielo. Si todo esto es así, ¿quién podrá dejar de ver que en esa comunidad apóstata va a encontrarse con lo que corresponde precisamente a lo hecho y establecido en el corazón de la cristiandad, con una "imagen de la bestia que tiene herida de cuchillo, y vivió"?

Si se examinan las palabras inspiradas, se verá que esto responde a un acto público general de la cristiandad apóstata: mandar "a los moradores de la tierra que hagan la imagen de la bestia" (versículo 14), y ellos la hicieron. Aquí está el hecho importante, digno de ser analizado, y es que esto jamás se *hizo,* ni hubiera podido hacerse hasta hace sólo ocho años, por la razón evidente de que, hasta entonces, jamás se admitió que la Madona de Roma reuniera todos los caracteres que pertenecieron a la "IMAGEN de la bestia" babilónica. Hasta entonces, ni siquiera se aceptaba en Roma que María fuera verdaderamente inmaculada, aunque esta mala levadura había estado obrando durante largo tiempo y,

---

[179] *Memorias del Revdo, Godfrey Massy*, pp. 91, 92. En el *Paradisus sponsi et sponsae*, por el autor del *Pancarpium Marianum*, las siguientes palabras dirigidas a la Virgen vienen a la imaginación como ilustración de una lámina que representa la crucifixión, y María está al pie de la Cruz, con la *espada en su corazón,* "*Dilectus tuus filius carnem tu vero animam immolasti: immo corpus et animam*" (p. 181); "A ti, amado hijo, sacrifica su carne; tú tu alma – sí, tu cuerpo y tu alma." Esto es mucho más que poner el sacrificio de la Virgen al nivel del sacrificio del Señor Jesús, lo hace mucho más grande. En 1617 éste era el credo del jesuitismo solamente; ahora hay razón para creer que es el credo general del papado.

[180] *Registro Misionero de la Iglesia Libre*, 1855.

[181] *Ibid.*

en consecuencia, no podía ser el duplicado perfecto de la Imagen babilónica. Sin embargo, lo que jamás se había hecho antes, se hizo en diciembre de 1854. Entonces, obispos de todas partes de la cristiandad y representantes de los confines de la tierra, se reunieron en Roma; y, con sólo cuatro voces disidentes, se decretó que María, la madre de Dios, que murió, se levantó de entre los muertos y subió al cielo, sería adorada en adelante como la Virgen Inmaculada, "concebida y nacida sin pecado." Esta fue la presentación formal de la Imagen de la bestia, y esto, con el consentimiento general de "los hombres que moran en la tierra." Se dijo que cuando esta bestia apareciera, la bestia de la tierra le daría vida y *hablaría* a la Imagen, lo que implica, primero, que no tiene de por sí ni vida ni voz pero que, no obstante, por medio de la bestia de la tierra, va a tener tanto vida como voz, y va a ser un agente efectivo del clero papal, que hará que ella hable exactamente como ellos quieren. Desde cuando fue presentada, su voz se ha oído en todas partes por medio del papado. Anteriormente, los decretos se expedían, más o menos, en nombre de Cristo. Ahora, todas las cosas se hacen primordialmente en nombre de la Virgen Inmaculada. Su voz se oye en todas partes, su voz suprema. Pero se observa que cuando se escucha dicha voz, no es la voz de la misericordia y del amor, es la voz de la crueldad y del terror. Los decretos que se dictan en nombre de la Imagen, son del tenor del versículo 17: "Y que ninguno pueda comprar o vender, sino el que tiene la señal, o el nombre de la bestia, o el número de su nombre." No bien hubo aparecido la Imagen, cuando vemos que esto mismo empezó a cumplirse. ¿Qué otra cosa fue el concordato en Austria, que siguió inmediatamente, sino esto mismo? Este concordato, por fuerza de los acontecimientos inesperados que han surgido, todavía no ha tenido cumplimiento; pero si se hubiera cumplido, el resultado sería exactamente lo que está profetizado: que, en los dominios de Austria, nadie "puede comprar o vender" sin que tenga, de una manera o de otra, la señal. Y el mismo hecho de que un concordato tan intolerante se expida tan rápidamente con el respaldo del decreto de la Inmaculada Concepción, demuestra que es el fruto natural de ese decreto. Los acontecimientos que tuvieron lugar posteriormente en España, ponen de presente allí también la obra poderosa del mismo espíritu de persecución. Desde hace unos pocos años para acá, podría tenerse la impresión de que la marea del despotismo espiritual se habría detenido efectivamente; y muchos, sin duda, han acariciado la esperanza de que lisiada como está la soberanía temporal del papado y, al parecer, tambaleante, tal poder o sus subordinados ya no podrían perseguir nunca más. Pero hay una asombrosa vitalidad en el Misterio de Iniquidad; y nadie puede tan siquiera decir de antemano qué dificultades aparentes pueda superar en el camino de impedir el progreso de la verdad y de la libertad, no obstante lo promisoria que pueda ser la apariencia de las cosas. Ocurra lo que ocurra con la soberanía temporal de los estados pontificios, hoy día no es tan evidente en modo alguno, como les pareció a muchos no hace mucho tiempo, que sea inminente la caída del poder espiritual del papado, ni que su poder de persecución terminará por fin. Sin embargo, no dudo que muchos, constreñidos por el amor y la misericordia de Dios, obedecerán la voz celestial, y se escaparán de la congregación sentenciada, antes de que las copas de la ira divina se derramen sobre ella. Pero si he acertado en la interpretación del pasaje en cuestión, entonces se sigue de esto que todavía debe haber más persecución de la que siempre ha existido, y que esa intolerancia que empezó por manifestarse en Austria y en España inmediatamente después de la presentación de la Imagen, continuará extendiéndose por toda Europa, pues no se dice que solamente se *decretaría* sobre la Imagen de la bestia, sino que se *haría* "que cualesquiera que no adoraren la imagen de la bestia sean muertos" (versículo 15). Cuando esto ocurra, será evidentemente el tiempo en que se cumplirá lo dicho en el versículo 8: "Y todos los que moran en la tierra le adoraron, cuyos nombres no están escritos en el libro de la vida del Cordero, el cual fue muerto desde el principio del mundo." Es imposible zafarse de esto, diciendo: "Esto se refiere a las Edades del Obscurantismo; esto se cumplió antes de Lutero." Yo pregunto, ¿los hombres que moran en la tierra habían ensalzado la imagen de la bestia antes de los días de Lutero? Ciertamente que no. El decreto de la Inmaculada Concepción es un hecho de ayer. Entonces, la profecía se refiere a nuestros tiempos, al tiempo en el cual está entrando ahora la Iglesia. En otras palabras, TODAVIA ESTA POR LLEGAR la gran prueba, la muerte de los testigos.[182]

SECCION V — EL NOMBRE DE LA BESTIA, EL NUMERO DE SU NOMBRE — LA CABEZA INVISIBLE DEL PAPADO

La identificación de Dagón y del Papa nos lleva natural y fácilmente al largamente buscado nombre de la bestia, y confirma mediante evidencia completamente nueva, el antiguo concepto protestante sobre el asunto. El nombre "Lateinos" ha sido aceptado generalmente por los escritores protestantes, porque tiene muchos elementos de probabilidad para recomendarlo. Pero seguía encontrándose cierta deficiencia, y se creyó que faltaba algo para que quedara más allá de toda posibilidad de duda. Considerando el asunto desde el punto de vista babilónico, encontramos tanto el nombre como el número de la bestia, que nos convencieron de tal forma, que no dejaban nada que desear en cuanto a la evidencia se refiere. A Osiris o Nimrod, a quien el Papa representa, se le dieron muchos títulos diferentes y, por tanto, como observa Wilkinson,[183] él estuvo durante mucho tiempo en la misma posición que su esposa, a quien se le dio el nombre de "Myrionymus," la diosa de los "diez mil nombres." Entre estos innumerables nombres, ¿cómo descubriremos *el* nombre que señala el Espíritu de Dios en el enigmático lenguaje en que habla del nombre de la bestia y del número de su nombre? Si sabemos el nombre apocalíptico del *sistema*, esto nos llevará al nombre de la *cabeza* del sistema. El nombre del sistema es "Misterio" (Apocalipsis 17:5). Aquí tenemos, entonces, la clave que resuelve el enigma. Sólo tenemos que averiguar cuál fue el nombre por el que se conoció a Nimrod como el dios de los Misterios caldeos. Ese nombre, como hemos visto, era Saturno. Saturno y misterio son palabras caldeas, y son términos correlativos. Así como Misterio significa sistema secreto, Saturno significa dios Oculto.[184] A aquellos que eran iniciados, se les revelaba el nombre del dios; para todos los demás, permanecía oculto. El nombre Saturno se pronunciaba Satür en caldeo; pero, como lo saben los

---

[182] Ver Apéndice, Nota Q.

[183] Vol. IV. p. 179.

eruditos, en caldeo sólo tiene cuatro letras, Stür. Este número corresponde exactamente al número apocalíptico 666:

$$\begin{aligned} S &= 60 \\ T &= 400 \\ U &= 6 \\ R &= \underline{200} \\ & \,666 \end{aligned}$$

Si, como hemos visto, el Papa es el representante legítimo de Saturno, el número del Papa, como jefe del Misterio de Iniquidad, es justamente 666. Pero todavía hay más. Resulta que, como se vio antes, el nombre original de la misma Roma era Saturnia, "la ciudad de Saturno." Esto está atestiguado tanto por Ovidio,[185] como por Plinio[186] y por Aurelio Víctor.[187] Así, entonces, el Papa tiene un doble título: el del nombre y el del número de la bestia. El es el *único* y legítimo representante del Saturno original en los tiempos que corren, y reina en la misma ciudad de las siete colinas, donde el Saturno romano reinó antiguamente, circunstancia por la cual toda Italia fue "mucho tiempo después llamada por su nombre," siendo conocida comúnmente como "la tierra saturnina." Pero se preguntará, ¿qué tiene que ver esto con el nombre Lateinos, que comúnmente se considera como el "nombre de la bestia"? Mucho; y demuestra que la opinión general estaba muy bien fundamentada. Saturno y Lateinos eran sinónimos justamente, y significaban precisamente lo mismo, perteneciendo por igual al mismo dios. El lector no puede haber olvidado

---

[184] En las letanías de la misa, se les enseña a los adoradores a orar de esta manera: "OCULTO DIOS, y Salvador mío, tened misericordia de nosotros." – (M'GAVIN, *El Protestante*, vol. II. p. 79, 1837). ¿De dónde puede haber venido esta invocación del "Oculto Dios," sino del antiguo culto de Saturno, el "dios Oculto"? Como el papado ha canonizado al dios babilónico con el nombre de San Dionisio, y San Baco, "mártir," así con este nombre de "Saturno," también está inscrito en el calendario, pues el 29 de marzo es la fiesta de "San Saturno," mártir.– (CHAMBERS, *El Libro de los Días*, p. 435).

[185] *Fastos*, lib. VI. ll. 31-34, vol. III. p. 342.

[186] *Hist. Nat.*, lib. III. 5, p. 55.

[187] AURELIO VICTOR, *Origo Gent. Roman*, cap. III.

los versos de Virgilio que demuestran que Lateinos, hasta el cual los romanos, o la raza latina, hacían remontar su linaje, se representaba con una *aureola* alrededor de su cabeza para demostrar que él era "hijo del Sol."[188] Así, entonces, es evidente que, en la opinión popular, el Lateinos *original* había ocupado el mismo lugar que Saturno tuvo en los Misterios, y que fue adorado igualmente como de la "descendencia del Sol." Además, es evidente que los romanos sabían que el nombre "Lateinos" significaba "el Oculto," porque sus anticuarios afirman invariablemente que el Lacio recibió su nombre de Saturno, que allí "sigue *oculto*."[189] Entonces, en los terrenos etimológicos e, incluso en el testimonio de los romanos, Lateinos es equivalente al "Oculto," es decir, a Saturno, el "dios del Misterio."[190] Mientras que Saturno es el nombre de la bestia y tiene el número místico, Lateinos, que tiene el mismo nombre, es apenas un título especial y distintivo de la misma bestia. El Papa, entonces, como cabeza de la bestia, es Lateinos o Saturno por igual, es decir, la cabeza del "Misterio" babilónico. Por tanto, cuando el Papa exige que todos los servicios se hagan en "lengua *latina*," es tanto como decir que deben realizarse en el lenguaje del "Misterio;" y cuando llama a su Iglesia, Iglesia *latina*, esto equivale a declarar que ella es la Iglesia del "Misterio." Así, por este mismo nombre, escogido por el propio Papa, él ha escrito, con sus propias manos, sobre la frente de su congregación el apocalíptico señalamiento divino de "MISTERIO, Babilonia la Grande." Así también, mediante un proceso de la más pura inducción, hemos sido llevados, paso a paso, hasta encontrar el número místico 666 inequívoca e "indeleblemente marcado" en su propia frente, y que aquel que tiene su sede en las siete colinas de Roma, tiene los títulos exclusivos e irrevocables para ser considerado como la cabeza *visible* de la bestia.

Sin embargo, el lector que haya reflexionado cuidadosamente sobre el lenguaje que se refiere al nombre y al número de la bestia apocalíptica, debe haber observado que, en los términos

---

[188] AURELIO VICTOR, *Origo Gent. Roman*, p. 236.

[189] OVIDIO, *Fastos*, lib. I. l. 238, vol. III. p. 29; también VIRGILIO, *La Eneida*, lib. VIII. l. 319, etc., p. 384.

Lo Que Usted Debe Saber

en que se describe ese nombre y ese número, queda todavía un enigma que no debe pasarse por alto. Las palabras son estas: "El que tiene entendimiento, cuente el número de la bestia; pues es número de *hombre*" (Apocalipsis 13 :18). ¿Qué significa lo dicho en el sentido de que el número de la bestia es número de *hombre*? ¿Significa solamente que ella ha sido llamada por un nombre llevado antes por algún hombre en particular? Este es el sentido en que tales palabras han sido entendidas generalmente. Pero, seguramente, esto no sería algo muy especial, algo que no pudiera aplicarse a innumerables nombres. Pero es diferente cuando se ve este lenguaje en relación con los hechos descubiertos sobre el particular y con la luz divina que

---

[190] Latium Latinus (la forma romana del griego Lateinos), y Lateo, "permanecer oculto," todo viene por igual de la forma caldea "Lat," que tiene el mismo significado. El nombre de "Lat," o el oculto, se le había dado evidentemente, así como a Saturno, al gran dios babilónico. Esto es evidente por el nombre del pez Latus, que fue adorado junto con la Minerva egipcia, en la ciudad de Latópolis, en Egipto, ahora Eaneh (WILKINSON, vol. IV. p. 284, y vol. V. p. 253); ese pez Latus es, evidentemente, sólo otro nombre para el dios-pez Dagón. Hemos visto que Ichthys, o el Pez, fue uno de los nombres de Baco; y de la diosa asiria Atergatis se dice que fue arrojada en el lago de Ascalón, con su hijo Ichthys.– (*Vossius de Idolatria*, lib. I. cap. XXIII. p. 89; también ATENEO, lib. VIII. cap. VIII. p. 346, E). Que el dios-sol Apolo había sido conocido con el nombre de Lat, puede inferirse del nombre griego de su madre y esposa Leto, o en dorio, Lato, que es sólo el femenino de Lat. El nombre romano Latona confirma esto, pues significa "La lamentadora de Lat," como Belona significa "La lamentadora de Bel." Al dios indio Siva que, como hemos visto, se representaba alguna veces como un niño en los brazos de su madre, y tenía el mismo carácter sanguinario que Moloc, o el Saturno romano, se le llamaba por este mismo nombre, como puede verse por los siguientes versos que hacen referencia a la imagen encontrada en su célebre templo en Somnaut:

"Esta imagen ceñuda, cuyo nombre era LAUT,
El valiente Mahmood la encontró cuando tocó en
Somnaut."
–BORROW, *Los Gitanos en España, o Zincali*, vol. II. p. 113.

Como Lat se empleó como sinónimo de Saturno, puede haber una pequeña duda de que Latino se empleara en el mismo sentido. Virgilio hace de Latino, que fue contemporáneo de Eneas, el tercer descendiente de Saturno:

"Rex arva Latinus et urbes
Jam senior longa placidus in pace regebat.
Hunc Fauno et Mympha genitum Laurente Marica
Accipimus, Fauno Picus pater, isque parentem
Te, Saturne, refert."
–*La Eneida*, lib. VII. ll. 45-49, p. 323.

Los reyes deificados recibían el nombre de los dioses de quienes ellos afirmaban tener su origen, y no según sus dominios. Estamos seguros que lo mismo ocurrió con Latino.

fulgura al mismo tiempo de la expresión. Saturno, el dios oculto, el dios de los Misterios, a quien representa el Papa, y cuyos decretos sólo eran revelados a los iniciados, era el mismo Jano, que era públicamente conocido por toda Roma, tanto por los iniciados como por los no iniciados, como el gran Mediador que tenía la llave del mundo invisible, como el que abre y cierra. ¿Qué significa el nombre de Jano? Este nombre, como lo demuestra Cornificio en Macrobio, era propiamente Eanus;[191] y en el caldeo antiguo, E-anush significa "el Hombre." Este mismo nombre se le dio a la bestia babilónica del mar, cuando apareció por primera vez.[192] El nombre E-anush, o "el Hombre," se aplicó al Mesías babilónico para identificarlo con la simiente prometida de la Mujer. El nombre de "el Hombre," aplicado a un dios, tenía el propósito de señalarlo como el *"hombre-dios."* En la India hemos visto que las sastras hindúes dan testimonio de que, con el fin de hacer posible que los dioses vencieran a sus enemigos, fue necesario que el Sol, la divinidad suprema, se encarnara en una Mujer y naciera de ella.[193] Las naciones clásicas tenían precisamente una leyenda del mismo tenor: "Había una tradición de general aceptación en el cielo," dice Apolodoro, "de que los gigantes nunca podrían ser vencidos, excepto con la ayuda de un *hombre*."[194] Ese hombre del que se creía que iba a vencer a los adversarios de los dioses, era Jano, el hombre-dios. Como consecuencia de su supuesto y explícito carácter, Jano fue investido de grandes poderes como guardián de las puertas del cielo y como árbitro de los destinos eternos de los hombres. De este Jano, de este "hombre" babilónico, el Papa es, como lo hemos visto, el representante legítimo; por tanto, él tiene su llave, al igual que Cibeles, su madre y esposa, tiene la suya; y ahora reclama todas sus blasfemas pretensiones. Entonces, el mismo hecho de que el Papa pretenda recibir el home-

---

[191] *Saturnalia*, lib. I. cap. 9. p. 51, G.

[192] El nombre que Beroso le da en griego es O-annés (p. 48); pero ésta es la misma forma que podemos esperar "He-anesh," "el hombre," en griego. En griego, He-siri se convierte en Osiris; y He-sarsiphon, en Osarsiphon; y, de la misma manera, He-anesh, se convierte naturalmente en Oannés. Barker (*Lares y Penates*, p. 224) toma el nombre de Oannés en el sentido de "dios-hombre." En nuestros vecinos inmediatos, los irlandeses, encontramos la conversión de la H' en O;' y lo que ahora es O'Brien y O'Connell, fueron originalmente H'Brien y H'Connell.– (*Esbozos de la Historia Irlandesa*, p. 72).

[193] Ver *ante*, cap. III. p. 96.

naje universal por la posesión de las llaves del cielo, y eso en el sentido de que le da poder, desafiando así todo principio cristiano, para abrir y cerrar las puertas de la gloria, según su sola y soberana voluntad y arbitrio, es una prueba adicional y manifiesta de que él es esa cabeza de la bestia del mar, cuyo número, al identificarse con Jano, es número de hombre, y suma exactamente 666.

Pero todavía hay algo más en el nombre de Jano o Eanos, como para no dejarlo a un lado. Jano, en tanto que fue adorado claramente como el Mesías o el hombre-dios, también se le glorificó como "Principium Deorum,"[195] como el origen y el manantial de todos los dioses paganos. Con este carácter, ya hemos seguido su rastro desde Cus hasta Noé; pero para comprender en toda su magnitud su pretensión a este elevado carácter, debemos seguir su rastro más lejos todavía. En la época en que se inventaron los Misterios, los paganos conocieron, y no podía ser que no la conocieran, la historia completa de Adán, en los días de Sem y de sus hermanos quienes, por medio del diluvio, habían pasado del mundo antiguo al nuevo; y, por tanto, era necesario que su preeminente dignidad como ser *humano* "padre de los dioses y de los *hombres*," no fuera desconocida, si iba a tener lugar una deificación de la humanidad. Ni tampoco lo fue. Los Misterios estaban llenos de lo que él hizo, y de lo que le aconteció; y el nombre de E-anush, o Ph´anesh,[196] "el hombre," como apareció en forma egipcia, fue solamente otro nombre para nuestro gran progenitor. En el hebreo del Génesis, el nombre de Adán llevaba antepuesto, casi siempre, el artículo, queriendo decir "el Adán," o "el hombre." Sin embargo, hay esta diferencia: "El Adán" se refiere al hombre que no ha caído; y E-anush, "el hombre," al hombre que ha caído. Entonces, E-anush, como "Principium deorum," "el origen y el padre de los dioses," es el "Adán CAIDO."[197] **El principio de la idolatría pagana exaltaría la humanidad *caída* y consagraría sus concupiscencias, dándole licencia a los hombres para que**

---

[194] *Biblioteca,* lib. I. en PARKHURST, *sub voce* "aaz," Nº. V; ver también MACROBIO, *Saturnalia*, lib. I. cap. 20, con respecto a "Hércules, el hombre."

[195] TERENCIANO MAURO, en BRYANT, vol. III. p. 82.

[196] WILKINSON, vol. IV. p. 191.

Acerca de los Misterios. . . y el Culto al Hombre

vivieran según la carne y, sin embargo, después de una vida semejante, les daría la seguridad de la felicidad eterna. Eanos, el hombre caído, fue ensalzado como la Cabeza de este sistema de corrupción, de este "Misterio de Iniquidad." Por esto, vamos a ver el verdadero significado del nombre dado a la divinidad adorada comúnmente en Frigia junto con Cibeles, y con el mismo carácter del propio Jano que era, a la vez, el Padre de los dioses, y la divinidad mediadora. Ese nombre era Atys, Attis, o Attes,[198] y el significado se derivará de la bien conocida palabra griega Até, que significa "error de pecado," y derivada obviamente de la caldea Hata, "pecar." Atys o Attes, derivadas de manera similar del mismo verbo, significan "el pecador." El lector recordará que Rea, o Cibeles, era adorada en Frigia con el nombre de Idaia Mater, "La madre del conocimiento," y que llevaba en la mano, como su símbolo, una granada, siendo razonable concluir, por lo que hemos visto, que el fruto del "árbol prohibido"[199] gozaba del aprecio de los paganos. ¿Qué divinidad más idónea, entonces, para ser la divinidad contemplativa de esa "Madre del conocimiento" que Ates, "El pecador," su propio esposo, a quien indujo a compartir con ella su pecado y a participar de su fatal conocimiento, y quien llegó a ser por esto, en sentido recto y verdadero, "El hombre de pecado"? "El pecado entró en el mundo por un hombre, y por el pecado la muerte, y la muerte así pasó a

---

[197] Anesh significa *propiamente* sólo la *debilidad* o *fragilidad* de la humanidad caída; pero cualquiera que consulte a OVIDIO, *Fastos*, "Kal. Jun.," ll. 100, etc., vol. III. p. 346, en cuanto al carácter de Jano, verá que cuando E-anush fue deificado, no lo fue simplemente como un hombre Caído por su *debilidad*, sino como un hombre Caído por su *corrupción*.

[198] SMITH, *Diccionario Clásico*, "Atys," p. 107. La identificación de Ates con Baco o Adonis, que era, a la vez, el Padre de los dioses, y el Mediador, se demuestra por diversas consideraciones.– 1. Mientras es cierto que el dios favorito de la frigia Cibeles era Ates, por lo cual se le llamó "Cibeles Ates;" por Estrabón, lib. X. p. 452, sabemos que la divinidad adorada junto con Cibeles en Frigia, tenía el mismo nombre de Dionisos o Baco. 2. A Ates se le *representaba* en la misma forma que a Baco. En Bryant hay una inscripción para él junto con la diosa idaena, es decir, Cibeles, con el nombre de "Attis el Minotauro" (*Mitología*, vol II. p. 109, Nota). Baco era el cornudo; es bien sabido que el Minotauro, de igual manera, era mitad hombre, y mitad toro. 3. En la historia *esotérica* se le representaba pereciendo de la misma manera que Adonis por un jabalí salvaje (PAUSANIAS, lib. VII., *Achaica*, cap. 17). 4. En los ritos de la Magna Mater o Cibeles, los sacerdotes lo invocaban como el "dios propicio, el dios santo," "el dios misericordioso, el dios bendito" (ARNOBIO, lib. I. en *Maxima Biblioth. Patrum,* en Ed. Adv. Lib., tom. II. p. 435, Lugd., 1677), el mismo carácter que Baco o Adonis presentaba como el dios mediador.

todos los hombres en aquel en quien todos pecaron."[200] A Ates, este "Hombre de pecado," se le atribuyeron las características distintivas y las glorias del Mesías, después de haber pasado por las tristezas y los sufrimientos que sus adoradores conmemoraban anualmente. Se le identificó con el sol,[201] el solo y único dios; se le identificó con Adonis; y para él, identificado de este modo, el lenguaje del Salmo 16, al profetizar el triunfo de nuestro Salvador, el Cristo, sobre la muerte y la tumba, se le aplicó en toda su grandeza: "Porque no dejaréis mi alma en el Seol, ni permitirás que tu santo vea corrupción." Se sabe muy bien que la primera parte de esta aseveración se aplicó a Adonis, pues el duelo anual de las mujeres por Tamuz, se tornó rápidamente en regocijo por su fabulado regreso del Hades, o regiones infernales. Pero no es tan bien sabido que el paganismo aplicó a su dios mediador la antedicha incorrupción del *cuerpo* del Mesías. Sin embargo, que así fue, lo sabemos por el claro testimonio de Pausanias. "Agdistis," es decir, Cibeles, dice él, "consiguió de Júpiter que ninguna parte del cuerpo de Ates *se corrompiera o se destruyera*."[202] Así, el paganismo aplicó a Ates, "el pecador" el intransferible honor de Cristo, que vino para redimir "a Israel de todos sus pecados," como se dice en el lenguaje divino empleado por el "dulce salmista de Israel," mil años antes de la era cristiana. Por tanto, si el Papa ocupa, como lo hemos visto, el mismo lugar de Jano, "el hombre," ¿cuán evidente es que ocupa igualmente el lugar de Ates, "el pecador," y cómo llama, entonces, la atención a este respecto el nombre de "hombre de pecado," como se dice en el lenguaje divino de la profecía (2 Tesalonicenses 2:3), dado al que iba a

---

[199] Ver *ante*, p. 111.

[200] Toda la historia de Ates puede probarse detalladamente por ser la historia de la Caída. Aquí es suficiente sólo con decir que, aun cuando superficialmente, se decía que su pecado estaba relacionado con el amor indebido por "una ninfa, cuyo destino dependía de un *árbol*" (OVIDIO, *Fastos*, lib. IV., Ludi Megalenses). El amor de Ates por esta ninfa era en un aspecto una *ofensa* para Cibeles pero, por otro, era el amor de Cibeles misma; porque Cibeles tenía dos caracteres fundamentales distintos: el del Espíritu Santo, y también el de nuestra madre Eva (ver Apéndice, Nota G). "La ninfa cuyo hado dependía de un *árbol*" era evidentemente Rea, la madre de la humanidad.

[201] BRYANT, vol. I. p. 387, Nota. El fundamento para la identificación de Atis con el sol era evidentemente debido a que Hata que significa *pecar*, y Hatah, que significa *quemar*, se pronuncian casi de la misma manera. Como ilustración del nombre Ates, o Atis, como "El Pecador," ver Apéndice, Nota R.

ser la cabeza de la apostasía cristiana, al que iba a concentrar en esa apostasía toda la corrupción del paganismo babilónico?

Así se demuestra en todos los terrenos que el Papa es la cabeza visible de la bestia. Pero la bestia no tiene solamente una cabeza visible, sino que tiene una cabeza invisible que la gobierna. Esa cabeza invisible no es ninguna otra que Satanás, la cabeza de la primera gran apostasía que empezó en el mismo cielo. Está fuera de duda que el lenguaje de Apocalipsis 13:4, "y adoraron al dragón que había dado la potestad a la bestia, y adoraron a la bestia, diciendo: ¿Quién es semejante a la bestia, y quién podrá lidiar con ella." Este lenguaje muestra que el culto del dragón es proporcional al culto de la bestia. Que el dragón es, en primer lugar, Satanás, el mismo demonio, se ve claramente por lo dicho en el capítulo anterior (Apocalipsis 12:9): "Y fue lanzado fuera aquel gran dragón, que es la serpiente antigua, que es llamada diablo y Satanás, el cual engaña al mundo entero." Entonces, si el Papa es, como hemos visto, la cabeza visible de la bestia, los seguidores de Roma, al adorar al Papa, necesariamente adoran también al diablo. Con la aseveración divina ante nosotros, no hay posibilidad de escapar de esto. Y esto es exactamente lo que podemos esperar en otros terrenos. Recordemos que el Papa, como la cabeza del Misterio de Iniquidad, es "el hijo de perdición," el Iscariote, el falso apóstol, el traidor. Se ha dicho expresamente que antes de que Judas cometiera su traición, "Satanás," el príncipe de los demonios, "entró en él," y tomó completa y plena posesión de él. El Misterio de Iniquidad iba a practicarse y a prosperar "por operación," a saber, literalmente, "de Satanás, con grande *potencia*" (2 Tesalonicenses 2:9).[203] Por tanto, el mismo Satanás, y no ningún espíritu subalterno del infierno, debe presidir sobre todo el inmenso sistema de la iniquidad consagrada; él debe tomar posesión personalmente de aquel que es su cabeza visible, para que el sistema pueda ser guiado por su diabólica astucia, y "fortalecido" por su poder sobrehumano. Teniendo presente esto, vemos enseguida cómo es que, cuando los seguidores del Papa adoran "la bestia," adoran también al "dra-

---

[202] PAUSANIAS, lib. VII., *Achaica*, cap. 17.

gón que había dado la potestad a la bestia."

Así, completamente al margen de la evidencia histórica en este punto, llegamos a la irresistible conclusión de que el culto de Roma es un inmenso sistema de culto al demonio. Si se acepta de una sola vez que el Papa es la cabeza de la bestia del mar, nos limitamos al mero testimonio de Dios, sin ninguna otra evidencia, sea ella la que fuere, para aceptar como un hecho que, los que consciente o inconscientemente veneran al Papa, están adorando *realmente* al diablo. Pero, ciertamente, tenemos la evidencia histórica, y de muy notable calidad, de que el Papa, como cabeza de los Misterios caldeos, es tanto el representante directo de Satanás, como el representante del falso Mesías de Babilonia. Esto fue observado hace mucho tiempo por Ireneo, más o menos a fines del siglo segundo, en el sentido de que el nombre de Titán contenía el número místico 666, y lo dijo como opinión suya al afirmar que Titán era "con mucho el nombre más probable" de la bestia del mar.[204] Los fundamentos de su opinión, como la manifestó él mismo, no tenían mucho peso, pero la había sacado de otros que tenían mejores y más válidas razones para lo que creían sobre este asunto. Averiguando esto, se encontrará realmente que mientras Saturno era el nombre de la cabeza visible, Titán era el nombre de la cabeza *invisible* de la bestia. Teitan es solamente la forma caldea de Sheitan,[205] el mismo nombre por el que Satanás ha sido llamado, desde tiempo inmemorial, por los adoradores del diablo en Kurdistán;[206] y desde Armenia o Kurdistán, este culto al diablo, incorporado en los Misterios caldeos, pasó al occidente, a Asia Menor, y de allí a Etruria y a Roma. De que Titán era conocido realmente por las naciones clásicas de la antigüedad como Satán, o el espíritu del mal, y el que dio origen a la perversión moral, tenemos

---

[203] El mismo término "potencia" aquí empleado, es el término usado continuamente en los libros caldeos para describir la inspiración que proviene de los dioses y de los demonios para sus adoradores.—(TAYLOR, *Yámblico*, p. 163, y siguientes).

[204] IRENEO, lib. V. cap. 30, p. 802. Aunque el nombre de Titán se derivó originalmente del caldeo, llegó a ser, sin embargo, completamente naturalizado en el idioma griego. Por tanto, para dar evidencia más abundante sobre este importante asunto, parece que el Espíritu de Dios ha ordenado que el número de Titán se encontrara según la computación griega, en tanto que el de Saturno se encontrara por medio de la caldea.

Acerca de los Misterios. . . y el Culto al Hombre

las siguientes pruebas: La historia de Titán y sus hermanos, dada por Homero y Hesíodo, los dos escritores más antiguos entre los escritores antiguos de Grecia, aunque con ella se hayan mezclado, obviamente, leyendas posteriores, es evidentemente el duplicado exacto del relato bíblico sobre Satanás y sus ángeles. Homero dice que "todos los dioses del Tártaro," o infierno, "se llamaban Titanes."[207] Hesido relata como estos Titanes, o "dioses del infierno" vinieron para tener su morada allí. El jefe de ellos cometió cierto acto de maldad contra su padre, el dios supremo del cielo, con el beneplácito de muchos otros de los "hijos del cielo;" el padre pronunció sobre ellos una maldición, "llamándolos con el oprobioso nombre de Titanes;"[208] y, entonces, como consecuencia de esa maldición, fueron "arrojados al infierno," y "atados con cadenas de obscuridad" en los abismos.[209] Mientras que este es el relato primitivo de Titán y de sus seguidores entre los griegos, encontramos que, en el sistema caldeo, Titán era sólo un sinónimo para Tifón, la serpiente maligna o dragón, que era considerada universalmente como el diablo, o el autor de toda maldad. Fue Tifón, según la versión pagana de la historia, el que mató y despedazó a Tamuz; pero Lactancio, que estaba completamente familiarizado con el asunto, reconviene a sus compatriotas por "adorar a un niño despedazado por los Titanes."[210] Entonces, es innegable que Titán era el mismo dragón, o Satanás,[211] en la creencia pagana.

En los Misterios, como se indicó anteriormente, tuvo lugar un cambio importante tan pronto como se allanó el camino para ello. Primero, Tamuz fue adorado como el aplastador de la ca-

---

[205] El lector culto no tiene necesidad de ejemplos como prueba de esta frecuente transformación caldea de la Sh en S o en T; pero para el lector común puede aducirse lo siguiente: el hebreo Shekel, pesar, se convierte en Tekel en caldeo; el hebreo Shabar, romper, en el caldeo Tabar; el hebreo Seraphim, en el caldeo Teraphim, el duplicado babilónico del querubín o serafín divino; el hebreo Asar, ser rico, en el caldeo Atar; el hebreo Shani, segundo, en el caldeo Tanin, etc.

[206] WALPOLE, *Ansayri*, vol. I. p. 397. LAYARD, *Nínive*, vol. I. pp. 287, 288. Ver también REDHOUSE, *Diccionario Turco, sub voce* "Satán," p. 303. Los turcos eran procedentes del Eufrates.

[207] HOMERO, *La Ilíada*, lib. XVI. l. 279, p. 549.

[208] HESIODO, *Teogonía*, l. 207, pp. 18, 19.

beza de la serpiente, significando, por tanto, que él era el destructor señalado del reino de Satanás. Entonces el dragón mismo, o Satanás, vino a recibir culto en cierta medida para "consolarlo," como decían los paganos, "por la pérdida de su poder," y para evitar que él les hiciera daño;[212] y, por último, el dragón, o Titán, o Satán, llegó a ser el objeto supremo de culto. La Titania, o los ritos de Titán, ocuparon un lugar prominente en los Misterios egipcios,[213] y también en los de Grecia.[214] Qué tan vital e importante fue el lugar que ocuparon estos ritos de Titán o Satán, puede juzgarse por el hecho de que Plutón, el dios del Infierno (que en su *última* caracterización fue solamente el gran Adversario), era mirado con temor reverencial y pavor como el gran dios de quien dependían principalmente los destinos de la humanidad en el mundo eterno, pues se decía que a Plutón le correspondía "purificar las almas después de la muerte."[215] Al ser el purgatorio tanto en el paganismo como en el papado, el punto capital de la superchería eclesiástica y de la superstición, ¡qué poder el que se le atribuye al "dios del Infierno! No sorprende que la serpiente, el gran instrumento del diablo para seducir a la humanidad, fuera adorada en toda la tierra con tan extraordinaria reverencia, como para que se diga en el Octateuco de Ostanes que "las serpientes fueron los dioses supremos de todos los dioses y los príncipes del Universo."[216] No sorprende que se llegue al extremo de creer firmemente que el Mesías, de quien dependían las esperanzas del mundo, ¡fuera *El Mismo* la "simiente de la serpiente"! Esto fue claramente lo que

---

[209] *Ibid.* ll. 717, 729, pp. 56-59. Creo que el lector verá que Urano, o el Cielo, contra quien se rebelaron los titanes, era justamente Dios.

[210] LACTANCIO, *La Religión Falsa*, p. 221; también CLEMENTE ALEJANDRINO vol. I. p. 30.

[211] Hemos visto que Sem fue quien verdaderamente mató a Tamuz. Como el gran adversario del Mesías pagano, aquellos que odiaban a Tamuz por sus hazañas lo llamaron por esas mismas hazañas por el nombre del Gran Adversario de todos, Tifón, o el Diablo. "Si llamaron al Amo de la casa, Belzebú," no sorprende que sus siervos sean llamados con un nombre similar.

[212] PLUTARCO, *De Iside*, vol. II. p. 362.

[213] *Ibid.* vol. II. p. 364.

[214] POTTER, *Antigüedades*, vol. I., sub voce "Titania," p. 400.

Acerca de los Misterios... y el Culto al Hombre

ocurrió en Grecia, pues la historia corriente llegó a ser la de que el primer Baco nació como consecuencia de una relación de parte de su madre con el padre de los dioses, convertido en una "serpiente manchada."[217] Ese "padre de los dioses" era claramente el "dios del infierno," porque Proserpina, la madre de Baco, que concibió y dio a luz milagrosamente al niño maravilloso, y cuya violación por parte de Plutón ocupa lugar tan destacado en los Misterios, era adorada como la esposa del dios del Infierno, como lo hemos visto, con el nombre de la "Santa Virgen."[218] En esta leyenda se importó claramente la historia de la seducción de Eva,[219] como Julio Firmico y los primeros apologistas cristianos les echaban en cara a los paganos de sus días; pero el colorido que se le da en la leyenda pagana, es muy diferente del que tiene en la Palabra divina. Así el gran Timbleriger, al transportar hábilmente los guisantes por medio de los hombres, que empezaron por dar muestras de gran aversión por su carácter, consiguió que se le reconociera ciertamente, casi en todas partes, como "el dios de este mundo." Tan profunda y tan fuerte fue la influencia que Satanás se dio maña para conseguir en el mundo antiguo con tal carácter que, incluso cuando el cristianismo ya había sido proclamado para el hombre, y había brillado con luz verdadera desde el cielo, la misma doctrina que hemos estado considerando levantó su cabeza entre los discípulos declarados de Cristo. Aquellos que sostenían tal doctrina fueron llamados ofianos u ofitas, es decir, adoradores de la serpiente. "Estos herejes," dice Tertuliano, "magnificaban la serpiente hasta el grado de preferirla, incluso, a <u>Cristo</u> Mismo; porque ella, decían, nos dio el primer conocimiento del bien y del mal. Fue

---

[215] TAYLOR, *Pausanias*, vol. III. p. 321, Nota.

[216] EUSEBIO, *Praeparatio Evang.*, lib. I. p. 50.

[217] OVIDIO, *Metam.*, lib. VI. l. 114. Así de profunda era la idea de "la simiente de la serpiente" convirtiéndose en el gran rey del mundo impreso en la mente pagana, para que cuando un hombre fuera a ser un dios sobre la tierra, era esencial que él estableciera su título con ese carácter, para que se probara a sí mismo que era la "simiente de la serpiente." Así, cuando Alejandro el Grande reclamó honores divinos, es bien sabido que su madre Olimpia, declaró que él no había sido engendrado por el rey Filipo, su esposo, sino por Júpiter, en forma de serpiente. De igual manera, dice la autora de Roma en el Siglo Diecinueve, vol. I. p. 388, que el emperador romano "Augusto pretendía que él era hijo de Apolo, y que el dios había tomado la forma de una serpiente con el propósito de engendrarlo." – *Vid*. SUET. AUGUSTUS.

[218] Ver *ante*, p. 126.

por la percepción de su poder y majestad por la que Moisés fue inducido para que erigiera la serpiente de bronce, con el fin de que cualquiera que la mirara, se sanase. Cristo Mismo, afirmaban, imita en el Evangelio el poder sagrado de la serpiente cuando dice que 'como Moisés levantó la serpiente en el desierto, así es necesario que el Hijo del hombre sea levantado.'[220] Ellos la presentan cuando bendicen la Eucaristía." Estos malvados herejes adoraban abiertamente la serpiente antigua, o Satanás, como la gran benefactora de la humanidad, porque les reveló el conocimiento del bien y del mal. Pero esta doctrina la habían tomado del mundo pagano, del cual habían venido, o de los Misterios cuando éstos vinieron para ser recibidos y para ser celebrados en Roma. Aunque Titán, en los días de Hesíodo y de la Grecia primitiva, era un "nombre de oprobio;" sin embargo, en Roma, en los días del Imperio y antes de él, había llegado a ser todo lo contrario. "El espléndido o glorioso Titán" era la forma en que se hablaba de Titán en Roma. Este era el título dado comúnmente al Sol, tanto al astro del día, como cuando era considerado como una deidad. El lector ya ha visto que, en Roma, otra forma de la divinidad del sol o Titán era la serpiente epidauriana, adorada con el nombre de "Esculapio," es decir, "la serpiente que instruye al hombre."[221] Entonces, allí, en Roma, estaba Titán, o Satán, identificado como la "serpiente que enseñó a la humanidad," que le abrió los ojos (cuando, por supuesto, estaba ciega), y le dio "el conocimiento del bien y del mal." En Pérgamo y en toda el Asia Menor, de las cuales Roma tomó directamente su conocimiento de los Misterios, ocurrió lo mismo. En Pérgamo, especialmente, donde se encontraba, como es bien sabido, la predominante "sede de *Satán*," la divinidad del sol, se le adoraba bajo la forma de una serpiente y con el nombre de Esculapio, "la serpiente que instruye al hombre." Según la doctrina fundamental de los Misterios, tal como se trajo de Pérgamo a Roma, el sol era el solo y único dios.[222] Entonces, Titán, o Satanás, fue reconocido así como el solo y único dios; y de ese único dios, Tamuz o Jano era sólo una encarnación en su

---

[219] Encontramos que Semele, la madre del gran Baco griego, había sido identificada con Eva, pues se le había dado el nombre de Eva, como nos dice Focio: "Ferécides llamó Semele a Hué." – (FOCIO, *Lex.*, part. II. p. 616). Hué es justamente el nombre hebreo para Eva, sin los puntos.

[220] TERTULIANO, *De Praescript. Adv. Haereticos,* cap. 47, vol. II. pp. 63, 64.

carácter de Hijo, o de simiente de la mujer. Aquí está, entonces, sacado a la luz, el gran secreto del Imperio romano, a saber, el verdadero nombre de la deidad tutelar de Roma. Ese secreto fue el secreto más celosamente guardado, hasta el punto de que cuando Valerio Sorano, un hombre de altísima posición social y, como dice Cicerón, "el más erudito de los romanos," lo divulgó incautamente, fue condenado sin piedad a muerte por la revelación que había hecho. Ahora, sin embargo, está claramente revelado. Una representación simbólica del culto del pueblo romano, proveniente de Pompeya, confirma pasmosamente esta deducción por la evidencia que muestra a los sentidos. Que el lector eche una ojeada al grabado adjunto (Fig. 59).[223] Ya hemos visto que el autor de *Pompeya* admite, con respecto a la representación anterior, que las serpientes de la parte inferior son sólo otra manera de mostrar las enigmáticas divinidades representadas en la parte superior. Aceptando el mismo principio, resulta que las golondrinas que persiguen las moscas, representan lo mismo que las serpientes de la parte inferior. Pero la serpiente, de la cual hay una doble representación es, incuestionablemente, la serpiente de Esculapio. Por tanto, la golondrina que mata moscas debe representar la misma divinidad. Todo el mundo sabe cuál era el nombre por el que era llamado "el Señor de la mosca," o el dios destructor de las moscas del mundo oriental. Era Beel-zebub.[224] Este nombre, que significa "el Señor de la mosca," para el profano significaba solamente el poder que destruía los enjambres de moscas cuando estos llegaban, como lo hacían con frecuencia en los países de clima caliente, convirtiéndose en una especie de tormento para el pueblo que invadían. Pero este nombre, al identificarse con la serpiente, se revela claramente como uno de los

---

[221] Aish-shkul-apé, de *Aish*, "hombre;" *shkul*, "instruir;" y *Aphé* o *Apé*, "una serpiente." La forma griega de este nombre, Asklepios, significa simplemente "la serpiente que instruye," y viene de *A*, "la," *skl*, "enseñar," y *hefi*, "una serpiente," las palabras caldeas modificadas de este modo en Egipto. El nombre Asclepios tiene, sin embargo, otro sentido como derivado de *Aaz*, "potencia," y *Khlep*, "renovar;" y, por tanto, en la doctrina esotérica, a Asclepios se le conoció simplemente como "el restaurador de la potencia," o el dios que sana. Pero, identificado con la serpiente, parece que el verdadero significado del nombre sea el que se dijo primero. Macrobio, al hacer una descripción de la doctrina mística de los antiguos, dice que Esculapio era esa benéfica influencia del sol que impregna las almas de los hombres.– (*Saturnalia*, lib. I. cap. 23). La *serpiente* era el símbolo del sol iluminador.

[222] MACROBIO, *Saturnalia*, lib. I. cap. 17, 23, pp. 65, C, y 72, 1, 2.

La Serpiente de Esculapio, y las Golondrinas que persiguen Moscas, el Símbolo de Beel-zebub, de Pompeya

Fig. 59

nombres distintivos de Satanás. Y, ¡qué apropiado es este nombre cuando se comprende su significado místico o esotérico! ¿Cuál es el significado real de este nombre tan familiar? Beel-zebub significa exactamente "el Señor inquieto,"[225] y también ese desgraciado que "va de un lado para otro de la tierra, y la recorre de arriba abajo," que "va por los lugares áridos en busca de reposo, pero no lo encuentra." Por todo esto, es inevitable la deducción de que Satanás, en su propio nombre, debe haber sido el gran dios del secreto y misterioso culto de las serpientes, y esto explica el extraordinario misterio que se observa en el asunto.[226] Por tanto, cuando Graciano abolió la disposición legal para el mantenimiento del culto al fuego y del culto a la serpiente en Roma, vemos cómo se cumplió la profecía divina en un sentido parcial y limitado (Apocalipsis 12:9): "Y fue lanzado fuera aquel gran dragón, que es la serpiente antigua, que es llamada DIABLO y SATANAS, el cual engaña a todo el mundo; y fue arrojado en tierra, y sus ángeles fueron derribados con él."[227] Así como el Pontífice pagano, de cuyos poderes y prerrogativas se ha servido el Papa como heredero, era de esta manera el sumo sacerdote de Satanás, así también cuando el Papa entró en asociación y alianza con ese sistema de culto al diablo, y consintió en ocupar el mismo lugar de ese Pontífice, trayendo a la Iglesia todas sus abominaciones, como él lo ha hecho, necesariamente llegó a ser el Primer Ministro del demonio y, por supuesto, cayó tan completamente bajo su poder, como lo había estado siempre al anterior Pontífice.[228] Qué exacto es el cumplimiento de la aseveración divina de que la venida del Hombre de pecado iba a ser "obra de Satanás, con gran poder."

---

[223] De *Pompeya*, vol. II. p. 141.

[224] KITTO, *Comentario Ilustrado*, vol. II. p. 317.

Acerca de los Misterios. . . y el Culto al Hombre

Aquí, entonces, está la gran conclusión a la cual nos vimos obligados a llegar, tanto en los terrenos históricos como en los bíblicos: Así como el misterio de la santidad es la manifestación de Dios en la carne, así también el misterio de iniquidad es – hasta donde tal cosa es posible – la encarnación del diablo.

CONCLUSION

Ahora HE TERMINADO la tarea que me propuse. Aunque todavía no se ha llegado a la evidencia completa; pero, para la evidencia que se ha aducido, pongo por testigo al lector en el sentido de si he comprobado, o no, cada punto que me he propuesto demostrar. ¿Hay alguien que haya considerado sinceramente la

---

[225] Ver CLAVIS STOCKI, *sub voce* "Zebub," donde se dice que la palabra zebub, aplicada a la mosca, viene de una raíz arábiga, que significa moverse de un lugar a otro, como lo hacen las moscas, sin quedarse quietas en ninguna parte. Baalzebub, por tanto, en este sentido secreto, significa "el Señor inquieto y del movimiento incesante."

[226] Encuentro que Lactancio llegó a la conclusión de que el siervo esculapiano era el símbolo expreso de Satanás porque, al hacer una descripción de la traída de la serpiente epidauriana a Roma, dice: "Allá [esto es Roma] el Demoniarca [o Príncipe de los Demonios] fue traído en su propia forma, sin disfraz, por aquellos que fueron enviados para tal asunto y regresaron trayendo con ellos un dragón de tamaño asombroso." – (*De Origine Erroris*, lib. II. cap. 16, p. 103).

[227] Los hechos mencionados arriba arrojan una luz muy singular sobre la bien conocida superstición entre nosotros. Todos hemos oído sobre el día de San Swithin, en el cual, si llueve, la creencia común es que lloverá sin interrupción durante seis semanas. Y, ¿qué o quién era San Swithin para que su día estuviera relacionado con cuarenta días de lluvia ininterrumpida? Es evidente que, en primer lugar, que él no era un santo cristiano, aunque se dice que el arzobispo de Canterbury, en el siglo décimo, fue llamado por su nombre. El santo patrono de los cuarenta días de lluvia era justamente Tamuz u Odín, que era adorado entre nuestros antepasados como la encarnación de Noé, en cuyo tiempo llovió cuarenta días y cuarenta noches sin interrupción. Entonces, Tamuz y San Swithin deben haber sido una misma cosa. Pero, como en Egipto, y en Roma, y en Grecia, y casi en todas partes, desde mucho antes de la era cristiana, Tamuz había llegado a ser reconocido como una encarnación del Diablo, no debe sorprendernos encontrar que San Swithin no es otro que San Satanás. Una de las formas comunes del nombre del gran adversario entre los paganos era justamente Sytan o Sythan. Este nombre, aplicado al Maligno se encuentra en lugares tan remotos como Siam. Evidentemente había sido conocido entre los druidas, y esto en relación con el diluvio, porque se dice que fue el hijo de Seithin el que, bajo la influencia de la bebida, dejó entrar el mar hasta sumergir un grande y populoso distrito del país.– (DAVIES, *Los Druidas*, p. 198). Cuando aceptaron ese nombre,

Lo Que Usted Debe Saber

prueba presentada, y que dude ahora de que Roma es la Babilonia apocalíptica? ¿Hay alguien que se aventura a negar que, desde los cimientos hasta el coronamiento, es esencialmente un sistema del paganismo? ¿Cuál, entonces, va a ser la conclusión práctica de todo esto?

1. Con tan abrumadora evidencia de su verdadero carácter, sería necio – peor aún – sería traicionar la causa de Cristo que se permaneciera solamente a la defensiva, para discutir con sus sacerdotes sobre la legitimidad de las órdenes protestantes, sobre la validez de los sacramentos protestantes, o de la posibilidad de salvación fuera de su congregación. Si se acepta ahora que Roma constituye una parte de la Iglesia de Cristo, ¿dónde está el sistema pagano que haya existido siempre, o que exista actualmente, que no pueda hacer una reclamación

---

los anglosajones, de la misma manera en que habían cambiado Odín por Wodín, cambiaron naturalmente Sythan por Swithan; y así, en el día de San Swithin y de la superstición con él relacionada, tenemos, a la vez, una prueba notable de la gran difusión del culto al demonio en el mundo pagano, y del completo conocimiento que nuestros antepasados paganos tenían del gran acontecimiento bíblico de los cuarenta días de lluvia incesante en el diluvio.

Si alguno piensa que es increíble que Satanás hubiera sido canonizado así por el papado en las Edades del Obscurantismo, permítame llamarle la atención sobre el hecho significativo de que, incluso en tiempos relativamente recientes, el Dragón – el símbolo universalmente reconocido del diablo – ¡era adorado por los romanistas de Poitiers con el nombre de "el buen San Vermine"! – (*Notas de la Sociedad de Anticuarios de Francia*, vol. I. p. 464, *apud* SALVERTÉ, p. 475).

[228] Esto le da un nuevo y más obscuro significado al Tau místico, o señal de la cruz. Al principio, fue el emblema de Tamuz, y al final se convirtió en el emblema de Titán, o del mismo Satanás.

igual? ¿Con qué razones podrían ser excluidos "de la ciudadanía de Israel" los adoradores de la Madona original y del niño en la antigüedad, o señalados como "ajenos a los pactos de la promesa"? ¿Con qué motivos podrían ser dejados por fuera de los límites de tan amplia catolicidad los adoradores actuales de Visnú? Los antiguos babilonios tenían tradiciones claras y precisas sobre la Trinidad, la encarnación y la expiación, al igual que los modernos hindúes. Sin embargo, ¿quién se aventuraría a decir que tal reconocimiento nominal de los artículos fundamentales de la revelación divina, pudiera exonerar del sello del más mortal y deshonroso paganismo para Dios el carácter de uno o del otro sistema? Pues es lo mismo con respecto a Roma. Es cierto que ella acepta nominalmente los términos y los nombres cristianos, pero todo lo que es aparentemente cristiano en su sistema, está *más* que neutralizado por el paganismo maligno que lleva dentro. Concedamos que se puede probar que el pan que el papado da a sus seguidores ha sido hecho originalmente con el trigo más fino; pero, ¿qué sucederá después si cada partícula de ese pan se mezcla con ácido prúsico o estricnina? ¿Podrá la excelencia del pan vencer lo tóxico del veneno? ¿Podrá haber algo que no sea la muerte espiritual y la muerte eterna para aquellos que sigan alimentándose con el alimento envenenado que se les ofrece? Ciertamente, ésta es la cuestión, y debemos enfrentarla imparcialmente. ¿Puede haber salvación en una congregación en la cual se declara como principio fundamental que la Madona "es nuestra más grande esperanza; sí, la UNICA RAZON DE NUESTRA ESPERANZA"?[229] Ha llegado el momento en que la caridad para con el alma de los hombres que sucumben engañados por un sacerdocio pagano que abusa del nombre de Cristo, hace necesario que la verdad en este asunto sea proclamada clara, recia y resueltamente. La bestia y la imagen de la bestia están por igual ante los ojos de la cristiandad; y la tremenda amenaza de la Palabra divina con respecto al culto de ellas tiene plena aplicación ahora (Apocalipsis 14:9,10): "Y el tercer ángel los siguió, diciendo en voz alta: Si alguno adora a la bestia y a su imagen, y toma la señal en su frente, o en su mano, éste también beberá del vino de la ira de Dios, el cual está echado puro en el cáliz de su ira; y será atormentado con fuego y azufre delante de los santos ángeles y delante del Cordero." Estas palabras son palabras de tremenda significación; y, ¡ay del hombre que se encuentre al final bajo la culpa que ellas encierran! Estas palabras, como ya ha sido admitido por Elliot, contienen una "profecía cronológica," una profecía que no se refiere a las Edades del Obscurantismo, sino a una época no muy distante de la consumación, cuando el Evangelio sea difundido ampliamente, y cuando la luz resplandeciente sea arrojada sobre el carácter y la predestinación de la Iglesia apóstata de Roma (versículos 6 a 8). Estas palabras vienen, en la cronología divina de los acontecimientos, inmediatamente después de que un ángel haya proclamado: "YA ES CAIDA BABILONIA." Hemos oído, como si hubiera sido con nuestros propios oídos, esta profética "Caída de Babilonia," anunciada desde los altos lugares de Roma misma, cuando las siete colinas de la "ciudad eterna" retumben con los cañonazos que proclaman, no solamente a los ciudadanos de la República romana, sino al mundo entero, que el "PAPADO HA CAIDO, *de facto* y *de jure*, del trono temporal del Estado romano."[230] Es en el orden de la profecía cuando, *después* de la caída de Babilonia, viene esta terrible amenaza. ¿Puede haber duda, entonces, de que esta amenaza se cumplirá especial y particularmente en esta misma época? Nunca, hasta ahora, se reveló la verdadera naturaleza del papado; nunca, hasta ahora, se había ensalzado la Imagen de la bestia. Hasta cuando se erigió la Imagen de la bestia, hasta cuando se promulgó el decreto blasfemo de la Inmaculada Concepción, no había tenido lugar tal apostasía, ni siquiera en Roma; no había existido tal culpa, como ésta que ahora se encuentra en las puertas de la gran Babilonia. Este, entonces, es un asunto de trascendental importancia para todos los que se encuentran en el reino de la Iglesia de Roma, para todos los que también estén mirando, como muchos lo están haciendo ahora, hacia la Ciudad de las Siete Colinas. Si alguien puede probar que el Papa no asume

---

[229] El lenguaje usado por el fallecido papa Gregorio, confirmado substancialmente por el actual Pontífice.

Acerca de los Misterios… y el Culto al Hombre

todas las prerrogativas y lleva, substancialmente, todos los títulos blasfemos de esa bestia babilónica que "tiene la herida de cuchillo, y vivió," y si pueden demostrar que la Madona, que tan recientemente ha sido ensalzada por consentimiento unánime, no es en todos los conceptos la misma "Imagen" caldea de la bestia, entonces puede permitirse, ciertamente, despreciar la advertencia contenida en las palabras mencionadas. Pero si no puede probarse ni lo uno ni lo otro (y reto a que se haga el más estricto escudriñamiento con respecto a ambos), entonces, todos los que están en el seno del papado pueden temblar con razón ante tal amenaza. Entonces, como nunca antes, que la voz divina, esa voz resonante del más tierno amor, sea escuchada, desde el Trono eterno, por todos los adeptos de la mística Babilonia: "Salid de ella, pueblo mío, para que no seáis participantes de sus pecados, y que no recibáis de sus plagas."

2. Pero si es tan grande la culpa de aquellos que se adhieren a la Iglesia romana, y el riesgo que corren creyendo que es la única Iglesia donde puede encontrarse la salvación, ¿cuál debe ser la culpa de aquellos que, con una profesión de fe protestante, defienden, sin embargo, a la sentenciada Babilonia? La Constitución de nuestra tierra exige que la Reina *jure*, antes de que pueda ponerse la corona sobre su cabeza, antes de que pueda sentarse en el trono, que "ella *cree*" que las doctrinas fundamentales de Roma son *"idólatras."* De igual modo, todas las iglesias de Gran Bretaña, las subsidiadas y las no subsidiadas, declaran unánimemente lo mismo. Todas ellas proclaman que el sistema de Roma es un sistema de blasfema idolatría….. Y, sin embargo, los miembros de estas iglesias pueden subsidiar con dinero protestante las escuelas, las universidades, las capellanías de ese sistema idólatra, y apoyarlas. Entonces, si la culpa de los romanistas es grande, la culpa de los protestantes que apoyan tal sistema debe ser diez

---

[230] El Apocalipsis anuncia dos *caídas* de Babilonia. La caída que se menciona arriba es evidentemente sólo la *primera*. La profecía supone claramente que, *después* de la primera caída se llega a una altura más grande que antes; y, por tanto, la necesidad de la advertencia.

veces mayor. La culpa se ha estado acumulando grandemente durante los últimos tres o cuatro años. Mientras que el rey de Italia, en los mismos estados de la Iglesia, que hasta no hace mucho tiempo eran los propios dominios del Papa, ha estado suprimiendo los monasterios (en el término de dos años fueron suprimidos no menos de cincuenta y cuatro, y confiscadas sus propiedades), el gobierno británico ha estado actuando políticamente a la inversa, al permitir no sólo la creación de monasterios, que están prohibidos por la ley del Estado, sino subsidiando tales fundaciones ilegales con el nombre de reformatorios. Sólo hace poco que se dijo, con autorización del *Directorio Católico,* que en el espacio de tres años, se agregaron cincuenta y dos nuevos conventos al sistema monástico de Gran Bretaña,[231] casi el mismo número de los confiscados por los italianos; y, sin embargo, los cristianos y las iglesias cristianas miran esto con indiferencia. Si alguna vez hubo una excusa para pensar con ligereza en la culpa contraída por nuestro apoyo nacional a la idolatría, esa excusa ya no servirá. En la India, El Dios de la Providencia ha estado demostrando que El es el Dios del Apocalipsis. El ha estado probándole a un mundo aterrado por acontecimientos que hacen zumbar todos los oídos, que toda palabra de ira, escrita tres mil años antes contra la idolatría, tiene hoy tanta fuerza como cuando El devastó a Israel, el pueblo del pacto, por sus ídolos, y lo entregó en las manos de sus enemigos. Si los hombres empiezan a ver que es peligroso para los cristianos confesos apoyar la idolatría pagana de la India, tendrán que ser verdaderamente ciegos si no ven también que tiene que ser igualmente peligroso apoyar la idolatría pagana de Roma. ¿En qué difiere el paganismo de Roma del paganismo hindú? Sólo en esto, en que el paganismo romano es el más completo, el más acabado, el más peligroso, el más insidioso de los dos.

Temo que después de todo lo que se ha dicho, no pocos sentirán repugnancia por la predicha estimación con respecto al papado y a su no disimulado paganismo. Por tanto, permítanme reforzar mi opinión con los testimonios de dos distinguidos escritores, bien calificados para pronunciarse sobre este asunto. Ellos demostrarán, por lo menos, que yo no soy el único en ver las

Acerca de los Misterios... y el Culto al Hombre

cosas como lo he hecho. Los escritores a quienes me refiero son Sir George Sinclair de Ulbster, y el Dr. Bonar de Kelso. Pocos hombres han estudiado el sistema de Roma más concienzudamente que Sir George, y en sus *Cartas a los Protestantes de Escocia*, él ha aportado toda la fecundidad de su genio, la *curiosa felicitas* de su estilo, y el acopio de su mente altamente cultivada, para aplicarse a la elucidación de su tema. El testimonio de Sir George es éste: "El romanismo es un refinado sistema de paganismo cristianizado, y difiere principalmente de su prototipo en que es *más* traicionero, *más* cruel, *más* peligroso, *más* intolerante."[232] La juiciosa opinión del Dr. Bonar es la misma, y eso, expresada particularmente, además, en vista de la masacre de Cownpore: "Estamos haciendo en casa por el papado," dice él, "lo que hemos hecho por las idolatrías en el extranjero; y, al final, los resultados serán los mismos; y, *aún más*, peores; porque la crueldad papista y su sed por la sangre de los inocentes, han sido las más salvajes e inmisericordes que la tierra haya visto. Cawnpore, Delhí y Bareli son sólo poca cosa en comparación con las *brutalidades demoníacas* perpetradas por la Inquisición y por los ejércitos del fanatismo papista."[233] Estas son palabras de verdad y de cordura, que ningún hombre familiarizado con la historia de la Europa moderna puede refutar. Existe un gran peligro al no hacer caso de ellas en este momento. Sería un error fatal que así ocurriera. Que no se pase por alto el hecho grave de que, mientras la historia apocalíptica – en ese anuncio divino – marcha hacia la consumación de todas las cosas, todos los demás paganismos del mundo son, hasta cierto punto, opacados por el paganismo de la Roma papal. Es contra la Babilonia que se asienta en las siete colinas, contra la que son advertidos los santos; es por adorar predominantemente la bestia y su imagen que "las copas de la ira de Dios, que vive para siempre jamás," están destinadas a ser derramadas sobre las naciones. Si se ha oído la voz de Dios en las últimas calamidades de la India, el protestantismo de Gran Bretaña se levantará para acabar de una vez para siempre con todo apoyo nacional, tanto de la idolatría del Indostán, como de la todavía más nociva idolatría de Roma. Entonces habrá, ciertamente, un prolongamiento de nuestra tranquilidad; entonces, habrá espe-

---

[231] Citado en el *Contratante Irlandés*, febrero, 1862, p. 52.

ranza de que Gran Bretaña sea exaltada, y de que su poder descanse sobre un cimiento firme y estable. Pero si no "escuchamos la voz, si no aceptamos la corrección, si nos negamos a regresar," si persistimos en sostener a cargo de la nación una "imagen del celo, la que provoca a celos;" entonces, después de los repetidos golpes, siempre en AUMENTO, que la justicia de Dios ha descargado sobre nosotros, tenemos toda la razón para temer que las calamidades que han caído tan duramente sobre nuestros conciudadanos de la India, puedan caer todavía más duramente sobre nosotros, en casa, dentro de nuestros propios límites; porque fue en el momento en que "la imagen del celo" fue erigida en Jerusalén por los ancianos de Judá, cuando dijo el Señor: "Pues también yo haré en mi furor; no perdonará mi ojo, ni tendré misericordia, y gritarán a mis oídos con gran voz, y no los oiré." Aquel que liberó a los cipayos, cuyos sentimientos idólatras y sus inclinaciones antisociales habíamos alcahueteado tanto, para castigarnos por el homenaje culpable que habíamos tributado a su idolatría, puede también dejar libres, simple y fácilmente, los poderes papales de Europa, para vengarse de nosotros por nuestro criminal servilismo para con el papado.

3. Pero, además, si las opiniones expuestas en esta obra son correctas, es tiempo de que la Iglesia de Dios se levante. ¿Todavía va a darse muerte a los testigos, y sólo en el último año o en los dos últimos años se ha erigido la Imagen de la Bestia, a cuya instigación va a llevarse a cabo la obra sangrienta? ¿Es éste, entonces, el momento para la indiferencia, para la pereza, para la tibieza religiosa? Pero, ¡ay, cuán pocos son los que están alzando su voz como una trompeta, los que están haciendo sonar la alarma en el monte santo de Dios, los que se están moviendo según la magnitud de la emergencia, con el fin de poner en orden de batalla los ejércitos del Señor para el conflicto venidero! Durante años, los emisarios de Roma han estado trabajando incesantemente noche y día, en el momento oportuno, o no, en todas las formas concebibles, para promover la causa de su Amo, y han tenido éxito consi-

---

[232] *Primera Serie*, p. 121.

[233] *El Mensajero Británico*, diciembre, 1857.

derable. Pero los hijos de la luz "se han dejado adormecer en una fatal seguridad; se han dormido tan profundamente, como si Roma hubiera desaparecido de la faz de la tierra, como si el mismo Satanás hubiera sido arrojado al abismo sin fondo, y hubiera sido encerrado, y el abismo hubiera cerrado su boca sobre él, para mantenerlo atado durante mil años. ¿Hasta cuándo seguirá este estado de cosas? ¡Oh, Iglesia de Dios, despierta, despierta! Abre tus ojos, y mira si en el horizonte no hay nubes obscuras y bajas, que indiquen la proximidad de la tempestad. Indaguen las Escrituras, compárenlas con los hechos de la historia, y digan si hay o no hay razón, después de todo, para sospechar que hay perspectivas más duras ante los santos de las que muchos parecen estar enterados. Si acontece que las perspectivas descubiertas en estas páginas son bíblicas y bien fundamentadas, son dignas, por lo menos, de ser consideradas como materia de diligente y piadosa indagación. Nunca puede propender al bien dejarse dominar por un sentimiento de seguridad temerario y engañoso, cuando si ellas son ciertas, la única seguridad es procurarse un conocimiento oportuno del peligro y una preparación conveniente, con toda diligencia, con todo celo, con toda la espiritualidad de la mente, para encontrarlas. Suponiendo que estos peligros están cerca, y que Dios en Su Palabra profética los ha revelado, Su bondad es manifiesta, pues El ha hecho que conozcamos el peligro para que, estando avisados, podamos estar prevenidos; para que, conociendo nuestra propia debilidad, podamos arrojarnos en Su gracia todopoderosa; para que el gozo del Señor sea nuestra fortaleza; para que podamos ser irreprochables y para que nos decidamos por el Señor y sólo por el Señor, y podamos trabajar, cada uno en su propia esfera, con redoblada energía y diligencia en la viña del Señor, y salvar a todas las almas que podamos, mientras haya oportunidad todavía, y no haya llegado la obscura noche profetizada, en la que ningún hombre puede trabajar. Aunque haya obscuras perspectivas delante de nosotros, no hay lugar para el desaliento, ni motivo para que alguien diga que, con tales perspectivas, el esfuerzo es inútil. El Señor puede bendecir y prosperar para Su propia gloria, los esfuerzos de aquellos que se empeñen en librar Sus batallas en las circunstancias más desesperadas; y, al mismo tiempo, cuando el enemigo se precipita como una avalancha, El puede, por Su Espíritu, levantar contra él un estandarte. Más todavía, no sólo esto es posible, sino que hay razón para creer, por la palabra profética, que así será realmente; que el último "triunfo" del Hombre de Pecado no se logrará sin que primero haya una gloriosa lucha por parte de aquellos que son leales de corazón al Rey de Sion. Pero si deseamos realmente hacer algo efectivo en esta lucha, es indispensable que conozcamos, y tengamos permanentemente ante nuestros ojos el carácter estupendo de ese Misterio de Iniquidad incorporado en el papado, para que luchemos contra él. El papado alardea de ser la "religión antigua;" y, en verdad, por lo que hemos visto, parece que es verdaderamente antigua. Su linaje puede rastrearse más allá de la era cristiana, hace más de 4000 años, cerca de la época del diluvio y a la edificación de la Torre de Babel. Durante todo este tiempo, sus elementos esenciales han sido casi los mismos, y tienen una particular adaptación a la corrupción de la naturaleza humana. Parece que muchos creen que el papado es un sistema para ser meramente escarnecido y para mofarse de él; pero el Espíritu de Dios lo caracteriza de una manera bastante diferente. Toda afirmación de las Escrituras demuestra que se le describe verdaderamente cuando se le caracteriza como "la obra maestra de Satanás," por la perfección de su política para alucinar y para engañar al mundo. No es el arte de gobernar de los políticos, ni la sabiduría de los filósofos, ni los recursos humanos de la ciencia los que pueden hacer frente a la astucia y a las argucias del papado. Satanás, que lo inspira, ha triunfado sobre todos ellos una y otra vez. Si las mismas naciones en las cuales el culto de la Reina del Cielo, con todo su séquito de abominaciones, ha prosperado más en todas las épocas, han sido precisamente las más civilizadas, las más cultas, las más notables por las artes y las ciencias. Babilonia, donde ese culto tuvo su origen, fue la cuna de la astronomía. Egipto, que lo alimentó en su seno, fue la madre de todas las artes; las ciudades griegas de Asia Menor, donde él encontró refugio cuando fue expulsado de Caldea, eran famosas por sus poetas y filósofos, entre los que se contaba el mismo Homero; y las naciones del continente europeo, donde la literatura se ha cultivado desde hace mucho tiempo, se han postrado ahora ante él. La fuerza física se emplea ahora en su nombre; pero surge la

Acerca de los Misterios... y el Culto al Hombre

pregunta: ¿Cómo ocurrió que este sistema, entre todos los demás, pudiera prevalecer tanto como para mantener tal fuerza física para hacer obedecer sus mandatos? No se puede dar otra respuesta sino ésta: que Satanás, el dios de este mundo, ejerce su más grande poder en su favor. La fuerza física no ha estado siempre del lado del culto caldeo de la Reina del Cielo. Muchas veces el poder ha estado en su contra; pero, hasta ahora, ha superado todos los obstáculos, ha vencido todas las dificultades. Ciro, Jerjes, y muchos otros de los reyes medo-persas, desterraron a sus sacerdotes de Babilonia, y se empeñaron por sacarlos de su imperio; pero entonces encontraron refugio seguro en Pérgamo, y la "sede de Satanás" se estableció allí. La gloria de Pérgamo y de las ciudades de Asia Menor desapareció, pero el culto de la Reina del Cielo no decayó. Tomó un alto vuelo, y se sentó en el trono de la Roma imperial. Ese trono fue destruido. Los godos arios llegaron y quemaron con furia a los adoradores de la Reina Virgen; pero ese culto todavía salió a flote sobre todos los intentos por abatirlo, y los mismos godos arios se postraron pronto a los pies de la diosa de Babilonia, sentada en gloria en las siete colinas de Roma. En tiempos más modernos, los poderes temporales de los reinos de Europa han expulsado de sus dominios a los jesuitas, los principales promotores de este culto idólatra. Francia, España, Portugal, Nápoles, Roma misma, todas han tomado las mismas medidas, y sin embargo, ¿qué vemos actualmente? El mismo jesuitismo, y el culto de la Virgen exaltados sobre casi todos los tronos del Continente. Cuando consideramos atentamente la historia de los últimos 4000 años, cuánta significación tienen las inspiradas palabras de que cuando "se manifieste el Hombre de Pecado" será con poder "por obra de Satanás." Ahora, ¿es éste el sistema que, año tras año, se ha ido haciendo poderoso en nuestro propio país? Y, ¿se han imaginado por un momento que los protestantes tibios, contemporizadores e indiferentes puedan oponerse de alguna forma contra tal sistema? No; ha llegado el momento en que la proclama de Gedeón debe hacerse en todo el campamento del Señor: "Quien tema y se estremezca, madrugue y devuélvase desde el monte de Galaad." De los mártires antiguos se dice que "ellos vencieron por causa de la sangre del Cordero, y por la palabra de su testimonio, y que no amaron sus vidas hasta la muerte." La misma autonegación, el mismo espíritu resuelto se necesitan ahora, tanto como siempre lo han sido. ¿No habrá nadie que esté preparado para ponerse de pie, y que esté investido del mismo espíritu para el gran conflicto que debe venir, antes de que Satanás sea atado y arrojado a su prisión? ¿Puede alguien creer que tal acontecimiento pueda tener lugar sin una lucha tremenda; que "el dios de este mundo" consentirá en entregar tranquilamente el poder que ha esgrimido durante miles de años, sin provocar toda su ira, sin que emplee todo su poder y habilidad para impedir una catástrofe semejante? Entonces, ¿quiénes están del lado del Señor? Si son aquellos que, en los últimos años, han sido revividos y animados – despertados no por mero estímulo humano, sino por la gracia todopoderosa del Espíritu de Dios, ¿cuál es el deseable propósito de esto? ¿Es meramente el de que ellos puedan librarse de la ira que está por venir? No; es el de que, celosos de la gloria de su Señor, puedan conducirse como verdaderos testigos, luchando denodadamente por la fe dada una vez a los santos, y por mantener el honor de Cristo en contra de aquel que usurpa blasfemamente Sus prerrogativas. Si los siervos del Anticristo son fieles a su amo, e incansables en la promoción de su causa, ¿se dirá que los siervos de Cristo son menos fieles que los suyos? Aunque nadie más los incitara, seguramente que el llamamiento para los corazones generosos del joven y creciente ministerio de Cristo, con la bondad de su juventud y su amor a la causa, no será hecho en vano, cuando él se haga en nombre de Aquel que ama sus almas, para que, en esta gran crisis de la Iglesia y del mundo, ellos "vengan en ayuda del Señor – en ayuda del Señor contra el poderoso," que hagan lo que les corresponde para darle fuerza a las manos y ánimos al corazón de aquellos que están buscando detener la marea de la apostasía, para que se opongan a los esfuerzos del hombre que está trabajando con tanto celo y con tan apasionado patrocinio por parte de "los poderes que sean," para poner de nuevo esta tierra bajo el poder del Hombre de Pecado. Para tomar parte en esto, para sostenerlo firme y perseverantemente entre tanta tibieza creciente, es indispensable que los siervos de Cristo endurezcan sus rostros como el pedernal. Pero si tienen la gracia para hacerlo así, no lo harán sin una

Acerca de los Misterios... y el Culto al Hombre

rica recompensa al final; y, a la vez, tendrán la firme y fiel promesa de que "como son sus días, así será su fortaleza." Para todos los que deseen verdaderamente cumplir su parte como buenos soldados de Jesús, el Cristo, hay el más poderoso y rico estímulo. Con la sangre de Cristo en la conciencia, con el Espíritu de Cristo calentando el corazón y obrando en él, con el nombre de nuestro Padre en nuestra frente y en nuestra vida, así como en nuestros labios, dando "testimonio" con firmeza para Dios, estaremos preparados para cualquier evento. Pero no es la gracia común la que obrará para tiempos excepcionales. Si en verdad hay tales expectativas ante nosotros, como he tratado de probar que las hay, entonces debemos vivir, y sentir, y actuar como si oyéramos resonar todos los días, en nuestros oídos, las palabras del Gran Capitán de nuestra Salvación: "Al que venciere, yo le daré que se siente conmigo en Mi trono; así como yo he vencido, y me he sentado con mi Padre en Su trono. Sé fiel hasta la muerte, y yo te daré la corona de la vida."

Por último, apelo a todos los que lean este libro, para que vean si él no contiene un argumento sobre la inspiración de las Escrituras, así como una exposición de las imposturas de Roma. Con seguridad, si algo se probó más que otra cosa en las páginas anteriores, es esto: que la Biblia no es una fábula astutamente inventada, sino que los hombres santos de Dios hablaron y escribieron antiguamente tal cómo fueron movidos a hacerlo por el Espíritu Santo. ¿Qué puede explicar la maravillosa unidad de todos los sistemas idólatras del mundo, como no sea que los hechos narrados en los primeros capítulos del Génesis fueron memorias reales, en las cuales, así como toda la humanidad estaba involucrada, asimismo toda la humanidad ha conservado en sus diversos sistemas, distinta e innegable memoria de ellos, aunque los que los habían conservado, hace mucho tiempo que perdieron la verdadera clave de su significado? También, ¿qué otra cosa sino la Omnisciencia podía haber previsto que un sistema tal como el del papado pudiera, alguna vez, entrar en la Iglesia cristiana, y que se practicara y prosperara como él lo ha hecho? ¿Cómo pudo haber entrado alguna vez en el corazón de Juan, el solitario desterrado de Patmos, para que imaginara que algunos de los discípulos declarados de ese Salvador a quien él amó, y que dijo: "Mi reino no es de este mundo," reunieran y sistematizaran toda la idolatría, y la superstición, y la inmoralidad de la Babilonia de Belsasar, introduciéndolas en el seno de la Iglesia, y con la ayuda de ellos, se sentaran en el trono de los césares, y allí, como los sumos sacerdotes de la Reina del Cielo, y siendo dioses sobre la tierra, gobernaran durante 1200 años las naciones con vara de hierro? La previsión humana nunca hubiera podido hacer esto, pero el desterrado de Patmos logró ver en visión todo esto. Su pluma, entonces, tuvo que haber sido guiada por Aquel que ve el fin desde el principio, y que nombró las cosas que no eran, como si lo fueran. Y si la sabiduría de Dios resplandece ahora tan brillantemente en la expresión divina: "Babilonia la Grande," en la cual se ha condensado tal inmensidad de significado, ¿no debería eso llevarnos a reverenciar más y a adorar más la misma sabiduría que está estampada en cada página de la Palabra inspirada? ¿No debería llevarnos a decir con el Salmista: "Por eso estimé rectos todos tus mandamientos sobre todas las cosas"? Los mandamientos de Dios para nuestra mente corrupta y perversa, puede parecer, algunas veces, duros. Ellos pueden exigirnos que hagamos aquello que resulta penoso, pueden exigirnos que abandonemos lo que es placentero para la carne y para la sangre. Pero bien sea que sepamos, o no, la razón de estos mandamientos, si sólo sabemos que ellos proceden de "el único Dios sabio, nuestro Salvador," podemos estar seguros de que, al guardarlos, hay gran recompensa; podemos ir a ciegas donde la Palabra de Dios pueda llevarnos, y descansar en la firme convicción de que, haciéndolo así, estamos siguiendo el propio camino de la seguridad y de la paz. La sabiduría humana es, a lo mejor, sólo un guía ciego; la política humana es un meteoro que deslumbra y descarría; y los que la siguen andan en tinieblas, y no saben a dónde van; pero el "que anda en integridad," el que anda por el precepto de la Palabra infalible de Dios, siempre encontrará que "anda en seguridad," y que para cualquier trabajo que tenga que realizar, para cualquier peligro que tenga que enfrentar, "gran paz tengan todos los que amen la ley de Dios, y nada los ofenda."

11 Y vi el cielo abierto; y he aquí un caballo blanco; y el que estaba sentado sobre él, era llamado Fiel y Verdadero, el cual con justicia juzga y pelea.

12 Y sus ojos eran como llama de fuego, y había en su cabeza muchas diademas; y tenía un nombre escrito que ninguno ha conocido sino él mismo;

13 y estaba vestido de una ropa teñida en sangre; y su nombre es llamado LA PALABRA DE DIOS.

14 Y los ejércitos que están en el cielo le seguían en caballos blancos, vestidos de lino finísimo, blanco y limpio.

15 Y de su boca sale una espada aguda, para herir con ella los gentiles; y él los regirá con vara de hierro; y él pisa el lagar del vino del furor, y de la ira del Dios Todopoderoso.

16 Y en su vestidura y en su muslo tiene escrito este nombre: REY DE REYES Y SEÑOR DE SEÑORES.

17 Y vi un ángel que estaba dentro del sol, y clamó con gran voz, diciendo a todas las aves que volaban por medio del cielo: Venid, y congregaos a la cena del gran Dios,

18 para que comáis carnes de reyes, y de capitanes, y carnes de fuertes, y carnes de caballos, y de los que están sentados sobre ellos; y carnes de todos libres y siervos, de pequeños y de grandes.

19 Y vi la bestia, y los reyes de la tierra y sus ejércitos, congregados para hacer guerra contra el que estaba sentado sobre el caballo, y contra su ejército.

20 Y la bestia fue presa, y con ella el falso Profeta que había hecho las señales delante de ella, con las cuales había engañado a los que tomaron la señal de la bestia, y habían adorado su imagen. Estos dos fueron lanzados vivos dentro de un lago de fuego ardiendo en azufre.

21 Y los otros fueron muertos con la espada que salía de la boca del que estaba sentado sobre el caballo; y todas las aves se saciaron de las carnes de ellos.

1 Y vi un ángel descender del cielo, que tenía la llave del

Lo Que Usted Debe Saber

abismo, y una gran cadena en su mano.

2 Y prendió al dragón, aquella serpiente antigua, que es el Diablo y Satanás, y lo ató por mil años;

3 y lo envió al abismo, y lo encerró, y selló sobre él, para que no engañe más a los gentiles, hasta que mil años sean cumplidos; y después de esto es necesario que sea desatado un poco de tiempo.

4 Y vi tronos, y se sentaron sobre ellos, y les fue dado juicio; y vi las almas de los degollados por el testimonio de Jesús, y por la palabra de Dios, que no adoraron la bestia, ni a su imagen, y que no recibieron su señal en sus frentes, ni en sus manos, y vivirán y reinarán con el Cristo mil años.

5 Mas los otros muertos no tornaron a vivir hasta que sean cumplidos mil años. Esta es la primera resurrección.

6 Bienaventurado y santo el que tiene parte en la primera resurrección; la segunda muerte no tiene potestad en éstos; antes serán sacerdotes de Dios y del Cristo, y reinarán con él mil años.   (Apocalipsis 19:11-20:6).

Acerca de los Misterios. . . y el Culto al Hombre

Y al que puede confirmaros según mi Evangelio y la predicación de Jesús, el Cristo, según **la revelación del misterio encubierto desde tiempos eternos, pero manifestado ahora**, y por las Escrituras de los profetas, por el mandamiento del Dios eterno, declarado a todos los gentiles, para que obedezcan por la fe; al solo Dios sabio, sea gloria por Jesús, el Cristo, para siempre. Amén.

(Pablo a los Romanos 16:25-27).

APENDICE

NOTA A

La Mujer con la Copa de Oro

En Pausanias encontramos la descripción de una diosa representada en la misma actitud de la "Mujer" apocalíptica. "Pero de esta piedra [mármol de Paros] Fidias," dice él, "hizo una estatua de Némesis, y en la cabeza de la diosa hay una corona no muy grande adornada con ciervos e imágenes de la victoria. Sostiene también en la mano izquierda una rama de fresno, y en la derecha UNA COPA, en la cual están esculpidos unos etíopes."– (PAUSANIAS, lib. I., *Atica*, cap. 33, p. 81). Pausanias se declara incapaz de dar alguna razón de por qué estaban esculpidos "unos *etíopes*" en la copa; pero el significado de los etíopes y de los ciervos será evidente para todo el que lea lo que se dice en la Subsección III del Capítulo Segundo de este libro. Por las afirmaciones hechas en el mismo capítulo encontramos que, aunque Némesis se representaba comúnmente como la diosa de la venganza, debe haber sido conocida, sin embargo, con un carácter bastante diferente. Así, Pausanias prosigue comentando sobre la estatua: "Pero tampoco tiene esta estatua las alas de la diosa. Sin embargo, me di cuenta después de que entre los esmirneanos, que tienen la imagen más santa de Némesis, estas estatuas tenían alas. Porque puede suponerse que en esta descripción se la han puesto alas a Némesis, así como al amor, es decir, a Cupido (*Ibid*.), pues *esta diosa tiene que ver principalmente con los amantes*." Ponerle alas a Némesis, la diosa "que tiene que ver principalmente con los amantes," porque Cupido, el *dios* del amor, las tiene, quiere decir que, en opinión de Pausanias, ella es el *duplicado* de Cupido, o la *diosa* del amor, es decir, Venus. Al paso que esta es la deducción que se saca naturalmente de las palabras de Pausanias, la encontramos confirmada por una expresión de Focio al referirse a la estatua de la Némesis ramnusiana: "Al principio, se le erigía en la forma de Venus y, por tanto, también llevaba la rama de manzano." – (FOCIO, *Léxico*, part. II. p. 482). Aunque una diosa del amor y una diosa de la venganza puedan parecer muy distanciadas una de la otra en sus características, no es difícil ver, sin embargo, como puede haber ocurrido esto. La diosa que se les revelaba de la manera más seductora a los iniciados en los Misterios, también se sabía que era la más despiadada e implacable para tomar venganza sobre los que divulgaban estos Misterios, pues a los que fueran descubiertos, se les daba muerte sin piedad. – (POTTER, *Antigüedades*, vol I., "Eleusinia," p. 354). Así, entonces, la diosa que tenía la copa era, al mismo tiempo, Venus, la diosa del libertinaje, y Némesis, la severa y despiadada para con todos los que se rebelaban en contra su autoridad. ¡Qué notable símbolo de la mujer el que vio Juan, descrita en un aspecto como la "Madre de las rameras," y en otro, como "ebria de la sangre de los santos."!

NOTA B
La Cronología Hebrea

El Dr. Hales ha intentado substituir la extensa cronología de la Versión de los Setenta (que es más larga) por la cronología hebrea. Sin embargo, esto implica que la iglesia hebrea, como cuerpo, no fue fiel a la confianza depositada en ella con respecto a la guarda de las Escrituras, lo que parece claramente contrario al testimonio de nuestro Señor en lo que atañe a tales Escrituras (Juan 5:39 ; 10:35), e igualmente lo dicho por Pablo (Romanos 3:2), donde no hay la menor insinuación de infidelidad. Entonces, podemos encontrar una razón que pudo inducir a los traductores de la Versión de los Setenta en Alejandría para *prolongar* la época de la historia antigua del mundo; pero no podemos encontrar una razón para inducir a los judíos de Palestina a *acortarla*. Los egipcios tenían prolongadas y fabulosos edades en su historia, y los judíos que vivían en Egipto pudieron desear que su historia sagrada se prolongara tanto como fuera posible; pero la adición de un sólo siglo en cada caso, como sucede en la Versión de los Setenta con la edad de los patriarcas, aparece prodigiosamente como una falsificación intencional, puesto que no podemos imaginar la razón por la cual los judíos palestinos harían cualquier cambio con respecto a este asunto. Es bien sabido que la Versión de los Setenta contiene interpolaciones y errores crasos.

Bunsen tira por la borda toda la cronología bíblica, cualquiera que ella sea, hebrea, samaritana, o griega, y defiende las insostenibles dinastías de Maneto, como si ellas fueran suficientes para pasar por encima de la palabra divina, como si se tratara de una cuestión de hechos históricos. Pero si las Escrituras no son históricamente ciertas, no podemos tener seguridad absoluta de su verdad. Es digno de observar que aunque Heródoto da testimonio del hecho de que en una época hubo no menos de doce reyes contemporáneos en Egipto, Maneto, como lo observa Wilkinson (vol. I. p. 148), no hizo alusión a esto, pero ha hecho que se sucedan todas sus dinastías tinita, menfita, y diospolitana, ¡además de una larga etcétera de otras más!

El tiempo que duran las dinastías de Meneto, empieza con Menes, el primer rey de ellas, y es, de por sí, un período larguísimo que sobrepasa toda credibilidad racional. Pero Bunsen, no contento con esto, expresa su pleno convencimiento de que ha habido largas sucesiones de monarcas poderosos en el alto y en el bajo Egipto, "durante un período de dos a cuatro mil años" (vol. I. p. 72), aun antes del reinado de Menes. Para llegar a tal conclusión, se basa claramente en la suposición de que el nombre de Mizraim, que es el nombre bíblico de la tierra de Egipto, se deriva evidentemente del nombre del hijo de Cam, y nieto de Noé, el cual, después de todo, no es nombre de persona, sino el nombre del reino unido, integrado durante el reinado de Menes, por los "dos Misr," "el alto y el bajo Egipto" (*Ibid.* p. 73), que habían existido antes como reinos separados, con el nombre de *Misrim* la cual, según él, es una palabra en plural. Esta derivación del nombre de Mizraim, o Misrim, como palabra plural, deja infaliblemente la impresión de que Mizraim, el hijo de

Cam, debe ser solamente un personaje mítico. Pero no hay razón verdadera para creer que Mizraim sea una palabra plural, o que llegara a ser el nombre de "la tierra de Cam," por ninguna otra razón que por la de que esa tierra fue también la tierra del hijo de Cam. Mizraim, sin los puntos, como se dice en el hebreo del Génesis, es Metzrim; y Metzr-mi significa "el cercador, o el represador del *mar*" (la palabra se deriva de *Im*, lo mismo que *Yam*, "el mar" y *Tzr*, "cercar," con la *M* formativa prefija).

Si los relatos del estado original de Egipto, en los cuales la historia antigua ha sido transmitida hasta nosotros, son correctos, el primer hombre que estableció una colonia *debe* haber hecho lo mismo que está implícito en tal nombre. Diodoro Sículo nos dice que, en tiempos primitivos, sobre los que él escribió, "se decía que Egipto no había sido un país, sino *un mar universal*." – (DIODORO, lib. III. p. 106). Plutarco también dice (*De Iside*, vol. II. p. 367) que Egipto era un mar. Por Heródoto también tenemos una evidencia muy interesante sobre el mismo asunto, del cual exceptúa la provincia de Tebas; pero cuando se ve que "la provincia de Tebas" no pertenecía a Mizraim, o Egipto propiamente dicho, el cual, "significa propiamente Bajo Egipto,"[1] según el autor del artículo "Mizraim" en la *Enciclopedia Bíblica*, p. 598; por esto, se verá que el testimonio de Heródoto concuerda plenamente con el de Diodoro y Plutarco. El afirma que en la región del primer rey "todo Egipto (con excepción de la provincia de Tebas) era un extenso pantano. No se veía ninguna parte de lo que ahora está situado más allá del lago Moeris, y la distancia entre dicho lago y el mar es un viaje de siete días." - (HERODOTO, lib. II. cap. 4). Así, todo Mizraim o Bajo Egipto estaba bajo el agua.

Este estado del país provenía de la creciente del Nilo, el cual, para adoptar el lenguaje de Wilkinson (vol. I. p. 89), "primero baña el pie de las montañas arenosas de la cordillera Libia." Antes de que Egipto pudiera estar listo para ser un lugar adecuado para residencia humana, antes de que pudiera llegar a ser la más fértil de todas las tierras, era indispensable que pudieran fijarse límites a las inundaciones del mar (pues antiguamente al Nilo se le daba el nombre de mar u océano. - DIODORO, lib. I. p. 8), y con este fin, grandes terraplenes debían *encerrar o confinar* sus aguas. Entonces, si el hijo de Cam condujo una colonia al Bajo Egipto, y la estableció allí, tuvo que hacerse este mismo trabajo. ¿Y qué más natural que se le diera un nombre como ese en memoria de su gran hazaña? ¿Y qué otro nombre tan exactamente descriptivo como el de Metzr-mi, "el represador del mar, o como el nombre que hoy se aplica a *todo* Egipto (WILKINSON, vol. I. p. 2), Musr o Misr? Los nombres siempre tienden a abreviarse en boca del pueblo y, por tanto, "la tierra de Mirs," es evidentemente "la tierra del represador." De esto se sigue que el "represamiento del mar," o "encerrarlo" dentro de ciertos límites, dio como resultado *convertirlo* en un *río*, en cuanto al Bajo Egipto se refiere. Considerando el asunto de esta manera, qué significación la que encierra el lenguaje

---

[1] El mismo parecer sobre la extensión de Mizraim tiene el Pastor R. Jamieson en PAXTON, *Ilustraciones de las Escrituras,* vol. I. p. 198, y en KITTO, *Comentario Ilustrado*, vol. IV. p. 110.

divino en Ezequiel 29:3, donde se decretan los juicios contra el rey de Egipto, el representante de Metzr-mi, "El represador del mar," por su soberbia: "He aquí, estoy contra ti, Faraón rey de Egipto, el dragón que yace en medio de sus ríos, el cual dijo: Mío es mi río, y yo me lo *hice*."

Cuando volvemos a lo que se relata de los hechos de Menes, a quien Heródoto, Maneto y Diodoro señalan por igual como el primer rey de Egipto, y comparamos lo que se dice de *él* con esta sencilla explicación del significado del nombre de Mizraim, ¡cómo arrojan luz el uno sobre el otro ! Así describe Wilkinson la gran obra que perpetuó la fama de Menes, "de quien," dice él, "se admite por consenso universal que ha sido el primer soberano de su país." "Habiendo desviado el curso del Nilo, que anteriormente bañaba el pie de las montañas de la cordillera de Libia, lo obligó a correr por el centro del valle, casi a igual distancia, entre las dos cordilleras paralelas que lo bordeaban al este y al oeste; y edificó la ciudad de Menfis en el lecho del antiguo cauce. Este cambio se efectuó construyendo un dique de unos cien estadios sobre el lugar de la proyectada ciudad, cuyos elevados montículos y fuertes terraplenes devolvían el agua hacia el este y confinaron efectivamente el río en su nuevo curso. El dique fue mantenido en cuidadosa reparación por los reyes subsiguientes, y siempre se mantuvo allí una guardia, incluso en época tan remota como la invasión persa, para vigilar las reparaciones necesarias y para inspeccionar el estado de los terraplenes." – (Los Egipcios, vol. I. p. 89).

Cuando vemos que Menes, el primero de los reyes de Egipto conocidos históricamente, llevó a cabo la misma proeza que está implícita en el nombre de Mizraim, ¿quién puede resistirse a la conclusión de que Menes y Mizraim son sólo dos nombres diferentes para la misma persona? Y si es así, ¿en qué se convierte la visión de Bunsen de las poderosas dinastías de soberanos "durante un período de dos a cuatro mil años" antes del reinado de Menes, por lo cual toda la cronología bíblica con respecto a Noé y a sus hijos, iba a sufrir un vuelco cuando resultase que Menes debió haber sido Mizraim, el nieto del propio Noé? Así, las Escrituras tienen en su propio seno los medios para defenderse a sí mismas; y así lo hacen, incluso con respecto a los hechos, sus más pequeños relatos que, cuando se les comprende cabalmente, arrojan una luz sorprendente en las partes obscuras de la historia del mundo.

NOTA C
La Shing Moo y La Ma Tsoopo de China

El nombre de Shing Moo, aplicado por los chinos a su "Santa Madre," comparado con otro nombre de la misma diosa en otra provincia de China, favorece ampliamente la conclusión de que Shing Moo es sólo un sinónimo para uno de los bien conocidos nombres de la madre-diosa de Babilonia. Gillespie (en su *Tierra de China*, p. 64) dice que la madre-diosa o la "Reina del Cielo" es adorada por los marineros en la provincia de Fuh-kien con el nombre de Ma Tsoopo. "Ama Tzupah" significa la "Madre que mira fijamente;" y hay mucha razón para creer que Shing Moo signifique lo mismo, pues Mu era una de las formas en que aparecía en Egipto Mut o Maut, el nombre de la gran madre (BUNSEN, *Vocabulario*, vol. I. p. 471), y Shing significa en caldeo "mirar" o "mirar fijamente." El egipcio Mu o Maut se simbolizaba o por medio de un buitre, o por medio de un *ojo* rodeado por las alas de un buitre (WILKINSON, vol. V. p. 203). El significado simbólico del buitre puede conocerse por la expresión bíblica, "senda que nunca la conoció ave, ni ojo de buitre la vio" (Job 28:7). El buitre se distingue por su vista penetrante y, por tanto, el *ojo* rodeado por las alas de buitre demuestra que en Egipto, por una razón o por otra, se había conocido a la gran madre de los dioses como "La que mira fijamente." No obstante, la idea contenida en el símbolo egipcio había sido tomada evidentemente de Caldea, puesto que Rheia, uno de los nombres más famosos de la madre babilónica de los dioses, sólo es la forma caldea del hebreo Rhaah, que significa a la vez "una mujer que mira fijamente" y "un buitre." La palabra hebrea Rhaah se pronuncia también Rheah, por una variación dialéctica; y, por esto, el nombre de la gran madre-diosa de Asiria era unas veces Rea, y otras, Reia. En Grecia, se le atribuyó la misma característica a Atenea o Minerva, a quien hemos visto que era considerada por algunos como la Madre de los hijos del sol (ver *ante*, p. 20, Nota), pues uno de sus títulos distintivos era el de Ophthalmitis (SMITH, *Diccionario Clásico*, "Atenea," p. 101), señalándola como la diosa de "el *ojo*." Sin duda, esto fue para indicar lo mismo por lo que la egipcia Maut llevaba un buitre en la mano, y a la Minerva ateneana se le representaba con un yelmo con dos *ojos*, o atisbadero, en la parte delantera (VAUX, *Antigüedades*, p. 186).

Habiéndole seguido de este modo el rastro a la madre que mira fijamente hacia la tierra, se preguntará: "¿Qué puede haber dado origen a tal nombre aplicado a la madre de los dioses? Un fragmento de la Versión de los Setenta (pgs. 16-19) nos proporciona una respuesta satisfactoria sobre el asunto. Allí se dice que Reia concibió de Cronos, su propio hermano, conocido como el padre de los dioses y, como consecuencia de esto, tuvo un hijo llamado Müth, es decir, la "Muerte," como Philo-Byblius interpreta correctamente esta palabra. Como la Versión de los Setenta distingue expresamente a este "padre de los dioses" de "Hypsistos," "El Altísimo,"[2] recordamos naturalmente lo que dice Hesíodo con respecto a su Cronos, el padre de los dioses, al que, por cierto acto perverso, se le llamó Titán, y fue arrojado al infierno. – (*Teogonía*, l. 207, p. 18). El Cronos a quien se refiere Hesíodo es, evidentemente, un Cronos realmente diferente a Nimrod, el padre humano de los dioses, cuya historia ocupa tanto espacio en esta obra. Claramente, se trata del mismo Satanás, al que algunas veces se le da el nombre de Titán, o Teitán, que es, como hemos concluido en otra parte, sólo la forma caldea de Sheitan, el nombre común del gran Adversario entre los árabes, en la misma región donde se urdieron los Misterios caldeos, – ese Adversario que era, en últimas, el padre real de todos los dioses paganos – y que (para hacer que el título de Cronos, "el Cornudo," fuera apropiado también para *él*) fue simbolizado por el Kerastes,

---

[2] Al leer la Versión de los Setenta es necesario tener en cuenta lo que Philo-Byblius, su traductor, dice al final de la *Historia Fenicia*, a saber, que la historia y la mitología se mezclaban en dicha obra

o *la serpiente cornuda*. Todos "los hermanos" de este padre de los dioses que estuvieron implicados en la rebelión contra su propio padre, el "Dios del cielo," fueron llamados por igual con el nombre "vituperable" de "titanes;" pero, por ser *él* el cabecilla de la rebelión, se le llamó Titán por antonomasia. En la rebelión de Titán estuvo comprometida la diosa de la tierra, y el resultado fue que (suprimiendo la figura bajo la cual Hesíodo ha encubierto el hecho) resultaba imposible, desde el punto de vista natural, que el Dios del cielo tuviera hijos en la tierra, en una clara alusión a la Caída.

Suponiendo que este sea el "Padre de los dioses," del cual Rea, cuyo título común es el de Madre de los dioses, y a quien se identifica también con Geo, la diosa-tierra, tuvo un hijo llamado Müth, o la Muerte, ¿quién podía ser esta "Madre de los dioses," sino nuestra madre Eva, precisamente? Y el nombre de Rea, o "La que mira fijamente," que se le dio, es pasmosamente significativo. Fue como "La que mira fijamente" que la madre de la humanidad concibió de Satanás, y dio a luz ese mortal nacimiento bajo el cual el mundo ha gemido hasta ahora. Fue por medio de sus *ojos* como se estableció en un principio la relación fatal entre ella y el gran Adversario, bajo la forma de serpiente, y cuyo nombre, Nahash, o Nachash, como se dice en el hebreo del Antiguo Testamento, también significa "mirar atentamente" o "mirar fijamente" (Génesis 3:6): "Y vio la mujer que el árbol era bueno para comer, y *que era agradable a los ojos*... y tomó de su fruto, el cual comió; y dio también a su marido, el cual comió así como ella." Aquí tenemos, entonces, la genealogía del pecado y de la muerte; "y la concupiscencia después que ha concebido, pare el pecado; y el pecado, siendo cumplido, engendra muerte" (Santiago 1:15). Aunque Müth, o la Muerte, era el hijo de Rea, esta prole suya llegó a ser considerada no como una muerte abstracta, sino como el dios de la muerte; por tanto, dice Philo-Byblius, que Müth debe considerarse no sólo como la muerte, sino como Plutón.– (*Versión de los Setenta*, p. 24). En la mitología romana, se consideraba a Plutón a la misma altura que Júpiter (OVIDIO, *Fastos*, lib. VII. 578); y en Egipto encontramos la evidencia de que Osiris, "la simiente de la mujer," era el "Señor del cielo," y rey del infierno, o "Plutón" (WILKINSON, vol. IV. p. 63 ; BUNSEN, vol. I. pp. 431, 432); y puede demostrarse mediante abundante acopio de pormenores (y el lector tiene algo de la evidencia presentada en este volumen), que él no era otro que el mismo diablo, supuestamente encarnado; quien, por la primera transgresión, y por su relación con la mujer, trajo al mundo el pecado y la muerte aunque, por medio de ellos, trajo innumerables "beneficios" a la humanidad. Así como el nombre de Plutòn tiene la misma significación que Saturno, "El Oculto," así también cualquier otro aspecto que este nombre tuviera, aplicado al padre de los dioses, es para Satanás, el Señor Oculto del infierno, con el resultado de que, esencialmente, todo se reduce a ser rastreado, pues los diferentes mitos sobre Saturno, cuando se les examina cuidadosamente, muestran que él era, a la vez, el diablo, el padre de todo pecado y de toda idolatría, que se *ocultaba* bajo el disfraz de la serpiente, y Adán, que se *ocultó* entre los árboles del jardín, y Noé, que se *ocultó* durante todo una año en el arca, y Nimrod, que se *ocultó* en el secreto de los Misterios de Babilonia.

Fue para glorificar a Nimrod que se estableció todo el sistema caldeo de iniquidad. A él se le conoció como Nin, "el hijo," y a su esposa Rea se le llamaba Ammas, "la Madre." El nombre de Rea, aplicado a Semíramis, tiene un significado distinto al que tenía cuando se le aplicaba a la que fue realmente la madre primigenia, la "madre de los dioses y de los *hombres*." Y, sin embargo, para demostrar la plena majestad de su carácter, era necesario que fuera identificada con esa diosa primigenia; y, por tanto, aunque el hijo que llevaba en los brazos se representaba como el que nació para destruir la muerte, a ella se le representaba, no obstante, con los mismos símbolos de la que trajo la muerte al mundo. Y así fue también en los diferentes países a donde se propagó el sistema babilónico.

NOTA D
Ala-Mahozim

El nombre de "Alá-Mahozim" no se encuentra, hasta donde yo sé, en ninguno de los autores antiguos, y en las propias Escrituras sólo se le encuentra en una profecía. Considerando que el propósito de la profecía es siempre el de dejar alguna obscuridad ante el acontecimiento, aunque dando suficiente luz para la guía práctica, para el fundamento, no es extraño que se emplee una palabra rara para describir la divinidad en cuestión. Pero, aunque no se encuentre exactamente este nombre, tenemos un sinónimo que puede descubrir el origen de Nimrod. En la *Versión de los Setenta*, pp. 24, 25, "Astarté, viajando por el mundo habitable," se dice que encontró "una estrella que caía por el aire, y que ella la cogió y la consagró en la isla santa de Tiro." ¿Qué es esta historia de la estrella que cae, sino apenas otra versión de la caída desde el cielo de Mulciber (ver *ante,* p. 233), o de Nimrod desde su prominente condición? Porque, como ya lo hemos visto, Macrobio demostró (*Saturn.*, lib. I. cap. 21, p. 70) que la historia de Adonis, el lamentado – el tema favorito en Fenicia – procedía simplemente de Asiria. El nombre del gran dios de la isla santa de Tiro era, como es bien sabido, Melkart (KITTO, *Comentario Ilustrado*, vol. II. p. 300), pero este nombre, llevado desde Tiro a Cartago, y de allí a Malta (que fue colonizada por Cartago), donde hoy se encuentra un monumento, arroja no poca luz sobre el asunto. El nombre Melkart se deriva de alguna manera de Melek-eretz, o "el rey de la tierra" (WILKINSON, errata, vol. V.). Kir, así como el galés Caer, que se encuentra en Caer-narvon, etc., significa "muro de contención" o "ciudad completamente amurallada," y Kart, la forma femenina de la misma palabra, pueden verse en las diferentes formas del nombre Cartago, que algunas veces es Car-chedom, y otras, Carthada o Cart-hago. En el libro de los Proverbios encontramos una ligera variación de la forma femenina Kart, que parece haber sido empleada evidentemente con el mismo sentido de baluarte o fortificación. Así, leemos en Proverbios 10:15 : "Las riquezas del rico son su ciudad *fortificada*" (Karit), es decir, su fuerte *baluarte o su defensa*. Entonces Melk-kart, "el rey de la ciudad amurallada," expresa la misma idea que Alá-Mahozim. En GRUTER, *Inscripciones,* citado por Bryant, encontramos un título que también debe haberse dado a Marte, el dios romano de la guerra, y que coincide exactamente en su significado con el de Melkart. Por otra parte, tenemos abundantes razones para concluir que Nimrod fue el prototipo de Marte. El título al cual me refiero confirma esta conclusión, y está contenido en la siguiente inscripción romana en un antiguo templo de España :

> "Malacae Hispaniae
> MARTI CIRADINO
> Templum communi voto
> Erectum."

(Ver BRYANT, vol. II. p. 454). Este título comprueba que el templo estaba dedicado a "Marte Kir-aden," el Señor de "la Kir," o "ciudad amurallada." Como es bien sabido, la C romana es fuerte como la K, y Adón, "el Señor," es lo mismo que Adén. Con esta clave como guía, podemos descifrar enseguida lo que hasta ahora había confundido grandemente a los mitologistas, con respecto al nombre de *Mars Quirinus* como diferente de *Mars Graivus*. La K en Kir es lo que en hebreo o caldeo se llama Koph, una letra diferente de Kape, y frecuentemente se pronuncia como Q. Por tanto, Quir-inus significa "perteneciente a la ciudad amurallada," y se refiere a la seguridad que proporcionaban las ciudades encerradas por murallas. Por otra parte, Gradivus viene de "Grah," "conflicto" y "divus," "dios," una forma diferente de *Deus*, que ya se ha demostrado que es un término caldeo, y significa, por tanto, "el dios de la guerra." Ambos títulos responden exactamente a las características de Nimrod, como el gran constructor de la ciudad y el gran guerrero, y de que ambos caracteres distintivos se explican por los dos nombres mencionados, tenemos clara evidencia en FUSS, *Antigüedades*, cap. IV. p. 348: "Los romanos," dice él, "adoraban dos ídolos de esa clase [es decir, dos dioses con el nombre de Marte], el uno llamado Quirinus, el *guardián de la ciudad y de su paz*; el otro, llamado Gradivus, *ávido de la guerra y de la matanza*, cuyo templo estaba del otro lado de las murallas de la ciudad."

NOTA E
El significado del nombre Centauro

La clásica derivación común de este nombre satisface poco porque, aunque pudiera derivarse de palabras que signifiquen "Matadores de Toros"(siendo una derivación imperfecta de suyo), tal significado no arroja ninguna luz sobre la historia de los centauros. Tómesele como una palabra caldea, y se verá en seguida que toda la historia del primitivo Kentaurus concuerda completamente con la historia de Nimrod, con quien ya lo hemos identificado. Kentaurus se deriva evidentemente de Kehn, "sacerdote," y Tor, "girar." Por tanto, "Kehn-Tor" es "el sacerdote que gira," es decir, el sol, que gira diariamente alrededor de la tierra. El nombre escrito para sacerdote es Khn, y la vocal se suple según los diferentes dialectos de los que la pronuncian para hacer de ella Kohn, Kahn, o Kehn. Tor, "el que gira," aplicado al sol es, evidentemente, sólo otro nombre para el griego Zen, o Zan, aplicado a Júpiter, identificado con el sol, lo que significa el "Encerrador," o el "Terraplenador,"

– la misma palabra de la que viene nuestro "Sun" (Sol), que en anglosajón era Sunna (MALLET, *Glosario*, p. 565, Londres, 1847), y de la cual encontramos claras huellas en Egipto en el término *srnu* (BUNSEN, *Vocabulario*, vol. I. p. 546), aplicado a la órbita del sol. El hebreo Zon o Zawon, para "encerrar," del cual vienen estas palabras, se convierten en Don o Dawon en caldeo, y así comprendemos el significado del nombre dado por los beocios a Orión, el "poderoso Cazador." Ese nombre era Kandaon, como aparece en las siguientes palabras del escoliasta sobre Lycophron, citado en BRYANT, vol. IV. p. 154: "Orión, a quien los beocios también llamaban Kandaon." Entonces, Kahn-daon y Kehn-tor sólo eran nombres diferentes para el mismo oficio: uno significaba "sacerdote del Encerrador;" el otro, "sacerdote del que gira," títulos evidentemente equivalentes al de Bol-khan, o "sacerdote de Baal, o del Sol" que, sin duda, era el título distintivo de Nimrod. Así como el título de centauro concuerda exactamente de este modo con el conocido oficio de Nimrod, así ocurre lo mismo con la historia de los centauros. Ya hemos visto que, aunque los griegos hicieron de Ixión el padre de esa mítica raza, ellos mismos admitían que los centauros tenían un origen mucho más alto y, en consecuencia, que Ixión, que parece ser un nombre griego, había tomado el lugar de un nombre primitivo; pues, según la tendencia particular observada por Salverté, que ha llevado a menudo a la humanidad a "adjudicar mitos tomados de una época primitiva y de otro país a personajes conocidos de una época y de un país distinto" (*Las Ciencias*, apéndice, p. 483). Solamente aceptemos aquí este caso y, con sólo quitar el nombre de Ixión, se verá que todo lo que se dice sobre el padre de los centauros, o jinetes-arqueros, se aplica exactamente a Nimrod, representado por los diferentes mitos que se refieren al primer progenitor de los centauros. Entonces, primero se representa a Centauro como ascendido al cielo (DYMOCK, *sub voce* "Ixión"), es decir, como habiendo sido grandemente exaltado por especial favor del cielo; luego, en tal estado de exaltación, se dice que él se enamoró de Nefele, considerada como la "Reina del Cielo," con el nombre de Juno. Aquí la historia es intencionalmente confusa para desorientar al vulgo y se altera el orden de los acontecimientos, lo que puede explicarse fácilmente. Como en griego Nefele significa "nube," se dice que la descendencia de los centauros tuvo su origen en una "nube." Pero Nefele, en el lenguaje del país donde se inventó originalmente la fábula, significaba "mujer caída," y es de esta "mujer caída" de la que se dice, por tanto, que nacieron los centauros. La historia de Nimrod como Nino, es la de que él se enamoró de Semiramis cuando ella era la esposa de otro hombre, y la tomó por su propia esposa, por lo cual ella cayó dos veces: una como mujer[3]; y otra, por abandonar la fe primitiva en la que debió haber sido criada; y esta "mujer caída" fue adorada después de su muerte con el nombre de Juno, o la Paloma, entre los babilonios. Por su orgullo y engreimiento, Centauro fue fulminado con el rayo por el dios supremo, y arrojado al infierno (DYMOCK, *sub voce*, "Ixión"). Esta es, entonces, sólo otra versión de la historia de Faetón, de Esculapio y de Orfeo, quienes fueron fulmi-

---

[3] Que Nefele se usó incluso en Grecia como nombre de mujer, lo evidencia el hecho de que la envilecida esposa de Atamas tenía este nombre. - SMITH, *Diccionario Clásico*, sub voce "Atamas," p. 110.

nados de igual manera y por un motivo similar. En el mundo infernal, se representa al padre de los centauros atado por serpientes a una rueda que gira perpetuamente, haciendo así que su castigo sea eterno (DYMOCK, *Ibid.*). Con las serpientes se hace alusión, evidentemente, a uno de los dos emblemas del culto al fuego de Nimrod. Si él inició el culto a la serpiente, como hemos tratado de probar (Capítulo Séptimo, Sección I), había una justificación política al hacer de la serpiente un instrumento de su castigo. La rueda giratoria indica claramente el nombre del propio Centauro, al significar "el sacerdote del sol que gira." Para el culto del sol como "El que gira," había una clara alusión no solamente en el círculo, que era el emblema del dios-sol entre los paganos, y en la rueda flameante con la cual era frecuentemente representado (WILSON, *La Religión Parsi*, p. 31), sino a las danzas en *círculo* de las bacantes. De aquí la frase, "bassaridum *rotator* evan," "el giro en *círculo* de las bacantes" (ESTACIO, *Silvas*., lib. II. e. 7. v. 7, p. 118). De aquí también las danzas en círculo de los druidas, mencionadas en la siguiente cita de un cántico druida: "La playa era rojiza, mientras se ejecutaba el *desplazamiento circular* por los asistentes, y las cintas blancas se movían con graciosa extravagancia" (DAVIES, *Los Druidas*, p. 172). En el tratado de Luciano, *Sobre la Danza*, encontramos la afirmación clara de que la danza circular de las antiguas naciones orientales se relacionaba realmente, entre los idólatras paganos, con el movimiento circular del sol; él dice, en expresa referencia al dios-sol: "ella consiste en una danza que imita a este dios (LUCIANO, vol. II. p. 278). Vemos aquí, entonces, una razón muy específica para la danza circular de la bacanal, y para la rueda del gran Centauro, que gira por siempre en las regiones infernales.

NOTA F
Oleno, el que Cargó con el Pecado.

En diversas partes de esta obra se ha demostrado evidentemente que Saturno, "el padre de los dioses," fue en un sólo aspecto nuestro primer padre Adán. De Saturno se dice que devoró a todos sus hijos.[4] En la historia esotérica, entre aquellos que no conocen el hecho real a que se hace referencia, esto aparece naturalmente en el mito, forma en la cual lo encontramos comúnmente, a saber, que él devoraba a sus hijos tan pronto como nacían. Pero lo que realmente ocultaba el relato con respecto al devoramiento de sus hijos, era el hecho bíblico de la caída, a saber, que *él los destruyó por comer* – no por *comérselos* – sino por comer del *fruto prohibido*. Cuando este era el triste y funesto estado de cosas, la historia pagana continuaba diciendo que la destrucción de los hijos del padre de los dioses y de los hombres fue detenida por su esposa Rea. Como hemos visto, Rea tuvo tanto que ver con el devoramiento de los hijos de Saturno, como el propio Saturno; pero, con el avance de la idolatría y de la apostasía, Rea, o Eva, llegaría a conseguir gloria a expensas de su esposo. Saturno, o Adán, se representaba como una divinidad malhumorada, y Rea, o Eva, como otra extremadamente bondadosa; en su bondad, ella le presentó a su esposo una piedra envuelta en pañales, que él engulló vorazmente; y, de allí en adelante, los hijos del padre caníbal se salvaron.[5] En lenguaje sagrado, la piedra envuelta en pañales es "Ebn Hatul," pero Ebn-Hat-tul[6] también significa "el hijo que carga con el pecado." Esto no significa necesariamente que Eva, o la madre de la humanidad, pudiera producir realmente, por sí misma, la simiente prometida (aunque también hay muchos mitos sobre esto), sino que, habiendo recibido y aceptado las gratas nuevas, se las presentó a su esposo, quien las recibió de ella por la fe, y esto puso los cimientos de su propia salvación y la de su posteridad. El devoramiento, por parte de Saturno, de la piedra envuelta en pañales, es sólo la expresión simbólica de la avidez con que Adán recibió por la fe las buenas nuevas de la simiente de la mujer, pues el acto de fe, tanto en el Antiguo como en el Nuevo Testamento, está simbolizado por comer. Jeremías dice así: "Se hallaron tus palabras, y yo las comí; y tu palabra me fue por gozo y por alegría de mi corazón" (Jeremías 15:16). Esto también fue demostrado enfáticamente por nuestro propio Señor Jesús, el Cristo, quien al presentar ante los judíos la necesidad indispensable de comer Su carne, alimentándose de El, dijo al mismo tiempo: "El Espíritu es el que da vida; la carne para nada aprovecha; las palabras que yo os he hablado, son Espíritu y son vida" (Juan 6:63). Que Adán recibió en forma divina las buenas nuevas sobre la simiente prometida, y las guardó como un tesoro en su corazón, como la vida de su alma, se evidencia por el nombre que él le dio a su esposa inmediatamente después de oírlas: " Y llamó Adán el nombre de su mujer, Eva, por cuanto ella era madre de todos los *vivientes*" (Génesis, 3:20. – Ver Dr. CANDLISH, El Génesis, p. 108).

La historia de la piedra envuelta en pañales no terminó con su devoramiento, ni con la detención de la destrucción de los hijos de Saturno. Se dice que esta piedra envuelta en pañales se "conservó cerca del templo de Delfos, donde se tuvo el cuidado de ungirla diariamente con aceite, y de cubrirla con lana" (MAURICIO, *Antigüedades Indias*, vol. II. p. 348). Si esta piedra simbolizaba "al hijo que cargó con el pecado," también simbolizaba, por supuesto, al Cordero de Dios, muerto desde la fundación del mundo, con cuyo cubrimiento simbólico fueron vestidos nuestros padres cuando Dios los vistió con túnicas de pieles. Por tanto, aunque se presentaba ante los ojos como una piedra, él (el hijo) debía tener el cubrimiento apropiado de la lana. Cuando se le representaba como una rama, la rama de Dios, esa rama también se cubría

---

[4] Algunas veces se dice que él solamente devoraba a sus hijos varones; sin embargo, en SMITH, *Diccionario Clásico*, sub voce "Hera," se encuentra que las hembras también eran devoradas por Saturno, al igual que los varones.

[5] HESIODO, *Teogonía*, ll. 485 y sig. pp. 30-41.

[6] Hata, "pecado," se encuentra también en caldeo como Hat (ver CLAVIS STOCK II, p. 1329). Tul viene de Ntl, "cargar." Si el lector mira a Horus con sus pañales (BRYANT, vol. III. lámina 22); a Diana con vendas alrededor de las piernas (ver ante, p. 29); al toro simbólico de los persas fajado de manera semejante (BRYANT, vol. I. lámina 5, p. 367), e incluso, los deformes troncos de los tahitianos usados como dioses y atados con cuerdas (WILLIAMS, p. 31), creo que verá que debe de haber algún misterio importante en estos fajamientos.

con lana (POTTER, vol. I., *La Religión de Grecia*, cap. V. p. 208). La unción *diaria* con aceite, es muy significativa. Si la piedra representaba al "hijo que cargó con el pecado," ¿qué podría significar la unción diaria con aceite de ese "hijo que cargó con el pecado," sino solamente señalarlo como el "Ungido del Señor," o el "Mesías," a quien los idólatras adoraban en contraste con el verdadero Mesías no revelado todavía?

Uno de los nombres que se le dieron a esta piedra ungida y envuelta en pañales confirma, de manera muy notable, la conclusión anterior. Ese nombre fue Baitulos. Esto lo sabemos por Prisciano (lib. V. vol. I. p. 180, Nota, y lib. VI. vol. I. p. 249), el cual, hablando de "esa piedra que se dice que Saturno había devorado en lugar de Júpiter," añade, "*quem Graeci Baitulos vocant*," a quien los griegos llamaron "Baitulos." "B´hai-tuloh" significa el "niño vuelto a la vida."[7] El padre de los dioses y de los hombres había destruido a sus hijos comiéndoselos; pero, al recibir "la piedra envuelta en pañales," se dice que "les devolvió la vida" (HESIODO, *Teogonía*, l. 495, p. 41). De ahí el nombre de Baitulos; y este significado del nombre está completamente de acuerdo con lo que se dice en la *Versión de los Setenta* (lib. I. cap. 6, p. 22) sobre la Baitulia que los fenicios convirtieron en el dios Urano: "Fue el dios Urano el que ideó Baitulia, haciendo que las piedras se movieran como si *tuvieran vida*." Si la piedra Baitulos representaba al "niño vuelto a la vida," era natural que esa piedra, si fuera posible, se hiciera aparecer como si tuviera "vida" por *sí misma*.

Existe una gran analogía entre la piedra envuelta en pañales que representaba al "hijo que cargó con el pecado," y ese Oleno mencionado por Ovidio, que tomó sobre sí una culpa que no era suya y, en consecuencia, fue transformado en piedra. Ya hemos visto que Oleno, al ser transformado en piedra, fue exaltado en el monte sagrado Ida, en Frigia. Tenemos razón en creer que la piedra de la que se fabuló que había hecho tanto por los hijos de Saturno, y que fue exaltada cerca del templo de Delfos, era solamente una representación de este mismo Oleno. Sabemos que Oleno fue el primer profeta en Delfos, y que edificó allí el primer templo (PAUSANIAS, lib. X., *Fócida*, cap. 5. p. 321). Como los profetas y los sacerdotes llevaban los nombres de los dioses que representaban (Hesiquio nos dice claramente que el sacerdote que representaba en los misterios al gran dios con el nombre de renuevo, se llamaba a sí mismo por el nombre de Baco, p. 179), esto explica uno de los

---

[7] De Tli, Tleh, o Tloh, "Infans puer" (CLAVIS STOCK II, Chaid., p. 1342), y Hia o Haya, "vivir, restaurar la vida" (GESENIO, p. 310). De Hia, "vivir," con digama prefijo, viene del griego Bios, vida. De que Hia, al ser adoptado en griego, también se pronunciaba Haya, tenemos evidencia en el nombre Hiim, "vida", pronunciado Hayyim, que en griego se representaba por *aima*, "sangre." El principio mosaico de que "la sangre era la vida," se ha comprobado que también había sido conocido por otros pueblos, además de los judíos. Ahora, Haya, "vivir, o restaurar la vida," con el digama prefijo, se convierte en B´haya; y así encontramos en Egipto que Bal significaba "alma," o "espíritu" (BUNSEN, vol. I. p. 375), que es el principio vital. B´haitulos, entonces, es el "niño de la vida restaurada." P´haya-n, es el mismo dios.

Fig. 60

nombres antiguos del dios de Delfos. Entonces, si había una piedra sagrada en el monte Ida, llamada la piedra de Oleno, y una piedra sagrada en el recinto del templo de Delfos, edificado por Oleno, ¿puede quedar alguna duda de que la piedra sagrada de Delfos representaba lo mismo que era representado por la piedra sagrada de Ida? Prisciano, en el lugar ya citado, llama claramente "dios" a la piedra envuelta en pañales venerada en Delfos. Entonces, está comprobado que a este dios que era ungido simbólicamente en forma divina, y que era celebrado por haber devuelto la vida a los hijos de Saturno, el padre de los dioses y de los hombres, e identificado con el Oleno idaeano, se le consideraba como si ocupara el mismo lugar del Mesías, que vino para cargar con los pecados de los hombres, y tomó su lugar y sufrió por causa de ellos; porque Oleno, como hemos visto, tomó voluntariamente sobre sí la culpa, de la cual él estaba libre.

Así que, al paso que hemos visto cuánto de la fe patriarcal estaba oculto bajo los símbolos místicos del paganismo, todavía queda una circunstancia que debe ser observada con respecto a la piedra envuelta en pañales y que muestra cómo el Misterio de Iniquidad de Roma se las ha ingeniado para importar, al así llamado simbolismo cristiano, esta piedra envuelta en pañales del paganismo. El Baitulos, o piedra envuelta en pañales era una piedra redonda o esférica (BRYANT, vol. II. p. 20, Nota). Esta piedra esférica se representa frecuentemente envuelta y atada con muchos vendajes unas veces, y otras, con unos pocos. En BRYANT, vol. III. p. 246, donde se presenta a la diosa Cibeles como "Spes Divina," o esperanza divina, vemos la justificación de esta esperanza divina presentada al mundo en la piedra envuelta en pañales que tiene en su mano derecha, atada con cuatro fajas diferentes. En la obra *Antigüedades Etruscas* de DAVIES, vol. IV. lámina 27, vemos una diosa que tiene en su mano extendida la caja de Pandora, la fuente de todo mal, y pendiente de ella la esfera envuelta en pañales, que esta vez sólo tiene dos fajas puestas en cruz. Y qué otra cosa es esta esfera vendada del paganismo sino el duplicado de la esfera con una cinta a su alrededor y la *Tau* mística o cruz encima de ella que, con el nombre de "símbolo del dominio" se representa frecuentemente, como en el grabado adjunto (Fig. 60)[8], en las manos de la

---
[8] De DIDRON, *Iconografía*, vol. I. p. 301.

profana representación de Dios Padre. El lector no necesita que se le diga que la cruz es la señal y la *marca* de ese mismo dios a quien representa la piedra envuelta en pañales; y que cuando ese dios nació, se dijo: "Ha nacido el Señor de toda la tierra" (WILKINSON, vol. IV. p. 310). Como el dios simbolizado por la piedra envuelta en pañales no solamente devolvió la vida a los hijos de Saturno, sino que le restituyó al mismo Saturno el liderazgo de la tierra, que él había perdido por causa de la transgresión, no sorprende que se diga de "estas piedras consagradas" que mientras "algunas se dedicaban a Júpiter, y otras al sol," "se consideraban, de una manera más particular, consagradas a Saturno," el Padre de los dioses (MAURICIO, vol. II. p. 348), y que Roma, en consecuencia, ha puesto la piedra redonda en las manos de la imagen, llevando consigo el nombre profanado de Dios Padre, y que, con tal procedencia, la esfera vendada y coronada con la marca de Tamuz, ha llegado a ser el símbolo del dominio en toda la Europa papal.

NOTA G
La Identificación de Rea o Cibeles con Venus

En la doctrina esotérica de Grecia y de Roma, los caracteres de Cibeles, la madre de los dioses, y de Venus, la diosa del amor son, por lo general, muy distintos, hasta el punto de que algunas mentes pueden encontrar no poca dificultad con respecto a la identificación de estas dos divinidades. Pero esa dificultad desaparece si se tiene presente el principio fundamental de los Misterios, a saber, que en el fondo, ellas sólo reconocían a Adad, "El Unico Dios" (ver ante, pp. 14, 15, 16, Nota). Adad, siendo trino y uno, dio lugar a tres FORMAS diferentes de la divinidad, cuando se estableció el Misterio de Iniquidad babilónico: el padre, la madre, y el hijo; pero todas las multiformes divinidades en que abundaba el mundo pagano, cualesquiera que fuesen las diferencias entre ellas, terminaban substancialmente en tantas manifestaciones de una o de otra de estas divinas personas o, más bien, de dos de ellas, porque la primera persona permanecía generalmente en el fondo. Tenemos clara evidencia de que esto fue lo que ocurrió. Apuleyo nos dice (vol. I. pp. 995, 996) que cuando él fue iniciado, la diosa Isis se le reveló como "la primera de los celestiales, y la manifestación uniforme de los dioses y de las diosas.... CUYA SOLA Y UNICA DIVINIDAD a la que todo el orbe de la tierra veneraba, y bajo una forma múltiple, y con nombres diferentes," y repasando muchos de estos nombres afirmó de sí misma que era a la vez "Pessuntica, la madre de los dioses [es decir, Cibeles], y la Venus pafiana" (*Ibid*. p. 997). Si esto ocurrió en las últimas épocas de los Misterios, así debe haber ocurrido desde el principio, porque ellos EMPEZARON, y empezaron necesariamente con la doctrina de la UNIDAD de la Deidad. Esto, por supuesto, produciría no pocos absurdos e inconsistencias por la misma naturaleza del asunto. Tanto Wilkinson como Bunsen, para librarse de las inconsistencias que encontraron en el sistema egipcio, creyeron necesario recurrir substancialmente a la misma explicación que yo he dado. Así encontramos que Wilkinson dice: "He dicho que Amón-ra y otros dioses tomaron la forma de deidades diferentes que, aunque parezca a primera vista que esto presenta alguna dificultad, puede ser explicado fácilmente cuando consideramos que cada uno de aquellos cuyas figuras o emblemas se adoptaron, fue sólo una EMANACION o atributo deificado del MISMO GRAN SER a quien se atribuyeron algunos caracteres, según los diferentes oficios que se suponía que él desempeñaba" (WILKINSON, vol. IV. p. 245). Lo dicho por Bunsen es del mismo tenor, y es esto: "Creemos tener razón sobre estas premisas al concluir que las dos series de dioses fueron idénticas originalmente, y que, en el GRAN PAR de dioses se concentraban todos estos atributos, que se desarrollaron en las diferentes personificaciones en que se manifestó el sistema mitológico, y los cuales ya hemos considerado" (BUNSEN, vol. I. p. 418).

Es importante la relación de todo esto con el asunto de la identificación de Cibeles con Astarté, o Venus. Fundamentalmente, sólo hubo una diosa - el Espíritu Santo, representado como hembra cuando la distinción del sexo fue atribuida maliciosamente a la divinidad, por una perversión de la idea bíblica de que todos los hijos de Dios son engendrados a la vez por el Padre y nacidos del Espíritu; y siguiendo esta idea, el Espíritu de Dios, como Madre, se representó en forma de paloma, en memoria del hecho de que, en la creación, ese Espíritu "revoloteaba" – pues, como hemos observado, este es el significado exacto del término empleado en Génesis 1:2 : "sobre la faz de las aguas." A esta diosa, entonces, se le dio el nombre de Ops, "la que revolotea," o *Juno*, "la Paloma," o *Khubelé*, "la que ata con cuerdas," título que hacía referencia a las "cuerdas del amor," las "cuerdas humanas" (llamadas "*Khubeli Adam*" en Oseas 11:4), no sólo las cuerdas con las cuales Dios, por Su bondad providencial, *atrajo* continuamente los hombres hacia El, sino las cuerdas con las que nuestro primer padre Adán estuvo atado dulcemente a Dios por medio de la morada del Espíritu, mientras no se quebrantó el pacto del Edén. Este tema es tratado minuciosamente en la historia pagana, y la evidencia es muy abundante, pero no puedo presentarla aquí. Sin embargo, obsérvese solamente que los romanos unieron los dos términos, Juno y Khubelé – o, Cibeles, como se pronuncia comúnmente; y, en ciertas ocasiones, invocaban a su diosa suprema con el nombre de Juno Covella (ver STANLEY, *Filosofía*, p. 1055), es

Fig. 61

decir, "La paloma que ata con cuerdas." En ESTACIO (lib. V. *Silva* 1, v. 222, *apud* BRYANT, vol. III. p. 325), el nombre de la gran diosa se encuentra como Cibeles:

"Italo gemitus Almone Cybele
Ponit, et Idaeos jam non reminiscitur manes."

Si el lector observa en Layard el emblema trino y uno de la divinidad suprema asiria, verá personificada evidentemente esta misma idea. Allí, las alas y la cola de la paloma tienen *dos cuerdas* unidas a ellas, en lugar de patas (LAYARD, *Nínive y sus Ruinas*, vol. II. p. 418; ver también el grabado adjunto (Fig. 61), de BRYANT, vol. II. p. 216; y KITTO, *Enciclopedia Bíblica*, vol. I. p. 425).

En relación con los acontecimientos *posteriores* a la Caída, Cibeles trae una nueva idea unida a su nombre. Khubel significa no sólo "atar con cuerdas," sino también "dar a luz;" por tanto, Cibeles aparece como la "Madre de los dioses," por quien todos los hijos de Dios deben nacer de nuevo o ser regenerados. Pero para esto era indispensable que hubiera, en primera instancia, una unión con Reia, "la que mira fijamente," la "madre (*humana*) de los dioses y de los hombres," para que la ruina que ella había iniciado, pudiera ser remediada. De aquí la identificación de Cibeles con Rea, lo que en todos los Panteones se considera solamente como dos nombres diferentes de la misma diosa (ver LEMPRIERE, *Diccionario Clásico, sub voce*) aunque, como hemos visto, estas dos diosas eran completamente diferentes. Este mismo principio se aplicaba a todas las demás madres deificadas. Eran deificadas solamente por la supuesta identificación de Juno o Cibeles con ellas – en otras palabras, del Espíritu Santo de Dios. Cada una de estas madres tenía su propia leyenda y se le tributaba un culto especial, adaptado a las circunstancias. Sin embargo, como en todos los casos, se le consideraba como una encarnación del único Espíritu de Dios, como la gran Madre de todas ellas, y los atributos de este único Espíritu, siempre se presuponía que le pertenecían a ella. Esto, entonces, fue lo que ocurrió con la diosa conocida como Astarté o Venus, así como con Rea. Aunque había puntos discrepantes entre Cibeles o Rea y Astarté o Milita, la Venus asiria, Layard demuestra que también hay puntos evidentes de contacto entre ellas. Cibeles o Rea era famosa por su corona en forma de torre. A Astarté o Milita se le representaba con una corona similar (LAYARD, *Nínive*, vol. II. p. 456). Cibeles o Rea, se sentía atraída por los leones; a Milita o Astarté se le representaba de pie sobre un león (*Ibid.*). El culto de Milita o Astarté era un revoltijo de polución moral (HERODOTO, lib. I. cap. 199, p. 92). El culto de Cibeles, con el nombre de Terra, lo era igualmente (AGUSTIN, *De Civitate*, lib. VI. cap. 8, tom. IX. p. 203).

Sin duda, la primera mujer deificada fue Semíramis, así como el primer hombre deificado fue su esposo. Pero es evidente que fue algún tiempo después de que empezaran los Misterios cuando tuvo lugar tal deificación, pues sólo fue hasta después de que Semíramis murió cuando fue exaltada a la divinidad, y adorada bajo la forma de una paloma. Sin embargo, cuando se idearon originalmente los Misterios, los hechos relacionados con Eva, quien produjo la *muerte* por su trato con la serpiente, deben haber ocupado necesariamente algún lugar, pues el Misterio del pecado y de la muerte descansa en los propios cimientos de toda religión, y en la época de Semíramis y de Nimrod y de Sem y de Cam, todos los hombres deben haber estado bien informados sobre los acontecimientos de la Caída. Al principio, el pecado de Eva pudo haber sido aceptado en su totalidad (pues de otra manera los hombres se hubieran escandalizado, en especial cuando la conciencia general había sido estimulada por el celo de Sem); pero cuando una mujer iba a ser deificada, la forma que debió asumir la historia mística muestra que ese pecado fue ciertamente atenuado para que cambiara su propio carácter y que, por una alteración del nombre dado a Eva como "madre de todos los vivientes," es decir, de todos los regenerados (ver Nota I), ella fue glorificada como la autora de la vida espiritual y, con el nombre de Rea, fue reconocida como la madre de los dioses. Los que operaban el Misterio de Iniquidad no encontraron muy difícil demostrar que el nombre de Rea, apropiado originalmente para la madre de la *humanidad*, difícilmente era menos apropiado para la madre *verdadera* de los *dioses*, es decir, de todos los mortales deificados. En sentido activo, Rea significa "la mujer que mira fijamente;" pero en voz pasiva significa "la mujer a la que se mira fijamente," es decir, "la belleza;"[9] y así, se le identificó bajo el mismo y único término de madre de la humanidad y madre de los dioses paganos, es decir, como Semíramis, hasta el punto de que ahora, como es bien sabido, a Rea se le conoce generalmente como "la Madre de los dioses y de los hombres" (HESIODO, *Teogonía*, v. 453, p. 36). Por tanto, no sorprende que el nombre de Rea se aplicara a aquella a quien adoraban los asirios con el mismo carácter de Astarté o Venus.

NOTA H

La Virgen Madre de los Paganos

"Casi todos los príncipes tártaros," dice Salverté (*Las Ciencias Ocultas*, apéndice, Nota A, secc. XII. p. 490), "seguían el rastro de su genealogía hasta una virgen celestial, preñada por un rayo de sol, o por algún medio igualmente milagroso." En la India, de la madre de Surya, el dios-sol, que *nació* para destruir a los enemigos de los dioses (ver ante, p. 96), se dice que fue preñada de esta manera: un rayo de sol penetró en su vientre, a consecuencia de lo cual dio a luz al dios-sol. El conocimiento de estos mitos ampliamente difundidos arroja luz sobre el significado secreto del nombre de Aurora, dado a la esposa de Orión, a cuyo matrimonio con ese "cazador poderoso" se refiere Homero (*La Odisea*, lib. V. ll 120, 121).

---

[9] En Ester 2:9 encontramos el plural de Rea, usado evidentemente en el sentido de "hermosa." Aplicado a las "doncellas" dadas a Ester, la Vulgata traduce esto por "speciosissima," y Parkhurst, *sub voce*, hace lo mismo.

Al paso que el nombre de Auro-ora significa también, en sentido físico, "preñada con luz," de "ohra," "concebir" o ser "preñada," tenemos en griego la palabra oar para esposa. Como Orión, según los relatos persas, era Nimrod; y Nimrod, con el nombre de Nino, fue adorado como el *hijo* de su esposa, y cuando llegó a ser deificado como el dios-sol, ese nombre de Aurora, aplicado a su esposa, tenía el propósito evidente de dar a entender la misma idea que prevaleció en Tartaria y en la India. Estos mitos de los tártaros y de los hindúes prueban claramente que la idea pagana de la concepción milagrosa no se debió a un entremezclamiento del cristianismo con la superstición, sino que se derivó directamente de la promesa de la "simiente de la mujer." Pero ahora podría preguntarse, ¿es posible que surgiera la idea de ser preñada con un rayo de sol? Hay razón para creer que tal idea proviene de uno de los nombres naturales del sol. Del caldeo *zhr*, "brillar," viene el participio activo *zuhro* o *zuhré*, "el que brilla," y por esto, no hay duda de que *zuhro*, "el que brilla," con la influencia de un sacerdocio astuto haría que los hombres se deslizaran a la idea de *zuro*, "la simiente," identificándose así "el que brilla" y "la semilla," según el genio del paganismo. Esto se ve claramente en el caso de Persia, donde el sol era la gran divinidad, pues los "persas," dice Mauricio, "lo llamaron Dios Suré" (*Antigüedades*, vol. V, p. 22).

NOTA I
La Madre-Diosa como Morada

¿Qué pudo haber inducido a la humanidad para que se le ocurriera la idea de llamar casa o morada a la gran madre-diosa, o madre de los dioses y de los *hombres*? La respuesta se encuentra, evidentemente, en una afirmación hecha en Génesis 2:21 con respecto a la creación de la madre de la *humanidad*: "Entonces, el SEÑOR Dios hizo caer sueño profundo sobre Adán, y mientras éste dormía, tomó una de sus costillas, y cerró la carne en su lugar. Y de la costilla que el SEÑOR Dios tomó del hombre, hizo (literalmente, formó) una mujer." Que esta historia de la costilla era bien conocida por los babilonios, se deduce de uno de los nombres dados a su diosa primigenia, como se encuentra en Beroso (lib. I. p. 50). Ese nombre era Thalatth. Pero Thalatth es solamente la forma caldea del hebreo Tzalaa, en femenino, la misma palabra usada en el Génesis para nombrar la costilla de la cual fue formada Eva; y el otro nombre que Beroso asocia con Thalatth, confirma esto todavía más, pues ese nombre es Omorka,[10] que significa precisamente "La Madre del mundo." Tal como hemos descifrado el nombre Thalatth, aplicado a la "madre del mundo," nos lleva a la comprensión del nombre Thala-sius,[11] aplicado por los romanos al dios del matrimonio, y cuyo origen se había buscado en vano hasta ahora. Thalatthi significa "perteneciente a la costilla" que, con la termi-

---

[10] De "*Am*," "madre," y "*arka*," "tierra." La primera letra *aleph* en ambas palabras se pronuncia a menudo como o. Así, la pronunciación de la a en Am, "madre," se parece al griego *omos* "hombro." Am, "madre," viene de *am*, "sostener;" y de *am*, pronunciado *om*, viene *omos*, el hombro que lleva las cargas. De aquí también viene el nombre Oma, como uno de los nombres de Bona Dea. Oma es, evidentemente, la "Madre." Ver Nota K.

nación romana se convierte en Thalatthius o Thalasius, "el hombre de la costilla." Y qué otro nombre más apropiado que este para Adán, como el dios del matrimonio, que cuando le fue quitada la costilla, dijo: "Esto es ahora hueso de mis huesos, y carne de mi carne; esta será llamada Varona, porque del varón fue tomada." Al principio, cuando Thalatth, la costilla, fue *transformada* en una mujer, esa "mujer" fue, en un sentido muy importante, la "Morada" o el "Templo" de Dios, y como todavía no había ocurrido la Caída, todos sus hijos serían, por mera generación natural, los hijos de Dios. La entrada del pecado en el mundo trastornó la constitución original de las cosas. A pesar de esto, cuando se dio y se aceptó la promesa de un Salvador, también se dio la morada renovada del Espíritu Santo, no para que ella pudiera tener, por tanto, ningún poder en sí misma para procrear hijos para Dios, sino solamente para que ella pudiera cumplir debidamente la parte de madre para una descendencia espiritualmente viva, para aquellos a quienes Dios resucitaría por Su libre gracia, y los llevaría de la muerte a la vida. El paganismo tuvo en cuenta todo esto de buena gana, y enseñaba a sus seguidores, tan pronto como estaban preparados para recibirlo, que la identificación era esa morada renovada del Espíritu de Dios en la mujer, y así esto la deificó. A Rea, "la que mira fijamente," la madre de la humanidad, se le identificó con Cibeles, "la que ata con cuerdas," o con Juno, "la Paloma," es decir con el Espíritu Santo. Así, en el blasfemo sentido pagano, ella llegó a ser Athor, "la Morada de Dios," o Sacca, o Sacta, "el tabernáculo" o "el templo" en quien mora "corporalmente toda la plenitud de la Divinidad." De este modo, ella llegó a ser Eva, "La que vive," no en el sentido en que Adán le dio ese nombre a su esposa después de la Caída, cuando la esperanza de la vida más allá de la muerte les fue presentada tan inesperadamente tanto a él como a ella; sino en el sentido de *comunicadora* de la vida espiritual y eterna para los hombres, pues a Rea se le llamó la "*fuente* de los bienaventurados."[12] Entonces, lo que hizo esta mujer deificada fue hacerse indispensable para la procreación de hijos espirituales para Dios en este mundo caído. Viéndolo desde este punto de vista, se aclarará en seguida el significado del nombre dado a la diosa babilónica en 2 Reyes 17:30. Muy frecuentemente se ha supuesto que el nombre Sucot-benot es una palabra plural que se refería a las garitas o tabernáculos usados en Babilonia para propósitos infames. Pero, tal como observó Clérico (lib. I. *Los Caldeos*, secc. 2. cap. 37), cuya opinión, según él, es la misma de los rabinos, se trataba del nombre de un ídolo, según lo demuestra claramente el contexto (versículos 29, 30): "Pero cada nación *se hizo sus dioses*, y los pusieron en los templos de los lugares altos que habían hecho los de Samaria; cada nación en su ciudad donde habitaba. Los de Babilonia hicieron a Sucot-benot." Aquí se habla, evidentemente, de un ídolo; y como el nombre es femenino, ese ídolo tiene que haber sido la imagen de una diosa. Entonces, tomado en este sentido, y a la luz del sistema caldeo, el significado de "Sucot-benot," aplicado a la diosa babilónica es solamente el de "El taber-

---

[11] CATULO, *Epitalamio*, p. 98.

[12] *Fragmento Orfico*, en BRYANT, vol. III. p. 238.

náculo del hijo en gestación."¹³ Cuando se perfeccionó el sistema babilónico, se representó a Eva como la primera que ocupó este lugar, y el mismo nombre Benot, que significa "embarazo," explica también cómo resultó que esta mujer que, como Hestia o Vesta, se llamó a sí misma la "Morada," tenía el crédito de "haber inventado el arte de edificar casas" (SMITH, *sub voce* "Hestia"). Banah, el verbo del cual se deriva Benot, significa a la vez "procrear hijos" y "edificar casas," lo que equivale a considerar metafóricamente la procreación de los hijos como la "edificación de la casa," es decir, de la familia.

Mientras que el sistema pagano, en cuanto se refiere a la madre-diosa, se fundamentó en esta *identificación* de las madres celestiales y terrenales de los "bienaventurados" inmortales, a cada uno de este par de divinidades se les celebraba, sin embargo, como si tuvieran, en algún sentido, una individualidad diferente; y, en consecuencia, todas las diferentes encarnaciones de la simiente-Salvador se representaban como nacidas de dos madres. Es bien sabido que el de la madre doble, o el de las dos madres, eran epítetos distintivos aplicados a Baco. Ovidio da la razón para la aplicación de estos epítetos a aquel que ha surgido del mito, a aquel que cuando estaba en gestación fue rescatado de las llamas en que murió su madre, siendo cosido al muslo de Júpiter, y que luego nació a su debido tiempo. Sin inquirir sobre el significado secreto de todo esto, es suficiente con decir que Baco tuvo dos madres-diosas, pues no sólo fue concebido por Semele, sino que fue traído al mundo por la diosa Ipa (PROCULO, en *Timaeum*, lib. II. secc. 124, pp. 292, 293). Sin duda, esto es lo mismo a lo que se hace referencia cuando se dice que después de la muerte de Semele, su tía Ino hizo las veces de madre y de nodriza para él. Esto mismo aparece en la mitología de Egipto, pues allí leemos que Osiris, bajo la forma de Anubis, al ser dado a luz por Neftis, fue adoptado y criado como su propio hijo por la diosa Isis. Como consecuencia de esto, la Terna favorita llegó a ser en todas partes el dos madres y el hijo. En Wlkinson, vol. VI. lámina 35, el lector encontrará una Terna divina integrada por Isis y Neftis, y el hijo de Horus entre ellas. En Babilonia, lo dicho por Diodoro (lib. II. p. 69) demuestra que en un tiempo, la Terna la formaban allí dos diosas y el hijo: Hera, Rea y Zeus ; y, de igual manera, en Roma, la Terna en el Capitolio la formaban Juno, Minerva y Júpiter, el cual cuando estaba acompañado por Juno y por la diosa Fortuna, era adorado como "Júpiter niño," o "Júpiter hijo" por las matronas romanas (CICERON, *De Divinatione*, lib. II. cap. 41, vol. III. p. 77). Parece que esta especie de Terna divina se remonta a tiempos muy antiguos entre los romanos, pues se dice tanto por Dionisio Halicarnaso como por Livio, que poco después de la expulsión de los tarquinos hubo en Roma un templo en el cual se adoraba a Ceres, Liber y Libera (DIONISIO HALICARNASO, vol. I. pp. 25, 26 ; y LIVIO, vol. I. p. 233).

---

[13] Es decir, la Habitación en la cual mora el Espíritu de Dios, para los propósitos de engendrar hijos espirituales.

NOTA J
El Significado del Nombre Astarté

De que Semíramis con el nombre de Astarté fue adorada no solamente como encarnación del Espíritu de Dios, sino como la madre de la humanidad, tenemos muy clara y satisfactoria evidencia. No hay duda de que la "diosa siria" era Astarté (LAYARD, *Nínive y sus Ruinas*, vol. II. p. 456). Atenágoras (*Legatio*, vol. II. p. 179), y Luciano (*De Dea Syria,* vol. III. p. 382) identifican a la diosa asiria, o Astarté, con Semíramis. Estos testimonios con respecto a Astarté, o la diosa siria, como Semíramis en uno de sus aspectos, son bastante decisivos. 1. El nombre Astarté, aplicado a *elia*, se refiere a que es Rea o Cibeles, las diosas que llevan una torre, la primera, como dice Ovidio (*Obras,* vol. III., *Fastos*, lib. IV. ll. 219, 220), la que "hacía (torres) en las ciudades," pues encontramos en Layard, en la página ya mencionada, que en el templo asirio de Hierópolis, "a ella [a la diosa siria o Astarté] se le representaba de pie sobre un león y *coronada con torres*." Ningún nombre podría describir más exactamente el carácter de Semíramis como reina de Babilonia, que el nombre de "Asht-tart," pues significa precisamente "la mujer que hace torres." En todas partes se acepta que la última sílaba "tart" viene del verbo hebreo "Tr." Sin embargo, siempre se ha dado por supuesto que "Tr" sólo significa *"girar."* Pero tenemos evidencia de que en nombres derivados de él, también significa "ser redondo," "rodear," o "encerrar." En masculino encontramos "Tor," usado por "una banda o hilera de joyas en torno a la cabeza" (ver PARKHURST, *sub voce*, Nº II., y también a GESENIO). Y en el femenino, como aparece en HESIQUIO (*Léxico*, p. 925) encontramos que el significado se manifiesta más decisivamente: *Turis o peribolos tou teijous*. Turis es sólo la forma griega de Turit, pues la t final se ha convertido en s, según el genio de la lengua griega. Entonces, Ash-turit, que es obviamente lo mismo que el hebreo "Ashtoreth," es exactamente "la mujer que hizo la *muralla*." Considerando cuán continuamente se atribuyó a Semíramis la gloria de ese acontecimiento con respecto a Babilonia, no sólo por Ovidio (*Metamorfosis*, lib. IV. fab. 4, l. 58, vol. II. p. 177), sino por Justino, Dionisio, Afer, y otros, tanto que el nombre así como la corona mural sobre la cabeza de esa diosa, resultaban muy apropiados. Como confirmación del significado del nombre Astarté, puedo aducir un epíteto aplicado a la Diana griega que, en Efeso, llevaba en la cabeza una corona en forma de torre, y se le identificaba con Semíramis, lo que no es poco interesante. Esto está contenido en la siguiente cita de Livio (lib. XLIV. cap. 44. vol. VI. pp. 57, 58): "Cuando las noticias sobre la batalla [cerca de Pidna] llegaron a Anfípolis, las matronas corrieron todas al templo de Diana, a quien ellas llamaban Taurópolos, para implorar su ayuda." "Taurópolos," de Tor, "torre" o "fortificación que rodea," y Pol, "hacer," significa claramente "la que hace torres," o "la que hace fortificaciones al rededor;" y a ella acudían, naturalmente, como diosa de las fortificaciones, cuando temían un ataque sobre su ciudad.

Semíramis, al ser deificada como Astarté, fue exaltada a los más altos honores, y su cambio en una paloma, como ya hemos demostrado, le fue aplicado evidentemente cuando la distinción de sexo se le atribuyó blasfemamente a la Divinidad, para identificarla con el nombre de *Madre* de los dioses, con ese Espíritu divino, sin cuya acción ningún hijo de Dios podía nacer, y cuyo emblema en el lenguaje simbólico de las Escrituras era la Paloma, así como el del Mesías era el Cordero. Puesto que el Espíritu de Dios es la fuente de la sabiduría, tanto la material como la espiritual, y al que se le atribuyen las artes y los inventos, y toda clase de habilidades (Exodo 31:3 y 35:31), así a la Madre de los dioses, en quien, según se pretendía, se había encarnado ese Espíritu, se le celebró como la creadora de algunas de las artes y de las ciencias más útiles (DIODORO SICULO, lib. III. p. 134). De aquí también el carácter atribuido a la Minerva griega, cuyo nombre Atena, como hemos visto razonable concluir, sólo es un sinónimo de Beltis, el bien conocido nombre de la diosa asiria (ver ante, pp. 20, 21, Nota). Atena, la Minerva de Atenas, se conoce universalmente como la "diosa de la sabiduría," la inventora de las artes y de las ciencias. 2. El nombre Astarté significa también "La que hace *investigaciones*;" con esta significación también se le aplicaba a Cibeles o a Semíramis, simbolizadas por la Paloma. Que este es uno de los significados del nombre Astarté, puede verse comparándolo con los nombres afines Asterie y Astrea (en griego Astraia), que se forman tomando el último miembro de la palabra compuesta en el masculino, en lugar del femenino, Teri o Tri (pronunciado el último como Trai o Trae), que tienen el mismo sentido que Tart. Asterie era la esposa de Perseo, el asirio (HERODOTO, lib. VI. p. 400), que fue el fundador de los Misterios (BRYANT, vol. III. pp. 267, 268). Como a Asterie se le representaba como la hija de Bel, esto implica un lugar similar al de Semíramis. Astrea era, además, la diosa de la justicia, y se identificaba con la virgen celestial Temis, cuyo nombre significa "la perfecta," la que daba los oráculos (OVIDIO, *Metamorfosis*, lib. I. fab. 7, vol. II. p. 30), y que, habiendo vivido en la tierra antes del diluvio, la abandonó justamente antes de que ocurriera esa catástrofe (*Ibid*. Nota). Temis y Astrea se diferenciaban algunas veces; y otras, se identificaban; pero ambas tenían el mismo carácter como diosas de la *justicia* (ver *Gradus ad Parnassum, sub voce*, "Justicia"). Obviamente, la explicación de la discrepancia es que el Espíritu se consideraba unas veces como encarnado; y otras, no. Cuando se encarnaba, Astrea era hija de Temis. ¿Qué nombre conviene más exactamente con el carácter de diosa de la justicia que el Ash-trai-a, "la que *investiga*"? Y, ¿qué nombre podía mostrar más apropiadamente una de los caracteres de ese Espíritu divino que "todo lo *escudriña*, aun lo profundo de Dios"? Como Astrea o Temis era "Fatidica Themis," "Temis, la profética," esta también es otra característica del Espíritu, pues de ¿dónde puede venir cualquier oráculo verdadero, o inspiración profética, sino del Espíritu inspirador de Dios? Entonces, ¿qué puede convenir más exactamente con la afirmación del Génesis con respecto al Espíritu de Dios, que la aseveración de Ovidio de que Astrea fue el último de los celestiales que permaneció en la tierra, y que el abandonarla, fue la señal para la lluvia del diluvio destructor? El anuncio del diluvio venidero se hace en las Escrituras con estas palabras (Génesis 6:3): "No contenderá mi espíritu con el hombre para siempre, porque ciertamente él es carne; mas serán sus días ciento veinte años." Y el Espíritu estuvo luchando todos estos

120 años; y cuando los hombres llegaron al extremo, el Espíritu ya no luchó más, y abandonó la tierra, y dejó al mundo entregado a su destino. Pero, aun cuando el Espíritu de Dios abandonó la tierra, no abandonó la familia del justo Noé. El entró en el arca con el patriarca; y cuando ese patriarca salió de su prolongado encerramiento, salió junto con él. De este modo, los paganos tenían un fundamento histórico para sus mitos de la paloma posada como símbolo del arca en las aguas babilónicas, y saliendo de ella, la diosa siria, o Astarté - lo mismo que Astrea. A Semíramis, entonces, como Astarté y adorada como la paloma, se le consideraba como la encarnación del Espíritu de Dios. 3. Así como Baal, el Señor del Cielo, tenía su emblema visible, el sol, así también Beltis, la Reina del Cielo, debía tener el suyo: la *luna,* que en otro sentido era "Asht-tart-é," "la que *gira,*" pues no hay duda de que Tart significa comúnmente "girar." 4. Pero todo el sistema tenía que ser reajustado. Como la madre de los *dioses* era por igual la madre de la *humanidad,* Semíramis o Astarté, también debía identificarse con Eva; y el nombre de Rea que, según la *Crónica Pascal,* vol. I. p. 65, se le dio a ella, comprueba suficientemente su identificación con Eva. Aplicado a la madre común de la raza humana, el nombre de Astarté es singularmente apropiado, pues como ella era la *Idaia mater*, "La madre del conocimiento," la cuestión es esta: "¿Cómo llegó ella a ese conocimiento"? A esto, la respuesta sólo puede ser: "Por las fatales *investigaciones* que ella hizo." Fue un tremendo experimento el que ella realizó cuando, oponiéndose al mandamiento divino, y a pesar de la amenaza del castigo, ella se aventuró a *"buscar"* en ese conocimiento prohibido lo que su Hacedor – en Su bondad – había apartado de ella. Así, ella tomó la delantera en ese camino desafortunado del cual hablan las Escrituras: "Dios hizo al hombre recto, pero ellos buscaron muchas perversiones" (Eclesiastés 7:29). Semíramis, deificada como la Paloma, era Astarté en la forma más graciosa y benigna. Lucio Ampelio (en el *Libro ad Macrinum apud* BRYANT, vol. III. p. 161) la llama *"Deam beningnan et misericordem hominibus ad vitam bonam,"* "La diosa benigna y misericordiosa para los hombres" (llevándolos) "a una vida buena y feliz." Con relación a esta benignidad de su carácter, es evidente que se le atribuyen tanto los títulos de Afrodita y Milita. El primero lo he explicado en otro lugar como la "amortiguadora de la ira," y el segundo, concuerda exactamente con el primero. Milita, o Mulita, como se dice en griego, significa "La mediadora." El hebreo Melitz, que en caldeo se convierte en Melitt, se emplea evidentemente en Job 33:23 con el sentido de mediador: "Algún elocuente MEDIADOR [Melitz] muy escogido, que anuncie al hombre su deber; que le diga que Dios tuvo de él misericordia, que lo libró de descender al sepulcro[que halló redención]." Parkhurst toma la palabra en el sentido de "ser dulce" y la deriva de "Mitz." El femenino de Melitz es Melitza, nombre del cual se deriva Melisa, "abeja" (la endulzadora o la productora de dulzura), un nombre común para las sacerdotisas de Cibeles; y, como podemos inferir, de Cibeles como Astarté, o la misma Reina del Cielo pues, según Porfirio, "los antiguos llamaban Melisa a la sacerdotisa de Demeter," y añade que también "llamaban Melisa a la luna" (*De antro Nympharum,* p. 18). Además, tenemos evidencia que es suficiente para identificar este título como un título referente a

Semíramis. Melisa o Melita (APOLODORO, vol. I. lib. II. p. 110), pues el nombre se le daba en ambos sentidos, es decir, por haber sido la madre de Foroneo, el *primero que reinó*, y en cuyos días ocurrió la dispersión de la humanidad, por las divisiones que hubo entre los hombres, donde antes había reinado la armonía y se hablaba un solo lenguaje (Higinio, *fab*. 143, p. 114). No existe ningún otro que no sea Nimrod a quien pueda aplicársele esto; y, como Nimrod llegó a ser adorado como Nin, el hijo de su propia esposa, la identificación resulta exacta. Melita, entonces, la madre de Foroneo, es la misma Mylitta, el bien conocido nombre de la Venus babilónica, nombre este que siendo el femenino de Melitz, el Mediador, significa por tanto la Mediadora. Otro nombre dado también a la madre de Foroneo, "el primero que reinó," es Archia (LEMPRIERE; ver también SMITH, p. 572). Archia significa *"Espiritual,"* (del hebreo "Rkh," "Espíritu," que en Egipto también es "Rkh" – BUNSEN, vol. I. p. 516, No. 292 – , y que en caldeo se convierte en Arkh, con la a protésica).[14] Es evidente que de la misma raíz viene el epíteto Architis, aplicado a la Venus que llora por Adonis.[15] Venus Architis es la Venus espiritual.[16] Así, entonces, la esposa y madre del primer rey que reinó fue conocida como Archia y como Melita, en otras palabras, como la mujer en quien se encarnó el "Espíritu de Dios," apareciendo así como la "Dea Benigna", "La *Mediadora*" para los mortales pecadores. La primera forma de Astarté como Eva, trajo el pecado al mundo; la segunda forma, antes del diluvio, fue como diosa vengadora de la justicia. Esta forma fue la de "Benigna y Misericordiosa." Así también, Semíramis o Astarté, como Venus, la diosa del amor y de la belleza, llegó a ser "La ESPERANZA de todo el mundo," y los hombres recurrieron de buena gana para la *"mediación"* de alguien tan tolerante con el pecado.

NOTA K
Oannes y Souro

La razón para creer que Oannes, de quien se decía que había sido la primera de las criaturas fabulosas que salieron del mar e instruyeron a los babilonios, se representara como pez con cuernos de cabra, es como sigue: Primero, el nombre de Oannes, como se demostró en otro lugar, es solamente la forma griega de He-anesh, o "el hombre," que es un sinónimo del nombre de nuestro primer padre Adán. Se puede probar que Adán fue el Pan original, a quien también se llamó Inuus (ver DYMOCK, *sub voce* "Inuus"), que sólo es otra forma de pronunciación de Anosh, sin el artículo, que en nuestra traducción

---

[14] El hebreo Dem, *sangre*, en caldeo se convierte en Adem; de igual manera que Rkh se convierte en Arkh.

[15] MACROBIO, *Saturnal*, lib. I. cap. 21. p. 10, F.

[16] En OUVAROFF (Secc. 6, p. 102) leemos que la madre del tercer Baco fue Aura; y Orfeo dice que Featón ha sido el hijo perinekeos aeros del "aire difundido por todas partes" (LACTANCIO, lib. I. cap. 5, p. 10). La relación en el lenguaje cifrado entre el viento, el aire y el espíritu explica significativamente estas afirmaciones, y muestra su significado real.

del Génesis 5:7, se convierte en Enós, nombre aceptado universalmente como genérico para hombre débil y enfermo, *después* de la Caída. La *o* de Enós es lo que se llama *vau*, que unas veces se pronuncia como *o*, otras como *u*, y algunas veces como *v* o *w*. Por tanto, una pronunciación legítima de Enós es Enús o Enws, al igual de Inuus, el antiguo nombre romano de Pan. El nombre de Pan significa "el que se desvía." Como la palabra hebrea para "rectitud" significa "andar por el camino recto," así toda desviación de la *línea recta* del deber es pecado. Hate, la palabra para pecado, significa generalmente "desviarse de la línea recta." Se admite que Pan, la cabeza o jefe de los sátiros, es decir, "el primero de los ocultos", pues Sátiro o Satur, "El Oculto", son evidentemente la misma palabra; y Adán fue el primero de los hombres que se *ocultó*. Se dice que Pan amaba a una ninfa llamada Pitho, o Pitys (SMITH, *sub voce* "Pan"), y que Pitho o Pitys son solamente el nombre de la mujer seductora, que habiendo sido *seducida*, desempeñó el papel de *seductora* de su esposo, y lo indujo a dar el paso, a consecuencia del cual mereció el nombre de Pan, "el hombre que se desvió." Pitho o Pitys viene evidentemente de Peth o Pet, "seducir," del cual también se deriva el nombre de la famosa serpiente Pitón. Esta conclusión con respecto a la identidad personal de Pan y de Pitho se confirma grandemente por los títulos dados a la esposa de Fauno. "Fauno", dice Smith (*Ibid*) "es solamente otro nombre para Pan."[17] La esposa de Fauno se llamaba Oma, Fauna, y Fatua (*Ibid, sub voce* "Bona Dea"), nombres que significan claramente "la madre que se desvió por ser seducida."[18] A esta madre seducida también se le llama indiferentemente "la hermana, la esposa, o la hija" de su esposo; y como esto concuerda con el parentesco entre Eva y Adán, el lector no necesita que se le diga más.

Uno de los títulos de Pan era el de Capricornio, o "El de cuernos de cabra" (DYMOCK, *sub voce* "Pan"), y el origen de este título debe rastrearse en lo que ocurrió cuando nuestro primer padre se convirtió en la Cabeza o Jefe de los Sátiros, o "el primero de los Ocultos," cuando *huyó* para esconderse. Berkha, "fugitivo," también significa "cabro." De aquí viene el epíteto de Capricornio, o "cuernos de cabro," aplicado a Pan. Pero como Capricornio se representaba generalmente en el zodíaco como el "pez-cabro;" entonces, si Capricornio representaba a Pan, o a Adán, o a Oannes, esto demuestra que él debe ser Adán después de haber pasado, en virtud de la metempsicosis, por las aguas del diluvio. El cabro, como símbolo de Pan, al representar a Adán, el *primer* padre de la humanidad, combinado con el pez, el símbolo de Noé, el *segundo* padre de la raza humana, y tanto de Nimrod como de Cronos, "el padre de los dioses," fue una nueva encarnación de Souro "la simiente." Entre los ídolos de Babilonia, como se ve en KITTO, *Comentario Ilustrado*, vol.

---

[17] En caldeo, la misma letra que se pronuncia P, también se pronuncia como Ph, es decir F, por tanto, Pan es solamente Faun.

[18] El nombre de Fatua viene evidentemente del mismo verbo que Pitho o Pitus, es decir, Pet, o Phet. En sentido activo encontramos Fatuus usado comúnmente en la bien conocida expresión *Ignis fatuus*. En sentido pasivo, se encuentra en la frase "una persona fatua."

IV. p. 31, encontramos una representación de este Capricornio, o pez con cuernos de cabro; y Beroso nos dice (*"Berosiana"* en BUNSEN, vol. I. p. 708), que las bien conocidas representaciones de Pan, de las cuales Capricornio es una modificación, se encontraban en Babilonia en los tiempos más remotos. Puede allegarse mucha mayor evidencia sobre este asunto, pero dejo a la decisión del lector si lo anteriormente dicho no aclara suficientemente el origen de la notable figura del Zodíaco, "El pez con cuernos de cabro."

NOTA L
La identidad del Odín escandinavo y del Adón de Babilonia

1. El Nimrod, o Adón, o Adonis de Babilonia fue el gran dios guerrero, lo mismo que Odín.
2. Nimrod, con el carácter de Baco, fue considerado como el dios del vino; a Odín, se le representa tomando vino como único alimento. Así leemos en el *Edda*: "Como [Odín] no tenía necesidad de alimento, el vino reemplazaba cualquier otro alimento para él, según lo que se dice en estos versos: "El ilustre padre de los ejércitos engordó sus dos lobos con su propia mano, pero el victorioso Odín no toma otro alimento que el que proviene de tomar vino sin interrupción" (MALLET, *Fábula*. 20, vol. II. p. 106). 3. El nombre de uno de los hijos de Odín, indica el significado del propio nombre de Odín. Balder, por cuya muerte hubo tanta lamentación, parece evidente que es solamente la forma caldea de Baal-zer, "la simiente de Baal," pues es bien sabido que la z hebrea se convierte frecuentemente en *d* en el caldeo posterior. Tanto Baal como Adón significan "Señor;" y, por tanto, si se acepta que Balden sea la simiente o el hijo de Baal, esto equivale a decir que es el hijo de Adón; en consecuencia, Adón y Odín deben ser lo mismo. Esto, por supuesto, deja a Odín en segundo plano, haciendo que su hijo sea el objeto de lamentación, y no él mismo; pero en Egipto ocurrió lo mismo, pues allí, a Horus, el hijo, se le representa algunas veces despedazado, como lo había sido Osiris. Clemente de Alejandría dice (*Cohortatio*, vol. I. p. 30), "lloraban a un niño despedazado por los titanes." Las lamentaciones por Balder son una clara réplica de las lamentaciones por Adonis; y, por supuesto, si Balder fue, como lo demuestran las lamentaciones, la forma favorita del Mesías escandinavo, fue Adón, o "El Señor," al igual que su padre. 4. Entonces, finalmente, el nombre del otro hijo de Odín, el poderoso y belicoso Thor, confirma todas las conclusiones siguientes. Cuando la idolatría surgió de nuevo, Ninyas, el hijo de Nino o Nimrod, al morir su padre, fue ensalzado como Adón, "el Señor," por la naturaleza misma del sistema místico. Así como Odín tuvo un hijo llamado Thor, así también el segundo Adón asirio tuvo un hijo llamado Thouros (CEDRENO, vol. I. p. 29). El nombre Thouros parece ser solamente otra forma de Zoro, o Doro, "la simiente," pues Focio nos dice que entre los griegos Thoros significaba "Simiente" (*Léxico*, part. I. p. 93). La D se pronunciaba frecuentemente como Th; y Adón se pronunciaba Athon en hebreo.

NOTA M
El despojamiento de los vestidos de los iniciados en los Misterios

El pasaje de Proclo, citado antes, es traducido de forma diferente por los distintos traductores. En la forma en que lo he citado, es casi la misma traducción de Taylor. Este parte de la traducción hecha por el traductor latino en la edición de Hamburgo, 1618, con respecto a la palabra "despojado de sus vestiduras," que en el original es *gumnitas*, por "velites," o "soldados con armas livianas." Pero, al examinar cuidadosamente el pasaje, se encontrará que esa versión de Taylor con respecto al significado y aplicación de esa palabra, es completamente correcto, pero al interpretarla como "soldados con armas livianas," se confunde completamente el sentido. En el *Léxico Griego* de DONNEGAN, *gumnites* es sinónimo de *gumnes* que, en su significado primario quiere decir *desnudo*. En el *Léxico* de LIDDEL y SCOTT, no aparece *gumnites*, sino *gumnetes*, y allí se dice que como substantivo *gumnetes* significa "soldado con armas ligeras," pero cuando es adjetivo significa *desnudo*. Ahora, el contexto demuestra que *gumnitas* o *gumnetas* debe usarse como adjetivo. Además, los contextos anterior y posterior hacen evidente que debe significar "desnudo" o "desprovisto de vestiduras." La misma frase establece una comparación. Doy las palabras de la comparación en la versión latina mencionada: "*Et quemadmodum*....[y luego aparecen las palabras que he citado en el texto]...*eodem modo* puto et in ipsa rerum universarum contemplatione rem se habere." En la frase anterior, del alma o de la persona que se entrega propiamente a la contemplación del universo y de Dios, se dice que para hacerlo así: "Contrahens se totam in sui ipsius unionem, et in ipsum centrum universae vitae, et multitudinem et varietatem omnigenarum in ea comprehensarum facultatem AMOVENS, in ipsam summam ipsorum Entium speculam ascendit." Entonces en el pasaje siguiente la frase en cuestión expresa la idea de *remover* todo lo que pueda impedir la unión perfecta del alma, "et omnibus OMISSIS atque NEGLECTIS," etc. Aquí el asunto es que *como* el iniciado necesitaba estar completamente desnudo para conseguir todos los beneficios de la iniciación, asimismo el alma necesitaba *desnudarse* de todo lo que pudiera impedirle elevarse a la contemplación de las cosas tal como ellas son realmente.

Sólo hay otra cosa que debe ser observada y es que la duda que pueda surgir en cuanto a "cómo dirían" las palabras entre paréntesis, tal como aparecen en el original o como las traduce Taylor, con relación a las palabras que anteceden o que siguen en el texto. Las palabras de la traducción de Taylor son: "despojados de sus vestiduras, como decían ellos, participaban de la naturaleza divina." Aquí no está claro cuál de las cláusulas debe ser afectada, lo que puede disculparse sólo por el *usus loquendi*. Ahora, el *usus loquendi* en Proclo es decisivo, al demostrar que ellas califican *lo que sigue*. Así, en el libro I, cap. 3. p. 6 encontramos lo siguiente: "El pináculo del alma, y como (ellos dicen) la flor; y de nuevo (*Ibid.* cap. 7, p. 16), "y todo (así se dice) participa de la inspirada sabiduría." Por estos pasajes, el tratamiento de Proclo es claro y, por tanto, mientras conservo las palabras de la traducción de Taylor, he arreglado la última cláusula para darle más claridad a lo que quiere decir el autor original.

NOTA N
Zoroastro, la Cabeza o Jefe de los Adoradores del Fuego

Que Zoroastro fue la Cabeza o el Jefe de los adoradores del fuego, puede comprobarse entre otras evidencias, con la siguiente. No hay que decir que el nombre de Zoroastro es casi sinónimo de adorador del fuego; al respecto, el testimonio de Plutarco es de peso: "Plutarchus agnoscit Zoroastrem apud Chaldaeos Magos instuisse, *ad quorum imitationem* Persae etiam sus habuerunt.[19] Arabica quoque Historia (ab Erpenio edita) tradit Zaradussit non *primum instituisse*, sed reformasse religionem Persarum et Magorum, qui divisi erant in plures sectas" (CLERICO, lib. I. *De Chaldaeis*, secc. I. cap. 2, vol. II. p. 195), "Plutarco reconoce que Zoroastro instituyó los magos entre los caldeos, *a imitación de los que* también tenían los persas. La historia árabe (editada por Erpenio) también relata que Zaradusit o Zardust, no los instituyó por primera vez, sino que (sólo) reformó la religión de los persas y de los magos, que habían estado divididos en sectas." El testimonio de Agatías es del mismo tenor. El opina que el culto al fuego pasó de los caldeos a los persas, lib. II. cap. 25. pp. 118, 119. Que los magos entre los persas eran los guardianes del "fuego sagrado y eterno" puede suponerse por Curcio (lib. III. cap. 3. pp. 41, 42), quien dice que el fuego era llevado entre ellos "en altares de plata;" de lo dicho por Estrabón (*Geografía*, lib. XV. p. 696) de que "los magos mantenían sobre el altar una cantidad de brasas y un fuego imperecedero," y de lo dicho por Heródoto (lib. I. p. 63), de que "sin ellos ningún sacrificio podía ofrecerse." La adoración al fuego era parte esencial del sistema de los magos persas (WILSON, *La Religión Persa*, pp. 228-235). Ellos no pretendían haber inventado este culto al fuego, pero su historia popular remonta su origen a los días de Hoshang, el padre de Tahmurs, el fundador de Babilonia (WILSON, pp. 202, 203 y 579), es decir, en tiempos de Nimrod. Como confirmación de esto, hemos visto que un fragmento de Apolodoro (Müller, 68) hace de Nino la cabeza o jefe de los adoradores del fuego. Layard, al citar este fragmento, supone que Nino sea alguien diferente a Zoroastro (*Nínive y sus Ruinas*, vol. II. p. 443, Nota); pero puede probarse que aunque muchos otros llevan el nombre de Zoroastro, todas las líneas de evidencia convergen en el sentido de que Nino, Nimrod y Zoroastro fueron la misma persona. Las leyendas sobre Zoroastro dicen que él fue conocido no sólo como mago, sino como guerrero (ARNOBIO, lib. I. p. 327). Platón dice que Eros Armenio de quien CLERICO, *De Chaldaeis,* dice, vol. II. p. 195, que había sido el propio cuarto Zoroastro, muerto y resucitado de nuevo después de diez días, pues había sido muerto en cambate, y que lo que él pretendía haber aprendido en el Hades, lo comunicaba a los hombres en su nueva vida

---

[19] La gran antigüedad de la institución de los magos se comprueba con lo dicho por Aristóteles, ya mencionado, conservado en el Theopompus, lo que hace que ellos sean "más antiguos que los egipcios," cuya antigüedad es bien conocida. – (*Theopompi Fragmenta* en MULLER, vol. I. p.280).

(PLATON, *De Republica*, lib. X. vol. II. p. 614). Hemos visto que la muerte de Nimrod, el Zoroastro original, no fue la de un guerrero muerto en combate; sin embargo, esta leyenda del guerrero Zoroastro está completamente en favor de la suposición de que el Zoroastro original, la Cabeza o Jefe original de los magos, no fue solamente un sacerdote, sino un rey guerrero. En todas partes se encuentran los zoroastrianos, o adoradores del fuego, llamados guebros o gabros. Génesis 10:8 demuestra que Nimrod fue el *primero* de los "gabros."

Así como Zoroastro fue la Cabeza o Jefe de los adoradores del fuego, así también lo fue Tamuz. Ya hemos visto suficientes pruebas sobre la identidad de Tamuz y Nimrod, pero unas pocas palabras pueden probarlo más decisivamente, y arrojar más luz sobre el primitivo culto al fuego. 1. En primer lugar, está comprobado que Tamuz y Adonis son la misma divinidad. Jerónimo, que vivió en Palestina cuando se observaban los ritos de Tamuz, al mismo tiempo en que él se dedicaba a escribir, identifica expresamente a Tamuz con Adonis (vol. II. p. 353), en su *Comentario sobre Ezequiel* VIII, 14, donde las mujeres judías lloraban por Tamuz; y el testimonio de Jerónimo sobre este asunto es aceptado universalmente. Entonces, la primera forma en que se celebraron los ritos de Tamuz o Adonis en Siria, eran esencialmente los mismos ritos de Osiris. Lo dicho por Luciano (*De Dea Syria*, vol. III. p. 454) demuestra esto en forma notable, y Bunsen (vol. I. p. 443) lo admite categóricamente. La identidad de Osiris y Nimrod ha sido probada extensamente en esta obra; por tanto, cuando Tamuz o Adonis se identifica con Osiris, la identificación de Tamuz con Nimrod es evidente. Y, en consecuencia, esto concuerda completamente con lo dicho por Bion en su *Lamento por Adonis*, donde muestra a Venus como una bacante, en un arrebato de dolor, después de la muerte de Adonis, por entre los bosques y los valles, "llamando a su esposo asirio" (BION, *Idilio*, Id. I. v. 24 en *Poetae Minores Graeci*, p. 304). Igualmente concuerda con lo dicho por Maimónides en el sentido de que cuando Tamuz fue muerto, la gran escena de llanto por su muerte fue en el templo de Babilonia (ver *ante*, p. 62). 2. Si Tamuz era Nimrod, el examen del significado del nombre confirma la relación de Nimrod con el primer adorador del fuego. Después de lo que se ha adelantado, no es necesario argumentar para demostrar que así como los caldeos fueron los *primeros* que iniciaron el nombre y el poderío de los reyes (SINCELO, vol. I. p. 169), y así como Nimrod fue, incuestionablemente, el primero de esos reyes y, en consecuencia, el primero que llevó el título de Moloc, o rey, así también fue en honor suyo que "los hijos se hacían pasar por el fuego de Moloc." Pero el propósito de ese paso por el fuego fue, indudablemente, la purificación. El nombre de Tamuz hace evidente referencia a esto, pues significa "perfeccionar," es decir, "purificar por el fuego;"[20] y si Nimrod fue, como lo afirman la *Crónica Pascal* (vol. I. pp. 50, 51) y la voz general de la antigüedad, el originador del culto al fuego, este nombre expresa muy exactamente su carácter al respecto. Sin embargo, es evidente que el verso zoroastriano, citado en otro lugar de esta obra, de que el fuego mismo fue adorado como Tamuz, pues se *le* llamaba "el Padre que perfeccionaba todas las cosas." En un concepto, esto representa al fuego como el dios creador; pero, por otro, no había duda de que hacía referencia a la "perfección" de los hombres mediante su "purificación." Y especialmente purificaba a aquellos a quienes consumía. Era la misma idea que llevó, desde tiempos inmemoriales hasta hace poco, a las viudas de la India a inmolarse en las piras funerarias de sus esposos, siendo considerada bienaventurada la mujer que así se incineraba, pues se convertía en Suttee,[21] es decir, "Pura por incineración." Y, sin duda, esto también llevaba a resignarse a los padres que sacrificaban realmente sus hijos a Moloc por el cruel sacrificio, y fomentaba la creencia de que el fuego que los consumía, también los *"perfeccionaba"* y hacía que ellos encontraran la felicidad eterna. Como tanto el paso *por* el fuego como la incineración eran ritos esenciales en el culto a Moloc o Nimrod, esto es una conclusión de que Nimrod era Tamuz. Como sacerdote y representante de la perfección o purificación por el fuego, fue el que se ocupó de la obra del perfeccionamiento y la purificación mediante el fuego, y así fue llamado por su nombre.

Cuando volvemos a las leyendas de la India, encontramos la evidencia de un resultado muy semejante al que hemos visto con respecto a Zoroastro y Tamuz, como cabeza o jefe de los adoradores del fuego. La quinta cabeza de Brahma que le fue cortada por infligir desgracias en los tres mundos por el "fulgor de sus rayos deslumbrantes," al que se alude en el texto de esta obra, lo identifica con Nimrod. El hecho de que esa quinta cabeza se representaba leyendo los Vedas, o libros sagrados producidos por las otras cuatro cabezas muestra, creo yo, una sucesión.[22] Volviendo a Noé, ¿cuál pudo ser esa sucesión? Tenemos evidencia de Beroso de que, en los días de Belo, es decir, de Nimrod, la costumbre de hacer representaciones como la de las dos cabezas de Jano, ya había comenzado.[23] Se supone, entonces, que Noé, por haber vivido en dos mundos, tiene sus dos cabezas. Cam es la tercera, Cus la cuarta, y Nimrod es, por supuesto, la quinta. Y esta quinta cabeza fue cortada por hacer lo mismo por lo que fue cortada realmente la cabeza de Nimrod. Sospecho que este mito hindú es la clave para entender el significado de una afirmación de

---

[20] De *tam,* "perfeccionar," y *mus,* "quemar." En las Escrituras ser "puro de corazón," es lo mismo que ser de "corazón perfecto." El bien conocido nombre de Deucalión, relacionado con el diluvio, parece ser un término correlativo de los adoradores del agua. Dukh-kaleh significa "purificar lavándose," de Dukh, "lavar" (CLAVIS STOCKII, p. 233), y Khaleh, "completar" o "perfeccionar." El substantivo del último verbo, encontrado en 2 Crónicas 4:21, permite ver que la raíz significa "purificar," "oro *perfecto*," siendo traducido por "oro puro" en la Versión de los Setenta. Hay un nombre, aplicado algunas veces al rey de los dioses, que tiene alguna relación con este asunto. Dicho nombre es "Akmón;" y, ¿cuál es su significado? Evidentemente sólo es la forma caldea del hebreo Khmon, "el que quema," que se convierte en Akmón del mismo modo que el hebreo Dem, "sangre," en caldeo es "Adem." Hesiquio dice que Akmón es Cronos, sub voce "Akmón." En Virgilio (*La Eneida*, lib. VIII. l. 425) encontramos este mismo nombre compuesto para que sea un sinónimo exacto de Tamuz, siendo Pyracmon el nombre de uno de los tres famosos cíclopes a que se refiere el poeta. Hemos visto que los cíclopes originales fueron Cronos y sus hermanos, y derivaban su nombre de "Pur," la forma caldea de Bur, "purificar," y "Akmón," lo que significa "El quemador que purifica."

Plutarco que, según los términos de ella, es claramente absurda. Es como sigue: Plutarco (en el libro cuarto de su *Symposiaca,* preg. 5, vol II. p. 670, B) dice que "los egipcios opinaban que la obscuridad era anterior a la luz, y que esta última [a saber, la luz] fue producida por los ratones en la quinta generación, en tiempo de *luna nueva.*" En la India encontramos que la "luna nueva," se produce en sentido diferente al significado que tiene ordinariamente ese término, y que la llegada de esa luna nueva no sólo era importante en la mitología hindú, sino que se correspondía evidentemente con el período en que la quinta cabeza de Brahma abrasaba el mundo con su insufrible resplandor. El relato de esto es como sigue: Los dioses y la humanidad estaban descontentos del todo con la luna que tenían, *"porque no daba luz;"* y, además, las plantas eran enfermizas y los frutos no servían, por lo cual agitaron el mar Blanco [o, como se dice comúnmente "agitaron el avispero"], cuando todas las cosas se enredaron, es decir, cuando se produjo la confusión, fue entonces cuando se estableció una luna nueva, con un nuevo cielo, que produjo un total y nuevo sistema de cosas (*Investigaciones Asiáticas*, vol. IX. p. 98). Por las *Antigüedades Indias* de MAURICO, sabemos que en este mismo tiempo de la agitación del avispero, la tierra se incendió, produciéndose una gran conflagración. Pero en la India el nombre de la luna es Soma, o Som (porque la *a* final es sólo una aspiración, y la palabra se encuentra en el nombre del famoso templo de *Som*naut, que significa "Señor de la Luna," y la luna en la India es de género masculino. Como tal cambio es simbólico, la pregunta que surge naturalmente es, ¿qué podría significar la luna, o el regente de la luna, el cual fue descartado en la quinta generación del mundo? El nombre Som demuestra a un tiempo lo que él debe haber sido. Som es exactamente el nombre de Sem, pues Sem viene de Shom, "señalar," y se representa legítimamente tanto por el nombre de Som, o Sem, como ocurre en griego; y fue precisamente para librarse de Shem (bien después de la muerte de su padre, o bien cuando los achaques de la ancianidad cayeron sobre él) cuando el gran instructor del mundo, es decir, cuando el gran difusor de la luz espiritual, que en la quinta generación del mundo fue precipitado en la confusión, y la tierra fue incendiada. La propiedad de Shem comparada con la *luna* aparece si consideramos la manera en que su padre Noé fue simbolizado evidentemente. A la cabeza de una familia se le compara en forma divina con el

---

[21] MOOR, Panteón, "Siva," p. 43. El epíteto para una mujer que se incinera se *escribía* "Sati," pero se *pronunciaba* "Suttee."

[22] Los Vedas hindúes que existen en la actualidad, no parecen ser muy antiguos como documentos escritos ; pero la leyenda se remonta mucho más atrás que cualquier otra cosa ocurrida en la India. La antigüedad de la escritura parece ser muy grande, pero de cualquier modo, no existía ningún documento escrito en los días de Nimrod, y un Veda debería serlo mucho más. ¿Cuál es el significado de la palabra "Veda"? Evidentemente sólo es lo mismo que el anglosajón Edda, con el digama prefijo; y ambos vienen evidentemente de "Ed," "testimonio," "documento religioso," o "confesión de fe." Tal "documento" o "confesión," tanto oral como escrito, debe haber existido desde el principio.

[23] *Berosiana*, en BUNSEN, vol. I. p. 708.

sol, como en el sueño de José (Génesis 37:9), y puede ser fácilmente comprendido cómo sería considerado Noé por la posteridad en general para ocupar el lugar supremo como el sol en el mundo; y, según Bryant, Davies, Faber, y otros, han convenido en reconocer a Noé simbolizado de tal manera por el paganismo. Sin embargo, cuando su joven hijo, pues Sem era menor que Jafet (Génesis 10:21) fue *substituido* por su padre, a quien el mundo había considerado en comparación con la "gran lumbrera," Sem sería comparado naturalmente como la "luna menor" o la luna, por aquellos que sentían antipatía por él y que se rebelaron en su contra. La producción de la luz por los ratones en este período, viene a confirmar exactamente esta deducción. En Caldea, un ratón es "Aakbar," y Gheber, o Kheber en árabe, turco y algunos de los demás dialectos orientales, se convierte en "Akbar," como en el bien conocido dicho musulmán, "Allar Akbar," "Dios es grande." Así que toda la frase de Plutarco, al despojarla de su apariencia absurda, sólo significa esto: que la luz fue producida por los guebros, o adoradores del fuego, cuando Nimrod se levantó en contra de Sem, como el representante de Noé, el gran instructor o iluminador del mundo.

NOTA O
La historia de Faetón

La identidad de Faetón y Nimrod tiene mucho en que apoyarse, además de la evidencia *prima facie* que surge de la confirmación de que Faetón fue etíope o cusita, y la semejanza de su destino al ser arrojado del cielo mientras conducía el carro del sol, como "hijo del sol," con el derrocamiento de Molk Gheber, cuyo mismo nombre, como dios del fuego, lo identifica con Nimrod. 1. Se dice por Apolodoro (vol. I. p. 354) que Faetón era hijo de Titón; pero si se examina el significado del nombre Titón, es evidente que él fue el mismo Titón. Titón fue el esposo de Aurora (DYMOCK, *sub voce*). En sentido material, como ya hemos visto, Aurora significa "La que despierta la luz;" en correspondencia con esto, Titón significa "El que enciende la luz," o "El animador del fuego."[24] En caldeo, "Faetón, el hijo Titón" es "Phaethon Bar Tithon." Pero esto también significa "Faetón el hijo del que enciende el fuego." Suponiendo entonces la identidad de Faetón y Titón, esto contribuye para identificar a Faetón con Nimrod, pues Homero, como lo hemos visto (*La Odisea*, lib. V. l. 121, p. 127) menciona el matrimonio de Aurora con Orión, el cazador poderoso, cuya identidad con Nimrod está establecida. Entonces, el nombre del celebrado hijo que nació de la unión entre Aurora y Titón, demuestra que Titón, en su carácter original, deba haber sido ciertamente el mismo "cazador poderoso" de las Escrituras, pues el nombre de ese hijo fue Memnón (MARCIAL, lib. VIII., s. 21, p. 440, y OVIDIO, *Metamorfosis*, lib. XIII. l. 517, vol. II. p. 467), que significa "El hijo del manchado,"[25] identificando de este modo al padre con Nimrod, cuyo emblema era la piel mancha-

---

[24] De Tzet o Tzit, "alumbrar," o "encender," que en caldeo se convierte en Tit, y Thon, "dar."

[25] De Mem o Mom, "manchado," y Non, "hijo."

da del leopardo. Nino o Nimrod fue adorado como el *hijo* de su propia esposa, y esa esposa, Aurora, era la diosa del alba. Cuando Isaías (14:12), hablando del rey de Babilonia, que era su representante, dice: "¡Cómo caíste del cielo, oh Lucero, hijo de la mañana!," vemos cuán exacta es la referencia que hace de Faetón. En otras palabras, el matrimonio de Orión con Aurora, lo convirtió en "El que enciende la luz," o en el "autor del culto al fuego," lo que según Homero fue la causa de su muerte, habiendo perecido a consecuencia de la ira de los dioses (*La Odisea*, lib. V. l. 124, p. 127). 2. Que Faetón se representaba ciertamente como el hijo de Aurora, lo prueba suficientemente la historia conocida relatada por Ovidio. Mientras Faetón proclamaba que era el hijo de Febo, o el sol, se le reprochaba que sólo era hijo de Merope, es decir, del esposo mortal de su madre Climene (OVIDIO, *Metamorfosis*. lib. II. ll. 179-184, y Nota). Esta historia quiere decir que esa madre resultó ser Aurora, no en el sentido material del término, sino en su sentido místico, como "la mujer preñada con luz;" y, en consecuencia, su hijo fue considerado como "El que trae la luz," el que iba a iluminar al mundo, "Lucifer, el hijo de la mañana," que fue el supuesto iluminador de las *almas* de los hombres.[26] El nombre de Lucifer en Isaías es la misma palabra de la cual viene Eleleus, uno de los nombres de Baco. Viene de "Helel", que significa "irradiar" o "producir luz," y que es evidentemente el nombre de Titón. Tenemos evidencia de que Lucifer, el hijo de Aurora, o la mañana, fue adorado con el mismo carácter que Nimrod, cuando apareció en su nuevo carácter como un niño, pues existe una inscripción en estos términos:

"Bono Deo
Puero Phosphoro."   (Ver WILKINSON, vol. IV. p. 410).

De este Faetón, o Lucifer, que fue arrojado del cielo, se comprobó además que era Jano, pues a Jano se le llama "Pater Matutinus" (HORACIO, *Sátiras* II. 6, 20, p. 674); y el significado de esto aparecerá en uno de los aspectos en que se descubre el significado del nombre de la *Dea Matuta*. Dea Matuta

---

[26] El lector verá por la siguiente cita del *Pancarpium Marianum*, que a la Virgen de Roma no sólo se le da el nombre de Aurora, sino que ese nombre se le aplica evidentemente en dos sexos distintos, especificados en el texto: "Oh, Aurora Maria, quae a lumine incepisti, crevisti cum lumine, et nunquam lumine privaris. Sicut lux meridiana clara es. Dominum concepisti, qui dixit, Lux sum mundi" (cap. 41, p. 170). "Numquid sol justiciae Christus, qui dixit. Lux sum mundi, operamini, dum dies est? Numquid hanc solis aeterni lampadem aurora Maria consurgens invexit; sugite soporati?" (*Ibid*., p. 171). Estas palabras contienen ambas ideas del nombre de la Aurora pagana.

[27] Matuta viene de la misma palabra que Tithonus, es decir, Tzet, Tzit, o Tzut, que en caldeo se convierten en Tet, Tit, o Tut, "alumbrar" o "enncender." De Tit, "encender" viene el latino Titio, "una tea," y de Tut, con la m formativa prefija, viene Matuta, lo mismo que de Nasseh, "olvidar," con la misma m formativa prefija viene Menasés, "olvidando," el nombre del hijo mayor de José (Génesis 41:51). La raíz de este verbo se da comúnmente como "Itzt;" pero véase el *Léxico* de BAKER (p. 176), donde también se da como "Tzt." Es evidente que de esta raíz viene la palabra sánscrita "Suttee," ya mencionada.

significa "La diosa que enciende o que hace la luz;"[27] y, según Prisciano, ella se identificaba con Aurora: *"Matuta, quae significat Aurorame"* (PRISCIANO, II. p. 591, *apud* Sir WILLIAM BETHAM, *Etruria*, vol. II. p. 53). Matutinus es, evidentemente, sólo el correlativo de Matuta, diosa de la mañana; Jano, por tanto, como Matutinus, es "Lucero, hijo de la mañana." Pero, además, Matuta se identificaba con Ino, después de que ella se sumergió en el mar, y trajo consigo a su hijo Melicertes, siendo transformada en una divinidad marina (*Gradus ad Parnassum, sub voce* "Ino"). En consecuencia, su hijo Melicertes, "rey de la ciudad amurallada," es el mismo Janus Matutinus, o Lucifer, Faetón, o Nimrod.

Todavía queda otro eslabón por el cual se identifica a Melicertes, la divinidad del mar, o Janus Matutinus, con el dios primitivo de los adoradores del fuego. El nombre más común de Ino, o Matuta, después de haber pasado por las aguas, fue Leucotea (OVIDIO, *Metamorfosis,* lib. IV. ll. 541, 542). Leucotoe o Leucotea tiene un doble significado por derivarse tanto de "Lukhoth," que significa "alumbrar," o "encender,"[28] o de Lukoth, "espigar." En la medalla maltesa ya vista, el lector encontrará explicados estos dos sentidos. La espiga de trigo al lado de la diosa, aunque es más común que la sostenga en la mano, en tanto que se refiere realmente al significado oculto como la Madre de Bar, "el hijo;" para los no iniciados, la muestra como Specilega, o "La Espigadora," "el nombre popular," dice Hyde (*De Religione,* Vet. Pers. p. 392), "para la hembra con la espiga de trigo, representada en la constelación de *Virgo*." En Bryant (vol. III. p. 245), Cibeles está representada con dos o *tres* espigas de trigo en la mano, pues así como había Bacos que se distinguían particularmente, en consecuencia había tantos "Bars;" y ella podía, por tanto, ser representada con una, dos o tres espigas en la mano. Pero, volviendo a la medalla maltesa, hagamos referencia a las *llamas* que salen de la cabeza de Leucotea, la "Espigadora," y que demuestran que ella, aunque ha pasado por las aguas, sigue siendo Leucotea "La que quema" o "La que da luz." Y los rayos alrededor de la mitra del dios en el reverso de la medalla, se corresponden completamente con el carácter de ese dios como Eleleo, o Featón; en otras palabras, como "el Hijo que resplandece." Este "Hijo resplandeciente" ocupa, como Melicertes, "El rey de la ciudad amurallada," el mismo lugar que "Alá-Mahozim," cuyo representante es el Papa, como ya se ha demostrado en otro lugar. Pero es igualmente la divinidad marina y, como tal, lleva la mitra de Dagón (compárense las figuras Nº 37 y Nº 49, donde se dan diferentes representaciones de la misma divinidad maltesa). La mitra de cabeza de pez, que lleva el Papa, demuestra que también en este carácter, como la "Bestia del mar," él es el representante incuestionable de Melicertes.

---

[28] En hebreo, el verbo es Lhth, pero la letra hebrea "He" se convierte frecuentemente en Heth en caldeo, con la fuerza de *Kh*.

NOTA P
El estandarte romano del Dragón, un símbolo del culto al fuego

El pasaje de Amiano Marcelino que habla sobre ese estandarte, lo llama "purpureum signum draconis" (lib. XVI. cap. 12, p. 145). Sobre esto puede surgir la pregunta, ¿hace alguna referencia al fuego el epíteto *purpureum,* como descriptivo del color del dragón? La siguiente cita de Salverté puede arrojar claridad al respecto: "El dragón figuraba entre las insignias militares de los asirios. Ciro hizo que fuera adoptado por los persas y los medos. Bajo los emperadores romanos, al igual que bajo los bizantinos, cada cohorte o centuria llevaba como insignia un dragón" (*Las Ciencias Ocultas*, Apéndice, Nota A, p. 486). No hay duda de que el estandarte del dragón o serpiente de los asirios se mezclaron conjuntamente en ambos países (ver LAYARD, *Nínive y sus Ruinas*, vol. II. pp. 468, 469). Por tanto, como los romanos tomaron evidentemente estos estandartes de estas fuentes, se presume que los tenían en la misma estima en que los tenían aquellos de quienes los tomaron, especialmente cuando esa estima estaba tan exactamente en armonía con su propio sistema del culto al fuego. El epíteto *purpureus* o "púrpura," no da a entender ciertamente para nosotros la idea del *color del fuego*. Pero sí la idea de *rojo*; y el *rojo*, en una forma o en otra, se ha usado siempre en forma unánime entre las naciones idólatras para representar al *fuego*. Los egipcios (BUNSEN, vol. I. p. 290), los hindúes (MOOR, *Panteón*, "Brahma," p. 6), los asirios (LAYARD, *Nínive y sus Ruinas*, vol. II. cap. 3. p. 312, Nota), representaban el *fuego* por el *rojo*. Los persas hacían lo mismo evidentemente, porque cuando Quinto Curcio describe a los magos como seguidores del "fuego sagrado y eterno," describe los 365 jóvenes que formaban el séquito de estos magos como "puniceis amiculis," ataviados con "vestiduras escarlatas" (lib. III. cap. 3. p.42), el color de estas vestiduras hace referencia, sin duda, al fuego, cuyos ministros eran ellos. *Puniceus* equivale a *purpúreos*, pues en Fenicia, donde se encontró originalmente la púrpura o pez-púrpura, el color sacado de ese pez-púrpura era *escarlata* (ver KITTO, *Comentario Ilustrado*, sobre el Exodo 35 :35, vol. I. p. 215), y es "arguna," el propio nombre de ese pez-púrpura fenicio, el que se usa en Daniel 5 :16-19, donde se dice que el que interpretara la escritura de la pared, sería "vestido de *púrpura*." Los tirios poseían el arte de hacer verdaderas púrpuras, así como escarlatas ; y parece que no hay duda de que *purpureus* se usaba frecuentemente en sentido común y corriente, unido a nuestra palabra púrpura. Pero el significado original del epíteto es escarlata; y como el color escarlata subido es el color natural para representar el fuego, así que tenemos razón para creer que ese color, cuando se usaba para las vestiduras oficiales entre los tirios, tenía una relación especial con el fuego, pues el tirio Hércules, que era considerado como el inventor de la púrpura (BRYANT, vol. III. p. 485), era considerado también como el "Rey del Fuego" (NONNOS, *Las Dionisiacas*, lib. XL. l. 369, vol. II. p. 223). Cuando encontramos que la *púrpura* de Tiro producía el color escarlata que representaba naturalmente al fuego, y que *puniceus*, que equivalía a *purpureus*, se usó evidentemente por escarlata, no hay duda que nos impida entender aquí a *purpureus* en el mismo sentido, pero se requiere de algo más, pues aun cuando se admitiera que el matiz era más subido, y que *purpureus* significaba la verdadera púrpura, como *rojo*, del cual es un matiz, siendo el color establecido para el fuego, y que, como la serpiente era reconocida universalmente como el símbolo del culto al fuego, es fuerte la probabilidad de que el uso del dragón como estandarte oficial de Roma, fuese ideado como emblema de ese sistema de culto al fuego, del que se creía que dependía la seguridad del Imperio.

NOTA Q
La Matanza de los Testigos

¿Esto ya pasó, o todavía sigue ocurriendo? Esta es una pregunta vital. En estos momentos, la doctrina favorita es la de que esto pasó hace siglos, y que esa noche tan obscura de sufrimiento para los santos de Dios no puede volver de nuevo, como ocurrió sólo antes de la era de la Reforma. Este es el principio fundamental de una obra que acaba de aparecer con el título de *El Gran Exodo*, lo que quiere decir que por mucho que pueda atacarse la verdad, por mucho que los santos de Dios puedan ser amenazados, y por mucho que sus temores puedan hacerse presentes, ellos no tienen razón para temer, pues el Mar Rojo se dividió y las tribus del Señor pasaron a pie seco, y todos sus enemigos, como el faraón y sus ejércitos, se hundieron en arrollador desastre. Si la doctrina sostenida por muchos de los más serios intérpretes de las Escrituras del siglo pasado, incluyendo nombres como los de Brown de Haddington, Tomás Escoto, y otros, está bien fundamentada, la represión del testimonio de los testigos está por venir todavía. La teoría en referencia debe ser no sólo un error, sino un error de la tendencia más fatal, un error que aparta a los eruditos de su guardia, y les da una excusa para seguir el camino más fácil, antes que perseverar por Cristo, preparando el camino para esa misma extinción del testimonio que está profetizada. No entro en ninguna disquisición histórica en cuanto al asunto, bien sea que, como hecho, sea cierto que los testigos fueron muertos antes de que apareciera Lutero. Aquellos que deseen una argumentación histórica sobre el asunto, pueden verla en la *República Roja*, aunque me aventuro a creer que no ha sido respondida todavía. Tampoco creo que esto importe mientras se examina particularmente la suposición del Dr. Wylie, y sostengo que se trata de una pura y gratuita suposición el hecho de que durante 1260 días los santos de Dios, en tiempos del Evangelio, iban a sufrir por causa de la justicia, esto tenga ninguna relación, cualquiera que ella sea, con la mitad del tiempo de un *total* simbolizado por las "siete veces" que pasaron sobre Nabucodonosor cuando estuvo sufriendo y pagando el castigo por su soberbia y su blasfemia como representante del "poder temporal."[29] Pero sólo para esto llamo la atención del lector, que así sea sobre la teoría del mismo Dr. Wylie, los testigos de Cristo posiblemente no podían haber terminado su testimonio antes de que se produjera el decreto de la Inmaculada Concepción. La teoría del Dr. Wylie, y la de aquellos que son de su misma opinión, de que la "terminación del testimonio" significa la "consumación de los elementos" del testimonio, dan un pleno y completo testimonio contra los errores de Roma. El mismo Dr. Wylie admite que "el dogma de la 'Inmaculada Concepción' [que se dio a la luz sólo hace unos pocos años] que declara a María verdaderamente "divina," la pone en los altares de Roma prácticamente como el único y supremo objeto de culto" (*El Gran Exodo*, p. 109). Esto NUNCA se hizo antes y, por tanto, los errores y blasfemias de Roma no estuvieron completos hasta que ese decreto se hubo promulgado, y ni siquiera entonces. Si la corrupción y la blasfemia de Roma estaban "incompletos" hasta nuestros días, y si ellos han alcanzado una altura de la que nunca antes hubo testimonio, como todos los hombres sintieron y declararon instintivamente cuando se publicó ese decreto, ¿cómo podía estar "completo" el testimonio de los testigos antes del día de Lucifer? No hay nada que decir, sino que el principio y el germen de este decreto estaban operando desde mucho antes. Lo mismo puede decirse de todos los errores capitales de Roma mucho antes del día de Lucifer. Todos ellos estaban en esencia y en substancia, desarrollados muy ampliamente desde cerca del tiempo en que Gregorio el Grande ordenó que la Virgen fuera llevada en procesión para suplicar al Altísimo que quitara la pestilencia de Roma, cuando la pestilencia estaba haciendo tanto estrago entre sus ciudadanos. Pero esto no prueba, en modo alguno, que ellos estaban "completos," o que el testimonio de Cristo pudiera entonces "terminar su testimonio" contra los errores y la corrupción del papado. Someto este punto de vista a todos los lectores inteligentes para su consideración piadosa. Si no tenemos "conocimiento de los tiempos" es necesario que "sepamos lo que Israel tiene que hacer." Si estamos diciendo "Paz y seguridad" cuando la tribulación está cerca, o menospreciamos la naturaleza de esa aflicción, no podemos estar preparados para la gran batalla cuando llegue la contienda.

---

[29] El autor no se da cuenta de que la humillación del rey de Babilonia es un símbolo de la humillación de la Iglesia. Entonces, ¿cómo puede establecer cualquier relación simbólica entre las "siete veces" de un caso, y las "siete veces" del otro? Parece que cree que es más que suficiente con establecer esa relación, si él puede encontrar un punto de semejanza entre Nabocodonosor, el déspota humillado, y el "poder temporal" que *oprime* respectivamente a la Iglesia durante los dos períodos de las "siete veces." Ese único punto es la "locura" del uno, y la "locura" de la otra. Podría preguntarse, ¿empezó entonces "el poder temporal" con toda su verdadera intención *antes* de las "siete veces"? Pero, dejando esto a un lado, aparece la objeción vital: La locura en el caso de Nabucodonosor fue simplemente una *aflicción*; en la otra fue un pecado. La locura de Nabucodonosor no lo llevó, hasta donde sabemos, a oprimir a un solo individuo; la locura del "poder temporal," según la teoría, se caracterizó esencialmente por la opresión de los santos. ¿Dónde puede haber, entonces, la menor analogía entre los dos casos? Las "siete veces" del rey de Babilonia fueron siete veces de *humillación*, y *únicamente de humillación*. El monarca sufriente no puede ser un símbolo de la Iglesia sufriente; y menos todavía pueden sus "siete veces" de la más baja humillación, cuando el poder y la gloria le fueron arrebatados, ser un símbolo de las "siete veces" del "poder temporal," cuando ese "poder temporal" iba a concentrar en sí mismo toda la gloria y la grandeza de la tierra. Esta es una objeción mortal para esta teoría. Entonces, que el lector vea solamente la siguiente frase de la obra en consideración, y la compare con el hecho histórico, y se dará cuenta todavía más de cuán infundada es la teoría: "Se sigue innegablemente," dice el autor (pp. 184, 185) "que como la Iglesia iba a ser tiranizada por el poder idólatra durante todas las siete veces, ella sería oprimida durante la primera mitad de las 'siete veces' por la

idolatría en forma de paganismo, y durante la última mitad por la idolatría en forma de papado." La primera mitad, o 1260 años, durante los cuales la Iglesia iba a ser oprimida por la idolatría pagana, se habrían terminado exactamente en el año 530 ó 532 D.C., cuando Justiniano cambió el decorado, y puso en escena un nuevo opresor. Pero se pregunta, ¿dónde se encontraba el "poder temporal" hasta el año 530 D.C., para mantener "la forma de la idolatría *pagana*? Desde el tiempo de Graciano, por lo menos, quien para el año 376 D.C. abolió formalmente el culto de los dioses, y confiscó sus rentas, ¿dónde había tal poder *pagano* para que persiguiera? Hay ciertamente un intervalo muy considerable entre el año 376 y el año 532. Las necesidades de la teoría requieren que ese paganismo, y ese paganismo reconocido sea observado persiguiendo a la Iglesia continuamente hasta el año 532; pero durante 156 años no existió nada parecido al "poder temporal" pagano para perseguir a la Iglesia. "Las piernas del cojo," dice Salomón, "no son iguales;" y si a los 1260 años de persecución pagana les faltan nada menos que 156 años del período profetizado, debe ser claro, seguramente, que la teoría cojea mucho de un lado, por lo menos. Pero, pregunto, ¿los hechos concuerdan con la teoría aun en relación con la terminación de los segundos 1260 años en 1792, en tiempos de la Revolución francesa? Si los 1260 años de la opresión papal terminaron entonces, y si luego vino el Anciano de días para dar el juicio final sobre la bestia, El también vino para hacer algo más. Esto aparecerá en el lenguaje de Daniel 7:21,22 : "y veía yo que este cuerno hacía guerra contra los santos, y los vencía, hasta tanto que vino el Anciano de días, y se dio el juicio a los santos del Altísimo; *y vino el tiempo, y los santos poseyeron el Reino.*" Este lenguaje significa que el juicio sobre el cuerno pequeño, y el poner a los santos en posesión "del Reino" son acontecimientos contemporáneos. Hace tiempo que el gobierno de los reinos del mundo ha estado en las manos de hombres mundanos que no conocen a Dios, ni lo obedecen; pero ahora, cuando Aquel a quien pertenecen los reinos viene a juzgar a sus enemigos, El también viene a pasar el gobierno de los reinos de aquellos que abusaron de él, a las manos de aquellos que temen a Dios y que rigen su conducta pública por Su voluntad manifiesta. Esto es, evidentemente, el significado de la declaración divina. Suponiendo que 1792 fuera el tiempo profetizado de la venida del Anciano de días, se requiere que, desde entonces, los principios de la Palabra de Dios hayan estado liderando, cada vez más, los gobiernos de Europa, y que hombres buenos y santos del espíritu de Daniel y Nehemías, deben haber ido avanzando hacia los altos lugares del poder. Pero, ¿esto ha sido así, de hecho? ¿Hay en toda Europa una nación que actúe hoy sobre principios bíblicos? ¿Gran Bretaña misma lo ha hecho así? Si es notorio que sólo tres años después del reino de la justicia, según esta teoría, debe haber comenzado lo que esa política sin principios empezó lo que no ha dejado una pizca de apariencia de respeto por el honor del "Príncipe de los reyes de la tierra, en el gobierno público de esta nación. Fue en 1792 cuando Pitt y el Parlamento británico pasaron la Ley para la erección del Colegio católico romano de Maynooth, que contribuyó al comienzo de una serie que, año tras año, ha colocado al "Hombre de Pecado" en posición de poder en esta tierra a la que amenaza, si la misericordia divina no interviene milagrosamente para librarnos de la completa esclavitud del Anticristo. Sin embargo, según la teoría de *El Gran Exodo*, tenía que haber sido lo contrario a esto.

www.ingramcontent.com/pod-product-compliance
Lightning Source LLC
Chambersburg PA
CBHW060417010526
44118CB00017B/2249